SpringerWienNewYork

IBO – Österreichisches Institut für Baubiologie und -ökologie (Hrsg.)
IBO – Austrian Institute for Healthy and Ecological Building (Ed.)

Passivhaus-Bauteilkatalog
Ökologisch bewertete Konstruktionen

Details for Passive Houses
A catalogue of ecologically rated constructions

Projektleitung und Redaktion ▪ Project coordination and editing:
Tobias Waltjen

Autoren Technik und Bauphysik ▪ Authors construction and building physics
Walter Pokorny, Thomas Zelger, Karl Torghele
mit Beiträgen von ▪ with contributions by
Wolfgang Feist, Sören Peper, Jürgen Schnieders

AutorInnen Ökologie ▪ Authors ecology
Hildegund Mötzl, Barbara Bauer, Philipp Boogman,
Gabriele Rohregger, Ulla Unzeitig, Thomas Zelger

Konsulenten ▪ Consultants
Franz Kalwoda, Josef Seidl, Heinz Geza Ambrozy,
Wilhelm Luggin, Martin Wölfl

Dritte, korrigierte Auflage
Third, revised edition

SpringerWienNewYork

IBO – Österreichisches Institut für Baubiologie und -ökologie (Hrsg)

Gefördert von:
- Programmlinie Haus der Zukunft des Bundesministeriums für Verkehr, Innovation und Technologie
- Gruppe Finanzen, Abt. Wohnungsförderung und der Geschäftsstelle für Energiewirtschaft des Amtes der Niederösterreichischen Landesregierung
- Geschäftsgruppe Wohnen, Wohnbau und Stadterneuerung des Wiener Magistrats
- Wohnbauförderungsressort und dem Umweltressort der Oberösterreichischen Landesregierung
- Land Vorarlberg
- Initiative Ziegel des Fachverbands der Stein- und keramischen Industrie in der WKO
- Foamglas PC, Pittsburgh Corning GmbH, Linz
- Gemeinschaft Dämmstoffindustrie GDI
- Austrotherm GmbH, Waldegg
- Zement & Beton Handels- und WerbegmbH, Wien, gemeinsam mit
- Gütegemeinschaft Transportbeton und dem
- Verband österreichischer Beton- und Fertigteilwerke VÖB
- Ensinger GmbH, Nufringen
- TECHNOpor GmbH, Großenhain

© 2009 Springer-Verlag/Wien
Gedruckt in Österreich
SpringerWienNewYork is a part of Springer Science + Business Media
springer.at

Englische Übersetzung: Pedro M. Lopez, Wien; Lektorat der englischen Übersetzung: James Roderick O'Donovan/Tobias Waltjen, Wien
Umschlagbild: Helga Innerhofer, Wien
Detailzeichnungen: Atelier Szeider-Wölfl
Layout: Gerhard Enzenberger, IBO Wien
Druck: Holzhausen Druck, 1140 Wien

Das Buch wurde mit Pflanzenfarben auf einem FSC zertifizierten (www.fsc-papier-de), ohne optische Aufheller, säurefrei und chlorfrei gebleichtem Papier gedruckt – TCF
SPIN: 80029652

Mit zahlreichen (großteils farbigen) Abbildungen

Weitere Produkte zum Buch (Bilder, Datentabellen, Berechnungsprogramme): www.ibo.at/de/ibobtk.htm

Bibliografische Informationen der Deutschen Nationalbibliothek
Die Deutsche Nationalbibliothek verzeichnet diese Publikation in der Deutschen Nationalbibliografie; detaillierte bibliografische Daten sind im Internet über http://dnb.d-nb.de abrufbar.

ISBN 978-3-211-99496-2 SpringerWienNewYork
ISBN 978-3-211-29763-6 2. Auflage SpringerWienNewYork

IBO – Austrian Institute for Healthy and Ecological Building (Ed.)

Funded by:
- The House of the Future Programme of the Austrian Federal Ministry of Transport, Innovation and Technology
- The Group for Finances, Department of Housing Subsidies, and the Office of the Lower Austrian Federal Land Government
- The Housing, Housing Construction and City Renewal Group of the Vienna Magistrate
- The Housing Subsidy Office and the Environmental Office of the Upper Austrian Federal Land Office
- The Federal Land Voralberg
- Initiative Ziegel des Fachverbands der Stein- und keramischen Industrie in der WKO
- Foamglas PC, Pittsburgh Corning GmbH, Linz
- Gemeinschaft Dämmstoffindustrie GDI
- Austrotherm GmbH, Waldegg
- Zement & Beton Handels- und WerbegmbH, Wien, together with
- Gütegemeinschaft Transportbeton and
- Verband österreichischer Beton- und Fertigteilwerke VÖB
- Ensinger GmbH, Nufringen
- TECHNOpor GmbH, Großenhain

This work is subject to copyright.
All rights are reserved, wheter the whole or part of the material is concerned, specifically those of translation, reprinting, re-use of illustrations, broadcasting, reproduction by photocoping machines or similar means, and storage in data banks.

© 2009 Springer-Verlag/Wien
Printed in Austria
SpringerWienNewYork is a part of Springer Science + Business Media
springer.at

The use of registered names, trademarks, etc. in this publication does not imply, even in the absenceof specific statement, that such names are exempt from the relevant protective laws and regualtions and therefore free of general use.

Translation: Pedro M. Lopez, Vienna; Copy-editing: James Roderick O'Donovan/Tobias Waltjen, Vienna
Cover illustration: Helga Innerhofer, Vienna
Drawings: Atelier Szeider-Wölfl
Layout: Gerhard Enzenberger, IBO Vienna
Printing: Holzhausen Druck, 1140 Vienna

The book is printed with natural paints on FSC certified (www.fsc-paper.org), non-chlorine bleached (TCF), optical-brightener- and acid-free paper.
SPIN: 80029652

With numerous (mainly coloured) illustrations

More products supporting the book (construction drawings, data tables and software for calculations): www.ibo.at/en/ibobtk.htm

Bibliografische Informationen der Deutschen Nationalbibliothek
Die Deutsche Nationalbibliothek verzeichnet diese Publikation in der Deutschen Nationalbibliografie; detaillierte bibliografische Daten sind im Internet über http://dnb.d-nb.de abrufbar

ISBN 978-3-211-99496-2 SpringerWienNewYork
ISBN 978-3-211-29763-6 2nd edition SpringerWienNewYork

Vorwort

Der Passivhausstandard hat sich innerhalb weniger Jahre als Baustandard durchgesetzt. Schon für den Ökologischen Bauteilkatalog des IBO (1999) wurde er als Grundlage der Bearbeitung erwogen. Die Autorinnen und Autoren des Werks mussten aber damals noch befürchten, ein utopisches Werk zu publizieren, das den Benutzern in der Praxis wenig helfen würde. So stellte der Ökologische Bauteilkatalog von 1999 vor allem die ökologische Beschreibung und Bewertung von Bauteilen und Baustoffen heraus und verblieb, was die Konstruktionen betraf, weitgehend im Rahmen des (damals) Üblichen.

Für die Neubearbeitung – nur ein paar Jahre später – kam eine andere Grundlage als der Passivhausstandard gar nicht mehr in Frage. Wer ökologischen Argumenten überhaupt Gehör schenkt, wird den Energieverbrauch eines Gebäudes im laufenden Betrieb nicht unbeachtet lassen. Hier ist der Passivhausstandard mit tausenden realisierten Gebäuden Stand der Technik, keine Utopie.
Noch ist er nicht für alle Planer und Bauausführende Routine. Viele haben in den letzten Jahren ihr erstes Passivhaus gebaut, noch mehr werden es in den nächsten Jahren tun. Ihnen ist dieses Werk besonders gewidmet.

Die durchaus neue Technik des passivhausgerechten Konstruierens steht jetzt im Vordergrund. Neben Regelquerschnitten finden sich deshalb Anschlussdetails, denn nicht zuletzt von wärmebrückenfreien und luftdichten Anschlüssen hängt es ab, ob ein Gebäude die Passivhauskriterien tatsächlich erreicht oder nur „hoch wärmegedämmt" ist. Wärmebrückenberechnungen und fallweise Feuchtesimulationen sichern die vorgeschlagenen Lösungen ab.
Die ökologische Beschreibung bleibt präsent und wurde weiterentwickelt. Jedes Bauteil wird in zwei Materialvarianten gezeigt, die die Möglichkeiten aber auch die Grenzen ökologisch motivierter Materialwahl verdeutlichen.
Neu ist die Betrachtung funktionaler Einheiten. Mit Bauteilschichten, die gemeinsam eine technische Dienstleistung erbringen, können ökologische Kosten technischer Dienstleistungen auf einer korrekten Vergleichsbasis bestimmt und verglichen werden.
Die ökologische Beschreibung der Baustoffe, die nun nach Materialfamilien gegliedert sind, wurde auf den neuesten Stand gebracht. Grundstoffe, Schadwirkungen und physikalische Begriffe sind in ein Glossar ausgekoppelt.
Die durchgängige englische Übersetzung soll dem Werk eine weitere Verbreitung ermöglichen.

Wir danken …
Allen, die zur Finanzierung der jahrelangen Arbeit an diesem Bauteilkatalog beigetragen haben:
- Der Programmlinie Haus der Zukunft des Bundesministeriums für Verkehr, Innovation und Technologie
- Der Gruppe Finanzen, Abt. Wohnungsförderung und der Geschäftsstelle für Energiewirtschaft des Amtes der Niederösterreichischen Landesregierung
- Der Geschäftsgruppe Wohnen, Wohnbau und Stadterneuerung des Wiener Magistrats
- Dem Wohnbauförderungsressort und dem Umweltressort der Oberösterreichischen Landesregierung
- Dem Land Vorarlberg

Foreword

The passive house construction standard has become an established construction standard over the last few years. This standard was already taken into consideration as the basis for the publication of the 1999 IBO Ecological Construction Component Catalog. Yet the authors of the book were afraid of publishing a volume of utopian propositions that would be of little practical help to users. Hence the 1999 catalog mainly focused on the ecological description and evaluation of construction materials and components and therefore remained a book that contained what was common on the subject of actual construction (at the time).

The only standard that could be considered for the publication of the revised edition – only a few years later – was the passive house standard. Anybody who gives ecological arguments any attention cannot ignore a building's energy consumption during operation. After thousands of completed projects, passive houses are at the forefront of technology, they are not an utopia.
But they are not yet routine projects for all planners and constructors. Many have completed their first passive house over the last years; many will do so during the next few years. This book is dedicated to them in particular.

Thoroughly new passive house-compliant construction technologies are the main focus. The solutions in this volume contain standard cross sections as well as connection details. After all, whether a building actually fulfills passive house criteria or is merely "highly insulated" also depends on airtight connections that are free of thermal bridges. Thermal bridge calculations and moisture simulations are included as well to help round off the proposed solutions.
The ecological descriptions are also included in this edition and were further refined. Each component is shown in two material alternatives that illustrate the possibilities and the limitations of ecologically motivated material selections.
The assessment of functional units is new. Construction component layers that perform a common task make it possible to determine and compare the ecological cost of services on an accurate basis.
The ecological description of construction materials, which is now grouped in material families, was brought up to date. Source materials, harmful effects and physical terms are discussed in a separate glossary.
The complete English translation should help the book reach a broader audience.

We would like to thank …
All who helped finance the years of work involved in compiling this catalog:
- The House of the Future Programme of the Austrian Federal Ministry of Transport, Innovation and Technology
- The Group for Finances, Department of Housing Subsidies, and the Office of the Lower Austrian Federal Land Government
- The Housing, Housing Construction and City Renewal Group of the Vienna Magistrate
- The Housing Subsidy Office and the Environmental Office of the Upper Austrian Federal Land Office
- The Federal Land Voralberg

Unseren Sponsoren aus der Wirtschaft:
• Initiative Ziegel des Fachverbands der Stein- und keramischen Industrie in der WKO
• Foamglas PC, Pittsburgh Corning GmbH, Linz
• Gemeinschaft Dämmstoffindustrie GDI
• Austrotherm GmbH, Waldegg
• Zement & Beton Handels- und WerbegmbH, Wien, gemeinsam mit
• Gütegemeinschaft Transportbeton und dem
• Verband österreichischer Beton- und Fertigteilwerke VÖB
• Ensinger GmbH, Nufringen
• TECHNOpor GmbH, Großenhain

Erstmals finden sich Inserate im Bauteilkatalog (letzte Seiten), beschränkt auf Anbieter IBO- oder natureplus-geprüfter Produkte sowie passivhaustauglicher Fenster und Lüftungsanlagen. Auch für diese Finanzierungshilfe danken wir.

Dem Verlag danken wir für die Finanzierung der englischen Übersetzung und des teilweise farbigen Drucks des Buches.

Den AutorInnen ist für Ihren unermüdlichen Einsatz und ihre Geduld mit den Tücken der Aufgaben und der vielseitig vernetzten Zusammenarbeit zu danken. Unseren Konsulenten danken wir für die Bereitschaft, mit ihren Spezialkenntnissen dieses Buch aufzuwerten.
Den Übersetzern sei insbesondere für die große Mühe gedankt, für das sehr spezielle, vielfach aus den Handwerkstraditionen stammende Vokabular des Bauwesens die richtigen Äquivalente aufzufinden.

Wir wünschen uns aufmerksame Leserinnen und Leser. Für Fehlermitteilungen sind wir dankbar; für genauere Nachfragen sind wir offen!

Tobias Waltjen   September 2007

Our sponsors in the commercial sector:
• Initiative Ziegel des Fachverbands der Stein- und keramischen Industrie in der WKO
• Foamglas PC, Pittsburgh Corning GmbH, Linz
• Gemeinschaft Dämmstoffindustrie GDI
• Austrotherm GmbH, Waldegg
• Zement & Beton Handels- und WerbegmbH, Wien, together with
• Gütegemeinschaft Transportbeton and
• Verband österreichischer Beton- und Fertigteilwerke VÖB
• Ensinger GmbH, Nufringen
• TECHNOpor GmbH, Großenhain

For the first time, the last pages of the catalog contain a limited number advertisements for suppliers of IBO or natureplus certified products as well as advertisements for passive house-compliant window manufacturers and ventilation systems. We would also like to express our thanks for this financial support.

We thank the publishing house for financing the English translation and the pages of the book printed in color.

We are grateful to the authors for their untiring efforts and their patience with the difficulties involved in working within a network.
We thank our consultants for their willingness to give this publication the added value of their specialized knowledge.
We wish in particular to thank the translators for the immense efforts they made to find the appropriate translations for highly specialized building terms that often come from traditional construction trades.

We look forward to attentive readers, are thankful for information on errors and will gladly answer any in-depth questions our readers may have!

Tobias Waltjen   September 2007

Inhaltsverzeichnis – Übersicht

Table of contents – summary

Inhaltsverzeichnis – Detail

Table of contents – detail

Methode
Methodology

Einleitung

Der IBO-Passivhaus-Bauteilkatalog ist eine Sammlung von konstruktiven Lösungen für Hochbauaufgaben, die dem Passivhaus-Standard genügen.
Die Bauteile werden in jeweils zwei Varianten – gängig und ökologisch optimiert – technisch beschrieben, bauphysikalisch bewertet und ökologisch entlang des gesamten Lebenslaufs analysiert.
Anschlussdetails zeigen die luftdichte, wärmebrückenfreie und feuchtetechnisch sichere Ausführung.
Dem detaillierten ökologischen Vergleich von Konstruktionsvarianten dienen funktionale Einheiten (Bauteilschichten, die gemeinsam ein Bündel technischer Funktionen erfüllen).
Die Beschreibung und ökologische Bewertung der eingesetzten Baustoffe legt die ökologischen Grundlagen dar, auf der alle ökologischen Analysen im Bauteilkatalog fußen.
Daraus ist ein Glossar zentraler Begriffe, Grundstoffe und Schadwirkungen ausgekoppelt.

Methodik

Übergeordnete Themen
Kriterien für die Auswahl der Bauteile
Die Bauteile wurden vorwiegend dokumentierten gebauten Objekten entnommen und im Hinblick auf bauphysikalische und technische Sicherheit weiterentwickelt und optimiert.
Von Baupraktikern wurden Vorschläge für ausführungsmäßig günstige Bauteile eingeholt.
Für (fast) jede Konstruktion wird einer gängigen – kostenorientierten – Materialwahl eine ökologisch motivierte Materialwahl als Alternative gegenübergestellt.

Dimensionierung der Regelquerschnitte und Anschlussdetails
Der Wärmeschutz der gezeigten Details ist tauglich für die Erfüllung des Passivhausstandards unter mitteleuropäischen Klimabedingungen. Im konkreten Planungsfall können natürlich noch höhere Dämmstoffstärken erforderlich sein. Der Luftschall- und Trittschalldämmwerte erfüllen die Mindestanforderungen der im europäischen Vergleich eher strengen Wiener Bauordnung an den Schallschutz mehrgeschoßiger Wohngebäude. Nach Auffassung der Autoren stellen diese allerdings absolute Mindeststandards im Sinne der Behaglichkeit für die NutzerInnen dar. Die Konstruktionen entsprechen bezüglich Feuchteschutz den Anforde-

Introduction

The IBO passive house construction component catalog is a collection of construction solutions for buildings that meet passive house standards.
The construction components are discussed in two variants – common and ecologically optimized versions – with technical descriptions as well as construction physics assessments and an ecological assessment covering the components' entire life cycle.
Connection details show airtight, thermal bridge-free solutions with safe moisture behavior.
Functional units (construction component layer combinations that fulfill a number of technical functions) are used to make detailed ecological comparisons between construction variants.
The description and ecological assessment of the construction materials used are the ecological foundation on which all ecological analyses are based in the construction component catalog.
A separate glossary comprising central terms, basic materials and harmful effects is also included.

Methodology

Overarching subjects
Component selection criteria
The components were mainly selected from documented, built objects. They were developed further and optimized with a view to building physics safety and technical safety.
Construction specialists were consulted and their suggestions for components that can be used conveniently are reflected in the catalog.
Almost every construction discussed includes a common, cost-oriented selection of materials and a comparable, ecologically motivated option.

Standard cross-section dimensions and connection details
The heat protection of the details shown in the catalog meets passive house standards under central European climatic conditions. Greater insulation material thickness may be required in concrete planning cases. The airborne sound and body impact sound insulation values meet the minimum requirements of the Viennese building code standard for sound insulation in multi-floor residential buildings, which is one of the rather stringent in Europe. However, the authors consider this the absolute min-

Bauteilgruppe	U-Wert	Bewertetes Schalldämmmaß R_W	Bewerteter Standard-Trittschallpegel $L_{nT,w}$
	W/m²K	dB	dB
Erdberührte Fußböden	0,15	-	-
Erdberührte Außenwände	0,12 bis < 1 m unter Erdoberfläche 0,16 > 1 m	-	-
Außenwände	0,12	≥ 47	-
Innenwände Wohnungstrennwand	-	≥ 58	-
Innenwände Scheidewand	-	-	-
Kellerdecken	0,15	≥ 58	-
Geschoßdecken	-	≥ 58	≤ 48 dB
Decken über Außenluft	0,10	≥ 47	-
Dächer	0,10	≥ 47	≤ 48 dB (Terrassen)

Tab. 1: Richtwerte für die Dimensionierung der Regelquerschnitte

Construction component group	U-Value	Rated sound insulation level R_W	Rated standard impact sound level $L_{nT,w}$
	W/m²K	dB	dB
Floor surfaces w/ground contact	0.15	-	-
Outside walls w/ground contact	0.12 to < 1 m below ground level 0.16 > 1 m	-	-
Outside walls	0.12	≥ 47	-
Inside walls			
Apartment separating walls	-	≥ 58	-
Inside walls dividing walls	-	-	-
Cellar ceilings	0.15	≥ 58	-
Intermediate Floors	-	≥ 58	≤ 48 dB
Ceilings over outside air	0.10	≥ 47	-
Roofs	0.10	≥ 47	≤ 48 dB (Terraces)

Tab. 1: Guideline values for the standard cross-sections

rungen der österreichischen Normung. Für eine Reihe von Bauteilen wurde das thermisch-hygrische Langzeitverhalten der Konstruktionen und Anschlüsse mittels dynamischer Simulation geprüft. Auf eine Einstufung im Bereich Brandschutz wurde wegen der sehr unterschiedlichen länderspezifischen Anforderungen verzichtet. Die Statik der gezeigten Details muss für jeden Anwendungsfall überprüft und gegebenenfalls angepasst werden.

Für die Dimensionierung der Regelquerschnitte wurden die in Tabelle 1 dargestellten Richtwerte herangezogen.

Für die Dimensionierung der Anschlüsse wurden die Tabelle 2 dargestellten Richtwerte, bzw. Grenzwerte herangezogen.

imum standard for user comfort. The constructions comply with Austrian norms with regard to protection against moisture. The long-term thermal-hygric properties of a number of components were assessed via a dynamic simulation of the constructions and connections. Fire protection rating has been dispensed with due to the very different country-specific requirements. The statics of the details shown should be checked and adjusted for every intended use.

Guideline values, represented in table 1 were used for the standard cross-sections.

Guideline values and maximum values, represented in table 2 were used for the dimensions of the connections.

Richtwert für den Wärmebrückenkoeffizienten 2-dimensionaler Anschlüsse außer bei Fenstereinbau	Ψ-Wert $\leq$ 0,01 W/mK gemäß [PHPP 2007]
U-Wert Normfenster eingebaut	$U_{w,eingebaut} \leq$ 0,85 W/m²K gemäß [PHI 2007] Fensterdaten für Wärmebrückenberechnung: U_w = 0,8 W/m²K, U_g = 0,7 W/m²K, Rahmenbreite = 130 mm Fensterbreite 1230 mm, Fensterhöhe 1480 mm Variante Holz/PUR/Holz: U_f = 0,78 W/m²K, Ψ_g = 0,033 W/mK Variante Holz/XPS/Alu: U_f = 0,77 W/m²K, Ψ_g = 0,034 W/mK gerechnet mit Glasabstandhalter Thermix
U-Wert Terrassentüren eingebaut	$U_{w,eingebaut} \leq$ 0,85 W/m²K gemäß [PHI 2007] Terrassentüren Kenndaten wie Fenster, allerdings mit den Abmessungen: Türenbreite 1000 mm, Türenhöhe 2000 mm

Tab. 2: Richtwerte, bzw. Grenzwerte (gemäß Passivhauszertifizierung [PHI 2007]) für die Dimensionierung der Anschlüsse

Guideline values for thermal bridge coefficients in 2-dimensional connections, except window assembly	Ψ-value $\leq$ 0.01 W/mK according to [PHPP 2007]
U-value for an installed standard window	$U_{w,installed} \leq$ 0.85 W/m²K according to [PHI 2007] Window data for thermal bridge calculation: U_w = 0.8 W/m²K, U_g = 0.7 W/m²K, frame width = 130 mm Window width 1230 mm, window height 1480 mm Version wood /PUR /wood: U_f = 0.78 W/m²K, Ψ_g = 0.033 W/mK Version wood /XPS/Aluminum: U_f = 0.77 W/m²K, Ψ_g = 0.034 W/mK calculated with Thermix spacers
U-value for an installed terrace door	$U_{w,installed} \leq$ 0.85 W/m²K according to [PHI 2007] Terrace doors ,same specific data as windows but with the following dimensions: Door width 1000 mm, door height 2000 mm

Tab. 2: Guideline values / maximum values (according to Passivhaus certification [PHI 2007]) for the specification of the connections

Der Wärmebrückenkoeffizient für 2-dimensionale Anschlüsse wird als Richtwert angegeben, da gerade im Bereich des mehrgeschoßigen Wohnbaus aus wirtschaftlichen Gründen auch Lösungen mit Wärmebrückenkoeffizienten über Ψ-Werten von 0,01 W/mK sinnvoll sein können bei Kompensation dieser Verluste im Regelquerschnittsbereich (z.B. Balkonanschlüsse, Loggia)

The given thermal bridge coefficient for 2-dimensional connections is a guideline value, since solutions with thermal bridge coefficients with Ψ-values above 0.01 W/mK can be appropriate for multi-floor residential units if these losses are compensated in the standard cross-section area (e.g. balcony connections, loggia)

Die ökologische Bewertung der Herstellung von Baustoffen
1. Standardisierte, handhabbare Verfahren
Das Verfahren sollte weitgehend an internationalen Standards orientiert sein. Die Methode orientiert sich daher an den Anforderungen der Ökobilanz gemäß ISO 14040 und den Verfahrensanweisungen für Umweltdeklarationen gemäß ISO 14025.

2. Low-level-Aggregation
Das Verfahren soll eindeutige und „einfache" Aussagen liefern, dennoch wird auf eine Aggregation der ökologischen Kennwerte auf eine Kennzahl verzichtet, da entweder

- die Gewichtungsfaktoren wissenschaftlich nicht abgesichert sind oder
- die Betrachtungsweise als zu einseitig erachtet wurde oder
- nicht genügend Datenmaterial vorlag.

3. Wirkungskategorien
Es wurde die derzeit gängigste und nach Ansicht der AutorInnen auch wissenschaftlich am besten abgesicherte Methode der wirkungsorientierten Klassifzierung nach [CML 2001] ausgewählt. Diese beinhaltet die Bewertung von Produkten anhand von Wirkungskategorien. In der vorliegenden Studie wurden die ökologischen Wirkungen in den Kategorien Treibhauspotential und Versäuerungspotential bewertet. Zusätzlich wurde für jeden Baustoff bzw. Bauteil der Primärenergieinhalt nicht erneuerbarer Ressourcen angegeben (Tabelle 3).

The ecological ratings of construction material production
1. Standardized, manageable processes
The process should be in keeping with international standards to the greatest possible extent. The methods are therefore based on the life cycle assessment according to ISO 14040 and the process directives for environmental labeling according to ISO 14025).

2. Low-level aggregation
The process should offer clear and simple statements, although an aggregation of the specific ecological values into one specific value is dispensed with:

- since the emphasized factors are not scientifically backed or
- the point of view was considered too one-sided or
- there was insufficient data.

3. Impact categories
The authors chose the currently most common and in their view, scientifically best established impact categorization method according to [CML 2001]. This method contains evaluations of products based on impact categories. This study includes ratings of ecological effects of greenhouse potentials and acidification. Every construction material or component was also classified in terms of their non-renewable resource primary energy content (Table 3).

Wirkungskategorie	Abkürzung	Einheit	Bemerkung
Treibhauspotential 100a (1999)	GWP	kg CO_2-equ*	Beitrag zur Klimaveränderung
Versäuerungspotential	AP	kg SO_x-equ*	Beitrag zur schädlichen Wirkung der Versäuerung in Gewässern und Böden, an Pflanzen und Gebäuden
Primärenergieinhalt nicht erneuerbarer Ressourcen	PEI	MJ	Oberer Heizwert aller nicht erneuerbarer Ressourcen wie Erdöl, Erdgas, Kohle, ... für die Bereitstellung von Rohstoffen und Energieträger

Tab. 3: Wirkungskategorien für die ökologische Bewertung. * equ. ... Äquivalente (Die ökologischen Kennwerte der einzelnen Wirkungskategorien werden auf eine Leitsubstanz wie z.B. CO_2 für das Treibhauspotential bezogen.)

Impact category	Abbreviation	Unit	Comments
Greenhouse potential 100a (1999)	GWP	kg CO_2-equ*	Contribution to climate change
Acidification potential	AP	kg SO_x-equ*	Contribution to damaging effects in terms of water and soil acidification as well as plant and buildings
Non-renewable resource primary energy content	PEI	MJ	Gross calorific value of all non-renewable resources such as petroleum, natural gas, coal, ... for the provision of raw materials and energy sources

Tab. 3: Impact category for the ecological evaluation. * equ. ... equivalents (the specific ecological values of the individual effectiveness categories are based on a reference substance such as CO_2 in terms of greenhouse potential.)

Die einzelnen Wirkungskategorien sind detailliert im Glossar beschrieben. Diese Kennzahlen vermögen ein relativ gutes Bild der ökologischen Qualität eines Baustoffes bzw. eines Bauteiles zu vermitteln, bilden allerdings nur einen Teil des ökologischen Wirkungsgefüges ab.

4. Quantitative Bewertung kombiniert mit deskriptiver Bewertung
Die deskriptive Bewertung der Gesundheits- und Umweltverträglichkeit soll die in den Wirkungskategorien nicht abgebildeten Wirkungen auf Umwelt und Mensch beibringen.

5. Quantitative Erfassung bis zum Ende der Produktionsphase („Produkt ab Werk")
Die ökologischen Kennwerte der Regelquerschnitte sind die Summe der ökologischen Kennwerte aller eingesetzten Baustoffe pro m².
Die Baustoffe wurden bis zum Ende der Produktionsphase bilanziert, die späteren Lebensphasen werden deskriptiv bewertet. Dies hat den Grund, dass
• keine Statistiken über die Vertriebswege der Baustoffe vorliegen (insbesondere, da es sich nicht um konkrete Produkte handelt),
• der Einsatzbereich eines Baustoffes nicht von vorneherein festgelegt ist,
• die Entsorgungs- und Recyclingszenarien von gesellschaftlichen und örtlichen Rahmenbedingungen stark abhängig sind.
Abbildungen 1–3 geben ökologische Gesamtbelastungen aus Herstellung und Baustofftransporten ab Werktor am Beispiel eines Leichtbau-Fertigteils abhängig vom Transportmittel an. Man kann erkennen, dass die Transporte je nach Transportmittel, Transportentfernung und Indikator unterschiedliche und bedeutende Beiträge zu den ökologischen Kennwerten liefern. Bei der Bewertung konkreter Gebäude sollten daher die Transportdistanzen berücksichtigt werden.

6. Systemgrenzen
Systemgrenzen und Allokationsmethoden werden im Anschluss an die Baustofftabellen beschrieben.

7. Vergleichbarkeit
Die ökologischen Kennzahlen der Baustoffe werden pro kg Fertigprodukt angegeben. Diese Angabe ist der Ausgangspunkt für die Berechnung der Bauteilkennzahlen. Durch die Multiplikation mit dem zur Funktionserfüllung notwendigen Flächengewicht wird der Praxisbezug hergestellt: Erst diese Größen eignen sich dazu, verschiedene Baustoffe miteinander zu vergleichen.

8. Datenquellen
Die Basisdaten für Energie- und Transportsysteme sowie diverse Basismaterialien stammen aus [ÖkoInventare 2004].
Die fehlenden Kennwerte von Baustoffen wurden von den AutorInnen anhand von Hersteller- und Literaturdaten bilanziert. Die entsprechenden Datenquellen werden in der Baustofftabelle zitiert.

The individual impact categories are described in detail in the glossary. These specific values should provide a relatively good picture of a construction material's or component's ecological quality, but are only part of the ecological impact spectrum.

4. Quantitative assessment combined with descriptive assessment
The descriptive health and ecological compatibility assessment is meant to illustrate the effects on the environment and on man that are not represented in the impact categories.

5. Quantitative survey through the end of the production phase ("ex factory")
The specific ecological indicators of the standard cross sections are the sum of all the specific ecological indicators of the materials used per square meter. The construction materials are assessed on balance until production is completed; the later life phases are assessed descriptively. The reasons for this are
• the lack of construction material distribution statistics (especially since these are not actual products),
• the area of use is not predefined,
• the disposal and recycling scenarios are strongly dependent on social and local framework conditions.
Ilustrations 1 to 3 show the combined ecological impact of building material production and transportation from factory to building site (taking a lightweight building element as an example) depending on the means of transportation. As can be seen transportation contributes to different and relevant extents to the ecological indicators, depending on the means of transportation, the transport distance and the indicator. The impact of transportation should be considered in the assessment of a concrete building.

6. System boundaries
System boundaries and allocation methods are described in the building material tables.

7. Comparability
The key ecological data is listed per kg of the finished product. This information is the point of departure for the calculation of construction component rating values. The relation to practical application is established by multiplying these values by surface weight. This sizing system makes it possible to compare different construction materials.

8. Data sources
The basic energy and transport systems data and that of various basic materials stems from [ÖkoInventare 2004].
Where values for building materials were lacking, the authors used data from manufacturers and relevant literature. The corresponding sources are quoted in the construction material table.

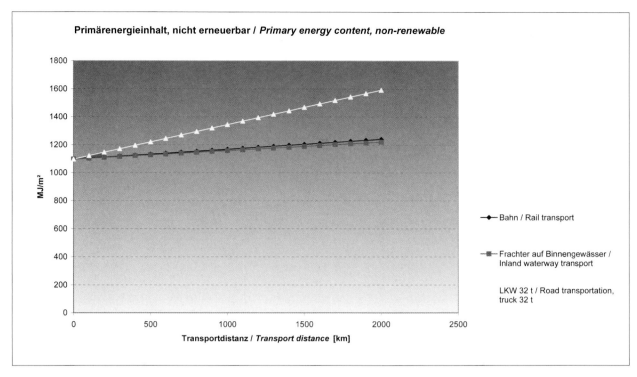

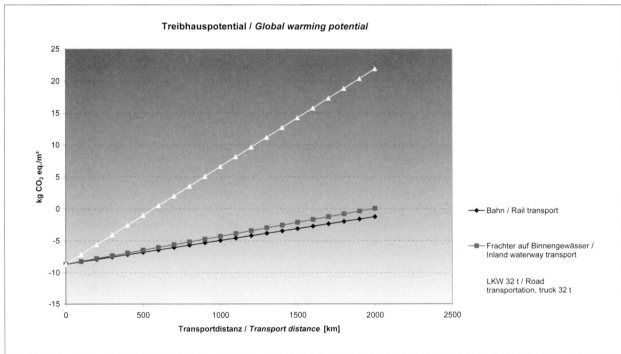

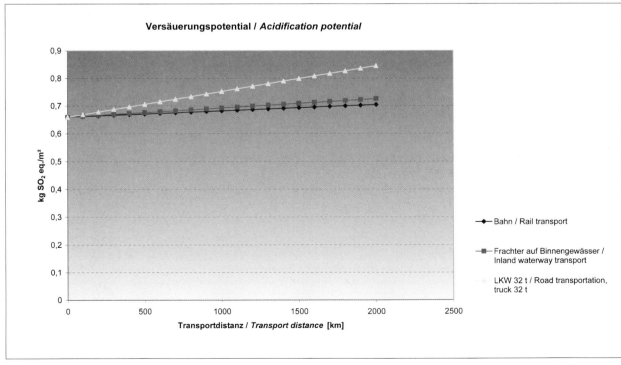

Abbildung 1–3: ökologische Gesamtbelastungen aus Herstellung und Baustofftransportenab Werktor am Beispiel eines Leichtbau-Fertigteils abhängig vom Transportmittel
Illustration 1–3: Example of the combined ecological impact of building material production and transportation from factory to building site (taking a lightweight building element as an example) depending on the means of transportation

Die Lebensdauer von funktionstragenden Bauteilschichten

Die technische Lebensdauer einer Konstruktion ist die Zeitdauer, in der sie ihre wesentlichen Funktionen erfüllen kann. Die Funktionen reichen von Statik über Wärmeschutz, Winddichtigkeit bis zur Ästhetik der Oberflächen. Jede Funktion wird von einer oder mehreren Baustoffschichten erfüllt, die wir deshalb Funktionale Einheiten nennen. Die Funktionalen Einheiten ein und derselben Konstruktion können unterschiedliche Lebensdauern haben. Sie hängen von vielen Umständen ab und können daher nur in Form von Richtwerten angegeben werden. Gleichzeitig ist diese Zeitspanne als Bezugsgröße zum ökologischen (und wirtschaftlichen) Aufwand unverzichtbar.

Die ökologischen Kennwerte der Baustoffherstellung sind im Kapitel Funktionale Einheiten wie im Kapitel Bauteile auf einen Betrachtungszeitraum von 100 Jahren bezogen. Auch in den Berechnungen zur Grafik „Entsorgung" im Kapitel Bauteile sind die angenommenen Lebensdauern Schicht für Schicht berücksichtigt.

Bauteilschichten mit kürzerer Lebensdauer als der übrige Bauteil, die so eingebaut sind, dass sie ohne Zerstören des übrigen Bauteils ausgewechselt werden können, sind in der ökologischen Beurteilung so viele Male angesetzt, wie sie während der angenommenen Lebensdauer des Gesamtbauteils ausgetauscht werden müssen (Beispiel: Dachdeckung). Da es sich bei der Anzahl der Erneuerungen um eine theoretisch berechnete Zahl auf Basis der Richtwerte für die Lebensdauern handelt, können auch nicht ganze Instandhaltungszyklen resultieren.

Die Tabelle „Lebensdauer von Bauteilen" im Anhang legt unsere Annahmen über Lebensdauern bzw. Erneuerungsintervalle offen und ermöglicht den NutzerInnen des Bauteilkatalogs, die vorgefundenen Werte mit eigenen anderen Annahmen neu zu berechnen. Die Liste stützt sich auf [Leitfaden 2004].

Entsorgung

Zur Darstellung der Entsorgungseigenschaften hat das IBO eine semiquantitative Bewertungsmethode entwickelt, die sich aus einer Bewertung der Entsorgungseigenschaften des Baustoffes und des Bauteils zusammensetzt. Die Methode befindet sich noch im Fluss und hat sich auch seit der Erstpublikation [Abfall 2003] bereits deutlich weiterentwickelt.

Begriffe

Die Entsorgung umfasst gem. Abfallwirtschaftsgesetz (AWG, Österreich) bzw. Kreislaufwirtschafts- und Abfallgesetz (Deutschland) die Beseitigung und Verwertung von Abfällen, wobei die Abgrenzung zwischen diesen beiden Begriffen in einer „Gesamtabwägung" unter Berücksichtigung nachhaltiger und ökologischer Kriterien zu beurteilen ist. Die Verwertung von Abfällen umfasst die thermische Verwertung und die stoffliche Verwertung (Recycling). Zur Beseitigung zählen die Behandlung, Lagerung und Ablagerung (Deponierung) von Abfällen, die keiner Verwertung zugeführt werden können, in Abfallbeseitigungsanlagen. Die Verbrennung von Abfällen in Feuerungsanlagen für Private, Gewerbe und Industrie, in Müllverbrennungsanlagen oder Entsorgungsbetrieben wird je nach „Gesamtabwägung" als Verwertung (Verwertung von brennbaren Abfällen zur Gewinnung von Energie) oder Beseitigung (z.B. Hausmüll ohne Energiegewinnung) eingestuft.

Bewertung von Baustoffen

Zur Beurteilung herangezogen werden die Entsorgungswege
- Recycling
- Verbrennung
- Ablagerung

Dies führt zu einer Bewertung von 1 bis 5, wobei 1 das beste Ergebnis darstellt (Tab.4).

Beurteilt wird
1. der aktuelle Entsorgungsweg, der zum jetzigen Zeitpunkt überwiegend (mind. 80 %) beschritten wird
2. das Verwertungspotential, das bei Verbesserung der Rahmenbedingungen bis zum angenommenen Zeitpunkt der Entsorgung des Bauprodukts aus wirtschaftlicher und technischer Sicht möglich wäre

Gibt es zwei Entsorgungswege (Recycling/Deponierung oder Recycling/Verbrennung) wird von dem Entsorgungsweg mit der schlechteren Einstufung ausgegangen. Die Einstufung wird um 1 verbessert, wenn der Entsorgungsweg mit der besseren Einstufung um mindestens 2 Stufen besser liegt.

Bewertung der Bauteile

Die Berechnung der Entsorgungseigenschaften eines Bauteils erfolgt in 6 Stufen: Folgende Kriterien sind Bestandteil der Bauteilbewertung:
1. Berechnung des anfallendes Volumen
2. Gewichtung mit der Entsorgungseinstufung der Baustoffe
3. Gewichtung mit dem Verwertungspotential der Baustoffe

The lifecycle of functional construction component layers

The technical construction lifecycle is the time period in which a construction is able to fulfill its basic function(s). These functions range from structural purposes to heat insulation, and from windproofing to aesthetic surfaces. Each function is fulfilled by one or more construction material layers, which is why we have named them functional units. The functional units in one and the same construction can have varying lifecycles. Lifecycles depend on many circumstances, and can therefore only be discussed with guideline values. This timeframe is an indispensable point of reference in terms of the ecological (and economic) expenses.

The specific ecological values of construction material production reflect an observation period of 100 years in the Functional Unit and Construction Component chapters. The calculations in the "disposal" graph also reflect the assumed lifecycles of each layer.

Construction component layers with shorter lifecycles than the rest of the component(s) which are installed in a way that makes is possible to exchange them without damaging the remaining parts are listed in the ecological assessment as many times as they need to be exchanged in the projected life span of the entire component (example: roofing layers). Incomplete maintenance cycles can result from the fact that the number of exchanges which may be required is a theoretical calculation based on the guideline values.

The "Construction Component Lifecycle" appendix shows our lifecycle and renewal exercises. Readers of this catalog can use the data to make new calculations with their own, differing estimates. The list is based on [Leitfaden 2004].

Disposal

IBO developed a semi-quantitative evaluation method to demonstrate disposal properties consisting of an evaluation of a construction material's and component's disposal properties. The method is still in flux and has undergone significant further development since it was first published [Abfall 2003].

Terms

In accordance with the Abfallwirtschaftsgesetz (Waste Industry Law, AWG, Austria) and the Kreislaufwirtschafts- und Abfallgesetz (Cyclical Economy and Waste Law, Germany), disposal comprises the removal and utilization of the waste as a "total appreciation" of removal and utilization taking sustainability and ecological criteria into consideration. Utilization comprises thermal and material utilization (Recycling). Removal comprises treatment, storage and accumulation (disposal) of waste that cannot be utilized in waste disposal plants. The incineration of waste in incineration plants for private persons or commercial and industrial operations is rated as utilization (utilization of combustible waste to produce energy) or removal (residential waste without energy production).

Evaluation of construction materials

The evaluation comprises the following disposal steps
- Recycling
- Incineration
- Disposal

This leads to a rating of 1 to 5 in which 1 is the best result (Tab. 4).

The following are evaluated
1. The current disposal procedure, which is mostly (at least 80 %) followed
2. The utilization potential, meaning what is possible in economic and technical terms if the framework conditions improve until the time of the construction product's actual disposal

If there are two disposal options (recycling/disposal or recycling/incineration), the option with the worst rating is assumed. The evaluation is improved by 1 if the disposal option with the better evaluation is better by at least 2 points.

Evaluation of the construction components

The calculation of the disposal properties is completed in 6 steps:
The following criteria are parts of the construction component calculation:
1. Calculation of the accruing volume
2. Weighting with the disposal rating of the construction materials
3. Weighting with the utilization potential of the construction materials

4. Berechnung der Entsorgungskennzahl des Bauteils
5. Berücksichtigung der Abfallfraktionen
6. Berücksichtigung der Schichtanzahl

1. Berechnung des anfallenden Volumens
- Für jedes im Bauteil eingesetzte Material wird das zur Entsorgung anfallende Volumen berechnet. Diesem Kriterium liegt die Hypothese zugrunde, dass die ökologischen Aufwendungen für die Entsorgung umso aufwändiger sind, je höher die anfallende Menge ist, und dass in vielen Teilbereichen der Entsorgung (Lagerung, Transport, Deponierung) das Volumen maßgeblich ist. Die anfallende Menge wird in m³ angegeben. Dabei werden alle über den Betrachtungszeitraum von 100 Jahren anfallenden Mengen gezählt ("aggregiertes Volumen"). Z.B. fallen bei einer 10 cm dicken Dämmstoffschicht mit 40 Jahren Nutzungsdauer 0,1 m · 100 / 40 = 0,25 m³ Dämmstoff pro m² Bauteil an.
- Es werden alle Materialien berücksichtigt, die auch in die Berechnung der ökologischen Kennwerte für die Herstellung und die Entsorgung Eingang finden

2. Gewichtung mit der Entsorgungseinstufung der Baustoffe
- Das an jedem Material des Bauteils angefallene Volumen wird mit der Entsorgungseinstufung des Materials multipliziert. D.h. für einen Baustoff mit der Entsorgungseinstufung 3 wird das dreifache Abfallvolumen berechnet. Z.B. ergeben 0,25 m³ Zellulosefaserflocken mit der Entsorgungseinstufung 3 ein "gewichtetes" Volumen von 0,75 m³.

3. Gewichtung mit dem Verwertungspotential der Baustoffe
- Durch das Verwertungspotential der Baustoffe wird die zu beseitigende Abfallmenge reduziert. Dabei wird von folgenden Annahmen ausgegangen:

Verwertungspotential	Abfall
1	25 %
2	50 %
3	75 %
4	100 %
5	125 %

Die Tabelle ist folgendermaßen zu interpretieren: Von einem Baustoff mit dem Verwertungspotential 1 fallen nur 25 % als Abfall an, 75 % werden recycelt usw. Z.B. ergibt das "gewichtete" Volumen von 0,75 m³ Zellulosefaserflocken mit der Verwertungseinstufung 3 ein "gewichtetes Abfallvolumen" von 0,75 m³ · 75 % = 0,563 m³.
Für die Beseitigung eines Baustoffs mit Verwertungspotential 5 wird zusätzliches Material zur Aufbereitung benötigt, daher wird die Abfallmenge um 25 % erhöht (125 %).

4. Berechnung der Entsorgungskennzahl des Bauteils
- Die Summe aller auf diese Weise gewichteten Abfallmengen der Baumaterialien ergibt die materialbezogene Entsorgungskennzahl des Bauteils

5. Berücksichtigung der Abfallfraktionen
- Diesem Kriterien liegt die Hypothese zugrunde, dass die hochwertige Entsorgung von Baurestmassen umso wahrscheinlicher ist, je höher der Anteil einer Reststoff-Fraktion ist
- Die Baustoffe werden daher den 3 Fraktionen "organisch", "mineralisch" und "metallisch" zugeordnet, die sich grundsätzlich in den Entsorgungswegen unterscheiden
- Wenn das gesamte Bauteil im Wesentlichen (≥ 95 %) nur aus einer Fraktion besteht, wird die Entsorgungskennzahl des Bauteils um 0,1 herabgesetzt

6. Berücksichtigung der Schichtanzahl
- Diesem Kriterien liegt die Hypothese zugrunde, dass der hochwertige Rückbau eines Bauteils umso aufwändiger (und damit unwahrscheinlicher) ist, je höher die Anzahl der Schichten mit unterschiedlichen Baustoffen ist
- Die Entsorgungskennzahl des Bauteils wird um 0,1 herabgesetzt, wenn das Bauteil < 5 Schichten enthält und um 0,1 hinaufgesetzt, wenn das Bauteil > 10 Schichten enthält
- Gezählt wird jedes Baumaterial unter Berücksichtigung folgender Regeln:
  - Befestigungsmittel (Mörtel, Kleber, Dübel, Lattung, …) werden zur Baustoffschicht hinzugezählt, wenn die Mengen gering sind (< 3 Vol.-%, z.B. Dübel, Kleber) oder wenn sie aus demselben Material wie die Baustoffschicht bestehen (z.B. Holzlattung mit Holzschalung)
  - Putzarmierungen und Putzgrundierung werden zur Putzschicht gezählt
  - Beschichtungen und Imprägnierungen werden als Bestandteil der behandelten Schicht betrachtet

4. Calculation of the specific disposal value of the construction components
5. Taking disposal fractions into account
6. Taking the number of layers into account

1. Calculation of the accruing volume
- The accruing volume to be disposed of is calculated for every construction material used in the component. The underlying hypothesis for this criterium is that the ecological steps for disposal become more sophisticated as the amount that accrues increases and that volume is a determinant in many disposal aspects (storage, transport and disposal). The accruing amount is measured in m³. All the amounts that accrue over the 100-year period of observation are counted ("aggregate volume"). E.g. if a 10 cm-thick insulation material layer is used for 40 years then 0.1 m · 100 / 40 = 0.25 m³ insulation material per sqm. accrues.
- All materials are taken into account that are reflected in the calculation of the specific ecological values for production and disposal.

2. Weighting with the disposal rating of the construction materials
- The volume that accrues for every material in the component is multiplied by the disposal rating of the material. Hence the triple amount of a material with a rating of 3 is calculated. E.g. 0.25 m³ cellulose fiber flakes with a disposal rating of 3 results in a "weighted" volume of 0.75 m³.

3. Weighting with the utilization potential of the construction materials
- The utilization potential of the construction material reduces the amount of waste to be disposed. This is based on the following assumption:

Utilization potential	Waste
1	25 %
2	50 %
3	75 %
4	100 %
5	125 %

The table should be interpreted as follows: only 25 % of a material with a rating of 1 is considered waste, 75 % is recycled and so on. E.g. the weighted volume of 0.75 m³ of cellulose fiber flakes with the utilization rating 3 adds up to a "weighted" waste volume of 0.75 m³ · 75 % = 0.563 m³.
Additional material is necessary for the disposal of a material with a rating of 5, thus the amount of waste increases by 25 % (125 %).

4. Calculation of the specific disposal value of the construction components
- The sum of all the amounts of waste of the construction materials weighted this way adds up to the material-based specific disposal value of the component

5. Taking the disposal fractions into account
- The underlying hypothesis for these criteria is that the greater the amount of one specific fraction of residual material, the higher the probability of high-quality disposal of construction waste masses
- The construction materials are therefore divided into 3 fractions: "organic," "mineral," and "metallic," which are fundamentally different in terms of disposal methods
- If the entire component is primarily (≥ 95 %) made of one fraction, the specific disposal value decreases by 0.1

6. Taking the number of layers into account
- The underlying hypothesis for these criteria is that high-quality re-utilization becomes more complex (and therefore more unlikely) as the number of layers increases
- The specific disposal value decreases by 0.1 if the component has < 5 layers and increases by 0.1 if the component has > 10 layers
- Every construction material is counted taking the following rules into account:
  - Fastening materials (mortar, adhesives, dowels, lathes...) are counted as part of the material layer, if the quantities are small (< 3 vol.-%, e.g. dowels, adhesives) or if they consist of the same material as the construction material layer (e.g. wood lathes with wood cladding)
  - Plaster reinforcements and plaster primers are counted as part of the plaster layer

- Stahlarmierung und Beton werden als getrennte Schichten gezählt
- Tragkonstruktion und Dämmstoff werden als getrennte Schichten behandelt, auch wenn sie in einer Ebene liegen
- Mantelsteine und Kernbeton und ev. integrierte Dämmung werden als getrennte Schichten gerechnet
- Baustoffe aus demselben Material in unterschiedlichen Funktionen in aneinanderliegenden Schichten (z.B. Schafwolle als Trittschalldämmung und als Wärmedämmung) werden als eine Schicht gewertet

- Coatings and finishes are considered components of a treated layer
- Steel reinforcement and concrete are counted as separate layers
- Load bearing constructions and insulation materials are considered separate materials, even when they are on the same plane
- Hollow blocks, core concrete and any integrated insulation are calculated as separate layers
- One and the same construction material used for different functions in layers on top of each other (e.g. lambswool as sound impact insulation and as heat insulation) is rated as one layer

Entsorgungsweg		1	2	3	4	5
A	Recycling	Wiederverwendung: Recycling zu technisch vergleichbarem Sekundärprodukt oder -rohstoff	Recyclingmaterial ist hochwertiger Rohstoff mit hohem Marktwert; Recycling zu technisch vergleichbarem Sekundärprodukt oder –rohstoff nach Aufbereitung/Trennung	Recyclingmaterial ist hochwertiger Rohstoff mit niedrigem Marktwert	Recycling technisch möglich, aber wegen zu großem Aufwand nicht praktikabel (z.B. großer Reinigungs- oder Transportaufwand). Downcycling zu minderwertigeren Produkten.	Recycling mit technisch und wirtschaftlich nicht vertretbarem Aufwand verbunden
B	Verbrennung	Energetische Verwertung, Abfall erfüllt Kriterien für Brennstoff nach BImSchV* für Öfen < 15 kW	Energetische Verwertung, Abfall erfüllt Kriterien für Brennstoff in größeren Anlagen z.B. betriebliche Anlagen nach FAV** bzw. BImSchV* > 50 kW möglich	Energetische Verwertung in Müllverbrennungsanlagen bzw. Anlagen zur Mitverbrennung	Verbrennung nach Aufbereitung (z.B. Reinigung von mineralischen Bestandteilen)	Verbrennung von Materialien mit höherem Gehalt an Metall- und Halogenverbindungen (> 1M%) oder klimaschädlichen Substanzen (HFKW)
C	Ablagerung	Kompostierung bzw. Vererdung	Ablagerung auf Baurestmassen- bzw. Inertstoffdeponien	Gesetzl. Ablagerung auf Baurestmassendeponie möglich, aber problematisch	Beseitigung auf Massenabfalldeponie oder Reststoffdeponie bzw. Deponien für nicht gefährliche Abfälle; Emissionen in die Umwelt möglich	Gefährlicher Abfall, aufbereitet für Ablagerung, starke Verunreinigungen (Schamotterohr), problematisches Verhalten (Metalle)

Disposal steps		1	2	3	4	5
A	Recycling	Re-utilization: Recyclable to a technically comparable secondary product or raw material	Recycling material is a high-quality raw material with high market value. Reutilization: Recyclable to a technically comparable secondary product or raw material after processing /separation	Recycling material is a high-quality raw material with low market value	Recycling technically possible, but impracticable due to demanding technical requirements (e.g. complex cleaning or transport). Downcycling to lower grade.	Recycling linked to technically and economically unjustifiable complexity
B	Incineration	Energetic re-utilization, waste meets criteria for fuel according to BImSchV* for ovens < 15 kW	Energetic re-utilization, waste meets criteria for fuel in large plants e.g. company facilities according to FAV** or. BImSchV* > 50 kW possible	Energetic re-utilization in waste incineration plants or plants for co-incineration	Incineration after processing (e.g. cleansing of mineral components)	Incineration of materials with high metal and halogen contents (> 1M%) or hazardous substances for the climate (HFC)
C	Accumulation	Composting or humification	Accumulation at construction waste mass or inert material deposits	Legal accumulation at construction waste mass disposal sites possible, but problematic	Disposal at mass waste, residual waste disposal sites or disposal sites for non-hazardous waste possible, emissions into the environment possible	Dangerous waste prepared for accumulation, high contamination (chamotte pipe) problematic properties (Metals)

Tab. 4: Übersichtstabelle zur Einstufung der Entsorgungseigenschaften von Baustoffen ▪ Table on the rating of disposal properties of building materials
* BImSchV :BGBl I S. 491 Erste Verordnung zur Durchführung des Bundes-Immissionsschutzgesetzes, Verordnung über kleine und mittlere Feuerungsanlagen, zuletzt geändert 2001, BGBl. I S 1950 (Deutschland); **FAV: BGBl Nr.331/1997 Feuerungsanlagenverordnung

Erläuterungen zu den Elementen des Kataloges
Bauteile
Code

EF	Erdberührte Fußböden	EFo	Dämmung oberhalb Bodenplatte
		EFu	Dämmung unterhalb Bodenplatte
		EFb	Dämmung beidseitig um Bodenplatte
EA	Erdberührende Außenwände	EAb	Betonscheibe
		EAm	Mauerwerk
AW	Außenwände	AWh	Holzmassivbau
		AWl	Leichtbau
		AWm	Massivbau
KD	Kellerdecke	KDo	Dämmung oberhalb massiver Rohdecke
		KDu	Dämmung unterhalb massiver Rohdecke
		KDb	Dämmung beidseitig um massiver Rohdecke
		KDh	Holzmassivbau
		KDl	Leichtbau
GD	Geschoßdecke	GDh	Holzmassivbau
		GDl	Leichtbau
		GDm	Massivbau
AD	Decke über Außenluft	ADh	Holzmassivbau
		ADl	Leichtbau
		ADm	Massivbau
DA	Dächer und Terrassen	DAh	Holzmassivbau
		DAl	Leichtbau
		DAm	Massivbau
IW	Innenwände	IWh	Holzmassivbau
		IWl	Leichtbau
		IWm	Massivbau

Explanation of the catalog elements
Components
Code

EF	Floors in contact with ground	EFo	Insulation above floor slab
		EFu	Insulation below floor slab
		EFb	Insulation on both sides of floor slab
EA	Outer walls in contact with ground	EAb	Concrete slab
		EAm	Masonry
AW	Outer walls	AWh	Solid wood construction
		AWl	Lightweight construction
		AWm	Solid construction
KD	Cellar ceiling slabs	KDo	Insulation above the ceiling slab
		KDu	Insulation below the ceiling slab
		KDb	Insulation on both sides of the ceiling slab
		KDh	Solid wood construction
		KDl	Lightweight construction
GD	Intermediate floors	GDh	Solid wood construction
		GDl	Lightweight construction
		GDm	Solid construction
AD	Ceiling above outside air	ADh	Solid wood construction
		ADl	Lightweight construction
		ADm	Solid construction
DA	Roofs and terraces	DAh	Solid wood construction
		DAl	Lightweight construction
		DAm	Solid construction
IW	Inside walls	IWh	Solid wood construction
		IWl	Lightweight construction
		IWm	Solid construction

Aufbau

Die Konstruktionen sind im Maßstab 1:15 gezeichnet (Ausnahme: Folien).
Zur Dimensionierung der Bauteile: siehe Einleitung. Die angegebenen Materialalternative ist als komplette zweite Lösungsmöglichkeit konzipiert, „gängige" und „alternative" Materialoptionen können also nicht beliebig Schicht für Schicht kombiniert werden!
Die Schichten sind von außen nach innen bzw. von oben nach unten durchnummeriert.

Bauphysik (Tabelle)

Die folgenden bauphysikalischen Kennzahlen werden tabellarisch angegeben:
• Gesamtdicke [cm]
• Wärmedurchgangskoeffizient U-Wert [W/m²K] gemäß ÖNORM EN ISO 6946
• Bewertetes Schalldämmmaß R_W [dB] gemäß ÖNORM EN 12354-1bis 4
• Bewerteter Standard-Trittschallpegel $L_{nT,w}$ gemäß ÖNORM EN 12354-1bis 4
• In der Kondensationsperiode kondensierende Wasserdampfmenge G'_K [kg/m²a], bzw. in der Austrocknungsperiode ausdiffundierende Wasserdampfmenge G'_A [kg/m²a] gemäß ÖNORM B8110-2
• Wirksame Wärmespeicherkapazität [kJ/m²K] gemäß ÖNORM EN ISO 13786
Die Statik der gezeigten Details muss für jeden Anwendungsfall überprüft und ggf. angepasst werden.

Technische Beschreibung

Eignung:
Wofür ist die gezeigte Konstruktion technisch geeignet, wofür nicht? Alle Angaben, die für die Konstruktionsauswahl aus technischer Sicht notwendig sind.

Ausführungshinweise:
Worauf muss bei der Ausführung geachtet werden? Passivhäuser stellen erhöhte Anforderungen an die Ausführungsqualität. Angaben zu Details der Verarbeitung, Gefahren von Verarbeitungsmängeln, richtige Anschlüsse, Materialwahl.

Instandhaltung:
Was ist später bei der Instandhaltung zu bedenken? Angaben zu Schadensanfälligkeiten und notwendigen Instandhaltungsarbeiten aus technischer Sicht.

Diskussion:
Warum sind die Schichten in der gezeigten Reihenfolge angeordnet und welche Funktion haben sie im Einzelnen?

Structure

The construction drawings are drawn to scale 1:15 (except foils and sheets).
Concerning the dimensions of the construction components: see introduction. The suggested alternative is conceived as a complete second solution, therefore, the "standard" and "alternative" material options cannot be arbitrarily combined layer for layer!
The layers are numbered from the outside to inside or from top to bottom.

Building physics (Table)

The following specific building physical values were tabled:
• Overall thickness [cm]
• Heat transfer coefficient U-value [W/m²K] according to ÖNORM EN ISO 6946
• Rated sound insulation measurement R_W [dB] according to ÖNORM EN 12354-1 to 4
• Rated standard impact sound insulation level $L_{nT,w}$ according to ÖNORM EN 12354-1 to 4
• The water vapor amount condensed during the condensation period G'_K [kg/m²a], and the water vapor amount diffused during the drying period, G'_A [kg/m²a], according to ÖNORM B8110-2
• Effective heat capacity [kg/m²K] according to ÖNORM EN ISO 13786
The statics of the details shown have to be checked and adjusted if need be.

Technical description

Suitability:
What is the construction suitable and unsuitable for technically? All the information required from a technical point of view when choosing a construction.

Construction Notes:
What should be kept in mind during completion? Passive houses are more demanding in terms of completion quality. This information includes completion details, the dangers ensuing from faulty assembly, the proper connections and material selection.

Maintenance:
What should be kept in mind for maintenance later? This information includes damage susceptibility and the required maintenance measures from a technical point of view.

Ökologisches Profil

Grafik Herstellungsaufwand:
Wie tragen die einzelnen in der Konstruktion enthaltenen Baustoffe zum ökologischen Aufwand der Herstellung der Konstruktion bei? Innerhalb eines angenommenen Betrachtungszeitraums von 100 Jahren sind manche Bauteilschichten mehrmals auszutauschen, so dass der auf sie entfallende ökologische Herstellungsaufwand mehrfach anzusetzen ist.
- PEI nicht erneuerbar
  siehe unten unter Referenz Baustoffbeschreibungen
- Treibhauseffekt 100a 1994 [kg CO_2-Äquivalent]
  siehe unten unter Referenz Baustoffbeschreibungen
- Versäuerung [g SO_x-Äquivalent]
  siehe unten unter Referenz Baustoffbeschreibungen

Grafik Entsorgung:
Siehe Seite 6

Hinweise zu Ökologie, Arbeits- und Gesundheitsschutz:
Hier werden in kurzer Form die wichtigsten Sachverhalte zusammengefasst, die in den Kapiteln Funktionale Einheiten und Baustoffe genauer erläutert werden. Der Schwerpunkt liegt auf der Einbau- und der Nutzungsphase, die am wenigsten durch quantitative Werte beschrieben werden kann.

Anschlussdetails
Code
Anschlüsse werden mit den Codes der zusammengeführten Regelquerschnitte bezeichnet. Beispiel: AWm 01 ⋊ DAl 02 Anschluss zwischen Außenwand Massiv, Mauerwerk mit Wärmedämmverbundsystem und Dach Leichtbau.

Aufbau
Die Konstruktionen sind im Maßstab 1:15 gezeichnet (Ausnahme Folien).
Der Regelquerschnitt wird jeweils in der „gängigen" Ausführung gewählt, der Aufbau ist den entsprechenden Bauteilblättern zu entnehmen. Baustoffe, die zusätzlich zu den Regelquerschnitten enthalten sind, werden explizit angegeben und, wenn für die Wärmebrückenberechnung relevant, auch die gewählte Wärmeleitfähigkeit ergänzt.

Bauphysik (Tabelle).
Die folgenden bauphysikalischen Kennzahlen werden angegeben (Detailbeschreibung siehe Glossar):
- Wärmebrückenkoeffizient 2-dimensional Ψ-Wert [W/mK] gemäß ÖNORM EN ISO 10211, bzw. ÖNORM EN ISO 10077
- Wärmebrückenkoeffizient 3-dimensional χ-Wert [W/mK] gemäß ÖNORM EN ISO 10211 optional
Die Wärmebrückenkoeffizienten beziehen sich auf die Außenmaße (z.B. Unterkante Bodenplatte bei Innendämmung, bzw. Unterkante Wärmedämmung bei außenliegender Dämmung). Für erdberührte Bauteile wird gemäß [Schnieders 2004] vorgegangen. Für die Berechnung des 1-dimensionalen Referenzleitwertes bei Fußböden, deren Oberkante unterhalb derjenigen des Erdreichs liegt, wird der vertikale Bauteil in erdberührte Außenwand (mit verminderter Dämmstärke) und die übrige Außenwand, entsprechend der zeichnerischen Darstellung geteilt. Liegt die Fußbodenoberkante oberhalb, wird die Außenwand ungeteilt herangezogen. Die Statik der gezeigten Details muss für jeden Anwendungsfall überprüft und ggf. angepasst werden
Wurde für einen Anschluss eine dynamische Feuchtesimulation durchgeführt, wird das Risiko für Schimmelpilzbildung qualitativ bewertet. Die Beschreibung gibt eine grobe Beurteilung der Konstruktion in Bezug auf das Risiko von Schimmelpilzbildung an. Im Rahmen dieses Buches kann nicht explizit darauf eingegangen werden, inwieweit Schäden in Baustoffen tatsächlich auftreten oder eine mögliche Gesundheitsgefährdung der Bewohner zu erwarten ist. Ebenso wenig wird auf die Fehlertoleranz der Konstruktion in feuchtetechnischer Hinsicht eingegangen.
Treten in Holzbaustoffen über längere Dauer höhere absolute Feuchten über 20 % auf, wird darauf explizit hingewiesen.
Der Temperaturfaktor f_{Rsi} gemäß ÖNORM EN ISO 13788 liegt für alle Anschlüsse über dem kleinsten zulässigen Temperaturfaktor für Schimmelbildung von $f_{Rsi,min} = 0,71$ gemäß ÖNORM B 8110-2.

Discussion:
Why are the layers arranged in the certain sequence shown and what are their individual functions?

Ecological profile

Production complexity graph:
How do the individual construction materials contained in a structure contribute to the ecological complexity of the structure? Some construction component layers have to be changed a number of times within an assumed period under review of 100 years. Hence the ecological complexity of their production is included several times.
- PEI non-renewable
  See below under construction material reference
- Greenhouse effect 100a 1994 [kg CO_2 equivalent]
  See below under construction material reference
- Acidification [g So_x equivalent]
See below under construction material reference

Disposal and utilization graph:
See page 6

Ecological, work and health protection notes:
The most important issues discussed in greater detail in the chapters on functional units and construction materials are summarized here.
The main focus is on the installation and use phase, which is least suitable for a quantitative evaluation.

Connection details
Code
Connections are designated with the codes of the connected standard cross-sections.
Example: AWm 01 ⋊ DAl 02 Connection between a solid outer wall, masonry with a combined heat insulation system and lightweight roof.

Structure
The construction drawings are drawn to scale 1:15 (exception: sheets).
The standard cross-section shows the "standard" solution for the respective construction. The structure can be examined in the corresponding data sheets. Additional construction materials that are not part of the standard cross-sections are listed and their heat conduction properties are discussed if they are relevant in terms of thermal bridge calculations.

Building physics (table)
The following specific building physics values were tabled (for details see glossary):
- Thermal bridge coefficient , 2-dimensional Ψ-value [W/mK] according to ÖNORM EN ISO 10211, and/or ÖNORM EN ISO 10077
- Thermal bridge coefficient, 3-dimensional χ-value [W/mK] according to ÖNORM EN ISO 10211 optional
The thermal bridge coefficients refer to the external measures (e.g. underside of the foundation slab in the case of thermal insulation placed above the slab; underside of the thermal insulation layer in the case of thermal insulation placed beneath the slab. Building elements in contact with ground are dealt with according to [Schnieders 2004]. When calculating 1-dimensional reference values, in case of floors with upper surface below ground level, the vertical building element is divided into the external wall section in contact with ground (with decreased thickness of insulation) and the remaining wall, according to the illustration. If the upper surface of the floor is above ground level the external wall is calculated undivided.
The statics of the details shown have to be checked and adjusted if need be.
If a connection was subjected to a dynamic moisture simulation, the risk of mold growth was described: The description gives a rough evaluation of the construction in terms of the mold growth risk. The actual damage to construction materials and possible health hazards for the residents cannot be discussed explicitly in this book. Construction error tolerances for moisture are not discussed either.
Wood construction materials that show absolute moisture values in excess of 20 % are mentioned explicitly.
Values of the temperature factor f_{Rsi} according to ÖNORM EN ISO 13788

Technische Beschreibung

Eignung:
Wofür ist der gezeigte Anschluss technisch geeignet, wofür nicht? Alle Angaben, die für die Auswahl aus technischer Sicht notwendig sind.

Ausführungshinweise:
Worauf muss bei der Ausführung geachtet werden? Passivhäuser stellen erhöhte Anforderungen an die Ausführungsqualität. Angaben zu Details der Verarbeitung, Gefahren von Verarbeitungsmängeln, richtige Anschlüsse, Luftdichtigkeitsebene, Materialwahl.

Instandhaltung:
Was ist später bei der Instandhaltung zu bedenken? Angaben zu Schadensanfälligkeiten und notwendigen Instandhaltungsarbeiten aus technischer Sicht.

Diskussion:
Warum sind die Schichten so und nicht anders angeordnet und welche Funktion haben sie im Einzelnen? Sind durch geringfügige Änderungen, bzw. alternative Materialien einzelne technische Eigenschaften deutlich verbesserbar bei vielleicht erhöhtem Aufwand?

Funktionale Einheiten

Funktionale Einheiten sind in diesem Werk als „Bauteilschichten" definiert, „die gemeinsam ein Bündel technischer Dienstleistungen erbringen und darin von benachbarten Schichten abgrenzbar sind". Sie dienen als Bezugseinheit für den ökologischen (und finanziellen) Aufwand, der mit der Errichtung, Instandhaltung und Entsorgung eines Bauwerks verbunden ist. Dem Aufwand steht ein Nutzen gegenüber. Der Nutzen muss den Aufwand rechtfertigen. Die Betrachtung Funktionaler Einheiten ermöglicht uns, eine Vielzahl an Aufbauvarianten zu zeigen, die im Kapitel Bauteile zu Redundanz und Abschlägen in der Vergleichbarkeit führen würden. Nach der Darstellung der erbringbaren Funktionen wird die Funktionale Einheit über den gesamten Lebenszyklus von der Herstellung der Systemkomponenten bis zur Entsorgung technisch und ökologisch beschrieben und bewertet. An den Schluss wird ein ökologisches Datenprofil für gewählte typische Systeme gestellt, die anhand
- technischer Kennwerte z.B. wirksame Speichermasse
- ökologischer Kennwerte z.B. Treibhauspotential
- und qualitativer Kriterien
vergleichend gegenübergestellt werden. Die Auswahl soll möglichst das vorhandene Spektrum in technischer und ökologischer Hinsicht abbilden. In der qualitativen Beurteilung werden die günstigen (+,) ungünstigen (–) und mittleren (0) Fälle für jedes Kriterium definiert und festgelegt, ob eine Einstufung nach diesem Kriterium vorgenommen wird. Gründe, auf eine Einstufung zu verzichten sind:
- starke Produktabhängigkeit
- starke Abhängigkeit von der Einbausituation
- schlechte Datenlage, oder
- wenn das Kriterium sich in den Erstellungskosten ohnehin abbildet
Wird auf eine Einstufung verzichtet, werden die Parameter aber gleichwohl erläutert, um die betreffenden, durchaus relevanten Sachverhalte nicht zu unterschlagen.

Beschreibung:
Die Funktionale Einheit wird einleitend beschrieben und definiert. Ihr Vorkommen in den Bauteilen wird genannt.

Funktionen:
Eine Funktionale Einheit hat eine Leitfunktion, z.B. Wärmedämmwirkung des Wärmedämmverbundsystems und mehrere Nebenfunktionen, deren Wichtigkeit jeweils auch vom Untergrund abhängt, z.B. Brandschutz, Schallschutz, Winddichtigkeit eines Wärmedämmverbundsystems.

Systemkomponenten:
Eine Funktionale Einheit besteht in der Regel aus mehreren Komponenten mit Teilfunktionen, wie Dämmstoff, Befestigung, Putzträger, Putz. Diese werden zunächst technisch analysiert und ökologisch bewertet, damit die Alternativen klar werden, zwischen denen beim Aufbau der kompletten Systeme zu entscheiden ist.

---

are for all connections shown above the level of the minimal permissible temperature factor regarding mold growth risk of $f_{Rsi,min} = 0.71$ according to ÖNORM B 8110-2.

Technical description

Suitability:
What is the connection detail suitable and unsuitable for technically? All the information required from a technical point of view when choosing a construction.

Construction notes:
What should be kept in mind during completion? Passive houses are more demanding in terms of completion quality. This information includes on completion details, the dangers ensuing from faulty assembly, the airtight layer and material selection.

Maintenance:
What should be kept in mind for maintenance later? This information includes damage susceptibility and the maintenance measures required from a technical point of view.

Discussion:
Why are the layers aligned in a certain way and what are their individual functions? Can minor changes or alternative materials significantly improve individual technical properties and eventually make completion more expensive?

Functional units

Functional units are defined as "construction component layers" in this book "that perform a number of technical services different from the technical services neighboring layers perform". They serve as reference unit for the ecological (and financial) effort involved in the construction, maintenance and disposal of a building. This effort is balanced against the building's use. The use has to justify the effort. The examination of functional units makes is possible to show a number of structural variants that lead to redundancies and reductions with regard to comparability in the construction chapter.
After delineating its functional capabilities, the functional unit is described throughout its entire lifecycle, from the production of the system components to their disposal. These descriptions include technical and ecological information and evaluations. An ecological data profile for selected, typical systems is included at the end which makes comparisons on the following levels:
- specific technical values e.g. the effective storage mass
- specific ecological values e.g. greenhouse potential
- and qualitative criteria
The selection is intended to show the existing spectrum in technical and ecological terms. The qualitative assessment defines the favorable (+), unfavorable (–) and median (0) cases for each criterion and established whether an evaluation is made. Reasons to forego an evaluation are:
- strong product dependency
- strong dependency on the installation situation
- poor data , or
- if the criterion is already reflected in the construction costs
The parameters are nonetheless explained in cases in which an evaluation is not made, to present relevant material pertinent to the respective functional unit.

Description:
The functional unit is described and defined in the introductory remarks. Its use in the construction components is recorded.

Functions:
A functional unit has a guiding function, e.g. heat insulation effectiveness of the combined heat insulation system and a number of ancillary functions whose effectiveness also depends on the respective layers it is mounted, e.g. fire protection, sound insulation, windproofing of a combined heat insulation system.

System components:
A functional unit generally consists of a number of components with partial functions, such as insulation materials, fastening, plaster bearing layers, plaster. These are initially analyzed technically and ecologically, which

Einbau:
Verarbeitung und Einbaumodalitäten werden technisch beschrieben und bezüglich, Ressourcenaufwand, Umweltverträglichkeit, Baustellenabfall und Arbeitsplatzbelastungen für die BauarbeiterInnen und HandwerkerInnen bewertet.

Nutzung:
Die Erfüllung der eingangs genannten Funktionen und Ausführungsmängel, Instandhaltung, Instandsetzung, Nutzungsdauer werden diskutiert.

Verwertung und Beseitigung:
Möglichkeiten zur Verwertung und Beseitigung werden diskutiert.

Ausgewählte Systeme:
Technische Definition der für die Zusammenschau gewählten Aufbauten. Begründung der Auswahl; dabei spielt auch die Vergleichbarkeit der Systeme eine Rolle.

Ökologisches Datenprofil für die ausgewählten Systeme:
Zusammenstellung der Bewertung der Systeme bezüglich aller Kriterien, für die eine Einstufung oder quantitative Kennwerte vorliegen. Resultat ist ein tabellarisches ökologisches und technisches Datenprofil für die ausgewählten Systeme.

Baustoffe

In diesem Kapitel werden die in den Bauteilen eingesetzten Baustoffe behandelt. Die Baustoffe sind systematisch nach Materialfamilien geordnet, was für ökologische Betrachtungen die rationellste Anordnung ist. Ein alphabetischer Index erleichtert die Auffindbarkeit. Die Baustoffbezeichnungen folgen den in Österreich und Deutschland gebräuchlichen Bezeichnungen.
Im Kapitel „Grundlagen" werden die zentralen Rohstoffe beschrieben und die Umwelt- und Gesundheitsverträglichkeit der Produktgruppe über den Lebenszyklus deskriptiv beschrieben. Baustoffe, die keiner Produktgruppe zugeordnet werden können, werden am Ende der Materialfamilien unter „Weitere Baustoffe..." beschrieben und ihre Umwelt- und Gesundheitsverträglichkeit bewertet.
Einzelbestandteile und wiederholt zu besprechende Schadwirkungen sind in ein Glossar ausgekoppelt.

Ökologische Kennwerte (Tabelle)

Die ökologischen Kennwerte (➜ Primärenergieinhalt, ➜ Treibhauspotential und ➜ Versäuerungspotential) sind in einer Tabelle im Anhang zusammengefasst. Datenquelle: siehe Übergeordnete Themen / Die ökologische Bewertung der Herstellung von Baustoffen
Die Werte sind auf 1 kg des betrachteten Materials bezogen.

Technische Kennwerte (Tabelle)

Die Angaben zu den technischen Kennwerten (Rohdichte, ➜ Wärmeleitfähigkeit, ➜ spezifische Wärmekapazität, ➜ Dampfdiffusionswiderstandszahl) entstammen vorwiegend Gutachten. Wo solche nicht vorlagen, wurde zunächst der Katalog für empfohlene wärmeschutztechnische Rechenwerte von Baustoffen und Bauteilen [Österreichisches Normungsinstitut 2001] und schließlich bei Bedarf die in den Baustoffblättern zitierten Normen, Herstellerangaben und Sekundärliteratur herangezogen. Da für die ökologischen Berechnungen eindeutige physikalische Werte benötigt wurden, sind bei den technischen Kennzahlen nicht die üblicherweise angegebenen Bandbreiten genannt, sondern jene eindeutigen Werte, mit denen weitergerechnet wurde.

Glossar

Im Glossar werden Begriffe, Chemikalien, Rohstoffe und Schadstoffe behandelt, die in den Texten zu Baustoffen, Funktionalen Einheiten und Bauteilen häufig vorkommen.

allows the corresponding alternatives to emerge clearly, which makes it possible to decide on the structure of the entire system.

Installation:
Finishing and installation modalities are discussed with technical descriptions and evaluated in terms of the required resources, eco-friendliness, construction site waste and work place hazards for construction workers and craftsmen.

Use:
This section discusses the fulfillment of the said functions and faulty completion problems, maintenance, repairs and the period of use.
Utilization and disposal:
Utilization and disposal possibilities are discussed here.

Selected systems:
This section includes the technical definition of the structures chosen for the synopsis as well as the reasons for the selection. System comparability plays a part in these choices.

Ecological data graph for the selected systems:
This is a compilation of the assessments of all criteria that were evaluated or for which quantitative data were available. The result is a graphical ecological and technical data profile for the selected systems.

Construction materials

This chapter examines the materials used in the components. The construction materials are classified systematically according to material families, which is the most rational sequence for an ecological discussion. An alphabetic index facilitates searches. The construction material designations follow the common names in Austria and Germany.
The "Fundamentals" chapter describes the key raw materials and the environmental and health compatibility of the product groups throughout their lifecycle. Construction materials that cannot be classified under any product family are described under "other materials" and also evaluated in terms of their environmental and health compatibility.
Individual construction components and recurrent hazardous effects are listed separately in the glossary.

Specific ecological values (table)

The specific ecological values (➜ primary energy content, ➜ greenhouse potential and ➜ acidification potential) summarized in an appendix table. Data source: see overarching subjects / the ecological evaluation of construction material production
The values are based on 1 kg of the material discussed.

Specific technical values (tables)

The technical specific value data (raw density, ➜ heat conductivity, ➜ specific heat capacity, ➜ vapor diffusion resistance value) are largely taken from certification documents. The catalog for recommended technical construction material and component heat protection values [Österreichisches Normungsinstitut 2001], and the construction material information as well as the construction material data sheets were consulted in cases in which such documentation was not available. Since clear physical values are required for ecological calculations, the specific technical values are not listed in ranges as usual. The calculations are based on the clear values given.

Glossary

The glossary features definitions of terms, information on chemicals, raw materials and harmful substances that occur frequently in the texts on construction materials, functional units and construction components.

Grundlagen
Basics

Was ist ein Passivhaus?
What is a passive house?

Das Passivhaus ist die konsequente Weiterentwicklung des Niedrigenergiehauses. Die wesentlichen Komponenten der Passivhaustechnologie bestehen in einem ausgezeichneten Wärmeschutz, sehr guter Luftdichtheit und einer hocheffizienten Wärmerückgewinnung aus der Abluft. In Verbindung mit der Nutzung interner und solarer Wärmegewinne wird ein konventionelles Heizsystem überflüssig. Das Passivhauskonzept führt zu höchster Behaglichkeit bei minimalem Energieverbrauch.

Die präzise Definition des Passivhauses lautet:

„Ein Passivhaus ist ein Gebäude, in welchem die thermische Behaglichkeit allein durch Nachheizen (oder Nachkühlen) des Frischluftvolumenstroms, der für ausreichende Luftqualität erforderlich ist, gewährleistet werden kann – ohne dazu zusätzlich Umluft zu verwenden."

Diese Definition ist rein funktional, enthält keinerlei Zahlenwerte und gilt für jedes Klima. Sie zeigt, dass es nicht um einen willkürlich gesetzten Standard geht, sondern um ein grundlegendes Konzept. Aus der Beheizbarkeit über die Zuluft ergeben sich zwangsläufig extrem niedrige Verbrauchswerte, weil der Wegfall des Wärmeverteilsystems nur funktioniert, wenn die Netto-Wärmeverluste sehr gering sind. Der Name „Passivhaus" ist übrigens sehr treffend: Thermische Behaglichkeit wird so weit wie irgend möglich durch passive Maßnahmen (Wärmedämmung, Wärmerückgewinnung im Temperaturgefälle, passiv genutzte Sonnenenergie und innere Wärmequellen) gewährleistet.

Weil man bei luftdichten Häusern (und alle Energiesparhäuser müssen luftdicht sein) immer eine Lüftung braucht, bedeutet das Passivhauskonzept gerade, dass die technische Komponente „Lüftung" ohne zusätzliche Kanäle, ohne größere Querschnitte, ohne Zusatzventilatoren etc. unmittelbar auch zur Heizung verwendet werden kann. Dadurch wird es möglich, Gebäude mit einer hocheffizienten Lüftungswärmerückgewinnung wirtschaftlich zu bauen – und dabei gleichzeitig den Komfort zu verbessern und den Energieverbrauch zu verringern.

Die „Passivhausbedingung" lässt sich natürlich auch quantifizieren: Der Mindest-Frischluft-Volumenstrom für eine Person beträgt 30 m³/h (Hygiene-Bedingung). Luft hat eine Wärmekapazität bei Normaldruck und etwa 21 °C von 0,33 Wh/(m³K). Erwärmen kann man die Frischluft maximal auf etwa 50 °C, weil sonst Staubverschwelung eintritt. Damit kann die Zuluft höchstens 30 K wärmer sein als die Raumluft, und für die verfügbare Heizleistung folgt:

$$30 \text{ m}^3/\text{h/Pers} \cdot 0{,}33 \text{ Wh/(m}^3\text{K)} \cdot 30 \text{ K} = 300 \text{ W/Pers}$$

Eine Frischluftheizung kann also 300 Watt pro Person bereitstellen. Wenn man z.B. 30 m² Wohnfläche je Person unterstellt, ergeben sich 10 W/m² Wohnfläche – unabhängig vom Klima. Wie stark ein Passivhaus dafür gedämmt sein muss, hängt von der Klimazone ab: In Stockholm mehr, in Rom weniger.

The passive house is the result of the further development of the low-energy house. The key components are the excellent heat protection, very good airtightness and passive houses' highly efficient heat recovery from exhaust air. A conventional heating system is superfluous due to the combined use of internal and solar heat gains. The passive house concept leads to the highest degree of comfort with minimal energy consumption.

This is the precise definition of a passive house:

"A passive house is a building in which thermal comfort is solely guaranteed by re-heating (or re-cooling) the volume of fresh air that is required for satisfactory air quality – without using circulation air."

This is a purely functional definition. It doesn't contain any numerical values and is valid for any climate. It shows that the standard isn't an arbitrarily established, but a fundamental concept. Supply air heating inevitably leads to extremely low consumption rates, because the elimination of a heat distribution system only works if the net heat losses are very low. The name passive house is very accurate, by the way: thermal comfort is guaranteed by passive measures wherever possible (thermal insulation, heat recovery in the temperature range, passive use of solar energy and interior heat sources).

Since airtight houses (and all energy-saving houses have to be airtight) always require a ventilation system, the passive house needs the "ventilation" to be a technical component without additional channels, larger cross-sections and no additional ventilators, etc., that can also be used for heating. This makes it possible to construct buildings with highly efficient heat recovery systems, while improving their comfort and reducing energy consumption.

Of course "passive house" conditions can also be quantified: The minimum fresh air volume flow for one person is 30 m³/h (hygienic requirement). Under normal air pressure conditions and a temperature of c. 21 °C air has a heat capacity of 0.33 Wh/(m³K). Fresh air can be heated to a maximum of around 50 °C, since higher temperatures lead to dust pyrolysis. This means that supply can be 30 K warmer than room air at most. Thus the available heating performance is:

$$30 \text{ m}^3/\text{h/Pers} \cdot 0.33 \text{ Wh/(m}^3\text{K)} \cdot 30 \text{ K} = 300 \text{ W/Pers}$$

A fresh air heating system can supply 300 Watts per person. If one assumes 30 m² living space per person, this leads to 10 W/m² living space – irrespective of the weather. The degree of insulation necessary for a passive house depends on the weather: more in Stockholm, less in Rome.

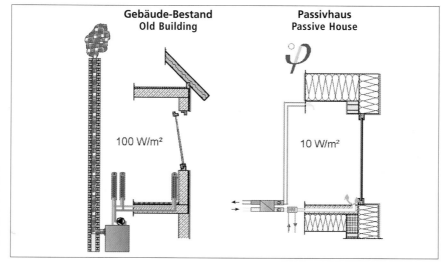

Gebäude-Bestand Old Building	Passivhaus Passive House
100 W/m²	10 W/m²

Abbildung 1: Grundprinzipien von Altbau und Passivhaus im Vergleich. Im Altbau werden die hohen Wärmeverluste und die niedrigen Oberflächentemperaturen durch ein entsprechend dimensioniertes Heizsystem ausgeglichen, im verlustminimierten Passivhaus kann die Wärmeversorgung einfacher ausfallen.

Illustration 1: Comparison between the fundamental principle of an old building and a passive house. The heat loss and low surface temperatures are compensated by a correspondingly sized heating system in the old building. Heat supply can be easier in the loss-minimized passive house.

Für Mitteleuropa zeigen die Erfahrung und Berechnungen mit Simulationsprogrammen, dass aus dieser Bedingung in etwa der oft verwendete Grenzwert von 15 kWh/(m²a) für den Heizwärmebedarf folgt. Hierauf basiert auch die Zertifizierung als „qualitätsgeprüftes Passivhaus" (s.u.).

Warum Passivhäuser bauen?

Das Passivhaus spart Energie und Geld
Das Passivhaus ist der führende Standard beim energiesparenden Bauen weltweit: Die Energieeinsparung beim Heizen gegenüber den gesetzlich vorgeschriebenen Standards beträgt etwa 80 %, entsprechend gering ist die Umweltbelastung. Die Heizkosten betragen nur 10 bis 25 Euro pro Monat – hohe Energiepreise können Passivhausbewohnern keine Angst machen. Die Mehrkosten des Passivhauses für die verbesserten Fenster, für Lüftung und Dämmung werden dabei zum größten Teil bereits durch Förderprogramme aufgefangen. Auf Dauer gesehen ist ein Passivhaus auch finanziell günstiger als ein konventioneller Neubau.

Komfort im Passivhaus sorgt für zufriedene Bewohner
Passivhäuser erreichen die enorme Energieeinsparung durch besonders energieeffiziente Bauteile und durch Lüftungstechnik. Das führt dazu, dass der Komfort sich gegenüber einem konventionellen Neubau spürbar verbessert. Durch die gute Dämmung sind alle Raumumgebungsflächen gleichmäßig warm, auch bei den an die kalte Außenluft grenzenden Bauteilen. Das schafft sehr gute Behaglichkeit.

Nicht nur Allergiker und Asthmatiker schätzen die pollenfreie und staubarme Luft im Passivhaus. Schlechte Luft im Schlafzimmer während der Nacht, weil die Fenster wegen Frost oder Lärm nicht gekippt bleiben können, gibt es im Passivhaus dank der Komfortlüftung nicht.

Die hohen Innenoberflächentemperaturen führen zudem zu einer Verringerung der Feuchtigkeit an der Bauteiloberfläche. Im Passivhaus können bei wohnraumüblicher Nutzung luftfeuchtebedingte Feuchteschäden an Außenbauteilen praktisch ausgeschlossen werden.

Grundsätze für den Bau von Passivhäusern

Guter Wärmeschutz und Kompaktheit
In Passivhäusern wird die gesamte Gebäudehülle hervorragend wärmegedämmt. Die Wärmedurchgangskoeffizienten (U-Werte) von Außenwänden, Bodenplatten und Dachflächen liegen für mitteleuropäisches Klima im Bereich von 0,1 bis 0,15 W/(m²K). Auf die Bauweise kommt es dabei nicht an: Massivbau, Holzbau, Fertigbauteile, Schalungselementetechnik, Stahlbau, semitransluzente Wandaufbauten, Mischbauweisen usw. sind bei einem Passivhaus möglich und auch bereits mit Erfolg eingesetzt worden.

Die Erfahrung beim Bau von Passivhäusern hat gezeigt, dass die hohen Dämmdicken auch mit konventionellen Dämmstoffen meist ohne weiteres realisiert werden können. Bei den meisten Bauaufgaben kann die Dämmung problemlos untergebracht werden. Wenn der Platz fehlt oder teuer erkauft werden muss, kann man auf höherwertige Dämmstoffe zurückgreifen. Die hohen Dämmdicken sind baupraktisch gut handhabbar. Richtig angewendet ist der Aufwand für die Ausführung kaum höher als bei geringeren Dämmstärken. Es bleiben die Kosten für die größere Dämmstoffmenge – Dämmstoffe sind jedoch ein vergleichsweise kostengünstiges Material. Bereits bei heutigen Energiepreisen liegt auch das ökonomische Optimum für die Dämmung der opaken Bauteile in der Nähe der für Passivhäuser benötigten Dämmstoffstärken.

Der Passivhausstandard wird besonders leicht erreichbar, wenn von Beginn der Planung an eine möglichst kompakte Gebäudehülle (d.h. ein möglichst geringes Verhältnis von Außenoberfläche und beheiztem Volumen) vorgesehen wird. Kompakte Gebäude sind ohnehin kostengünstiger; durch die reduzierte Außenoberfläche bei gleichem Gebäudenutzen sinken außerdem automatisch die Wärmeverluste, so dass zusätzliche Spielräume beim Wärmeschutz entstehen.

Experience and calculations made with simulation programs show that a maximum value of 15 kWh/(m²a) is common for Central Europe. This value is used for the "qualitätsgeprüftes Passivhaus" (quality certified passive house) standard (see below).

Why build passive houses?

A passive house saves energy and money
The passive house is the leading standard for energy-saving construction all over the world: it offers heating energy savings of 80%, with the corresponding low strain on the environment. Heating costs amount to only 10 to 25 euro per month – high energy prices are therefore not a cause for anxiety in passive houses. The larger part of the additional costs for improved windows, ventilation and insulation are covered in advance by subsidy programs. A passive house is also financially favorable in the long-term in comparison to a new conventional building.

Passive house comfort makes for satisfied residents
Passive houses achieve their enormous energy savings by using particularly energy-efficient construction components and ventilation technology. This leads to noticeably improved comfort in comparison to a conventional new building. The good insulation makes all surfaces surrounding a room equally warm, even those components bordering on cold exterior air. That ensures high levels of comfort.

The pollen-free air and low dust content in passive houses don't only appeal to people suffering from allergies and asthma. Poor bedroom air quality during the night due to windows that can't be opened on account of noise or frost aren't an issue in passive houses, since they are equipped with ventilation systems.

The high surface temperatures also lead to moisture reduction on construction component surfaces. Air moisture-related damage to exterior components are practically a non-issue in passive houses under normal residential space living conditions.

Passive house construction fundamentals

Good thermal insulation and compactness
The entire building shell is equipped with outstanding thermal insulation. The heat transfer coefficients (U-values) for exterior walls, floor slabs and roof surfaces range from 0.1 to 0.15 W/(m²K) under central European climate conditions. These values aren't dependent on the construction method: it is possible to use solid construction, timber construction, prefabricated components, cladding element technology, steel construction, semitranslucent wall structures, mixed technology systems, etc. when building passive houses. Such technologies have already been used successfully as well.

The experience gathered during passive house construction shows that high insulation thickness can also be achieved with conventional insulation materials without inconvenience. Insulation can be inserted without any problems in most construction tasks. Higher quality materials can be used when there is a lack of space or when space can only be made at a cost. High insulation thickness is easily manageable in practical construction. When appropriately applied, the effort high insulation thicknesses entails is barely higher than with low insulation thickness. The remaining issue is the expense for greater amounts of insulation material – but insulation materials are comparatively inexpensive components. The economic optimum for insulating opaque components at today's energy prices is already close to the insulation levels required for achieving passive house quality.

The passive house standard can be achieved with particular ease if a shell that is as compact as possible (i.e. a ratio between the outer surface and the heated volume that is as low as possible) is planned from the very beginning. Compact buildings are more cost efficient. Reducing the outer surface while offering the same usability automatically lowers heat loss, this leads to additional heat protection possibilities.

Wärmebrückenfreies Konstruieren

Wo die Regel-Außenbauteile aneinander anschließen oder in irgendeiner Weise geschwächt werden, entstehen sogenannte Wärmebrücken: Die Berechnung der Wärmeverluste aus U-Werten und Flächen der Regelbauteile ist in diesen Bereichen nicht mehr korrekt. Wärmebrücken verdienen aus zwei Gründen besondere Beachtung:

- Die Temperaturen der Innenoberflächen sind gewöhnlich geringer als bei den Regelbauteilen. Das kann zu Schimmel, Kondensat und im schlimmsten Fall zum Durchfeuchten von Bauteilen führen.
- Die Wärmeverluste sind gewöhnlich erhöht. Bei linearen Wärmebrücken, z.B. dem Anschluss der Außenwand an die Kellerdecke, bezeichnet man die Differenz zwischen den tatsächlich auftretenden Wärmeverlusten und den „regulären" Wärmeverlusten, die aus den Regelbauteilen errechnet werden, bezogen auf einen Meter Länge, als Wärmebrückenverlustkoeffizient Ψ.

Die negativen Auswirkungen von Wärmebrücken lassen sich jedoch in der überwiegenden Zahl der Fälle vermeiden. Dazu legt man die Dämmung ohne Schwachstellen rund um das gesamte Gebäude, so dass die Dämmebenen vollflächig und lückenlos aneinander anschließen. Die Berechnung der Wärmeverluste mit Außenmaßen (wie in der Energiebilanz üblich) liegt dann auf der sicheren Seite. Das führt dazu, dass die Ψ-Werte negativ werden. Wärmebrücken müssen dann in der Berechnung nicht mehr berücksichtigt werden, was nicht nur den Planungsaufwand reduziert, sondern vor allem die durch die Wärmebrücken erzeugten Probleme beseitigt. Man spricht von „wärmebrückenfreiem Konstruieren". Da viele Bauteilanschlüsse (z.B. Außenwand an Außenwand) negative Ψ-Werte aufweisen, können auch Bauteilanschlüsse mit Ψ-Werten bis 0,01 W/(mK) noch als wärmebrückenfrei angesehen und dementsprechend in der Energiebilanz vernachlässigt werden.

Fenster

In Passivhäusern kommen die besten heute weltweit verfügbaren Fenster zum Einsatz. Drei Punkte sind wichtig:

- die Dreischeiben-Wärmeschutzverglasung oder eine vergleichbar gute Glaskombination,
- der „Warm Edge"-Randverbund und
- der speziell gedämmte Fensterrahmen.

Mit diesen Komponenten entsteht ein Fenster mit einem Wärmeverlust, der nur halb so hoch ist wie bei modernen Standardfenstern. Weil das Fenster zugleich aber auch direktes und indirektes Sonnenlicht in den Raum lässt, ergibt sich mit diesen hochwertigen Fenstern auch im mitteleuropäischen Kernwinter eine positive Energiebilanz – bei geeigneten Orientierungen und nicht zu starker Verschattung.

Der Wärmedurchgangskoeffizient eines Warmfensters UW nach EN 10077 beträgt weniger als 0,8 W/(m²K). Durch den niedrigen Wärmeverlust liegt die innere Oberflächentemperatur auch in kalten Nächten immer noch bei etwa 17 °C. Unter diesen Umständen ist die Behaglichkeit in Fensternähe ausgezeichnet: Es gibt weder störende „kalte Strahlung" vom Fenster, noch einen unangenehmen Kaltluftsee am Boden. Der sonst aus Komfortgründen erforderliche Heizkörper in Fensternähe kann entfallen.

Luftdichtheit

Die Außenhülle eines Gebäudes soll möglichst luftdicht sein – das gilt nicht nur für Passivhäuser. Nur so lassen sich Bauschäden durch mit dem Luftzug mitgeführten Wasserdampf vermeiden, der beim Durchströmen von Fugen von innen nach außen kondensieren würde. Zugige Wohnräume durch undichte Bauweise werden außerdem heute von den Bewohnern nicht mehr akzeptiert, eine ausreichende Belüftung der Wohnräume durch Fugenlüftung ist ohnehin nicht praktikabel. Daher wird eine gute Luftdichtheit heute allgemein nach den Regeln der Bautechnik gefordert. Bei Passivhäusern ist eine ausgezeichnete Luftdichtheit besonders wichtig: Infiltrationsvolumenströme können nicht über die Wärmerückgewinnung geführt werden und erhöhen daher den Wärmebedarf. n_{50}-Leckageraten dürfen in Passivhäusern nicht über 0,6 h⁻¹ liegen. Praktisch erreicht werden regelmäßig Werte zwischen 0,2 und 0,5 h⁻¹. Dem Thema Luftdichtheit widmet sich ein eigener Beitrag in diesem Buch.

Lüftungswärmerückgewinnung

Der extrem niedrige Heizwärmebedarf von Passivhäusern kann nur mit einer Wärmerückgewinnung aus der Abluft erreicht werden. Ohne Wärmerückgewinnung wären die Lüftungswärmeverluste so groß, dass sich der Heizwärmebedarf nicht unter ca. 30 kWh/(m²a) senken ließe.

Thermal bridge-free construction

So-called thermal bridges develop in standard component connection areas or in areas in which the structure has been weakened: heat loss calculations based on U-values and the standard component surfaces are not accurate in these cases. Thermal bridges merit special attention for two reasons:

- The temperatures of the interior surfaces are generally lower than in standard construction components. This can lead to mold, condensation, and in the worst of cases, construction component moisture penetration.
- Heat losses generally increase. In the case of linear thermal bridges, e.g. the connection between an outside wall and a basement ceiling, the difference between the actual heat losses and the "regular" heat losses calculated for standard components relate to a length of one meter and represent the thermal bridge loss coefficient Ψ.

However, the negative effects of thermal bridges can be avoided in most cases. The insulation should be laid to cover the entire surface of the building without gaps. Heat loss calculations using exterior dimensions (common practice for the energy balance) is on the safe side. This leads to negative Ψ-values. Thus thermal bridges no longer have to be taken into consideration. This reduces planning complexity and also eliminates thermal bridge problems. This is deemed "thermal bridge-free construction." Since many construction component connections (e.g. outer wall to outer wall) have negative Ψ-values, component connections with Ψ-values up to 0.01 W/(mK) are still considered thermal bridge-free and negligible in the energy balance.

Windows

The best windows available in the world today are used in passive houses. There are three important points:

- three-pane thermopane glazing or a comparable glass combination,
- "warm edge" spacers and
- specially insulated window frames.

These components help create a window with heat loss properties that are only half as high as a modern standard windows. Since these windows allow for indirect and direct sunlight radiation into the room, these high-quality windows lead to a positive energy balance in passive houses, even during the main winter season, with the appropriate orientation and limited shade.

The heat transfer coefficient of a warm window UW according to EN 10077 is lower than 0.8 W/(m²K). Due to low heat loss, the inner surface temperature still reaches around 17 °C, even on cold nights. Comfort even when close to the window is outstanding under these conditions: there is no irritating "cold radiation" from the window, nor unpleasant cold air zones at floor level. This makes the radiator close to the window normally required unnecessary.

Airtightness

The exterior shell of a building should be as airtight as possible – this is also valid for non-passive houses. This is the only way to avoid damage from water vapor in air currents that would condense as it penetrates joints from the inside to the outside. Drafty rooms resulting from leaking construction are no longer acceptable to residents today, and adequate ventilation via joint ventilation isn't practicable anyway. Hence good airtightness is generally required according to the rules of construction technology. Outstanding airtightness is especially important in passive houses: infiltration volume currents cannot be led through heat recovery systems and therefore cause higher heating requirements. n_{50}-leakage rates cannot exceed 0.6 h⁻¹ in passive houses. Regular levels range between 0.2 and 0.5 h⁻¹ in practice. A section of this book is dedicated to airtightness.

Ventilation heat recovery

The extremely low heating energy requirements in passive houses can only be achieved with heat recovery from exhaust air. Without heat recovery, ventilation heat losses would be so high it would be impossible to reduce heating energy requirements to under c. 30 kWh/(m²a).

The window ventilation common in the German-speaking world has

Die im deutschsprachigen Raum häufig noch übliche Fensterlüftung hat sich insbesondere in luftdichten Neubauten als nicht ausreichend erwiesen. Gesundheit und Behaglichkeit für die Bewohner sind die wichtigsten Ziele einer Passivhaus-Planung; allein aus diesem Grund ist eine Lüftungsanlage, wenn auch nicht unbedingt mit Wärmerückgewinnung, unverzichtbar.

Besonders gut bewährt haben sich Zu- und Abluftanlagen. Üblicherweise ziehen solche Anlagen ständig belastete Luft aus der Küche, dem Bad, dem WC und anderen belasteten Räumen ab und führen im Gegenzug frische, unverbrauchte Außenluft in das Wohnzimmer, die Kinderzimmer, die Arbeits- und die Schlafräume zu. Verwendet wird gerade so viel frische Luft, wie es die Behaglichkeit im Raum und die Gesundheit der Bewohner verlangen; in die Aufenthaltsräume kommt nur unbehandelte Außenluft – keine Umluft. Dadurch wird ein hohes Maß an Lufthygiene erreicht. Die Wärmerückgewinnung stellt dann nur noch einen minimalen Mehraufwand dar.

proven insufficient, especially in new airtight buildings. The health and comfort of the residents are the most important aims in passive house planning, this alone makes a ventilation system (not necessarily with a heat recovery system) indispensable.

Supply and exhaust air systems have proven particularly suitable. Normally, such systems remove, constantly polluted air from the kitchen, bathroom, restroom and other rooms while supplying fresh, unpolluted air from the outside to the living room, children's rooms, work areas and bedrooms. These systems only use as much fresh air as necessary to ensure room comfort and the health of the residents. The living areas are only supplied with fresh air, not re-circulated air. This leads to a high degree of air hygiene. Heat recovery represents only a minor additional effort.

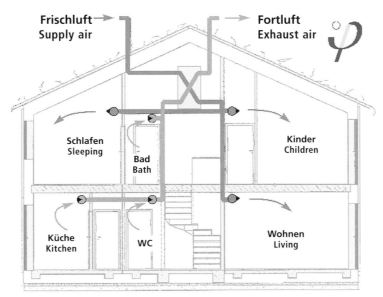

Abbildung 2: Prinzip der kontrollierten Wohnungslüftung mit Wärmerückgewinnung im Passivhaus

Illustration 2: The controlled apartment ventilation system with heat recovery in a passive house.

Moderne Lüftungstechnik erlaubt heute Wärmebereitstellungsgrade von 75 bis über 95 %. Mit Gegenstrom-Wärmeübertragern und energieeffizienten EC-Motoren kann die zurückgewonnene Wärme das 8–15fache des Lüftungsstromverbrauchs betragen.

Zusätzlich ist optional der Einsatz eines Luft- oder Sole-Erdwärmeübertragers möglich. Bei richtiger Auslegung sorgt er dafür, dass die Außenluft stets frostfrei ins Gebäude gelangt. Die erzielte Heizenergieeinsparung ist zwar aufgrund der bereits vorhandenen Wärmerückgewinnung relativ gering, der Erdwärmeübertrager kann aber den Frostschutz für die Wärmerückgewinnung übernehmen, der sonst auf andere Weise sichergestellt werden müsste.

Modern ventilation technology allows for a degree of available heat recovery efficiency ranging from 75 to over 95%. Heat recovered using a counterflow heat transferal medium system and energy-efficient EC motors can equal 8–15 times the amount of electricity consumed for ventilation.

The optional additional use of an air or sole geothermic energy transferal system is possible. When properly fitted, it ensures frost-free building air supply. The achieved heating energy savings are relatively small due to the heat recovery system already fitted, but the geothermic energy transferal system can be used as a frost protector for heat recovery, which would require a different solution otherwise.

Behaglichkeit auch im Sommer

Die gute Wärmedämmung wirkt sich auch bei hohen Außentemperaturen positiv aus: als Schutz gegen die Hitze. Hochgedämmte Konstruktionen haben auch bei nur geringen Massen (z.B. einer doppelten Gipswerkstoffplatte) eine hohe Temperaturamplitudendämpfung. Diese ist so groß, dass die täglichen Temperaturschwankungen der Außenluft nicht mehr merklich ins Gebäude gelangen. Wichtiger ist jedoch die lange Gebäudezeitkonstante, die durch die gute Dämmung entsteht und die eine thermisch gut zugängliche innere Gebäudemasse erst richtig nutzbar macht. Dadurch kann ein Passivhaus durch Nachtlüftung mit geöffneten Fenstern gut gekühlt werden und die Kühle tagsüber sehr gut halten.

Für ein komfortables Innenraumklima im Sommer sollte die solare Last auf ein vernünftiges Maß begrenzt werden; dazu können angemessen dimensionierte Fensterflächen und eine feststehende oder bewegliche Verschattung beitragen. Wird die Lüftungsanlage auch im Sommer betrieben, muss die Wärmerückgewinnung einen Bypass erhalten. Ist ein Erdwärmeübertrager vorhanden, kann dieser dann ggf. in Hitzeperioden zusätzlich die Zuluft vorkühlen.

Comfortable, even during the summer

Good thermal insulation also has positive effects when outside temperatures are high, i.e. it offers heat protection. Highly insulated structures have high temperature amplitude absorption, even with low mass (e.g. double gysum plasterboard panel). Thus daily outside air temperature fluctuations have no noticeable effect within the building. The important factor is a long building time constant – achieved by using sufficient insulation – which makes a thermally accessible building mass more usable. This makes it easy to cool a passive house with open windows during the night and maintain cool temperatures very well during the day.

Solar heat gain should be reduced to a reasonable amount to guarantee comfortable indoor climate conditions during the summer. Adequately sized window surfaces and fixed or moveable shades can contribute to this. If the ventilation system is also used during the summer, the heat recovery systems has to be equipped with a bypass. If the building has a geothermal heat pump, it can be used to pre-cool fresh air during hot periods.

Kostengünstige und effiziente Haustechnik

Die geringe Heizlast ermöglicht überzeugend einfache Haustechniksysteme für Passivhäuser: Bringt man die Zulufterwärmung gleich im Lüftungsgerät mit unter und integriert im gleichen Gerät auch noch die Warmwasserbereitung, erhält man ein sogenanntes Kompaktgerät: Heizen, Lüften und Warmwasserbereitung in einem.

Für die Wärmeerzeugung gibt es dabei verschiedene Möglichkeiten. Am verbreitetsten ist das Heizen mit Fortluftrestwärme. Die Restwärme in der Fortluft eines Wohnungslüftungsgerätes – genauer spricht man hier von „Enthalpie", die in der Luft enthaltene Feuchtigkeit, die auskondensieren kann, hat daran einen bedeutenden Anteil – ist zwar eigentlich nicht besonders ergiebig. In einem Passivhaus ist jedoch der Wärmebedarf so gering, dass er nahezu vollständig durch die Fortluftenthalpie gedeckt werden kann. Eine Wärmepumpe bringt die darin enthaltene Energie auf das benötigte Temperaturniveau. Dieser Ansatz wurde 1995 durch Wolfgang Feist publiziert. Damit wurde das Wärmepumpenkompaktgerät für Passivhäuser ermöglicht. Inzwischen gibt es über zehn Anbieter solcher Lüftungskompaktgeräte. Wissenschaftlich ausgewertete Messungen in Passivhaussiedlungen haben die hohe Effizienz dieser Geräte bewiesen. Damit wird eine monovalente Energieversorgung des Gebäudes möglich, gleichzeitig bleibt der Primärenergiebedarf aber vergleichbar mit dem einer konventionellen Wärmebereitstellung. Kompaktgeräte auf Gas-, Öl- und Pelletsbasis befinden sich derzeit (2005) kurz vor der Markteinführung.

Auch die Beheizung mit erneuerbaren Energien ist möglich. Eine bereits vielfach realisierte Variante ist die Beheizung mit Holzpellets. Hohe Effizienz und erneuerbare Energie ergänzen sich dabei hervorragend: Das verfügbare Potenzial an nachhaltig gewinnbarem nachwachsenden Brennstoff ist begrenzt. Bei schlechter Effizienz kann nur ein kleiner Bruchteil der Gebäude in Europa (und auch weltweit) nachhaltig mit Biomasse versorgt werden. Ist die Effizienz jedoch so hoch wie in Passivhäusern, so reicht die Brennstoffmenge aus einer nachhaltigen Land- und Forstwirtschaft aus, um einen beträchtlichen Anteil der Versorgung zu übernehmen.

Cost-effective and efficient building technology

The low heat requirements in a passive house allow for convincingly simple building services: if the supply air heating system is integrated with the ventilation system and the water heater, the building can be operated with a so-called compact device that incorporates heating, ventilation and water heating in one system.

There are different heat generation options. The most common is an exhaust air residual heat system. Residual heat in the exhaust air, more precisely refered to as "enthalpy" i.e. an amount of moisture in the air which can condense is a significant part of it, but is not actually large. But heating requirements in a passive house are so low that they can be almost completely covered with exhaust air enthalpy. A heat pump brings the contained energy to the desired temperature level. This approach was published in 1995 by Wolfgang Feist. It made a compact heat pump device possible in passive houses. There are over ten suppliers of such compact ventilation devices by now. Scientifically evaluated measurements in passive house projects have proven the high efficiency of these systems. These systems make the monovalent energy supply of the building possible, and at the same time keep primary energy requirements at a level comparable to conventional heat sources. Compact devices on a gas, oil or pellet basis will be put on the market shortly (2005).

Heating with renewable sources is also possible. Wood pellet-fed heating systems have already been used in a number of projects. High efficiency and renewable energy complement each other wonderfully: the available potential of sustainable renewable fuel is limited. Poor efficiency would limit the number of buildings that can be sustainably fueled with biomass to a small fraction in Europe (and worldwide). But if efficiency is as high as in passive houses, then the fuel supplied by sustainable land and forestry sources is sufficient for a considerable share of the total heat supply.

Abbildung 3: Pelletofen als Hauptheizsystem in einem Passivhaus in Friedberg. Der vollautomatische Ofen dient auch zur Warmwasserbereitung.

Illustration 3: Pellet stove as the main heating system in a passive house in Friedberg. The fully automated stove also supplies warm water.

Energiespargeräte für den Haushalt

In konventionellen Gebäuden ist die Raumwärmeversorgung der dominierende Energieverbraucher. In Passivhäusern gilt das nicht mehr: Hier ist der Heizwärmebedarf so gering, dass er typischerweise nur jeweils halb so groß ist wie der Energiebedarf für Warmwasser und Haushaltsstrom. Kühlschrank, Herd, Tiefkühltruhe, Lampen und Waschmaschine als hocheffiziente Stromspargeräte sind daher unverzichtbarer Bestandteil für einen minimierten Gesamtenergiebedarf. Besonders viel Strom verbrauchen elektrische Wäschetrockner, empfehlenswert ist daher das Wäschetrocknen auf der Leine oder im Trockenschrank. Weitere Reduzierungen des Energiebedarfs lassen sich durch eine thermische Solaranlage erreichen, die im Sommer den Warmwasserbedarf decken kann.

Household energy saving systems

The room heating system is the dominating energy consumption factor in conventional buildings. That isn't the case in passive houses any longer: the heating requirements are so low that for heating a typical passive house only needs half the amount of energy required for hot water and household electricity. A highly efficient electricity-saving refrigerator, oven, deep freezer, lamps and washing machine are indispensable for minimized overall energy consumption. Electrical clothes driers have particularly high electricity requirements. It is therefore recommendable to dry laundry on a clothes line or in a drying coset. Other energy saving measures include thermal solar energy systems, which can cover warm water requirements during the summer.

Planung von Passivhäusern: Energiebilanz und Berechnungstools

Energie ist eine Erhaltungsgröße – sie geht nicht verloren. Allerdings kann Energie das Gebiet, in welchem der Nutzen aus der Energiedienstleistung gewonnen wird, verlassen. Dies bezeichnen wir mit „Energieverlusten", obwohl die Energie nur an einem anderen Ort und in einer anderen Form vorliegt.

Energiebilanzen können somit immer nur für ein Gebiet mit klar definierten Grenzen aufgestellt werden. Im Fall der Heizung oder Klimatisierung ist das interessierende Gebiet der beheizte oder klimatisierte Raum. Die Energiebilanz summiert alle Wärmeströme auf, die über die Grenze dieses Gebiets, die „thermische Hülle", fließen. Bei Gebäuden hat es sich als zweckmäßig erwiesen, diese Bilanzgrenze an der Außenseite der wärmedämmenden Außenbauteile zu wählen.

Die Heiz- oder Klimatisierungsaufgabe besteht nun gerade darin, die Temperatur innerhalb der thermischen Hülle konstant zu halten. Betrachten wir einen Wärmestrom, der von innen durch die Hülle aus dem Bilanzgebiet herausströmt, z.B. mit warmer Luft, die durch ein Fenster entweicht: Ein solcher „Wärmeverlust" würde zunächst die Innere Energie im Bilanzgebiet verringern; das würde bedeuten, dass die Temperatur im Gebäude absinkt. Um dies zu verhindern, muss ein weiterer Wärmestrom von außen nach innen in Bewegung gesetzt werden.

Die Notwendigkeit, Wärme zuzuführen, entsteht wegen der Energieerhaltung ausschließlich durch das Auftreten von Wärmeverlusten. Eigentlich bleibt ein Haus von selbst warm - solange es keine Wärme verliert. „Heizen" ist also immer nur der Ersatz von Wärmeverlusten, es ist daher durch effizientere Vermeidung von Verlusten beliebig reduzierbar.

Die Heizaufgabe wird durch einen weiteren Einfluss vereinfacht: Es gibt auch „Wärmegewinnströme", z.B. die durch die Fenster von außen nach innen eingestrahlte Sonnenstrahlung und die Energie, die über die Stromversorgung ins Haus kommt und die im Innern des Hauses in „innere Wärmequellen" umgesetzt wird. Zu diesen zählt auch die Wärmeabgabe der Personen, die sich im Gebäude aufhalten. Auch diese Energie wird übrigens von außen über die Hülle herein gebracht – wenn die Personen das Haus betreten bzw. wenn Nahrungsmittel ins Gebäude gebracht werden.

Da sich die Wärmeverluste relativ einfach berechnen lassen (sie hängen im Wesentlichen von der Dämmung ab) und auch innere Wärmequellen und passiv genutzte Solarenergie genau genug abgeschätzt werden können, kann man auf der Basis der Energiebilanz die noch erforderliche Heizwärmezufuhr ausrechnen. Dabei ist noch zu berücksichtigen, dass nicht die gesamte freie Wärme zur Reduzierung des Heizwärmebedarfs genutzt werden kann; auch dieser Anteil lässt sich leicht berechnen.

Planning passive houses: energy balance and calculation tools

Energy is an invariant – it isn´t lost. But energy can escape from the area in which energy services are acquired. This leads to "energy losses," although the energy is still available in a different place and in another form.

Hence energy balances can only be calculated for an area with clearly defined borders. In the case of heating or air conditioning, the interesting area is the heated or air conditioned room. The energy balance adds all the heat currents that flow beyond the borders of this area, i.e. the "thermal shell." It has proven useful to select a balance border outside the thermal insulating exterior components.

The heating or air conditioning task now lies in keeping the temperature within the thermal shell constant. If we study a heat current that flows out of the shell from within the balance area, e.g. warm air that escapes through a window, this form of "heat loss" leads to a decrease in interior energy within the balance area. This means that the temperature within the building drops. Another heat current flowing inside from the outside has to be triggered to avoid this.

As a result of energy conservation, the need to supply heat ensues solely from heat losses. The house itself actually remains warm – as long as it doesn´t lose heat. "Heating" is therefore always merely the replacement of heat losses that can be reduced as required through efficient heat loss avoidance.

The heating task is also simplified by another influence: "heat gain currents" are also possible, e.g. through sun radiation entering the building via windows and the energy entering the house via its electrical supply system used as interior heat sources. The heat production of the people in the building is also an interior heat source. This energy is also brought into the house from the outside through the shell – when people enter the house or when food supplies are brought into the house.

Since heat losses can be calculated relatively easily (they are mainly dependent on the insulation), and the interior heat sources as well as the passively used solar energy can be estimated accurately, the required heating energy supply can be calculated on the basis of the energy balance. In doing so, it should be taken into consideration that the entire amount of free heat cannot be used to reduce heating requirements, this amount is also easily calculable.

Verluste
Losses

Gewinne
Gains

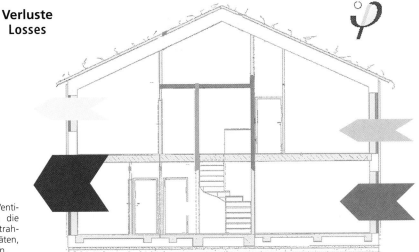

Abbildung 4: Verlustwärmeströme (Ventilation und Transmission) verlassen die Bilanzhülle, Wärmegewinne (Solarstrahlung, Abwärme von Personen und Geräten, Heizwärme) treten in die Bilanzhülle ein.

Illustration 4: Heat loss currents (ventilation and transmission) escape from the balance shell, heat gains (solar radiation, metabolic heat from people in the building, heat from devices and heating warmth) enter the building.

Für die praktische Anwendung wurden diese Zusammenhänge vom Passivhaus Institut in das „Passivhaus Projektierungs Paket" (PHPP) integriert. Dieses Excel-basierte Planungswerkzeug erlaubt neben der Aufstellung der Heizenergiebilanz auch die Ermittlung des Primärenergiekennwerts und der Heizlast sowie eine Einschätzung des zu erwartenden Sommerklimas.

For practical applications, these inter-related processes were integrated in the "Passivhaus Projektierungs Paket" (PHPP) by the Passivhaus Institut. This Excel-based planning tool makes it possible to estimate the heating energy balance, the primary energy value, heating requirements and the expected summer climate.

Qualitätsgeprüfte Passivhäuser

Bauwerke können das Zertifikat „Qualitätsgeprüftes Passivhaus" vom Passivhaus Institut erhalten. Dazu müssen sie die folgenden Anforderungen erfüllen:

- Der Energiekennwert Heizwärme, berechnet nach dem PHPP, beträgt höchstens 15 kWh pro Quadratmeter Wohn- bzw. Nutzfläche und Jahr.
- Die Luftdichtheit wurde durch einen Blower-Door-Test nachgewiesen, der EN 13829 gemessene n_{50}-Wert liegt unter 0,6 h^{-1}.
- Der Primärenergie-Kennwert für die Summe aller Anwendungen (Heizung, Warmwasser, Hilfs- und Haushaltsstrom), berechnet nach dem PHPP, ist nicht größer als 120 kWh pro Quadratmeter Wohn- bzw. Nutzfläche und Jahr.

Für solche Gebäude ist bei sorgfältiger Ausführung zu erwarten, dass die berechneten Energiekennwerte bei standardgemäßer Nutzung erreicht werden.

Praxiserfahrungen

Passivhäuser sparen Energie – und das nicht nur rechnerisch auf dem Papier, sondern in der Praxis. Als erstes belegten die langjährigen Messungen im ersten Passivhaus Deutschlands in Darmstadt-Kranichstein die Funktionsfähigkeit des Konzepts: Selbst im Jahrhundertwinter 1996/97 mit Tagesmitteltemperaturen von bis zu -14 °C war die benötigte Heizleistung in den vier Wohnungen so gering, dass man einen Raum mit 20 m² Wohnfläche mit zwei Standard-75 Watt-Glühbirnen hätte heizen können. Dabei lagen die Raumlufttemperaturen in dem Vierfamilienhaus tagsüber ständig über 20 °C.

In den 114 Passivhauswohnungen des CEPHEUS-Projektes wurde eine durchschnittliche Heizwärmeeinsparung von 90 % gemessen. Die Grafik in Abbildung 5 zeigt gemessene Verbrauchswerte in Gebäuden im Bestand, in Niedrigenergiehäusern und in Passivhaussiedlungen.

Quality-certified passive houses

Buildings can be awarded a "Qualitätsgeprüftes Passivhaus" (quality certified passive house) certificate by the Passivhaus Institut. They have to meet the following requirements:

- The specific heating energy value, calculated according to the PHPP, is 15 kWh per square meter of living or usable space and year, at most.
- The airtightness was proven using a Blower Door Test, the n_{50} value measured according to EN 13829 is under 0.6 h^{-1}.
- The specific primary energy value for the sum of all uses (heating, warm water, auxiliary and household electricity), calculated according to the PHPP, is not greater than 120 kWh per square meter of living or usable space and year.

It can be expected that such buildings will achieve the calculated specific energy values after careful completion and when used for standard purposes.

Practical experiences

Passive houses save energy – not only on paper, but in practice. The first confirmation of this comes from the calculations performed over many years at the first passive house built in Germany in Darmstadt-Kranichstein, which proved the functionality of the concept: even during the coldest winter in the century, 1996/97, with day temperatures as low as -14 °C, the required heating supply for the four apartments was so low it would have been possible to heat a room with 20 m² living space using two standard 75 Watt light bulbs. The temperatures in the four-family house were consistently over 20 °C throughout the day.

Heat savings averaging 90% were measured in the 114 passive houses comprised in the CEPHEUS project. The graph in illustration 5 shows the consumption rates in the existing building stock, in low-energy houses and passive house projects.

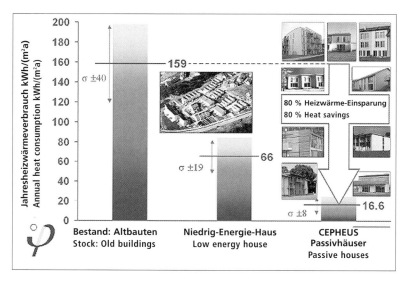

Abbildung 5: Heizwärmeverbräuche verschiedener Baustandards im Vergleich. Sozialwissenschaftliche Untersuchungen haben gezeigt: Die Bewohner von Passivhäusern sind mit ihren Häusern ausgesprochen zufrieden, sie begrüßen den hohen Wohnkomfort und vor allem die gute Luftqualität.

Illustration 5: Heating loss comparison in different construction standards. Social science research has shown that the residents in passive houses are very satisfied with their houses, they welcome the high living comfort and the good air quality in particular.

Durch das gut abgestimmte Konzept wird eine neue Qualität erreicht, die sich in sehr guter Behaglichkeit, Wohngesundheit und vertretbaren Baukosten zeigt. Das Passivhaus-Konzept ist frei verfügbar. Jeder kompetente Architekt kann Passivhäuser planen und bauen, auch viele Hersteller von Fertighäusern bieten schon Passivhäuser an. Insgesamt wird die Zahl der realisierten Wohneinheiten im Passivhausstandard auf 5000 geschätzt (Stand: Ende 2005). Und das Passivhaus setzt sich nicht nur bei Wohnhäusern durch: Es gibt bereits Schulen, Kindergärten, Turnhallen, Studentenwohnheime, Verwaltungsgebäude, Produktionsstätten, ein Hotel, eine hochalpine Schutzhütte usw. im Passivhaus-Standard.

The well-integrated concept allows for a new quality standard that is defined by very high comfort, healthy living conditions and reasonable construction costs. The passive house concept is freely available. Every competent architect can plan and build passive houses, as can many prefabricated housing manufacturers, some of which already offer passive houses. An estimated 5000 residential units that meet passive house requirements have been built (status at the end of 2005). And passive houses aren`t only an option for residential buildings: schools, kindergartens, gymnasiums, student dormitories, administrative buildings, production facilities, a hotel, an alpine shelter, etc. have already been built as passive houses as well.

Luftdichtheit – unverzichtbar bei Passivhäusern
Airtightness – indispensable for passive houses

Luftdichtheit der Gebäudehülle – eine Grundanforderung an jedes Passivhaus

Gebäude-Außenhüllen müssen luftdicht sein. Immer noch verbreitete gegenteilige Positionen werden durch die fehlgeleitete Vorstellung genährt, dass durch Gebäudefugen eine Be- und Entlüftung von Wohnungen gewährleistet werden könnte. Der Luftaustausch durch Außenfugen ändert sich aber mit dem Winddruck und dem Temperaturauftrieb in einem extrem weiten Bereich: Selbst bei sehr undichten Gebäuden, in denen es bei mäßigem Wind bereits beträchtlich zieht, ist in windstillen, milden Wetterperioden der Luftaustausch unzureichend [Feist 1995]. Dafür hat die Luftströmung durch Fugen eine ganze Reihe von Nachteilen: Z.B. wird ein hoher Prozentsatz aller Bauschäden durch undichte Gebäudehüllen verursacht. Weitere Nachteile von Fugen sind mangelnder Schallschutz und überflüssig hohe Wärmeverluste.

In Passivhäusern muss die Dichtheit besonders hoch sein: Der notwendige Luftaustausch wird hier mit einer Lüftungsanlage sichergestellt. Fugenlüftung kann dann allenfalls stören und würde die Wärmeverluste beträchtlich erhöhen – denn für die durch Fugen durchtretende Luft ist die Wärmerückgewinnung unwirksam.

Vorteile der Luftdichtheit

Vermeidung von feuchtebedingten Bauschäden
Werden undichte Fugen von innen nach außen durchströmt, so nennt man dies Exfiltration. Die in einem Kubikmeter Innenluft enthaltene Wasserdampfmenge ist im Winter erheblich höher als in der Außenluft. Tritt diese wasserdampfhaltige, warme Luft durch eine Fuge nach außen, so muss sie sich auf dem Weg notwendigerweise abkühlen. Dabei wird in der kalten Jahreszeit regelmäßig der Taupunkt unterschritten: Es entsteht Tauwasser in der Fuge, das Bauteil wird durchfeuchtet. Dieser Vorgang tritt bei von innen nach außen durchströmten Fugen zwangsläufig auf, so dass Bauschäden vorprogrammiert sind.

Vermeiden von Zugluft und Fußkälte
Windbedingter Zug durch Bauteilfugen kann sehr unangenehm sein, weil Strömungsgeschwindigkeit und -richtung stark schwanken und die Infiltrationsströme darüberhinaus kalt sind. In heutigen Wohnungen werden Zugerscheinungen von den Bewohnern nicht mehr akzeptiert. Gerade in Passivhäusern, in denen keine hohen Heizleistungen zur Kompensation von Zugerscheinungen zur Verfügung stehen, ist es besonders wichtig, diese zu vermeiden.

Vermeiden von hohen Infiltrationswärmeverlusten
In das Gebäude einströmende Infiltrationsluftströme müssen von Außenlufttemperatur auf Raumlufttemperatur erwärmt werden. Damit ist jede Infiltration in den kalten Jahreszeiten mit einem Wärmeverlust verbunden. Diese Infiltrationswärmeverluste sind unkontrollierbar, da sie mit dem Wind und der Außentemperatur sehr stark schwanken.

Grundlage für den Einsatz einer regelbaren bedarfsorientierten Lüftung
Insbesondere bei Verwendung von Lüftungsanlagen mit Wärmerückgewinnung sollten zusätzliche Infiltrationsverluste so gering wie möglich gehalten werden. Denn auch mit Lüftungsanlage laufen die Infiltrationsluftströme nicht durch den Wärmetauscher, bei ihnen ist daher keine Wärmerückgewinnung möglich. Sind die Undichtheiten groß, so ist durch den Betrieb einer Wärmerückgewinnungsanlage u.U. gar keine Heizwärme einzusparen. Der Wärmebereitstellungsgrad einer typischen Passivhaus-Lüftungsanlage liegt bei etwa 85 %, daher sind die durch In- und Exfiltration entstehenden Lüftungswärmeverluste etwa siebenmal höher als bei einem über die Lüftungsanlage transportierten Volumenstrom.

Grundlage für die Funktion der Wärmedämmung
Wird eine Wärmedämmlage in bedeutendem Umfang von Exfiltrationsluftströmen durchströmt, so kann neben den erhöhten Lüftungswärmeverlusten auch noch die Funktion der Wärmedämmung gestört sein. Gerade bei den sehr hohen Dämmstoffstärken und daher geringen Transmissionswärmeverlusten in Passivhäusern kann dies die Funktion beträchtlich stören. Neben der Luftdichtheit ist für die Funktion der Wärmedämmung auch noch eine ausreichende Winddichtheit (Schutz vor Durchströmung der Dämmschicht mit Außenluft) erforderlich.

Building shell airtightness – a basic requirement for every passive house

Exterior building shells have to be airtight. The still widespread opposition is based on the erroneous assumption that building joints guarantee the air supply and ventilation of a building's residential units. However, the air exchange via outside joints can vary in an extremely broad range depending on wind pressure and the temperature. Air exchange is even inadequate under mild weather conditions and calm winds in very permeable buildings with strong drafts [Feist 1995].

Instead, joint air currents have a number of disadvantages: e.g. a high percentage of all building damage are caused by permeable building shells. Other joint-related disadvantages include inadequate sound insulation and unnecessarily high heat losses.

Airtightness has to be particularly high in passive houses: a ventilation system ensures the required air exchange. Joint ventilation is an irritant at most and could lead to considerably higher heat losses – because the air that enters a building through joints is ineffective in terms of heat recovery.

Advantages of airtightness

Avoidance of moisture-related building damage
The term used to define air transfer from the inside to the outside through leaking joints is exfiltration. The water vapor a cubic meter of inside air contains is considerably higher than the amount in the air outside. When warm air containing water vapor seeps out through a joint, it unavoidably cools down in the process. Its temperature regularly drops below the condensation point during the cold season. This leads to condensation in the joint resulting in moisture development in the construction component. This process is unavoidable when air currents escape to the outside through building joints, making building damage inevitable.

Avoiding drafts and cold feet
Wind-related drafts through building component joints can be very unpleasant, because the currents' speed and direction can vary greatly, these infiltration currents are also cold. Drafts are unacceptable to residents in modern residential units. It is particularly important to avoid drafts in passive houses since they do not offer high heating performance to compensate for such drafts.

Avoiding high infiltration heat losses
Infiltration currents that enter the building have to be heated from outside air temperature to room temperature. This means that every infiltration during the cold season leads to heat loss. These infiltration-related heat losses are uncontrollable, since they vary greatly depending on the wind and outside temperature.

Fundamentals for the use of an adjustable, requirement-based ventilation system
It is especially important to keep infiltration losses as low as possible when using ventilation systems that feature heat recovery. Heat recovery is impossible, even when using a ventilation system, since infiltration air currents do not flow through a heat exchanger. No heating warmth can be saved by using a heat recovery system under certain circumstances, i.e. if the leaks are large. The efficiency of a typical passive house ventilation system is approx. 85 %. The heat losses due to in/exfiltration are therefore around seven times higher than is the case when air current volume is transported via a ventilation system.

Fundamentals for efficient thermal insulation
Thermal insulation penetration by exfiltration air currents can lead to increased ventilation heat losses and impaired insulation efficiency. This can lead to significantly reduced functionality, especially in passive houses, which use very thick insulation layers to ensure low transmission heat losses. Aside from airtightness, adequate wind resistance (thermal insulation protection against outside air currents) is also important for thermal insulation to function properly.

Verbesserung des Schallschutzes

Für den Nichtfachmann ist die Schallbrückenwirkung auch kleiner Undichtheiten eine verblüffende Erfahrung: Sehr guter Schallschutz ist daher nur durch wirklich luftdichte Konstruktionen möglich. In einem Passivhaus sind die Voraussetzungen dafür günstig.

Verbesserte Innenraumluftqualität

Eine gute Luftdichtheit trägt in Verbindung mit einer kontrollierten Wohnungslüftung unmittelbar und mittelbar zu verbesserter Luftqualität bei:
Sehr wichtig ist die Luftdichtheit gegenüber Bereichen, in denen eine erhöhte Luftbelastung vorliegt: Das ist z.B. bei Garagen, aber auch bei Kellerräumen der Fall. Die Verbesserung der Luftdichtheit zum Keller bzw. Erdreich ist die wichtigste Maßnahme zur Radonprophylaxe [Feist 2004].
Aber auch indirekt sorgt eine gute Luftdichtheit für bessere Luftqualität: Die in Passivhäusern grundsätzlich empfohlene Querlüftung (Zuluft in die Hauptaufenthaltsräume, Abluft aus den am meisten belasteten Räumen, z.B. den Bädern) funktioniert in einem Gebäude mit guter Luftdichtheit so wie geplant.

Begrifflichkeiten

Luftdichtheit und Winddichtheit

Die Winddichtung eines Bauteils schützt vor einer Außenluft-Strömung durch die Wärmedämmung. Diese führt sonst zur Störung der Dämmfunktion und damit zu erhöhten Energieverbräuchen [Feist 1997].

Luftdichtheit und Dampfdichtheit

Luftdichte Bauteile führen zu nur noch vernachlässigbar geringen Luftströmungen unter dem Einfluss einer Druckdifferenz. Ein geringer Gasaustausch durch Diffusion kann jedoch immer noch möglich sein. Folgende Materialien sind ausreichend luftdicht, aber dampfdiffusionsoffen:
- Holzwerkstoffplatten (z.B. OSB-Platten, Spanplatten, Sperrholzplatten)
- Kraftpapiere
- Flächig aufgetragene und glattgestrichene Putzflächen
- Gipswerkstoffplatten

Charakterisierung der Luftdichtheit: das Drucktest-Verfahren

Um die gesamte Restleckage eines Hauses zu bestimmen, ist der Drucktest („Blower-Door-Messung") die eingeführte Methode. Für einen solchen Test wird in eine Tür- oder Fensteröffnung ein Gebläse eingebaut, mit welchem im ganzen Haus ein Über- oder Unterdruck erzeugt werden kann. Mittels des Gebläses wird bei Über- und Unterdrücken der geförderte Volumenstrom bei 10 bis ca. 70 Pa Druckdifferenz gemessen und mittels logarithmischer Ausgleichsrechnung ausgewertet. Daraus wird dann als charakteristischer Wert der Volumenstrom bei einer Druckdifferenz von 50 Pa ermittelt [ISO 9972] [DIN EN 13829].

Improved sound insulation

The transmission of sound through even small leaks is a baffling experience for non-experts: therefore good sound insulation is only possible with a truly airtight construction. The conditions are advantageous in a passive house.

Improved inside air quality

Very good airtightness in connection with controlled apartment ventilation has a direct and indirect effect on improved air quality:
Airtightness is very important in areas with increased air contamination: e.g. in garages but also basements. The improvement of airtightness in relation to a basement or the ground is the most important radon prevention measure [Feist 2004].
But good airtightness also improves air quality indirectly: the cross ventilation basically recommended in passive houses (afflux ventilation to the main living areas, exhaust from the rooms under the greatest strain, e.g. the bathrooms) functions as planned in a building with good airtightness.

Concepts

Airtightness and wind resistance

The windproofing of a building component protects the thermal insulation from outside air currents. These currents can otherwise lead to impaired insulation functionality and thus to higher energy consumption levels [Feist 1997].

Airtightness and vapor resistance

Airtight building components lead to negligibly low air currents under the influence of a pressure difference. The low exchange of gases due to diffusion is however still possible. The following materials are sufficiently airtight, but open to vapor diffusion:
- Wood particle boards (e.g. OSB panels, chipboard panels, plywood panels)
- Kraft papers
- Laminar and smoothly applied plaster
- Gypsum panels

Airtightness characterization: the blower door test

The blower door test is the standard method used to determine the overall leakage of a house or building. A large fan is sealed into a door or window that creates excess pressure or negative pressure in the entire building. Using the blower, the volume of air transferred at pressurization levels from 10 to approx. 70 Pa under negative and positive pressure conditions is measured and established using logarithmic regression. The characteristic air volume at a pressure difference of 50 Pa is then calculated based on the results [ISO 9972] [DIN EN 13829].

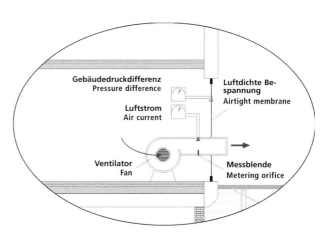

Abbildung 1: Prinzipieller Messaufbau für die Messung der Luftdichtheit [Peper 1999]

Illustration 1: Basic measurement set-up for airtightness measurements [Peper 1999]

Die Leckagerate n_{50} mit der Einheit [h⁻¹] bei der Prüfdruckdifferenz von 50 Pa stellt das Ergebnis der Untersuchung dar. Sie errechnet sich aus dem gemessenen Volumenstrom bei 50 Pa Druckdifferenz (Mittelwert aus Unter- und Überdruck) in der Einheit [m³/h], geteilt durch das Gebäudeluftvolumen V_L in [m³]. Manchmal wird der Wert auf die Hüllfläche A [m³] des Gebäudes bezogen und dann als q_{50}-Wert bezeichnet (Einheit [m³/(m³ · h)]).

Größenordnung von Drucktestergebnissen
Zur Einordnung wird in Tabelle 1 eine Übersicht von Größenordnungen von n_{50}-Luftdichtheitswerten gegeben.

The leakage rate n_{50} using the unit [h⁻¹] at a testing pressure difference of 50 Pa is the result of the test. This rate is calculated on the basis of a measured current volume of 50 Pa pressure difference (average value based on negative and positive pressure) using [m³/h] as the value, and divided by the building air volume V_L in [m³]. Sometimes this value is based on the shell surface of the building A [m³] and designated the q_{50} value (unit [m³/(m³ · h)]).

Values and pressure test results
Table 1 offers an overview in order of magnitude of the n_{50}-airtightness values.

Gebäude	n_{50}–Mittelwert [h⁻¹]	Schwankungsbreite n_{50} – Werte [h⁻¹]	Anzahl der untersuchten Gebäude	Quelle
Neubau (durchschnittlich, um 1990)	-	5 bis 10	-	[Feist 1995]
Niedrigenergie-Neubauten (Baujahr ca. 1991–93)	2,5	0,17 bis 14,6	105	[Zeller u.a. 1995]
Passivhäuser (Baujahr 1991–2000)	0,37	0,16 bis 0,60	206	[Peper 2000]

Tabelle 1: Übersicht Größenordnungen von Messergebnissen verschiedener Drucktestmessungen nach Gebäudestandard

Building	n_{50}–average value [h⁻¹]	Margin of deviation n_{50} values [h⁻¹]	Number of buildings measured	Source
New building (ca. 1990, on average)	-	5 to 10	-	[Feist 1995]
New low-energy buildings (year built ca. 1991–93)	2.5	0.17 to 14.6	105	[Zeller u.a. 1995]
Passive houses (built between 1991–2000)	0.37	0.16 to 0.60	206	[Peper 2000]

Table 1: Overview of the measurement results of various pressure test measurements according to building standards and order of magnitude

Die Blower-Door-Messungen an 206 unterschiedlichsten Passivhäusern (Massiv-, Leicht- und Mischbauweise) mit dem Mittelwert von n_{50} = 0,37 1/h zeigen, das sehr gute Luftdichtheit als Standardlösung auch in größerer Stückzahl umsetzbar ist (siehe Abb. 2). Gefragt sind nicht komplizierte „Bastlerlösungen" sondern die Umsetzung gut geplanter Lösungen auch in größeren Stückzahlen.

The blower door test measurements taken for 206 different passive houses (solid, lightweight and mixed building technique) with an average value of n_{50} = 0.37 1/h show that very good airtightness can also be achieved as a standard solution in large numbers (see illus. 2). Well-planned solutions that can be realized in large quantities are needed, not complicated "tinkering."

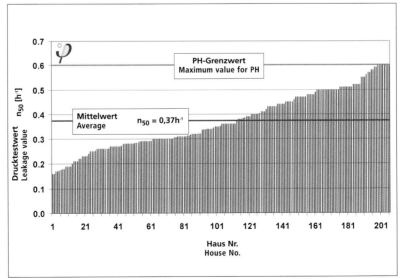

Abbildung 2: Prinzip der kontrollierten Wohnungslüftung mit Wärmerückgewinnung im Passivhaus

Illustration 2: Results of 206 pressure test measurements in passive houses [Peper 2000].

Wann ist ein Passivhaus „dicht genug"?

Wann ist ein Passivhaus dicht genug, damit die nachteiligen Folgen von luftdurchströmten Fugen keine ernsthafte Gefahr mehr für die Substanz darstellen? Während gut gedämmte, diffusionsoffene Bauteile durchaus q_{50}- Werte von um 2 m³/h/m³ „vertragen", stellt sich für nach außen hin diffusionsdichte Bauteile heraus, dass q_{50}- Werte hier unter 0,5 m³/h/m³ liegen sollten [Feist 2005]. Und wann

When is a passive house "airtight enough"?

When is a passive house airtight enough to make the disadvantages and dangers of joint air current penetration a negligible factor?
While well insulated, open-diffusion components can "handle" q_{50}- values of around 2 m³/h/m³, it has been established that components which are diffusion-resistant on the outside require values under 0.5 m³/h/m³

ist ein Passivhaus dicht genug als Gesamtsystem, so dass die Lüftung zweckmäßig funktioniert und die niedrigen Wärmeverluste tatsächlich erreicht werden? – Es ist möglich, die mittlere jährliche Infiltration aus dem Leckagekennwert n_{50} grob abzuschätzen. Die jahresmittlere Infiltration kann für Gebäude ohne mechanische Lüftungsanlage und für balancierte Lüftung vereinfacht durch

$$n_{Inf} = n_{50} \cdot e \qquad \text{(bei balancierter Lüftung)}$$

wobei die Abschirmungsklasse e nach [DIN EN 832] zwischen einem Zehntel und einem Hundertstel liegt. Ohne nähere Lagebestimmung kann größenordnungsmäßig mit e = 0,07 gearbeitet werden.

Für einen Infiltrationsluftwechsel von 0,42 h^{-1} ergibt sich ein jährlicher Energieaufwand allein verursacht durch die Luftundichtheit von mehr als 30 kWh/(m²a). Für den n_{50}-Maximalwert von 0,6 h^{-1} für Passivhäuser beträgt die mittlere jährliche Infiltration 0,042 h^{-1} und dies bedeutet immer noch Infiltrationswärmeverluste von rund 3 kWh/(m²a). Bei einem Ziel für den Energiekennwert Heizwärme von maximal 15 kWh/(m²a) ist auch dies bereits ein bedeutender Beitrag! Deshalb ist es empfehlenswert, den Maximalwert zu unterschreiten – dies ist erfahrungsgemäß auch möglich, setzt aber eine gewisse Erfahrung mit detailgenauer Planung und baupraktischer Umsetzung voraus.

Planungsgrundsätze für eine luftdichte Hülle

Eine gute Luftdichtheit ist nur durch eine konsequente Planung und deren sorgfältige Umsetzung zu erreichen. Gefordert ist die Erstellung einer luftdichten Ebene. Das ist zugleich das wichtigste Planungsprinzip für Luftdichtheit (nach [Feist 1995]):

Grundprinzip: Eine Dichtebene muss das Gebäude geschlossen umgeben. In jedem Gebäudeschnitt muss die Luftdichtungsebene im Plan mit einem Stift ohne abzusetzen rund um das Gebäude abgefahren werden können. Eine Ausnahme stellen nur bewusst projektierte Lüftungsöffnungen dar.

Weil es dabei oft Missverständnisse gibt, wird eine wichtige Konsequenz hier kurz erläutert: Die Betonung liegt bei diesem Grundsatz auf „einer" (1) Dichtebene. Undichtheiten können nämlich NICHT durch weitere Dichtebenen an vor- oder nachgelagerter Stelle (z.B. doppelte Lippendichtungen an Fenstern, Windfangtür hinter der Haustür) behoben werden, solange diese nicht ebenfalls sauber an die „eine" gültige Dichtebene angeschlossen werden – dann ist es aber eben wieder „eine" Dichtebene. Dies erklärt sich durch das folgende Beispiel: Ein Leck in einem Wassereimer kann nicht dadurch behoben werden, dass dieser in einen zweiten, ebenfalls leckenden Eimer hineingestellt wird.

Ein Aufbau, bei dem die Luftdichtung raumseitig der Dämmung liegt, wird dem feuchtetechnischen Grundsatz „innen dicht und außen dämmend" eher gerecht. Die dichtende Hülle muss übrigens nicht unbedingt unmittelbar an der Dämmlage entlanglaufen – manchmal kann es praktisch sein, die beiden Ebenen zu trennen. Abbildung 3 zeigt die luftdichtende Hülle im Querschnitt bei einem typischen Passivhaus.

[Feist 2005]. And when is a passive house airtight enough as a system to ensure the proper functioning of the ventilation and the actual achievement of low heat loss values? It is possible to make a rough estimate of the average yearly infiltration based on a n_{50} leakage rate. The yearly average rate of infiltration for buildings with balanced ventilation and without mechanical ventilation system can be simplified into

$$n_{Inf} = n_{50} \cdot e \qquad \text{(with balanced ventilation)}$$

with shield classification e according to [DIN EN 832] between a tenth and hundredth. e = 0.07 can be used as a figure for calculations without precise location data.

The energy required over a year is in excess of 30 kWh/(m²a) with an infiltration air exchange of 0.42 h^{-1}. This value is caused solely by air leakage. The average yearly infiltration rate of 0.042 h^{-1} is valid for maximum n_{50}-value of 0.6 h^{-1} for passive houses. This still amounts to infiltration heat losses of around 3 kWh/(m²a). Even this is a significant contribution in relation to a target maximum specific heating value of 15 kWh/(m²a)! It is therefore advisable to stay below the maximum value – experience shows that this is possible, but it requires a certain degree of experience, detailed planning and adequate implementation in construction.

Planning fundamentals for an airtight shell

Good airtightness can only be achieved with thorough planning and careful implementation. The construction of one airtight layer is necessary. This is also the most important planning principle for airtightness (according to [Feist 1995]):

Basic principle: One leakproof layer has to be built to seal the building. The airtight layer has to be traced around the entire building without lifting the pencil from the plans in all sections. The only exceptions are projected ventilation openings.

Since there are frequent misunderstandings, it is important to explain an important consequence briefly: The emphasis here is on "one" (1) leakproof layer. Leaks CANNOT be compensated with additional leak proof layers in front or behind (e.g. double lip seals along windows, wind screen door behind the house) if these measures are not cleanly connected to "one" actually leakproof layer – which makes it "one" leakproof layer again. The following example can be used as an explanation: Placing it in another leaking bucket cannot repair a leaking bucket.

A structure in which the airtight layer is on the room side of the insulation layer is in keeping with the moisture prevention maxim "leakproof on the inside and insulated on the outside". It should also be kept in mind that the sealing layer doesn't necessarily has to be placed directly on the insulation layer. Sometimes it is practical to separate the two layers. Illustration 3 shows a cross section of an airtight layer in a typical passive house.

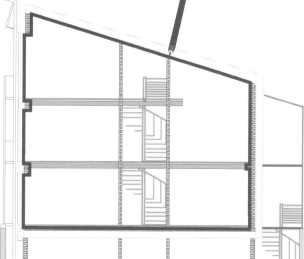

Abbildung 3: Die luftdichtende Hülle umgibt das beheizte Volumen lückenlos und kann in jedem Schnitt mit einem Stift ohne abzusetzen abgefahren werden [nach Peper 1999].

Illustration 3: The airtight shell covers the heated volume completely and can be traced in each cross section without lifting the pencil from the drawing [according to Peper 1999].

Für die erfolgreiche Planung der Luftdichtheit des Passivhauses helfen neben dem Grundprinzip die folgenden Leitlinien (nach [Feist 1995]):

- Einfachheit: Alle Konstruktionsdetails sollten so einfach wie möglich ausführbar sein, um Mängeln bei der handwerklichen Arbeit weitgehend vorzubeugen.
- Möglichst große geschlossene Flächen mit einer einzigen, einfachen Grundkonstruktion.
- Auswahl zuverlässiger und bewährter Grundkonstruktionen – für ein Passivhaus müssen keine völlig neuartigen oder exotischen Dichtprinzipien entwickelt werden. Die verwendeten Syteme lassen sich daher auch überall sonst einsetzen.
- Prinzipientreue bei der Planung von Anschlüssen.
- Grundsätzlich sollten Durchdringungen der dichtenden Hülle vermieden bzw. minimiert werden.

In den folgenden Planungsschritten müssen die für die Luftdichtheit konstruktiv gewählten baulichen Elemente spezifiziert werden:

1. Konstruktionen für die Luftdichtheit in der Regelfläche,
2. Luftdichte Verbindungen von Bauteilen (entlang einer „Linie") und
3. Luftdichtheit bei Durchstoßungen von Bauteilen bzw. in Ecken von mehr als zwei aneinanderstoßenden Bauteilen (in einem „Punkt").

Luftdichtheit einer Regelfläche

Jedes Außenbauteil muss über eine eindeutig spezifizierte luftdichte Schicht verfügen. Es ist nicht entscheidend, welche Ebene eines Bauteils (Tragkonstruktion, raumseitige Bekleidung, etc.) als luftdichtende Ebene verwendet wird – allerdings sollte immer mit bedacht werden, wie sich diese Schicht mit den luftdichten Ebenen der benachbarten Bauteilen möglichst einfach und sicher verbinden lässt. Die Festlegung der exakt definierten luftdichten Ebene in der Fläche richtet sich nach den eingesetzten Materialien, also nach dem Wand- bzw. Dach- oder Bodenaufbau. Übliche Baumaterialien verfügen über stark voneinander abweichende Luftdurchlässigkeiten. Letztendlich können vier Materialgruppen eingesetzt werden, um die luftdichte Ebene zu realisieren:

1. PE-Folien / Armierte Baupappen
2. Innenputz
3. Beton
4. Holzwerkstoffplatten

Die unterschiedlichen erfolgreich realisierten Luftdichtheitskonzepte sind immer eine Kombination dieser Materialien. In der Praxis muss es prinzipiell möglich sein, die jeweiligen Materialien entweder weitgehend fugenfrei zu verarbeiten oder die Stoßstellen mit vertretbarem Aufwand dauerhaft wirksam abzudichten.

Massivbau

Auch wenn eine einzelner Stein dicht ist, so ist doch unverputztes Mauerwerk generell nicht annähernd luftdicht! Ausreichend luftdicht wird dagegen im Massivbau die klassische, gemauerte Außenwand, wenn sie einen durchgehenden, nicht unterbrochenen Innenputz trägt und kraftschlüssig verbunden ist. Der Innenputz muss allerdings auch rundum ausgeführt werden; also von Rohfußboden (vor Einbringung des Estrichs!) bis Rohdecke! Auch „nicht sichtbare Bereiche", wie z.B. hinter Treppen und z.B. Vormauern im Bad müssen akkurat verputzt werden. Für solche Bereiche hat es sich als praktikabel erwiesen, bereits im Rohbau einen „Vorverputz" als Mörtelglattstrich ausführen zu lassen.
Kraftschlüssige in sich verbundene Betonelemente sind die einzigen Tragwerksbaustoffe, die allein für sich luftdicht sind.

Leichtbau

Beim Leichtbau kann ebenfalls u.U. die raumseitige Bekleidung die Dichtheitsfunktion übernehmen. Nicht dafür in Frage kommen Holzverschalungen, da diese zwangsläufig viele Fugen aufweisen. Ebenso sind Holzfaserdämmplatten nicht geeignet, da sie durch ihre hohe Porosität nicht ausreichend luftdicht sind.

Plattenlösung

Ausreichend dicht in der Fläche sind Holzspan-, Sperrholz-, OSB- und Holzhartfaserplatten. Normalerweise werden diese auf einer Konterlattung montiert und müssen anschließend an den Stößen luftdicht abgeklebt oder verbunden werden. Dafür stehen vorgefertigte Folien und Pappstreifen und Klebebänder zur Verfügung.

Aside from the basic principle, the following guidelines are also helpful for successful passive house airtightness planning (according to [Feist 1995]):

- Simplicity: All construction details should be as easy to make as possible to prevent errors during assembly.
- Surfaces should be as large and integral as possible and be based on one, simple basic construction.
- Choose reliable and proven basic construction techniques – it isn't necessary to develop completely new or exotic sealing principles for a passive house. The systems that are used can therefore be used everywhere else.
- Be true to principles when planning connections.
- Penetrations of the sealing shell should on principle be avoided or minimized.

The construction elements to be built as airtight components have to be specified according to the following steps:

1. Airtight constructions for standard surfaces,
2. Airtight connections between construction parts (along "one" line) and
3. Airtight components where building elements penetrate each other or in corners where more than two compoenents meet (in one "point").

Airtightness in a standard surface

Every exterior building component has to have a clearly specified airtight layer. The construction layer chosen isn't decisive (load-bearing structure, interior cladding, etc.), but it should always be kept in mind that it should be possible to connect the airtight layer with the neighboring components as easily and securely as possible.
The determination of the precisely defined airtight layer depends on the materials used, i.e. the wall, roof or floor structure. Common construction materials have varying degrees of permeability. Ultimately, there are four material groups that can be used to complete an airtight layer:

1. PE sheets / armored building boards
2. Interior plaster
3. Concrete
4. Wood-based panels

The various successfully completed airtightness concepts are always a combination of these materials. In practice it should be possible to place the materials almost entirely without joints or to seal the joints permanently with reasonable effort.

Solid construction

An unplastered wall generally isn't even close to being airtight, even if an individual stone is! However, a classically masoned outside wall is sufficiently airtight if it has a continuos, uninterrupted layer of interior plaster and force-fitted joints. But the interior plaster has to be applied over the entire surface, from the uncovered floor surface (before applying the screed layer!) to the uncovered ceiling layer! Even "invisible areas" e.g. behind steps and bathroom separating walls have to be plastered accurately. It has proven to be practicable to apply a "preliminary layer" in the form of a smooth mortar in the preliminary construction phase.
Force-fitted inter-connected concrete elements are the only load-bearing components that are airtight on their own.

Lightweight construction

Interior wall cladding can also serve to seal lightweight constructions under certain circumstances. This isn't possible with wood cladding since these structures inevitably have many joints. Wood fiberboard panels are also unsuitable since they are not sufficiently airtight due to their high porosity.

Panel solutions

Wood chipboard, plywood, OSB and tempered wood fiberboard panels are sufficiently airtight. Normally, these panels are mounted on cross battens and then glued or bonded with an airtight seal along their joints. Prefabricated foils and cardboard strips and adhesive tapes are available for this purpose.

Dampfbremse als Lufdichtungsebene

Eine zuverlässige Lösung im Leichtbau ist die „Doppelnutzung" der Dampfbremse [Feist 1997]. Diese befindet sich auf der Innenseite des Tragwerks und ist von der raumseitigen Bekleidung normalerweise durch deren Traglattung getrennt. So ergibt sich ein Abstand von der raumseitigen Bekleidung für die haustechnischen Installationen (siehe Abbildung 4). Die Dampfbremse kann aber auch unmittelbar hinter der inneren Verkleidung liegen. Als Dampfbremsen kommen nur diffusionsdichte Materialien zur Anwendung, womit die Luftdichtheit automatisch gewährleistet ist.

Vapor barrier as airtight layer

The "double use of vapor barriers" [Feist 1997] is a reliable solution in lightweight construction. The vapor barrier is located on the inside of the load-bearing structure and is normally separated from the interior cladding facing the room by load-bearing battens. This creates space between the interior cladding and the technical services of the building (see illustration 4). However, the vapor barrier can also be located directly behind the interior cladding. Only diffusion-resistant materials can be used for vapor barrier, which automatically ensures airtightness.

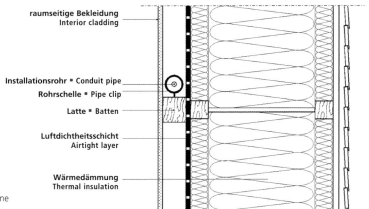

raumseitige Bekleidung
Interior cladding

Installationsrohr = Conduit pipe
Rohrschelle = Pipe clip

Latte = Batten

Luftdichtheitsschicht
Airtight layer

Wärmedämmung
Thermal insulation

Abbildung 4: Beispiel für eine Installationsebene vor der luftdichtenden Ebene [Peper 1999]

Illustration 4: Example of an installation layer in front of the airtight layer [Peper 1999]

So können z.B. Folien oder armierte Baupappen zum Einsatz kommen. Bei der Verwendung von durchgehenden Polyäthylenfolien (z.B. bei Holzkonstruktionen wie Sparrendächern) sollten diese raumseitig von der Wärmedämmung angebracht werden. Im Folgenden werden Folien und qualifizierte Pappen bzw. Luftdichtungspapiere mit dem Oberbegriff „Luftdichtungsbahnen" bezeichnet.

The illustration shows how sheets or armored building boards can be used. When using continuous polyethylene sheets (e.g. wood constructions such as rafter roofs), they should be applied on the room side of the thermal insulation. Sheets and qualified cardboard types and/or airtightness sealing papers are collectively named "airtightness sheets" from here on in.

Luftdichte linienförmige Anschlüsse

Nach den vorliegenden Erfahrungen aus dem Bau von Passivhäusern liegt im Bereich der Anschlüsse die entscheidende Planungsaufgabe. Für die Anschlüsse gilt insbesondere, dass dabei auf wenige, einfach auszuführende und sicher dichte Details zurückgegriffen werden sollte.

Eine gute Planung der Luftdichtheit beginnt daher damit, die Luftdichtheitsebenen der Bauteile zu identifizieren. Ein Beispiel kann dies illustrieren:

Airtight linearly shaped connections

Based on the experiences in the construction of passive houses discussed here, the decisive planning task lies in the connections. It is especially important to use easily completable and definitely airtight detailing for connections.

Hence good airtightness planning begins with the identification of the airtight levels for building components. An example can illustrate this:

Beispiel: Einbau eines (Fenster- oder Türrahmens) in eine gemauerte Außenwand:

Häufiger Fehler: Es wird versucht, den Rahmen durch Bauschaum, Ausstopfen, Dichtbänder oder Klebebänder „dicht" an das Rohbaumauerwerk anzuschließen. Dies kann nicht gelingen und das ist nicht eine Frage des verwendeten Materials, sondern ein Fehler bei der Identifikation der Luftdichtheitsebenen: Bei einer gemauerten Außenwand ist nämlich das Mauerwerk nicht die Luftdichtheitsebene. Vielmehr ist der gesamte Mauerwerksbereich durch ein untereinander verbundenes luftführendes Netzwerk an Spalten und Hohlräumen durchzogen – mit anderen Worten, das Mauerwerk ist eine luftführende Schicht. Der Anschluss einer luftdichten Ebene eines anstoßenden Bauteils an eine Mauerwerkswand kann daher niemals an das Rohbaumauerwerk, sondern muss an die luftdichte Ebene – das ist in der Regel der Innenputz – erfolgen.

Example: Installation of a (window or door frame) in a masoned outside wall:

Frequent mistake: the attempt is made to connect the frame "tightly" to the raw wall structure using construction foam, filling, sealing tape or adhesive tape. This cannot be successful and it is not a question of the material used, the mistake lies in the identification of the airtight layers: the wall is not the airtight layer in the case of a masoned wall. The entire masoned area is much rather an interconnected, air-carrying network of cracks and hollow spaces, making the masonry an air-conducting layer. The connection of an airtight layer of an abutting construction segment to a masoned wall can never be completed on the raw masonry. It has be connected along the airtight layer, which is generally the interior plaster layer.

Richtiges Vorgehen:
1. Identifikation der luftdichten Ebenen der anschließenden Bauteile, das sind z.B. beim Rahmen: die Rahmeninnenoberfläche.
   beim Außenmauerwerk: der bis in die Laibung gezogene Innenputz.

2. Luftdichter Anschluss dieser luftdichten Ebenen aneinander
   Da sich Rahmen und Putz infolge unterschiedlicher thermischer Ausdehnungskoeffizienten und infolge mechanischer Beanspruchung (Last des Fenster- oder Türflügels beim Öffnen) gegeneinander bewegen können, muss der luftdichte Anschluss Relativbewegungen von bis zu ca. 2 mm ohne zu Reißen aufnehmen können. Ein direktes Einputzen des Rahmens scheidet daher als Lösung aus. Sichere Lösungen sind:
   a Ein am Rahmen aufgeklebtes überputzbares und am Putz sicher haftendes Klebeband, das auf den Rahmen aufgeklebt und später eingeputzt wird (flieskaschiertes Klebeband).

Correct procedure:
1. Identification of the airtight levels of the connecting construction components, e.g. the frame: the interior surface of the frame.
   Exterior masonry: interior plaster extending to the reveal.

2. Airtight connection between the airtight layers
   Since the frame and plaster can move due to their varying thermal expansion coefficients and mechanical strain (window and door loads during opening), the airtight connection has to withstand relative movement of approx. 2 mm without cracking. This makes direct plastering of the frame impossible. Possible solutions are:
   a Adhesive tape securely fastened to the plaster that can also be coated with plaster on top. It is fastened to the frame and plastered later (fleece-laminated adhesive tape).

b Eine auf den Rahmen aufgeklebte Anputzleiste („Apu-Leiste") mit luftdichter elastischer Dichteinlage und ausreichendem Dichtungsspiel (≥ 2 mm), deren feste Seite als Putzschiene durchgehend in den Innenputz eingeputzt wird.

c Durch eine in ≥ 8 mm Abstand vom Fensterrahmen gesetzte Putzendschiene entsteht eine definierte Fuge zwischen Putzschienenkante und dem Rahmen. In diese Fuge wird ein (z.B. textiles oder papiernes) Band zur Haftverhinderung auf das Mauerwerk der Laibung eingelegt. Dann wird der Raum zwischen Putzendschiene und Rahmen mit elastischer Fugenmasse (Silikon oder Acrylfugenmasse) verfugt, so, dass die Fugenmasse an der Putzendschiene und am Rahmen haftet (Zweiflankenhaftung).

b A plaster-bearing bead with an airtight, elastic sealing insert and enough sealing play (≥ 2 mm), whose firm side is plastered continuously with interior plaster.

c A plaster-end bead is laid ≥ 8 mm apart from the window frame, creating a defined joint between the plaster bead edge and the frame. This joint is filled with (textile or paper, for example) tape along the masonry of the reveal. Then the space between the plaster end bead and the frame is joined using an elastic joint filler (silicone or acrylic filler) to ensure the mass adheres to both the bead and the frame (two-flank bonding).

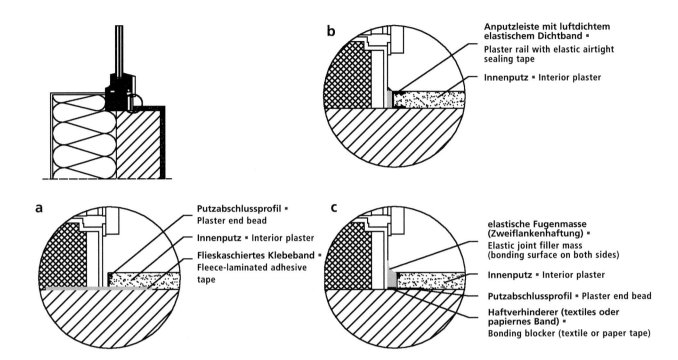

b
Anputzleiste mit luftdichtem elastischem Dichtband ▪
Plaster rail with elastic airtight sealing tape
Innenputz ▪ **Interior plaster**

a
Putzabschlussprofil ▪
Plaster end bead
Innenputz ▪ **Interior plaster**
Flieskaschiertes Klebeband ▪
Fleece-laminated adhesive tape

c
elastische Fugenmasse (Zweiflankenhaftung) ▪
Elastic joint filler mass (bonding surface on both sides)
Innenputz ▪ **Interior plaster**
Putzabschlussprofil ▪ **Plaster end bead**
Haftverhinderer (textiles oder papiernes Band) ▪
Bonding blocker (textile or paper tape)

Abbildung 5: Drei Möglichkeiten (siehe oben a–c) zum dauerhaft luftdichten Anschluss des Fensterrahmens im verputzten massiven Mauerwerk (ergänzt nach [Peper 1999]).

Illustration 5: Three possibilities (see a-c above) for long-term window frame connections in a plastered solid wall (amended according to [Peper 1999])

Durch diesen Grundsatz wird zugleich auch klar, dass ein Wechsel der Luftdichtungsebene zwischen Innen- und Außenseite des Tragwerks nach Möglichkeit vermieden werden sollte. Wenn diese abgeleitete Regel der Vermeidung des Lagewechsels durchgehalten wird, sind Anschlüsse zwischen gleichkonstruierten Bauteilen (z.B. Massivwand an Massivdecke oder –innenwand, Leichtbau-Außenwand an Leichtbaudach) planerisch meist wenig aufwändig. Anschlüsse zwischen Leichtbau- und Massivbauweise bedürfen einer besonderen Aufmerksamkeit.

This fundamental approach also makes it clear that a change of airtightness layer between the inside and outside of the load-bearing structure should be avoided when possible. If it is possible to adhere to this rule, the connections between construction components built the same way (e.g. solid wall with interior wall, lightweight interior wall with lightweight roof) are easy to plan. Connections between lightweight and solid construction components therefore require special attention.

Anschlüsse von mehr als zwei Bauteilen in einem Punkt

Beim Zusammentreffen von mehr als zwei Bauteilen, wie z.B. in Ecken, ergeben sich dreidimensionale Anschlusspunkte.

Connecting more than two construction components at one point

The connection of more than two construction components, e.g. in corners, lead to three-dimensional connection points.

Grundsätze:
* Alle Dichtebenen müssen an solchen Anschlusspunkten an genau den Anschlusspunkt herangeführt werden. Versetzte Dichtebenen können grundsätzlich nicht dreidimensional verbunden werden.
* Werden die in dieser Schrift beispielhaft behandelten Luftdichtheitslösungen verwendet, so ist es grundsätzlich immer möglich, alle linienförmigen Verbindungen bis auf mindestens 10 mm Abstand an einen 3-D-Anschlusspunkt heranzuarbeiten.
* Für den nun möglicherweise verbliebenen 3-D-Anschlusspunkt bieten sich in der Folge je nach Basiskonstruktion die folgenden Anschlusslösungen an:

a 3-D-Dichtungsbahnanschlüsse (vgl. [Feist/Peper 2005])

b 3-D-Putzanschlüsse

c Dichtungsprofilanschlüsse

d 3-D-Werkstoffplattenanschlüsse

Fundamentals:
* All sealed layers have to be led precisely to such connection points. It is basically impossible to create three-dimensional connections with offset sealed layers.
* If the steps discussed in the examples here are followed, it is basically always possible to lead all linearly shaped connections up to within 10 mm of a three-dimensional connection point.
* Depending on the basic construction, the following connection solutions are possible for the eventually remaining 3-D connection point:

a 3-D sealing sheet connections (cp. [Feist/Peper 2005])

b 3-D plaster connections

c Sealing profile connections

d 3-D taped panel connections

 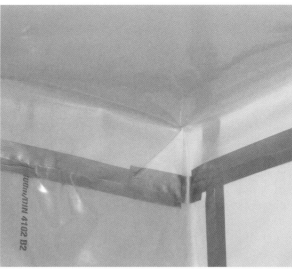

Abbildung 6: 3-D-Dichtungsbahnanschlüsse für die luftdichte Verbindung von drei Folien (Wand/Wand/Decke). Nach dem Verkleben der überlappenden Wandfolien wird die Deckenfolie gefaltet und auf den beiden Wandfolien mit ausreichend Folienspiel (Bauteilbewegung!) verklebt. Für die Prinzipfotos wurde ein „herstellerneutrales" Klebeband verwendet das jedoch nicht für eine dauerhaft luftdichte Abklebung geeignet ist [Feist/Peper 2005].

Illustration 6: 3D sealing layer connections used for the airtight connection of three sheets (wall/wall/ceiling). The ceiling sheet is folded and bonded to the two wall sheets with enough sheet play (construction component movement!) after bonding the overlapping wall sheets. 'Generic' adhesive tape was used for the photo samples, which is not suitable for long-term sealing [Feist Peper 2005].

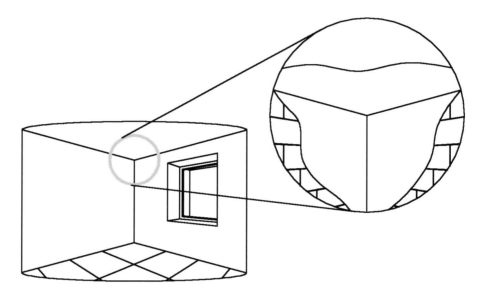

Abbildung 7: 3-D-Putzanschluss im Massivbau. Wenn keine nennenswerten Bauteilbewegungen zu erwarten sind, werden die drei Putzebenen in der Ecke zusammengeführt. In anderen Fällen ist es ggf. notwendig ein Verstärkungsgewebe bzw. eine Armierung einzulegen.

Illustration 7: 3D plaster connections in solid construction: if no significant construction component movement is expected, the three plaster layers are connected in the corner. A reinforcement mesh or armoring can be inserted in other cases, if need be.

Abbildung 8: Fachgerechtes luftdichtes Abkleben eines 3-D-Werkstoffplattenanschlusses. Zuerst wird die Ecke dreifach jeweils zwischen zwei Platten abgeklebt (Bild links). Danach werden die daran anschließenden linienförmigen Plattenverbindungen verklebt (Bild rechts). Für die Prinzipfotos wurde ein „herstellerneutrales" Klebeband verwendet das jedoch nicht für eine dauerhaft luftdichte Abklebung geeignet ist [Feist/Peper 2005].

Illustration 8: Appropriate airtight sealing of a 3D panel connection. First the corner is given a triple bonding layer between each pair of panels (left picture). Then the line-shaped panel connections are bonded (right picture). 'Generic' adhesive tape was used for the photo samples which is not suitable for long-term sealing [Feist Peper 2005].

Durchdringungen

Das Vermeiden bzw. Reduzieren von Durchdringungen und Durchstoßungen der Gebäudehülle sollte das Ziel bei einer optimalen Planung der Luftdichtheit sein. Es ist so gut wie in jedem Fall einfacher und ökonomischer, Durchdringungen der Luftdichtungshülle in der Planungsphase zu vermeiden, als in der Bauphase luftdichte Durchdringungen auszuführen.

Planungs-Grundprinzip:
Vermeidung oder Vereinfachung von Bauteildurchdringungen

Einige wenige Verbindungen durch die luftdichtende Ebene sind allerdings unvermeidbar, wie z.B. Durchführungen für Elektrokabel, Lüftungs- und Abwasserrohre und Auflager für Holzbalken, Pfetten und Sparren. Für diese Stellen müssen ausführbare Details erarbeitet werden. Hilfreich ist dabei die Konzentration der durchzuführenden Rohre und Kabel an einem oder wenigen Punkten.

Massivbau

Im Massivbau, bei dem die Luftdichtheitsebene als Innenputz verwirklicht wird, stellt jeder Dübel, jede Steckdose und jeder Lichtschalter in der Außenwand potentiell eine Durchdringung der luftdichtenden Ebene dar. Durch Lagerfugen und die Lochung der Steine strömt Luft, die eingetreten ist z.B. bis zur Steckdose. Das kann verhindert werden, indem die Unterputzdose inkl. Kabel (!) beim Einbau satt in Putzmasse eingesetzt wird. Der Einsatz von luftdichten Unterputzdosen und Leerrohren, die mittlerweile angeboten werden, erzeugt deutlich höheren Aufwand.

Penetrations

The avoidance or reduction of building shell penetrations and piercings should be the aim of optimal airtightness planning. It is easier and more economical to avoid airtight layer penetrations in the planning phase in almost every case, as opposed to building airtight penetrations during construction.

Planning Guiding Principle:
Avoid or simplify building component penetrations

A few connections through the airtight layer are however unavoidable, e.g. penetrations for electric cables, ventilation and sewage lines and supports for timber beams, purlins and rafters. Completion details have to be developed for these areas. It is helpful to concentrate the lines and cables at one or a few points in these cases.

Solid construction

In solid constructions every dowel, every socket and every light switch in the outer wall is a potential penetration of the airtight layer when it is completed with interior plaster. Air flows through the course joints and the holes of the stones, which can even reach a socket, for example. This can only be avoided by placing the recessed socket including the cable (!) firmly in the plaster mass. The use of the airtight recessed sockets and conduits that are available makes completion considerably more complex.

Abbildung 9: So nicht! Ungeeignet eingesetzte Steckdosen in einer Massivwand (Altbausanierung). Hier sind auch nach dem Verputzen der Wandfläche Leckagen an den Kabeleinführungen und Dosenrückseiten zu erwarten (Foto: Passivhaus Institut).

Illustration 9: Don't! Improperly fitted sockets in a solid wall (old building renovation). Cable line leaks and leaks along the back of the socket can be expected here, even after plastering. (Photo: Passivhaus Institut)

Im Bereich der Sanitärinstallationen (Bad, WC, Küche) sind häufig zahlreiche Durchdringungen aufgrund von Regen-, Frisch- und Abwasserrohren sowie WC-Unterputzspülkästen vorhanden. In diesen Bereichen sind Leckagen besonders schädlich. Erfahrungsgemäß ist es aussichtslos, eine Installationswand in der Ebene der Fliesen abzudichten – ganz abgesehen davon, dass für diese Ebene eine luftdichte Verbindung zur übrigen luftdichten Gebäudehülle mit vertretbarem Aufwand nicht herstellbar ist. Sehr effektiv ist es in solchen Fällen, die Sanitärleitungen in einer Vorwandinstallation zu führen, um die Zahl der Durchdringungen stark zu verringern. Die Außenwand muss dann schon vor der Montage der Installationen verputzt werden (sogenanntes „Vorverputzen").

Einen guten luftdichten Abschluss für Installationsschächte bewirkt das Vergießen des Durchbruchs in Decke oder Bodenplatte mit Quellmörtel oder Anhydridschlämme (Gips), welche beide bei der Trocknung keine Schrumpfung aufweisen. Luftströmungen längs isolierter Rohre (zwischen Rohr und Isolierung) lassen sich durch eine einfache Abbindung (mit Kabelbinder o.ä.) an der Stelle des Durchbruchs erreichen [Zeller u.a. 1995].

Sanitary installations (bathroom, WC, kitchen) often involve a large number of penetrations due to the presence of rain, fresh water and sewage lines as well as recessed WC cisterns. Leakages in these areas are particularly damaging. Based on experience, it is useless to seal an installation wall at the tile level – aside from the fact that it isn't possible to create an airtight connection between this level and the rest of the airtight building shell with a reasonable amount of effort. In such cases it is very effective to lay sanitary runs in a wall-mounted installation to considerably reduce the number of penetrations. The outer wall should therefore be plastered before fitting the services (so-called "preliminary plastering").

Pouring non-shrinking (after drying) expanding mortar or anhydrite slag (gypsum) into the penetrations in the roof or floor slab by installation shafts creates good airtight closures. Air currents along insulated lines (between the lines and insulation) can easily be sealed using binders, (e.g. a cable binder) on the penetrated area [Zeller u.a. 1995].

Leichtbaukonstruktionen

Bei konstruktiven Durchdringungen wie Balkenköpfen, die auf der Außenwand aufliegen, besteht eine Lösung darin, eine stabile, diffusionsoffene und luftdichte Unterdachbahn (Manschette) um den Balkenkopf zu legen und später mit einzuputzen (Anschluss an Massivbauelement) oder mit der Luftdichtung der Wand zu verkleben (Anschluss an Leichtbauelement).

Kabel- und Rohrdurchführungen durch Leichtbaukonstruktionen mit z.B. Folienabdichtung führen zu Foliendurchbrüchen und somit zu dreidimensionalen Abdichtungsdetails. Heute gibt es für diese Durchführungen vorgefertigte Manschetten aus EPDM-Dichttüllen, die sowohl auf Luftdichtungsbahnen als auch auf luftdichte Werkstoffplatten aufgeklebt werden können.

Lightweight constructions

A solution for structural penetrations is the use of a stable open-diffusion and airtight soffit layer (sealing member) to cover the bulkhead that is later plastered (connection to solid construction element) or to glue it with the airtight seal of the wall (connection to lightweight construction element).

Cable and pipe laying in lightweight structures with sheet seals, for example, lead to sheet penetration, i.e. three-dimensional sealing details. There are prefabricated EPDM sealing sleeves for these lines today, which can be glued to both airtight sheets and airtight panels.

Abbildung 10: Luftdichtheitsmanschette zur Kabel- oder Rohrdurchführung mit EPDM-Durchführung (Tülle) und rückseitiger Klebefläche (Fotos: Hersteller). Diese Produkte gibt es für Kabel und Rohre in verschiedenen Durchmessern von unterschiedlichen Herstellern.

Illustration 10: EPDM airtight sleeve for cable or pipe lines with adhesive strip on the back (photos: manufacturer). These products are available from various manufacturers in different diameters for cable and pipelines.

Ist im Leichtbau keine Installationsebene vorhanden (vgl. Abbildung 4) gibt es für die Verlegung von Steckdosen etc. die Möglichkeit der Vorwandinstallation wie z.B. im Bürobau üblich. Eine weitere Möglichkeit ist die Verwendung von Systemen mit luftdichten Unterputzdosen. In diese können Kabel oder Leerrohre luftdicht eingeführt werden. Bei der Verwendung von Leerrohren können die Kabel dann unabhängig von den Anforderungen an die Luftdichtheit auch nachträglich leicht verlegt (durchgezogen) werden. Die Dosen selber können in z.B. der Werkstoffplatte luftdicht eingesetzt werden (spezieller Dichtring).

It is possible to use open wiring openings for sockets etc., if the lightweight construction has no services level (illustration 4), as is common in office construction. The use of systems equipped with airtight recessed sockets is another possibility. Cables or conduits can be led through them to create an airtight solution. The use of conduits makes is possible to lay cables easily after construction, the airtightness requirements notwithstanding. The sockets themselves can be inserted in the panel as airtight fittings (special seals).

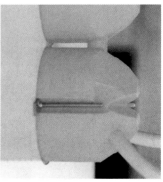

Abbildung 11: Luftdichte Hohlwanddosen in die mit einem Spezialwerkzeug ein passgenaues Loch für Kabel, Leerrohr oder Dosenverbinder gebohrt werden kann (Fotos: Hersteller).

Illustration 11: Airtight hollow wall box which can machined with precisely sized holes for cables, empty pipes or box connections using special tools. (Photo: manufacturer)

Werden Leerrohre im Leichtbau ohne Installationsebene nicht im Zusammenhang mit luftdichten Dosensystemen eingesetzt müssen die Durchführungen durch die Luftdichtheitsebene (Werkstoffplatte oder Folie/Baupapier) ebenfalls mit z.B. einer Manschette abgedichtet werden. Die verbleibenden Undichtheiten zwischen Kabel und Leerrohr müssen dann luftdicht verschlossen werden. Dazu kann eine Dichtmasse oder eine mehrfach gefaltete Folie verwendet werden, mit der der verbleibende Spalt einige Zentimeter tief ausgestopft wird. Die verbleibenden Leckagen sind dann klein. Selbstredend müssen auch „Reserve-Leerrohre" ohne Kabel in gleicher Weise abgedichtet werden. Das Gleiche gilt auch für Leerrohre im Massivbau.

Penetrations of the airtight layer (panels or sheet/paper) have to be sealed with sleeves where conduits have to be used in lightweight construction without services levels and without airtight socket and box systems. The remaining leaks between the cable and conduit then have to be finished with an airtight seal. A filler mass or folded sheet inserted a few centimeters into the gap can be used to seal the remaining space. The remaining leakages are then small. Needless to say, "reserve conduits," without cables also have to sealed the same way. The same applies to conduits in solid construction buildings.

Im Leichtbau ohne Installationsebene stellen Nägel und Schraubenlöcher in „normaler" Anzahl kein Problem dar. Sind die Befestigungselemente in den Löchern vorhanden, ist die betreffende Verletzung auch geschlossen. Wenn sehr viele Löcher gebohrt wurden und keine Befestigungselemente mehr vorhanden sind sollten die Löcher wieder verschlossen werden. Gegenüber nachträglichen Beschädigungen sind die Lösungen ohne Installationsebene anfälliger als die mit der Installationsebene.

Beispiel Außenrollladen:
Die auch heute noch standardmäßig eingesetzten Gurtdurchführungen für Außenrollläden stellen „serienmäßige" Leckagen dar. Am Markt werden luftdichte Gurtdurchführungen mit Bürstendichtungen angeboten, welche eine akzeptable Alternative darstellen. Dabei sollte allerdings nach einigen Jahren der Zustand der Bürstendichtungen kontrolliert werden. Sehr gut geeignet sind auch Kurbeldurchführungen, die verbleibende Leckage und Wärmebrücke ist vernachlässigbar klein. Die optimale – aber auch teuerste – Lösung stellt ein motorisch betriebener Rollladen oder Außenverschattung dar. In diesem Fall ist es nur noch notwendig, jeweils ein Kabel luftdicht nach außen zu führen.

Dauerhaftigkeit

Bei allen Lösungen zum luftdichten Bauen muss die Dauerhaftigkeit im Vordergrund stehen. Eine eigene Untersuchung mit Nachmessungen an 17 Passivhäusern zu dieser Frage zeigt ein sehr positives Bild [Peper 2005]. Es wurde die Dauerhaftigkeit der realisierten Konzepte nach 1,4 bis 10,5 Jahren überprüft. Dabei wurden Reihen- und Einzelhäuser in unterschiedlichen Bauweisen (Massiv-, Leicht- und Mischbauweise) an acht Standorten untersucht. Es zeigte sich, dass die von den jeweiligen Planern und Architekten gewählten Konzepte und Verbindungen auf jeden Fall für den Zeitraum zwischen Abnahme- und Nachmessung als erfolgreich zu bewerten sind. Dabei sind alle Bauweisen gleichermaßen positiv einzustufen. Es hat sich gezeigt, dass nicht die Bauweise, sondern vielmehr die Planungsqualität für die erfolgreiche Umsetzung einer guten Luftdichtheit entscheidend ist. Selbstredend muss natürlich die Planung am Objekt auch entsprechend sorgfältig umgesetzt werden. Eben genau an diesem Punkt zeigt sich dann auch, ob die Planung sich an gut umsetzbaren Konzepten orientiert hat.
Von nennenswerten Verschlechterungen der Luftdichtheit in den folgenden Jahren ist bei den untersuchten Objekten nicht auszugehen. Dafür liegen bei diesen Objekten Planungen und Ausführungen zugrunde, welche geeignete Produkte verwendeten und diese nach anerkannten Qualitätsvorgaben einsetzten. Die zu erwartenden Bewegungen von Elementen am Bau sind nach den jeweils verstrichenen Zeitabständen bereits weitgehend eingetreten. Nach den vorliegenden Ergebnissen kann daher davon ausgegangen werden, dass die Luftdichtheit in der hier untersuchten Klasse von sehr gut luftdichten Gebäuden ($n_{50} < 0,6$ h^{-1}) dauerhaft Bestand hat. Eine in einigen Literaturstellen beschriebene Verschlechterung während der ersten beiden Jahre konnte bei den untersuchten Passivhäusern nicht festgestellt werden. Die Ausnahme bildet ein einzelnes Objekt, bei welchem jedoch leicht erkennbare Fehler im Luftdichtheitskonzept vorlagen (in Abbildung 12 die Nr. 3).

"Normal" amounts of nail and screw hole openings are not a problem in lightweight construction without a services level. If fastening elements are placed in the openings, the corresponding hole is sealed. If very many holes were drilled and no fastening elements are available, the holes should be closed again. A solution without a services level is more susceptible to post-construction damage than a solution featuring a services level.

Example: exterior roller shutters
The standard flange ducts still used for exterior roller shutters today are "serial" leakage sources. The airtight flange ducts with brush seals on the market today are an acceptable alternative. However, the condition of the brush seals should be checked after a few years. Winch ducts are also very suitable, the remaining leakage and thermal bridge is negligibly small. The ideal – but also expensive – solutions are motorized roller shutters or exterior shuttering. It is only necessary to install a cable connection to the outside in these cases.

Durability

Durable airtight systems are the main objective of all airtight construction solutions. Our relevant research based on measurements in 17 passive houses show a very positive picture [Peper 2005]. The durability of the systems was checked after 1.4 to 10.5 years. Terraced housing units and single-family units built with varying techniques (solid, lightweight and mixed construction) were examined at eight sites. The research showed that the systems chosen by the respective planners and architects could clearly be given positive evaluations for the time between their completion and the assessment. All construction types could be given equally positive evaluations. The results showed that it is the quality of the planning involved and not the construction technique that was decisive for the successful implementation of airtightness measures. Of course the planning has to be implemented carefully on the actual building. And this is exactly the point at which it can be seen if the plans contain concepts that can be completed well.
No noteworthy deterioration of the airtight properties can be expected in the years to come in the projects that were examined. These projects were based on planning and completion techniques that made use of the appropriate products in accordance with quality standards. The expected movement of elements in the structure had already mostly taken place after the corresponding amount of time had passed. Based on the results it is therefore possible to say that the categorization as very good airtight buildings ($n_{50} < 0.6$ h^{-1}) is valid in the long term for the buildings examined here. The deterioration of airtightness during the first two years described in some of the relevant literature was not identified in the passive houses evaluated.
The exception is a single building in which easily recognizable mistakes were made in the airtightness concept (item 3 in illustration 12).

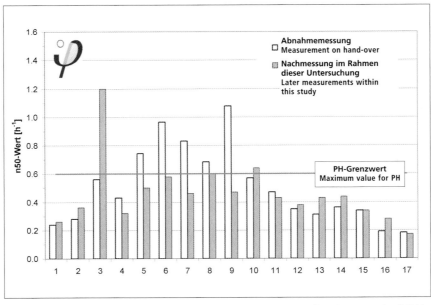

Abbildung 12: Ergebnisse von 17 Blower Door Abnahme- und Nachmessungen an Passivhäusern in unterschiedlichen Bauweisen [Peper 2005].

Illustration 12: Results of 17 blower door tests and measurements in passive houses built using different building techniques [Peper 2005].

Zum Feuchteverhalten erdberührter Bauteile und ihrer Anschlüsse in Passivhäusern
On the moisture behaviour of building parts in contact with the earth and their junctions in passive houses

Für die Führung der Wärmedämmung gegen Erdreich oder Keller/Tiefgarage bieten sich in Passivhäusern (aber auch in allen anderen Gebäuden) die folgenden Möglichkeiten an:

- Wärmedämmung auf der Bodenplatte
- Wärmedämmung unter der Bodenplatte
- Wärmedämmung ober- und unterhalb der Bodenplatte

Eine Wärmedämmung auf der Bodenplatte/Kellerdecke stellt eine „klassische" Innendämmung dar, die aber bezüglich des Feuchteverhaltens als kritisch einzustufen ist:

- Die Temperatur an der Außenseite der Dämmung ist durch die Dämmwirkung niedrig, dadurch kann die relative Feuchte stark ansteigen
- Ohne Dampfsperre auf der warmen Seite ist in vielen Fällen mit Kondensat an der Außenseite der Wärmedämmung zu rechnen
- Nur durch kapillarleitfähige Dämmstoffe kann Feuchtigkeit nach innen transportiert werden

Besondere Bedingungen im Passivhaus

Für Passivhäuser sind zudem – im Unterschied zu konventionellen Bauweisen – folgende Eigenschaften charakteristisch:

- Durch den Einbau einer Komfortlüftung mit gesichertem hygienischen Luftwechsel sinken die relativen Feuchten in mitteleuropäischen Lagen im Hochwinter deutlich unter 40% (dieses gilt für alle Gebäude mit Komfortlüftung oder hygienisch geführter Fensterlüftung). Dadurch ist für erdberührte Bauteile in vielen Fällen über einen Gutteil des Jahres eine Dampfdiffusionsrichtung vom Erdreich zum Wohnraum zu erwarten (im Gegensatz zu den Angaben einschlägiger Normwerke, z.B. ÖNORM B 8110-2 oder EN ISO 13788).
- Der gegenüber einer konventionellen Ausführung verbesserte Wärmeschutz von Passivhäusern bedingt leicht abgesenkte Temperaturen an der kalten Außenseite der Wärmedämmung. Dadurch ändert sich auch das Feuchteverhalten im Dämmstoff.

Aufgrund dieser Spezifika und dynamischer Simulationen des 2-dimensionalen Feuchte-Diffusionsverhaltens wurden in [Feist 2004] für eine oberseitige Dämmung der Bodenplatte die folgenden Maßnahmen empfohlen:

- Die Temperatur an der Außenseite der Wärmedämmung sollte möglichst hoch sein, empfohlen wird zumindest eine gedämmte Randschalung oder zumindest eine Mini-Dämmschürze
- Eine Dampfbremse oder Dampfsperre raumseitig der Dämmung wird nicht empfohlen
- Unter dem Estrich sollten keine biologisch abbaubare Materialien verwendet werden
- Ein Feuchteschutz gegen Bodenfeuchtigkeit ist unverzichtbar, zudem sollte unterhalb der Wärmedämmung vor Verlegung der Feuchtesperre „sehr gut sauber gemacht" werden

Diese am Beispiel einer typischen Konstruktion und mit typischen Klimadaten gewonnenen Erkenntnisse wurden mittels Parametervariation und dynamischer Feuchtesimulation anhand von in diesem Katalog vorgeschlagenen typischen Konstruktionen und Bauteilen vertieft.

Ergebnisse

Auf der Grundlage der Formulierung der Ausgangsvariante AWI 06 / EFo 01 (Abbildung 1, Tabelle 1) wurden die folgenden Parameter auf ihre Relevanz zum Feuchteverhalten der Bauteile hin untersucht:

- Wärmeleitfähigkeit des Erdreichs
- Führung und Art der Dampfsperre und Horizontalsperre
- Materialwahl beim Dämmstoff
- Bauweise der Außenwand
- Innenklima
- Aufteilung der Dämmung auf Ober- und Unterseite der Bodenplatte
- Konstruktionen gegen Tiefgarage

The following options are available for thermal insulation against the earth or for basments/underground garages in passive houses (but also in all other buildings):

- Thermal insulation on top of the floor slab
- Thermal insulation beneath the floor slab
- Thermal insulation both on top of and beneath the floor slab

Thermal insulation on top of the floor slab or the basement ceiling slab represents the "classic" form of internal thermal insulation, which, however, must be regarded as critical due to its moisture performance:

- The temperature on the external face of the insulation is low due to the insulating effect, as a result the relative humidity can rise dramatically
- In the absence of a vapor barrier on the warm side, in many cases condensation on the external face of the thermal insulation must be expected
- Moisture can be transported inwards only by capillarily conductive insulation materials

The special conditions in the passive house

For passive houses – in contrast to conventional building methods – the following qualities are typical :

- The installation of a comfort ventilation system with a guaranteed hygienic air-change lowers the relative humidities in Central European locations in mid-winter to below 40% (this applies to all buildings with comfort ventilation or hygienically regulated window ventilation). Therefore in many cases with building elements in contact with the ground vapor diffusion from the ground to the living area must be expected during a substantial part of the year (in contrast to the details given in the respective norms e.g. ÖNORM B 8110-2 oder EN ISO 13788).
- The improved thermal protection in passive houses as compared to conventional houses means slightly lower temperatures on the cold outer face of the thermal insulation. This also changes the moisture behaviour of the insulating material.

Due to these specific characteristics and as a result of dynamic simulations of the two-dimensional damp diffusion behaviour the following measures were recommended in [Feist 2004] for thermal insulation positioned on top of the floor slab:

- The temperature on the outer face of the thermal insulation should be as high as possible, the minimum recommendation is insulated edge layer or at least a mini insulation apron
- A vapor barrier or retardant on the room side of the thermal insulation is not recommended
- No biologically degradable materials should be employed below the screed
- Protection against ground moisture is essential. In addition before laying this moisture barrier the surface beneath the thermal insulation should be cleaned thoroughly

This knowledge acquired from studies of a typical construction and typical climatic date was deepened by means of parameter variations and dynamic moisture simulations on the basis of typical constructions and building elements suggested in this catalogue.

Results

On the basis of the formulation of the initial version AWI 06/EFo 01 (Illustration 1, Table 1) the following parameters were examined as regards their relevance to the moisture behaviour of the building elements:

- Thermal conductivity of the ground
- Execution and type of the vapor barrier and horizontal barrier
- Kind of insulating material selected
- Construction of the external wall
- Internal climate
- Allocation of the insulation above and below the ground slab
- Construction above an underground garage

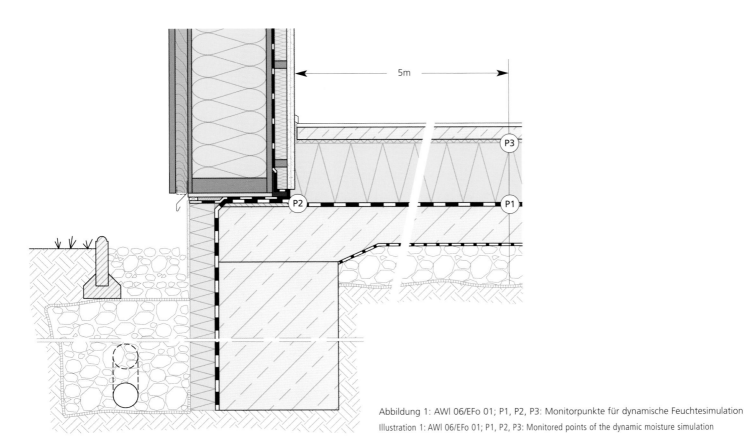

Abbildung 1: AWI 06/EFo 01; P1, P2, P3: Monitorpunkte für dynamische Feuchtesimulation
Illustration 1: AWI 06/EFo 01; P1, P2, P3: Monitored points of the dynamic moisture simulation

	Ausgangsvariante
Außenklima	Holzkirchen Datenbank WUFI
Innenklima	Sinusförmig, Minimum 15. Jänner 22 °C, 20 % relative Feuchte; Maximium 15. Juli 26 °C, 60 % Feuchte
Randbedingungen Erdreich	Randbedingung 5 m unterhalb Bodenplatte 9 °C, 100 % relative Feuchte
Grundwasser	kein fließendes oder drückendes Grundwasser
Klima Tiefgarage	Randbedingung Klima: Winter 0 °C, Sommer 20 °C, 90 % relative Feuchte durchgehend
Eigenschaften Erdreich	Bindiger Sand, λ = 2,0 W/mK, c_V = 2000 kJ/m³K,
Führung und Art Dampfsperre und Horizontalsperre	Schwarze Wanne ohne Dampfsperre
Materialwahl Dämmstoff	Mineralwolle, λ = 0,04 W/mK, Baustoffkenndaten aus WUFI-Datenbank
Bauweise Außenwand	Leichtbauwand AWI 06, siehe Grafik
Aufteilung Dämmung auf Ober- und Unterseite der Bodenplatte	Gesamte Wärmedämmung auf Bodenplatte
Konstruktion Tiefgarage	Gesamte Wärmedämmung auf Garagendecke (KDo 01)
Monitorpositionen (siehe Abb. 1)	Plattenmitte auf Horizontalsperre P1, Plattenrand auf Horizontalsperre P2, Oberseite Dämmstoff P3

The following characteristics or variations on them were not taken into account:
- Pressure or temporary pressure from ground water
- Connections to internal walls
- Different outside climates
- The effect of snow etc.
- Different times of installation, dynamic installation simulations [see e.g. Bednar 2005], building humidity

In addition it should be taken into account that not all the possible parameters were combined with all other possible qualities. For example a waterproof concrete shell without vapour barrier with cellulose was not considered and therefore its functionality cannot be assessed.

Unberücksichtigt bleiben die folgenden Eigenschaften, bzw. deren Variation:
- Drückendes oder zeitweise drückendes Grundwasser
- Anschlüsse an Innenwände
- Unterschiedliche Außenklimata
- Wirkung von Schnee etc.
- Unterschiedliche Zeitpunkte des Einbaus, dynamische Einbausimulationen [siehe z.B. Bednar 2005], Baufeuchten

Zudem ist zu berücksichtigen, dass nicht alle jeweils möglichen Parameter mit allen anderen möglichen Eigenschaften kombiniert wurden. So wurde beispielsweise eine weiße Wanne ohne Dampfsperre mit Zellulose nicht untersucht, die Funktionalität somit nicht beantwortbar.

	Initial version
External climate	Holzkirchen database WUFI
Internal climate	Sinusoidal, minimum 15 Jan 22 °C, 20 % relative humidity; maximium 15 July 26 °C, 60 % rel. hum.
Boundary conditions of the ground	Boundary condition 5 m beneath ceiling slab 9 °C, 100% rel. hum.
Ground water	no flowing oder pressing ground water
Climate underground garage	Boundary condition climate: winter 0°C, summer 20 °C, 90% rel. hum., continuous
Qualities of the ground	Cohesive sand, λ = 2.0 W/mK, c_V = 2000 kJ/m³K,
Guidance and type of vapor barrier and of horizonatal barrier	Externally sealed without vapor barrier
Choice of insulation material	Mineral wool, λ = 0.04 W/mK, material characteristic values from WUFI database
Construction of the external wall	Lightweight construction wall AWI 06, see ill.
Placing of the insulation on the top and bottom of the floor slab	Entire thermal insulation above the slab
Ceiling slab construction above underground garages	Entire thermal insulation above garage ceiling slab (KDo 01)
Monitor positions (siehe ill. 1)	Center of slab on horizontal barrier P1, border of slab on horizontal barrier P2, upper side of insulation material P3

Eigenschaften des Erdreichs

Es wurden die folgenden Typen von Erdreich untersucht:
- Lehm/Sand, λ = 2,0 W/mK, c_V = 2000 kJ/m³K
- Kies, λ = 0,5 W/mK, c_V = 3000 kJ/m³K
- Fels, λ = 3,5 W/mK, c_V = 2000 kJ/m³K

Die Konsistenz der Böden bestimmt in der gewählten Konstruktion vor allem die Temperatur der Außenseite der erdberührten Wärmedämmung. Die Ergebnisse sind in Abbildung 2 zusammengefasst:
- Konstruktion in Kies (ohne Grundwasser) ist unproblematisch, hohe Feuchten bestehen nur in der Anfangsphase
- Konstruktionen in Fels sind problematisch, auch nach 10 Jahren kann sich im Sommerhalbjahr Schimmel kaltseitig bilden
- Konstruktionen in bindigen Lehmböden führen auch nach Einschwingung nach ca. 3 Jahren zu kurzen Perioden mit potentieller Schimmelbildung

Qualities of the ground

The following kinds of ground were examined:
- Loam/sand, λ = 2.0 W/mK, c_V = 2000 kJ/m³K
- Gravel, λ = 0.5 W/mK, c_V = 3000 kJ/m³K
- Rock, λ = 3.5 W/mK, c_V = 2000 kJ/m³K

In the constructions selected it is above all the consistency of the different types of ground that determines the temperature of the outside face of the thermal insulation in contact with the ground. The results are summarised in illustration 2:
- Construction in gravel (without ground water) is not problematic, high moisture levels occur only during the initial phase
- Constructions in rock are problematic, even after 10 years mold can form on the cold side in the warm half of the year
- Constructions in binding loamy ground lead even after reaching steady-state after ca. 3 years to short periods during which mold can form

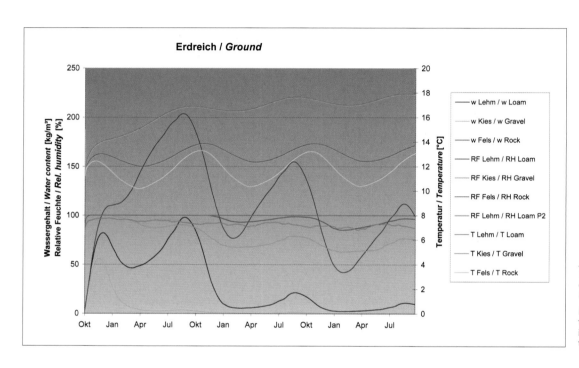

Abbildung 2: Wassergehalte (w), rel. Feuchte (RF) und Temperaturen (T) an der kalten Außenseite der erdberührten Wärmedämmung in Abhängigkeit vom Erdreich

Illustration 2: Water contents (w), rel. humidity (RF) and temperatures (T9 at the cold outside face of the thermal insulation in contact with ground, depending on the type of ground

Dampfsperre und Horizontalsperre

Es wurden die folgenden Fälle untersucht:
- Schwarze Wanne ohne Dampfsperre
- Schwarze Wanne mit Dampfsperre/bzw. Dampfbremse warmseitig
- Weisse Wanne ohne Dampfsperre
- Weisse Wanne mit Dampfsperre/bzw. Dampfbremse warmseitig

Dampfsperren und Feuchteabdichtung bestimmen die Bildung hoher Wasseraktivität wie Austrocknungsverhalten der Konstruktion. Die Ergebnisse laut Abbildung 3 zusammengefasst:

- Weiße Wannen mit oberseitiger Dampfbremse (normgerecht) führen langfristig zu einer Durchfeuchtung der außenseitigen Dämmschicht („Absaufen")
- Weisse Wannen ohne Dampfsperre (nicht normgerecht) zeigen ein ähnliches Verhalten, das sich allerdings deutlich dynamischer darstellt
- Schwarze Wannen mit oberseitiger Dampfsperre (normgerecht) führen zu dauerhaft hohen relativen Feuchten an der Außenseite der Dämmung
- Schwarze Wannen ohne oberseitiger Dampfsperre führen nach einigen Jahren zu im Winter akzeptablen relativen Feuchten, im Sommerhalbjahr sind aber die Bedingungen für Schimmelbildung erfüllt

Vapor barrier and horizontal barrier

The following cases were examined:
- Externally sealed concrete shell without vapor barrier
- Externally sealed concrete shell with vapor barrier or vapor retardant on the warm side
- Water resistant concrete shell without vapor barrier
- Water resistant concrete shell with vapor barrier/vapor retardant on the warm side

Vapor barriers and sealing against moisture penetration determine the development of high levels of water activity and the drying behaviour of the construction. The results are compiled in illustration 3:

- Water resistant concrete shell with vapor barrier on the upper side (in accordance with the norms) leads in the long term to saturation of the external insulation layer
- Water resistant concrete shell without vapor barrier (not in accordance with the norms!) shows a similar performance that, however, is markedly more dynamic
- Externally sealed concrete shell with vapor barrier on the upper side (in accordance with the norms) lead to permanent relatively high moisture levels on the external face of the insulation
- Externally sealed concrete shell without any vapor barrier on the upper side leads after a number of years to acceptable relative humidity in winter, but in the warm half of the year conditions that can lead to the formation of mold are created

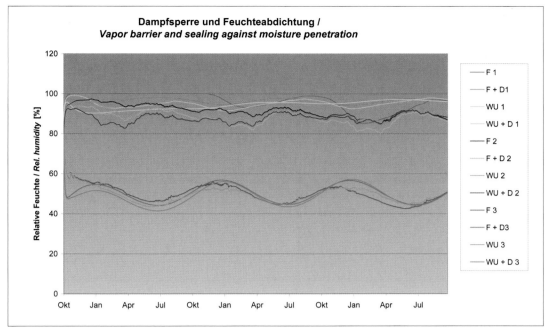

Abbildung 3 : Wirkung einer oberseitigen Feuchteabdichtung (Dampfsperre) bei schwarzen und weißen Wannen auf die rel. Feuchte und die Temperatur an drei Monitorpunkten (vgl. Abb. 1)

Illustration 3: Influence of a vapor barrier at the upper side of externally sealed foundation slabs and slabs made of water resistant concrete on rel. humidity and temperature at three monitor points (cf. ill. 1)

F1	Schwarze Wanne P1 / Externally sealed concrete P1
F+D1	Schwarze Wanne + Dampfsperre P1 / Externally sealed concrete + vapor barrier P1
WU 1	Weiße Wanne P1 / Water resistant concrete P1
WU+D1	Weiße Wanne + Dampfsperre P1 / Waterresistant concrete + vapor barrier P1
F2	Schwarze Wanne P2 / Externally sealed concrete P2
F + D2	Schwarze Wanne + Dampfsperre P2 / Ex-ternally sealed concrete + vapor barrier P2
WU2	Weiße Wanne P2 / Water resistant concrete P2
WU+D2	Weiße Wanne + Dampfsperre P2 / Water resistant concrete + vapor barrier P2
F3	Schwarze Wanne P3 / Externally sealed concrete P3
F+D3	Schwarze Wanne + Dampfsperre P3 / Externally sealed concrete + vapor barrier P3
WU3	Weiße Wanne P3 / Water resistant concrete P3 WU+D3 Weiße Wanne P3 + Dampfsperre / Water resistant concrete + vapor barrier P3

Dämmstoff

Für den Wärmeschutz oberhalb der Bodenplatte wurden folgende Dämmstoffe berücksichtigt:

- Mineralwolle: diffusionsoffen, nicht kapillarleitfähig (Perlite hydrophobiert sind dieser Materialwahl ähnlich)
- EPS W25: diffusionssperrend, nicht kapillarleitfähig
- Zellulose: diffusionsoffen, kapillarleitfähig

Die Wahl der Dämmstoffe wirkt sich vor allem im Diffusionsverhalten und im Fähigkeit zu kapillarem Feuchtetransport aus. Die Ergebnisse laut Abbildung 4 zusammengefasst:

- Die Ausgangsvariante mit Mineralwolle führt nach einigen Jahren zu im Winter akzeptablen relativen Feuchten, im Sommerhalbjahr sind die Bedingungen für Schimmelbildung aber erfüllt. Eine Dekomposition von Mineralwolle ist nicht auszuschließen (Klebestoff Phenolformaldehyd), ansonsten (z.B. nicht feuchteempfindliche Perlite) ist die Reduktion der Wärmeleitfähigkeit zu beachten.
- EPS: Im Sommer leicht günstigeres Verhalten, allerdings mit Schimmelbildungspotential, auch im Winter sehr hohe Feuchten
- Zellulose: Leicht günstigeres Verhalten als im Falle der nicht kapillarleitfähigen Ausgangsvariante, schnellere Austrocknung

Insulating materials

For thermal insulation above the floor slab the following insulation materials were considered:

- Mineral wool: open to diffusion, not capillarily conductive (hydrophobised perlite is similar to this material)
- EPS W25: blocks diffusion, not capillarily conductive
- Cellulose: open to diffusion, capillarily conductive

The choice of the insulating materials affects primarily the diffusion behaviour and the capillary conduction of moisture. The results are summarised in illustration 4:

- The first version with mineral wool leads after a number of years to acceptable relative humidity in winter, in the warm half of the year however conditions under which mold can develop are created. The possibility of decomposition of the mineral wool cannot be excluded (adhesive phenolformaldehyde), additionally (e.g. with perlite that is not sensitive to moisture) the reduction of the thermal conductivity should be taken into account.
- EPS: In summer somewhat more favorable performance, but with the potential danger of mold growth, high moisture levels also in winter
- Cellulose: slightly more favorable performance than in the first not capillarily conductive option, dries out more quickly

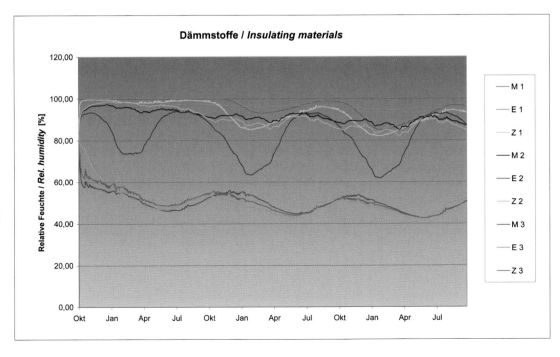

Abbildung 4: Einfluss der Wahl des Dämmmaterials auf die rel. Feuchte an drei Monitorpunkten (vgl. Abb. 1)

Illustration 4: Influence of the choice of insulating material on rel. humidity at three monitor points (cf. ill. 1)

M 1	Mineralwolle P1 / Mineral wool P1
E 1	EPS W25 P1 / EPS W25 P1
Z 1	Zellulose P1 / Cellulose P1
M 2	Mineralwolle P2 / Mineral wool P2
E 2	EPS W25 P2 / EPS W25 P2
Z 2	Zellulose P2 / Cellulose P2
M 3	Mineralwolle P3 / Mineral wool P3
E 3	EPS W25 P3 / EPS W25 P3
Z 3	Zellulose P3 / Cellulose P3

Bauweise der Außenwand

Es wurden die folgenden Varianten der Außenwand untersucht:
- Außenwand in Rahmenbauweise mit Vorsatzschale
- Außenwand in Ziegelbauweise mit warmem Fuß in Porenbeton (AWm05)
- Außenwand in Holzmassivhausweise (AWh01)

Die Wahl der Außenwand wirkt sich vor allem auf die relative Feuchte im Perimeterbereich aus (Abbildung 5):
- Die Ergebnisse sind insgesamt sehr ähnlich, grundsätzlich liegen die Werte verhältnismäßig hoch, die Austrocknung im Außenbereich geht relativ langsam vor sich
- In der ersten Zeit sind sowohl für die Holzmassiv- wie auch die Ziegelbauweise-Vorteile vorhanden

Construction of the external wall

The following options for the external wall were examined:
- External wall in frame construction with a front insulating panel
- External wall in brickwork with warm "footing" in aerated concrete (AWm05)
- External wall in solid timber construction (AWh01)

The choice of the external wall influences above all the relative humidity in the perimeter area (illustration 5):
- The results are in general very similar, the data are relatively high, the drying out in the external area takes place relatively slowly
- In the initial period both the solid timber and brick versions have certain advantages

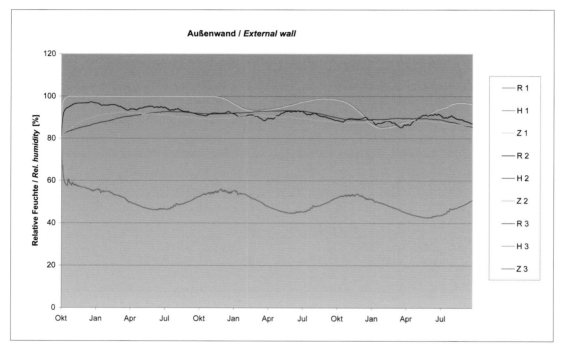

Abbildung 5: Einfluss der Bauweise der Außenwand auf die rel. Feuchte an drei Monitorpunkten (vgl. Abb. 1)

Illustration 5: Influence of the construction of the external wall on rel. humidity at three monitor points (cf. ill. 1)

R 1   Rahmenbauweise P1 / Frame construction P1
H 1   Holz massiv P1 / Solid timber P1
Z 1   Ziegelbauweise P1 / Brickwork P1
R 2   Rahmenbauweise P2 / Frame construction P2
H 2   Holz massiv P2 / Solid timber P2
Z 2   Ziegelbauweise P2 / Brickwork P2
R 3   Rahmenbauweise P3 / Frame construction P3
H 3   Holz massiv P3 / Solid timber P3
Z 3   Ziegelbauweise P3 / Brickwork P3

Innenklima

Es wurden die folgenden Innenklimata untersucht:
- Temperaturen zwischen 22 °C und 26 °C von Winter bis Sommer. Relative Feuchte minimal 20 % im Winter, maximal 60 % im Sommer in der Ausgangsvariante.
- Relative Feuchte mindestens 40 % in der Variante erhöhte Feuchte
- Variante relative Feuchte maximal 40 % im Sommer

Es wurden neben der Ausgangsvariante auch die Fußbodenaufbauten mit EPS-Dämmung und mit oberseitiger Dampfsperre berechnet.
Die Ergebnisse laut Abbildung 6 zusammengefasst:
- Im Fall von 40% relativer Feuchte im Sommer sinkt die relative Feuchte nach einem Jahr auf unbedenkliche Werte
- In allen anderen Fällen werden unzulässig hohe relative Feuchten deutlich über 90 % erreicht
- Am ungünstigsten stellt sich die Ausgangsvariante dar, noch am günstigsten die Variante ohne Dampfsperre mit EPS

Interior climate

The following internal climates were examined:
- Temperatures between 22 °C and 26 °C from winter to summer. Relative humidity of 20 % minimum in winter and 60 % maximum in summer in the first option.
- Relative humidity of 40 % minimum in the option with higher humidity
- Option with relative humidity of 40 % maximum in summer

In addition to the first option floor constructions with EPS insulation and with a vapor barrier on the upper face were calculated.
The results are summarised in illustration 6:
- In the case of 40 % relative humidity in the summer the relative humidity sinks to unproblematic levels within one year
- In all other cases inacceptable relative humidity levels of over 90% were reached
- The most unsuitable version was the first option, the most favourable was the version with EPS but without a vapor barrier

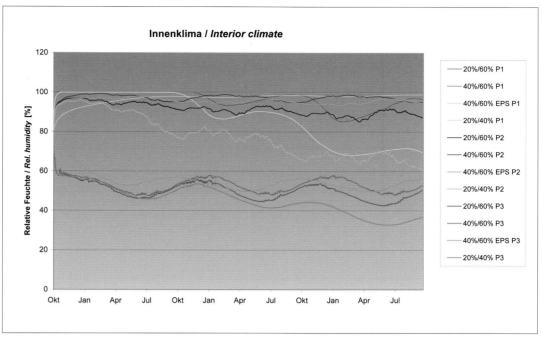

Abbildung 6: Einfluss von Varianten des Innenklimas
Illustration 6: Influence of various internal climates

20%/60% P1	Winter 20%, Sommer 60% Plattenmitte / Winter 20 %, summer 60 %, center of slab
40%/60% P1	Winter 40%, Sommer 60% Plattenmitte / Winter 40 %, summer 60 %, center of slab
40%/60% EPS P1	EPS, Winter 40%, Sommer 60% Plattenmitte / EPS, winter 40 %, summer 60 %, center of slab
20%/40% P1	Winter 20%, Sommer 40% Plattenmitte / Winter 20 %, summer 40 %, center of slab
20%/60% P2	Winter 20%, Sommer 60% Plattenrand / Winter 20 %, summer 60 %, border of slab
40%/60% P2	Winter 40%, Sommer 60% Plattenrand / Winter 40 %, summer 60 %, border of slab
40%/60% EPS P2	EPS Winter 40%, Sommer 60% Plattenrand / EPS, winter 40 %, summer 60 %, border of slab
20%/40% P2	Winter 20%, Sommer 40% Plattenrand / Winter 20 %, summer 40 %, border of slab
20%/60% P3	Winter 20%, Sommer 60% Dämmstoff oberseitig / Winter 20 %, summer 60 %, insulation upper side
40%/60% P3	Winter 40%, Sommer 60% Dämmstoff oberseitig / Winter 40 %, summer 60 %, insulation upper side
40%/60% EPS P3	EPS Winter 40%, Sommer 60% Dämmstoff oberseitig / EPS, Winter 40 %, summer 60 %, insulation upper side
20%/40% P3	Winter 20%, Sommer 40% Dämmstoff oberseitig / Winter 20 %, summer 40 %, insulation upper side

Aufteilung der Dämmung auf Ober- und Unterseite der Bodenplatte

Um die Auswirkung der Lage der Wärmedämmung zu untersuchen, wurden die folgenden Varianten berechnet:
• 5 cm, 10 cm, 15 cm Wärmedämmung unterhalb Bodenplatte

Die Ergebnisse laut Abbildung 7 zusammengefasst:
• Schon mit 5 cm Wärmedämmung unterhalb der Bodenplatte verbessert sich das Feuchteverhalten erheblich, kurze Perioden im Hochsommer mit Potential zu Schimmelbildung bleiben im ersten Jahr bestehen
• Mit großteils unterseitiger Dämmung treten oberhalb der Bodenplatte nur mehr sehr niedrige Feuchten auf, Schimmelbildung ist ausgeschlossen

Placing of the insulation on the top and bottom of the floor slab

To examine the effect of the position of the thermal insulation the following versions were calculated:
• 5 cm, 10 cm, and 15 cm thermal insulation beneath the floor slab

The results are summarised in illustration 7:
• Even with as little as 5 cm thermal insulation beneath the floor slab the humidity performance improves considerably, but in the first year there remain short periods in high summer when mold could possibly form
• With most of the insulation on the bottom of the slab only very low moisture levels occur above the floor slab, mold cannot form.

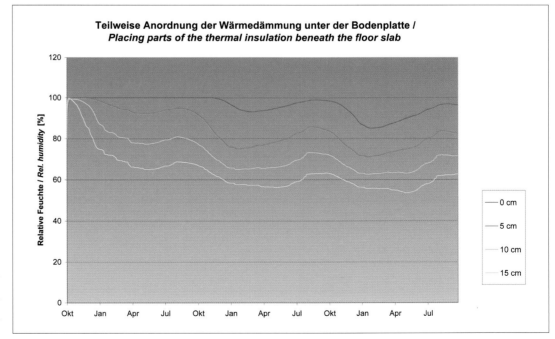

Abbildung 7: Auswirkung der Anordnung von Anteilen (0–15 cm) der Wärmedämmung unterhalb der Bodenplatte auf die rel. Feuchte bei Monitorpunkt P1 (vgl. Abb. 1)

Illustration 7: Effect of allocating parts (0–15 cm) of the thermal insulation beneath the floor slab on rel. humidity at monitor point P1 (cf. ill. 1)

0 cm	Wärmedämmung unterseitig / thermal insulation lower side
5 cm	Wärmedämmung unterseitig / thermal insulation lower side
10 cm	Wärmedämmung unterseitig / thermal insulation lower side
15 cm	Wärmedämmung unterseitig / thermal insulation lower side

Deckenkonstruktionen gegen Tiefgarage

Um die Auswirkung von hochwärmegedämmten Deckenkonstruktionen gegen eine Tiefgarage zu untersuchen, wurden die folgenden Konstruktionen miteinander verglichen:
• Varianten Dämmstoff Zellulose und EPS, statt Mineralwolle
• Varianten Außenwand (Rahmenbauweise, Ziegel, Holzmassivbauweise

Ceiling slab construction above underground garages

To examine the effects of highly insulated slabs above an underground garage the following constructions were compared:
• Version with cellulose and EPS as insulation instead of mineral wool
• Different kinds of external wall (frame construction, brick, solid timber)

Die Ergebnisse laut Abbildung 8 zusammengefasst:

- Nach einer ersten Phase von 1 bis 2 Jahren mit verhältnismäßig hohen relativen Feuchten, bedingt durch die Austrocknung der mineralischen Baustoffe, sinkt die relative Feuchte in allen Varianten mit unterschiedlicher Geschwindigkeit auf unbedenkliche Kennwerte ab

The results are summarised in illustration 8:

- After an initial phase of 1 to 2 years with rather high relative humidity levels due to the drying out of the mineral building materials, the relative humidity sinks to unproblematic levels in all versions at different speeds

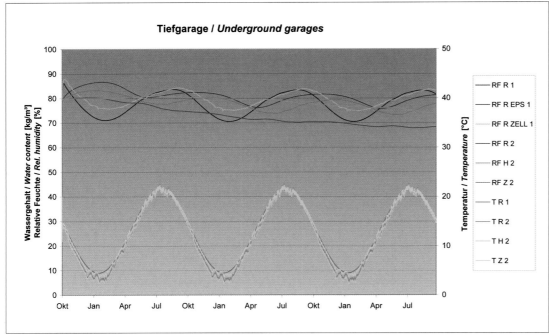

Abbildung 8 : Einfluss der Wahl des Dämmstoffs auf der Decke gegen eine Tiefgarage und der Konstruktion der aufgehenden Außenwände auf rel Feuchte und Temperatur bei den Monitorpunkten P1 und P2 (vgl. Abb. 1)

Illustration 7: Influence of the choice of insulating material for a ceiling slab above an underground garage and of the construction of the rising external walls on rel. humidity and temperature at the monitor points P1 and P2 (cf. ill. 1)

T R 1	Temperatur Rahmenbauweise Plattenmitte / Temperature frame construction, center of slab
T R 2	Temperatur Rahmenbauweise Plattenrand / Temperature frame construction, outside edge of slab
T H 2	Temperatur Holzmassiv Plattenrand / Temperature solid timber construction, outside edge of slab
T Z 2	Temperatur Ziegelwand Plattenrand / Temperature brick wall, outside edge of slab
RF R 1	Relative Feuchte Rahmenbauweise Plattenmitte / Relative humidity frame construction, center of slab
RF R EPS 1	Relative Feuchte Rahmenbauweise EPS Plattenmitte / Relative humidity frame construction EPS, center of slab
RF R ZELL 1	Relative Feuchte Rahmenbauweise Zellulose Plattenmitte / Relative humidity frame construction, cellulose, center of slab
RF R 2	Relative Feuchte Rahmenbauweise Plattenrand / Relative humidity frame construction, outside edge of slab
RF H 2	Relative Feuchte Holz massiv, Plattenrand / Relative humidity solid timber construction, outside edge of slab
RF Z 2	Relative Feuchte Ziegel Plattenrand / Relative humidity brick wall, outside edge of slab

Empfehlungen

Die bereits in [Feist 2004] formulierten Empfehlungen für oberseitig gedämmte Bodenplatten können wie folgt ergänzt, bzw. vertieft und zusammengefasst werden:

- Die Temperatur an der Außenseite der Wärmedämmung sollte möglichst hoch sein
- Ausschließlich oberseitig gedämmte Bodenplatten sollten nur in kiesigem Erdreich (λ <=1,0 W/mK bei 100 % Feuchte) zum Einsatz kommen
- In sandig/bindigen Böden (λ ca 2,0 W/mK bei 100 % Feuchte) ist ein Teil der Wärmedämmung unterhalb der Bodenplatte zu legen (ca. 10 cm)
- Im Falle von Erdreich mit einer sehr hohen Wärmeleitfähigkeit (z.B. Fels) muss ein Großteil der Wärmedämmung unterhalb der Bodenplatte liegen, um unerwünscht hohe Feuchten und Schimmel an der Außenseite des Dämmstoffes zu vermeiden
- Die Dampfsperre raumseitig darf nicht ausgeführt werden (im Widerspruch zur derzeitigen Normung). Dies führt zwar zu erhöhter Feuchte im Sommer, die im Winter allerdings wieder austrocknen kann.
- Weiße Wannen mit und ohne Dampfsperre führen über die Jahre zu einer Durchfeuchtung des Dämmstoffes, in diesen Fällen muss entweder die Wärmedämmung unter die Bodenplatte gelegt werden oder eine Dampfsperre auf der Bodenplatte verlegt werden
- Sind im Winter trotz hygienischem Luftwechsel relative Feuchten im Wohnbereich von ca. 40 % vorhanden (viele Pflanzen, Lüftungsanlage mit Feuchterückgewinnung), sollte ein Großteil der Dämmung auf der Unterseite der Bodenplatte verlegt werden
- Der Einfluss der Dämmstoffwahl ist verhältnismäßig gering, von Vorteil sind kapillarleitende Dämmstoffe. Die eingesetzten Baustoffe dürfen biologisch nicht abbaubar sein.
- Gegen Tiefgaragen sind die hohen Dämmstärken unproblematisch. Im Perimeterbereich sinken die durch die Baufeuchte bedingten hohen Feuchten im ersten Jahr danach deutlich ab.

Recommendations

The recommendations already formulated in [Feist 2004] for floor slabs insulated on the upper face can be added to, deepened and summarised as follows:

- The temperature on the external face of the thermal insulation should be as high as possible
- Floor slabs with insulation only on the upper side should be used only in gravel rich ground (λ <=1.0 W/mK at 100 % humidity)
- In sandy / binding ground (λ ca 2.0 W/mK at 100 % humidity) part of the thermal insulation (c. 10 cm) should be placed beneath the floor slab
- In the case of ground with very high thermal conductivity (e.g. rock) a large amount of the thermal insulation must lie beneath the floor slab, to avoid undesirably high moisture levels and the formation of mold on the outer face of the thermal insulation
- A vapor barrier should not be provided on the room side (contrary to current norms). This leads to increased humidity in summer that, however, can dry out again in winter.
- Water resistant concrete construction with and without a vapor barrier lead in the course of the years to the saturation of the thermal insulation, in these case either insulation must be placed under the ground slab or a vapor barrier laid on top of the ground slab
- If, despite hygienic ventilation, the relative humidity in the living area is about 40 % (many plants, ventilation system with humidity recovery) a large proportion of the insulation should be laid beneath the ground slab
- The effect of the choice of insulating material is relatively slight, capillarily conductive materials are advantageous. The building materials used should not be bio-degradable.
- Above underground garages high insulation thicknesses are not problematic. In the perimeter area the high moisture levels caused by the moisture in the building sink significantly during the first year.

Bauteile

Construction units

EFo 01

Plattenfundament, oberseitig gedämmt, Nassestrich
Slab foundation, insulated upper side, wet screed

oben
above

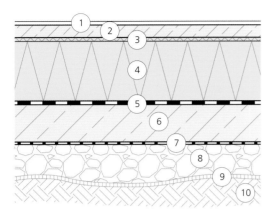

unten
below

Bauphysik ▪ Building physics

	Einheit Unit	Gängig Usual	Alternative Alternative
Gesamtdicke ▪ Total thickness	[cm]	46	51
Wärmedurchgangskoeffizient ▪ Thermal transmission coefficient	[W/(m²K)]	0,15	0,15
Bewerteter Standard-Trittschallpegel $L_{nT,w}$ ▪ Standard impact sound insulation level rating $L_{nT,w}$	[dB]	44	43
Feuchtetechnische Sicherheit ▪ Moisture safety	[kg/m²a]	*	*
Wirksame Wärmespeicherkapazität ▪ Effective heat capacity	[kJ/(m²K)]	108	108

* Gemäß dynamischer Simulation, siehe S. 32   * According to dynamic simulation, cf. p.32

	[cm]	Gängiger Aufbau von oben nach unten Usual construction from above to below
1	-	Fußbodenbelag* ▪ Flooring layer*
2	5	Zementestrich ▪ Cement screed
3	1	PE-Weichschaum, Stöße abgeklebt/überlappt oder 2-lagig auf Fug ▪ PE soft foam, glued/overlapping joints or 2 layers straight joint
4	24	XPS, CO₂-geschäumt ▪ XPS, CO₂-foamed
5	1	Bitu-Alu-Bahn ▪ Bitumen-aluminum layer
6	15	Stahlbeton ▪ Reinforced concrete
7	-	Baupapier ▪ Building paper
8	≥15	Rollierung (Dränschicht) ▪ Setting layer (drainage layer)
9	-	PP-Filtervlies ▪ PP filter fleece
10	-	Erdreich ▪ Subsoil

* Für die Berechnung wurde Fertigparkett verwendet

	[cm]	Alternativer Aufbau von oben nach unten Alternative construction from above to below
1	-	Fußbodenbelag* ▪ Flooring layer*
2	5	Zementestrich ▪ Cement screed
3	2	Poröse Holzfaserplatte ▪ Porous wood fiberboard
4	28	Perlite ▪ Perlite
5	1	Bitu-Alu-Bahn ▪ Bitumen-aluminum layer
6	15	Stahlbeton ▪ Reinforced concrete
7	-	Baupapier ▪ Building paper
8	≥15	Rollierung (Dränschicht) ▪ Setting layer (drainage layer)
9	-	PP-Filtervlies ▪ PP filter fleece
10	-	Erdreich ▪ Subsoil

* Calculations based on the use of ready-to-install parquet

Technische Beschreibung

Eignung
- Für beheizte Räume mit Normalklima, ausgenommen Nassräume
- Für geringe Anforderungen an die Fußwärme des Bodens
- Für einfache Verlegung auch dicker Installationen im Fußbodenaufbau
- Für nicht im Grundwasser liegende Konstruktionen
- Nur bei gering wärmeleitendem Erdreich (z.B. Kies). Siehe S. 32

Ausführungshinweise
- Die Abdichtung und die Anschlüsse zur Abdichtung der Außenwände besonders sorgfältig verlegen, da die Sanierung von Schäden zumindest äußerst aufwändig ist

Instandhaltung
- Nach Wasserschäden ev. Neuherstellen der Trittschalldämmung, des Estrichs und des Fußbodenbelags nötig
- Behebung von Schäden an der Abdichtung erfordert Entfernen des Fußbodenaufbaues

Diskussion des Aufbaus
- Trittschalldämmung ist auch bei erdberührten Bauteilen erforderlich, um Körperschallleitung aus dem erdberührten Fußboden in das übrige Gebäude zu verhindern
- Gefahr der Beschädigung der Abdichtung größer, aber Behebung von Schäden einfacher als bei Abdichtungen unter der Bodenplatte
- Kein vollkommen wärmebrückenfreier Anschluss an das Außenmauerwerk möglich
- Unter besonderen bodenmechanischen Bedingungen ist evt. anstelle der Sauberkeitsschicht eine tragfähige bewerte Betonplatte erforderlich

Technical description

Suitability
- For heated normal climate rooms, except wet rooms
- For low floor warmth requirements
- For simple laying of services (even thicker ones) in the flooring
- Not suitable for constructions in ground water
- Only in the case of ground with low thermal conductivity (e.g. gravel), cf. p. 32

Construction process
- Lay the sealing layer and the connections for the outer wall sealing layer very carefully since damage repair is almost impossible, or at least extremely difficult

Maintenance
- A new sound impact insulation, screed and flooring layer may be required after water damage
- Repairs to damaged seal require the removal of the flooring structure

Structural discussion
- Impact sound insulation is also required for components with ground contact to avoid the transmission of body impact from the floor to the rest of the building
- The danger of seal damage is greater, but repair is easier than in the case of seals under the floor slab
- The structure does not allow for a completely thermal bridge-free connection to the outside walls
- A load-bearing reinforced concrete layer may be required instead of a clean layer under special soil mechanics conditions

Ökologisches Profil / Ecological profile

Herstellung / Production

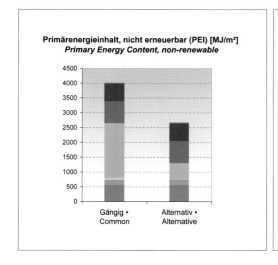

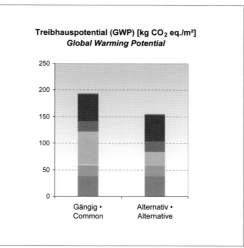

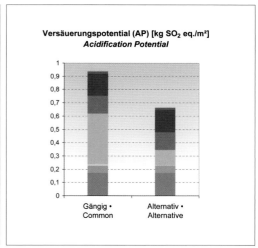

■ Kies + Vlies
■ Stahlbeton + Betonunterlagspapier
■ Alu-Bitumenbahn
■ XPS / Perlite
■ PE Weichschaum / poröse Holzfaserplatte
■ Estrichbeton
■ Fertigparkett + Parkettkleber

■ *Gravel + Fleece*
■ *Reinforced Concrete + Concreting Paper*
■ *Aluminum Bitumen Sheet*
■ *XPS / Perlite*
■ *Flexible PE Foam / Porous Wood Fiberboard*
■ *Screed Concrete*
■ *Ready-To-Install Parquet + Parquet Glue*

Hinweise zu Ökologie, Arbeits- und Gesundheitsschutz

Einbau
- Estrich aus chromatarmen Zement und persönliche Schutzausrüstung – vermeiden Zementekzeme
- Umfassender Arbeitsschutz – reduziert Belastung durch Perlitestaub
- Gute Durchlüftung während des Flämmens der Bitumenbahnen – reduziert Belastung durch Bitumenemissionen

Nutzung
- Bitumenbahnen nach Verschweißen ablüften lassen – vermeidet verzögerte Abgabe von Bitumenemissionen in den Innenraum

Notes on environmental protection, workplace and health protection measures

Installation
- Use low-chromate cement screed and protective equipment – prevent cement eczema
- Comprehensive protective work equipment – reduces health risks caused by perlite dust
- Good ventilation during torching down of bitumen layers – reduces bitumen emission hazard

Use
- Make sure air circulates after welding bitumen sheets – helps prevent delayed bitumen emissions inside

Entsorgung und Verwertung / Disposal and utilization

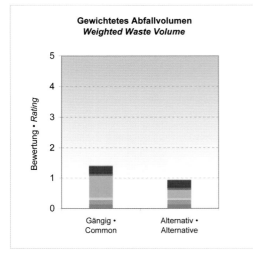

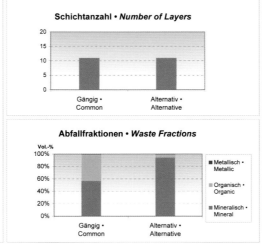

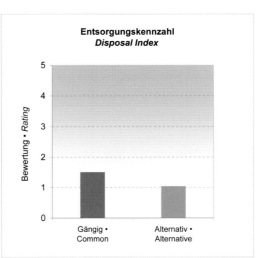

EFo 02

Plattenfundament, oberseitig gedämmt, Nassestrich (Nassräume)
Slab foundation, insulated upper side, wet screed (wet rooms)

oben
above

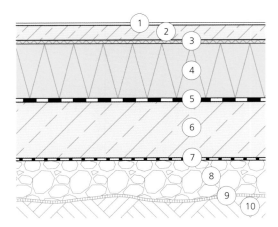

unten
below

Bauphysik ▪ Building physics

	Einheit Unit	Gängig Usual	Alternative Alternative
Gesamtdicke ▪ Total thickness	[cm]	55	62
Wärmedurchgangskoeffizient ▪ Thermal transmission coefficient	[W/(m²K)]	0,15	0,15
Bewerteter Standard-Trittschallpegel $L_{nT,w}$ ▪ Standard impact sound insulation level rating $L_{nT,w}$	[dB]	39	45
Feuchtetechnische Sicherheit ▪ Moisture safety	[kg/m²a]	*	*
Wirksame Wärmespeicherkapazität ▪ Effective heat capacity	[kJ/(m²K)]	128	128

* Gemäß dynamischer Simulation, siehe S. 32   * According to dynamic simulation, cf. p.32

	[cm]	Gängiger Aufbau von oben nach unten / Usual construction from above to below
1	-	Fußbodenbelag* ▪ Flooring layer*
2	6	Zementestrich ▪ Cement screed
3	1	PE-Weichschaum, Stöße abgeklebt ▪ PE soft foam, glued joints
4	22	EPS ▪ EPS
5	1	Bitu-Alu-Bahn ▪ BItumen-aluminum layer
6	25	Stahlbeton ▪ Reinforced concrete
7	-	Baupapier ▪ Building paper
8	≥15	Rollierung (Dränschicht) ▪ Setting layer (drainage layer)
9	-	PP-Filtervlies ▪ PP filter fleece
10	-	Erdreich ▪ Subsoil

* Für die Berechnung wurde Keramik verwendet

	[cm]	Alternativer Aufbau von oben nach unten / Alternative construction from above to below
1	-	Fußbodenbelag* ▪ Flooring layer*
2	6	Zementestrich ▪ Cement screed
3	1	PE-Weichschaum, Stöße abgeklebt ▪ PE soft foam, glued joints
4	29	0,8 cm Holzfaserplatte auf Perlite ▪ 0.8 cm wood fiberboard on perlite
5	1	Bitu-Alu-Bahn ▪ BItumen-aluminum layer
6	25	Stahlbeton ▪ Reinforced concrete
7	-	Baupapier ▪ Building paper
8	≥15	Rollierung (Dränschicht) ▪ Setting layer (drainage layer)
9	-	PP-Filtervlies ▪ PP filter fleece
10	-	Erdreich ▪ Subsoil

* Calculations based on the use of ceramic tiles

Technische Beschreibung

Eignung
- Für Nassräume
- Für einfache Verlegung auch dicker Installationen im Fußbodenaufbau
- Für nachträgliche Dämmung zuvor ungedämmter Bodenplatten (Verbesserung von Altbauten)
- Für nicht im Grundwasser liegende Konstruktionen
- Nur bei gering wärmeleitendem Erdreich (z.B. Kies). Siehe S. 32

Ausführungshinweise
- Abdichtung gegen Erdreich und Anschlüsse zur Abdichtung der Außenwände besonders sorgfältig verlegen: Sanierung von Schäden ist äußerst aufwändig,
- Obere Abdichtung unter Berücksichtigung der Bewegungen zwischen Estrich und Wänden verlegen

Instandhaltung
- Schäden an der PE-Weichschaummatte nach Entfernen des Bodenbelags beheben

Diskussion des Aufbaus
- Trittschalldämmung ist auch bei erdberührten Bauteilen erforderlich, um Körperschallleitung aus dem erdberührten Fußboden in das übrige Gebäude zu verhindern
- Gefahr der Beschädigung der Abdichtung größer, aber Behebung von Schäden einfacher als bei Abdichtungen unter der Bodenplatte
- Kein vollkommen wärmebrückenfreier Anschluss an das Außenmauerwerk möglich
- Unter besonderen bodenmechanischen Bedingungen ist evt. anstelle der Sauberkeitsschicht eine tragfähige bewehrte Betonplatte erforderlich

Technical description

Suitability
- For wet rooms
- For simple laying of services (even thicker ones) in the flooring
- For post-construction insulation of uninsulated floor slabs (improvement of old buildings)
- Not suitable for constructions in ground water
- Only in the case of ground with low thermal conductivity (e.g. gravel), cf. p. 32

Construction process
- Lay the sealing layer and the connections for the outer wall sealing layer very carefully since damage repair is almost extremely difficult.
- Take the movement between screed and walls into consideration when laying the upper level sealing

Maintenance
- Repair damage to the PE soft foam mat after removing the floor covering

Structural discussion
- Impact sound insulation is also required for components with ground contact to avoid the transmission of body impact from the floor to the rest of the building
- The danger of seal damage is greater, but repair is easier than in the case of seals under the floor slab
- The structure does not allow for a completely thermal bridge-free connection to the outside walls
- A load-bearing reinforced concrete layer may be required instead of a

Ökologisches Profil / Ecological profile

Herstellung / Production

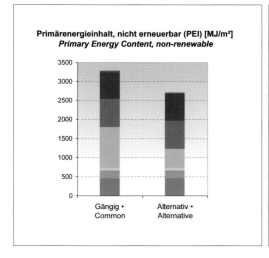

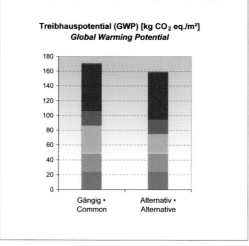

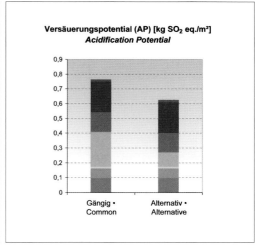

■ Kies + Vlies	■ Gravel + Fleece
■ Stahlbeton + Betonunterlagspapier	■ Reinforced Concrete + Concreting Paper
■ Alu-Bitumenbahn	■ Aluminum Bitumen Sheet
▨ EPS / Holzfaserplatte + Perlite	▨ EPS / Wood Fiberboard + Perlite
▨ PE-Weichschaum	▨ Flexible PE Foam
▨ Estrichbeton	▨ Screed Concrete
■ Keramische Fliesen + Mineralischer Kleber	■ Ceramic Tiles + Mineral Adhesive

Hinweise zu Ökologie, Arbeits- und Gesundheitsschutz

Einbau

- Estrich aus chromatarmen Zement und persönliche Schutzausrüstung – vermeiden Zementekzeme
- Umfassender Arbeitsschutz – reduziert Belastung durch Perlitestaub
- Gute Durchlüftung während des Flämmens der Bitumenbahnen – reduziert Belastung durch Bitumenemissionen

Nutzung

- Bitumenbahnen nach Verschweißen ablüften lassen – vermeidet verzögerte Abgabe von Bitumenemissionen in den Innenraum

Notes on environmental protection, workplace and health protection measures

Installation

- Use low-chromate cement screed and protective equipment – prevents cement eczema
- Comprehensive protective work equipment – reduces health risks caused by perlite dust
- Good ventilation during torching down of bitumen layer – reduces bitumen emission hazard

Use

- Make sure air circulates after welding bitumen sheets – helps prevent delayed bitumen emissions inside

Entsorgung und Verwertung / Disposal and utilization

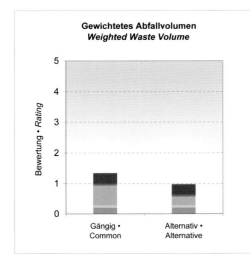

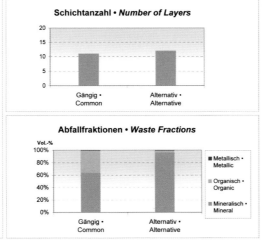

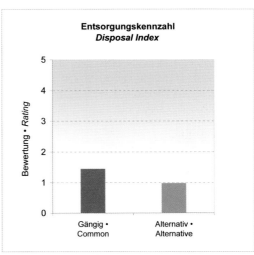

EFo 03

Plattenfundament, oberseitig gedämmt, Holzfußboden auf Staffel
Slab foundation, insulated upper side, wood floor on floor batten

oben
above

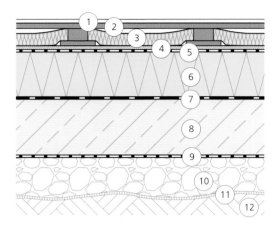

unten
below

Bauphysik ▪ Building physics

	Einheit Unit	Gängig Usual	Alternative Alternative
Gesamtdicke ▪ Total thickness	[cm]	54	63
Wärmedurchgangskoeffizient ▪ Thermal transmission coefficient	[W/(m²K)]	0,15	0,15
Bewerteter Standard-Trittschallpegel $L_{nT,w}$ ▪ Standard impact sound insulation level rating $L_{nT,w}$	[dB]	44	48
Feuchtetechnische Sicherheit ▪ Moisture safety	[kg/m²a]	*	*
Wirksame Wärmespeicherkapazität ▪ Effective heat capacity	[kJ/(m²K)]	35	34

* Gemäß dynamischer Simulation, siehe S. 32   * According to dynamic simulation, cf. p.32

	[cm]	Gängiger Aufbau von oben nach unten Usual construction from above to below
1	-	Fußbodenbelag* ▪ Flooring layer*
2	2,2	Spanplatte Nut + Feder ▪ Chipboard groove and tongue
3	5	Polsterhölzer dazw. Mineralwolle ▪ Floor batten with mineral wool in between
4	2,5	Unterlagsbretter (Breite >12 cm) auf 1,5 cm Mineralwolle-Trittschall-dämmfilz ▪ Setting boards (width >12 cm) on 1,5 cm mineral wool impact sound insulation felt
5	-	PE-Folie/Gleitschicht ▪ PE foil/gliding layer
6	18	XPS, CO₂-geschäumt ▪ XPS, CO₂-foamed
7	1	Bitu-Alu-Bahn ▪ Bltumen-aluminum layer
8	25	Stahlbeton ▪ Reinforced concrete
9	-	Baupapier ▪ Building paper
10	≥15	Rollierung (Dränschicht) ▪ Setting layer (drainage layer)
11	-	PP-Filtervlies ▪ PP filter fleece
12	-	Erdreich ▪ Subsoil

* Für die Berechnung wurde Fertigparkett verwendet

	[cm]	Alternativer Aufbau von oben nach unten Alternative construction from above to below
1	-	Fußbodenbelag* ▪ Flooring layer*
2	2,5	Blindboden ▪ Dead flooring
3	5	Polsterhölzer dazw. Schafwolle ▪ Floor batten with lambswool in between
4	2,5	Unterlagsbretter (Breite >12 cm) auf 2 cm Holzfaser-Trittschall-dämmplatten ▪ Setting boards (width >12 cm) on 2 cm wood fiber impact sound insulation panels
5	2	Holzfaserplatte porös ▪ Porous wood fiberboard
6	22	Perlite ▪ Perlite
7	1	Bitu-Alu-Bahn ▪ Bltumen-aluminum layer
8	25	Stahlbeton ▪ Reinforced concrete
9	-	Baupapier ▪ Building paper
10	≥15	Rollierung (Dränschicht) ▪ Setting layer (drainage layer)
11	-	PP-Filtervlies ▪ PP filter fleece
12	-	Erdreich ▪ Subsoil

* Calculations based on the use of ready-to-install parquet

Technische Beschreibung

Eignung
- Für beheizte Räume mit Normalklima, ausgenommen Nassräume
- Für hohe Anforderungen an die Fußwärme des Bodens
- Für einfache Verlegung auch dicker Installationen im Fußbodenaufbau
- Für nicht im Grundwasser liegende Konstruktionen
- Nur bei gering wärmeleitendem Erdreich (z.B. Kies). Siehe S. 32

Ausführungshinweise
- Die Abdichtung und die Anschlüsse zur Abdichtung der Außenwände besonders sorgfältig verlegen, da die Sanierung von Schäden zumindest äußerst aufwändig ist

Instandhaltung
- Schwinden von Holzbelägen kann zu Gehgeräuschen führen (Abhilfe: Neuverlegung)
- Nach Wasserschäden ev. Neuherstellen des gesamten Fußbodenaufbaues nötig

Diskussion des Aufbaus
- Höhenjustierung schwieriger als bei Fußböden auf Distanzfüßen
- Unter besonderen bodenmechanischen Bedingungen ist ev. anstelle der Sauberkeitsschicht eine tragfähige bewehrte Betonplatte erforderlich
- Gefahr der Beschädigung der Abdichtung größer, aber Behebung von Schäden einfacher als bei Abdichtungen unter der Bodenplatte
- Kein vollkommen wärmebrückenfreier Anschluss an das Außenmauerwerk möglich

Technical description

Suitability
- For heated normal climate rooms, except wet rooms
- For high floor warmth requirements
- For simple laying of services (even thicker ones) in the flooring
- Not suitable for constructions in ground water
- Only in the case of ground with low thermal conductivity (e.g. gravel), cf. p. 32

Construction process
- Lay the sealing layer and the connections for the outer wall sealing layer very carefully since damage repair is extremely difficult

Maintenance
- Shrinkage of wooden flooring can lead to noise emission when walked on (solution: lay a new floor)
- Laying an entirely new floor may be necessary after water damage

Structural discussion
- Height adjustment is more difficult than with flooring on spacers
- A load-bearing reinforced concrete layer may be required instead of a clean layer under special soil mechanics conditions
- The danger of seal damage is greater, but repair is easier than in the case of seals under the floor slab
- The structure does not allow for a completely thermal bridge-free connection to the outside walls

Ökologisches Profil / Ecological profile

Herstellung / Production

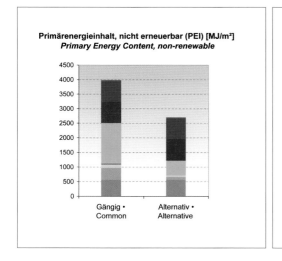

Primärenergieinhalt, nicht erneuerbar (PEI) [MJ/m²]
Primary Energy Content, non-renewable

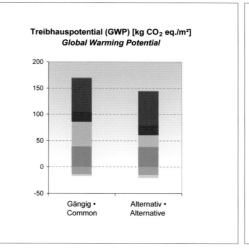

Treibhauspotential (GWP) [kg CO₂ eq./m²]
Global Warming Potential

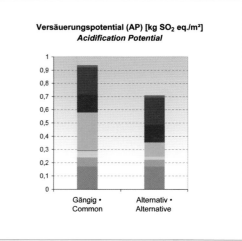

Versäuerungspotential (AP) [kg SO₂ eq./m²]
Acidification Potential

■ Kies + Vlies
■ Stahlbeton + Betonunterlagspapier
■ Alu-Bitumenbahn
■ XPS / Perlite
■ PE-Folie / poröse Holzfaserplatte
■ Polsterholz + Glaswolle / Holzfaser -Trittschalldämmstreifen + Glaswolle / Schafwolle
■ Spanplatte / Blindboden
■ Fertigparkett + Parkettkleber

■ *Gravel + Fleece*
■ *Reinforced Concrete + Concreting Paper*
■ *Aluminum Bitumen Sheet*
■ *XPS / Perlite*
■ *PE Foil / Porous Wood Fiberboard*
■ *Raft Battens + Glass Wool / Wood Fiberboard Impact Sound Insulation Strips + Glass Wool / Lambs Wool*
■ *Chipboard / Dead floor*
■ *Ready-To-Install Parquet + Parquet Glue*

Hinweise zu Ökologie, Arbeits- und Gesundheitsschutz

Einbau
- Schafwolldämmstoff – vermeidet Faserbelastung und Hautreizung durch Mineralfasern
- Umfassender Arbeitsschutz – reduziert Belastung durch Mineralfaser und Perlitestaub
- Gute Durchlüftung während des Verschweißens der Bitumenbahnen – reduziert Belastung durch Bitumenemissionen

Nutzung
- Blindboden oder emissionsarme Spanplatten verwenden – vermeidet bzw. reduziert Emissionen von Formaldehyd und VOC
- Schafwolldämmstoff – vermeidet Emissionen von Formaldehyd aus Mineralwolle
- Bitumenbahnen nach Verschweißen Ablüften lassen – vermeidet verzögerte Abgabe von Bitumenemissionen in den Innenraum
- Strömungsdichte Fugenausbildung – vermeidet Mineralfaser- oder Perlitestaubemission in Raumluft

Notes on environmental protection, workplace and health protection measures

Installation
- Lambswool insulation material – prevents the development of skin irritations caused by mineral fibers
- Comprehensive protective work equipment – reduces health risks caused by mineral fiber and perlite dust emissions
- Ensure there is good ventilation when welding bitumen sheets – reduces bitumen emission hazards

Use
- Use dead floor, wood floor or low-emission chipboard panel layers – prevents or reduces formaldehyde and VOC emissions
- Lambswool insulation material – prevents mineral wool formaldehyde emissions
- Make sure air circulates after welding bitumen sheets – helps prevent delayed bitumen emissions inside
- Flow-sealed jointing – prevents mineral fiber or perlite dust emissions in room air

Entsorgung und Verwertung / Disposal and utilization

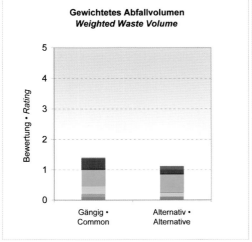

Gewichtetes Abfallvolumen
Weighted Waste Volume

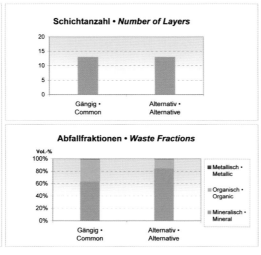

Schichtanzahl • *Number of Layers*

Abfallfraktionen • *Waste Fractions*

■ Metallisch • Metallic
■ Organisch • Organic
■ Mineralisch • Mineral

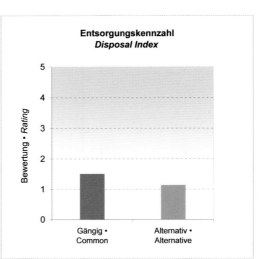

Entsorgungskennzahl
Disposal Index

EFu 01

Plattenfundament, unterseitig gedämmt, Nassestrich
Slab foundation, insulated lower side, wet screed

oben
above

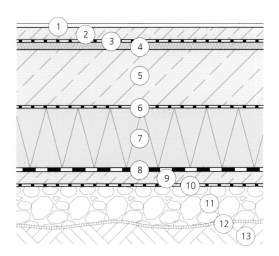

unten
below

Bauphysik ▪ Building physics

	Einheit Unit	Gängig Usual	Alternative Alternative
Gesamtdicke ▪ Total thickness	[cm]	58	58
Wärmedurchgangskoeffizient ▪ Thermal transmission coefficient	[W/(m²K)]	0,15	0,15
Bewerteter Standard-Trittschallpegel $L_{nT,w}$ ▪ Standard impact sound insulation level rating $L_{nT,w}$	[dB]	36	41
Feuchtetechnische Sicherheit ▪ Moisture safety	[kg/m²a]	0/0	0/0
Wirksame Wärmespeicherkapazität ▪ Effective heat capacity	[kJ/(m²K)]	98	97

[cm]	Gängiger Aufbau von oben nach unten Usual construction from above to below
1	-	Fußbodenbelag* ▪ Flooring layer*
2	5	Zementestrich ▪ Cement screed
3	-	PE-Folie, Stöße überlappt ▪ PE foil, overlapping joints
4	3	Mineralwolle-Trittschalldämmplatte ▪ Mineral wool impact sound insulation panels
5	20	Stahlbeton ▪ Reinforced concrete
6	-	PE-Folie, 2 Lg. ▪ PE foil, 2-layer
7	24	Schaumglas in Polymer-Bitumen ▪ Foamed glass in polymer bitumen
8	1	Polymer-Bitumen, 2 Lg. ▪ 2-layer polymer bitumen
9	5	Magerbeton/Sauberkeitsschicht ▪ Lean mortar/clean layer
10	-	Baupapier ▪ Building paper
11	≥15	Rollierung (Dränschicht) ▪ Setting layer (drainage layer)
12	-	PP-Filtervlies ▪ PP filter fleece
13	-	Erdreich ▪ Subsoil

* Für die Berechnung wurde Fertigparkett verwendet

[cm]	Alternativer Aufbau von oben nach unten Alternative construction from above to below
1	-	Fußbodenbelag* ▪ Flooring layer*
2	5	Zementestrich ▪ Cement screed
3	-	Baupapier ▪ Building paper
4	3	Holzfaser-Trittschalldämmplatte ▪ Wood fiberboard impact sound insulation panel
5	20	Stahlbeton ▪ Reinforced concrete
6	-	PE-Trennlage, einlagig ▪ PE separating layer, 1-layer
7	24	Schaumglasplatten kaschiert ▪ Laminated foamed glass panels
8	1	Polymer-Bitumen, 2 Lg. ▪ 2-layer polymer bitumen
9	5	Magerbeton/Sauberkeitsschicht ▪ Lean mortar/clean layer
10	-	Baupapier ▪ Building paper
11	≥15	Rollierung (Dränschicht) ▪ Setting layer (drainage layer)
12	-	PP-Filtervlies ▪ PP filter fleece
13	-	Erdreich ▪ Subsoil

* Calculations based on the use of ready-to-install parquet

Technische Beschreibung

Eignung
- Für beheizte Räume mit Normalklima, ausgenommen Nassräume
- Für geringe Anforderungen an die Fußwärme des Bodens
- Wenn keine eigene Installationsebene benötigt wird (bzw. Installationen entweder mitbetoniert oder in der Trittschalldämmung verlegt werden können)
- Für nicht im Grundwasser liegende Konstruktionen
- Für beliebiges Erdreich geeignet (z.B. auch Fels, bindige Böden), siehe S. 32

Ausführungshinweise
- Schaumglasplatten dicht gestoßen in Polymerbitumen verlegen, Oberfläche mit Polymerbitumen vergießen
- Die 2-lagige PE-Folien-Abdeckung der Wärmedämmung dient als Gleitschicht
- Alternative: kaschierte Schaumglasplatten werden lose verlegt und Fugen press gestoßen

Instandhaltung
- Sehr langlebige Konstruktion
- Nach Wasserschäden: ev. Neuherstellen der Trittschalldämmung, des Estrichs und des Fußbodenbelags nötig

Diskussion des Aufbaus
- Schaumglas (wenn in Bitumen verlegt) ist vollkommen dampfdicht, daher keine zusätzlichen Dampfbremsen erforderlich. Eine Durchfeuchtung ist unabhängig von der Diffusionsrichtung nicht möglich.

Technical description

Suitability
- For heated normal climate rooms, except wet rooms
- For low floor warmth requirements
- If no special services level is required (or if services are cemented or can be laid in the impact sound insulation)
- Not suitable for constructions in ground water
- For any type of ground (also rock and binding loamy grounds), cf. p.32

Construction process
- Lay foam glass panels closely in polymer bitumen and pour a layer of polymer bitumen on the surface
- The 2-layer PE foil covering thermal insulation serves as a parting plane or slip membrane
- Alternative: Lay laminated foamed glass panels loosely with pressed joint seams

Maintenance
- Very durable construction
- Water damage can make the laying of new impact sound insulation, screed and flooring necessary

Structural discussion
- Foam glass is completely vapor-proof (when laid in bitumen). Therefore no additional vapor barriers are necessary. Moisture penetration independent of the diffusion direction is not possible.

- Trittschalldämmung ist auch bei erdberührten Bauteilen erforderlich, um Körperschallleitung aus dem erdberührten Fußboden in das übrige Gebäude zu verhindern.
- Unter besonderen bodenmechanischen Bedingungen ist evt. anstelle der Sauberkeitsschicht eine tragfähige bewehrte Betonplatte erforderlich

- Impact sound insulation is also required for components with ground contact to avoid the transmission of body impact from the floor to the rest of the building
- A load-bearing reinforced concrete layer may be required instead of a clean layer under special soil mechanics conditions

Ökologisches Profil / Ecological profile

Herstellung / Production

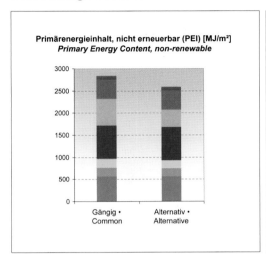

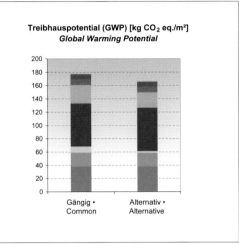

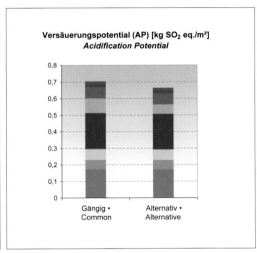

- Kies + Vlies
- Magerbeton + Betonunterlagspapier
- Polymerbitumenabdichtung
- Schaumglas + Polymerbitumen / kaschiert, lose verlegt
- Stahlbeton + PE-Folie 2lagig / 1lagig
- Glaswolle / Holzfaser
- Estrichbeton + PE-Folie / Baupapier
- Fertigparkett + Kleber

- *Gravel + Fleece*
- *Lean Concrete + Concreting Paper*
- *Polymer Bitumen Sealing*
- *Foamed Glass + Polymer Bitumen / laminated, set loosely*
- *Reinforced Concrete + PE Foil 2-layer / 1-layer*
- *Glass Wool / Wood Fiber*
- *Screed Concrete + PE Foil / Building Paper*
- *Ready-To-Install Parquet + Adhesive*

Hinweise zu Ökologie, Arbeits- und Gesundheitsschutz

Einbau
- Estrich aus chromatarmen Zement und persönliche Schutzausrüstung – vermeiden Zementekzeme
- Umfassender Arbeitsschutz – reduziert Gesundheitsbelastungen durch Mineralfasern und Holzfasern
- Schaumglasplatten lose verlegt – vermeidet Emissionen aus Heißbitumenverklebung

Nutzung
- Strömungsdichte Fugenausbildung – vermeidet Mineralfaser- oder Holzfaseremission in Raumluft

Notes on environmental protection, workplace and health protection measures

Installation
- Use low-chromate cement screed and protective equipment – prevents cement eczema
- Comprehensive protective work equipment – reduces health risks caused by mineral fiber and wood fiber
- Lay foam glass panels loosely – prevents hot bitumen bonding emissions

Use
- Flow-sealed jointing – prevents mineral fiber or wood fiber emissions in room air

Entsorgung und Verwertung / Disposal and utilization

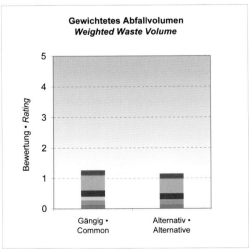

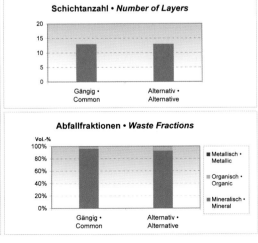

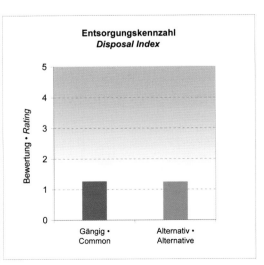

EFu 02

Plattenfundament, unterseitig gedämmt, Nassestrich (Nassräume)
Slab foundation, insulated lower side, wet screed (wet room)

oben
above

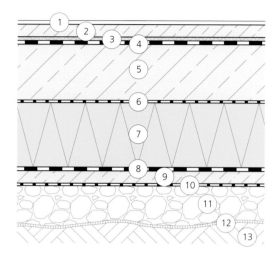

unten
below

Bauphysik ▪ Building physics

	Einheit Unit	Gängig Usual	Alternative Alternative
Gesamtdicke ▪ Total thickness	[cm]	58	58
Wärmedurchgangskoeffizient ▪ Thermal transmission coefficient	[W/(m²K)]	0,15	0,15
Bewerteter Standard-Trittschallpegel $L_{nT,w}$ ▪ Standard impact sound insulation level rating $L_{nT,w}$	[dB]	46	46
Feuchtetechnische Sicherheit ▪ Moisture safety	[kg/m²a]	0/0	0/0
Wirksame Wärmespeicherkapazität ▪ Effective heat capacity	[kJ/(m²K)]	113	113

	[cm]	Gängiger Aufbau von oben nach unten Usual construction from above to below
1	-	Fußbodenbelag* ▪ Flooring layer*
2	5	Zementestrich ▪ Cement screed
3	1	PE-Weichschaum, Stöße abgeklebt ▪ PE soft foam, glued joints
4	-	Bitumenbahn ▪ Bitumen sheet
5	20	Stahlbeton ▪ Reinforced concrete
6	-	PE-Folie, 2 Lg. ▪ PE foil, 2-layer
7	26	Schaumglas in Polymer-Bitumen ▪ Foamed glass in polymer bitumen
8	1	Polymer-Bitumen, 2 Lg. ▪ 2-layer polymer bitumen
9	5	Magerbeton/Sauberkeitsschicht ▪ Lean mortar/clean layer
10	-	Baupapier ▪ Building paper
11	≥15	Rollierung (Dränschicht) ▪ Setting layer (drainage layer)
12	-	PP-Filtervlies ▪ PP filter fleece
13	-	Erdreich ▪ Subsoil

* Für die Berechnung wurde Keramik verwendet

	[cm]	Alternativer Aufbau von oben nach unten Alternative construction from above to below
1	-	Fußbodenbelag* ▪ Flooring layer*
2	5	Zementestrich ▪ Cement screed
3	1	PE-Weichschaum, Stöße abgeklebt ▪ PE soft foam, glued joints
4	-	Bitumenbahn ▪ Bitumen sheet
5	20	Stahlbeton ▪ Reinforced concrete
6	-	PE-Trennlage, einlagig ▪ PE separating layer, 1-layer
7	26	Schaumglasplatten kaschiert ▪ Laminated foamed glass panels
8	1	Polymer-Bitumen, 2 Lg. ▪ 2-layer polymer bitumen
9	5	Magerbeton/Sauberkeitsschicht ▪ Lean mortar/clean layer
10	-	Baupapier ▪ Building paper
11	≥15	Rollierung (Dränschicht) ▪ Setting layer (drainage layer)
12	-	PP-Filtervlies ▪ PP filter fleece
13	-	Erdreich ▪ Subsoil

* Calculations based on ceramic tiles

Technische Beschreibung

Eignung
- Für beheizte Nassräume mit Normalklima,
- Wenn Installationen in der Bodenplatte mitbetoniert werden können (nicht mehr veränderbar)
- Für nicht im Grundwasser liegende Konstruktionen
- Für beliebiges Erdreich geeignet (z.B. auch Fels, bindige Böden), siehe S. 32

Ausführungshinweise
- Schaumglasplatten dicht gestoßen in Polymerbitumen verlegen, die Oberfläche mit Polymerbitumen vergießen
- Die 2-lagige PE-Folien-Abdeckung der Wärmedämmung dient als Gleitschicht
- Alternative: kaschierte Schaumglasplatten werden lose verlegt und Fugen press gestoßen
- Als Trittschalldämmung PE-Weichschaum verwenden, da feuchteunempfindlich
- Die oberseitige Feuchteabdichtung (auch: streichbare Abdichtung) erst nach einwandfreier Austrocknung der Betonplatte aufbringen

Instandhaltung
- Sehr langlebige Konstruktion

Diskussion des Aufbaus
- Schaumglas (wenn in Bitumen verlegt) ist vollkommen dampfdicht, daher keine zusätzlichen Dampfbremsen erforderlich. Eine Durchfeuchtung ist unabhängig von der Diffusionsrichtung nicht möglich.

Technical description

Suitability
- For heated normal climate wet rooms
- If services can be laid in the concrete floor slab (no longer changeable)
- Not suitable for constructions in ground water
- For any type of ground (also rock and binding loamy grounds), cf. p.32

Construction process
- Lay foam glass panels closely in polymer bitumen and pour a layer of polymer bitumen on the surface
- The 2-layer PE foil thermal insulation covering serves as a parting plane or slip membrane
- Alternative: Lay laminated foamed glass panels loosely with pressed joint seams
- Use soft PE foam for impact sound insulation since it is impervious to moisture
- The top-level moisture seal (or also: spreadable seal) should be applied only after the floor slab has dried properly

Maintenance
- Very durable construction

Structural discussion
- Foamed glass is completely vapor-proof (when laid in bitumen). Therefore no additional vapor barriers are necessary. Moisture penetration independent of the diffusion direction is not possible.

- Trittschalldämmung ist auch bei erdberührten Bauteilen erforderlich, um Körperschallleitung aus dem erdberührten Fußboden in das übrige Gebäude zu verhindern
- Die vorteilhafte Lage der Feuchteabdichtung auf der (unbeweglichen) Bodenplatte verringert Gefahr von Schäden am Übergang zu Wänden wesentlich
- Unter besonderen bodenmechanischen Bedingungen ist evt. anstelle der Sauberkeitsschicht eine tragfähige bewehrte Betonplatte erforderlich

- Impact sound insulation is also required for components with ground contact to avoid the transmission of body impact from the floor to the rest of the building
- Laying the moisture seal on the non-moving floor slab is advantageous and considerably reduces the risk of damage to the wall transition areas
- A load-bearing reinforced concrete layer may be required instead of a clean layer under special soil mechanics conditions

Ökologisches Profil / Ecological profile

Herstellung / Production

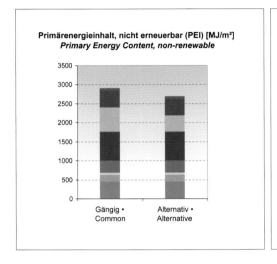

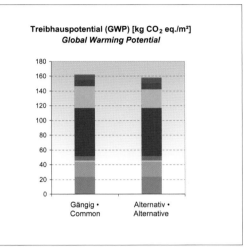

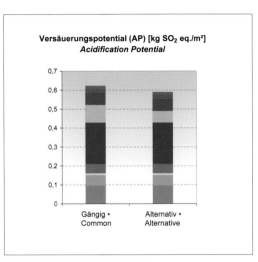

- Kies + Vlies
- Magerbeton + Betonunterlagspapier
- Polymerbitumenabdichtung
- Schaumglas + Polymerbitumen / kaschiert, lose verlegt
- Stahlbeton + PE-Folie 2lagig / 1lagig
- Polymerbitumen-Dichtungsbahn
- PE-Weichschaum
- Estrichbeton
- Keramische Fliesen + Kleber

- Gravel + Fleece
- Lean Concrete + Concreting Paper
- Polymer Bitumen Sealing
- Foamed Glass + Polymer Bitumen / laminated, set loosely
- Reinforced Concrete + PE Foil 2-layer / 1-layer
- Polymer Bitumen Sealing Sheet
- Flexible PE Foam
- Screed Concrete
- Ceramic Tiles + Adhesive

Hinweise zu Ökologie, Arbeits- und Gesundheitsschutz

Einbau
- Estrich aus chromatarmen Zement und persönliche Schutzausrüstung – vermeiden Zementekzeme
- Schaumglasplatten lose verlegen – vermeidet Emissionen aus Heißbitumenverklebung

Notes on environmental protection, workplace and health protection measures

Installation
- Use low-chromate cement screed and protective equipment – prevents cement eczema
- Lay foam glass panels loosely – prevents hot bitumen bonding emissions

Entsorgung und Verwertung / Disposal and utilization

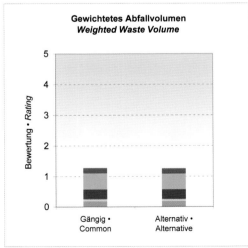

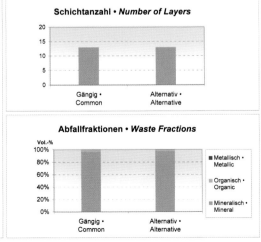

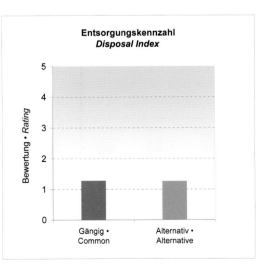

EFu 03

Plattenfundament, unterseitig gedämmt, Holzfußboden auf Staffel
Slab foundation, insulated lower side, wood floor on raft batten

oben
above

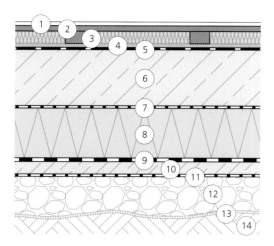

unten
below

Bauphysik ▪ Building physics

	Einheit Unit	Gängig Usual	Alternative Alternative
Gesamtdicke ▪ Total thickness	[cm]	55	53
Wärmedurchgangskoeffizient ▪ Thermal transmission coefficient	[W/(m²K)]	0,15	0,15
Bewerteter Standard-Trittschallpegel $L_{nT,w}$ ▪ Standard impact sound insulation level rating $L_{nT,w}$	[dB]	45	48
Feuchtetechnische Sicherheit ▪ Moisture safety	[kg/m²a]	0/0	0/0
Wirksame Wärmespeicherkapazität ▪ Effective heat capacity	[kJ/(m²K)]	44	25

[cm]		Gängiger Aufbau von oben nach unten Usual construction from above to below
1	-	Fußbodenbelag* ▪ Flooring layer*
2	2,2	Spanplatte Nut+Feder oder Blindboden ▪ Chipboard groove and tongue or dead flooring
3	5	Mineralwolle zwischen Polsterhölzern ▪ Mineral wool bet. raft battens
4	1,5	Mineralwolle-Trittschalldämmplatten ▪ Mineral wool impact sound insulation panels
5	-	PE-Dampfbremse ▪ PE vapor barrier
6	20	Stahlbeton ▪ Reinforced concrete
7	-	PE-Folie, 2 Lg. ▪ PE foil, 2-layer
8	20	Schaumglas in Polymer-Bitumen ▪ Foamed glass in polymer bitumen
9	1	Polymer-Bitumen, 2 Lg. ▪ 2-layer polymer bitumen
10	5	Magerbeton/Sauberkeitsschicht ▪ Lean mortar/clean layer
11	-	Baupapier ▪ Building paper
12	≥15	Rollierung (Dränschicht) ▪ Setting layer (drainage layer)
13	-	PP-Filtervlies ▪ PP filter fleece
14	-	Erdreich ▪ Subsoil

[cm]		Alternativer Aufbau von oben nach unten Alternative construction from above to below
1	-	Holzdielenboden ▪ Tongued and grooved flooring
2	-	entfällt ▪ N/A
3	5	Schafwolle zwischen Polsterhölzern ▪ Lambswool bet. raft battens
4	2	Holzfaser-Trittschalldämmplatte ▪ Wood fiberboard impact sound insulation panel
5	-	PE-Dampfbremse ▪ PE vapor barrier
6	20	Stahlbeton ▪ Reinforced concrete
7	-	PE-Folie, 1 Lg. ▪ PE foil, 1-layer
8	20	Schaumglasplatten kaschiert ▪ Laminated foamed glass panels
9	1	Polymer-Bitumen, 2 Lg. ▪ 2-layer polymer bitumen
10	5	Magerbeton/Sauberkeitsschicht ▪ Lean mortar/clean layer
11	-	Baupapier ▪ Building paper
12	≥15	Rollierung (Dränschicht) ▪ Setting layer (drainage layer)
13	-	PP-Filtervlies ▪ PP filter fleece
14	-	Erdreich ▪ Subsoil

* Für die Berechnung wurde Fertigparkett verwendet / Calculations based on the use of ready-to-install parquet

Technische Beschreibung

Eignung
- Für beheizte Räume mit Normalklima, ausgenommen Nassräume
- Für hohe Anforderungen an die Fußwärme des Bodens
- Wenn keine Abwasserinstallationen im Fußboden nötig sind
- Für nicht im Grundwasser liegende Konstruktionen
- Für beliebiges Erdreich geeignet (z.B. auch Fels, bindige Böden), siehe S. 32

Ausführungshinweise
- Zu Schaumglas: vgl. EFu 02 u.a.
- Eine PE-Dampfbremse auf der Betonplatte verringert die Abgabe von Baufeuchte in die Holzfußbodenkonstruktion
- Trittschalldämmplatten unter den Polsterhölzern über die ganze Fußbodenfläche verlegen (Gefahr von Fehlverlegungen geringer als bei Verlegung auf Streifen)

Instandhaltung
- Sehr langlebige Konstruktion
- Schwinden von Holzbelägen kann zu Gehgeräuschen führen (Abhilfe: Neuverlegung)
- Nach Wasserschäden ev. Neuherstellen des gesamten Fußbodenaufbaues nötig

Diskussion des Aufbaus
- Zu Schaumglas: vgl. EFu 02 u.a.
- Trittschalldämmung ist auch bei erdberührten Bauteilen erforderlich, um Körperschallleitung aus dem erdberührten Fußboden in das übrige Gebäude zu verhindern

Technical description

Suitability
- For heated normal climate rooms, except wet rooms
- For high floor warmth requirements
- If no drainage pipework are needed in the floor
- Not suitable for constructions in ground water
- For any type of ground (also rock and binding loamy grounds), cf. p.32

Construction process
- On foamed glass: cf. EFu 02
- A PE vapor barrier on the concrete slab reduces the spreading of construction moisture in the wood floor structure
- Lay impact sound insulation under the entire flooring surface (reduces the danger of laying errors to a higher degree than strips)

Maintenance
- Very durable construction
- Shrinkage of wooden flooring can lead to noise emissions when walked on (solution: lay a new floor)
- Laying an entirely new floor may be necessary after water damage

Structural discussion
- On foamed glass: cf. EFu 02
- Impact sound insulation is also required for components with ground contact to avoid the transmission of body impact from the floor to the rest of the building

- Höhenjustierung schwieriger als für Fußböden auf Distanzfüßen
- Unter besonderen bodenmechanischen Bedingungen ist evt. anstelle der Sauberkeitsschicht eine tragfähige bewehrte Betonplatte erforderlich

- Height adjustment is more difficult than with floors on spacers
- A load-bearing reinforced concrete layer may be required instead of a clean layer under special soil mechanics conditions

Ökologisches Profil / Ecological profile

Herstellung / Production

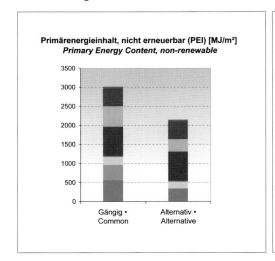

Primärenergieinhalt, nicht erneuerbar (PEI) [MJ/m²]
Primary Energy Content, non-renewable

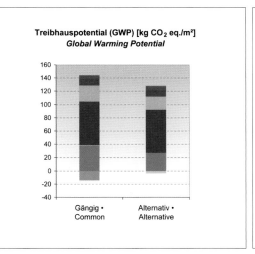

Treibhauspotential (GWP) [kg CO$_2$ eq./m²]
Global Warming Potential

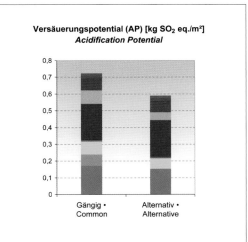

Versäuerungspotential (AP) [kg SO$_2$ eq./m²]
Acidification Potential

- Kies + Vlies
- Magerbeton + Betonunterlagspapier
- Polymerbitumenabdichtung
- Schaumglas + Polymerbitumen / kaschiert, lose verlegt
- Stahlbeton + PE-Folie 2lagig / 1lagig
- PE-Dampfbremse
- Polsterholz + Glaswolle / Holzfaser -Trittschalldämmstreifen + Glaswolle / Schafwolle
- Spanplatte / -
- Fertigparkett + Kleber / Lärchenvollholzboden

- Gravel + Fleece
- Lean Concrete + Concreting Paper
- Polymer Bitumen Sealing
- Foamed Glass + Polymer Bitumen / laminated, set loosely
- Reinforced Concrete + PE Foil 2-layer / 1-layer
- PE Vapor Barrier
- Raft Batten + Glass Wool / Wood Fiberboard Impact Insulation Strips + Glass Wool / Lambs Wool
- Chipboard / -
- Ready-To-Install Parquet + Adhesive / Solid Larch Flooring

Hinweise zu Ökologie, Arbeits- und Gesundheitsschutz

Herstellung
- Lärchenholz aus nachhaltiger regionaler Holzwirtschaft verwenden – vermeidet Zerstörung schützenswerter Wälder

Einbau
- Schafwolldämmstoff – vermeidet Faserbelastung und Hautreizung durch Mineralfasern
- Schaumglasplatten lose verlegen – vermeidet Emissionen aus Heißbitumenverklebung

Nutzung
- Schiffboden oder emissionsarme Spanplatten verwenden – vermeidet bzw. reduziert Emissionen von Formaldehyd und VOC
- Schafwolldämmstoff – vermeidet Emissionen von Formaldehyd aus Mineralwolle
- Strömungsdichte Fugenausbildung – vermeidet Mineralfaser- und Holzfaseremission in Raumluft

Notes on environmental protection, workplace and health protection measures

Production
- Use larch wood from sustainable regional production areas – prevents the destruction of forests worth preserving

Installation
- Lambswool insulation material – prevents the development of skin irritations caused by mineral fibers
- Lay foam glass panels loosely – prevents hot bitumen bonding emissions

Use
- Wood floors or low-emission chipboard panels – prevents or reduces formaldehyde and VOC emissions
- Lambswool insulation material – prevents mineral wool formaldehyde emissions
- Flow-sealed jointing – prevents mineral fiber and wood fiber emissions in room air

Entsorgung und Verwertung / Disposal and utilization

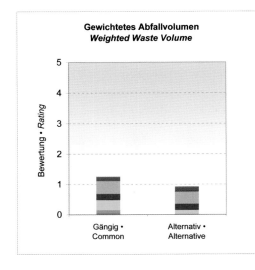

Gewichtetes Abfallvolumen
Weighted Waste Volume

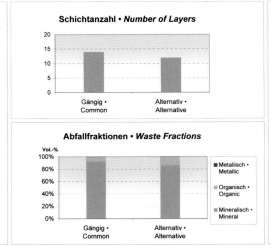

Schichtanzahl • *Number of Layers*

Abfallfraktionen • *Waste Fractions*

- Metallisch • Metallic
- Organisch • Organic
- Mineralisch • Mineral

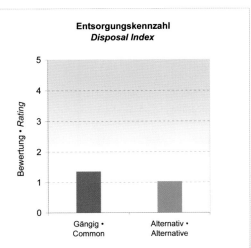

Entsorgungskennzahl
Disposal Index

EFu 04

Plattenfundament, unterseitig gedämmt, Distanzboden
Slab foundation, insulated lower side, spacer floor

oben
above

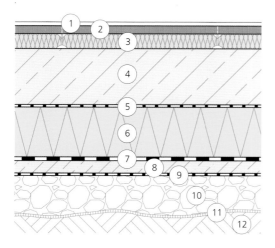

unten
below

Bauphysik ▪ Building physics

	Einheit Unit	Gängig Usual	Alternative Alternative
Gesamtdicke ▪ Total thickness	[cm]	58	58
Wärmedurchgangskoeffizient ▪ Thermal transmission coefficient	[W/(m²K)]	0,15	0,15
Bewerteter Standard-Trittschallpegel $L_{nT,w}$ ▪ Standard impact sound insulation level rating $L_{nT,w}$	[dB]	40	40
Feuchtetechnische Sicherheit ▪ Moisture safety	[kg/m²a]	0/0	0/0
Wirksame Wärmespeicherkapazität ▪ Effective heat capacity	[kJ/(m²K)]	32	32

	[cm]	Gängiger Aufbau von oben nach unten Usual construction from above to below
1	-	Fußbodenbelag* ▪ Flooring layer*
2	2,2	Spanplatte, Nut+Feder ▪ Chipboard, groove and tongue
3	6	Mineralwolle zw. höhenjustierbaren, trittschalldämmenden Distanzfüßen ▪ Mineral wool bet. height-adjustable, impact sound insulating spacer supports
4	20	Stahlbeton ▪ Reinforced concrete
5	-	PE-Folie, 2 Lg. ▪ PE foil, 2-layer
6	24	Schaumglas in Polymer-Bitumen ▪ Foamed glass in polymer bitumen
7	1	Polymer-Bitumen, 2 Lg. ▪ 2-layer polymer bitumen
8	5	Magerbeton/Sauberkeitsschicht ▪ Lean mortar/clean layer
9	-	Baupapier ▪ Building paper
10	≥15	Rollierung (Dränschicht) ▪ Setting layer (drainage layer)
11	-	PP-Filtervlies ▪ PP filter fleece
12	-	Erdreich ▪ Subsoil

* Für die Berechnung wurde Fertigparkett verwendet.

	[cm]	Alternativer Aufbau von oben nach unten Alternative construction from above to below
1	-	Fußbodenbelag* ▪ Flooring layer*
2	2,2	Spanplatte, Nut+Feder ▪ Chipboard, groove and tongue
3	6	Schafwolle zw. höhenjustierbaren, trittschalldämmenden Distanzfüßen ▪ Lambswool bet. height-adjustable, impact sound insulating spacer supports
4	20	Stahlbeton ▪ Reinforced concrete
5	-	PE-Folie, 1 Lg. ▪ PE foil, 1-layer
6	24	Schaumglasplatten kaschiert ▪ Laminated foamed glass panels
7	1	Polymer-Bitumen, 2 Lg. ▪ 2-layer polymer bitumen
8	5	Magerbeton/Sauberkeitsschicht ▪ Lean mortar/clean layer
9	-	Baupapier ▪ Building paper
10	≥15	Rollierung (Dränschicht) ▪ Setting layer (drainage layer)
11	-	PP-Filtervlies ▪ PP filter fleece
12	-	Erdreich ▪ Subsoil

* Calculations based on the use of ready-to-install parquet

Technische Beschreibung

Eignung
- Für beheizte Räume mit Normalklima, ausgenommen Nassräume
- Für hohe Anforderungen an die Fußwärme des Bodens
- Für komfortable Höhenjustierung des Fußbodens
- Für problemlose Verlegung von Installationen im Fußbodenaufbau
- Für nicht im Grundwasser liegende Konstruktionen
- Für beliebiges Erdreich geeignet (z.B. auch Fels, bindige Böden), siehe S. 32

Ausführungshinweise
- Schaumglasplatten dicht gestoßen in Polymerbitumen verlegen, die Oberfläche mit Polymerbitumen vergießen
- Die 2-lagige PE-Folien-Abdeckung der Wärmedämmung dient als Gleitschicht
- Alternative: kaschierte Schaumglasplatten werden lose verlegt und Fugen press gestoßen
- Keine besonders belastbare Trittschalldämmung nötig

Instandhaltung
- Sehr langlebige Konstruktion
- Nach Wasserschäden ev. Neuherstellen des gesamten Fußbodenaufbaues nötig

Diskussion des Aufbaus
- Schaumglas (wenn in Bitumen verlegt) ist vollkommen dampfdicht. Eine Durchfeuchtung ist unabhängig von der Diffusionsrichtung nicht möglich.
- Die Funktion der Trittschalldämmung wird von den Distanzfüßen übernommen

Technical description

Suitability
- For heated normal climate rooms, except wet rooms
- For high floor warmth requirements
- For easy adjustment of floor height
- For easy laying of services in the floor structure
- Not suitable for constructions in ground water
- For any type of ground (also rock and binding loamy grounds), cf. p.32

Construction process
- Lay foam glass panels closely in polymer bitumen and pour a layer of polymer bitumen on the surface.
- The 2-layer PE foil thermal insulation covering serves as a parting plane or slip membrane
- Alternative: Lay laminated foamed glass panels loosely with pressed joint seams
- No high-strain impact sound insulation is required

Maintenance
- Very durable construction
- Laying an entirely new floor may be necessary after water damage

Structural discussion
- Foam glass is completely vapor-proof (when laid in bitumen). Moisture penetration independent of the diffusion direction is not possible.
- The spacers also function as impact sound insulation

- Trittschalldämmung ist auch bei erdberührten Bauteilen erforderlich, um Körperschallleitung aus dem erdberührten Fußboden in das übrige Gebäude zu verhindern
- Unter besonderen bodenmechanischen Bedingungen ist evt. anstelle der Sauberkeitsschicht eine tragfähige bewehrte Betonplatte erforderlich

- Impact sound insulation is also required for components with ground contact to avoid the transmission of body impact from the floor to the rest of the building
- A load-bearing reinforced concrete layer may be required instead of a clean layer under special soil mechanics conditions

Ökologisches Profil / Ecological profile

Herstellung / Production

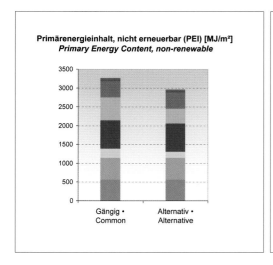
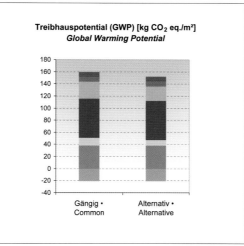
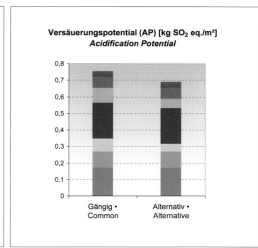

- ■ Kies + Vlies
- ■ Magerbeton + Betonunterlagspapier
- ■ Polymerbitumenabdichtung
- ▨ Schaumglas + Polymerbitumen / kaschiert, lose verlegt
- ■ Stahlbeton + PE-Folie 2lagig / 1lagig
- ▨ Distanzbodenhalter + Glaswolle / Schafwolle
- ▨ Spanplatte
- ■ Fertigparkett + Kleber

- ■ Gravel + Fleece
- ■ Lean Concrete + Concreting Paper
- ■ Polymer Bitumen Sealing
- ▨ Foamed Glass + Polymer Bitumen / laminated, set loosely
- ■ Reinforced Concrete + PE Foil 2-layer / 1-layer
- ▨ Floor Spacers + Glass Wool / Lambs Wool
- ▨ Chipboard
- ■ Ready-To-Install Parquet + Adhesive

Hinweise zu Ökologie, Arbeits- und Gesundheitsschutz

Einbau
- Schafwolldämmstoff – vermeidet Faserbelastung und Hautreizung durch Mineralfasern
- Schaumglasplatten lose verlegen – vermeidet Emissionen aus Heißbitumenverklebung

Nutzung
- Emissionsarme Spanplatten verwenden – reduziert Emissionen von Formaldehyd und VOC
- Schafwolldämmstoff – vermeidet Emissionen von Formaldehyd aus Mineralwolle
- Strömungsdichte Fugenausbildung – vermeidet Mineralfaseremission in Raumluft

Notes on environmental protection, workplace and health protection measures

Installation
- Lambswool insulation material – prevents the development of skin irritations caused by mineral fibers
- Lay foam glass panels loosely – prevents hot bitumen bonding emissions

Use
- Use low-emission chipboard panels – prevents or reduces formaldehyde and VOC emissions
- Lambswool insulation material – prevents mineral wool formaldehyde emissions
- Flow-sealed jointing – prevents mineral fiber emissions in room air

Entsorgung und Verwertung / Disposal and utilization

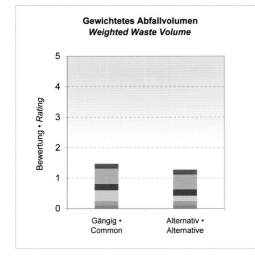
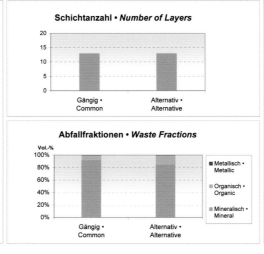
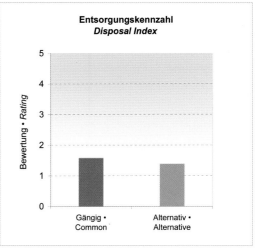

EFu 05

Plattenfundament, unterseitig gedämmt, Nassestrich
Slab foundation, insulated lower side, wet screed

oben
above

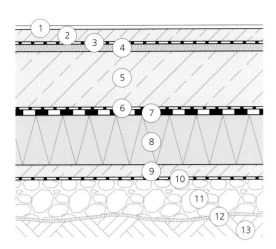

unten
below

Bauphysik ▪ Building physics

	Einheit Unit	Gängig Usual	Alternative Alternative
Gesamtdicke ▪ Total thickness	[cm]	54	54
Wärmedurchgangskoeffizient ▪ Thermal transmission coefficient	[W/(m²K)]	0,15	0,15
Bewerteter Standard-Trittschallpegel $L_{nT,w}$ ▪ Standard impact sound insulation level rating $L_{nT,w}$	[dB]	36	41
Feuchtetechnische Sicherheit ▪ Moisture safety	[kg/m²a]	0/0	0/0
Wirksame Wärmespeicherkapazität ▪ Effective heat capacity	[kJ/(m²K)]	107	107

	[cm]	Gängiger Aufbau von oben nach unten Usual construction from above to below
1	-	Fußbodenbelag* ▪ Flooring layer*
2	5	Zementestrich ▪ Cement screed
3	-	PE-Folie, Stöße überlappt ▪ PE foil, overlapping joints
4	3	Mineralwolle-Trittschalldämmplatte ▪ Mineral wool impact sound insulation panels
5	20	Stahlbeton ▪ Reinforced concrete
6	-	PE-Folie, 2 Lg. ▪ PE foil, 2-layer
7	1	Polymer-Bitumen, 2 Lg. ▪ 2-layer polymer bitumen
8	20	XPS, CO₂-geschäumt ▪ XPS, CO₂-foamed
9	5	Magerbeton/Sauberkeitsschicht ▪ Lean mortar/clean layer
10	-	Baupapier ▪ Building paper
11	≥15	Rollierung (Dränschicht) ▪ Setting layer (drainage layer)
12	-	PP-Filtervlies ▪ PP filter fleece
13	-	Erdreich ▪ Subsoil

* Für die Berechnung wurde Fertigparkett verwendet

	[cm]	Alternativer Aufbau von oben nach unten Alternative construction from above to below
1	-	Fußbodenbelag* ▪ Flooring layer*
2	5	Zementestrich ▪ Cement screed
3	-	Baupapier ▪ Building paper
4	3	Holzfaser-Trittschalldämmplatte ▪ Wood fiberboard impact sound insulation panel
5	20	Stahlbeton ▪ Reinforced concrete
6	-	PE-Folie, 2 Lg. ▪ PE foil, 2-layer
7	1	Polymer-Bitumen, 2 Lg. ▪ 2-layer polymer bitumen
8	20	XPS, CO₂-geschäumt ▪ XPS, CO₂-foamed
9	5	Magerbeton/Sauberkeitsschicht ▪ Lean mortar/clean layer
10	-	Baupapier ▪ Building paper
11	≥15	Rollierung (Dränschicht) ▪ Setting layer (drainage layer)
12	-	PP-Filtervlies ▪ PP filter fleece
13	-	Erdreich ▪ Subsoil

* Calculations based on the use of ready-to-install parquet

Technische Beschreibung

Eignung
- Für beheizte Räume mit Normalklima, ausgenommen Nassräume
- Für geringe Anforderungen an die Fußwärme des Bodens
- Wenn keine besondere Installationsebene benötigt wird (bzw. Installationen entweder mitbetoniert oder in der Trittschalldämmung verlegt werden können)
- Für nicht im Grundwasser liegende Konstruktionen
- Für beliebiges Erdreich geeignet (z.B. auch Fels, bindige Böden), siehe S. 32

Ausführungshinweise
- Die Abdichtung und die Anschlüsse zur Abdichtung der Außenwände besonders sorgfältig verlegen, da die Sanierung von Schäden nahezu unmöglich oder zumindest äußerst aufwändig ist
- Die 2-lagige PE-Folien-Abdeckung der Wärmedämmung dient als Gleitschicht

Instandhaltung
- Nach Wasserschäden ev. Neuherstellen der Trittschalldämmung, des Estrichs und des Fußbodenbelags nötig

Diskussion des Aufbaus
- Trittschalldämmung ist auch bei erdberührten Bauteilen erforderlich, um Körperschallleitung aus dem erdberührten Fußboden in das übrige Gebäude zu verhindern
- Unter besonderen bodenmechanischen Bedingungen ist evt. anstelle der Sauberkeitsschicht eine tragfähige bewehrte Betonplatte erforderlich

Technical description

Suitability
- For heated normal climate rooms, except wet rooms
- For low floor warmth requirements
- If no separate service level is required (or if services are cemented or can be laid in the impact sound insulation)
- Not suitable for constructions in ground water
- For any type of ground (also rock and binding loamy grounds), cf. p.32

Construction process
- Lay the sealing layer and the connections for the outer wall sealing layer very carefully since damage repair is almost impossible, or at least extremely difficult
- The 2-layer PE foil thermal insulation covering serves as a parting plane or slip membrane

Maintenance
- A new sound impact insulation, screed and flooring layer may be required after water damage

Structural discussion
- Impact sound insulation is also required for components with ground contact to avoid the transmission of body impact from the floor to the rest of the building
- A load-bearing reinforced concrete layer may be required instead of a clean layer under special soil mechanics conditions

Ökologisches Profil / Ecological profile

Herstellung / Production

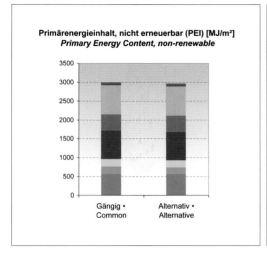

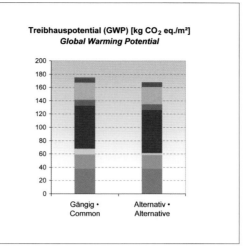

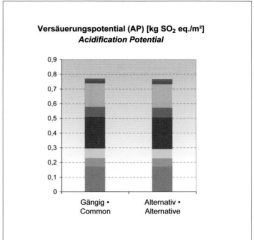

- Kies + Vlies
- Magerbeton + Betonunterlagspapier
- XPS, CO2-geschäumt
- Polymerbitumen-Dichtungsbahn
- Stahlbeton + PE-Folie
- Glaswolle / Holzfaser - Trittschalldämmplatten
- Estrichbeton + PE-Folie / Baupapier
- Fertigparkett + Kleber

- *Gravel + Fleece*
- *Lean Concrete + Concreting Paper*
- *XPS, CO2 Foamed*
- *Polymer Bitumen Sealing Sheet*
- *Reinforced Concrete + PE Foil*
- *Glass Wool / Wood Fiberboard Impact Sound Insulation*
- *Screed Concrete + PE Foil / Building Paper*
- *Ready-To-Install Parquet + Adhesive*

Hinweise zu Ökologie, Arbeits- und Gesundheitsschutz

Einbau
- Estrich aus chromatarmen Zement und persönliche Schutzausrüstung – vermeiden Zementekzeme
- Umfassender Arbeitsschutz – reduziert Belastung durch Mineralfasern und Holzfasern

Nutzung
- Strömungsdichte Fugenausbildung – vermeidet Mineralfaser- oder Holzfaseremission in Raumluft

Notes on environmental protection, workplace and health protection measures

Installation
- Use low-chromate cement screed and protective equipment – prevents cement eczema
- Comprehensive protective work equipment – reduces health risks caused by mineral fibers and wood fibers

Use
- Flow-sealed jointing – prevents mineral fiber or wood fiber emissions in room air

Entsorgung und Verwertung / Disposal and utilization

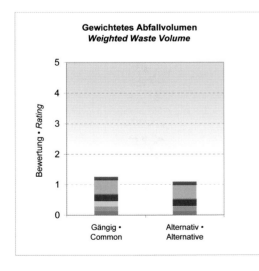

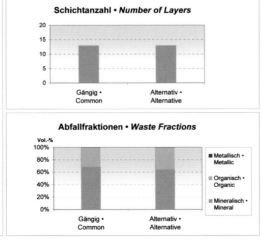

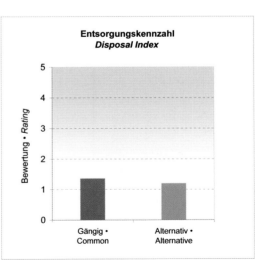

EFu 06
Plattenfundament, unterseitig gedämmt, Abdichtung auf Bodenplatte
Slab foundation, insulated lower side, sealing layer on floor slab

oben
above

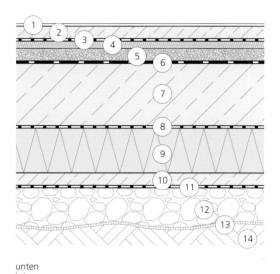

unten
below

Bauphysik ▪ Building physics

	Einheit Unit	Gängig Usual	Alternative Alternative
Gesamtdicke ▪ Total thickness	[cm]	62	62
Wärmedurchgangskoeffizient ▪ Thermal transmission coefficient	[W/(m²K)]	0,15	0,15
Bewerteter Standard-Trittschallpegel $L_{nT,w}$ ▪ Standard impact sound insulation level rating $L_{nT,w}$	[dB]	32	38
Feuchtetechnische Sicherheit ▪ Moisture safety	[kg/m²a]	0/0	0/0
Wirksame Wärmespeicherkapazität ▪ Effective heat capacity	[kJ/(m²K)]	107	107

	[cm]	Gängiger Aufbau von oben nach unten Usual construction from above to below
1	-	Fußbodenbelag* ▪ Flooring layer*
2	5	Zementestrich ▪ Cement screed
3	-	PE-Folie, Stöße überlappt ▪ PE foil, overlapping joints
4	3	Mineralwolle-Trittschalldämmplatte ▪ Mineral wool impact sound insulation panels
5	5	EPS, zementgebunden ▪ EPS, cement-bounded
6	1	2 Lg. Polymer-Bitumen ▪ 2-layer polymer bitumen
7	25	Stahlbeton ▪ Reinforced concrete
8	-	Baupapier ▪ Building paper
9	18	XPS, CO_2-geschäumt ▪ XPS, CO_2-foamed
10	5	Magerbeton/Sauberkeitsschicht ▪ Lean mortar/clean layer
11	-	Baupapier ▪ Building paper
12	≥15	Rollierung (Dränschicht) ▪ Setting layer (drainage layer)
13	-	PP-Filtervlies ▪ PP filter fleece
14	-	Erdreich ▪ Subsoil

* Für die Berechnung wurde Fertigparkett verwendet

	[cm]	Alternativer Aufbau von oben nach unten Alternative construction from above to below
1	-	Fußbodenbelag* ▪ Flooring layer*
2	5	Zementestrich ▪ Cement screed
3	-	Baupapier ▪ Building paper
4	3	Holzfaser-Trittschalldämmplatte ▪ Wood fiberboard impact sound insulation panels
5	5	Perlite ▪ Perlite
6	1	2 Lg. Polymer-Bitumen ▪ 2-layer polymer bitumen
7	25	Stahlbeton ▪ Reinforced concrete
8	-	Baupapier ▪ Building paper
9	18	XPS, CO_2-geschäumt ▪ XPS, CO_2-foamed
10	5	Magerbeton/Sauberkeitsschicht ▪ Lean mortar/clean layer
11	-	Baupapier ▪ Building paper
12	≥15	Rollierung (Dränschicht) ▪ Setting layer (drainage layer)
13	-	PP-Filtervlies ▪ PP filter fleece
14	-	Erdreich ▪ Subsoil

* Calculations based on the use of ready-to-install parquet

Technische Beschreibung

Eignung
- Für beheizte Räume mit Normalklima, ausgenommen Nassräume
- Für geringe Anforderungen an die Fußwärme des Bodens
- Wenn eine eigene Installationsebene benötigt wird
- Für nicht im Grundwasser liegende Konstruktionen
- Für beliebiges Erdreich geeignet (z.B. auch Fels, bindige Böden), siehe S. 32

Ausführungshinweise
- Horizontalabdichtung besonders sorgfältig auf gut ausgetrockneter Stahlbetonplatte verlegen
- Die 2-lagige PE-Folien-Abdeckung der Wärmedämmung dient als Gleitschicht

Instandhaltung
- Nach Wasserschäden ev. Neuherstellen der Trittschalldämmung, des Estrichs und des Fußbodenbelags nötig

Diskussion des Aufbaus
- Trittschalldämmung ist auch bei erdberührten Bauteilen erforderlich, um Körperschallleitung aus dem erdberührten Fußboden in das übrige Gebäude zu verhindern
- Unter besonderen bodenmechanischen Bedingungen ist evt. anstelle der Sauberkeitsschicht eine tragfähige bewehrte Betonplatte erforderlich

Technical description

Suitability
- For heated normal climate rooms, except wet rooms
- For low floor warmth requirements
- If a separate services level is required
- Not suitable for constructions in ground water
- For any type of ground (also rock and binding loamy grounds), cf. p.32

Construction process
- Lay the horizontal sealing layer very carfully on the properly dried floor slab
- The 2-layer PE foil thermal insulation covering serves as a parting plane or slip membrane

Maintenance
- A new sound impact insulation, screed and flooring layer may be required after water damage

Structural discussion
- Impact sound insulation is also required for components with ground contact to avoid the transmission of body impact from the floor to the rest of the building
- A load-bearing reinforced concrete layer may be required instead of a clean layer under special soil mechanics conditions

- Anschluss der Horizontalabdichtung an die Abdichtung der Außenwände zwar korrekt möglich, jedoch sind Maßnahmen nötig, um ein Abgleiten des aufgehenden Mauerwerks auf der Dichtungsschicht (zwischen Bodenplatte und aufgehendem Mauerwerk) zu verhindern

- Correct connection of horizontal seal to seal of external walls is possible but special measures are required to prevent masonry sliding on sealing layer (between floor slab and rising wall)

Ökologisches Profil / Ecological profile

Herstellung / Production

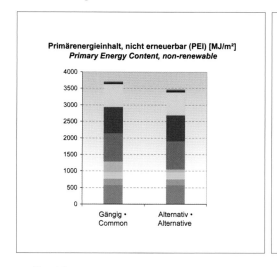

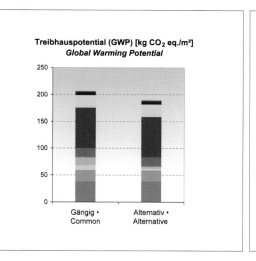

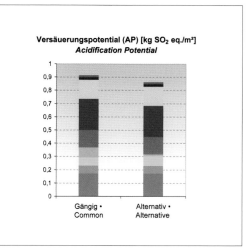

- Kies + Vlies
- Magerbeton + Betonunterlagspapier
- XPS, CO2-geschäumt
- Stahlbeton + Baupapier
- Polymerbitumenabdichtung
- EPS, gebunden / Perlite
- Glaswolle / Holzfaserplatte
- Estrichbeton + PE-Folie / Baupapier
- Fertigparkett + Kleber / Lärchenvollholzboden

- Gravel + Fleece
- Lean Concrete + Concreting Paper
- XPS, CO2 Foamed
- Reinforced Concrete + Concreting Paper
- Polymer Bitumen Sealing Sheet
- EPS, cement bonded / Perlite
- Glass Wool / Porous Wood Fiberboard
- Screed Concrete + PE Foil / Building Paper
- Ready-To-Install Parquet + Adhesive / Solid Larch Flooring

Hinweise zu Ökologie, Arbeits- und Gesundheitsschutz

Einbau
- Estrich aus chromatarmen Zement und persönliche Schutzausrüstung – vermeiden Zementekzeme
- Gute Durchlüftung während des Flämmens der Bitumenbahnen – reduziert Belastung durch Bitumenemissionen
- Umfassender Arbeitsschutz – reduziert Gesundheitsbelastungen durch Mineralfasern, Holzfaserplatten und Perlite
- Holzfaser statt Mineralfaser – vermeidet Hautreizung durch Mineralfaser

Nutzung
- Bitumenbahnen nach Verschweißen ablüften lassen – vermeidet verzögerte Abgabe von Bitumenemissionen in den Innenraum
- Strömungsdichte Fugenausbildung – vermeidet Mineral- und Holzfaserfaseremissionen in die Raumluft

Notes on environmental protection, workplace and health protection measures

Installation
- Use low-chromate cement screed and protective equipment – prevent cement eczema
- Good ventilation during torching down of bitumen layers – reduces bitumen emission hazard
- Comprehensive protective work equipment – reduces health hazards from mineral fibers, wood fiber board and perlite
- Wood fiber instead of mineral fiber – avoids skin irritation from mineral fibers

Use
- Make sure air circulates after welding bitumen sheets – helps prevent delayed bitumen emissions inside
- Flow-sealed joint structure – prevents mineral and wood fiber emissions into room air

Entsorgung und Verwertung / Disposal and utilization

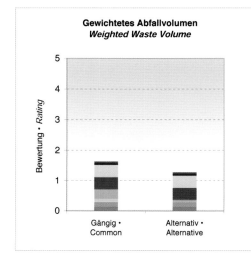

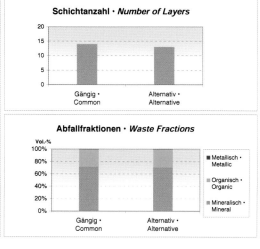

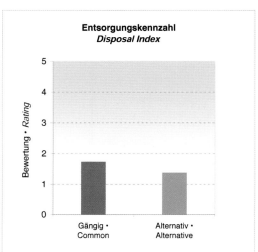

EFu 07

Dichtbeton-Plattenfundament, unterseitig gedämmt, Nassestrich
Water resistant concrete slab foundation, insulated lower side, wet screed

oben
above

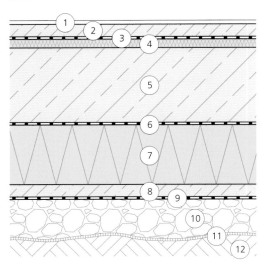

unten
below

Bauphysik • Building physics

	Einheit Unit	Gängig Usual	Alternative Alternative
Gesamtdicke • Total thickness	[cm]	67	67
Wärmedurchgangskoeffizient • Thermal transmission coefficient	[W/(m²K)]	0,15	0,15
Bewerteter Standard-Trittschallpegel $L_{nT,w}$ • Standard impact sound insulation level rating $L_{nT,w}$	[dB]	30	35
Feuchtetechnische Sicherheit • Moisture safety	[kg/m²a]	0/0	0/0
Wirksame Wärmespeicherkapazität • Effective heat capacity	[kJ/(m²K)]	107	107

	[cm]	Gängiger Aufbau von oben nach unten Usual construction from above to below
1	-	Fußbodenbelag* • Flooring layer*
2	5	Zementestrich • Cement screed
3	-	PE-Folie • PE foil
4	3	Mineralwolle-Trittschalldämmplatten • Mineral wool impact sound insulation panels
5	30	WU-Stahlbeton • Water resistant reinforced concrete
6	-	PE-Folie, 2 Lg. • PE foil, 2-layer
7	24	Schaumglas in Polymer-Bitumen • Foamed glass in polymer bitumen
8	5	Magerbeton/Sauberkeitsschicht • Lean mortar/clean layer
9	-	Baupapier • Building paper
11	≥15	Rollierung (Dränschicht) • Setting layer (drainage layer)
11	-	PP-Filtervlies • PP filter fleece
12	-	Erdreich • Subsoil

* Für die Berechnung wurde Fertigparkett verwendet

	[cm]	Alternativer Aufbau von oben nach unten Alternative construction from above to below
1	-	Fußbodenbelag* • Flooring layer*
2	5	Zementestrich • Cement screed
3	-	Baupapier • Building paper
4	3	Holzfaser-Trittschalldämmplatten • Wood fiberboard impact sound insulation panels
5	30	WU-Stahlbeton • Water resistant reinforced concrete
6	-	PE-Trennlage, einlagig • PE separating layer, 1-layer
7	24	Schaumglasplatten kaschiert • Laminated foamed glass panels
8	5	Magerbeton/Sauberkeitsschicht • Lean mortar/clean layer
9	-	Baupapier • Building paper
10	≥15	Rollierung (Dränschicht) • Setting layer (drainage layer)
11	-	PP-Filtervlies • PP filter fleece
12	-	Erdreich • Subsoil

* Calculations based on the use of ready-to-install parquet

Technische Beschreibung

Eignung
- Für gut durchlüftete beheizte Räume mit Normalklima, ausgenommen Nassräume
- Für geringe Anforderungen an die Fußwärme des Bodens
- Für nicht im Grundwasser liegende Konstruktionen
- Für beliebiges Erdreich geeignet (z.B. auch Fels, bindige Böden), siehe S. 32

Ausführungshinweise
- Schaumglasplatten dicht gestoßen in Polymerbitumen verlegen, die Oberfläche mit Polymerbitumen vergießen
- Die 2-lagige PE-Folien-Abdeckung der Wärmedämmung dient als Gleitschicht
- Alternative: kaschierte Schaumglasplatten werden lose verlegt und Fugen press gestoßen

Instandhaltung
- Sehr langlebige Konstruktion
- Nach Wasserschäden ev. Neuherstellen der Trittschalldämmung, des Estrichs und des Fußbodenbelags nötig

Diskussion des Aufbaus
- Schaumglas (wenn in Bitumen verlegt) ist vollkommen dampfdicht. Eine Durchfeuchtung ist unabhängig von der Diffusionsrichtung nicht möglich.
- Trittschalldämmung ist auch bei erdberührten Bauteilen erforderlich, um Körperschallleitung aus dem erdberührten Fußboden in das übrige Gebäude zu verhindern

Technical description

Suitability
- Suitable for well-ventilated, heated normal climate rooms, except for wet rooms
- For low floor warmth requirements
- For constructions that do not lie in ground water
- For any type of ground (also rock and binding loamy grounds), cf. p.32

Construction process
- Lay foamed glass panels closely in polymer bitumen and pour a layer of polymer bitumen on the surface
- The 2-layer PE foil thermal insulation covering serves as a parting plane or slip membrane
- Alternative: Lay laminated foamed glass panels loosely with pressed joint seams

Maintenance
- Very durable construction
- New sound impact insulation, screed and flooring layer may be required after water damage

Structural discussion
- Foamed glass is completely vapor-proof (when laid in bitumen). Therefore no additional vapor barriers are necessary. Moisture penetration independent of the diffusion direction is not possible.
- Impact sound insulation is also required for components with ground contact to avoid the transmission of body impact from the floor to the rest of the building

• Unter besonderen bodenmechanischen Bedingungen ist evt. anstelle der Sauberkeitsschicht eine tragfähige bewehrte Betonplatte erforderlich

• A load-bearing reinforced concrete layer may be required instead of a clean layer under special soil mechanics conditions

Ökologisches Profil / Ecological profile

Herstellung / Production

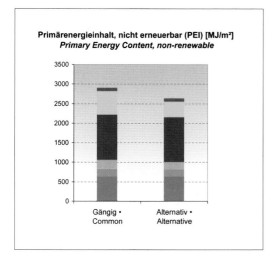

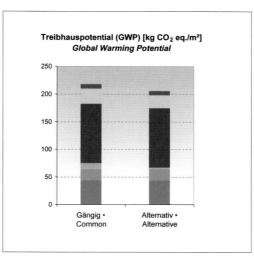

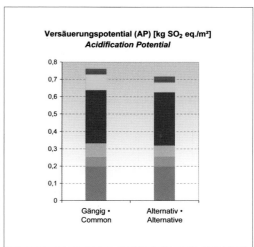

■ Kies + Vlies
■ Magerbeton + Betonunterlagspapier
▨ Schaumglas in Polymerbitumen / kaschiert, lose verlegt
■ WU-Stahlbeton + PE-Folie 2lagig / 1lagig
▨ Glaswolle / Holzfaser
▨ Estrichbeton + PE-Folie / Baupapier
■ Fertigparkett + Kleber

■ *Gravel + Fleece*
■ *Lean Concrete + Concreting Paper*
▨ *Foamed Glass in Polymer Bitumen / laminated, set loosely*
■ *Water Resistant Concrete + PE Foil 2-layer / 1-layer*
▨ *Glass Wool / Wood Fiberboard*
▨ *Screed Concrete + PE Foil / Building Paper*
■ *Ready-To-Install Parquet + Adhesive*

Hinweise zu Ökologie, Arbeits- und Gesundheitsschutz

Einbau
• Estrich aus chromatarmen Zement und persönliche Schutzausrüstung – vermeiden Zementekzeme
• Umfassender Arbeitsschutz – reduziert Gesundheitsbelastungen durch Mineralfasern und Holzfasern
• Schaumglasplatten lose verlegt – vermeiden Emissionen aus Heißbitumenverklebung
• Holzfaser statt Mineralfaser – vermeidet Hautreizung durch Mineralfaser

Nutzung
• Strömungsdichte Fugenausbildung – vermeidet Mineralfaser- oder Holzfaseremission in Raumluft

Notes on environmental protection, workplace and health protection measures

Installation
• Use low-chromate cement screed and protective equipment – prevents cement eczema
• Comprehensive protective work equipment – reduces health risks caused by mineral fiber and wood fiber
• Lay foam glass panels loosely – prevents hot bitumen bonding emissions
• Wood fiber instead of mineral fiber – avoids skin irritation from mineral fibers

Use
• Flow-sealed jointing – prevents mineral fiber or wood fiber emissions in room air

Entsorgung und Verwertung / Disposal and utilization

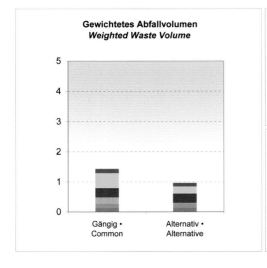

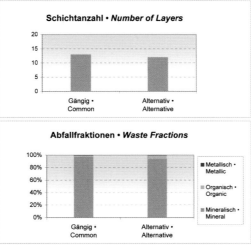

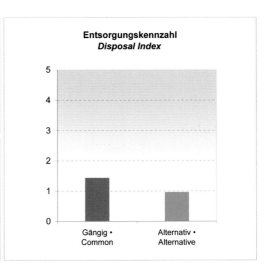

EFu 08

Dichtbeton-Plattenfundament, unterseitig gedämmt, Nassestrich (Nassräume)
Water resistant concrete slab foundation, insulated lower side, wet screed (wet rooms)

oben
above

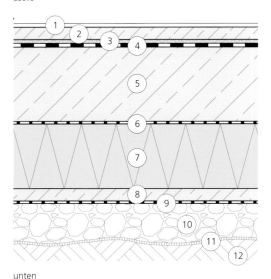

unten
below

Bauphysik ▪ Building physics

	Einheit Unit	Gängig Usual	Alternative Alternative
Gesamtdicke ▪ Total thickness	[cm]	65	65
Wärmedurchgangskoeffizient ▪ Thermal transmission coefficient	[W/(m²K)]	0,15	0,15
Bewerteter Standard-Trittschallpegel $L_{nT,w}$ ▪ Standard impact sound insulation level rating $L_{nT,w}$	[dB]	40	40
Feuchtetechnische Sicherheit ▪ Moisture safety	[kg/m²a]	0/0	0/0
Wirksame Wärmespeicherkapazität ▪ Effective heat capacity	[kJ/(m²K)]	128	128

	[cm]	Gängiger Aufbau von oben nach unten / Usual construction from above to below
1	-	Fußbodenbelag* ▪ Flooring layer*
2	5	Zementestrich ▪ Cement screed
3	1	PE-Weichschaum, Stöße abgeklebt ▪ PE soft foam, glued joints
4	-	Bitumenbahn ▪ Bitumen sheet
5	30	WU-Stahlbeton ▪ Water resistant reinforced concrete
6	-	PE-Folie, 2 Lg. ▪ PE foil, 2-layer
7	24	Schaumglas in Polymer-Bitumen ▪ Foamed glass in polymer-bitumen
8	5	Magerbeton/Sauberkeitsschicht ▪ Lean mortar/clean layer
9	-	Baupapier ▪ Building paper
10	≥15	Rollierung (Dränschicht) ▪ Setting layer (drainage layer)
11	-	PP-Filtervlies ▪ PP filter fleece
12	-	Erdreich ▪ Subsoil

* Für die Berechnung wurde Keramik verwendet

	[cm]	Alternativer Aufbau von oben nach unten / Alternative construction from above to below
1	-	Fußbodenbelag* ▪ Flooring layer*
2	5	Flüssige Folie auf Zementestrich ▪ Liquid foil on cement screed
3	1	PE-Weichschaum, Stöße abgeklebt ▪ PE soft foam, glued joints
4	-	entfällt ▪ N/A
5	30	WU-Stahlbeton ▪ Water resistant reinforced concrete
6	-	PE-Folie, 2 Lg. ▪ PE foil, 2-layer
7	24	Schaumglasplatten kaschiert ▪ Laminated foamed glass panels
8	5	Magerbeton/Sauberkeitsschicht ▪ Lean mortar/clean layer
9	-	Baupapier ▪ Building paper
10	≥15	Rollierung (Dränschicht) ▪ Setting layer (drainage layer)
11	-	PP-Filtervlies ▪ PP filter fleece
12	-	Erdreich ▪ Subsoil

* Calculations based on ceramic

Technische Beschreibung

Eignung
- Für gut durchlüftete beheizte Nassräume mit Normalklima
- Wenn Installationen in der Bodenplatte mitbetoniert werden können (nicht mehr veränderbar)
- Für nicht im Grundwasser liegende Konstruktionen
- Für beliebiges Erdreich geeignet (z.B. auch Fels, bindige Böden), siehe S. 32

Ausführungshinweise
- Schaumglasplatten dicht gestoßen in Polymerbitumen verlegen, die Oberfläche mit Polymerbitumen vergießen
- Die 2-lagige PE-Folien-Abdeckung der Wärmedämmung dient als Gleitschicht
- Als Trittschalldämmung PE-Weichschaum verwenden, da feuchteunempfindlich
- Die oberseitige Feuchteabdichtung (auch: streichbare Abdichtung) erst nach einwandfreier Austrocknung der Betonplatte aufbringen

Instandhaltung
- Sehr langlebige Konstruktion

Diskussion des Aufbaus
- Schaumglas (wenn in Bitumen verlegt) ist vollkommen dampfdicht, daher keine zusätzlichen Dampfbremsen erforderlich. Eine Durchfeuchtung ist unabhängig von der Diffusionsrichtung nicht möglich.
- Trittschalldämmung ist auch bei erdberührten Bauteilen erforderlich, um Körperschallleitung aus dem erdberührten Fußboden in das übrige Gebäude zu verhindern

Technical description

Suitability
- Suitable for well-ventilated, heated normal climate wet rooms
- When services can be laid in the concrete floor slab (cannot be altered later)
- Not suitable for constructions in ground water
- For any type of ground (also rock and binding loamy grounds), cf. p.32

Construction process
- Lay foamed glass panels closely in polymer bitumen and pour a layer of polymer bitumen on the surface
- The 2-layer PE foil thermal insulation covering serves as a parting plane or slip membrane
- Use soft PE foam for impact sound insulation since it is impervious to moisture
- The top-level moisture seal (or also: spreadable seal) should be applied only after the floor slab has dried properly

Maintenance
- Very durable construction

Structural discussion
- Foamed glass is completely vapor-proof (when laid in bitumen). Therefore no additional vapor barriers are necessary. Moisture penetration independent of the diffusion direction is not possible.
- Impact sound insulation is also required for components with ground contact to avoid the transmission of body impact from the floor to the rest of the building

- Die vorteilhafte Lage der Feuchteabdichtung auf der (unbeweglichen) Boden-platte verringert Gefahr von Schäden am Übergang zu Wänden wesentlich
- Unter besonderen bodenmechanischen Bedingungen ist evt. anstelle der Sau-berkeitsschicht eine tragfähige bewehrte Betonplatte erforderlich

- Laying the moisture seal on the non-moving floor slab is advanta-geous and considerably reduces the risk of damage to the wall tran-sition areas
- A load-bearing reinforced concrete layer may be required instead of a clean layer under special soil mechanics conditions

Ökologisches Profil / Ecological profile

Herstellung / Production

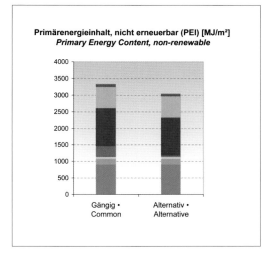

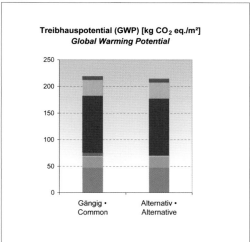

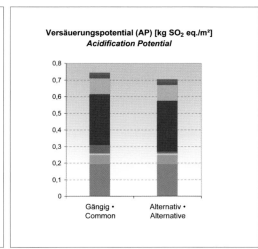

- Kies + Vlies
- Magerbeton + Betonunterlagspapier
- Schaumglas + Polymerbitumen
- WU-Stahlbeton + PE-Folie 2lagig
- Bitumenabdichtung / Flüssige Folie
- PE Weichschaum
- Estrichbeton
- Keramische Fliesen + Kleber

- Gravel + Fleece
- Lean Concrete + Concreting Paper
- Foamed Glass + Polymer Bitumen
- Water Resistant Concrete + PE Foil 2-layer
- Bitumen Sealing / Liquid Foil
- Flexible PE Foam
- Screed Concrete
- Ceramic Tiles + Adhesive

Hinweise zu Ökologie, Arbeits- und Gesundheitsschutz

Einbau
- Estrich aus chromatarmen Zement und persönliche Schutzausrüstung – vermei-den Zementekzeme
- Gute Durchlüftung während des Verschweißens der Bitumenbahnen – redu-ziert Belastung durch Bitumenemissionen

Nutzung
- Bitumenbahnen nach dem Verschweißen ablüften lassen – vermeidet verzöger-te Abgabe von Bitumenemissionen in den Innenraum

Notes on environmental protection, workplace and health protection measures

Installation
- Use low-chromate cement screed and protective equipment – prevents cement eczema
- Ensure there is good ventilation when welding bitumen sheets – re-duces bitumen emission hazards

Use
- Make sure air circulates after welding bitumen sheets – helps prevent delayed bitumen emissions inside

Entsorgung und Verwertung / Disposal and utilization

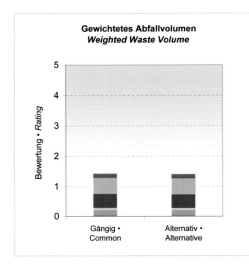

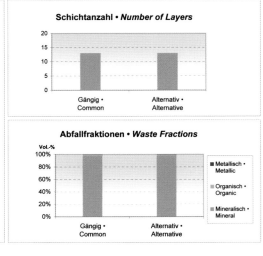

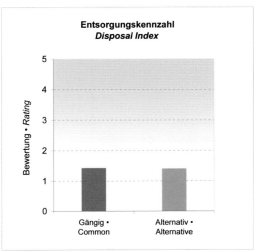

EFu 09

Dichtbeton-Plattenfundament, unterseitig gedämmt, Holzfußboden auf Staffel

Water resistant concrete slab foundation, insulated lower side, wood floor on floor battens

oben
above

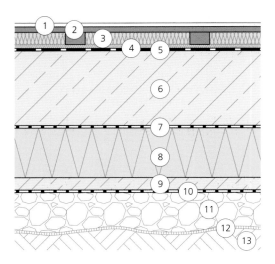

unten
below

Bauphysik ▪ Building physics

	Einheit Unit	Gängig Usual	Alternative Alternative
Gesamtdicke ▪ Total thickness	[cm]	68	66
Wärmedurchgangskoeffizient ▪ Thermal transmission coefficient	[W/(m²K)]	0,15	0,15
Bewerteter Standard-Trittschallpegel $L_{nT,w}$ ▪ Standard impact sound insulation level rating $L_{nT,w}$	[dB]	39	42
Feuchtetechnische Sicherheit ▪ Moisture safety	[kg/m²a]	0/0	0/0
Wirksame Wärmespeicherkapazität ▪ Effective heat capacity	[kJ/(m²K)]	39	38

	[cm]	Gängiger Aufbau von oben nach unten Usual construction from above to below
1	-	Fußbodenbelag* ▪ Flooring layer*
2	2,2	Spanplatte Nut+Feder oder Blindboden ▪ Chipboard groove and tongue or dead flooring
3	5	Mineralwolle zwischen Polsterhölzern ▪ Mineral wool bet. raft battens
4	1,5	Mineralwolle-Trittschalldämmplatten ▪ Mineral wool impact sound insulation panels
5	-	PE-Dampfsperre ▪ PE vapor barrier
6	30	WU Stahlbeton ▪ Water resistant reinforced concrete
7	-	PE-Folie, 2 Lg. ▪ PE foil, 2-layer
8	24	Schaumglas hochbelastbar, in Polymerbitumen, 2-lagig ▪ High-stress foamed glass in polymer bitumen, 2-layer
9	5	Magerbeton/Sauberkeitsschicht ▪ Lean mortar/clean layer
10	-	Baupapier ▪ Building paper
11	≥>15	Rollierung (Dränschicht) ▪ Setting layer (drainage layer)
12	-	PP-Filtervlies ▪ PP filter fleece
13	-	Erdreich ▪ Subsoil

* Für die Berechnung wurde Fertigparkett verwendet

	[cm]	Alternativer Aufbau von oben nach unten Alternative construction from above to below
1	-	Holzdielenboden ▪ Tongued and grooved flooring
2	-	entfällt ▪ N/A
3	5	Schafwolle zwischen Polsterhölzern ▪ Lambswool bet. raft battens
4	2	Holzfaser-Trittschalldämmplatten ▪ Wood fiberboard impact sound insulation panels
5	-	PE-Dampfsperre ▪ PE vapor barrier
6	30	WU Stahlbeton ▪ Water resistant reinforced concrete
7	-	PE-Trennlage, 1 Lg. ▪ 1-layer PE separating sheet
8	24	Schaumglasplatten kaschiert ▪ Laminated foamed glass panels
9	5	Magerbeton/Sauberkeitsschicht ▪ Lean mortar/clean layer
10	-	Baupapier ▪ Building paper
11	≥>15	Rollierung (Dränschicht) ▪ Setting layer (drainage layer)
12	-	PP-Filtervlies ▪ PP filter fleece
13	-	Erdreich ▪ Subsoil

* Calculations based on the use of ready-to-install parquet

Technische Beschreibung

Eignung
• Für gut durchlüftete beheizte Räume mit Normaklima, ausgenommen Nassräume
• Für hohe Anforderungen an die Fußwärme des Bodens
• Für nicht im Grundwasser liegende Konstruktionen
• Für beliebiges Erdreich geeignet (z.B. auch Fels, bindige Böden), siehe S. 32

Ausführungshinweise
• Schaumglasplatten dicht gestoßen in Polymerbitumen verlegen, die Oberfläche mit Polymerbitumen vergießen
• Die 2-lagige PE-Folien-Abdeckung der Wärmedämmung dient als Gleitschicht.
• Alternative: kaschierte Schaumglasplatten werden lose verlegt und Fugen press gestoßen
• Eine PE-Dampfbremse auf der WU-Betonplatte verringert die Abgabe von Baufeuchte in die Holzfußbodenkonstruktion
• Trittschalldämmplatten unter den Polsterhölzern über die ganze Fußbodenfläche verlegen (Gefahr von Fehlverlegungen geringer als bei Verlegung auf Streifen)

Instandhaltung
• Sehr langlebige Konstruktion
• Schwinden von Holzbelägen kann zu Gehgeräuschen führen (Abhilfe: Neuverlegung)
• Nach Wasserschäden: ev. Neuherstellen des gesamten Fußbodenaufbaues nötig

Technical description

Suitability
• Suitable for well-ventilated heated normal climate rooms, except for wet rooms
• For high floor warmth requirements
• Not suitable for constructions in ground water
• For any type of ground (also rock and binding loamy grounds), cf. p.32

Construction process
• Lay foamed glass panels closely in polymer bitumen and pour a layer of polymer bitumen on the surface
• The 2-layer PE foil thermal insulation covering serves as a parting plane or slip membrane
• Alternative: Lay laminated foamed glas panels loosely with pressed joint seams
• A PE vapor barrier on the water resistant concrete slab reduces the spreading of construction moisture in the wood floor structure
• Lay impact sound insulation under battens across entire floor area (danger of laying errors less than with strips)

Maintenance
• Very durable construction
• Shrinkage of wooden flooring can lead to noise emissions when walked on (solution: lay a new floor)
• Laying an entirely new floor construction may be necessary after water damage

Diskussion des Aufbaus	Structural discussion
• Vgl. EFu 03	• Cf. EFu 03

Ökologisches Profil / Ecological profile

Herstellung / Production

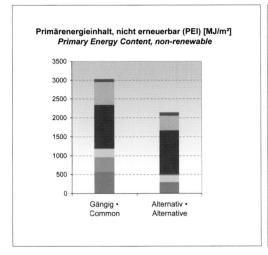 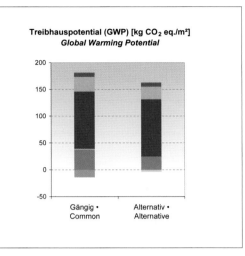 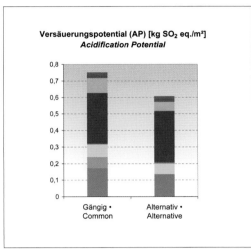

- ■ Kies + Vlies
- ■ Magerbeton + Betonunterlagspapier
- ■ Schaumglas + Polymerbitumen / kaschiert, lose verlegt
- ■ WU-Stahlbeton + PE-Folie
- ■ Dampfsperre
- ■ Polsterholz + Glaswolle / Holzfaser Trittschalldämmstreifen + Glaswolle / Schafwolle
- ■ Spanplatte / -
- ■ Fertigparkett + Kleber / Lärchen-Vollholzboden

- ■ *Gravel + Fleece*
- ■ *Lean Concrete + Concreting Paper*
- ■ *Foamed Glass + Polymer Bitumen / laminated, set loosely*
- ■ *Water Resistant Concrete + PE Foil*
- ■ *Vapor Barrier*
- ■ *Raft Batten + Glass Wool / Wood Fiberboard Impact Sound Insulation Strips + Glass Wool / Lambs Wool*
- ■ *Chipboard / -*
- ■ *Ready-To-Install Parquet + Adhesive / Solid Larch Flooring*

Hinweise zu Ökologie, Arbeits- und Gesundheitsschutz

Herstellung
- Lärchenholz aus nachhaltiger regionaler Holzwirtschaft verwenden – vermeidet Zerstörung schützenswerter Wälder

Einbau
- Schafwolldämmstoff – vermeidet Faserbelastung und Hautreizung durch Mineralfasern
- Schaumglasplatten lose verlegt – vermeidet Emissionen aus Heißbitumenverklebung
- Holzfaser statt Mineralfaser – vermeidet Hautreizung durch Mineralfaser

Nutzung
- Schiffboden oder emissionsarme Spanplatten – vermeidet bzw. reduziert Emissionen von Formaldehyd und VOC
- Schafwolldämmstoff – vermeidet Emissionen von Formaldehyd aus Mineralwolle
- Strömungsdichte Fugenausbildung – vermeidet Mineralfaser- oder Holzfaseremission in Raumluft

Notes on environmental protection, workplace and health protection measures

Production
- Use larch wood from sustainable regional production areas – prevents the destruction of forests worth preserving

Installation
- Lambswool insulation material – prevents the development of skin irritations caused by mineral fibers
- Lay foam glass panels loosely – prevents hot bitumen bonding emissions
- Wood fiber instead of mineral fiber – avoids skin irritation from mineral fibers

Use
- Wood floors or low-emission chipboard panels – prevents or reduces formaldehyde and VOC emissions
- Lambswool insulation material – prevents mineral wool formaldehyde emissions
- Flow-sealed jointing – prevents mineral fiber or wood fiber emissions in room air

Entsorgung und Verwertung / Disposal and utilization

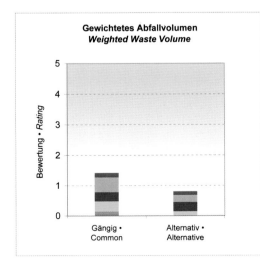 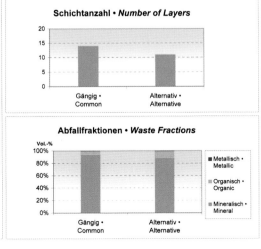 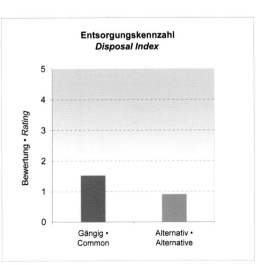

EFu 10

Dichtbeton-Plattenfundament, unterseitig gedämmt, Nassestrich
Water resistant concrete slab foundation, insulated lower side, wet screed

oben
above

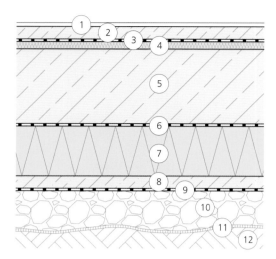

unten
below

Bauphysik ▪ Building physics

	Einheit Unit	Gängig Usual	Alternative Alternative
Gesamtdicke ▪ Total thickness	[cm]	63	63
Wärmedurchgangskoeffizient ▪ Thermal transmission coefficient	[W/(m²K)]	0,15	0,15
Bewerteter Standard-Trittschallpegel $L_{nT,w}$ ▪ Standard impact sound insulation level rating $L_{nT,w}$	[dB]	30	35
Feuchtetechnische Sicherheit ▪ Moisture safety	[kg/m²a]	0/0	0/0
Wirksame Wärmespeicherkapazität ▪ Effective heat capacity	[kJ/(m²K)]	107	107

	[cm]	Gängiger Aufbau von oben nach unten Usual construction from above to below
1	-	Fußbodenbelag* ▪ Flooring layer*
2	5	Zementestrich ▪ Cement screed
3	-	PE-Folie, Stöße überlappt ▪ PE foil, overlapping joints
4	3	Mineralwolle-Trittschalldämmplatten ▪ Mineral wool impact sound insulation panels
5	30	WU-Stahlbeton ▪ Water resistant reinforced concrete
6	-	Baupapier ▪ Building paper
7	20	XPS mit Stufenfalz, CO_2-geschäumt ▪ XPS with shiplap, CO_2-foamed
8	5	Magerbeton/Sauberkeitsschicht ▪ Lean concrete/clean layer
9	-	Baupapier ▪ Building paper
10	≥15	Rollierung (Dränschicht) ▪ Setting layer (drainage layer)
11	-	PP-Filtervlies ▪ PP filter fleece
12	-	Erdreich ▪ Subsoil

* Für die Berechnung wurde Fertigparkett verwendet

	[cm]	Alternativer Aufbau von oben nach unten Alternative construction from above to below
1	-	Fußbodenbelag* ▪ Flooring layer*
2	5	Zementestrich ▪ Cement screed
3	-	Baupapier ▪ Building paper
4	3	Holzfaser-Trittschalldämmplatten ▪ Wood fiberboard impact sound insulation panels
5	30	WU-Stahlbeton ▪ Water resistant reinforced concrete
6	-	Baupapier ▪ Building paper
7	20	XPS mit Stufenfalz, CO_2-geschäumt ▪ XPS with shiplap, CO_2-foamed
8	5	Magerbeton/Sauberkeitsschicht ▪ Lean concrete/clean layer
9	-	Baupapier ▪ Building paper
10	≥15	Rollierung (Dränschicht) ▪ Setting layer (drainage layer)
11	-	PP-Filtervlies ▪ PP filter fleece
12	-	Erdreich ▪ Subsoil

* Calculations based on the use of ready-to-install parquet

Technische Beschreibung

Eignung
- Für gut durchlüftete beheizte Räume mit Normalklima, ausgenommen Nassräume
- Für geringe Anforderungen an die Fußwärme des Bodens
- Wenn keine besondere Installationsebene benötigt wird (bzw. Installationen entweder mitbetoniert oder in der Trittschalldämmung verlegt werden können)
- Für nicht im Grundwasser liegende Konstruktionen
- Für beliebiges Erdreich geeignet (z.B. auch Fels, bindige Böden), siehe S. 32

Instandhaltung
- Sehr langlebige Konstruktion
- Nach Wasserschaden ev. Neuherstellen der Trittschalldämmung, des Estrichs und des Fußbodenbelags nötig

Diskussion des Aufbaus
- Trittschalldämmung ist auch bei erdberührten Bauteilen erforderlich, um Körperschallleitung aus dem erdberührten Fußboden in das übrige Gebäude zu verhindern
- Unter besonderen bodenmechanischen Bedingungen ist evt. anstelle der Sauberkeitsschicht eine tragfähige bewehrte Betonplatte erforderlich

Technical description

Suitability
- Suitable for well-ventilated, heated normal climate rooms, except for wet rooms
- For low floor warmth requirements
- If no separate services level is required (or if service runs are cemented or can be laid in the impact sound insulation)
- Not suitable for constructions in ground water
- For any type of ground (also rock and binding loamy grounds), cf. p.32

Maintenance
- Very durable construction
- Water damage can make the laying of new impact sound insulation, screed and flooring necessary

Structural discussion
- Impact sound insulation is also required for components with ground contact to avoid the transmission of body impact from the floor to the rest of the building
- A load-bearing reinforced concrete layer may be required instead of a clean layer under special soil mechanics conditions

Ökologisches Profil / Ecological profile

Herstellung / Production

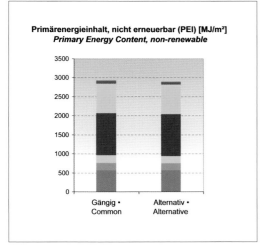

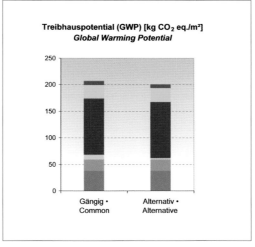

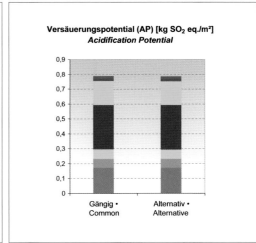

- Kies + Vlies
- Magerbeton + Betonunterlagspapier
- XPS, CO2-geschäumt
- WU-Stahlbeton
- Glaswolle / Holzfaserdämmplatten
- Estrichbeton + PE-Folie / Baupapier
- Fertigparkett + Kleber

- *Gravel + Fleece*
- *Lean Concrete + Concreting Paper*
- *XPS, CO2 Foamed*
- *Water Resistant Concrete*
- *Glass Wool / Wood Fiberboard*
- *Screed Concrete + PE Foil / Building Paper*
- *Ready-To-Install Parquet + Adhesive*

Hinweise zu Ökologie, Arbeits- und Gesundheitsschutz

Einbau

- Estrich aus chromatarmen Zement und persönliche Schutzausrüstung – vermeiden Zementekzeme
- Umfassender Arbeitsschutz – reduziert Gesundheitsbelastungen durch Mineralfaser und Holzfaserstaub
- Holzfaser statt Mineralfaser – vermeidet Hautreizung durch Mineralfaser

Nutzung

- Strömungsdichte Fugenausbildung – vermeidet Mineralfaser- oder Holzfaserstaubemission in Raumluft

Notes on environmental protection, workplace and health protection measures

Installation

- Use low-chromate cement screed and protective equipment – prevents cement eczema
- Comprehensive protective work equipment – reduces health risks caused by mineral fiber and wood fiber dust
- Wood fiber instead of mineral fiber – avoids skin irritation from mineral fibers

Use

- Flow-sealed jointing – prevents mineral fiber or wood fiber dust emissions in room air

Entsorgung und Verwertung / Disposal and utilization

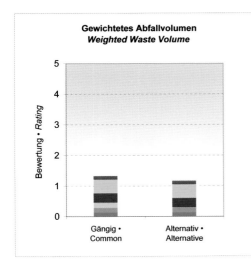

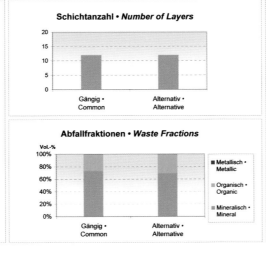

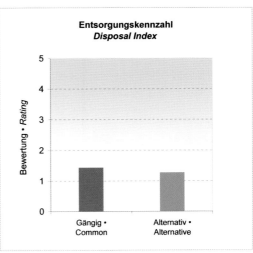

EFu 11

Plattenfundament auf Glasschaumgranulat
Slab foundation on foamed glass granulate

oben
above

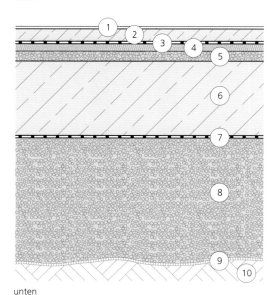

unten
below

Bauphysik ▪ Building physics

	Einheit Unit	Gängig Usual	Alternative Alternative
Gesamtdicke ▪ Total thickness	[cm]	92	92
Wärmedurchgangskoeffizient ▪ Thermal transmission coefficient	[W/(m²K)]	0,15	0,15
Bewerteter Standard-Trittschallpegel $L_{nT,w}$ ▪ Standard impact sound insulation level rating $L_{nT,w}$	[dB]	35	40
Feuchtetechnische Sicherheit ▪ Moisture safety	[kg/m²a]	0/0	0/0
Wirksame Wärmespeicherkapazität ▪ Effective heat capacity	[kJ/(m²K)]	107	107

	[cm]	Gängiger Aufbau von oben nach unten Usual construction from above to below
1	-	Fußbodenbelag* ▪ Flooring layer*
2	5	Zementestrich ▪ Cement screed
3	-	PE-Folie ▪ PE foil
4	3	Mineralwolle-Trittschalldämmplatte ▪ Mineral wool impact sound insulation panels
5	4	EPS-Schüttung ▪ EPS filler
6	30	WU-Stahlbeton ▪ Water resistant reinforced concrete
7	-	PE-Folie ▪ PE foil
8	50	Glasschaumgranulat ▪ Foamed glass granulate
9	-	PP-Filtervlies ▪ PP filter fleece
10	-	Erdreich ▪ Subsoil

* Für die Berechnung wurde Fertigparkett verwendet

	[cm]	Alternativer Aufbau von oben nach unten Alternative construction from above to below
1	-	Fußbodenbelag* ▪ Flooring layer*
2	5	Zementestrich ▪ Cement screed
3	-	Baupapier ▪ Building paper
4	3	Holzfaser-Trittschalldämmplatten ▪ Wood fiberboard impact sound insulation panels
5	4	Perlite ▪ Perlite
6	30	WU-Stahlbeton ▪ Water resistant reinforced concrete
7	-	Baupapier ▪ Building paper
8	50	Glasschaumgranulat ▪ Foamed glass granulate
9	-	PP-Filtervlies ▪ PP filter fleece
10	-	Erdreich ▪ Subsoil

* Calculations based on the use of ready-to-install parquet

Technische Beschreibung

Eignung
- Für beheizte Räume mit Normalklima, ausgenommen Nassräume
- Für geringe Anforderungen an die Fußwärme des Bodens
- Wenn keine Abwasserinstallationen im Fußboden nötig sind
- Für nicht im Grundwasser liegende Konstruktionen

Ausführungshinweise
- Die Abdichtung und die Anschlüsse zur Abdichtung der Außenwände besonders sorgfältig verlegen, da die Sanierung von Schäden äußerst aufwändig ist
- Glasschaumgranulat je nach Belastung verdichten

Instandhaltung
- Nach Wasserschäden ev. Neuherstellen der Trittschalldämmung, des Estrichs und des Fußbodenbelags nötig
- Behebung von Schäden an der Abdichtung erfordert Entfernen des Fußbodenaufbaues

Diskussion des Aufbaus
- Glasschaumgranulat übernimmt auch kapillarbrechende Funktion
- Trittschalldämmung ist auch bei erdberührten Bauteilen erforderlich, um Körperschallleitung aus dem erdberührten Fußboden in das übrige Gebäude zu verhindern
- Gefahr der Beschädigung der Abdichtung größer, aber Behebung von Schäden einfacher als bei Abdichtungen unter der Bodenplatte
- Unter besonderen bodenmechanischen Bedingungen ist die Herstellung einer Sauberkeitsschicht erforderlich

Technical description

Suitability
- For heated normal climate rooms, except wet rooms
- For low floor warmth requirements
- If no drainage pipework is needed in the floor
- Not suitable for constructions in ground water

Construction process
- Lay the sealing layer and the connections for the outer wall sealing layer very carefully since damage repair is extremely difficult
- Compact foamed glass granulate according to load

Maintenance
- New sound impact insulation, screed and flooring may be required after water damage
- Seal damage repair requires the removal of the flooring structure

Structural discussion
- Foamed glass granulate work also as anti-cappillary course
- Impact sound insulation is also required for components with ground contact to avoid the transmission of body impact from the floor to the rest of the building
- The danger of seal damage is greater, but repair is easier than in the case of seals under the floor slab
- A clean layer may be required under special soil mechanics conditions

Ökologisches Profil / Ecological profile

Herstellung / Production

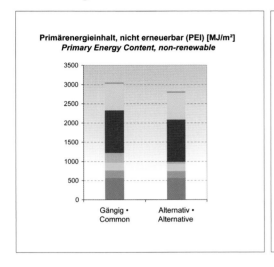

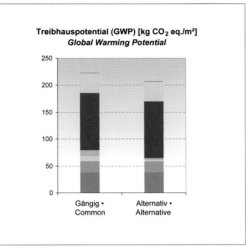

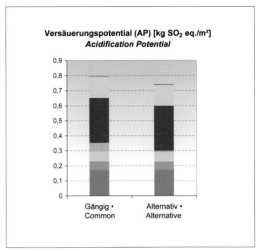

- PP-Vlies
- Schaumglasschotter
- WU-Stahlbeton + PE-Folie / Baupapier
- EPS, gebunden / Perlite
- Glaswolle / Holzfaserplatte, porös
- Estrichbeton + PE-Folie / Baupapier
- Fertigparkett + Kleber

- PP Fleece
- Foamed Glass Granules
- Water Resistant Reinforced Concrete + PE Foil / Building Paper
- EPS, cement bonded / Perlite
- Glass Wool / Porous Wood Fiberboard
- Screed Concrete + PE Foil / Building Paper
- Ready-To-Install Parquet + Adhesive

Hinweise zu Ökologie, Arbeits- und Gesundheitsschutz

Einbau
- Estrich aus chromatarmen Zement und persönliche Schutzausrüstung – vermeiden Zementekzeme
- Umfassender Arbeitsschutz – reduziert Gesundheitsbelastungen durch Mineralfaser, Perlitestaub, Holzfaser und Glasschaumgranulatstaub
- Holzfaser statt Mineralfaser – vermeidet Hautreizung durch Mineralfaser

Nutzung
- Strömungsdichte Fugenausbildung – vermeidet Mineralfaser-, Holzfaser und Perlitestaubemissionen in die Raumluft

Notes on environmental protection, workplace and health protection measures

Installation
- Use low-chromate cement screed and protective equipment – prevents cement eczema
- Comprehensive protective work equipment – reduces health risks caused by perlite dust, wood fiber and foamed glass granule dust
- Wood fiber instead of mineral fiber – avoids skin irritation from mineral fibers

Use
- Flow-sealed jointing – prevents mineral fiber, wood fiber and perlite dust emissions into room air

Entsorgung und Verwertung / Disposal and utilization

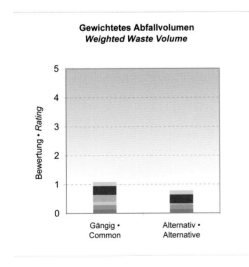

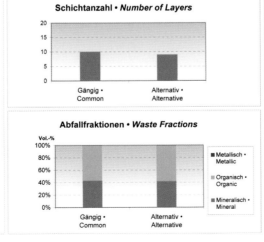

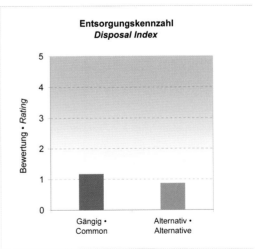

EAm 01

Erdberührte Dichtbeton-Außenwand
Water resistant concrete outside wall in contact with ground

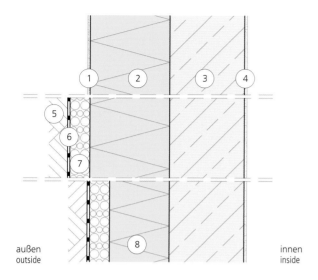

außen
outside

innen
inside

Bauphysik · Building physics

> 1m unter Erdreich > 1m underground	Einheit Unit	Gängig Usual	Alternative Alternative
Gesamtdicke · Total thickness	[cm]	54	55
Wärmedurchgangskoeffizient · Thermal transmission coefficient	[W/(m²K)]	0,16	0,16
Bewertetes Schalldämmmaß R_w · Rated sound insulation value R_w	[dB]	69	70
Feuchtetechnische Sicherheit · Moisture safety	[kg/m²a]	0/0	0/0
Wirksame Wärmespeicherkapazität · Effective heat capacity	[kJ/(m²K)]	296	224

[cm]	Gängiger Aufbau von außen nach innen Usual construction from outside to inside
Sockelbereich über Erdoberfläche · Base level above ground	
1	-	Sockelputz oder Verkleidung · Base course plaster or cladding
2	32	XPS, CO₂-geschäumt · XPS, CO₂-foamed
3	30	WU-Stahlbeton · Water resistant reinforced concrete
4	-	Spachtelung · Filler
Bis 1 m unter Erdoberfläche · Up to 1 m underground	
5	-	Erdreich · Subsoil
6	-	PP-Filtervlies · PP filter fleece
7	8	Dränschicht (EPS-Dränplatten) · Drainage layer (EPS drainage panel)
Tiefer als 1 m unter Erdoberfläche · More than 1 m underground	
8	24	XPS, CO₂-geschäumt · XPS, CO₂-foamed

[cm]	Alternativer Aufbau von außen nach innen Alternative construction from outside to inside
Sockelbereich über Erdoberfläche · Base level above ground	
1	-	Sockelputz oder Verkleidung · Base course plaster or cladding
2	32	XPS, CO₂-geschäumt · XPS, CO₂-foamed
3	30	WU-Stahlbeton · Water resistant reinforced concrete
4	1,5	Lehmputz auf Haftbrücke · Loam rendering on bonding layer
Bis 1 m unter Erdoberfläche · Up to 1 m underground	
5	-	Erdreich · Subsoil
6	-	PP-Filtervlies · PP filter fleece
7	8	Beton-Drainsteine · Cement-bound drainage blocks
Tiefer als 1 m unter Erdoberfläche · More than 1 m underground	
8	24	XPS, CO₂-geschäumt · XPS, CO₂-foamed

Technische Beschreibung

Eignung
- Für gut durchlüftete beheizte Räume, deren Fußböden unter Erdoberfläche liegen
- Wenn die Bodenplatte ebenfalls aus Dichtbeton besteht
- Für alle Arten Erdreich, auch bei seitlichem Erddruck

Ausführungshinweise
- Als Dränschicht sind z.B. Betondrainsteine oder EPS-Dränplatten mit aufkaschiertem Filtervlies oder Noppenplatten verwendbar. Alternativ kann auch die äußerste Lage der XPS-Wärmedämmung aus Dränplatten mit Nuten und aufkaschiertem Vlies verwendet werden.

Instandhaltung
- Ortung fehlerhafter (undichter) Stellen ist leichter möglich als bei schwarzen Wannen
- Risse mit dünnflüssigen Kunstharzen sanieren

Technical description

Suitability
- For well-ventilated, heated rooms on floors below ground level
- If the floor slab is also made of water resistant concrete
- For all types of subsoil, also in the case of lateral pressure

Construction process
- Concrete drainage blocks, EPS drainage panels with a laminated filter fleece or napped panels can be used as drainage layers. Other options include an outer layer of XPS thermal insulation consisting of fluted drainage panels with a laminated fleece layer.

Maintenance
- Locating faulty (leaking) areas is easier than with sealed walls
- Cracks can be repaired with thin synthetic resins

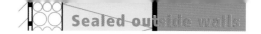
Ökologisches Profil / Ecological profile

Herstellung* / Production*

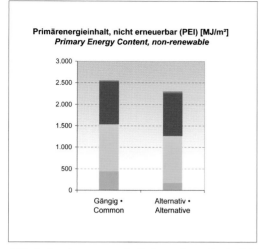

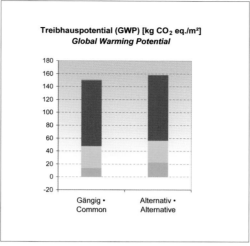

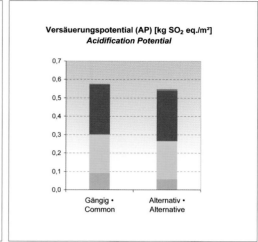

* Für die Berechnungen wurde die Zone > 1 m unter der Erdoberfläche herangezogen / Calculations based on the zone >1 m below surface

- Gipsspachtel / Haftbrücke + Lehmputz
- WU-Stahlbeton
- XPS, verklebt
- Drainplatte EPS / Drainsteine, zementgebunden

- *Gypsum Filler / Bonding Layer + Loam Rendering*
- *Water Resistant Concrete*
- *XPS, bonded*
- *EPS Drainage Panel / Concrete Drainage Blocks*

Hinweise zu Ökologie, Arbeits- und Gesundheitsschutz

Herstellung
- CO_2-geschäumte XPS-Platten statt HFKW-geschäumte verwenden – vermeidet Substanz mit sehr hohem Treibhauspotential

Einbau
- Chromatarme Zemente und persönliche Schutzausrüstung – vermeiden Zementekzeme

Nutzung
- Lehmputz – verbessert Feuchtepufferfähigkeit der Konstruktion

Notes on environmental protection, workplace and health protection measures

Production
- CO_2 foamed XPS panels should be used instead of HFC-foamed panels – avoids substances with a very high green house potential

Installation
- Use low-chromate cements and personal protection equipment – prevents cement eczema

Use
- Loam plaster – improves the moisture buffering properties of the construction

Entsorgung und Verwertung / Disposal and utilization

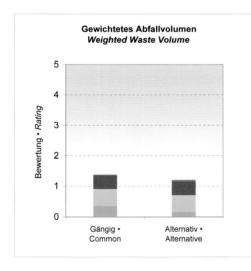

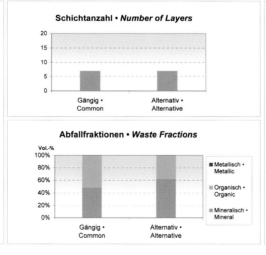

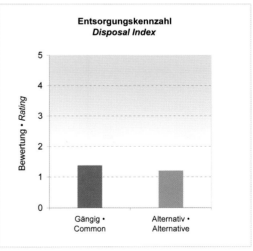

EAm 02

Erdberührte Stahlbeton-Außenwand
Sealed reinforced concrete outside wall in contact with ground

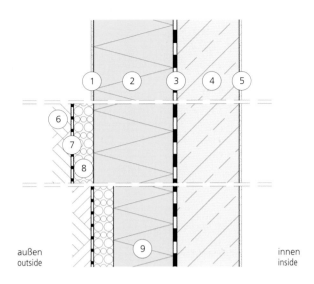

außen
outside

innen
inside

Bauphysik ▪ Building physics

> 1m unter Erdreich > 1m underground	Einheit Unit	Gängig Usual	Alternative Alternative
Gesamtdicke ▪ Total thickness	[cm]	49	50
Wärmedurchgangskoeffizient ▪ Thermal transmission coefficient	[W/(m²K)]	0,16	0,16
Bewertetes Schalldämmmaß R_w ▪ Rated sound insulation value R_w	[dB]	67	67
Feuchtetechnische Sicherheit ▪ Moisture safety	[kg/m²a]	0/0	0/0
Wirksame Wärmespeicherkapazität ▪ Effective heat capacity	[kJ/(m²K)]	290	223

[cm]	Gängiger Aufbau von außen nach innen Usual construction from outside to inside
	Sockelbereich über Erdoberfläche ▪ Base level above ground
1	-	Sockelputz oder Verkleidung* ▪ Base course plaster or cladding*
2	32	XPS, CO_2-geschäumt ▪ XPS, CO_2-foamed
3	1	Polymerbitumen-Abdichtung 2 Lg. ▪ 2-layer polymer bitumen seal
4	25	Stahlbeton ▪ Reinforced concrete
5	-	Spachtelung ▪ Filler
	Bis 1 m unter Erdoberfläche ▪ Up to 1 m underground
6	-	Erdreich ▪ Subsoil
7	-	PP-Filtervlies ▪ PP filter fleece
8	8	Dränschicht (EPS-Dränplatten) ▪ Drainage layer (EPS drainage panel)
	Tiefer als 1 m unter Erdoberfläche ▪ More than 1 m underground
9	24	XPS, CO_2-geschäumt ▪ XPS, CO_2-foamed

*Für die Berechnung wurde Sockelputz verwendet

[cm]	Alternativer Aufbau von außen nach innen Alternative construction from outside to inside
	Sockelbereich über Erdoberfläche ▪ Base level above ground
1	-	Sockelputz oder Verkleidung* ▪ Base course plaster or cladding*
2	32	XPS, CO_2-geschäumt ▪ XPS, CO_2-foamed
3	1	Polymerbitumen-Abdichtung 2 Lg. ▪ 2-layer polymer bitumen seal
4	25	Stahlbeton ▪ Reinforced concrete
5	1,5	Lehmputz auf Haftbrücke ▪ Loam rendering on bonding layer
	Bis 1 m unter Erdoberfläche ▪ Up to 1 m underground
6	-	Erdreich ▪ Subsoil
7	-	PP-Filtervlies ▪ PP filter fleece
8	8	Beton-Drainsteine ▪ Concrete drainage blocks
	Tiefer als 1 m unter Erdoberfläche ▪ More than 1 m underground
9	24	XPS, CO_2-geschäumt ▪ XPS, CO_2-foamed

*Calculations based on the use of base course plaster

Technische Beschreibung

Eignung
- Für beheizte Räume, deren Fußböden unter Erdoberfläche liegen
- Wenn die Bodenplatte eine bituminöse Abdichtung besitzt
- Für alle Arten Erdreich, auch bei seitlichem Erddruck

Ausführungshinweise
- Die Abdichtung und die Anschlüsse zur Abdichtung der Bodenplatte besonders sorgfältig verlegen, da die Sanierung von Schäden zumindest äußerst aufwändig ist
- Als Dränschicht sind z.B. Betondrainsteine oder EPS-Dränplatten mit aufkaschiertem Filtervlies oder Noppenplatten verwendbar. Alternativ kann auch die äußerste Lage der XPS-Wärmedämmung aus Dränplatten mit Nuten und aufkaschiertem Vlies verwendet werden.

Instandhaltung
- Ortung fehlerhafter (undichter) Stellen ist oft schwierig
- Sanierung undichter Stellen erfordert Freilegen der Außenoberfläche

Technical description

Suitability
- For heated rooms on floors below ground level
- If the floor slab contains a bituminous seal
- For all types of subsoil, also in the case of lateral pressure

Construction process
- Lay the sealing layer and the connections for the floor slab sealing layer very carefully since damage repair is extremely difficult
- Concrete drainage blocks, EPS drainage panels with a laminated filter fleece or napped panels can be used as drainage layers. Other options include an outer layer of XPS thermal insulation consisting of fluted drainage panels with a laminated fleece layer.

Maintenance
- Locating faulty (leaking) areas is often difficult
- Repairing leaks requires the exposure of the exterior surface

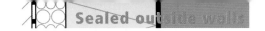

Sealed outside walls

Ökologisches Profil / Ecological profile

Herstellung* / Production*

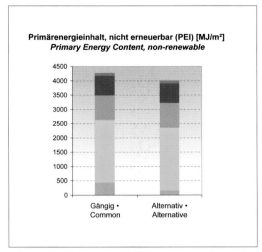

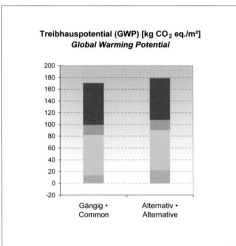

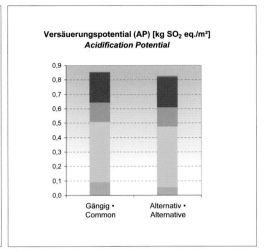

* Für die Berechnungen wurde die Zone > 1 m unter der Erdoberfläche herangezogen / Calculations based on the zone >1 m below surface

- ■ Gipsspachtel / Haftbrücke + Lehmputz
- ■ Stahlbeton
- ■ Abdichtung
- ▨ XPS, verklebt
- ▨ Drainplatte EPS / Drainsteine, zementgebunden

- ■ Gypsum Filler / Bonding Layer + Loam Rendering
- ■ Reinforced Concrete
- ■ Sealing
- ▨ XPS, bonded
- ▨ EPS Drainage Panel / Concrete Drainage Blocks

Hinweise zu Ökologie, Arbeits- und Gesundheitsschutz

Einbau
- Wässrige Bitumenemulsion (Giscode BBP10) – vermeidet Emissionen aus Heißbitumen oder lösungsmittelhaltigen Bitumenanstrichen
- Passende Handschuhe bei der Verarbeitung von Bitumenkaltklebern tragen – vermeidet Hautkontakt mit Bitumeninhaltsstoffen

Nutzung
- Lehmputz – verbessert Feuchtepufferfähigkeit der Konstruktion

Notes on environmental protection, workplace and health protection measures

Installation
- Watery bitumen emulsion (Giscode BBP10) – avoids hot bitumen emissions or emissions from bitumen coatings containing solvents
- Use well-fitting gloves when working with cold bitumen adhesives – avoid skin contact with bitumen components

Use
- Loam plaster – improves the moisture buffering properties of the construction

Entsorgung und Verwertung / Disposal and utilization

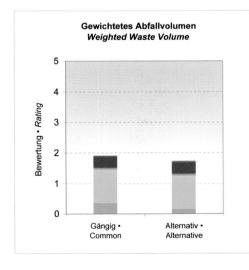

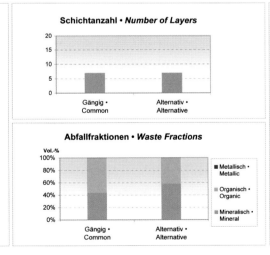

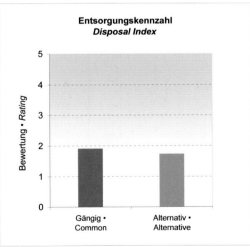

EAm 03

Erdberührte Beton-Schalstein-Außenwand
Sealed concrete open block outside wall in contact with ground

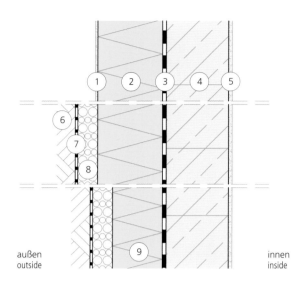

außen
outside

innen
inside

Bauphysik • Building physics

> 1m unter Erdreich > 1m underground	Einheit Unit	Gängig Usual	Alternative Alternative
Gesamtdicke • Total thickness	[cm]	44	50
Wärmedurchgangskoeffizient • Thermal transmission coefficient	[W/(m²K)]	0,16	0,16
Bewertetes Schalldämmmaß R_w • Rated sound insulation value R_w	[dB]	59	59
Feuchtetechnische Sicherheit • Moisture safety	[kg/m²a]	0/0	0/0
Wirksame Wärmespeicherkapazität • Effective heat capacity	[kJ/(m²K)]	158	145

	[cm]	Gängiger Aufbau von außen nach innen Usual construction from outside to inside
		Sockelbereich über Erdoberfläche • Base level above ground
1	-	Sockelputz oder Verkleidung* • Base course plaster or cladding*
2	26	XPS, HFKW-geschäumt • XPS, HFC-foamed
3	1	Polymerbitumen-Abdichtung 2 Lg. • 2-layer polymer bitumen seal
4	25	Beton-Schalsteine mit Kernbeton und Bewehrung • Concrete insulation blocks with core concrete and reinforcement
5	1,5	Kalkzementputz • Lime cement plaster
		Bis 1 m unter Erdoberfläche • Up to 1 m underground
6	-	Erdreich • Subsoil
7	-	PP-Filtervlies • PP filter fleece
8	8	Dränschicht (EPS-Dränplatten) • Drainage layer (EPS drainage panel)
		Tiefer als 1 m unter Erdoberfläche • More than 1 m underground
9	18	XPS, HFKW-geschäumt • XPS, HFC-foamed

*Für die Berechnung wurde Sockelputz verwendet

	[cm]	Alternativer Aufbau von außen nach innen Alternative construction from outside to inside
		Sockelbereich über Erdoberfläche • Base level above ground
1	-	Sockelputz oder Verkleidung* • Base course plaster or cladding*
2	32	XPS, CO_2-geschäumt • XPS, CO_2-foamed
3	1	Polymerbitumen-Abdichtung 2 Lg. • 2-layer polymer bitumen seal
4	25	Beton-Schalsteine mit Kernbeton und Bewehrung • Concrete insulation blocks with core concrete and reinforcement
5	1,5	Lehmputz auf Haftbrücke • Loam rendering on bonding layer
		Bis 1 m unter Erdoberfläche • Up to 1 m underground
6	-	Erdreich • Subsoil
7	-	PP-Filtervlies • PP filter fleece
8	8	Beton-Drainsteine • Concrete drainage Blocks
		Tiefer als 1 m unter Erdoberfläche • More than 1 m underground
9	24	XPS, CO_2-geschäumt • XPS, CO_2-foamed

*Calculations based on the use of base course plaster

Technische Beschreibung

Eignung
- Für beheizte Räume, deren Fußböden unter Erdoberfläche liegen
- Wenn die Bodenplatte eine bituminöse Abdichtung besitzt
- Für alle Arten Erdreich, auch bei seitlichem Erddruck

Ausführungshinweise
- Auf eine ebenflächige Ausführung der Wandoberfläche ist besonders zu achten
- Die Abdichtung und die Anschlüsse zur Abdichtung der Bodenplatte besonders sorgfältig verlegen, da die Sanierung von Schäden äußerst aufwändig sein kann
- Als Dränschicht sind z.B. Betondrainsteine oder EPS-Dränplatten mit aufkaschiertem Filtervlies oder Noppenplatten verwendbar, alternativ kann auch die äußerste Lage der XPS-Wärmedämmung aus Dränplatten mit Nuten und aufkaschiertem Vlies verwendet werden

Instandhaltung
- Ortung fehlerhafter (undichter) Stellen ist oft schwierig
- Sanierung undichter Stellen erfordert Freilegen der Außenoberfläche

Technical description

Suitability
- For heated rooms with floors below ground level
- If the floor slab contains a bituminous seal
- For all types of subsoil, also in the case of lateral pressure

Construction process
- Make sure wall surfaces are flush
- Lay the sealing layer and the connections for the floor slab sealing layer very carefully since damage repair is extremely difficult
- Concrete drainage blocks, EPS drainage panels with a laminated filter fleece or napped surface can be used as drainage layers. Other options include an outer layer of XPS thermal insulation consisting of fluted drainage panels with a laminated fleece.

Maintenance
- Locating faulty (leaking) areas is often difficult
- Leaks require the opening of the outer surface

Ökologisches Profil / Ecological profile

Herstellung* / Production*

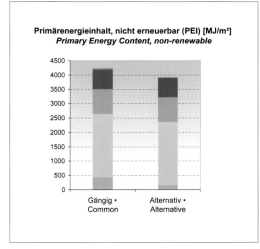

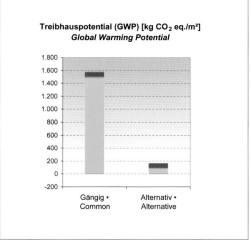

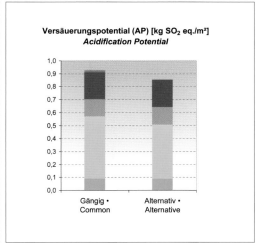

* Für die Berechnungen wurde die Zone > 1 m unter der Erdoberfläche herangezogen / Calculations based on the zone >1 m below surface

- Kalkzementputz / Lehmputz
- Stahlbeton
- Abdichtung
- XPS, HFKW-geschäumt / XPS, CO2-geschäumt
- Drainplatte EPS / Kies

- *Lime Cement Plaster / Loam Rendering*
- *Reinforced Concrete*
- *Sealing*
- *XPS, HFC-Foamed / XPS, CO2-Foamed*
- *EPS Drainage Panel / Gravel*

Hinweise zu Ökologie, Arbeits- und Gesundheitsschutz

Herstellung
- CO_2-geschäumte XPS-Platten statt HFKW-geschäumte verwenden – vermeidet Substanz mit sehr hohem Treibhauspotential

Einbau
- Wässrige Bitumenemulsion (Giscode BBP10) – vermeidet Emissionen aus Heißbitumen oder lösungsmittelhaltigen Bitumenanstrichen
- Passende Handschuhe bei der Verarbeitung von Bitumenkaltklebern – vermeidet Hautkontakt mit Bitumeninhaltsstoffen
- Lehmputz – vermeidet Zementekzeme durch zementhältigen Putzmörtel

Nutzung
- Lehmputz – verbessert Feuchtepufferfähigkeit der Konstruktion

Notes on environmental protection, workplace and health protection measures

Production
- CO_2 foamed XPS panels should be used instead of HFC-foamed panels – avoids substances with a very high green house potential

Installation
- Watery bitumen emulsion (Giscode BBP10) – avoids hot bitumen emissions or emissions from bitumen coatings containing solvents
- Use well-fitting gloves when working with cold bitumen adhesives – avoids skin contact with bitumen components
- Loam plaster – helps avoid cement eczema from plaster mortars that contain cement

Use
- Loam plaster – improves the moisture buffering properties of the construction

Entsorgung und Verwertung / Disposal and utilization

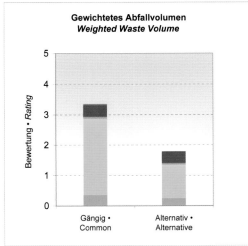

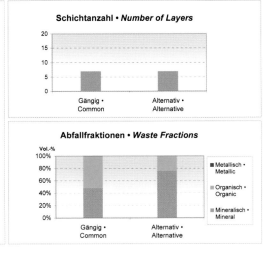

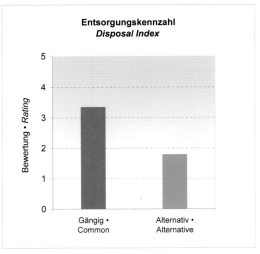

EAm 04

Erdberührte Ziegel-Außenwand
Brick outside wall in contact with ground

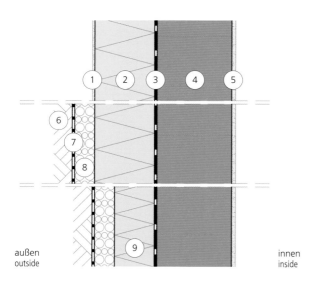

außen
outside

innen
inside

Bauphysik ▪ Building physics

bis 1m unter Erdreich up to 1m underground	Einheit Unit	Gängig Usual	Alternative Alternative
Gesamtdicke ▪ Total thickness	[cm]	49	48
Wärmedurchgangskoeffizient ▪ Thermal transmission coefficient	[W/(m²K)]	0,16	0,16
Bewertetes Schalldämmmaß R_w ▪ Rated sound insulation value R_w	[dB]	55	55
Feuchtetechnische Sicherheit ▪ Moisture safety	[kg/m²a]	0/0	0/0
Wirksame Wärmespeicherkapazität ▪ Effective heat capacity	[kJ/(m²K)]	62	57

[cm]	Gängiger Aufbau von außen nach innen Usual construction from outside to inside
Sockelbereich über Erdoberfläche ▪ Base level above ground	
1	-	Sockelputz oder Verkleidung* ▪ Base course plaster or cladding*
2	24	XPS, CO_2-geschäumt ▪ XPS, CO_2-foamed
3	1	Polymerbitumen-Abdichtung 2 Lg. ▪ 2-layer polymer bitumen seal
4	30	Hochlochziegel ▪ Honeycomb bricks
5	1,5	Kalkzementputz ▪ Lime cement plaster
Bis 1 m unter Erdoberfläche ▪ Up to 1 m underground		
6	-	Erdreich ▪ Subsoil
7	-	PP-Filtervlies ▪ PP filter fleece
8	8	Dränschicht (EPS-Dränplatten) ▪ Drainage layer (EPS drainage panel)
Tiefer als 1 m unter Erdoberfläche ▪ More than 1 m underground		
9	16	XPS, CO_2-geschäumt ▪ XPS, CO_2-foamed

*Für die Berechnung wurde Sockelputz verwendet

[cm]	Alternativer Aufbau von außen nach innen Alternative construction from outside to inside
Sockelbereich über Erdoberfläche ▪ Base level above ground	
1	-	Sockelputz oder Verkleidung* ▪ Base course plaster or cladding*
2	24	Schaumglas ▪ Foamed glass
3	0,5	Polymerbitumen-Abdichtung 1 Lg. ▪ 1-layer polymer bitumen seal
4	30	Hochlochziegel ▪ Honeycomb bricks
5	1,5	Lehmputz ▪ Loam rendering
Bis 1 m unter Erdoberfläche ▪ Up to 1 m underground		
6	-	Erdreich ▪ Subsoil
7	-	PP-Filtervlies ▪ PP filter fleece
8	5	Kies ▪ Gravel
Tiefer als 1 m unter Erdoberfläche ▪ More than 1 m underground		
9	16	Schaumglas ▪ Foamed glass

*Calculations based on the use of base course plaster

Technische Beschreibung

Eignung
- Erdberührte Außenwände in geringer Tiefe unter der Erdoberfläche bzw. nach statischen Erfordernissen
- Wand eines über die Erdoberfläche ragenden Teils eines teilweise unter der Erdoberfläche liegenden Raumes

Ausführungshinweise
- Installationsschlitze lt. Zulassung oder gültiger Norm sorgfältig planen und ausführen

Instandhaltung
- Keine besonderen Maßnahmen

Diskussion des Aufbaus
- Einfache Konstruktion, keine besonderen Vorrichtungen (wie z.B. Schalungen) erforderlich

Technical description

Suitability
- For outer walls with ground contact slightly lower than ground level or according to static specifications
- For the wall of a room slightly below ground level projecting above the ground surface

Construction process
- Plan and make services slits carefully according to authorization or standard

Maintenance
- No special measures

Structural discussion
- Simple construction, no special features (e.g. cladding) required

Ökologisches Profil / Ecological profile

Herstellung* / Production*

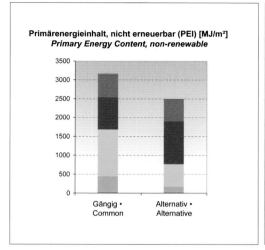

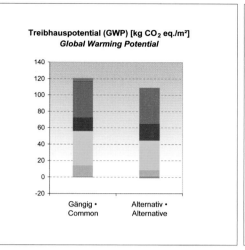

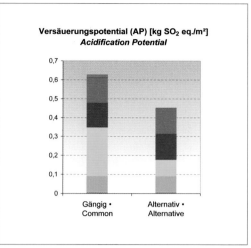

* Für die Berechnungen wurde die Zone > 1 m unter der Erdoberfläche herangezogen / Calculations based on the zone >1 m below surface

- Kalkzementputz / Lehmputz
- Hochlochziegel + Mörtel
- Polymerbitumen 2lagig / 1lagig
- XPS, CO2.geschäumt / Schaumglas
- Drainplatte EPS / Kies
- PP-Vlies

- *Lime Cement Plaster / Loam Rendering*
- *Honeycomb Brick + Mortar*
- *Polymer Bitumen 2-Layer / 1-Layer*
- *XPS, CO2-foamed / Foamed Glass*
- *EPS Drainage Panel / Gravel*
- *PP Fleece*

Hinweise zu Ökologie, Arbeits- und Gesundheitsschutz

Einbau
- Lehmputz – vermeidet Zementekzeme durch zementhältigen Putzmörtel

Nutzung
- Schaumglasplatte – vermeidet Styrol- und Pentanemissionen aus expandiertem Polystyrol
- Lehmputz – verbessert Feuchtepufferfähigkeit der Konstruktion

Notes on environmental protection, workplace and health protection measures

Installation
- Loam plaster – helps avoid cement eczema from plaster mortars that contain cement

Use
- Foamed glass insulation – avoids styrene and pentane emissions from extruded polystyrene
- Loam plaster – improves the moisture buffering properties of the construction

Entsorgung und Verwertung / Disposal and utilization

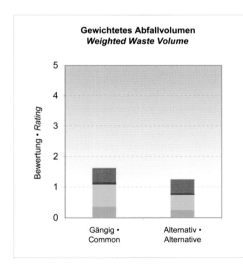

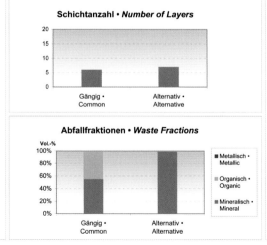

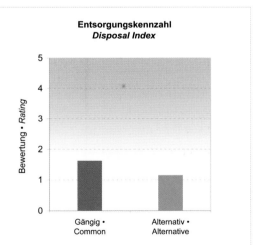

AWh 01 Brettstapel-Außenwand, hinterlüftet
Stacked wood outside wall, rear ventilation

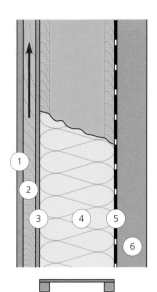

außen
outside

innen
inside

Bauphysik ▪ Building physics

	Einheit Unit	Gängig Usual	Alternative Alternative
Gesamtdicke ▪ Total thickness	[cm]	51	52
Wärmedurchgangskoeffizient ▪ Thermal transmission coefficient	[W/(m²K)]	0,12	0,12
Bewertetes Schalldämmmaß R_w ▪ Rated sound insulation value R_w	[dB]	54	54
Feuchtetechnische Sicherheit ▪ Moisture safety	[kg/m²a]	0/0	0,35/0,35
Wirksame Wärmespeicherkapazität ▪ Effective heat capacity	[kJ/(m²K)]	64	64

[cm]	Gängiger Aufbau von außen nach innen Usual construction from outside to inside
1	2,5	Holzschalung ▪ Wood shuttering
2	5	Hinterlüftung zw. senkrechten Holzlatten ▪ Rear ventilation bet. upright wood lathes
3	1,6	MDF-Platte ▪ MDF-board
4	30	Mineralwolle zwischen Holz C-Trägern ▪ Mineral wool bet. wood C-beams
5	-	PE-Dampfbremse ▪ PE vapor barrier
6	12	Brettstapelwand, vernagelt ▪ Stacked wood wall, nailed

[cm]	Alternativer Aufbau von außen nach innen Alternative construction from outside to inside
1	2,5	Holzschalung ▪ Wood shuttering
2	5	Hinterlüftung zw. senkrechten Holzlatten ▪ Rear ventilation bet. upright wood lathes
3	2,4	Holzschalung darauf PE-Folie, diffusionsoffen ▪ Wood shuttering, open diffusion PE foil on top
4	30	Zelluloseflocken zwischen vertikalen Holz C-Trägern ▪ Cellulose flakes bet. vertical wood C-beams
5	-	PE-Dampfbremse ▪ PE vapor barrier
6	12	Brettstapelwand, verdübelt ▪ Stacked wood wall, dowelled

Technische Beschreibung

Eignung
- Für Vorfertigung geeignet
- Für mittlere Schallschutzanforderungen
- Für niedrige Anforderungen an die speicherwirksame Masse
- Wenn keine Installationen in der Außenwand vorgesehen sind

Ausführungshinweise
- Dampfbremse mit dichten Anschlüssen an flankierende Bauteile ausführen
- Die Zu- und Abströmöffnungen mit einem feinmaschigen Insektenschutzgitter verschließen (Freier Mindestquerschnitt in Anlehnung an ÖNORM B 8110-2: 200 cm²/m)
- Die als Windsperre wirkende äußere Beplankung der C-Träger (z.B. MDF-Platte) muss sorgfältig strömungsdicht ausgeführt und feuchtebeständig sein

Instandhaltung
- Bei Beachtung der Richtlinien des konstruktiven → Holzschutzes ist kein chemischer Holzschutz erforderlich
- Verletzungen der Dampfbremse, nach Öffnen der Wand von außen her, sorgfältig mit dampfdichtem Material überkleben

Diskussion des Aufbaus
- Die innere Schichtholz-/Brettstapel-Schale hat primär eine tragende Funktion mit nur geringer Speicherwirkung
- Die Schichtholz-/Brettstapel-Schale ist vorwiegend für Außenwände ohne Installationen geeignet
- Die Dampfbremse ist sehr gut mechanisch geschützt, Schäden sind jedoch schwer zu erkennen und sehr schwer zu beheben
- Strömungsdichter Anschluss der Dampfsperre (zugleich Strömungssperre) an flankierende Bauteile schwierig

Technical description

Suitability
- Suitable for prefabrication
- For medium-level sound insulation requirements
- For low storage mass efficiency requirements
- If no exterior wall installations are planned

Construction process
- Vapor barrier (OSB panel) should be assembled with tight connections to the flanking building segments
- Cover the afflux and exhaust openings with a fine-mesh insect screen (200 cm²/m minimum open cross-section with regard to ÖNORM B 8110-2)
- The exterior planking of the C-beams (e.g. MDF board) that serves as a wind barrier should be assembled with close attention to flow-resistance, use moisture-resistant materials

Maintenance
- No chemical wood protection is required if the guidelines for structural → wood protection are followed
- Vapor barrier damage after opening up wall from the outside should be carefully sealed with vapor-resistant material

Structural discussion
- The interior laminated wood /stacked board shell is a primarily load-bearing layer with an only minor storage effect
- The laminated wood /stacked board shell is mainly suitable for exterior walls without service runs
- The vapor barrier is very well protected mechanically, but damage are hard to recognize and very difficult to repair
- Flow-sealed connection of the vapor barrier (also the flow barrier) to flanking construction segments is difficult

Ökologisches Profil / Ecological profile

Herstellung / Production

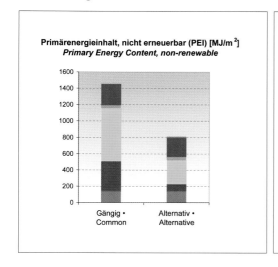

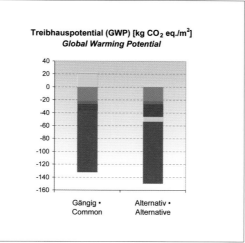

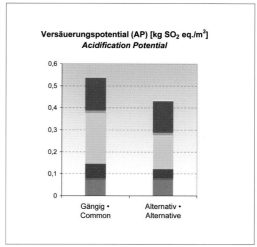

- Befestigungsmaterialien
- Brettstapel, genagelt / Brettstapel, gedübelt
- Dampfbremse
- Glaswolle + Holz C-Träger / Zellulosefaserflocken
- MDF-Platte / Dachauflegebahn + Schalung
- Lattung
- Lärchenschalung

- Fastening Materials
- Stacked Boards, nailed / Stacked Boards, dowelled
- Vapor Barrier
- Glass Wool + Wood C-Beam / Cellulose Fiber Flakes
- MDF Panels / Roof Layer + Shuttering
- Lathing
- Larch Shuttering

Hinweise zu Ökologie, Arbeits- und Gesundheitsschutz

Herstellung

- Lärchenholz aus nachhaltiger regionaler Holzwirtschaft verwenden – vermeidet Zerstörung schützenswerter Wälder

Einbau

- Umfassender Arbeitsschutz – reduziert Gesundheitsbelastungen durch Mineral- oder Zellulosefaser

Notes on environmental protection, workplace and health protection measures

Production

- Use larch wood from sustainable regional production areas – prevents the destruction of forests worth preserving

Installation

- Comprehensive protective work equipment – reduces health hazards from mineral or cellulose fibers

Entsorgung und Verwertung / Disposal and utilization

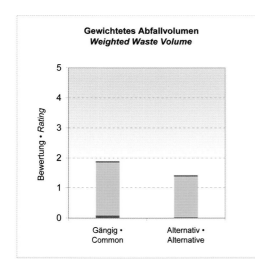

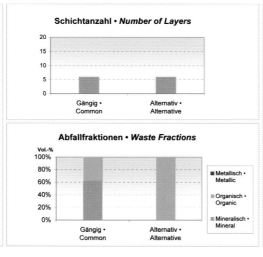

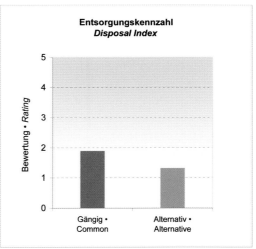

AWI 01   Holzständer-Außenwand, hinterlüftet
Wood post outside wall, rear ventilation

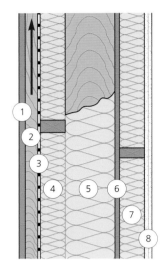

außen
outside

innen
inside

Bauphysik ▪ Building physics

	Einheit Unit	Gängig Usual	Alternative Alternative
Gesamtdicke ▪ Total thickness	[cm]	50	50
Wärmedurchgangskoeffizient ▪ Thermal transmission coefficient	[W/(m²K)]	0,12	0,12
Bewertetes Schalldämmmaß R_W ▪ Rated sound insulation value R_W	[dB]	51	51
Feuchtetechnische Sicherheit ▪ Moisture safety	[kg/m²a]	0/0	0/0
Wirksame Wärmespeicherkapazität ▪ Effective heat capacity	[kJ/(m²K)]	23	23

	[cm]	Gängiger Aufbau von außen nach innen Usual construction from outside to inside
1	2,5	Holzschalung ▪ Wood shuttering
2	5	Hinterlüftung zw. senkrechten Holzlatten ▪ Rear ventilation bet. upright wood lathes
3	-	Windsperre, diff. offen, wasserabweisend ▪ Wind barrier, open diff., water repellent
4	10	Mineralwolleplatten zw. horizontalen Latten ▪ Mineral wool panels bet. horizontal lathes
5	18	Mineralwolleplatten zw. vertikalen Pfosten ▪ Mineral wool panels bet. vertical posts
6	1,8	OSB-Platte ▪ OSB panel
7	10	Mineralwolleplatten zw. horizontalen Latten (Installationsebene) ▪ Mineral wool panels bet. horizontal lathes (services level)
8	3	2 Lg. Gipskarton-Brandschutzplatten ▪ 2-layer gypsum plasterboard fire protection panels

	[cm]	Alternativer Aufbau von außen nach innen Alternative construction from outside to inside
1	2,5	Holzschalung ▪ Wood shuttering
2	5	Hinterlüftung zw. senkrechten Holzlatten ▪ Rear ventilation bet. upright wood lathes
3	-	Windsperre, diff. offen, wasserabweisend ▪ Wind barrier, open diff., water repellent
4	10	Hanfdämmplatten zw. horizontalen Latten ▪ Hemp insulation panels bet. horizontal lathes
5	18	Hanfdämmplatten zw. vertikalen Pfosten ▪ Hemp insulation panels bet. vertical posts
6	1,8	OSB-Platte ▪ OSB panel
7	10	Schafwolle zw. horizontalen Latten (Installationsebene) ▪ Lambswool bet. horizontal lathes (services level)
8	2,5	2 Lg. Gipsfaserplatten ▪ 2-layer gypsum fiberboard

Technische Beschreibung

Eignung
- Für Fertigung vor Ort
- Für mittlere Schallschutzanforderungen
- Für niedrige Anforderungen an die speicherwirksame Masse

Ausführungshinweise
- Dampfbremse (OSB-Platte) und Windsperre sorgfältig mit verklebten Stößen und dicht ausgeführten Anschlüssen an flankierende Bauteile ausführen
- Die Zu- und Abströmöffnungen der Hinterlüftung müssen Netto-Querschnitts-flächen ungefähr gleich jenen der Hinterlüftung besitzen. Insektenschutzgitter vorsehen.
- Die Windsperre und die Wärmedämmung so befestigen, dass sie nicht in den Hinterlüftungsraum ausbeulen

Instandhaltung
- Bei Beachtung der Richtlinien des konstruktiven → Holzschutzes ist kein chemischer Holzschutz erforderlich
- Verletzungen der Dampfbremse (OSB-Platte) z.B. infolge von Installationsarbeiten, sorgfältig mit dampfdichtem Material überkleben
- Für Reparatur von durch Alterung, Insekten oder Kleintiere beschädigte Windsperren muss die Holzschalung entfernt werden

Diskussion des Aufbaus
- Die äußere Dämmebene hält starke Temperaturschwankungen der Außenoberfläche von den tragenden Pfosten ab (Gefahr von Schäden an der tragenden Konstruktion), vermeidet Wärmebrücken, durch an der Außenoberfläche anliegende Pfosten, erspart extrem dicke Pfosten, die für die erforderliche Dämmschichtdicke sonst notwendig wären

Technical description

Suitability
- For onsite assembly
- For low sound insulation requirements
- For low storage mass efficiency requirements

Construction process
- Vapor barrier (OSB panel) and wind barrier should be assembled with bonded joints and tight connections to the flanking building segments
- The rear ventilation afflux and exhaust openings should have net cross-section surfaces roughly equal to the rear ventilation surface. Insect screens should be planned.
- The wind barrier and thermal insulation should be fastened in a way that prevents them from bulging into the rear ventilation space

Maintenance
- No chemical wood protection is required if the guidelines for structural → wood protection are followed
- Vapor barrier damage (OSB panel) e.g. due to installation work, should be carefully sealed with vapor-tight material
- The wood shuttering has to be removed for wind barrier repairs following damage due to aging, insects or small animals

Structural discussion
- The outer insulation layer prevents major temperature fluctuations of the outer surface of load-bearing posts (risk of damage to the load-bearing structure) and prevents thermal bridges build up on the posts. It also makes extremely thick posts unnecessary that would otherwise be needed for the required insulation layer thickness.

- Die innerste Dämmebene dient als Installationsschicht, bietet Zusatznutzen einer zusätzlichen Dämmung und einen guten mechanischen Schutz für die Dampfbremse (OSB-Platte)

- The innermost insulation layer serves as the services level. It also serves as additional insulation and offers good mechanical protection for the vapor barrier (OSB panel).

Ökologisches Profil / Ecological profile

Herstellung / Production

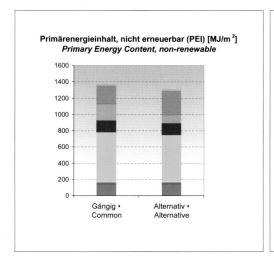

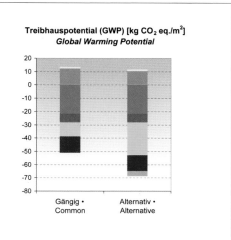

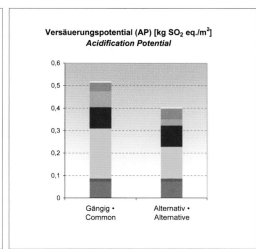

- Befestigungsmaterialien
- Gipskartonplatte / Gipsfaserplatte
- Glaswolle + Lattung / Schafwolle
- OSB-Platte
- Glaswolle + Steher + Latten / Hanf
- PE-Windsperre
- Lattung
- Lärchenschalung

- *Fastening Materials*
- *Gypsum Plasterboard / Gypsum Fiberboard*
- *Glass Wool + Lathing / Lambs Wool*
- *OSB Panels*
- *Glass Wool + Stayer + Lathes / Hemp*
- *PE Wind Lock*
- *Lathing*
- *Larch Shuttering*

Hinweise zu Ökologie, Arbeits- und Gesundheitsschutz

Herstellung
- Lärchenholz aus nachhaltiger regionaler Holzwirtschaft verwenden – vermeidet Zerstörung schützenswerter Wälder

Einbau
- Hanfdämmstoff – vermeidet Hautreizung durch Mineralfasern
- Umfassender Arbeitsschutz – reduziert Gesundheitsbelastungen durch Mineralwolle- und Hanffasern
- Schafwolldämmstoff – vermeidet Faserbelastung und Hautreizung durch Mineralfasern

Nutzung
- Schafwolldämmstoff – vermeidet Emissionen von Formaldehyd aus Glaswolle
- Strömungsdichte Fugenausbildung – vermeidet Mineralfaseremissionen in Raumluft

Notes on environmental protection, workplace and health protection measures

Production
- Use larch wood from sustainable regional production areas – prevents the destruction of forests worth preserving

Installation
- Hemp insulation material – avoids skin irritations caused by mineral fibers
- Comprehensive protective work equipment – reduces health hazards caused by mineral wool and hemp fibers
- Lambswool insulation material – prevents the development of skin irritations caused by mineral fibers

Use
- Lambswool insulation material – avoids glass wool formaldehyde emissions
- Flow-sealed joint structure – prevents mineral fiber emissions in room air

Entsorgung und Verwertung / Disposal and utilization

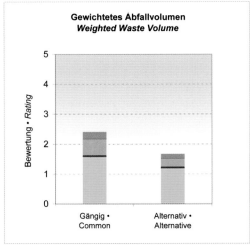

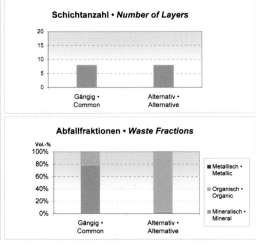

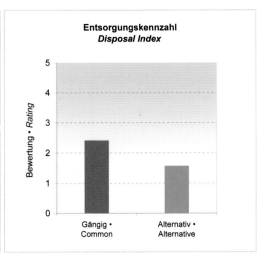

AWI 02

Holzständer-Außenwand, verputzt
Wood post outside wall, plastered

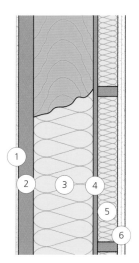

außen
outside

innen
inside

Bauphysik ▪ Building physics

	Einheit Unit	Gängig Usual	Alternative Alternative
Gesamtdicke ▪ Total thickness	[cm]	44	43
Wärmedurchgangskoeffizient ▪ Thermal transmission coefficient	[W/(m²K)]	0,12	0,12
Bewertetes Schalldämmmaß R_w ▪ Rated sound insulation value R_w	[dB]	51	51
Feuchtetechnische Sicherheit ▪ Moisture safety	[kg/m²a]	0,28/0,28	0,276/0,276
Wirksame Wärmespeicherkapazität ▪ Effective heat capacity	[kJ/(m²K)]	24	24

	[cm]	Gängiger Aufbau von außen nach innen Usual construction from outside to inside
1	0,6	Außenputz, bewehrt ▪ Exterior plaster, reinforced
2	6	Poröse Holzfaserplatte, verputzt ▪ Porous fiberboard panels, plastered
3	24	Mineralwolleplatten zw. KVH* ▪ Mineral wool panels bet. KVH*
4	1,8	OSB-Platte ▪ OSB panel
5	8	Mineralwolleplatten zwischen horizontalen Latten (Installationsebene) ▪ Mineral wool panels bet. horizontal lathes (services level)
6	3	2 Lg. Gipskarton-Brandschutzplatten ▪ 2-layer gypsum plasterboard fire protection panels

*KVH = Konstruktionsvollholz

	[cm]	Alternativer Aufbau von außen nach innen Alternative construction from outside to inside
1	0,6	Außenputz, bewehrt ▪ Exterior plaster, reinforced
2	6	Poröse Holzfaserplatte, verputzt ▪ Porous fiberboard panels, plastered
3	24	Flachs zw. KVH* ▪ Flax bet. KVH*
4	1,8	OSB-Platte ▪ OSB panel
5	8	Schafwolle zwischen horizontalen Latten (Installationsebene) ▪ Lambswool bet. horizontal lathes (services level)
6	2,5	2 Lg. Gipsfaserplatten ▪ 2-layer gypsum fiberboard

*KVH = Certified Solid Construction Wood

Technische Beschreibung

Eignung
- Für Fertigung vor Ort
- Für mittlere Schallschutzanforderungen
- Für niedrige Anforderungen an die speicherwirksame Masse

Ausführungshinweise
- Dampfbremse (OSB-Platte) sorgfältig mit verklebten Stößen und dicht ausgeführten Anschlüssen an flankierende Bauteile ausführen
- Auf wasserabweisenden (hydrophobierten), aber diffusionsoffenen Außenputz achten

Instandhaltung
- Bei Beachtung der Richtlinien des konstruktiven → Holzschutzes ist kein chemischer Holzschutz erforderlich
- Verletzungen der Dampfbremse (OSB-Platte), z.B. infolge von Installationsarbeiten, sorgfältig mit dampfdichtem Material überkleben
- Bei Sanierung oder Erneuerung des Außenputzes besonders auf Erhalt der Dampfdurchlässigkeit achten

Diskussion des Aufbaus
- Die innerste Dämmebene dient als Installationsschicht, bietet Zusatznutzen einer zusätzlichen Dämmung und einen guten mechanischen Schutz für die Dampfbremse (OSB-Platte)
- Die fehlende Hinterlüftung verringert den Herstell- und Instandhaltungsaufwand gegenüber hinterlüfteten Konstruktionen, ohne die thermische Qualität zu vermindern

Technical description

Suitability
- For onsite assembly
- For medium-level sound insulation requirements
- For low storage mass efficiency requirements

Construction process
- Vapor barrier (OSB panel) should be assembled with bonded joints and tight connections to the flanking building segments
- Ensure the use of water repellent (hydrophobic) but open-diffusion outside plaster

Maintenance
- No chemical wood protection is required if the guidelines for structural → wood protection are followed
- Vapor barrier damage (OSB panel) e.g. due to installation work, should be carefully sealed with vapor-tight material
- Pay close attention to the maintenance of vapor permeability when repairing or renewing outside plaster

Structural discussion
- The innermost insulation layer serves as the services level. It also serves as additional insulation and offers good mechanical protection for the vapor barrier (OSB panel)
- The lack of rear ventilation makes construction and maintenance easier than with rear-ventilated constructions, without reducing thermal quality

Ökologisches Profil / Ecological profile

Herstellung / Production

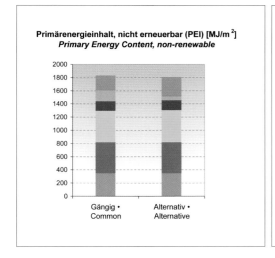

Primärenergieinhalt, nicht erneuerbar (PEI) [MJ/m²]
Primary Energy Content, non-renewable

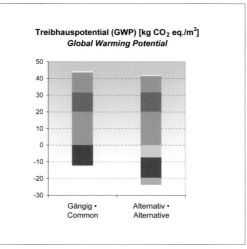

Treibhauspotential (GWP) [kg CO₂ eq./m²]
Global Warming Potential

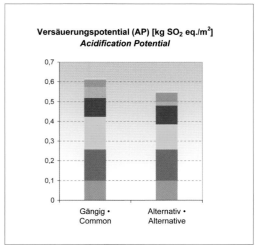

Versäuerungspotential (AP) [kg SO₂ eq./m²]
Acidification Potential

Gängig • Common   Alternativ • Alternative

- Befestigungsmaterialien
- Gipskartonplatte / Gipsfaserplatte
- Glaswolle + Lattung / Schafwolle
- OSB-Platte
- Glaswolle + KVH-Steher / Flachs
- Poröse Holzfaserplatten
- Silikatputz + Glasfaserarmierung + Klebespachtel

- *Fastening Materials*
- *Gypsum Plasterboard / Gypsum Fiberboard*
- *Glass Wool + Lathing / Lambs Wool*
- *OSB Panels*
- *Glass Wool + KVH Stayer / Flax*
- *Porous Wood Fiberboard*
- *Silicate Plaster + Fiberglass Reinforcement + Adhesive Filler*

Hinweise zu Ökologie, Arbeits- und Gesundheitsschutz

Einbau

- Flachsdämmstoff – vermeidet Hautreizung durch Mineralfasern
- Umfassender Arbeitsschutz – reduziert Gesundheitsbelastungen durch Mineral-wolle- und Flachsfasern
- Schafwolldämmstoff – vermeidet Faserbelastung und Hautreizung durch Mineralfasern

Nutzung

- Schafwolldämmstoff – vermeidet Emissionen von Formaldehyd aus Mineralwolle
- Strömungsdichte Fugenausbildung – vermeidet Mineralfaseremissionen in Raumluft

Notes on environmental protection, workplace and health protection measures

Installation

- Flax insulation material – avoids skin irritations caused by mineral fibers
- Comprehensive protective work equipment – reduces health hazards caused by mineral wool and flax fibers
- Lambswool insulation material – prevents the development of skin irritations caused by mineral fibers

Use

- Lambswool insulation material – prevents mineral wool formaldehyde emissions
- Flow-sealed joint structure – prevents mineral fiber emissions in room air

Entsorgung und Verwertung / Disposal and utilization

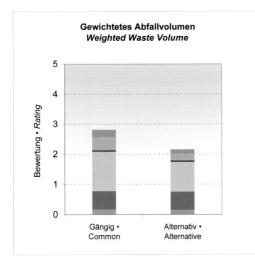

Gewichtetes Abfallvolumen
Weighted Waste Volume

Bewertung • Rating

Gängig • Common   Alternativ • Alternative

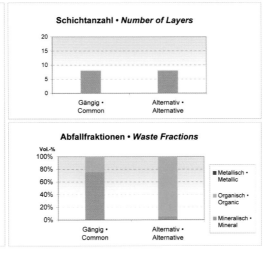

Schichtanzahl • *Number of Layers*

Gängig • Common   Alternativ • Alternative

Abfallfraktionen • *Waste Fractions*

Vol.-%

- Metallisch • Metallic
- Organisch • Organic
- Mineralisch • Mineral

Gängig • Common   Alternativ • Alternative

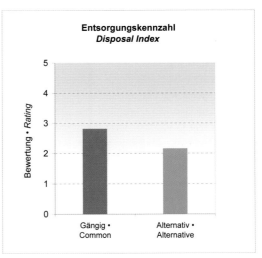

Entsorgungskennzahl
Disposal Index

Bewertung • Rating

Gängig • Common   Alternativ • Alternative

AWI 03

Holzständer-Außenwand mit WDVS
Wood post outside wall with ETICS

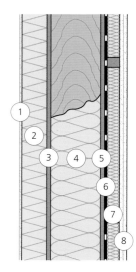

außen
outside

innen
inside

Bauphysik ▪ Building physics

	Einheit Unit	Gängig Usual	Alternative Alternative
Gesamtdicke ▪ Total thickness	[cm]	41	44
Wärmedurchgangskoeffizient ▪ Thermal transmission coefficient	[W/(m²K)]	0,12	0,12
Bewertetes Schalldämmmaß R_w ▪ Rated sound insulation value R_w	[dB]	51	55
Feuchtetechnische Sicherheit ▪ Moisture safety	[kg/m²a]	0/0	0/0
Wirksame Wärmespeicherkapazität ▪ Effective heat capacity	[kJ/(m²K)]	23	65

[cm]	Gängiger Aufbau von außen nach innen Usual construction from outside to inside
1	-	Silikatputz ▪ Silicate plaster
2	10	Mineralwolle ▪ Mineral wool
3	1,6	Spanplatte ▪ Chipboard
4	20	Mineralwolleplatten zw. vertikalen Pfosten ▪ Mineral wool panels bet. vertical posts
5	1,8	Spanplatte ▪ Chipboard
6	-	PE-Dampfbremse ▪ PE vapor barrier
7	5	Mineralwolleplatten zwischen horizontalen Latten (Installationsebene) ▪ Mineral wool panels bet. horizontal lathes (services level)
8	3	2 Lg. Gipskarton-Brandschutzplatten ▪ 2-layer gypsum plasterboard fire protection panels

[cm]	Alternativer Aufbau von außen nach innen Alternative construction from outside to inside
1	1,5	Silikatputz auf Mittelbett ▪ Silicate plaster on medium bed thinset
2	12	Hanf ▪ Hemp
3	2,4	Holzschalung ▪ Wood shuttering
4	20	Flachs zw. vertikalen Pfosten ▪ Flax bet. vertical posts
5	1,8	OSB-Platte, Stöße verklebt ▪ OSB panel, bonded joints
6	-	entfällt ▪ N/A
7	5	Holzwolle-Leichtbauplatte ▪ Wood wool lightweight panel
8	1,5	Lehmputz ▪ Loam rendering

Technische Beschreibung

Eignung
- Für Fertigung vor Ort
- Für mittlere Schallschutzanforderungen
- Für niedrige Anforderungen an die speicherwirksame Masse

Ausführungshinweise
- Dampfbremse sorgfältig mit verklebten Stößen und dicht ausgeführten Anschlüssen an flankierende Bauteile ausführen
- Auf wasserabweisenden (hydrophobierten), aber diffusionsoffenen Außenputz achten

Instandhaltung
- Bei Beachtung der Richtlinien des konstruktiven → Holzschutzes ist kein chemischer Holzschutz erforderlich
- Verletzungen der Dampfbremse (z.B. infolge von Installationsarbeiten) sind sorgfältig mit dampfdichtem Material zu überkleben
- Bei Sanierung oder Erneuerung des Außenputzes ist besonders auf Erhalt der Dampfdurchlässigkeit zu achten

Diskussion des Aufbaus
- Die dicke äußere Dämmschicht ermöglicht praktisch wärmebrückenfreien Aufbau, trotz dicker tragender Pfosten
- Die innerste Dämmebene dient als Installationsschicht, bietet Zusatznutzen einer zusätzlichen Dämmung und einen guten mechanischen Schutz für die Dampfbremse
- Die fehlende Hinterlüftung verringert den Herstell- und Instandhaltungsaufwand gegenüber hinterlüfteten Konstruktionen, bei gleichzeitiger Erhöhung der Sicherheit und Beibehaltung der thermischen Qualität
- Bei Ersatz der Spanplatte durch ein dampfdichteres Material wie OSB-Platte, kann nach rechnerischem Nachweis die Dampfbremse entfallen

Technical description

Suitability
- For onsite assembly
- For medium-level sound insulation requirements
- For low storage mass efficiency requirements

Construction process
- Vapor barrier should be assembled with bonded joints and tight connections to the flanking building segments
- Ensure the use of water repellent (hydrophobic) but open-diffusion outside plaster

Maintenance
- No chemical wood protection is required if the guidelines for structural → wood protection are followed
- Vapor barrier damage (e.g. due to installation work) should be carefully sealed with vapor-tight material
- Pay close attention to the maintenance of vapor permeability when repairing or renewing outside plaster

Structural discussion
- The thick outer insulation layer makes a practically thermal bridge-free structure possible despite the thick load-bearing posts
- The innermost insulation layer serves as the services level. It also serves as additional insulation and offers good mechanical protection for the vapor barrier.
- The lack of rear ventilation reduces production and maintenance requirements compared to rear-ventilated constructions while increasing safety and maintaining thermal quality
- Vapor barrier is not necessary if chipboard panels are replaced with more vapor resistant materials such as OSB panels (proof to be provided by calculation)

Ökologisches Profil / Ecological profile

Herstellung / Production

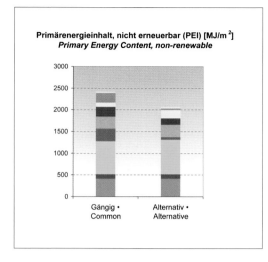

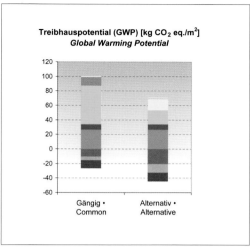

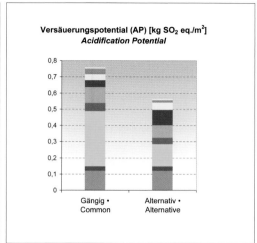

Befestigungsmaterialien
Gipskartonplatte / Glasfaserarmierung + Lehmputz
Lattung + Glaswolle / Holzwolleleichtbauplatte, magnesiumgebunden
Spanplatte + Dampfbremse / OSB-Platte
Glaswolle + KVH-Steher / Flachs
Spanplatte / Schalung
Steinwolle / Hanf
Kleber + Dübel
Silikatputz + Glasfaserarmierung + Klebespachtel

Fastening Materials
Gypsum Plasterboard / Fiberglass Reinforcement + Loam Rendering
Lathing + Glass Wool / Lightweight Wood Wool Panel, magnesium bound
Chipboard + Vapor Barrier / OSB Panels
Glass Wool + KVH Stayer / Flax
Chipboard / Shuttering
Rock Wool / Hemp
Synthetic Resin Adhesive / Mineral Adhesive + Dowel
Silicate + Fiberglass Reinforcement + Adhesive Filler

Hinweise zu Ökologie, Arbeits- und Gesundheitsschutz

Einbau

- Flachsdämmstoff – vermeidet Hautreizung durch Mineralfasern
- Umfassender Arbeitsschutz – reduziert Gesundheitsbelastungen durch Mineralwolle- und Flachsfasern

Nutzung

- Dickputz – verbessert Schallschutz
- Emissionsarme Span- und OSB-Platten – reduzieren Emissionen von Formaldehyd und VOC
- Holzwolleleichtbauplatten – vermeiden Emissionen von Formaldehyd und VOC aus Mineralwolle
- Lehmputz – verbessert Feuchtepufferfähigkeit und wirksame Speichermasse der Konstruktion
- Strömungsdichte Fugenausbildung – vermeidet Mineralfaseremissionen in Raumluft

Notes on environmental protection, workplace and health protection measures

Installation

- Flax insulation material – avoids skin irritations caused by mineral fibers
- Comprehensive protective work equipment – reduces health hazards caused by mineral wool and flax fibers

Use

- Thick plaster – improves sound insulation
- Low-emission chipboard and OSB panels – reduce formaldehyde and VOC emissions
- Wood wool lightweight panels – avoid mineral wool formaldehyde and VOC emissions
- Loam rendering – improves the construction's moisture buffering properties and storage mass efficiency
- Flow-sealed joint structure – prevents mineral fiber emissions in room air

Entsorgung und Verwertung / Disposal and utilization

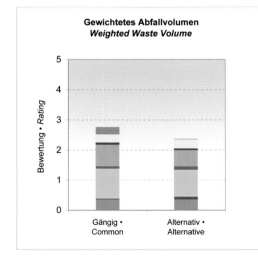

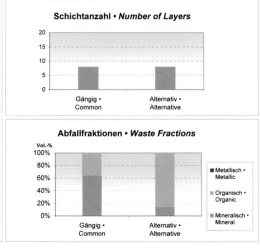

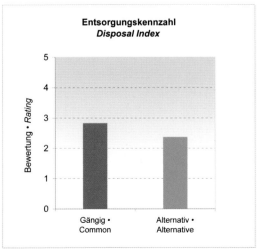

AWI 04

Brettschichtholzständer-Außenwand, nicht hinterlüftet
Laminated wood post outside wall, no rear ventilation

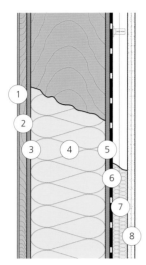

außen
outside

innen
inside

Bauphysik ▪ Building physics

	Einheit Unit	Gängig Usual	Alternative Alternative
Gesamtdicke ▪ Total thickness	[cm]	46	48
Wärmedurchgangskoeffizient ▪ Thermal transmission coefficient	[W/(m²K)]	0,12	0,12
Bewertetes Schalldämmmaß R_W ▪ Rated sound insulation value R_W	[dB]	52	52
Feuchtetechnische Sicherheit ▪ Moisture safety	[kg/m²a]	0/0	0,006/0,006
Wirksame Wärmespeicherkapazität ▪ Effective heat capacity	[kJ/(m²K)]	24	24

	[cm]	Gängiger Aufbau von außen nach innen Usual construction from outside to inside
1	0,8	Faserzementplatten ▪ Fiber cement panels
2	3	Holzlatten ohne Hinterlüftung ▪ Wood lathes, no rear ventilation
3	1,6	MDF-Platte ▪ MDF panel
4	30	Mineralwolle zw. Brettschichtholz-Stehern ▪ Mineral wool bet. laminated wood posts
5	1,8	OSB-Platte ▪ OSB panel
6	-	PE-Dampfsperre ▪ PE vapor barrier
7	6	Mineralwolle zw. Schwingbügel ▪ Mineral wool bet. adj. strap hangers
8	3	2 Lg. Gipskarton-Brandschutzplatte ▪ 2-layer gypsum plasterboard fire protection panel

	[cm]	Alternativer Aufbau von außen nach innen Alternative construction from outside to inside
1	2,5	Lärchenschalung ▪ Larch shuttering
2	3	Holzlatten ohne Hinterlüftung ▪ Wood lathes, no rear ventilation
3	2	Holzschalung diagonal, darauf PE-Windsperre diffusionsoffen ▪ Diagonal wood shuttering, open diffusion PE wind barrier on top
4	30	Hanf zw. Brettschichtholz-Stehern ▪ Hemp bet. laminated wood posts
5	2	Holzschalung diagonal ▪ Diagonal wood shuttering
6	-	PE-Dampfsperre ▪ PE vapor barrier
7	6	Schafwolle zw. Schwingbügel ▪ Lambswool bet. adj. strap hangers
8	3	2 Lg. Gipskarton-Brandschutzplatte ▪ 2-layer gypsum plasterboard fire protection panel

Technische Beschreibung

Eignung
- Gleichermaßen für Fertigung vor Ort wie auch für Vorfertigung geeignet
- Für mittlere Schallschutzanforderungen
- Für niedrige Anforderungen an die speicherwirksame Masse

Ausführungshinweise
- Die Dampfbremse sorgfältig mit verklebten Stößen und sorgfältig dichten Anschlüssen an flankierende Bauteile ausführen
- Auf frei liegende verletzliche Dampfbremse insbesondere bei Installationsarbeiten achten.
- Durch Zuschnitte von Platten (z.B. Elementstöße bei Vorfertigung) geht die winddichte Nut-Federverbindung verloren, die Stöße in diesem Fall winddicht verkleben
- Bei Vorfertigung die Fugenausbildung kraftschlüssig ausbilden
- Die thermischen Längenveränderungen der Fassadenverkleidung nach Herstellerangaben bei der Befestigung berücksichtigen

Instandhaltung
- Bei Beachtung der Richtlinien des konstruktiven ➔ Holzschutzes ist kein chemischer Holzschutz erforderlich
- Verletzungen der Dampfbremse (z.B. infolge von Arbeiten in der Installationsebene) sorgfältig mit dampfdichtem Material überkleben

Diskussion des Aufbaus
- Eine Füllung des äußeren Luftspalts mit Dämmstoff vermindert die Wärmebrücken, die sich durch die an der Außenoberfläche anliegenden Pfosten ergeben (Ausführung mit Holzlatten, montiert als Kreuzlattung oder zwischen den Stehern, wenn Tragfähigkeit der MDF-Platte nachgewiesen)
- Die innerste Dämmebene dient als Installationsschicht, bietet Zusatznutzen einer zusätzlichen Dämmung und einen guten mechanischen Schutz für die Dampfbremse

Technical description

Suitability
- Suitable for both onsite assembly and prefabrication
- For medium-level sound insulation requirements
- For low storage mass efficiency requirements

Construction process
- Vapor barrier (OSB panel) should be assembled with bonded joints and tight connections to the flanking building segments
- Mind the exposed vulnerable barrier especially when doing installation work
- Cutting panels to size (e.g. prefabricated element joints) leads to the loss of the wind-tight groove and tongue connection, seal these joints with a wind-tight seal
- Use force-fitted joints for prefabricated components
- When fixing take into account thermal changes in length of façade cladding as given in manufacturer's data

Maintenance
- No chemical wood protection is required if the guidelines for structural ➔ wood protection are followed
- Vapor barrier damage (e.g. due to installation work), should be carefully sealed with vapor-tight material.

Structural discussion
- Filling the outer layer with insulation material reduces thermal bridge build-up due to the location of the posts on the outside surface (wood lathes mounted as cross-lathes between the posts if the load-bearing capabilities of the MDF panel have been confirmed).
- The innermost insulation layer serves as the services level. It also provides additional insulation and offers good mechanical protection for the vapor barrier.

Ökologisches Profil / Ecological profile

Herstellung / Production

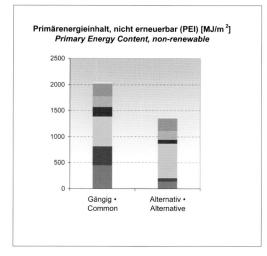

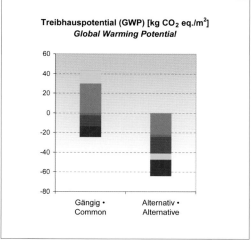

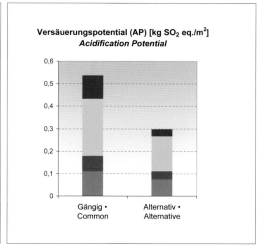

Befestigungsmaterialien
■ Gipskartonplatte / Gipsfaserplatte
■ Glaswolle + Schwingbügel / Schafwolle
■ OSB-Platte + PE-Dampfbremse / Holzschalung
■ Glaswolle + BSH-Trägern / Hanf
■ MDF-Platte / Holzschalung + PE-Windsperre
■ Lattung
■ Faserzementplatten / Lärchenschalung

Fastening Materials
■ Gypsum Plasterboard / Gypsum Fiberboard
■ Glass Wool + Adjusting Strap Hangers / Lambs Wool
■ OSB Panels + PE Vapor Barrier / Wood Shuttering
■ Glass Wool + Laminated Wood Stayers / Hemp
■ MDF Panels / Wood Shuttering + PE Wind Barrier
■ Lathing
■ Fiber Cement Panels / Larch Shuttering

Hinweise zu Ökologie, Arbeits- und Gesundheitsschutz

Herstellung
• Lärchenholz aus nachhaltiger regionaler Holzwirtschaft verwenden – vermeidet Zerstörung schützenswerter Wälder

Einbau
• Hanfdämmstoff – vermeidet Hautreizung durch Mineralfasern
• Umfassender Arbeitsschutz – reduziert Gesundheitsbelastungen durch Mineralwolle- und Hanffasern
• Schafwolldämmstoff – vermeidet Faserbelastung und Hautreizung durch Mineralfasern

Nutzung
• Schafwolldämmstoff – vermeidet Emissionen von Formaldehyd aus Glaswolle
• Strömungsdichte Fugenausbildung – vermeidet Mineralfaseremissionen in Raumluft
• Emissionsarme MDF- und OSB-Platten – reduzieren Emissionen von Formaldehyd und VOC
• Holzschalung, diagonal – vermeidet Emissionen von VOC aus Holzwerkstoffplatten

Notes on environmental protection, workplace and health protection measures

Production
• Use larch wood from sustainable regional production areas – prevents the destruction of forests worth preserving

Installation
• Hemp insulation material – avoids skin irritations caused by mineral fibers
• Comprehensive protective work equipment – reduces health hazards caused by mineral wool and hemp fibers
• Lambswool insulation material – prevents the development of skin irritations caused by mineral fibers

Use
• Lambswool insulation material – avoids glass wool formaldehyde emissions
• Flow-sealed joint structure – prevents mineral fiber emissions in room air
• Low-emission MDF and OSB panels – reduce formaldehyde and VOC emissions
• Diagonal wood shuttering – avoid VOC emissions from OSB panels

Entsorgung und Verwertung / Disposal and utilization

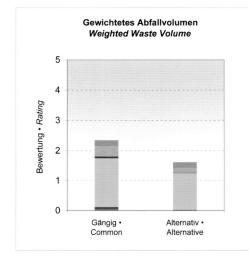

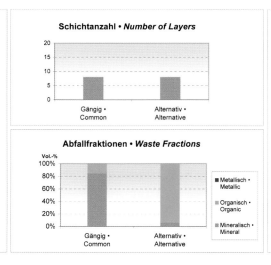

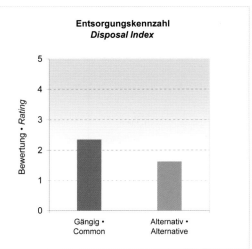

AWI 05

Boxträger-Außenwand, hinterlüftet
Box beam outside wall, rear ventilation

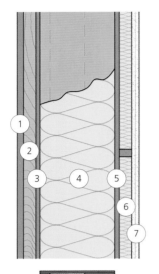

außen
outside

innen
inside

Bauphysik ▪ Building physics

	Einheit Unit	Gängig Usual	Alternative Alternative
Gesamtdicke ▪ Total thickness	[cm]	49	55
Wärmedurchgangskoeffizient ▪ Thermal transmission coefficient	[W/(m²K)]	0,12	0,12
Bewertetes Schalldämmmaß R$_w$ ▪ Rated sound insulation value R$_w$	[dB]	50	50
Feuchtetechnische Sicherheit ▪ Moisture safety	[kg/m²a]	0/0	0/0
Wirksame Wärmespeicherkapazität ▪ Effective heat capacity	[kJ/(m²K)]	24	24

[cm]		Gängiger Aufbau von außen nach innen Usual construction from outside to inside
1	2,5	Lärchenschalung ▪ Larch shuttering
2	5	Hinterlüftung zw. senkrechten Holzlatten, Insektenschutzgitter ▪ Rear ventilation bet. upright wood lathes, insect screen
3	1,6	MDF-Platte ▪ MDF panel
4	30	Mineralwolle zw. Boxträger* ▪ Mineral wool bet. box beams*
5	1,8	OSB-Platte ▪ OSB panel
6	5	Mineralwolle zw. Holzlatten ▪ Mineral wool bet. wood lathes
7	3	2 Lg. Gipskarton-Brandschutzplatte ▪ 2-layer gypsum plasterboard fire protection panel

* Kantholz innen 6/12, außen 6/4 und beidseitiger 8 mm Holzwerkstoffplatte

[cm]		Alternativer Aufbau von außen nach innen Alternative construction from outside to inside
1	2,5	Lärchenschalung ▪ Larch shuttering
2	5	Hinterlüftung zw. senkrechten Holzlatten, Insektenschutzgitter ▪ Rear ventilation bet. upright wood lathes, insect screen
3	2	Holzschalung diagonal, darauf PE-Windsperre diffusionsoffen ▪ Diagonal wood shuttering, open diffusion PE wind barrier on top
4	36	Stroh zw. Boxträger* ▪ Straw bet. box beams*
5	1,8	OSB-Platte ▪ OSB panel
6	5	Schafwolle zw. Holzlatten ▪ Lambswool bet. wood lathes
7	3	2 Lg. Gipskarton-Brandschutzplatte ▪ 2-layer gypsum plasterboard fire protection panel

* Rectangular timber 6/12 inside, 6/4 outside and industrial wood panel 8 mm on both sides

Technische Beschreibung

Eignung
- Gleichermaßen für Fertigung vor Ort und für Vorfertigung geeignet
- Für geringe Schallschutzanforderungen
- Für niedrige Anforderungen an die speicherwirksame Masse
- Auch für andere Dämmständer, die die Last innenseitig abtragen, geeignet

Ausführungshinweise
- Fugen zwischen den innenliegenden OSB-Platten und den Anschlüssen an flankierende Bauteile sorgfältig dicht ausführen
- Lattung der Installationsebene nicht direkt auf Boxträger montieren, um Wärmebrücken weiter zu reduzieren (Statik beachten)
- Die Zu- und Abströmöffnungen der Hinterlüftung der äußeren Vorsatzschale mit einem feinmaschigen Insektenschutzgitter verschließen (Freier Mindestquerschnitt in Anlehnung an ÖNORM B 8110-2: 200 cm²/m)
- Durch Zuschnitte von Platten z.B. Elementstöße bei Vorfertigung geht die winddichte Nut-Federverbindung verloren, die Stöße in diesem Fall winddicht verkleben
- Bei Vorfertigung die Fugen kraftschlüssig ausbilden

Instandhaltung
- Bei Beachtung der Richtlinien des konstruktiven ➔ Holzschutzes ist kein chemischer Holzschutz erforderlich

Diskussion des Aufbaus
- Die innerste Dämmebene dient als Installationsschicht, bietet Zusatznutzen einer zusätzlichen Dämmung und einen guten mechanischen Schutz für die Dampfbremse

Technical description

Suitability
- Suitable for both onsite assembly and prefabrication
- For low sound insulation requirements
- For low storage mass efficiency requirements
- Suitable for other insulated supports that bear loads on the inside

Construction process
- Joints between the inside OSB panels and connections to the flanking building segments should be sealed carefully
- Do not mount the services level lathing directly on the box beams to further reduce thermal bridges (take static calculation into consideration)
- Both the upper opening of the rear ventilation and all the lower-side ventilation openings should be covered with fine-mesh insect screens. (200 cm²/m minimum open cross-section with regard to ÖNORM B 8110-2).
- Cutting panels to size (e.g. prefabricated element joints) leads to the loss of the wind-tight groove and tongue connection, seal these joints with a wind-tight seal
- Complete prefabricated units with frictionally connected joints

Maintenance
- No chemical wood protection is required if the guidelines for structural ➔ wood protection are followed

Structural discussion
- The innermost insulation layer serves as the services level. It also provides additional insulation and offers good mechanical protection for the vapor barrier (OSB panel).

- Die mögliche Ausführung ohne besondere Dampfbremse (OSB-Platte als Dampfbremse) macht die Konstruktion unempfindlich gegen Verletzungen einer Dampfbremse

- The possible assembly without a special vapor barrier (OSB panel vapor barrier) makes the construction impervious to vapor barrier damage

Ökologisches Profil / Ecological profile

Herstellung / Production

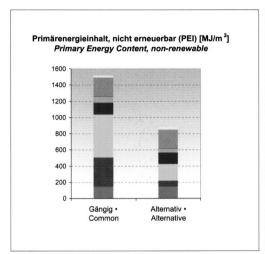

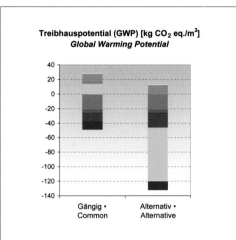

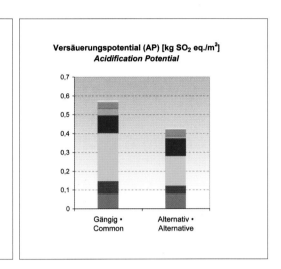

- Befestigungsmaterialien
- Gipskartonplatte
- Glaswolle + Holzlatten / Schafwolle
- OSB-Platte
- Steinwolle + Box-Trägern / Stroh
- MDF-Platte / Holzschalung + PE-Windsperre
- Lattung
- Lärchenschalung

- Fastening Materials
- Gypsum Plasterboard
- Rock Wool + Wood Lathes / Lambs Wool
- OSB Panels
- Rock Wool + Box Stays / Straw
- MDF Panels / Wood Shuttering + PE Wind Barrier
- Lathing
- Larch Shuttering

Hinweise zu Ökologie, Arbeits- und Gesundheitsschutz

Herstellung
- Lärchenholz aus nachhaltiger regionaler Holzwirtschaft verwenden – vermeidet Zerstörung schützenswerter Wälder

Einbau
- Strohdämmstoff – vermeidet Hautreizung durch Mineralfasern
- Umfassender Arbeitsschutz – reduziert Gesundheitsbelastungen durch Mineralwolle- und Strohfasern
- Schafwolldämmstoff – vermeidet Faserbelastung und Hautreizung durch Mineralfasern

Nutzung
- Schafwolldämmstoff – vermeidet Emissionen von Formaldehyd aus Glaswolle
- Strömungsdichte Fugenausbildung – vermeidet Mineralfaseremissionen in Raumluft
- Emissionsarme MDF- und OSB-Platten – reduzieren Emissionen von Formaldehyd und VOC
- Holzschalung, diagonal – vermeidet Emissionen von VOC aus Holzwerkstoffplatten

Notes on environmental protection, workplace and health protection measures

Production
- Use larch wood from sustainable regional production areas – prevents the destruction of forests worth preserving

Installation
- Straw insulation material – avoids skin irritations caused by mineral fibers
- Comprehensive protective work equipment – reduces health hazards caused by mineral wool and straw fibers
- Lambswool insulation material – prevents the development of skin irritations caused by mineral fibers

Use
- Lambswool insulation material – avoids glass wool formaldehyde emissions
- Flow-sealed joint structure – prevents mineral fiber emissions in room air
- Low-emission MDF and OSB panels – reduce formaldehyde and VOC emissions
- Diagonal wood shuttering – avoid VOC emissions from OSB panels

Entsorgung und Verwertung / Disposal and utilization

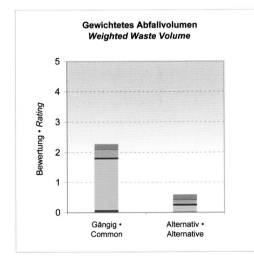

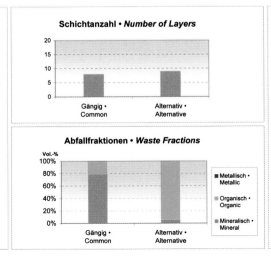

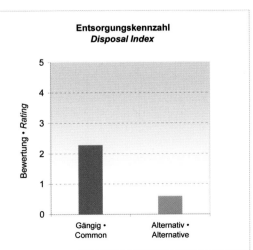

AWI 06

Doppel-T-Träger-Außenwand, hinterlüftet
Double T-beam outside wall, rear ventilation

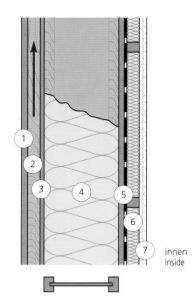

außen
outside

innen
inside

Bauphysik ▪ Building physics

	Einheit Unit	Gängig Usual	Alternative Alternative
Gesamtdicke ▪ Total thickness	[cm]	49	48
Wärmedurchgangskoeffizient ▪ Thermal transmission coefficient	[W/(m²K)]	0,12	0,12
Bewertetes Schalldämmmaß R_w ▪ Rated sound insulation value R_w	[dB]	50	50
Feuchtetechnische Sicherheit ▪ Moisture safety	[kg/m²a]	0,003/0,003	0/0
Wirksame Wärmespeicherkapazität ▪ Effective heat capacity	[kJ/(m²K)]	24	24

	[cm]	Gängiger Aufbau von außen nach innen Usual construction from outside to inside
1	2,5	Holzschalung ▪ Wood shuttering
2	5	Hinterlüftung zw. senkrechten Holzlatten* ▪ Rear ventilation bet. upright wood lathes*
3	1,6	Spanplatte ▪ Chipboard
4	30	Mineralwolleplatten zwischen vertikalen Doppel-T-Trägern ▪ Mineral wool panels bet. vertical double T-beams
5	2,2	Spanplatte mit innenseitiger Dampfbremse ▪ Chipboard with interiorlateral vapor barrier
6	5	Mineralwolleplatten zwischen horizontalen Latten (Installationsebene) ▪ Mineral wool panels bet. horizontal lathes (services level)
7	3	2 Lg. Gipskarton-Brandschutzplatten ▪ 2-layer gypsum plasterboard fire protection panel

	[cm]	Alternativer Aufbau von außen nach innen Alternative construction from outside to inside
1	2,5	Holzschalung ▪ Wood shuttering
2	5	Hinterlüftung zw. senkrechten Holzlatten* ▪ Rear ventilation bet. upright wood lathes*
3	1,6	MDF-Platte ▪ MDF panel
4	30	Zellulose zwischen vertikalen Doppel-T-Trägern ▪ Cellulose bet. vertical double T-beams
5	1,8	OSB-Platte ▪ OSB panel
6	5	Schafwolle zwischen horizontalen Latten (Installationsebene) ▪ Lambswool panels bet. horizontal lathes (services level)
7	2,5	2 Lg. Gipsfaserplatten ▪ 2-layer. gypsum fiberboard

Technische Beschreibung

Eignung
- Für Vorfertigung geeignet
- Für mittlere Schallschutzanforderungen
- Für niedrige Anforderungen an die speicherwirksame Masse

Ausführungshinweise
- Dampfbremse (OSB-Platte) und Windsperre sorgfältig mit verklebten Stößen und dicht ausgeführten Anschlüssen an flankierende Bauteile ausführen
- Die Entlüftungsöffnung mit einem feinmaschigen Insektenschutzgitter verschließen (Freier Mindestquerschnitt in Anlehnung an ÖNORM B 8110-2: 200 cm²/m)
- Die als Windsperre wirkende äußere Beplankung der Doppel-T-Träger (z.B. Spanplatte) sorgfältig strömungsdicht ausführen (Stöße sorgfältig abkleben, feuchtebeständige Materialien verwenden)

Instandhaltung
- Bei Beachtung der Richtlinien des konstruktiven ➔ Holzschutzes ist kein chemischer Holzschutz erforderlich
- Verletzungen der Dampfbremse (OSB-Platte), z.B. infolge von Installationsarbeiten, sorgfältig mit dampfdichtem Material überkleben

Diskussion des Aufbaus
- Die innerste Dämmebene dient als Installationsschicht, bietet Zusatznutzen einer zusätzlichen Dämmung und einen guten mechanischen Schutz für die Dampfbremse (OSB-Platte)
- Die fehlende äußere Dämmebene bedingt Wärmebrücken durch Anschluss der Doppel-T-Träger an die Außenschale, die aber wegen der geringen Stegdicke der Träger geringer sind als bei Verwendung von Vollholz-Pfosten

Technical description

Suitability
- Suitable for prefabrication
- For medium-level sound insulation requirements
- For low storage mass efficiency requirements

Construction process
- Vapor barrier (OSB panel) and wind barrier should be assembled with bonded joints and tight connections to the flanking building segments
- Cover the ventilation opening with a fine-mesh insect screen (200 cm²/m minimum open cross-section with regard to ÖNORM B 8110-2)
- The exterior planking of the double T-beams (e.g. chipboard) that serves as a wind barrier should be assembled with close attention to flow-resistance (joints should be bonded carefully, use moisture-resistant materials)

Maintenance
- No chemical wood protection is required if the guidelines for structural ➔ wood protection are followed
- Vapor barrier damage (OSB panel) e.g. due to installation work, should be carefully sealed with vapor-tight material

Structural discussion
- The innermost insulation layer serves as services level. It also provides additional insulation and offers good mechanical protection for the vapor barrier (OSB panel)
- The lack of an outer insulation layer leads to thermal bridges due to the connection of double T-beams to the exterior shell. However, due to the thin web of the beams the thermal bridges are less significant than those resulting from solid wood posts.

Ökologisches Profil / Ecological profile

Herstellung / Production

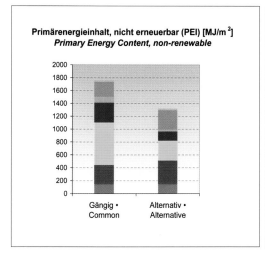

Primärenergieinhalt, nicht erneuerbar (PEI) [MJ/m²]
Primary Energy Content, non-renewable

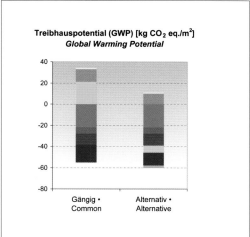

Treibhauspotential (GWP) [kg CO₂ eq./m²]
Global Warming Potential

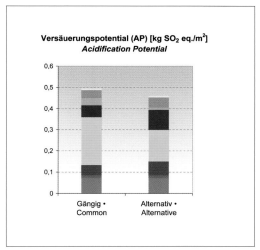

Versäuerungspotential (AP) [kg SO₂ eq./m²]
Acidification Potential

■ Befestigungsmaterialien
■ Gipskartonplatte / Gipsfaserplatte
■ Glaswolle + Lattung / Schafwolle
■ Spanplatte + Dampfbremse / OSB-Platte
■ Glaswolle + Holz I-Träger / Zellulosefaserflocken
■ Spanplatte, hydrophobiert / MDF-Platte
■ Lattung
■ Lärchenschalung

■ *Fastening Materials*
■ *Gypsum Plasterboard / Gypsum Fiberboard*
■ *Glass Wool + Lathing / Lambs Wool*
■ *Chipboard + Vapor Barrier / OSB Panels*
■ *Glass Wool + Wood I-Beam / Cellulose Fiber Flakes*
■ *Chipboard w. Water Repellent Coating / MDF Panels*
■ *Lathing*
■ *Larch Shuttering*

Hinweise zu Ökologie, Arbeits- und Gesundheitsschutz

Herstellung
• Lärchenholz aus nachhaltiger regionaler Holzwirtschaft verwenden – vermeidet Zerstörung schützenswerter Wälder

Einbau
• Schafwolldämmstoff – vermeidet Faserbelastung und Hautreizung durch Mineralfasern
• Umfassender Arbeitsschutz – reduziert Gesundheitsbelastungen durch Mineral- und Zellulosefaser

Nutzung
• Emissionsarme Span- und OSB-Platten – reduzieren Emissionen von Formaldehyd und VOC
• Schafwolldämmstoff – vermeidet Emissionen von Mineralfasern und Formaldehyd aus Mineralwolle
• Strömungsdichte Fugenausbildung – vermeidet Mineralfaseremissionen in Raumluft

Notes on environmental protection, workplace and health protection measures

Production
• Use larch wood from sustainable regional production areas – prevents the destruction of forests worth preserving

Installation
• Lambswool insulation material – prevents the development of skin irritations caused by mineral fibers
• Comprehensive protective work equipment – reduces health hazards caused by mineral and cellulose fibers

Use
• Low-emission chipboard and OSB panels – reduce formaldehyde and VOC emissions
• Lambswool insulation – avoids mineral wool and formaldehyde emissions
• Flow-sealed joint structure – prevents mineral fiber emissions in room air

Entsorgung und Verwertung / Disposal and utilization

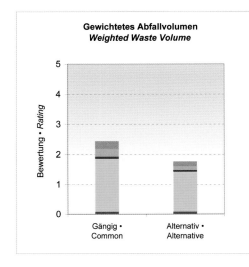

Gewichtetes Abfallvolumen
Weighted Waste Volume

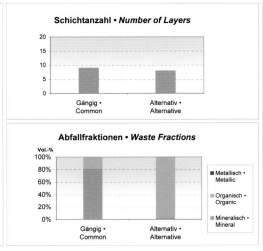

Schichtanzahl • *Number of Layers*

Abfallfraktionen • *Waste Fractions*

■ Metallisch •
Metallic
■ Organisch •
Organic
■ Mineralisch •
Mineral

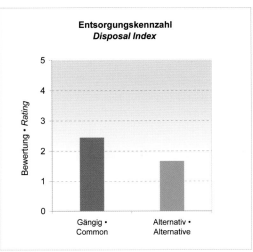

Entsorgungskennzahl
Disposal Index

AWm 01
Stahlbeton-Außenwand, WDVS
Reinforced concrete outside wall, ETICS

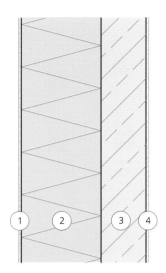

außen
outside

innen
inside

Bauphysik ▪ Building physics

	Einheit Unit	Gängig Usual	Alternative Alternative
Gesamtdicke ▪ Total thickness	[cm]	50	56
Wärmedurchgangskoeffizient ▪ Thermal transmission coefficient	[W/(m²K)]	0,12	0,12
Bewertetes Schalldämmmaß R_w ▪ Rated sound insulation value R_w	[dB]	58	54
Feuchtetechnische Sicherheit ▪ Moisture safety	[kg/m²a]	0/0	0/0
Wirksame Wärmespeicherkapazität ▪ Effective heat capacity	[kJ/(m²K)]	332	264

	[cm]	Gängiger Aufbau von außen nach innen Usual construction from outside to inside
1	-	Silikatputz ▪ Silicate plaster
2	32	EPS-F, expandierter Polystyrol-Hartschaum ▪ EPS-F, expanded polystyrene hard foam
3	18	Stahlbeton ▪ Reinforced concrete
4	-	Spachtelung ▪ Filler

	[cm]	Alternativer Aufbau von außen nach innen Alternative construction from outside to inside
1	-	Silikatputz ▪ Silicate plaster
2	36	Kork ▪ Cork
3	18	Stahlbeton ▪ Reinforced concrete
4	1,5	Lehmputz auf Haftbrücke ▪ Loam rendering on bonding layer

Technische Beschreibung

Eignung
- Für erhöhte Anforderungen hinsichtlich Statik und Erdbebensicherheit
- Für hohe Schallschutzanforderungen
- Für hohe Anforderungen an die speicherwirksame Masse

Ausführungshinweise
- Wirksamkeit der Speichermasse durch Verzicht auf zusätzliche innere Wandverkleidungen gewährleisten
- Die Dämmstoffdicke erfordert eine mechanische Befestigung zusätzlich zur Klebung
- Die äußere Putzschicht muss dampfdurchlässiger als die Betonscheibe sein

Instandhaltung
- Sanierung des Außenputzes darf nicht zu einer Vergrößerung des Diffusionswiderstandes über jenen des Mauerwerks führen. Ein neuerlicher Nachweis lt. ÖNORM B 8110-2 ist zu führen.

Diskussion des Aufbaus
- Besonders einfacher Aufbau, erfordert im Falle einer einwandfrei ebenflächigen und glatten Schalung nur wenige Arbeitsgänge
- Nicht nur für Normalbeton, sondern auch für Beton mit porigen Zuschlagstoffen, wie z.B. Ziegelsplitt, Blähton u.a. geeignet
- Einwandfreie Luftdichtigkeit ohne besondere Abdichtungsmaßnahmen erzielbar

Technical description

Suitability
- For increased static and earthquake safety requirements
- For high sound insulation requirements
- For high storage mass efficiency requirements

Construction process
- The lack of additional wall cladding maintains storage mass efficiency
- Insulation material thickness makes mechanical bonding necessary in addition to gluing
- The outer plaster layer must be more vapor permeable than the concrete slab

Maintenance
- Repair work to external plaster should not lead to increased diffusion resistance compared to the walls. This needs to be proved according to ÖNORM B 8110-2.

Structural discussion
- Especially simple construction, only requires a few steps if the shuttering is flush and smooth
- Not only for normal concrete, also suitable for concrete with porosity additives, e.g. brick chippings, lightweight expanded clay and others
- Proper air-tightness can be achieved without special sealing measures

Ökologisches Profil / Ecological profile

Herstellung / Production

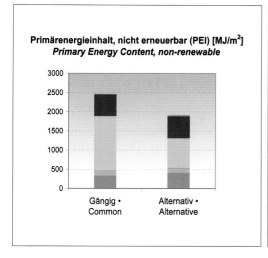

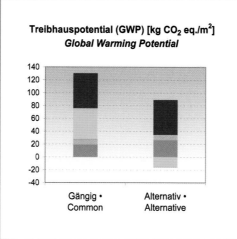

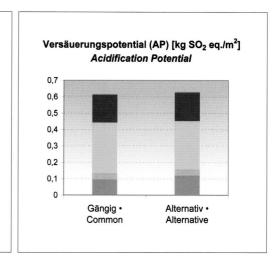

- ■ Gipsspachtel / Haftbrücke + Lehmputz
- ■ Stahlbeton
- ▨ Polystyrol, expandiert / Backkork
- ▧ Dübel + Klebespachtel
- ■ Silikatputz + Putzgrund + Glasfaserarmierung + Klebespachtel

- ■ *Gypsum Filler / Bonding Layer + Loam Rendering*
- ■ *Reinforced Concrete*
- ▨ *Expanded Polystyrene / Baked Cork*
- ▧ *Dowel + Adhesive Filler*
- ■ *Silicate Plaster + Plaster Base + Fiberglass Reinforcement + Adhesive Filler*

Hinweise zu Ökologie, Arbeits- und Gesundheitsschutz

Einbau

- Lehmputz – vermeidet Zementekzeme durch zementhältigen Putzmörtel

Nutzung

- Korkdämmplatte – vermeidet Styrol- und Pentanemissionen aus expandiertem EPS
- Lehmputz – verbessert Feuchtepufferfähigkeit der Konstruktion

Notes on environmental protection, workplace and health protection measures

Installation

- Loam plaster – helps avoid cement eczema from plaster mortars that contain cement

Use

- Cork insulation panel – avoids styrene and pentane emissions from expanded EPS
- Loam plaster – improves the moisture buffering properties of the construction

Entsorgung und Verwertung / Disposal and utilization

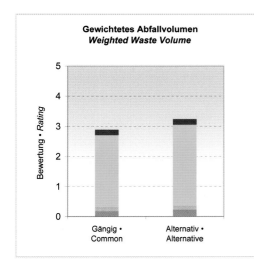

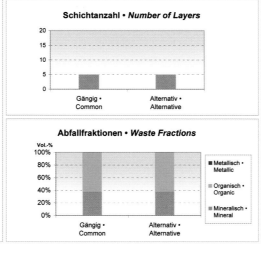

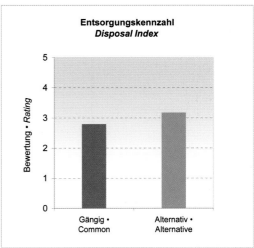

AWm 02

Ziegelsplittbeton-Außenwand, hinterlüftet
Brick chipping concrete outside wall, rear ventilation

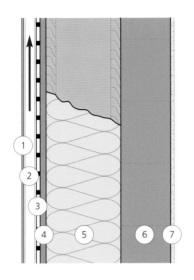

außen
outside

innen
inside

Bauphysik ▪ Building physics

	Einheit Unit	Gängig Usual	Alternative Alternative
Gesamtdicke ▪ Total thickness	[cm]	60	61
Wärmedurchgangskoeffizient ▪ Thermal transmission coefficient	[W/(m²K)]	0,12	0,12
Bewertetes Schalldämmmaß R_w ▪ Rated sound insulation value R_w	[dB]	54	54
Feuchtetechnische Sicherheit ▪ Moisture safety	[kg/m²a]	0/0	0/0
Wirksame Wärmespeicherkapazität ▪ Effective heat capacity	[kJ/(m²K)]	101	99

[cm]	Gängiger Aufbau von außen nach innen Usual construction from outside to inside
1	0,8	Faserzementplatten ▪ Fiber cement panels
2	5	Hinterlüftung zw. senkrechten Holzlatten, Insektenschutzgitter ▪ Rear ventilation bet. upright aluminum lathes, insect screen
3	-	PE-Winddichtung diffusionsoffen, winddicht verklebt ▪ Open diffusion PE wind sealing with windproof glued joints
4	2,4	Holzschalung, 1 mm Spalt zw. Brettern ▪ Wood shuttering w. 1 mm gaps bet. boards
5	30	Mineralwolle zw. Holz-C-Stehern* ▪ Mineral wool bet. wood C-posts*
6	20	Ziegelsplittbetonmauerwerk ▪ Brick chipping concrete wall
7	1,5	Kalkzementputz ▪ Lime cement plaster

* 4/4 Kantholz innen und außen, dazw. 12 mm OSB-Platte

[cm]	Alternativer Aufbau von außen nach innen Alternative construction from outside to inside
1	2,5	Lärchenschalung ▪ Larch shuttering
2	5	Hinterlüftung zw. senkrechten Holzlatten, Insektenschutzgitter ▪ Rear ventilation bet. upright wood lathes, insect screen
3	-	PE-Winddichtung diffusionsoffen, winddicht verklebt ▪ Open diffusion PE wind sealing with windproof glued joints
4	2,4	Holzschalung, 1 mm Spalt zw. Brettern ▪ Wood shuttering w. 1 mm gaps bet. boards
5	30	Flachs zw. Holz-C-Stehern* ▪ Flax bet. wood C-posts*
6	20	Ziegelsplittbetonmauerwerk ▪ Brick chipping concrete wall
7	1,5	Lehmputz ▪ Loam rendering

* 4/4 Rectangular timber inside and outside 12 mm OSB panel in between

Technische Beschreibung

Eignung
- Für mittlere Schallschutzanforderungen (von Dichte des Mauerwerks abhängig)
- Für hohe Anforderungen an die speicherwirksame Masse (von Dichte des Mauerwerks abhängig)
- Nur für Fertigung vor Ort geeignet
- Gut geeignet für manuelle Ausführung ohne aufwändige Schalungen (z.B. durch geübte Heimwerker)

Ausführungshinweise
- Die Wirksamkeit der Speichermasse nicht durch innere Wandverkleidungen, z.B. durch Gipskarton-Vorsatzschalen oder durch dämmende Untertapeten, verringert werden
- Winddichtung sorgfältig dicht ausführen
- Die Zu- und Abströmöffnungen der Hinterlüftung der äußeren Vorsatzschale mit einem feinmaschigen Insektenschutzgitter verschließen (Freier Mindestquerschnitt in Anlehnung an ÖNORM B 8110-2: 200 cm²/m)

Instandhaltung
- Bei Beachtung der Richtlinien des konstruktiven ➔ Holzschutzes ist kein chemischer Holzschutz erforderlich

Diskussion des Aufbaus
- Zur Herstellung sind zwar keine teuren Vorrichtungen (z.B. Schalungen), aber eine sehr sorgfältige Ausführung nötig

Technical description

Suitability
- For medium-level sound insulation requirements (depending on masonry thickness)
- For high storage mass requirements (depending on masonry thickness)
- Only suitable for onsite assembly
- Well-suited for manual assembly without complicated formwork (e.g. by experienced do-it-yourselfers)

Construction process
- Do not reduce the effectiveness of the storage mass with inner wall cladding, e.g. with gypsum plasterboard facing or insulating interior layers
- Apply wind-tight seal carefully
- Cover the afflux and exhaust openings with a fine-mesh insect screen (200 cm²/m minimum open cross-section with regard to ÖNORM B 8110-2)

Maintenance
- No chemical wood protection is required if the guidelines for structural ➔ wood protection are followed

Structural discussion
- No expensive features (e.g. formwork) are necessary, but very careful assembly is required

Ökologisches Profil / Ecological profile

Herstellung / Production

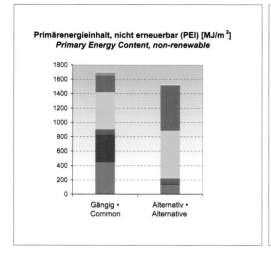

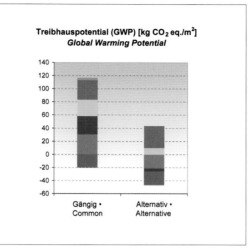

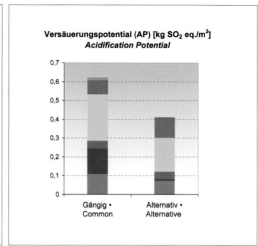

Befestigungsmaterialien
■ Kalkzementputz / Lehmputz
■ Ziegelsplittbetonsteine + Mörtel
▨ Steinwolle + Holz-C-Träger / Flachs
■ Holzschalung + PE-Windsperre
■ Alu-Latten / Holzlatten
■ Faserzementplatten / Lärchenschalung

Fastening Materials
■ *Lime Cement Plaster / Loam Rendering*
■ *Brick Chipping Concrete Blocks + Mortar*
▨ *Rock Wool + C-Stayers / Flax*
■ *Wood Shuttering + PE Wind Barrier*
■ *Aluminium Lathes / Wood Lathes*
■ *Fiber Cement Panel / Larch Shuttering*

Hinweise zu Ökologie, Arbeits- und Gesundheitsschutz

Einbau

- Chromatarme Mauermörtel und persönliche Schutzausrüstung – vermeiden Zementekzeme
- Lehmputz – vermeidet Zementekzeme durch zementhältigen Putzmörtel
- Flachsdämmstoff – vermeidet Hautreizung durch Mineralfasern
- Umfassender Arbeitsschutz – reduziert Gesundheitsbelastungen durch Mineralwolle- und Flachsfasern

Notes on environmental protection, workplace and health protection measures

Installation

- Low-chromate wall mortar and personal protection equipment – avoids cement eczema
- Loam plaster – helps avoid cement eczema from plaster mortars that contain cement
- Flax insulation material – avoids skin irritations caused by mineral fibers
- Comprehensive protective work equipment – reduces health hazards due to mineral wool and flax fibers

Entsorgung und Verwertung / Disposal and utilization

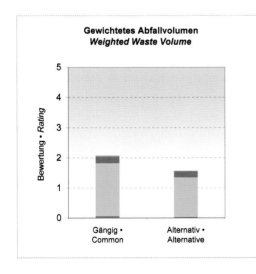

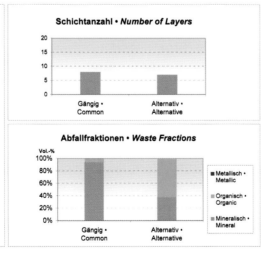

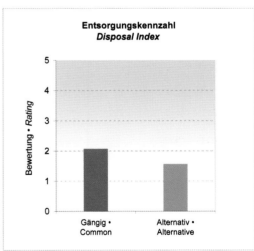

AWm 03

Holzspanbeton-Außenwand, verputzt
Wood chip concrete outside wall, with plaster

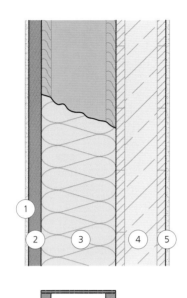

außen
outside

innen
inside

Bauphysik ▪ Building physics

	Einheit Unit	Gängig Usual	Alternative Alternative
Gesamtdicke ▪ Total thickness	[cm]	59	58
Wärmedurchgangskoeffizient ▪ Thermal transmission coefficient	[W/(m²K)]	0,12	0,12
Bewertetes Schalldämmmaß R_w ▪ Rated sound insulation value R_w	[dB]	54	53
Feuchtetechnische Sicherheit ▪ Moisture safety	[kg/m²a]	0/0	0,306/0,306
Wirksame Wärmespeicherkapazität ▪ Effective heat capacity	[kJ/(m²K)]	72	72

	[cm]	Gängiger Aufbau von außen nach innen Usual construction from outside to inside
1	2,5	Silikatputz auf Dickbett ▪ Silicate plaster on thick bed
2	5	Holzwolleleichtbauplatte, magnesitgebunden ▪ Wood wool lightweight panels, magnesium bonded
3	30	Mineralwolle zw. Holz-C-Stehern* ▪ Mineral wool bet. wood C-posts*
4	20	Holzspanbeton-Mauerwerk mit Kernbeton verfüllt ▪ Wood chip concrete hollow block masonry filled with core concrete
5	1,5	Kalkzementputz ▪ Lime cement plaster

* 4/4 Kantholz innen und außen, dazw. 12 mm OSB-Platte

	[cm]	Alternativer Aufbau von außen nach innen Alternative construction from outside to inside
1	1,5	Silikatputz auf Mittelbett ▪ Silicate plaster on medium bed thinset
2	5	2 cm Holzschalung + 3 cm Kork auf Schalung gedübelt ▪ 2 cm wood shuttering + 3 cm cork dowelled on shuttering
3	30	Zellulose zw. Holz-C-Stehern ▪ Cellulose bet. wood C-posts*
4	20	Holzspanbeton-Mauerwerk mit Kernbeton verfüllt ▪ Wood chip concrete hollow block masonry filled with core concrete
5	1,5	Lehmputz ▪ Loam rendering

* 4/4 Rectangular timber inside and outside 12 mm OSB panel in between.

Technische Beschreibung

Eignung
- Für mittlere Schallschutzanforderungen
- Für mittlere Anforderungen an die speicherwirksame Masse
- Auch für andere massive Wandschalen geeignet

Ausführungshinweise
- Die Wirksamkeit der Speichermasse nicht durch innere Wandverkleidungen, z.B. durch Gipskarton-Vorsatzschalen, oder durch dämmende Untertapeten verringern
- Außenputz und Putzträger müssen dampfdurchlässiger als das Holzspanbeton-Mauerwerk und Innenputz sein
- Betonkern für guten Schallschutz sorgfältig hohlraumfrei ausführen

Instandhaltung
- Bei Beachtung der Richtlinien des konstruktiven → Holzschutzes ist kein chemischer Holzschutz erforderlich
- Bei Erneuerungen des Außenputzes (Renovierung, Reparaturen) besonders auf den Erhalt einer gut diffusionsoffenen Außenschicht achten (andernfalls Blasenbildung durch Dampfdruck möglich)

Diskussion des Aufbaus
- Zur Herstellung sind zwar keine teuren Vorrichtungen (z.B. Schalungen), aber eine sehr sorgfältige Ausführung nötig
- Die hohe Speichermasse des Betonkerns wird durch die Holzspanbeton-Schichten abgemindert

Technical description

Suitability
- For medium-level sound insulation requirements
- For medium-level storage mass requirements
- Also suitable for other solid wall shells

Construction process
- Do not reduce the effectiveness of the storage mass with inner wall cladding, e.g. with gypsum plasterboard facing or insulating interior layers
- Outer plaster and plaster base must be more vapor permeable than the wood chip concrete masonry and inside plaster
- Ensure the concrete core is free of hollow spaces for good sound insulation

Maintenance
- No chemical wood protection is required if the guidelines for structural → wood protection are followed
- Ensure the outer layer retains good open diffusion properties when renewing (renovations, repairs) the outer plaster layer (blistering due to vapor pressure is possible otherwise)

Structural discussion
- No expensive features (e.g. formwork) are necessary, but very careful assembly is required
- The high storage mass of the concrete core is reduced by the wood chipping concrete layers

Ökologisches Profil / Ecological profile

Herstellung / Production

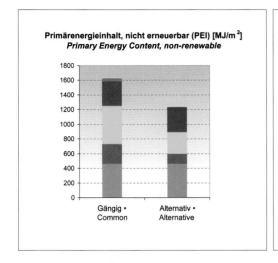

Primärenergieinhalt, nicht erneuerbar (PEI) [MJ/m²]
Primary Energy Content, non-renewable

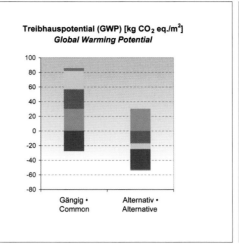

Treibhauspotential (GWP) [kg CO₂ eq./m²]
Global Warming Potential

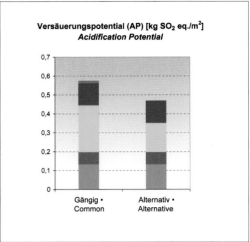

Versäuerungspotential (AP) [kg SO₂ eq./m²]
Acidification Potential

Befestigungsmaterialien	*Fastening Materials*
Kalkzementputz / Lehmputz	*Lime Cement Plaster / Loam Rendering*
Holzspanbetonmantelsteine + Kernbeton	*Wood Chip Concrete Jacket Blocks + Core Concrete*
Steinwolle + Holz-C-Trägern / Flachs	*Rock wool + C-Stayers / Flax*
Holzwolleleichtbauplatte + Dübel / Kork + Holzschalung + Dübel	*Lightweight Wood Wool Panel + Dowel / Cork + Wood Shuttering + Dowel*
Silikatputz + Glasfaserarmierung im Mittelbett	*Silicate + Fiberglass Reinforcement in Medium Bed Thinset*

Hinweise zu Ökologie, Arbeits- und Gesundheitsschutz

Einbau

- Chromatarme Mauermörtel und persönliche Schutzausrüstung – vermeiden Zementekzeme
- Lehmputz – vermeidet Zementekzeme durch zementhältigen Putzmörtel
- Zellulosedämmstoff – vermeidet Hautreizung durch Mineralfasern
- Umfassender Arbeitsschutz – reduziert Gesundheitsbelastungen durch Mineralwolle- und Zellulosefasern

Notes on environmental protection, workplace and health protection measures

Installation

- Low-chromate wall mortar and personal protection equipment – avoids cement eczema
- Loam plaster – helps avoid cement eczema from plaster mortars that contain cement
- Cellulose insulation material – avoids skin irritations caused by mineral fibers
- Comprehensive protective work equipment – reduces health hazards caused by mineral wool and cellulose fibers

Entsorgung und Verwertung / Disposal and utilization

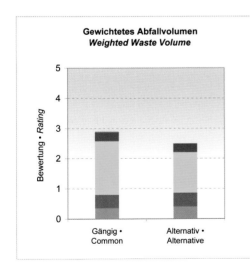

Gewichtetes Abfallvolumen
Weighted Waste Volume

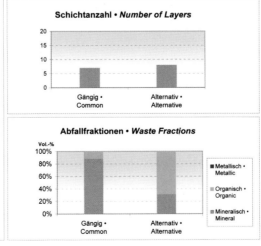

Schichtanzahl • *Number of Layers*

Abfallfraktionen • *Waste Fractions*

Metallisch • Metallic
Organisch • Organic
Mineralisch • Mineral

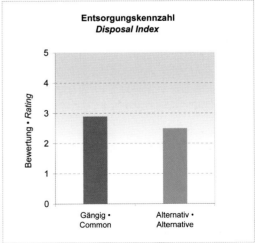

Entsorgungskennzahl
Disposal Index

AWm 04

Lehmziegel-Außenwand, tragend, WDVS
Loam brick outside wall, load bearing, ETICS

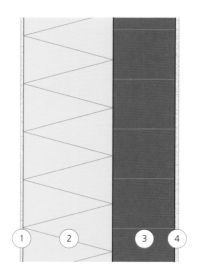

außen
outside

innen
inside

Bauphysik ▪ Building physics

	Einheit Unit	Gängig Usual	Alternative Alternative
Gesamtdicke ▪ Total thickness	[cm]	59	59
Wärmedurchgangskoeffizient ▪ Thermal transmission coefficient	[W/(m²K)]	0,12	0,12
Bewertetes Schalldämmmaß R_W ▪ Rated sound insulation value R_W	[dB]	58	57
Feuchtetechnische Sicherheit ▪ Moisture safety	[kg/m²a]	0,212/0,212	0,212/0,212
Wirksame Wärmespeicherkapazität ▪ Effective heat capacity	[kJ/(m²K)]	135	135

	[cm]	Gängiger Aufbau von außen nach innen Usual construction from outside to inside
1	1	Silikatputz ▪ Silicate plaster
2	32	Mineralwolle ▪ Mineral wool
3	25	Lehmziegel ▪ Loam bricks
4	1,5	Lehmputz ▪ Loam rendering

	[cm]	Alternativer Aufbau von außen nach innen Alternative construction from outside to inside
1	1	Silikatputz ▪ Silicate plaster
2	32	Hanf ▪ Hemp
3	25	Lehmziegel ▪ Loam bricks
4	1,5	Lehmputz ▪ Loam rendering

Technische Beschreibung

Eignung
• Außenwände für Ein- und Mehrfamilienhäuser
• Für hohe Schallschutzanforderungen
• Für hohe Anforderungen an die speicherwirksame Masse

Ausführungshinweise
• Installationsschlitze lt. Zulassung oder gültiger Norm sorgfältig planen und ausführen
• Gewissenhafte Verputzarbeiten gewährleisten hohe Luftdichtheit
• Die beiden untersten Ziegelscharen und die letzte Ziegelschar vor der Decke mit gebrannten Ziegeln (der gleichen Wanddicke) herstellen (Sicherheit vor Wasserschäden in der Bauphase und während der Nutzung)

Instandhaltung
• Luftdichtigkeit durch sorgfältig ausgeführten Putz sicherstellen

Diskussion des Aufbaus
• Einfache Konstruktion
• Mittelgroße speicherwirksame Masse für guten sommerlichen Komfort
• Installationen bewirken Schwächung der Wand
• Geringe Erdbebensicherheit

Technical description

Suitability
• Outside walls in single-family houses and apartment buildings
• For low to medium-level sound insulation requirements
• For medium-level storage mass efficiency requirements

Construction process
• Plan and make services slits carefully according to authorization or standard
• Thorough plaster work ensures high air-tightness
• Lay the two first masonry courses and the last course below the ceiling with fired bricks with the same wall thickness (ensures protection from water damage during construction and use)

Maintenance
• Carefully applied plaster ensures air-tightness

Structural discussion
• Simple construction
• Medium-level storage mass effectiveness for good comfort in summer
• Service runs weaken the wall
• Low earthquake safety

Ökologisches Profil / Ecological profile

Herstellung / Production

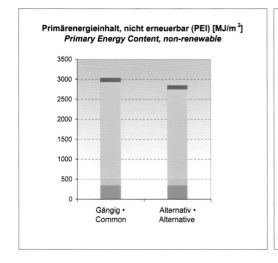

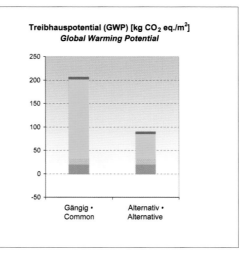

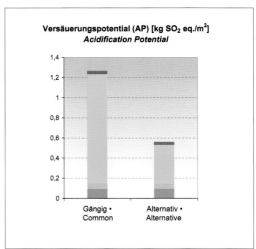

- ■ Lehmputz
- ■ Lehmziegel + Lehmmörtel
- ▨ Steinwolle / Hanf
- ▨ Dübel + Klebespachtel
- ■ Silikatputz + Putzgrund + Glasfaserarmierung + Klebespachtel

- ■ *Loam Rendering*
- ■ *Loam Brick + Mortar*
- ▨ *Rock Wool / Hemp*
- ▨ *Dowel + Adhesive Filler*
- ■ *Silicate Plaster + Plaster Base + Fiberglass Reinforcement + Adhesive Filler*

Hinweise zu Ökologie, Arbeits- und Gesundheitsschutz

Einbau

- Hanfdämmstoff – vermeidet Hautreizung durch Mineralfasern
- Umfassender Arbeitsschutz – reduziert Gesundheitsbelastungen durch Mineralwolle- und Hanffasern

Nutzung

- Hanfdämmstoff – vermeidet Emissionen von Formaldehyd aus Glaswolle

Notes on environmental protection, workplace and health protection measures

Installation

- Hemp insulation material – avoids skin irritations caused by mineral fibers
- Comprehensive protective work equipment – reduces health hazards caused by mineral wool and hemp fibers

Use

- Hemp insulation material – avoids glass wool formaldehyde emissions

Entsorgung und Verwertung / Disposal and utilization

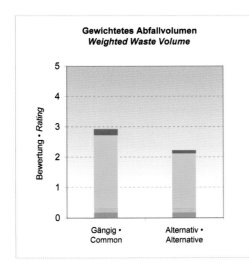

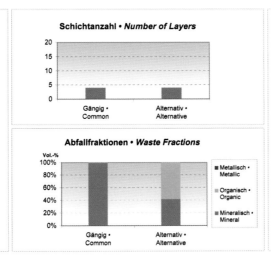

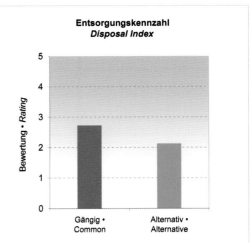

AWm 05

Hochlochziegel-Außenwand, WDVS
Honeycomb brick outside wall, ETICS

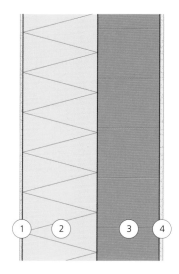

außen
outside

1 2 3 4

innen
inside

Bauphysik ▪ Building physics

	Einheit Unit	Gängig Usual	Alternative Alternative
Gesamtdicke ▪ Total thickness	[cm]	57	61
Wärmedurchgangskoeffizient ▪ Thermal transmission coefficient	[W/(m²K)]	0,12	0,12
Bewertetes Schalldämmmaß R_w ▪ Rated sound insulation value R_w	[dB]	48	53
Feuchtetechnische Sicherheit ▪ Moisture safety	[kg/m²a]	0/0	0/0
Wirksame Wärmespeicherkapazität ▪ Effective heat capacity	[kJ/(m²K)]	72	70

[cm]	Gängiger Aufbau von außen nach innen Usual construction from outside to inside
1	-	Silikatputz ▪ Silicate plaster
2	30	EPS-F, expandierter Polystyrol-Hartschaum ▪ EPS-F, expanded polystyrene hard foam
3	25	Hochlochziegel ▪ Honeycomb bricks
4	1,5	Kalkzementputz ▪ Lime cement plaster

[cm]	Alternativer Aufbau von außen nach innen Alternative construction from outside to inside
1	-	Silikatputz ▪ Silicate plaster
2	34	Mineralschaumplatten ▪ Mineral foam panels
3	25	Hochlochziegel ▪ Honeycomb bricks
4	1,5	Lehmputz ▪ Loam rendering

Technische Beschreibung

Eignung
- Für geringe bis mittlere Schallschutzanforderungen
- Für mittlere Anforderungen an die speicherwirksame Masse
- Gut geeignet für manuelle Ausführung ohne aufwändige Schalungen, wenn sorgfältige Ausführung gewährleistet werden kann

Ausführungshinweise
- Wirksamkeit der Speichermasse durch Verzicht auf zusätzliche innere Wandverkleidungen gewährleisten
- Schwerer Innenputz vergrößert die wirksame Speichermasse
- Die Dämmstoffdicke erfordert eine mechanische Befestigung der Wärmedämmung zusätzlich zur Klebung
- Die Außenputzschicht sollte möglichst dampfdurchlässig sein
- Luftdichtigkeit durch sorgfältig ausgeführten Putz sicherstellen

Instandhaltung
- Sanierung des Außenputzes darf nicht zu einer Vergrößerung des Diffusionswiderstandes über jenen des Mauerwerks führen. Ein neuerlicher Nachweis lt. ÖNORM B 8110-2 ist zu führen

Diskussion des Aufbaus
- Durch geeignete Rohdichte und Lochung des Ziegels sowie geeignete Dämmstoffwahl ist ein erhöhter Schallschutz erreichbar

Technical description

Suitability
- For low to medium-level sound insulation requirements
- For medium-level storage mass efficiency requirements
- Suitable for manual assembly without complicated facing if careful assembly is guaranteed

Construction process
- Preserve storage mass effectiveness by not using additional interior cladding
- Heavy interior plaster increases storage mass efficiency
- The insulation material thickness requires mechanical thermal insulation bonding in addition to gluing
- The exterior plaster layer must be as vapor-permeable as possible
- Carefully applied plaster ensures air-tightness

Maintenance
- Exterior plaster repairs must not lead to increased diffusion resistance compared to the walls. This needs to be proved according to ÖNORM B 8110-2.

Structural discussion
- Suitable choice of the insulation material and of density and perforation of the brick can improve sound insulation properties

Ökologisches Profil / Ecological profile

Herstellung / Production

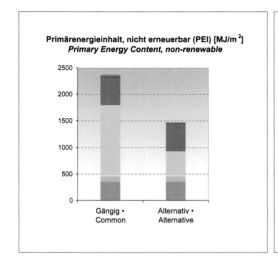

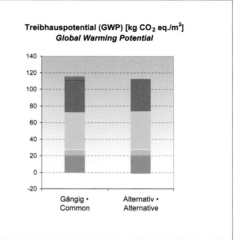

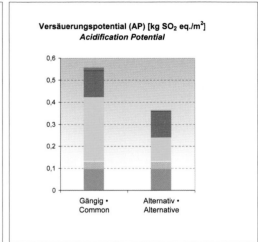

■ Kalkzementputz / Lehmputz
■ Hochlochziegel + Mörtel
■ Polystyrol, expandiert / Mineralschaumplatte
▪ Dübel + Klebespachtel
■ Silikatputz + Putzgrund + Glasfaserarmierung + Klebespachtel

■ *Lime Cement Plaster / Loam Rendering*
■ *Honeycomb Brick + Mortar*
■ *Expanded Polystyrene / Mineral Foam Panels*
▪ *Dowel + Adhesive Filler*
■ *Silicate Plaster + Plaster Base + Fiberglass Reinforcement + Adhesive Filler*

Hinweise zu Ökologie, Arbeits- und Gesundheitsschutz

Einbau

- Chromatarme Mauermörtel und persönliche Schutzausrüstung – vermeiden Zementekzeme
- Lehmputz – vermeidet Zementekzeme durch zementhältigen Putzmörtel

Nutzung

- Mineralschaumplatte – vermeidet Styrol- und Pentanemissionen aus expandiertem Polystyrol

Notes on environmental protection, workplace and health protection measures

Installation

- Low-chromate wall mortar and personal protection equipment – avoids cement eczema
- Loam plaster – helps avoid cement eczema from plaster mortars that contain cement

Use

- Mineral foam panel – avoids styrene and pentane emissions from expanded polystyrene

Entsorgung und Verwertung / Disposal and utilization

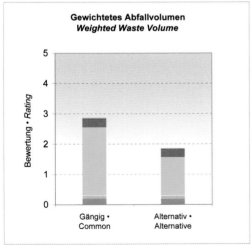

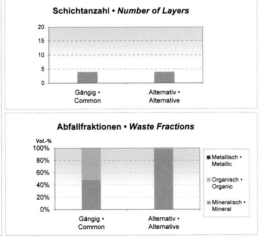

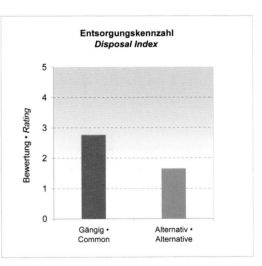

AWm 06

Schwere Hochlochziegel-Außenwand, Spezial-WDVS
Heavy honeycomb brick outside wall, special ETICS

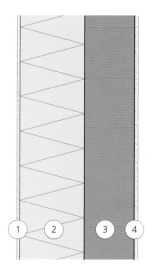

außen
outside

innen
inside

Bauphysik ▪ Building physics

	Einheit Unit	Gängig Usual	Alternative Alternative
Gesamtdicke ▪ Total thickness	[cm]	48	59
Wärmedurchgangskoeffizient ▪ Thermal transmission coefficient	[W/(m²K)]	0,12	0,12
Bewertetes Schalldämmmaß R_w ▪ Rated sound insulation value R_w	[dB]	51	47
Feuchtetechnische Sicherheit ▪ Moisture safety	[kg/m²a]	0/0	0/0
Wirksame Wärmespeicherkapazität ▪ Effective heat capacity	[kJ/(m²K)]	93	87

	[cm]	Gängiger Aufbau von außen nach innen Usual construction from outside to inside
1	0,5	Silikatputz ▪ Silicate plaster
2	26	EPS Plus (grau, elastifizert) ▪ EPS plus (gray, elastified)
3	20	Hochlochziegel, schwer ▪ Heavy honeycomb brick
4	1,5	Kalkzementputz ▪ Lime cement plaster

	[cm]	Alternativer Aufbau von außen nach innen Alternative construction from outside to inside
1	1,5	Silikatputz auf Mittelbett ▪ Silicate plaster on medium bed thinset
2	36	Kork ▪ Cork
3	20	Hochlochziegel, schwer ▪ Heavy honeycomb brick
4	1,5	Lehmputz ▪ Loam rendering

Technische Beschreibung

Eignung
- Außenwände für Ein- und Mehrfamilienhäuser
- Auch für Selbstbau geeignet
- Für geringe bis mittlere Schallschutzanforderungen
- Für mittlere Anforderungen an die speicherwirksame Masse

Ausführungshinweise
- Installationsschlitze lt. Zulassung oder gültiger Norm sorgfältig planen und ausführen
- Gewissenhafte Verputzarbeiten gewährleisten hohe Luftdichtheit

Diskussion des Aufbaus
- Geringe Platzerfordernis, dennoch Installationsebene möglich
- Mittelgroße speicherwirksame Masse für guten sommerlichen Komfort

Technical description

Suitability
- Outside walls in single-family houses and apartment buildings
- Also suitable for do-it-yourself assembly
- For low to medium-level sound insulation requirements
- For medium-level storage mass efficiency requirements

Construction process
- Plan and make services slits carefully according to authorization or standard
- Thorough plaster work ensures high air-tightness

Structural discussion
- Requires little space while still providing a services layer
- Medium-level storage mass effectiveness for good comfort in summer

Ökologisches Profil / Ecological profile

Herstellung / Production

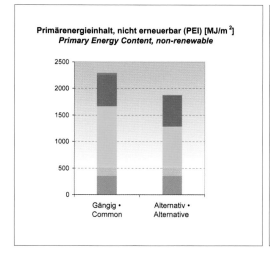

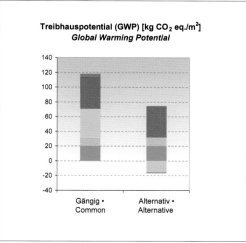

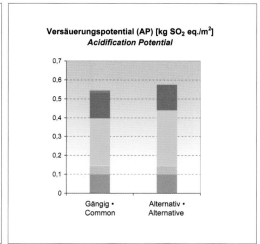

- Kalkzementputz / Lehmputz
- Hochlochziegel + Mörtel
- Polystyrol, expandiert / Backkork
- Dübel + Klebespachtel
- Silikatputz + Putzgrund + Glasfaserarmierung + Klebespachtel

- *Lime Cement Plaster / Loam Rendering*
- *Honeycomb Brick + Mortar*
- *Expanded Polystyrene / Baked Cork*
- *Dowel + Adhesive Filler*
- *Silicate Plaster + Plaster Base + Fiberglass Reinforcement + Adhesive Filler*

Hinweise zu Ökologie, Arbeits- und Gesundheitsschutz

Einbau
- Lehmputz – vermeidet Zementekzeme durch zementhältigen Putzmörtel

Nutzung
- Korkdämmplatte – vermeidet Styrol- und Pentanemissionen aus expandiertem Polystyrol
- Lehmputz – verbessert Feuchtepufferfähigkeit der Konstruktion

Notes on environmental protection, workplace and health protection measures

Installation
- Loam plaster – helps avoid cement eczema from plaster mortars that contain cement

Use
- Cork insulation panel – avoids styrene and pentane emissions from expanded polystyrene
- Loam plaster – improves the moisture buffering properties of the construction

Entsorgung und Verwertung / Disposal and utilization

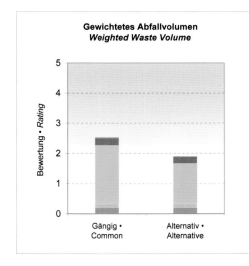

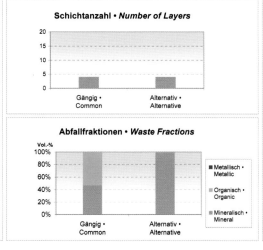

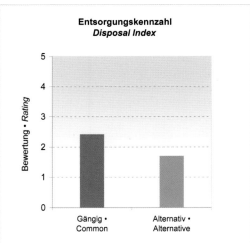

AWm 07

Hochlochziegel-Außenwand, zweischalig, nicht hinterlüftet
2-layer honeycomb brick outside wall, no rear ventilation

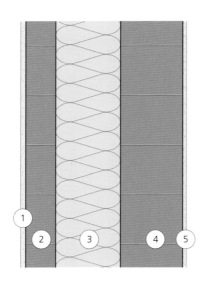

außen
outside

innen
inside

Bauphysik ▪ Building physics

	Einheit Unit	Gängig Usual	Alternative Alternative
Gesamtdicke ▪ Total thickness	[cm]	69	77
Wärmedurchgangskoeffizient ▪ Thermal transmission coefficient	[W/(m²K)]	0,12	0,12
Bewertetes Schalldämmmaß R_W ▪ Rated sound insulation value R_W	[dB]	57	57
Feuchtetechnische Sicherheit ▪ Moisture safety	[kg/m²a]	0,410/0,410	0,271/0,271
Wirksame Wärmespeicherkapazität ▪ Effective heat capacity	[kJ/(m²K)]	74	70

	[cm]	Gängiger Aufbau von außen nach innen Usual construction from outside to inside
1	2	Kalkzementputz + Silikatputz ▪ Lime cement plaster + silicate plaster
2	12	Hochlochziegel* ▪ Honeycomb brick*
3	28	Mineralwolle ▪ Mineral wool
4	25	Hochlochziegel ▪ Honeycomb brick
5	1,5	Kalkzementputz ▪ Lime cement plaster

* Durch Fassadenanker mit tragendem Mauerwerk verbunden

	[cm]	Alternativer Aufbau von außen nach innen Alternative construction from outside to inside
1	2	Kalkzementputz + Silikatputz ▪ Lime cement plaster + silicate plaster
2	12	Hochlochziegel* ▪ Honeycomb brick*
3	36	Perlite ▪ Perlite
4	25	Hochlochziegel ▪ Honeycomb brick
5	1,5	Lehmputz ▪ Loam rendering

* Linked with the supporting walls via façade anchor

Technische Beschreibung

Eignung
- Für hohe Anforderungen an den Schallschutz
- Für mittlere Anforderungen an die speicherwirksame Masse
- Für besonders langlebige Fassaden
- Für Putzgliederungen, Fassadengliederungen

Ausführungshinweise
- Wirksamkeit der Speichermasse durch Verzicht auf zusätzliche innere Wandverkleidungen gewährleisten
- Schwerer Innenputz vergrößert die wirksame Speichermasse
- Nicht formstabile Dämmstoffe mechanisch befestigen, evt. mittels Distanzierung der Mauerwerksschalen
- Luftdichtigkeit durch sorgfältig ausgeführten Putz sicherstellen

Instandhaltung
- Sanierung des Außenputzes darf nicht zu einer Vergrößerung des Diffusionswiderstandes über jenen des Mauerwerks führen. Ein neuerlicher Nachweis lt. ÖNORM B 8110-2 ist zu führen.

Diskussion des Aufbaus
- Entfall einer Hinterlüftungsebene erspart den Aufwand für Insekten- und Kleintierschutz
- Statt Silikatputz auch normaler Feinputz mit Farbanstrich möglich

Technical description

Suitability
- For high sound insulation requirements
- For medium-level storage mass efficiency requirements
- For especially long-lasting façades
- For structured plastering and structured façades

Construction process
- The lack of additional wall cladding maintains storage mass efficiency
- Heavy interior plaster increases storage mass efficiency
- Bond deformable insulation materials mechanically, possibly by spacers to masonry shells
- Ensure air-tightness with careful plastering

Maintenance
- Exterior plaster repairs must not lead to increased diffusion resistance compared to the walls. This needs to be proved according to ÖNORM B 8110-2.

Structural discussion
- The lack of a rear ventilation layer makes additional measures against insect and small animals superfluous
- Instead of silicate plaster ordinary plaster with a coat of paint is also an option

Ökologisches Profil / Ecological profile

Herstellung / Production

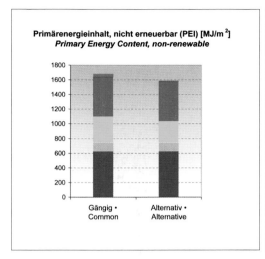

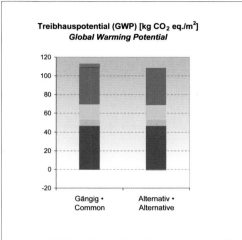

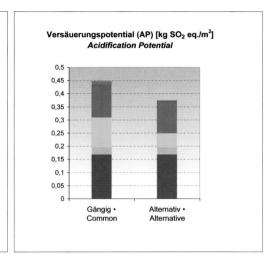

- ■ Kalkzementputz / Lehmputz
- ■ Hochlochziegel + Mörtel
- ▨ Glaswolle / Perlite
- ▨ Anker
- ■ Mauerziegel verputzt

- ■ Lime Cement Plaster / Loam Rendering
- ■ Honeycomb Brick + Mortar
- ▨ Glass Wool / Perlite
- ▨ Anchor
- ■ Brick, plastered

Hinweise zu Ökologie, Arbeits- und Gesundheitsschutz

Einbau

- Chromatarme Mauermörtel und persönliche Schutzausrüstung – vermeiden Zementekzeme
- Umfassender Arbeitsschutz – reduziert Gesundheitsbelastungen durch Mineralfasern und Perlitestaub
- Lehmputz – vermeidet Zementekzeme durch zementhältigen Putzmörtel

Notes on environmental protection, workplace and health protection measures

Installation

- Low-chromate wall mortar and personal protection equipment – avoids cement eczema
- Comprehensive protective work equipment – reduces health risks caused by mineral fiber and perlite dust emissions
- Loam plaster – helps avoid cement eczema from plaster mortars that contain cement

Entsorgung und Verwertung / Disposal and utilization

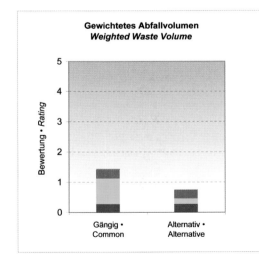

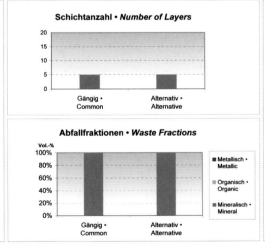

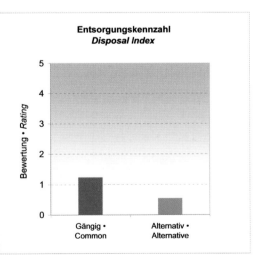

AWm 08

Hochlochziegel-Außenwand, zweischalig, hinterlüftet
2-layer honeycomb brick outside wall, rear ventilation

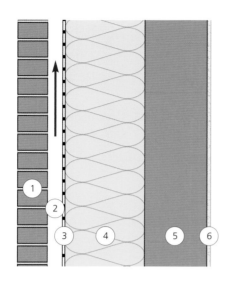

außen
outside

innen
inside

Bauphysik ▪ Building physics

	Einheit Unit	Gängig Usual	Alternative Alternative
Gesamtdicke ▪ Total thickness	[cm]	70	72
Wärmedurchgangskoeffizient ▪ Thermal transmission coefficient	[W/(m²K)]	0,12	0,12
Bewertetes Schalldämmmaß R_w ▪ Rated sound insulation value R_w	[dB]	60	60
Feuchtetechnische Sicherheit ▪ Moisture safety	[kg/m²a]	0/0	0/0
Wirksame Wärmespeicherkapazität ▪ Effective heat capacity	[kJ/(m²K)]	74	70

	[cm]	Gängiger Aufbau von außen nach innen Usual construction from outside to inside
1	12	Klinker* ▪ Clinker*
2	4	Hinterlüftung** ▪ Rear ventilation**
3	-	Windsperre, diffusionsoffen, wasserabweisend ▪ Wind barrier, open diffusion, water repellent
4	28	Mineralwolle ▪ Mineral wool
5	25	Hochlochziegel ▪ Honeycomb brick
6	1,5	Kalkzementputz ▪ Lime cement plaster

* Unverputzt, durch Fassadenanker mit tragendem Mauerwerk verbunden
** Untere und obere Verbindungsöffnungen ins Freie, 2–3 cm lt. Norm, 3–4 cm zur Sicherheit

	[cm]	Alternativer Aufbau von außen nach innen Alternative construction from outside to inside
1	12	Klinker* ▪ Clinker*
2	4	Hinterlüftung** ▪ Rear ventilation**
3	-	Windsperre, diffusionsoffen, wasserabweisend ▪ Wind barrier, open diffusion, water repellent
4	30	Hanf ▪ Hemp
5	25	Hochlochziegel ▪ Honeycomb brick
6	1,5	Lehmputz ▪ Loam rendering

* Non-plastered, linked with the supporting walls via façade anchor
** Lower and upper connection openings to the outside, 2–3 cm according to norm, 3–4 cm for additional safety

Technische Beschreibung

Eignung
- Für hohe Anforderungen an den Schallschutz
- Für mittlere Anforderungen an die speicherwirksame Masse
- Für besonders langlebige Fassaden, mit einer Vielzahl an optischen Gestaltungsmöglichkeiten

Ausführungshinweise
- Wirksamkeit der Speichermasse durch Verzicht auf zusätzliche innere Wandverkleidungen gewährleisten
- Schwerer Innenputz vergrößert die wirksame Speichermasse
- Die Entlüftungsöffnung mit einem feinmaschigen Insektenschutzgitter verschließen (Freier Mindestquerschnitt in Anlehnung an ÖNORM B 8110-2 200 cm²/m)
- Windsperre sehr sorgfältig verlegen und an Fassadenanker dicht anschließen,
- Windsperre und Wärmedämmung so befestigen, dass sie nicht in den Hinterlüftungsraum ausbeulen
- Vorsatzschale sehr sorgfältig herstellen, nachträgliche Korrekturen von Unebenheiten (im Gegensatz zu einer Putzfassade) nicht möglich

Instandhaltung
- Reparatur einer durch fehlerhafte Ausführung, Alterung, Insekten oder Kleintiere beschädigten Windsperre erfordert die Demontage der Vorsatzschale – äußerst hoher Aufwand!

Diskussion des Aufbaus
- Höhere Anforderungen an die mechanische Befestigung und an die Formstabilität des Dämmstoffs als bei nicht-hinterlüfteten 2-schaligen Wänden
- Windsperre erforderlich bei allen Faserdämmstoffen
- Schicht 5 kann auch mit 20 cm Hochlochziegel ausgeführt werden

Technical description

Suitability
- For high sound insulation requirements
- For medium-level storage mass efficiency requirements
- For especially long-lasting façades. Allows for many design options

Construction process
- The lack of additional wall cladding maintains storage mass efficiency
- Heavy interior plaster increases storage mass efficiency
- Cover the ventilation opening with a fine-mesh insect screen (200 cm²/m minimum open cross-section with regard to ÖNORM B 8110-2).
- Lay wind barrier very carefully with a very close connection to the façade anchor
- The wind barrier and thermal insulation should be fastened in a way that prevents them from bulging into the rear ventilation space
- Produce facing shell very carefully, post-construction correction of uneven surfaces is not possible (unlike with a plaster façade)

Maintenance
- Repairs due to faulty assembly, aging or damage to wind barrier caused by insects or small animals require the dismantling of the facing shell – extremely cumbersome!

Structural discussion
- Higher mechanical bonding and shape retention requirements than in the case of non-rear-ventilated 2-layer walls
- Wind barrier necessary when fibrous insulating material is used
- Layer 5 may also be built with 20 cm honeycomb bricks

Ökologisches Profil / Ecological profile

Herstellung / Production

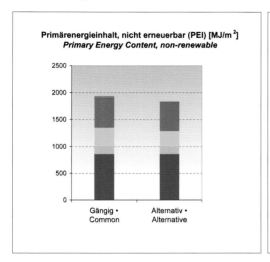

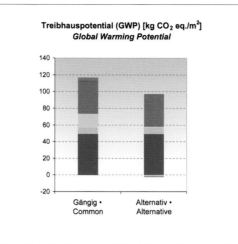

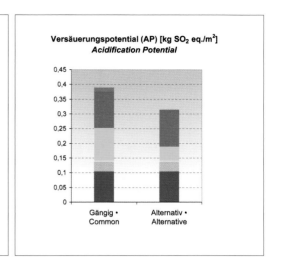

- Kalkzementputz / Lehmputz
- Hochlochziegel + Mörtel
- Glaswolle / Hanfdämmplatte
- PE-Windsperre
- Anker
- Klinker + Mörtel

- *Lime Cement Plaster / Loam Rendering*
- *Honeycomb Brick + Mortar*
- *Glass Wool / Hemp Insulation Panel*
- *PE Wind Lock*
- *Anchor*
- *Clinker + Mortar*

Hinweise zu Ökologie, Arbeits- und Gesundheitsschutz

Einbau

- Chromatarme Mauermörtel und persönliche Schutzausrüstung – vermeiden Zementekzeme
- Hanfdämmstoff – vermeidet Hautreizung durch Mineralfasern
- Umfassender Arbeitsschutz – reduziert Gesundheitsbelastungen durch Mineralwolle- und Hanffasern
- Lehmputz – vermeidet Zementekzeme durch zementhältigen Putzmörtel

Notes on environmental protection, workplace and health protection measures

Installation

- Low-chromate wall mortar and personal protection equipment – avoids cement eczema
- Hemp insulation material – avoids skin irritations caused by mineral fibers
- Comprehensive protective work equipment – reduces health hazards caused by mineral wool and hemp fibers
- Loam plaster – helps avoid cement eczema from plaster mortars that contain cement

Entsorgung und Verwertung / Disposal and utilization

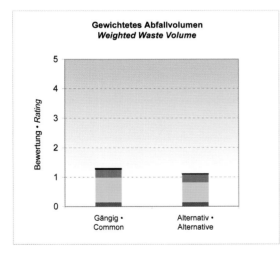

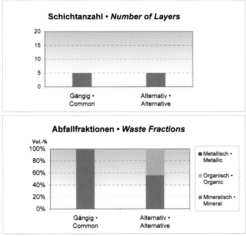

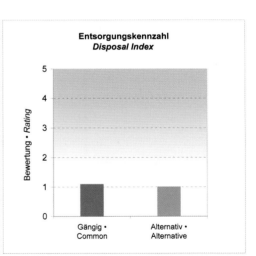

ADh 01

Massivholzdecke über Außenluft, Nassestrich
Solid wood ceiling above outside air, wet screed

oben (innen)
above (inside)

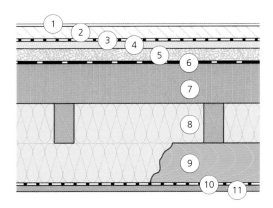

unten (außen)
below (outside)

Bauphysik ▪ Building physics

	Einheit Unit	Gängig Usual	Alternative Alternative
Gesamtdicke ▪ Total thickness	[cm]	63	63
Wärmedurchgangskoeffizient ▪ Thermal transmission coefficient	[W/(m²K)]	0,10	0,10
Bewertetes Schalldämmmaß R_w ▪ Rated sound insulation value R_w	[dB]	59	59
Bewerteter Standard-Trittschallpegel $L_{nT,w}$ ▪ Standard impact sound insulation level rating $L_{nT,w}$	[dB]	50	50
Feuchtetechnische Sicherheit ▪ Moisture safety	[kg/m²a]	0/0	0/0
Wirksame Wärmespeicherkapazität ▪ Effective heat capacity	[kJ/(m²K)]	111	111

	[cm]	Gängiger Aufbau von oben (innen) nach unten (außen) Usual construction from above (inside) to below (outside)
1	-	Fußbodenbelag* ▪ Floor surface*
2	5	Zementestrich ▪ Cement screed
3	-	PE-Folie ▪ PE foil
4	3	Mineralwolle-Trittschalldämmplatte (z.B. MW-S 35/30) ▪ Mineral wool impact sound insulation panel (e.g. MW-S 35/30)
5	5	Schwere Splittschüttung, leicht gebunden (zementgebunden) ▪ Heavy crushed rock filler, lightly bonded (cement bonded)
6	-	PE-Dampfbremse ▪ PE vapor barrier
7	16	Brettstapeldecke, genagelt ▪ Stacked board ceiling, nailed
8	16	Mineralwolleplatten zw. Holzstaffel ▪ Mineral wool panels bet. wood grid
9	16	Mineralwolleplatten zw. querliegenden Holzstaffeln ▪ Mineral wool panels bet. cross-wood grid
10	-	Diffusionsoffene Windsperre ▪ Open diffusion wind barrier
11	2,5	Holzschalung Nut+Feder ▪ Groove and tongue wood shuttering

* Für die Berechnung wurde Fertigparkett verwendet

	[cm]	Alternativer Aufbau von oben (innen) nach unten (außen) Alternative construction from above (inside) to below (outside)
1	-	Fußbodenbelag* ▪ Floor surface*
2	5	Zementestrich ▪ Cement screed
3	-	Baupapier ▪ Building paper
4	3	Mineralwolle Trittschalldämmplatte (z.B. MW-S 35/30) ▪ Mineral wool impact sound insulation panel (e.g. MW-S 35/30)
5	5	Schwere Splittschüttung, leicht gebunden (zementgebunden) ▪ Heavy crushed rock filler, lightly bonded (cement bonded)
6	-	PE-Dampfbremse ▪ PE vapor barrier
7	16	Brettstapeldecke, gedübelt ▪ Stacked board ceiling, dowelled
8	16	Hanf zw. Holzstaffel ▪ Hemp bet. wood grid
9	16	Hanf zw. querliegenden Holzstaffeln ▪ Hemp bet. cross-wood grid
10	-	Diffusionsoffene Windsperre ▪ Open diffusion wind barrier
11	2,5	Holzschalung Nut + Feder ▪ Groove and tongue wood shuttering

* Calculations based on the use of ready-to-install parquet

Technische Beschreibung

Eignung
- Für über Außenluft auskragende Erker oder Durchfahrten in Holzbauten
- Nicht für Nassräume
- Für problemlose Verlegung von Installationen im Fußbodenaufbau

Ausführungshinweise
- Die Dampfbremse auf den Diffusionswiderstand der Decke abstimmen

Instandhaltung
- Nach Überflutung (z.B. infolge Wasserrohrbruch) ev. Entfernen und Neuherstellen des gesamten Fußbodenaufbaues nötig
- Bei Beachtung der Richtlinien des konstruktiven ➔ Holzschutzes ist kein chemischer Holzschutz erforderlich

Diskussion des Aufbaus
- Der Aufbau lässt wärmebrückenfreie Anschlüsse an die übrigen Bauteile zu

Technical Description

Suitability
- For elements (bay windows etc.) that project into the outside air or thruways in wood structures
- Not for wet rooms
- For convenient laying of services in the floor structure

Construction process
- Adjust the vapor barrier in relation to the diffusion resistance of the ceiling

Maintenance
- It maybe necessary to remove the floor and lay an entirely new floor after flooding (e.g. after waterline damage)
- No chemical wood protection is required if the guidelines for structural ➔ wood protection are followed

Structural discussion
- The structure allows for thermal bridge-free connections to the other components

Ökologisches Profil ▪ Ecological profile

Herstellung ▪ Production

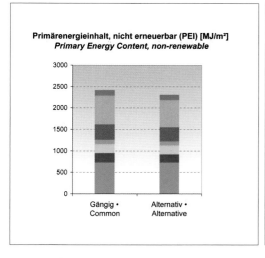

Primärenergieinhalt, nicht erneuerbar (PEI) [MJ/m²]
Primary Energy Content, non-renewable

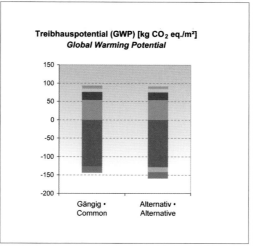

Treibhauspotential (GWP) [kg CO₂ eq./m²]
Global Warming Potential

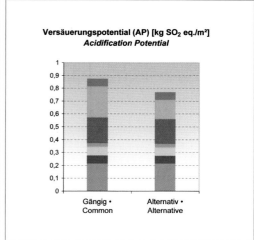

Versäuerungspotential (AP) [kg SO₂ eq./m²]
Acidification Potential

- Fichtenschalung + PE-Windsperre
- Latten dazw. Glaswolle / Hanf
- Massivholzdecke, genagelt / gedübelt
- Splittschüttung, zementgebunden + PE-Dampfsperre
- Glaswolle
- Estrichbeton + PE-Folie / Baupapier
- Fertigparkett + Parkettkleber

- *Spruce Shuttering + PE Wind Lock*
- *Glass Wool / Hemp + Lath Layers*
- *Solid Wood Ceiling, nailed / dowelled*
- *Gravel Filler, bonded with Cement + PE Vapour Barrier*
- *Glass Wool*
- *Cement Screed + PE Foil / Cement Screed + Building Paper*
- *Ready-To-Install Parquet + Parquet Glue*

Hinweise zu Ökologie, Arbeits- und Gesundheitsschutz

Einbau
- Hanfdämmstoff – vermeidet Hautreizung durch Mineralfasern
- Umfassender Arbeitsschutz – reduziert Gesundheitsbelastungen durch Mineral- und Hanffaser
- Chromatarmer Zementestrich und persönliche Schutzausrüstung – vermeiden Zementekzeme

Nutzung
- Strömungsdichte Fugenausbildung – vermeidet Mineralfaseremission in Raumluft

Notes on Environmental Protection, Workplace and Health Protection Measures

Installation
- Hemp insulation material – avoids skin irritations due to mineral fibers
- Comprehensive protective work equipment – reduces health hazards from mineral an hemp fibers
- Low-chromate cement screed and personal protective equipment – avoids cement eczema

Use
- Flow sealed joint structure – prevents mineral fiber emissions in room air

Entsorgung und Verwertung / Disposal and utilization

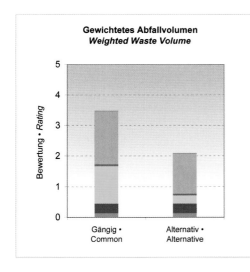

Gewichtetes Abfallvolumen
Weighted Waste Volume

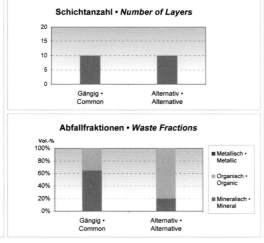

Schichtanzahl • Number of Layers

Abfallfraktionen • Waste Fractions

- Metallisch • Metallic
- Organisch • Organic
- Mineralisch • Mineral

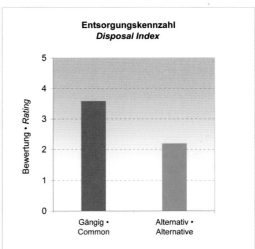

Entsorgungskennzahl
Disposal Index

ADm 01

Stahlbetondecke über Außenluft, Distanzboden
Reinforced concrete ceiling slab above outside air, spacer floor

oben (innen)
above (inside)

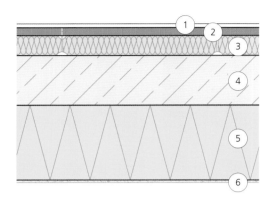

unten (außen)
below (outside)

Bauphysik ▪ Building physics

	Einheit Unit	Gängig Usual	Alternative Alternative
Gesamtdicke ▪ Total thickness	[cm]	61	65
Wärmedurchgangskoeffizient ▪ Thermal transmission coefficient	[W/(m²K)]	0,10	0,10
Bewertetes Schalldämmmaß R_w ▪ Rated sound insulation value R_w	[dB]	65	61
Bewerteter Standard-Trittschallpegel $L_{nT,w}$ ▪ Standard impact sound insulation level rating $L_{nT,w}$	[dB]	40	45
Feuchtetechnische Sicherheit ▪ Moisture safety	[kg/m²a]	0/0	0/0
Wirksame Wärmespeicherkapazität ▪ Effective heat capacity	[kJ/(m²K)]	49	38

	[cm]	Gängiger Aufbau von oben (innen) nach unten (außen) Usual construction from above (inside) to below (outside)
1	-	Fußbodenbelag* ▪ Flooring layer*
2	3,2	Spanplatte, Nut + Feder ▪ Chipboard, groove and tongue
3	8	Mineralwolle zw. höhenjustierbaren, trittschalldämmenden Distanzfüßen ▪ Mineral wool bet. height-adjustable, impact sound insulating spacer supports
4	20	Stahlbeton ▪ Reinforced concrete
5	30	EPS, gedübelt und geklebt ▪ EPS, dowelled and bonded
6	-	Silikatputz ▪ Silicate plaster

* Für die Berechnung wurde Fertigparkett verwendet ▪ Calculations based on the use of ready-to-install parquet

	[cm]	Alternativer Aufbau von oben (innen) nach unten (außen) Alternative construction from above (inside) to below (outside)
1	-	Fußbodenbelag** ▪ Flooring layer**
2	2,4	Blindboden ▪ Dead flooring
3	11	5 cm Polsterhölzer auf 6 cm Holzfaser-Trittschalldämmplatten dazw. Schafwolle ▪ 5 cm raft batten on 6 cm wood fiberboard impact sound insulation panel, lambswool in bet.
4	20	Hohldielendecke ▪ Hollow-core ceiling slab
5	32	Mineralschaumplatte, gedübelt und geklebt ▪ Mineral foam panel, dowelled and bonded
6	-	Silikatputz ▪ Silicate plaster

** Für die Berechnung wurde Lärchenschiffboden verwendet ▪ Calculations based on the use of solid larch flooring

Technische Beschreibung

Eignung
- Für über Außenluft auskragende Erker oder über Durchfahrten
- Nicht für Nassräume
- Für hohe Anforderungen an die Fußwärme des Bodens
- Für komfortable Höhenjustierung des Fußbodens
- Für problemlose Verlegung von Installationen im Fußbodenaufbau

Ausführungshinweise
- Als Hohlraumbedämpfung und Wärmedämmung unter dem Fußbodenbelag können auch weiche, nicht-belastbare Dämmmaterialien verwendet werden
- Die unterseitige Dämmung zusätzlich zur Klebung mechanisch befestigen

Instandhaltung
- Nach Wasserschäden ev. Neuherstellen des gesamten Fußbodenaufbaues nötig

Diskussion des Aufbaus
- Keine Dampfbremse erforderlich, wenn Dämmschichten im Fußbodenaufbau hinreichend dünn und unter der Bodenplatte hinreichend dick dimensioniert werden (siehe Zeichnung, rechn. Nachweis!) bzw. auch dann, wenn keine Fertigteile verwendet werden (Elementstöße)
- Der Aufbau lässt eine wärmebrückenfreie Dämmung von auskragenden Bauteilen zu

Technical description

Suitability
- For elements (bay windows etc.) that project into the outside air or thruways
- Not for wet rooms
- For high floor warmth requirements
- For comfortable floor height adjustment
- For convenient laying of services in the floor structure

Construction process
- Soft, non-load-bearing insulation materials can be used for hollow space insulation below the flooring layer
- The insulation on the lower side should be glued and mechanically bonded

Maintenance
- Laying an entirely new floor may be necessary after water damage

Structural discussion
- No vapor barrier is required if the insulation layers are thin enough under the floor structure and thick enough under the floor slab (see illustration, calculations!) or when no prefabricated elements are used (joints)
- The structure allows for thermal bridge-free insulation of projecting components

Ökologisches Profil ▪ Ecological profile

Herstellung ▪ Production

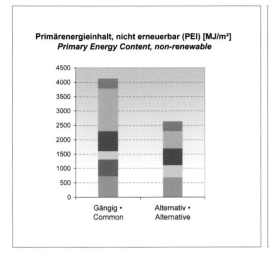
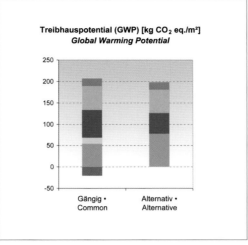
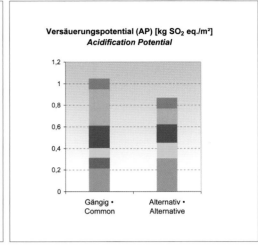

- Silikatputz, armiert
- EPS, gedübelt und geklebt / Mineralschaumplatte, gedübelt und geklebt
- Stahlbetondecke / Hohldielendecke
- Glaswolle + Distanzbodenhalter / Schafwolle + Polsterholz + Holzfaser-Trittschalldämmung
- Spanplatte / entfällt
- Fertigparkett + Parkettkleber / Lärchenschiffboden

- Silicate Plaster, reinforced
- EPS, dowelled and bonded / Mineral Foam Panel, dowelled and bonded
- Reinforced Concrete / Hollow-Core Ceiling Slab
- Glass Wool + Floor Spacers / Lambs Wool + Raft Batten + Wood Fiberboard Impact Sound Insulation Panel
- Chipboard / -
- Ready-To-Install Parquet + Adhesive / Solid Larch Flooring

Hinweise zu Ökologie, Arbeits- und Gesundheitsschutz

Einbau
- Schafwolldämmstoff – vermeidet Faserbelastung und Hautreizung durch Mineralfasern

Nutzung
- Holzschalung oder emissionsarme Spanplatten – vermeiden bzw. reduzieren Emissionen von Formaldehyd und VOC
- Schafwolldämmstoff – vermeidet Emissionen von Formaldehyd aus Mineralwolle
- Strömungsdichte Fugenausbildung – vermeidet Mineralfaseremission in Raumluft
- Lärchenschiffboden oder emissionsarme Spanplatten – vermeiden bzw. reduzieren Emissionen von Formaldehyd und VOC

Notes on environmental protection, workplace and health protection measures

Installation
- Lambswool insulation material – prevents the development of skin irritations caused by mineral fibers

Use
- Wood shuttering or low-emission chipboard panels – avoid or reduce formaldehyde and VOC emissions
- Lambswool insulation material – prevents mineral wool formaldehyde emissions
- Flow-sealed joints – prevents mineral fiber emissions in room air
- Larch wood plank floors or low-emission chipboard panels – avoids or reduces formaldehyde and VOC emissions

Entsorgung und Verwertung / Disposal and utilization

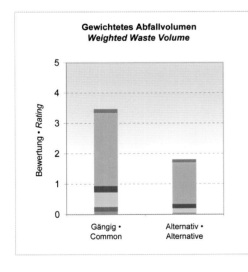
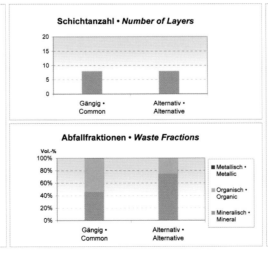
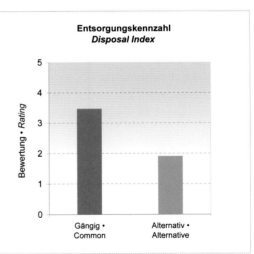

GDh 01

Brettstapel-Geschoßdecke, Nassestrich
Intermediate stacked board floor, wet screed

oben
above

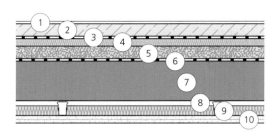

unten
below

Bauphysik ▪ Building physics

	Einheit Unit	Gängig Usual	Alternative Alternative
Gesamtdicke ▪ Total thickness	[cm]	37	37
Wärmedurchgangskoeffizient ▪ Thermal transmission coefficient	[W/(m²K)]	0,29	0,29
Bewertetes Schalldämmmaß R_w ▪ Rated sound insulation value R_w	[dB]	60	60
Bewerteter Standard-Trittschallpegel $L_{nT,w}$ ▪ Standard impact sound insulation level rating $L_{nT,w}$	[dB]	45	45
Feuchtetechnische Sicherheit ▪ Moisture safety	[kg/m²a]	0/0	0/0
Wirksame Wärmespeicherkapazität ▪ Effective heat capacity	[kJ/(m²K)]	108/62	108/62

	[cm]	Gängiger Aufbau von oben nach unten Usual construction from above to below
1	-	Fußbodenbelag* ▪ Floor surface*
2	5	Zementestrich ▪ Cement screed
3	-	PE-Folie ▪ PE foil
4	3	Mineralwolle-Trittschalldämmplatte (z.B. MW-S 35/30) ▪ Mineral wool impact sound insulation panel (e.g. MW-S 35/30)
5	5	Schwere Splittschüttung, leicht gebunden (zementgebunden) ▪ Heavy crushed rock filler, lightly bonded (cement bonded)
6	-	Rieselschutz ▪ Trickling protection
7	16	Brettstapeldecke, genagelt ▪ Stacked board ceiling, nailed
8	1	Luftspalt ▪ Air gap
9	4	Mineralwolle ▪ Mineral wool
10	3	2 Lg. Gipskarton-Brandschutzplatten auf Schwingbügel ▪ 2-layer gypsum plasterboard fire protection panels on adj. strap hangers

* Für die Berechnung wurde Fertigparkett verwendet.

	[cm]	Alternativer Aufbau von oben nach unten Alternative construction from above to below
1	-	Fußbodenbelag* ▪ Floor surface*
2	5	Zementestrich ▪ Cement screed
3	-	Baupapier ▪ Building paper
4	3	Mineralwolle Trittschalldämmplatte (z.B. MW-S 35/30) ▪ Mineral wool impact sound insulation panel (e.g. MW-S 35/30)
5	5	Schwere Splittschüttung, leicht gebunden (zementgebunden) ▪ Heavy crushed rock filler, lightly bonded (cement bonded)
6	-	Rieselschutz ▪ Trickling protection
7	16	Brettstapeldecke gedübelt ▪ Stacked board ceiling, dowelled
8	1	Luftspalt ▪ Air gap
9	4	Schafwolle ▪ Lambswool
10	2,5	2 Lg. Gipsfaserplatten auf Schwingbügel ▪ 2-layer gypsum fiberboard on adj. strap hangers

* Calculations based on the use of ready-to-install parquet.

Technische Beschreibung

Eignung
- Für Decken zwischen beheizten Geschoßen
- Nicht für Nassräume
- Für geringe Anforderungen an die Speichermasse des Raumes unter der Decke
- Für problemlose Verlegung von Installationen im Fußbodenaufbau
- Für Herstellung auf de Baustelle geeignet
- Für geringe Anforderungen an den Trittschallschutz

Ausführungshinweise
- Schwere Schüttung muss trotz Bindung brechen, darf nicht als Platte wirken
- Leichte Bindung der schweren Schüttung zur Vermeidung des kalten Flusses empfehlenswert

Instandhaltung
- Bei Beachtung der Richtlinien des konstruktiven → Holzschutzes ist kein chemischer Holzschutz erforderlich
- Nach Wasserschäden: ev. Neuherstellen des gesamten Fußbodenaufbaues nötig

Technical description

Suitability
- For ceilings between heated floors
- Not for wet rooms
- For low storage mass requirements in the room below the ceiling
- For convenient laying of services in the floor structure
- Suitable for onsite assembly
- For low impact sound insulation requirements

Construction process
- Despite bonding heavy filler must break and should not behave as a solid slab
- Bonding of the heavy filler is recommended to avoid cold flow

Maintenance
- No chemical wood protection is required if the guidelines for structural → wood protection are followed
- Laying an entirely new floor may be necessary after water damage

Ökologisches Profil · Ecological profile

Herstellung · Production

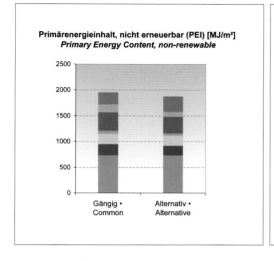

Primärenergieinhalt, nicht erneuerbar (PEI) [MJ/m²]
Primary Energy Content, non-renewable

Gängig · Common — Alternativ · Alternative

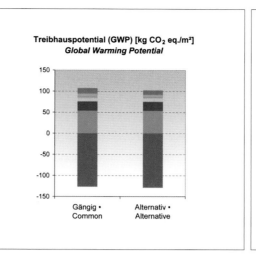

Treibhauspotential (GWP) [kg CO₂ eq./m²]
Global Warming Potential

Gängig · Common — Alternativ · Alternative

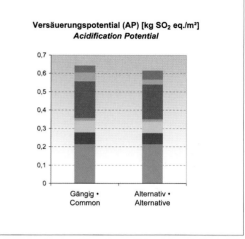

Versäuerungspotential (AP) [kg SO₂ eq./m²]
Acidification Potential

Gängig · Common — Alternativ · Alternative

- Gipskartonplatte / Gipsfaserplatte + Befestigungsmaterial
- Schwingbügel + Glaswolle / Schafwolle
- Massivholzdecke, genagelt / mit Holzdübel
- Splittschüttung, zementgebunden + PE-Folie / Baupapier
- Glaswolle
- Estrichbeton + PE-Folie / Baupapier
- Fertigparkett + Parkettkleber

- *Gypsum Plasterboard / Gypsum Fiberboard + Fastening Materials*
- *Adjusting Strap Hangers + Glass Wool / Lambs Wool*
- *Solid Wood Ceiling, nailed / w. Wood Dowels*
- *Gravel Filler, bonded with Cement + PE foil / Building Paper*
- *Glass Wool*
- *Cement Screed + PE Foil / Cement Screed + Building Paper*
- *Ready-To-Install Parquet + Parquet Glue*

Hinweise zu Ökologie, Arbeits- und Gesundheitsschutz

Einbau
- Schafwolldämmstoff – vermeidet Faserbelastung und Hautreizung durch Mineralfasern
- Chromatarmer Zementestrich und persönliche Schutzausrüstung – vermeiden Zementekzeme

Nutzung
- Schafwolldämmstoff – vermeidet Emissionen von Mineralfaser und Formaldehyd aus Mineralwolle
- Strömungsdichte Fugenausbildung – vermeidet Glaswollfaseremission in Innenraumluft bei Nutzung

Notes on environmental protection, workplace and health protection measures

Installation
- Lambswool insulation material – prevents the development of skin irritations caused by mineral fibers
- Low-chromate cement screed and personal protective equipment – avoids cement eczema

Use
- Lambswool insulation material – avoids mineral wool formaldehyde and mineral fiber emissions
- Flow-sealed joints – avoids glass wool fiber emissions in room air

Entsorgung und Verwertung / Disposal and utilization

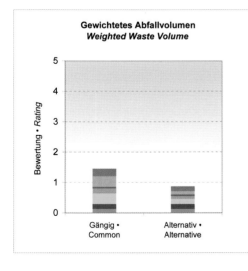

Gewichtetes Abfallvolumen
Weighted Waste Volume

Bewertung · Rating

Gängig · Common — Alternativ · Alternative

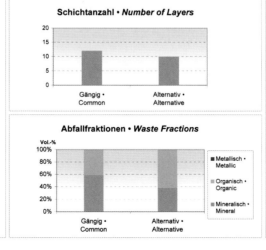

Schichtanzahl · Number of Layers

Gängig · Common — Alternativ · Alternative

Abfallfraktionen · Waste Fractions

Vol.-%

- Metallisch · Metallic
- Organisch · Organic
- Mineralisch · Mineral

Gängig · Common — Alternativ · Alternative

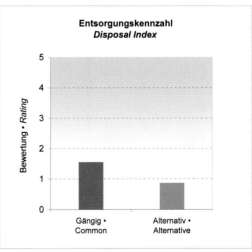

Entsorgungskennzahl
Disposal Index

Bewertung · Rating

Gängig · Common — Alternativ · Alternative

GDI 01

Leichtbau- (oder Tram-) Geschoßdecke, Nassestrich
Lightweight (or joist) intermediate floor, wet screed

oben
above

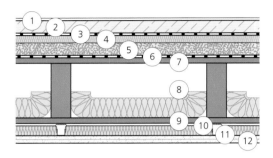

unten
below

Bauphysik ▪ Building physics

	Einheit Unit	Gängig Usual	Alternative Alternative
Gesamtdicke ▪ Total thickness	[cm]	47	47
Wärmedurchgangskoeffizient ▪ Thermal transmission coefficient	[W/(m²K)]	0,19	0,20
Bewertetes Schalldämmmaß R_w ▪ Rated sound insulation value R_w	[dB]	71	71
Bewerteter Standard-Trittschallpegel $L_{nT,w}$ ▪ Standard impact sound insulation level rating $L_{nT,w}$	[dB]	41	41
Feuchtetechnische Sicherheit ▪ Moisture safety	[kg/m²a]	0/0	0/0
Wirksame Wärmespeicherkapazität ▪ Effective heat capacity	[kJ/(m²K)]	100/25	100/23

	[cm]	Gängiger Aufbau von oben nach unten / Usual construction from above to below
1	-	Fußbodenbelag ▪ Floor surface
2	5	Zementestrich ▪ Cement screed
3	-	PE-Folie ▪ PE foil
4	3	Mineralwolle-Trittschalldämmplatte (z.B. MW-S 35/30) ▪ Mineral wool impact sound insulation panel (e.g. MW-S 35/30)
5	5	Splitschüttung, leicht gebunden (z.B. zementgebunden) ▪ Gravel filler, lightly bonded (e.g. cement bonded)
6	-	Rieselschutz ▪ Trickling protection
7	2,2	OSB-Platte ▪ OSB panel
8	22	Holz-Sparren, dazw. 8 cm Mineralwolle ▪ Wood rafters bet. 8 cm mineral wool
9	2,2	OSB-Platte ▪ OSB panel
10	1	Luftspalt ▪ Air gap
11	4	Mineralwolle ▪ Mineral wool
12	3	2 Lg. Gipskarton-Brandschutzplatten auf Schwingbügel ▪ 2-layer gypsum plasterboard fire protection panels on adj. strap hangers

* Für die Berechnung wurde Fertigparkett verwendet

	[cm]	Alternativer Aufbau von oben nach unten / Alternative construction from above to below
1	-	Fußbodenbelag ▪ Floor surface
2	5	Zementestrich ▪ Cement screed
3	-	Baupapier ▪ Building paper
4	3	Mineralwolle-Trittschalldämmplatte (z.B. MW-S 35/30) ▪ Mineral wool impact sound insulation panel (e.g. MW-S 35/30)
5	5	Splitschüttung, leicht gebunden (z.B. zementgebunden) ▪ Gravel filler, lightly bonded (e.g. cement bonded)
6	-	Rieselschutz ▪ Trickling protection
7	2,4	Holzschalung ▪ Wood shuttering
8	22	Holz-Sparren, dazw. 8 cm Schafwolle ▪ Wood rafters bet. 8 cm lambswool
9	2,4	Holzschalung ▪ Wood shuttering
10	1	Luftspalt ▪ Air gap
11	4	Schafwolle ▪ Lambswool
12	2,5	2 Lg. Gipsfaserplatten auf Schwingbügel ▪ 2-layer gypsum fiberboard on adj. strap hangers

* Calculations based on the use of ready-to-install parquet

Technische Beschreibung

Eignung
• Für Decken zwischen beheizten Geschoßen
• Nicht für Nassräume
• Für geringe Anforderungen an die Fußwärme des Bodens
• Für Leichtbauweise mit hohen Anforderungen an Luft- und Trittschallschutz
• Für Installationen im Fußbodenaufbau, die keine oder nur wenige Durchdringungen der PE-Folie erfordern
• Für Herstellung auf der Baustelle geeignet

Ausführungshinweise
• Stöße, Ränder und Durchdringungen der PE-Folie durch Installationen sorgfältig abkleben, um Eindringen von Feuchte in die Trittschalldämmung während der Estricharbeiten zu verhindern
• Schwere Schüttung muss trotz Bindung brechen, darf nicht als Platte wirken
• Leichte Bindung der schweren Schüttung zur Vermeidung des kalten Flusses empfehlenswert

Instandhaltung
• Nach Überflutung (z.B. infolge Wasserrohrbruch) ev. Entfernen und Neuherstellen des gesamten Fußbodenaufbaues, ev. sogar tragender Teile, nötig
• Bei Beachtung der Richtlinien des konstruktiven → Holzschutzes ist kein chemischer Holzschutz erforderlich

Technical description

Suitability
• For ceilings between heated floors
• Not for wet rooms
• For low floor warmth requirements
• For lightweight constructions with high air and impact sound insulation requirements
• For service runs in the floor structure that require no or only a few PE foil penetrations
• Suitable for onsite assembly

Construction process
• Seal joints, edges and penetrations in the PE foil carefully during screed application to avoid moisture penetrating the impact sound insulation
• Despite bonding heavy filler must break and should not behave as a solid slab
• Bonding of the heavy filler is recommended to avoid cold flow

Maintenance
• It may be necessary to remove the floor (and even load-bearing parts) and lay an entirely new floor after flooding (e.g. after a burst water-pipe)
• No chemical wood protection is required if the guidelines for structural → wood protection are followed

Ökologisches Profil ▪ Ecological profile

Herstellung ▪ Production

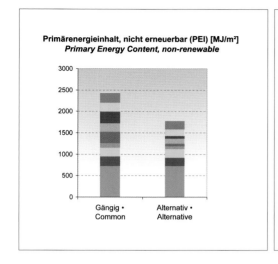

Primärenergieinhalt, nicht erneuerbar (PEI) [MJ/m²]
Primary Energy Content, non-renewable

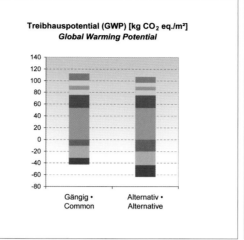

Treibhauspotential (GWP) [kg CO₂ eq./m²]
Global Warming Potential

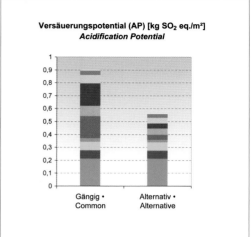

Versäuerungspotential (AP) [kg SO₂ eq./m²]
Acidification Potential

Gängig ▪ Common / Alternativ ▪ Alternative

Deutsch	English
Befestigungsmaterialien	Fastening Materials
Gipskartonplatten / Gipsfaserplatten	Gypsum Plasterboard / Gypsum Fiberboard
Schwingbügel + Glaswolle / Schafwolle	Adjusting Strap Hangers + Glass Wool / Lambs Wool
OSB-Platte / Holzschalung	OSB Panels / Wood Shuttering
Sparren + Glaswolle / Schafwolle	Timber Spars + Glass Wool / Cellulose Flakes
OSB-Platte / Holzschalung	OSB Panels / Wood Shuttering
Splittschüttung, zementgebunden + PE-Folie / Baupapier	Gravel Filler bonded with Cement + PE Foil / Building Paper
Glaswolle	Glass Wool
Estrichbeton + PE-Folie / Estrichbeton + Baupapier	Cement Screed + PE Foil / Building Paper
Fertigparkett + Parkettkleber	Ready-To-Install Parquet + Parquet Glue

Hinweise zu Ökologie, Arbeits- und Gesundheitsschutz

Einbau
- Schafwolldämmstoff – vermeidet Faserbelastung und Hautreizung durch Mineralfasern
- Chromatarmer Zementestrich und persönliche Schutzausrüstung – vermeiden Zementekzeme

Nutzung
- Emissionsarme OSB-Platten – reduzieren Emissionen von Formaldehyd und VOC
- Holzschalung – vermeidet Emissionen von Formaldehyd und VOC
- Schafwolldämmstoff – vermeidet Emissionen von Formaldehyd aus Mineralwolle
- Strömungsdichte Fugenausbildung – vermeidet Mineralfaseremission in Raumluft

Notes on environmental protection, workplace and health protection measures

Installation
- Lambswool insulation material – prevents the development of skin irritations caused by mineral fibers
- Low-chromate cement screed and personal protective equipment – avoids cement eczema

Use
- Low-emission OSB panels – reduce formaldehyde and VOC emissions
- Wood shuttering – reduces formaldehyde and VOC emissions
- Lambswool insulation material – prevents mineral wool formaldehyde emissions
- Flow-sealed joints – prevents mineral fiber emissions in room air

Entsorgung und Verwertung / Disposal and utilization

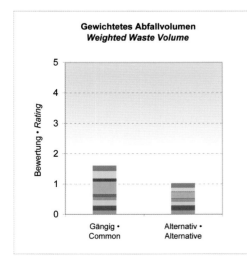

Gewichtetes Abfallvolumen
Weighted Waste Volume

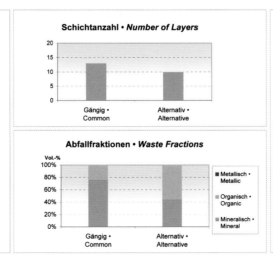

Schichtanzahl ▪ Number of Layers

Abfallfraktionen ▪ Waste Fractions

Metallisch ▪ Metallic / Organisch ▪ Organic / Mineralisch ▪ Mineral

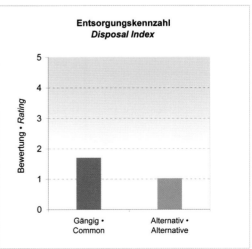

Entsorgungskennzahl
Disposal Index

GDm 01

Stahlbeton-Geschoßdecke, Nassestrich (Nassräume)
Reinforced concrete intermediate floor, wet screed (wet room)

oben
above

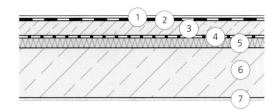

unten
below

Bauphysik ▪ Building physics

	Einheit Unit	Gängig Usual	Alternative Alternative
Gesamtdicke ▪ Total thickness	[cm]	30	31
Wärmedurchgangskoeffizient ▪ Thermal transmission coefficient	[W/(m²K)]	0,86	0,74
Bewertetes Schalldämmmaß R_w ▪ Rated sound insulation value R_w	[dB]	65	64
Bewerteter Standard-Trittschallpegel $L_{nT,w}$ ▪ Standard impact sound insulation level rating $L_{nT,w}$	[dB]	40	45
Feuchtetechnische Sicherheit ▪ Moisture safety	[kg/m²a]	0/0	0/0
Wirksame Wärmespeicherkapazität ▪ Effective heat capacity	[kJ/(m²K)]	126/314	143/257

	[cm]	Gängiger Aufbau von oben nach unten Usual construction from above to below
1	-	Fußbodenbelag ▪ Flooring layer
2	-	Flüssige Folie ▪ Liquid foil
3	6	Zementestrich ▪ Cement screed
4	-	PE-Folie ▪ PE foil
5	4	EPS-Trittschalldämmplatte ▪ EPS impact sound insulation panel
6	20	Stahlbeton ▪ Reinforced concrete
7	-	Spachtelung ▪ Filler

* Für die Berechnung wurde Keramik verwendet

	[cm]	Alternativer Aufbau von oben nach unten Alternative construction from above to below
1	-	Fußbodenbelag ▪ Flooring layer
2	-	Flüssige Folie ▪ Liquid foil
3	6	Zementestrich ▪ Cement screed
4	-	Baupapier ▪ Building paper
5	4	Perlite + PE-Schaum (1 cm) ▪ Perlite + PE foam (1 cm)
6	20	Stahlbeton ▪ Reinforced concrete
7	1,5	Lehmputz auf Haftbrücke ▪ Loam rendering on bonding layer

* Calculations based on the use of ceramic

Technische Beschreibung

Eignung
- Für Decken zwischen beheizten Geschoßen
- Für Nassräume
- Für hohe Speichermassen im Raum unter der Decke
- Für Verlegung nicht zu dicker Installationen im Fußbodenaufbau

Ausführungshinweise
- Zur Erhaltung der wirksamen Speichermasse der Decke die Deckenuntersicht so dünn wie möglich spachteln und auf eine Verkleidung der Deckenuntersicht verzichten
- Den Randanschluss der Feuchteabdichtung unter Berücksichtigung der Bewegungen des Estrichs unter Belastung ausbilden

Instandhaltung
- Auf Rissbildung in der Abdichtung im Bereich der Randanschlüsse kontrollieren; Risse unverzüglich sanieren

Diskussion des Aufbaus
- Vorteile: gleiche Höhe wie anschließende fußwarme Aufbauten für Nicht-Nassräume; einfache Verlegung von Installationen innerhalb des Fußbodenaufbaues (im Gegensatz zu Aufbauten mit Feuchteabdichtung auf der Rohdecke und PE-Weichschaum-Trittschalldämmung oberhalb der Feuchteabdichtung).
- Nachteil: die (geringen) Bewegungen des Estrichs mit der darauf liegenden Feuchteabdichtung, die so an den Randanschlüssen schadhaft werden kann

Technical description

Suitability
- For floor slabs between heated floors
- For wet rooms
- For high storage mass in the room underneath the ceiling
- For floor structure services that are not too thick

Construction process
- Smooth filler mass as thinly as possible to preserve storage mass efficiency on the lower side of the ceiling and do not use cladding
- Take screed movement under strain into consideration when laying the moisture seal edging

Maintenance
- Check for crack development along the edges of the connection seals; repair cracks immediately

Structural discussion
- Advantages: same height as the following foot-warm structures for non-wet rooms; easy to lay services within the floor structure (as opposed to structures with moisture seals directly on the slab with soft PE foam impact sound insulation laid on top of the moisture seal).
- Disadvantage: the (minor) movement of the screed and the moisture seal on top, which can damage the connections along the edges

Ökologisches Profil ▪ Ecological profile

Herstellung ▪ Production

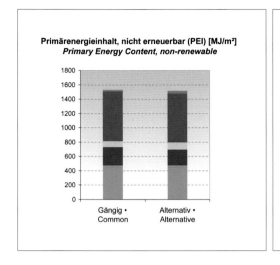

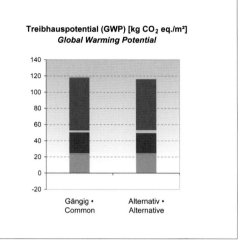

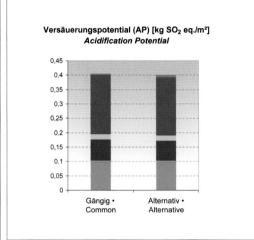

- Gipsspachtel / Lehmputz + Haftbrücke
- Stahlbeton
- EPS / Perlite + PE Weichschaum
- Estrichbeton + PE-Folie / Baupapier
- Flüssige Folie
- Keramische Fliesen, verklebt

- *Gypsum Filler / Loam Rendering + Bonding Layer*
- *Reinforced Concrete*
- *EPS / Perlite + PE Flexible Foam*
- *Screed Concrete + PE Foil / Building Paper*
- *Liquid Foil*
- *Bonded Ceramic Tiles*

Hinweise zu Ökologie, Arbeits- und Gesundheitsschutz

Einbau
- Gute Durchlüftung während des Verschweißens der Bitumenbahnen – reduziert Belastung durch Bitumenemissionen
- Chromatarmer Zementestrich und persönliche Schutzausrüstung – vermeiden Zementekzeme
- Staubschutz – vermeidet Staubbelastung durch Perlite

Nutzung
- Strömungsdichte Fugenausbildung – vermeidet Perlitestaubemission in Raumluft
- Perlite – vermeidet Styrol- und Pentanemissionen aus expandiertem Polystyrol (EPS)
- Verputzen der Stahlbetondecke mit Lehmputz – verbessert Feuchtepufferfähigkeit der Konstruktion

Notes on environmental protection, workplace and health protection measures

Installation
- Ensure there is good ventilation when welding bitumen sheets – reduces bitumen emission hazards
- Low-chromate cement screed and personal protective equipment – avoids cement eczema
- Dust protection – avoids perlite dust hazards

Use
- Flow-sealed joints – avoids perlite dust emissions in room air
- Perlite – avoids styrene and pentane emissions from expanded polystyrene (EPS)
- Loam plaster on the reinforced concrete ceiling – improves the moisture buffering properties of the construction

Entsorgung und Verwertung / Disposal and utilization

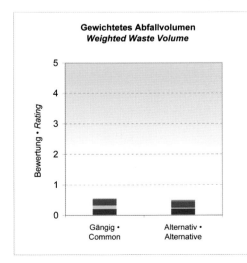

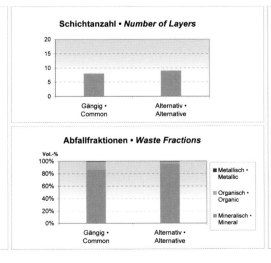

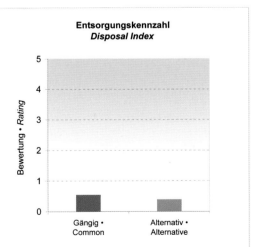

GDm 02   Stahlbeton-Geschoßdecke, Distanzboden
Reinforced concrete intermediate floor, spacer floor

oben
above

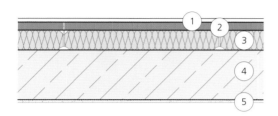

unten
below

Bauphysik · Building physics

	Einheit Unit	Gängig Usual	Alternative Alternative
Gesamtdicke · Total thickness	[cm]	31	32
Wärmedurchgangskoeffizient · Thermal transmission coefficient	[W/(m²K)]	0,57	0,56
Bewertetes Schalldämmmaß R_W · Rated sound insulation value R_W	[dB]	65	65
Bewerteter Standard-Trittschallpegel $L_{nT,w}$ · Standard impact sound insulation level rating $L_{nT,w}$	[dB]	40	42
Feuchtetechnische Sicherheit · Moisture safety	[kg/m²a]	0/0	0/0
Wirksame Wärmespeicherkapazität · Effective heat capacity	[kJ/(m²K)]	47/326	47/256

[cm]	Gängiger Aufbau von oben nach unten Usual construction from above to below
1	-	Fußbodenbelag* · Floor surface*
2	3,2	Spanplatte Nut + Feder · Chipboard groove and tongue
3	8	Höhenjustierbare, trittschalldämmende Distanzfüße, dazw. Mineralwolle · Height-adjustable, impact sound insulating spacer supports, bet. mineral wool
4	20	Stahlbeton · Reinforced concrete
5	-	Gipsspachtel · Gypsum filler

* Für die Berechnung wurde Fertigparkett verwendet · Calculations based on the use of ready-to-install parquet

[cm]	Alternativer Aufbau von oben nach unten Alternative construction from above to below
1	-	Fußbodenbelag** · Floor surface**
2	-	entfällt · N/A
3	11	5 cm Polsterhölzer auf 6 cm Holzfaser-Trittschalldämmstreifen dazw. 5 cm Schafwolle · 5 cm raft battens on 6 cm wood fiberboard impact sound insulation panel, 5 cm lambswool in bet.
4	20	Stahlbeton · Reinforced concrete
5	1,5	Lehmputz auf Haftbrücke · Loam rendering on bonding layer

** Für die Berechnung wurde Lärchenschiffboden verwendet · Calculations based on the use of solid larch flooring

Technische Beschreibung

Eignung
- Für Decken zwischen beheizten Geschoßen
- Nicht für Nassräume
- Für hohe Anforderungen an die Fußwärme des Bodens
- Für guten Luft- und Trittschallschutz
- Für komfortable Höhenjustierung des Fußbodens
- Für problemlose Verlegung von Installationen im Fußbodenaufbau

Ausführungshinweise
- Zur Erhaltung der wirksamen Speichermasse der Decke die Deckenuntersicht so dünn wie möglich spachteln und auf eine Verkleidung der Deckenuntersicht verzichten
- Als Hohlraumbedämpfung können auch weiche, nicht-belastbare Dämmmaterialien verwendet werden

Instandhaltung
- Nach Wasserschäden ev. Neuherstellen des gesamten Fußbodenaufbaues nötig

Diskussion des Aufbaus
- Der Aufbau stellt eine ideale Kombination von Speicherfähigkeit für den unter der Decke liegenden Raum und hoher Fußwärme für den über der Decke liegenden Raum dar

Technical description

Suitability
- For ceilings between heated floors
- Not for wet rooms
- For high floor warmth requirements
- For good air and impact sound insulation
- For easy floor height adjustment
- For convenient laying of services in the floor structure

Construction process
- Smooth filler mass as thinly as possible to preserve storage mass efficiency on the lower side of the ceiling and do not use cladding
- Soft, non-load-bearing insulation materials can be used for hollow space insulations

Maintenance
- Laying an entirely new floor may be necessary after water damage

Structural discussion
- The structure is an ideal combination of storage capabilities for the room below the ceiling slab and high foot warmth for the room above the slab

Ökologisches Profil ▪ Ecological profile

Herstellung ▪ Production

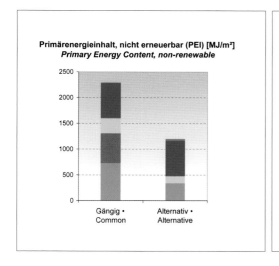

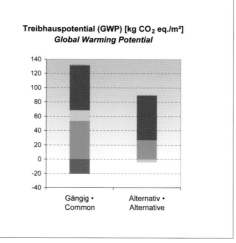

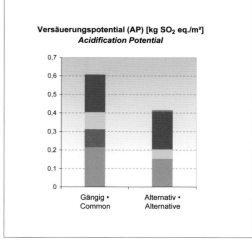

■ Gypsum Filler / Bonding Layer + Loam Rendering
■ Reinforced Concrete
■ Glass Wool + Floor Spacers / Lambs Wool + Raft Battens + Wood Fiberboard Impact Sound Insulation Panel
■ Chipboard / -
■ Ready-To-Install Parquet + Adhesive / Solid Larch Flooring

Hinweise zu Ökologie, Arbeits- und Gesundheitsschutz

Herstellung
• Lärchenholz aus nachhaltiger regionaler Holzwirtschaft verwenden – vermeidet Zerstörung schützenswerter Wälder

Einbau
• Schafwolldämmstoff – vermeidet Faserbelastung und Hautreizung durch Mineralfasern

Nutzung
• Lärchenschiffboden oder emissionsarme Spanplatten – vermeiden bzw. reduzieren Emissionen von Formaldehyd und VOC
• Schafwolldämmstoff – vermeidet Emissionen von Formaldehyd aus Mineralwolle
• Lehmputz – verbessert Feuchtepufferfähigkeit der Konstruktion

Notes on environmental protection, workplace and health protection measures

Production
• Use larch wood from sustainable regional production areas – prevents the destruction of forests worth preserving

Installation
• Lambswool insulation material – prevents the development of skin irritations caused by mineral fibers

Use
• Larch wood plank floors or low-emission chipboard panels – avoids or reduces formaldehyde and VOC emissions
• Lambswool insulation material – prevents mineral wool formaldehyde emissions
• Loam plaster – improves the moisture buffering properties of the construction

---

Entsorgung und Verwertung / Disposal and utilization

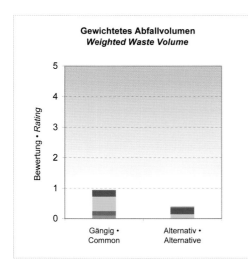

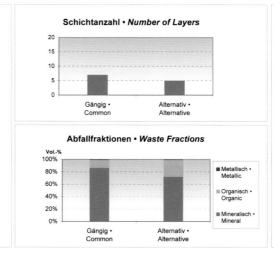

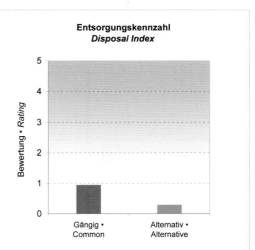

GDm 03

Ziegel-Geschoßdecke ohne Aufbeton
Intermediate brick floor element without topping concrete

oben
above

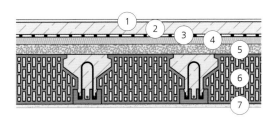

unten
below

Bauphysik ▪ Building physics

	Einheit Unit	Gängig Usual	Alternative Alternative
Gesamtdicke ▪ Total thickness	[cm]	33	33
Wärmedurchgangskoeffizient ▪ Thermal transmission coefficient	[W/(m²K)]	0,59	0,53
Bewertetes Schalldämmmaß R_w ▪ Rated sound insulation value R_w	[dB]	63	63
Bewerteter Standard-Trittschallpegel $L_{nT,w}$ ▪ Standard impact sound insulation level rating $L_{nT,w}$	[dB]	37	43
Feuchtetechnische Sicherheit ▪ Moisture safety	[kg/m²a]	0/0	0/0
Wirksame Wärmespeicherkapazität ▪ Effective heat capacity	[kJ/(m²K)]	99/109	100/105

[cm]	Gängiger Aufbau von oben nach unten Usual construction from above to below
1	-	Fußbodenbelag* ▪ Flooring layer*
2	5	Zementestrich ▪ Cement screed
3	-	PE-Folie ▪ PE foil
4	3	Mineralwolle-Trittschalldämmplatte ▪ Mineral wool impact sound insulation panel
5	4	Schüttung, gebunden ▪ Filler, bonded
6	20	Ziegeldecke ▪ Brick element floor slab
7	1,5	Kalkzementputz ▪ Lime cement plaster

* Für die Berechnung wurde Fertigparkett verwendet.

[cm]	Alternativer Aufbau von oben nach unten Alternative construction from above to below
1	-	Fußbodenbelag* ▪ Flooring layer*
2	5	Zementestrich ▪ Cement screed
3	-	Baupapier ▪ Building paper
4	3	Holzfaser-Trittschalldämmplatte ▪ Wood fiberboard impact sound insulation panel
5	4	Schüttung gebunden ▪ Filler, bonded
6	20	Ziegeldecke ▪ Brick element floor slab
7	1,5	Lehmputz ▪ Loam plaster

* Calculations based on the use of ready-to-install parquet.

Technische Beschreibung

Eignung
- Für Ziegelbauten
- Zwischen beheizten Räumen mit annähernd gleichen Raumtemperaturen

Ausführungshinweise
- Installationen können in der Schüttung unter der Trittschalldämmung verlegt werden

Instandhaltung
- Nach Überflutung (z.B. infolge Wasserrohrbruch) ev. Erneuerung des gesamten Fußbodenaufbaues nötig

Diskussion des Aufbaus
- Für beliebige Putzarten geeignet

Technical description

Suitability
- For brick constructions
- Between heated rooms with similar room temperatures

Construction process
- Services can be laid in the filler under the impact sound insulation

Maintenance
- It may be necessary to remove the floor and lay an entirely new floor after flooding (e.g. after burst water-pipe)

Structural discussion
- For all types of plaster

Ökologisches Profil ▪ Ecological profile

Herstellung ▪ Production

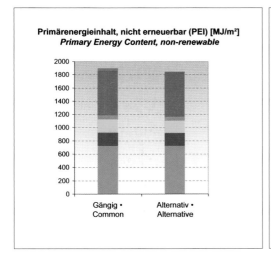

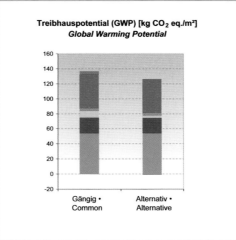

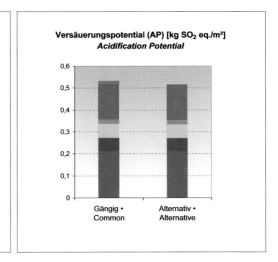

- ■ Kalkzementputz / Lehmputz
- ■ Ziegeldecke
- ■ Splitt-Schüttung, zementgebunden
- ▨ Glaswolle / Poröse Holzfaserplatte
- ■ Estrichbeton + PE-Folie / Estrichbeton + Baupapier
- ■ Fertigparkett + Parkettkleber

- ■ Lime Cement Plaster / Loam Plaster
- ■ Brick Ceiling
- ■ Crushed Stones Filler bonded with Cement
- ▨ Glass Wool / Porous Wood Fiberboard
- ■ Cement Screed + PE Foil / Building Paper
- ■ Ready-To-Install Parquet + Parquet Glue

Hinweise zu Ökologie, Arbeits- und Gesundheitsschutz

Einbau
- Chromatarmer Zementestrich und persönliche Schutzausrüstung – vermeiden Zementekzeme
- Umfassender Arbeitsschutz – reduziert Gesundheitsbelastungen durch Mineral- oder Holzfaser
- Holzfaserdämmstoff – vermeidet Hautreizung durch Mineralfasern
- Lehmputz – vermeidet Zementekzeme durch zementhältigen Putzmörtel

Nutzung
- Strömungsdichte Fugenausbildung – vermeidet Mineralfaser- oder Holzstaubemission in Raumluft
- Holzfaserdämmstoff – vermeidet Emissionen von Formaldehyd aus Mineralwolle
- Lehmputz – verbessert Feuchtepufferfähigkeit der Konstruktion

Notes on environmental protection, workplace and health protection measures

Installation
- Low-chromate cement screed and protective equipment – prevents cement eczema
- Comprehensive protective work equipment – reduces health hazards caused by mineral and wood fiber
- Wood fiber insulation material – prevents the development of skin irritations caused by mineral fibers
- Loam plaster – helps avoid cement eczema from plaster mortars that contain cement

Use
- Flow-sealed joints – prevents mineral fiber or perlite dust emissions in room air.
- Wood fiber insulation material – prevents mineral wool formaldehyde emissions
- Loam plaster – improves the moisture buffering properties of the construction

Entsorgung und Verwertung / Disposal and utilization

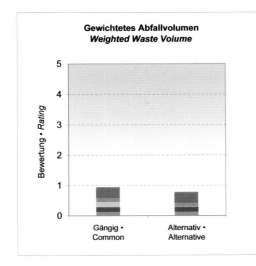

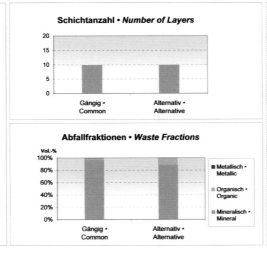

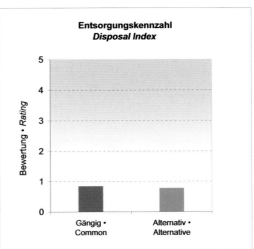

KDb 01
Kellerdecke, beidseitig gedämmt, Nassestrich
Basement ceiling slab with insulation on both sides, wet screed

oben
above

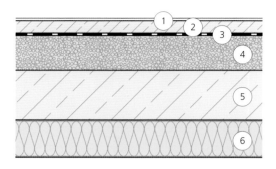

unten
below

Bauphysik ▪ Building physics

	Einheit Unit	Gängig Usual	Alternative Alternative
Gesamtdicke ▪ Total thickness	[cm]	54	54
Wärmedurchgangskoeffizient ▪ Thermal transmission coefficient	[W/(m²K)]	0,15	0,15
Bewertetes Schalldämmmaß R_W ▪ Rated sound insulation value R_W	[dB]	65	65
Bewerteter Standard-Trittschallpegel $L_{nT,w}$ ▪ Standard impact sound insulation level rating $L_{nT,w}$	[dB]	40	43
Feuchtetechnische Sicherheit ▪ Moisture safety	[kg/m²a]	0/0	0/0
Wirksame Wärmespeicherkapazität ▪ Effective heat capacity	[kJ/(m²K)]	102	101

	[cm]	Gängiger Aufbau von oben nach unten Usual construction from above to below
1	-	Fußbodenbelag ▪ Floor surface
2	5	Zementestrich ▪ Cement screed
3	-	PE-Dampfsperre ▪ PE vapor barrier
4	14	Expandiertes Polystyrol, gebunden ▪ Expanded polystyrene, bonded
5	20	Stahlbeton ▪ Reinforced concrete
6	15	Mineralwolle mit Holzwolle-Deckschicht in Schalung eingelegt ▪ Mineral wool with wood wool covering layer imbedded in shuttering

* Für die Berechnung wurde Fertigparkett verwendet

	[cm]	Alternativer Aufbau von oben nach unten Alternative construction from above to below
1	-	Fußbodenbelag ▪ Floor surface
2	5	Zementestrich ▪ Cement screed
3	-	PE-Dampfsperre ▪ PE vapor barrier
4	14	2 cm Holzfaser-Trittschalldämmplatte, Perlite gebunden/verkeilt ▪ 2 cm wood fiberboard impact sound insulation panel, perlite bonded/wedged
5	20	Stahlbeton ▪ Reinforced concrete
6	15	Mineralwolle mit Holzwolle-Deckschicht in Schalung eingelegt ▪ Mineral wool with wood wool covering layer imbedded in shuttering

* Calculations based on the use of ready-to-install parquet

Technische Beschreibung

Eignung
- Für beheizte Räume mit Normalklima, ausgenommen Nassräume
- Für geringe Anforderungen an die Fußwärme des Bodens
- Wenn Installationen ohne oder zumindest mit nur sehr wenigen Durchdringungen der Dampfsperre in der Dämmebene verlegt werden können

Ausführungshinweise
- Die Dampfbremse unter dem Estrich entsprechend dem Kellerklima (Keller, offene Tiefgarage, …) auf die übrigen Bauteilschichten abstimmen
- Durchdringungen der Dampfbremse durch (in der Dämmschicht verlegte) Installationen so weit wie möglich vermeiden
- Die Dampfbremse an Rändern, Stößen und Durchdringungen durch Installationen dicht abkleben
- Innenwände mit Gipskarton- oder Holzwerkstoff-Beplankung können direkt auf der Rohdecke stehen, da keine Kondensatschäden zu erwarten sind
- Auf geringe dynamische Steifigkeit der gebundenen EPS-Schüttung achten

Instandhaltung
- Nach Überflutung (z.B. infolge Wasserrohrbruch) ev. Entfernen und Neuherstellen des gesamten Fußbodenaufbaues nötig

Diskussion des Aufbaus
- Vorteilhaft ist, dass Gipskarton- oder Holzwerkstoff-Innenwände direkt auf die Rohdecke gestellt werden dürfen, ohne Kondensatschäden befürchten zu müssen
- Konstruktion und Ausführung von Installationen sind durch Abdichtung an der Dampfsperre erschwert. Installationen in vertikalen Bauteilen nach oben führen.

Technical description

Suitability
- For heated normal-climate rooms, except wet rooms
- For low floor warmth requirements
- If services can be laid in the insulation layer without or with very few vapor barrier penetrations

Construction process
- Adjust the vapor barrier under the screed according to the basement climate (basement, open underground garage, …) and the other component layers
- Avoid vapor barrier penetrations from installations (laid in the insulation layer) wherever possible
- Seal the vapor barrier tightly along the edges, joints and installation penetrations
- Interior walls with gypsum plasterboard or wood cladding can be built directly on the ceiling slab since no condensation damage can be expected
- Take care of a low dynamical stiffness of the bound EPS filling

Maintenance
- It may be necessary to remove the floor and lay an entirely new floor after flooding (e.g. after a burst water-pipe)

Structural discussion
- It is an advantage that interior walls with gypsum plasterboard or wood cladding can be built directly on the ceiling slab since no condensation damage can be expected
- Construction and finishing is more complicated since vapor barrier seals are necessary. Services should be brought upwards in vertical construction elements.

- Strömungsdichte Ebene ist die Stahlbetondecke, an diese die vertikalen Bauteile strömungsdicht anschließen (gilt nicht für Fertigteildecken)
- Die unterseitige Dämmung mit Akustik-Deckschicht verringert die Halligkeit des Raumes unter der Decke (zweckmäßig für Tiefgaragen)

- The reinforced concrete ceiling is the flow-sealed level, connect the vertical construction components to this level tightly (not valid for prefabricated floor elements)
- The insulation on the lower side featuring a protective acoustic layer reduces room reverberation under the ceiling (advisable for underground garages)

Ökologisches Profil ▪ Ecological profile

Herstellung ▪ Production

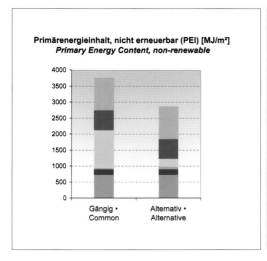 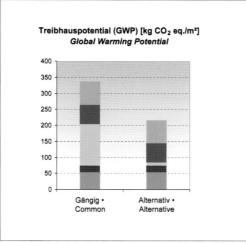 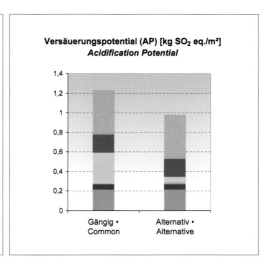

- Steinwolle zw. Holzwolleleichtbauschichten
- Stahlbeton
- EPS, zementgebunden / Holzfaser-Trittschalldämmplatte + Perlite
- PE-Dampfsperre
- Estrichbeton
- Fertigparkett + Parkettkleber

- Rock Wool with wood wool covering layers
- Reinforced Concrete
- EPS, Cement bonded / Wood Fiberboard Impact Sound Insulation Panel + Perlite
- PE Vapor Lock
- Concrete screed
- Ready-To-Install Parquet + Parquet Glue

Hinweise zu Ökologie, Arbeits- und Gesundheitsschutz

Einbau
- Chromatarmer Zementestrich und persönliche Schutzausrüstung – vermeiden Zementekzeme
- Umfassender Arbeitsschutz – reduziert Gesundheitsbelastungen durch Mineral- oder Holzfaser und Perlitestaub

Nutzung
- Strömungsdichte Fugenausbildung – vermeidet Perlite- oder Holzstaubemission in Raumluft
- Holzfaserdämmstoff – vermeidet Emissionen von Styrol und Pentan aus EPS-Granulat

Notes on environmental protection, workplace and health protection measures

Installation
- Low-chromate cement screed and protective equipment – prevents cement eczema
- Comprehensive protective work equipment – reduces health hazards caused by wood fiber and perlite dust

Use
- Flow-sealed joints – prevents perlite or wood fiber dust emissions in room air
- Wood fiber insulation material – prevents EPS granules styrene and pentane emissions

Entsorgung und Verwertung / Disposal and utilization

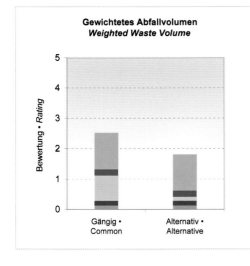 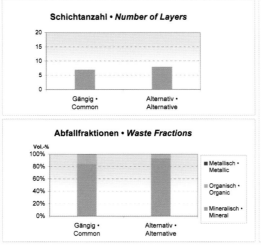 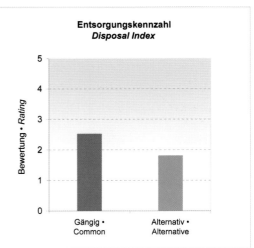

KDI 01

Leichtbau-Kellerdecke
Lightweight basement ceiling slab

oben
above

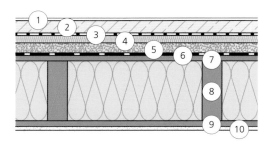

unten
below

Bauphysik ▪ Building physics

	Einheit Unit	Gängig Usual	Alternative Alternative
Gesamtdicke ▪ Total thickness	[cm]	42	43
Wärmedurchgangskoeffizient ▪ Thermal transmission coefficient	[W/(m²K)]	0,15	0,15
Bewertetes Schalldämmmaß R_w ▪ Rated sound insulation value R_w	[dB]	71	68
Bewerteter Standard-Trittschallpegel $L_{nT,w}$ ▪ Standard impact sound insulation level rating $L_{nT,w}$	[dB]	41	45
Feuchtetechnische Sicherheit ▪ Moisture safety	[kg/m²a]	0/0	0/0
Wirksame Wärmespeicherkapazität ▪ Effective heat capacity	[kJ/(m²K)]	100	99

	[cm]	Gängiger Aufbau von oben nach unten Usual construction from above to below
1	-	Fußbodenbelag ▪ Floor surface
2	5	Zementestrich ▪ Cement screed
3	-	PE-Folie ▪ PE foil
4	3	Mineralwolle-Trittschalldämmplatten (MW-S 35/30) ▪ Mineral wool impact sound insulation panels (MW-S 35/30)
5	4	Splittschüttung ▪ Crushed rock filler
6	-	PE-Dampfsperre ▪ PE vapor barrier
7	2,2	OSB Platte ▪ OSB panel
8	24	Sparren 6/24, dazw. Mineralwolle ▪ Spars 6/24, with mineral wool in between
9	2,4	Holzschalung ▪ Wood shuttering
10	1,5	Gipskarton-Feuchtraumplatte ▪ Gypsum plasterboard wet room panel

* Für die Berechnung wurde Fertigparkett verwendet

	[cm]	Alternativer Aufbau von oben nach unten Alternative construction from above to below
1	-	Fußbodenbelag ▪ Floor surface
2	5	Zementestrich ▪ Cement screed
3	-	Baupapier ▪ Building paper
4	3,6	Holzfaser-Trittschalldämmplatte ▪ Wood fiberboard impact sound insulation panel
5	4	Splittschüttung ▪ Crushed rock filler
6	-	PE-Dampfsperre ▪ PE vapor barrier
7	2,2	OSB Platte ▪ OSB panel
8	24	Sparren 6/24, dazw. Flachs ▪ Spars 6/24, with flax in between
9	2,4	Holzschalung ▪ Wood shuttering
10	1,5	Gipskarton-Feuchtraumplatte ▪ Gypsum plasterboard wet room panel

* Calculations based on the use of ready-to-install parquet

Technische Beschreibung

Eignung
- Für beheizte Räume mit Normalklima, ausgenommen Nassräume
- Für geringe Anforderungen an die Fußwärme des Bodens
- Wenn eine eigene Installationsebene im Fußboden benötigt wird
- Wenn eine Holzdecke mit den Brandschutzanforderungen vereinbar ist

Ausführungshinweise
- Wegen der fehlenden Stahlbetondeckenscheibe auf die Standfestigkeit der Kelleraußenwände gesondert achten
- Auf Abfuhr der Baufeuchte im Keller besonders achten
- Keine Dampfbremse notwendig, wenn Holzschalung als Streuschalung (Sparschalung) ausgeführt wird. OSB-Platte in diesem Fall strömungsdicht ausführen und anschließen.
- Elektroinstallationen an der Unterseite der Kellerdecke sind entweder aufputz oder entsprechend strömungsdicht auszuführen

Instandhaltung
- Bei Beachtung der Richtlinien des konstruktiven → Holzschutzes ist kein chemischer Holzschutz erforderlich

Diskussion des Aufbaus
- Auch bei tiefen Temperaturen des Raumes unter der Decke sind Kondensatschäden an auf der Decke aufstehenden Innenwänden nicht zu erwarten
- Die Decke ist über Garagen und anderen durch Feuer gefährdeten Räumen im allgemeinen nicht zulässig

Technical description

Suitability
- For heated normal-climate rooms, except wet rooms
- For low floor warmth requirements
- If a separate floor installation level is required
- If a wood ceiling is compatible with the fire protection requirements

Construction process
- Check the stability of the outer basement walls separately since there is no reinforced concrete ceiling slab
- Check carefully for structural moisture in the basement
- No vapor barrier is necessary if wood shuttering is finished with gaps between the lathes. Use OSB panels with a flow-sealed finish for connection.
- Electrical services on the lower side of the basement ceiling should be surface-mounted or given the required flow-sealed finish

Maintenance
- No chemical wood protection is required if the guidelines for structural → wood protection are followed

Structural discussion
- Condensation damage to the interior walls built directly on the ceiling are unlikely, even at low temperatures
- The ceiling is generally not permissible over garages or rooms with a fire risk

Ökologisches Profil ▪ Ecological profile

Herstellung ▪ Production

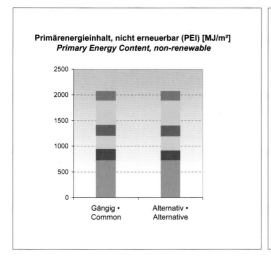

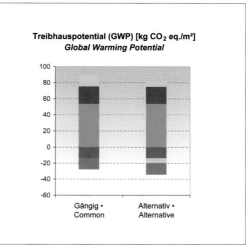

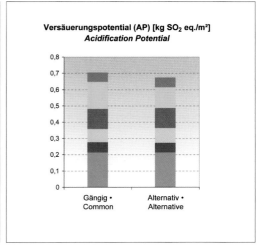

- ▪ Holzschalung + Gipskarton-Feuchtraumplatte + Befestigungsmaterialien
- ▪ Glaswolle + Holzsparren / Flachs
- ▪ PE-Dampfsperre + OSB-Platte
- ▪ Glaswolle / Holzfaserplatten + Splittschüttung zementgebunden
- ▪ Estrichbeton + PE-Folie / Estrichbeton + Baupapier
- ▪ Fertigparkett + Parkettkleber

- ▪ *Wood Shuttering + Gypsum Plasterboard Wet Room Panel + Fastening Materials*
- ▪ *Glass Wool + Spars / Flax*
- ▪ *PE Vapor Lock + OSB Panel*
- ▪ *Glass Wool / Wood Fiber Boards + Gravel Filler, bonded with Cement*
- ▪ *Cement Screed + PE Foil / Building Paper*
- ▪ *Ready-To-Install Parquet + Parquet Glue*

Hinweise zu Ökologie, Arbeits- und Gesundheitsschutz

Einbau
- Umfassender Arbeitsschutz – reduziert Gesundheitsbelastungen durch Mineral-, Flachs- und Holzfasern
- Flachs- und Holzfaserdämmstoff – vermeidet Faserbelastung und Hautreizung durch Mineralfasern
- Chromatarmer Zementestrich und persönliche Schutzausrüstung – vermeiden Zementekzeme

Nutzung
- Emissionsarme OSB-Platten – reduzieren Emissionen von Formaldehyd und VOC
- Flachsdämmstoff – vermeidet Emissionen von Formaldehyd aus Mineralwolle
- Strömungsdichte Fugenausbildung – vermeidet Mineralfaser- und Flachsfaseremission in die Raumluft

Notes on environmental protection, workplace and health protection measures

Installation
- Comprehensive protective work equipment – reduces health hazards caused by mineral wool and flax and wood fibers
- Flax and wood fiber insulation material – prevents the development of skin irritations caused by mineral fibers
- Low-chromate cement screed and personal protective equipment – avoids cement eczema

Use
- Low-emission OSB panels – reduce formaldehyde and VOC emissions
- Flax insulation material – prevents mineral wool formaldehyde emissions
- Flow-sealed joints – prevents mineral fiber and flax fiber emissions into room air

Entsorgung und Verwertung / Disposal and utilization

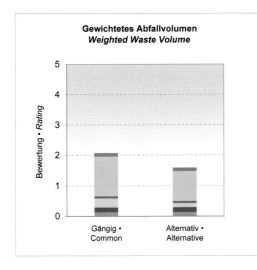

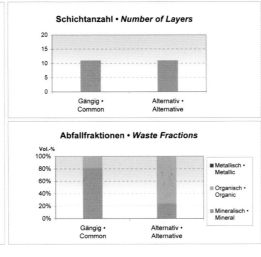

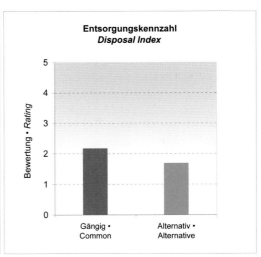

KDo 01

Kellerdecke oberseitig gedämmt, Nassestrich
Basement ceiling slab insulated upper side, wet screed

oben
above

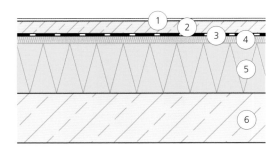

unten
below

Bauphysik ▪ Building physics

	Einheit Unit	Gängig Usual	Alternative Alternative
Gesamtdicke ▪ Total thickness	[cm]	48	55
Wärmedurchgangskoeffizient ▪ Thermal transmission coefficient	[W/(m²K)]	0,15	0,15
Bewertetes Schalldämmmaß R_w ▪ Rated sound insulation value R_w	[dB]	65	65
Bewerteter Standard-Trittschallpegel $L_{nT,w}$ ▪ Standard impact sound insulation level rating $L_{nT,w}$	[dB]	37	40
Feuchtetechnische Sicherheit ▪ Moisture safety	[kg/m²a]	0,02/0,02	0/0
Wirksame Wärmespeicherkapazität ▪ Effective heat capacity	[kJ/(m²K)]	99	98

	[cm]	Gängiger Aufbau von oben nach unten Usual construction from above to below
1	-	Fußbodenbelag ▪ Floor surface
2	5	Zementestrich ▪ Cement screed
3	-	PE-Dampfsperre ▪ PE vapor barrier
4	3	EPS Trittschalldämmplatten ▪ EPS impact insulation panels
5	20	EPS ▪ EPS
6	20	Stahlbeton ▪ Reinforced concrete

* Für die Berechnung wurde Fertigparkett verwendet

	[cm]	Alternativer Aufbau von oben nach unten Alternative construction from above to below
1	-	Fußbodenbelag ▪ Floor surface
2	5	Zementestrich ▪ Cement screed
3	-	PE-Dampfsperre ▪ PE vapor barrier
4	3,6	Holzfaser-Trittschalldämmplatte ▪ Wood fiberboard impact sound insulation panel
5	26	Perlite gebunden/verkeilt ▪ Perlite bonded/wedged
6	20	Stahlbeton ▪ Reinforced concrete

* Calculations based on the use of ready-to-install parquet

Technische Beschreibung

Eignung
- Für beheizte Räume mit Normalklima, ausgenommen Nassräume
- Wenn das über der Kellerdecke aufgehende Mauerwerk (Außen- und Innenwände) von der Kellerdecke thermisch getrennt ist oder Wärmebrücken toleriert werden
- Für geringe Anforderungen an die Fußwärme des Bodens
- Wenn keine eigene Installationsebene im Fußboden benötigt wird oder Installationen ohne Durchdringung der Dampfsperre in der Dämmebene verlegt werden können

Ausführungshinweise
- Die Dampfbremse unter dem Estrich (zugleich Gleitschicht für den Estrich) entsprechend dem Kellerklima (Keller, offene Tiefgarage, . . .) auf die übrigen Bauteilschichten abstimmen
- Die Dampfbremse unter dem Estrich an Rändern, Stößen und Durchdringungen durch Installationen dicht abkleben
- Durchdringungen der Dampfbremse durch (in der Dämmschicht verlegte) Installationen so weit wie möglich vermeiden
- Innenwände mit Gipskarton- oder Holzwerkstoff-Beplankung dürfen nicht direkt auf der Rohdecke stehen (Schäden durch Kondensat möglich)

Instandhaltung
- Nach Überflutung (z.B. infolge Wasserrohrbruch) ev. Erneuerung des gesamten Fußbodenaufbaues nötig

Diskussion des Aufbaus
- Bei tiefen Temperaturen des Raumes unter der Decke (z.B. offene Tiefgarage gut durchlüftete Kellerräume) sind Kondensatschäden an auf der Decke aufstehenden Innenwänden möglich, rechnerischer Nachweis erforderlich!
- Erschwernisse in Konstruktion und Ausführung von Installationen durch Abdichtung an Dampfsperre. Installationen in vertikalen Bauteilen nach oben führen.
- Strömungsdichte Ebene ist die Stahlbetondecke, an diese werden vertikale Bauteile strömungsdicht angeschlossen

Technical description

Suitability
- For heated normal-climate rooms, except wet rooms
- If the walls above the basement ceiling slab (exterior and interior walls) are thermally separated from the ceiling or if thermal bridges can be tolerated
- For low floor warmth requirements
- If no separate services level is required or if installations can be laid in the insulation layer without vapor barrier penetrations

Construction process
- Adjust the vapor barrier under the screed (which serves also as parting plane) according to the basement climate (basement, open underground garage, …) and the other component layers
- Seal the vapor barrier under the screed tightly along the edges, joints and installation penetrations
- Avoid vapor barrier penetrations from services (laid in the insulation layer) wherever possible
- Interior walls with gypsum plasterboard or wood cladding cannot be built directly on the ceiling slab (possible condensation damage)

Maintenance
- It may be necessary to remove the floor and lay an entirely new floor after flooding (e.g. after a burst water-pipe)

Structural discussion
- Condensation damage to the interior walls built on the ceiling is possible at low temperatures (e.g. open underground garage, well-ventilated basement rooms). Proof by calculation!
- Installation construction and finishing are difficult caused by the vapor barrier seal. Services should be brought upwards in vertical construction elements.
- The reinforced concrete ceiling is the flow-sealed level, connect the vertical construction components to this level tightly

Ökologisches Profil ▪ Ecological profile
Herstellung ▪ Production

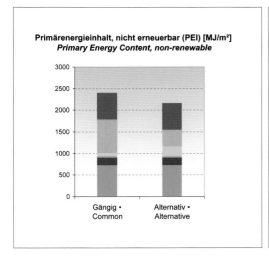

Primärenergieinhalt, nicht erneuerbar (PEI) [MJ/m²]
Primary Energy Content, non-renewable

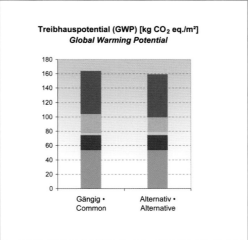

Treibhauspotential (GWP) [kg CO₂ eq./m²]
Global Warming Potential

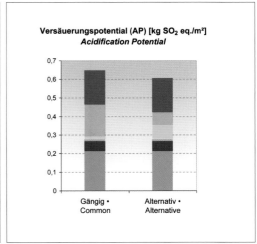

Versäuerungspotential (AP) [kg SO₂ eq./m²]
Acidification Potential

- ■ Stahlbeton
- ■ EPS / Perlite
- ▪ Trittschalldämmung EPS / Poröse Holzfaserplatten
- ▪ PE-Dampfsperre
- ■ Estrichbeton
- ▪ Fertigparkett + Parkettkleber

- ■ *Reinforced Concrete*
- ▪ *EPS / Perlite*
- ▪ *Impact Sound Insulation EPS / Porous Wood Fiber Boards*
- ▪ *PE Vapor Lock*
- ■ *Cement Screed*
- ■ *Ready-To-Install Parquet + Parquet Glue*

Hinweise zu Ökologie, Arbeits- und Gesundheitsschutz

Einbau
- Chromatarmer Zementestrich und persönliche Schutzausrüstung – vermeiden Zementekzeme
- Umfassender Arbeitsschutz – reduziert Gesundheitsbelastungen durch Holzfaser und Perlitestaub
- Holzfaserdämmstoff – vermeidet Hautreizung durch Mineralfasern

Nutzung
- Strömungsdichte Fugenausbildung – vermeidet Perlite- oder Holzstaubemission in die Raumluft
- Holzfaserdämmstoff – vermeidet Styrol- und Petntanemissionen aus expandiertem Polystyrol

Notes on environmental protection, workplace and health protection measures

Installation
- Low-chromate cement screed and protective equipment – prevents cement eczema
- Comprehensive protective work equipment – reduces health hazards caused by wood fiber and perlite dust
- Wood fiber insulation material – prevents the development of skin irritations caused by mineral fibers

Use
- Flow-sealed joints – prevents perlite or wood dust emissions into room air.
- Wood fiber insulation material – prevents styrene and pentane emissions caused by expanded polystyrene

Entsorgung und Verwertung / Disposal and utilization

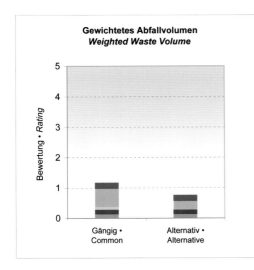

Gewichtetes Abfallvolumen
Weighted Waste Volume

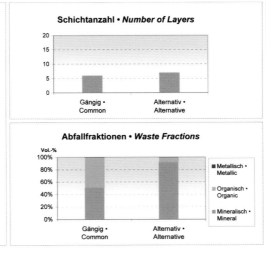

Schichtanzahl ▪ *Number of Layers*

Abfallfraktionen ▪ *Waste Fractions*

- ■ Metallisch ▪ Metallic
- ▪ Organisch ▪ Organic
- ▪ Mineralisch ▪ Mineral

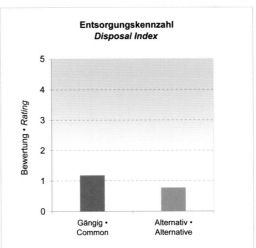

Entsorgungskennzahl
Disposal Index

KDo 02
Kellerdecke, oberseitig gedämmt, Distanzboden
Basement ceiling slab, insulated upper side, spacer floor

oben
above

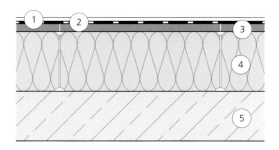

unten
below

Bauphysik ▪ Building physics

	Einheit Unit	Gängig Usual	Alternative Alternative
Gesamtdicke ▪ Total thickness	[cm]	47	47
Wärmedurchgangskoeffizient ▪ Thermal transmission coefficient	[W/(m²K)]	0,15	0,15
Bewertetes Schalldämmmaß R_w ▪ Rated sound insulation value R_w	[dB]	65	65
Bewerteter Standard-Trittschallpegel $L_{nT,w}$ ▪ Standard impact sound insulation level rating $L_{nT,w}$	[dB]	40	40
Feuchtetechnische Sicherheit ▪ Moisture safety	[kg/m²a]	0,037/0,037	0,037/0,037
Wirksame Wärmespeicherkapazität ▪ Effective heat capacity	[kJ/(m²K)]	50	51

	[cm]	Gängiger Aufbau von oben nach unten Usual construction from above to below
1	-	Fußbodenbelag ▪ Flooring layer
2	-	PE-Weichschaum auf PE-Dampfsperre ▪ PE soft foam on PE vapor barrier
3	3,2	Spanplatte, Nut + Feder ▪ Chipboard, groove and tongue
4	24	Höhenjustierbare, trittschalldämmende Distanzfüße dazw. Mineralwolle ▪ Height-adjustable, impact sound insulating spacer supports bet. mineral wool
5	20	Stahlbeton ▪ Reinforced concrete

* Für die Berechnung wurde Fertigparkett verwendet

	[cm]	Alternativer Aufbau von oben nach unten Alternative construction from outside to inside
1	-	Fußbodenbelag ▪ Flooring layer
2	-	Korkment auf PE-Dampfsperre ▪ Corkment on PE vapor barrier
3	3,2	Spanplatte, Nut + Feder ▪ Chipboard, groove and tongue
4	24	Höhenjustierbare, trittschalldämmende Distanzfüße dazw. Schafwolle ▪ Height-adjustable, impact sound insulating spacer supports bet. lambswool
5	20	Hohldielendecke ▪ Hollow-core ceiling slab

* Calculations based on the use of ready-to-install parquet

Technische Beschreibung

Eignung
• Wenn das über der Kellerdecke aufgehende Mauerwerk (Außen- und Innenwände) von der Kellerdecke thermisch getrennt ist oder Wärmebrücken toleriert werden
• Nicht für Nassräume
• Für hohe Anforderungen an die Fußwärme des Bodens
• Für komfortable Höhenjustierung des Fußbodens
• Für problemlose Verlegung von Installationen im Fußbodenaufbau

Ausführungshinweise
• Die Dampfbremse unter dem Fußbodenbelag entsprechend dem Kellerklima (Keller, offene Tiefgarage, ...) auf die Stahlbeton-Decke abstimmen
• Die Dampfbremse unter dem Fußbodenbelag an Rändern, Stößen und Durchdringungen durch Installationen dicht abkleben
• Als Hohlraumbedämpfung können auch weiche, nicht-belastbare Dämmmaterialien verwendet werden

Instandhaltung
• Nach Wasserschäden ev. Neuherstellen des gesamten Fußbodenaufbaues nötig

Diskussion des Aufbaus
• Bei tiefen Temperaturen des Raumes unter der Decke sind auf der Rohdecke aufstehende Innenwände mit Gipskarton-Beplankung durch Kondensat gefährdet, welches zur Zerstörung der Gipskartonplatten im bodennahen Bereich führen kann. Rechnerischer Nachweis erforderlich!
• Nur oberseitig gedämmte Decken (insbesondere über Garagen) bieten einen geringeren Brandschutz als unterseitig gedämmte Decken: schnellere Erwärmung der Bewehrungstähle als bei unterseitiger Dämmung

Technical description

Suitability
• If the walls above the basement ceiling slab (exterior and interior walls) are thermally separated from the ceiling or if thermal bridges can be tolerated
• Not for wet rooms
• For high floor warmth requirements
• For easy floor height adjustment
• For easy laying of services in the floor structure

Construction process
• Adjust the vapor barrier under the flooring surface according to the basement climate (basement, open underground garage, . . .) of the reinforced concrete roof
• The vapor barrier under the flooring surface should be sealed tight along its edges, joints and installation openings
• Soft, non-load-bearing insulation materials can be used in hollow spaces

Maintenance
• Laying an entirely new floor may be necessary after water damage

Structural discussion
• With low temperatures in the room below the ceiling plasterboard-clad internal walls that stand on the ceiling slab are threatened by condensation that can destroy plasterboard panels close to the floor level. Proof by calculation!
• Ceilings that are only insulated on the upper side (especially in garages) offer less fire protection than ceilings with insulation below the slab: faster heating of the steel reinforcement than with insulation below the slab

Ökologisches Profil ▪ Ecological profile

Herstellung ▪ Production

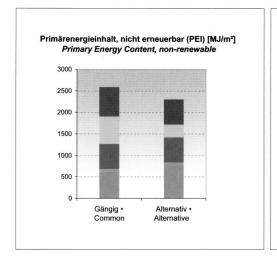

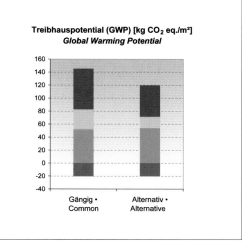

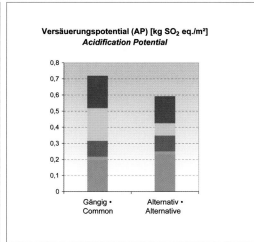

- Stahlbetondecke / Hohldielendecke
- Distanzbodenhalter + Glaswolle / Schafwolle
- Spanplatte
- Dampfbremse PE
- Fertigparkett auf PE-Weichschaum / Korkment

- *Reinforced Concrete Floor / Hollow-Core Ceiling Slab*
- *Floor Spacers + Glass Wool / Lambs Wool*
- *Chipboard*
- *PE Vapor Lock*
- *Ready-To-Install Parquet on PE Flexible Foam / Corkment*

Hinweise zu Ökologie, Arbeits- und Gesundheitsschutz

Einbau
- Schafwolldämmstoff – vermeidet Faserbelastung und Hautreizung durch Mineralfasern

Nutzung
- Emissionsarme Spanplatten – reduzieren Emissionen von Formaldehyd und VOC
- Schafwolldämmstoff – vermeidet Emissionen von Formaldehyd aus Mineralwolle
- Strömungsdichte Fugenausbildung – vermeidet Mineralfaseremission in Raumluft

Notes on environmental protection, workplace and health protection measures

Installation
- Lambswool insulation material – prevents the development of skin irritations caused by mineral fibers

Use
- Low-emission chipboard – reduce formaldehyde and VOC emissions
- Lambswool insulation material – prevents mineral wool formaldehyde emissions
- Flow-sealed joints – prevents mineral fiber emissions in room air

Entsorgung und Verwertung / Disposal and utilization

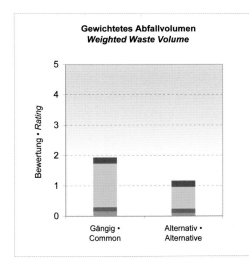

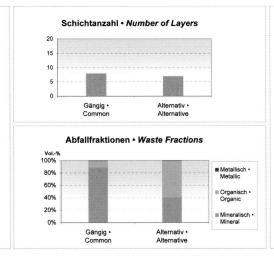

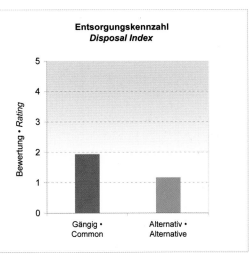

KDo 03

Kellerdecke, oberseitig zw. Holzkonstruktion gedämmt
Basement ceiling slab, insulated upper side between wood construction

oben
above

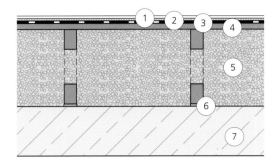

unten
below

Bauphysik ▪ Building physics

	Einheit Unit	Gängig Usual	Alternative Alternative
Gesamtdicke ▪ Total thickness	[cm]	54	49
Wärmedurchgangskoeffizient ▪ Thermal transmission coefficient	[W/(m²K)]	0,15	0,15
Bewertetes Schalldämmmaß R_w ▪ Rated sound insulation value R_w	[dB]	60	59
Bewerteter Standard-Trittschallpegel $L_{nT,w}$ ▪ Standard impact sound insulation level rating $L_{nT,w}$	[dB]	40	44
Feuchtetechnische Sicherheit ▪ Moisture safety	[kg/m²a]	0,014/0,014	0,018/0,018
Wirksame Wärmespeicherkapazität ▪ Effective heat capacity	[kJ/(m²K)]	42	38

	[cm]	Gängiger Aufbau von oben nach unten Usual construction from above to below
1	-	Fußbodenbelag ▪ Floor surface
2	0,5	PE-Weichschaum ▪ PE soft foam
3	-	Dampfsperre ▪ Vapor barrier
4	2,4	Holzschalung, oberseitig gehobelt ▪ Wood shuttering, planed upper side
5	30	Perlite zw. Unterkonstruktion ▪ Perlite bet. supporting construction
6	1	Mineralwolle-Trittschalldämmstreifen ▪ Mineral wool impact sound insulation strips
7	20	Stahlbeton ▪ Reinforced concrete

* Für die Berechnung wurde Fertigparkett verwendet

	[cm]	Alternativer Aufbau von oben nach unten Alternative construction from above to below
1	-	Fußbodenbelag ▪ Floor surface
2	0,5	Korkment ▪ Corkment
3	-	Dampfsperre ▪ Vapor barrier
4	2,4	Holzschalung, oberseitig gehobelt ▪ Wood shuttering, planed upper side
5	25	Zellulose zw. Unterkonstruktion ▪ Cellulose bet. supporting construction
6	1	Holzfaser-Trittschalldämmstreifen ▪ Wood fiberboard impact sound insulation strips
7	20	Stahlbeton ▪ Reinforced concrete

* Calculations based on the use of ready-to-install parquet

Technische Beschreibung

Eignung
• Für beheizte Räume mit Normalklima, ausgenommen Nassräume
• Wenn das über der Kellerdecke aufgehende Mauerwerk (Außen- und Innenwände) von der Kellerdecke thermisch getrennt ist oder Wärmebrücken toleriert werden
• Für mittlere Anforderungen an die Fußwärme des Bodens
• Wenn Installationen ohne oder mit nur wenigen Durchdringungen der Dampfsperre in der Dämmebene verlegt werden können

Ausführungshinweise
• Die Dampfbremse unter dem Bodenbelag entsprechend dem Kellerklima (Keller, offene Tiefgarage, . . .) auf die übrigen Bauteilschichten abstimmen
• Die Dampfbremse an Rändern, Stößen und Durchdringungen durch Installationen dicht abkleben
• Durchdringungen der Dampfbremse durch (in der Dämmschicht verlegte) Installationen so weit wie möglich vermeiden
• Konstruktion und Ausführung von Installationen werden durch Abdichtung an der Dampfsperre erschwert. Installationen in vertikalen Bauteilen nach oben führen.
• Strömungsdichte Ebene ist die Stahlbetondecke, an diese die vertikale Bauteile strömungsdicht anschließen
• Innenwände mit Gipskarton- oder Holzwerkstoff-Beplankung dürfen nicht direkt auf der Rohdecke stehen (Schäden durch Kondensat möglich)

Instandhaltung
• Nach Überflutung (z.B. infolge Wasserrohrbruch) ev. Erneuerung des gesamten Fußbodenaufbaues einschließlich Dämmschicht nötig

Technical description

Suitability
• For heated normal-climate rooms, except wet rooms
• If the walls above the basement ceiling slab (exterior and interior walls) are thermally separated from the ceiling or if thermal bridges can be tolerated
• For medium floor warmth requirements
• If services can be laid in the service layer without or with very few vapor barrier penetrations

Construction process
• Adjust the vapor barrier under the floor according to the basement climate (basement, open underground garage, ...) and the other component layers
• Seal the vapor barrier under the screed tightly along the edges, joints and installation penetrations
• Avoid vapor barrier penetrations by services (laid in the service layer) wherever possible
• Installation construction and finishing are difficult due to the vapor barrier seal. Services should be brought upwards in vertical construction elements.
• The reinforced concrete ceiling is the flow-sealed level, connect the vertical construction components to this level tightly
• Interior walls with gypsum plasterboard or wood cladding cannot be built directly on the ceiling slab (possible condensation damage)

Maintenance
• It may be necessary to remove the floor and lay an entirely new floor after flooding (e.g. after a burst water-pipe)

Ökologisches Profil ▪ Ecological profile

Herstellung ▪ Production

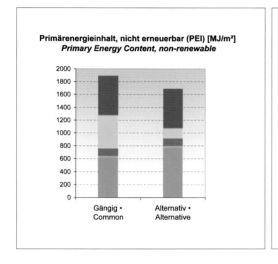

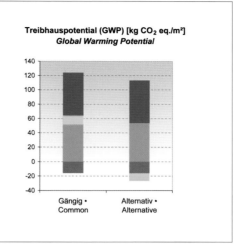

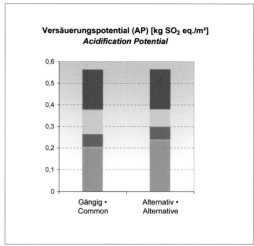

■ Stahlbeton
■ Trittschalldämmstreifen Glaswolle / Holzfaser
▪ Perlite zw. Holzkonstruktion / Zellulose
■ Holzschalung + Befestigungsmaterialien
▪ PE-Dampfsperre
■ Fertigparkett auf PE-Weichschaum / Korkment

■ *Reinforced Concrete*
■ *Impact Sound Insulation Strips Glass Wool / Wood Fiberboard*
▪ *Perlite + Wood Construction / Cellulose*
■ *Wood Shuttering + Fastening Materials*
▪ *PE Vapor Lock*
■ *Ready-To-Install Parquet on Flexible PE Foam / Corkment*

Hinweise zu Ökologie, Arbeits- und Gesundheitsschutz

Einbau
• Umfassender Arbeitsschutz – reduziert Gesundheitsbelastungen durch Perlitestaub und Zellulosefaser

Nutzung
• Strömungsdichte Fugenausbildung – vermeidet Perlitestaub und Zellulosefaseremissionen in die Raumluft

Notes on environmental protection, workplace and health protection measures

Installation
• Comprehensive protective work equipment – reduces health hazards caused by perlite and cellulose fiber

Use
• Flow-sealed joints – prevents perlite dust and cellulose fiber emissions into room air

Entsorgung und Verwertung / Disposal and utilization

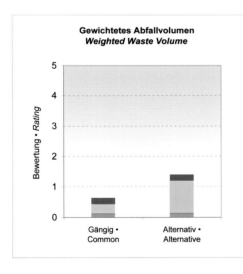

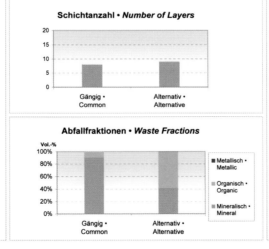

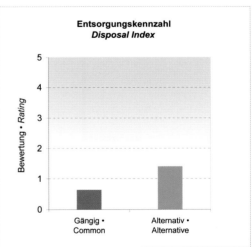

KDu 01

Kellerdecke massiv, unterseitig gedämmt
Solid basement ceiling slab, insulated lower side

oben
above

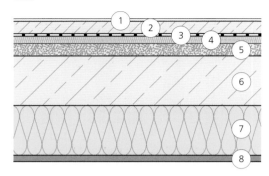

unten
below

Bauphysik • Building physics

	Einheit Unit	Gängig Usual	Alternative Alternative
Gesamtdicke • Total thickness	[cm]	55	56
Wärmedurchgangskoeffizient • Thermal transmission coefficient	[W/(m²K)]	0,15	0,15
Bewertetes Schalldämmmaß R_w • Rated sound insulation value R_w	[dB]	65	65
Bewerteter Standard-Trittschallpegel $L_{nT,w}$ • Standard impact sound insulation level rating $L_{nT,w}$	[dB]	36	40
Feuchtetechnische Sicherheit • Moisture safety	[kg/m²a]	0/0	0/0
Wirksame Wärmespeicherkapazität • Effective heat capacity	[kJ/(m²K)]	98	99

	[cm]	Gängiger Aufbau von oben nach unten / Usual construction from above to below
1	-	Fußbodenbelag • Floor surface
2	5	Zementestrich • Cement screed
3	-	PE-Folie • PE foil
4	3	Mineralwolle-Trittschalldämmplatte (z.B. MW-S 35/30) • Mineral wool impact sound insulation panel (e.g. MW-S 35/30)
5	5	Kiesschüttung, gebunden • Gravel filler, bonded
6	20	Stahlbeton • Reinforced concrete
7	20	Mineralwolle zw. Draht + Öse • Mineral wool bet. wire + lug
8	2,5	Holzwolle-Leichtbauplatte Akustikpanel • Wood wool lightweight acoustic panel

* Für die Berechnung wurde Fertigparkett verwendet

	[cm]	Alternativer Aufbau von oben nach unten / Alternative construction from above to below
1	-	Fußbodenbelag • Floor surface
2	5	Zementestrich • Cement screed
3	-	Baupapier • Building paper
4	3,6	Holzfaser Trittschalldämmplatte • Wood fiberboard impact sound insulation panel
5	5	Kiesschüttung • Gravel filler, bonded
6	20	Stahlbeton • Reinforced concrete
7	20	Schafwolle zw. Draht+Öse • Lambswool bet. wire + lug
8	2,5	Holzwolle-Leichtbauplatte Akustikpanel • Lightweight wood wool acoustic panel

* Calculations based on the use of ready-to-install parquet

Technische Beschreibung

Eignung
- Für beheizte Räume mit Normalklima, ausgenommen Nassräume
- Für geringe Anforderungen an die Fußwärme des Bodens

Ausführungshinweise
- Innenwände mit Gipskarton- oder Holzwerkstoff-Beplankung können direkt auf der Rohdecke stehen, da keine Kondensatschäden zu erwarten sind

Instandhaltung
- Nach Überflutung (z.B. infolge Wasserrohrbruch) ev. Erneuerung des gesamten Fußbodenaufbaues einschließlich Dämmschicht nötig

Diskussion des Aufbaus
- Anstatt Akustikpanel ist in vielen Fällen auch Gipskartonplatte oder gegebenenfalls Feuchtraumplatte einsetzbar
- Ersatz der gebundenen Splittschüttung durch gebundene Dämmstoffe (EPS, Perlite gebunden) erhöht den Wärmeschutz

Technical description

Suitability
- For heated normal-climate rooms, except wet rooms
- For low floor warmth requirements

Construction process
- Interior walls with gypsum plasterboard or wood cladding can be built directly on the concrete slab since no condensation damage can be expected

Maintenance
- It may be necessary to remove the floor and lay an entirely new floor after flooding (e.g. after a burst water-pipe)

Structural discussion
- A gypsum plasterboard panel or wet room panel can be used instead of an acoustic panel in many cases
- Using bound thermal insulating material like bound EPS or perlite instead of gravel filler improves thermal insulation

Ökologisches Profil ▪ Ecological profile

Herstellung ▪ Production

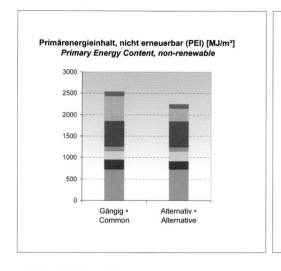

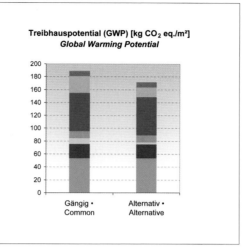

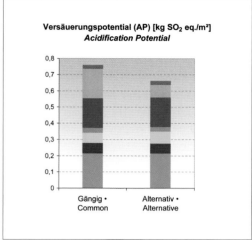

- Holzwolleleichtbauplatte
- Glaswolle / Schafwolle + Draht/Öse
- Stahlbeton
- Splittschüttung zementgebunden
- Trittschalldämmung Glaswolle / poröse Holzfaserplatten
- Estrichbeton auf PE-Folie / Baupapier
- Fertigparkett+Parkettkleber

- *Lightweight Wood Wool Panel*
- *Glass Wool / Lambs Wool + Wire and Lug*
- *Reinforced Concrete*
- *Gravel Filler bonded with Cement*
- *Impact Sound Insulation Panel Glass Wool / Porous Wood Fiber Board*
- *Cement Screed on PE Foil / Cement Screed + Building Paper*
- *Ready-To-Install Parquet + Parquet Glue*

Hinweise zu Ökologie, Arbeits- und Gesundheitsschutz

Einbau
- Chromatarmer Zementestrich und persönliche Schutzausrüstung – vermeiden Zementekzeme
- Umfassender Arbeitsschutz – reduziert Gesundheitsbelastungen durch Mineral- oder Holzfaser
- Holzfaserdämmstoff – vermeidet Hautreizung durch Mineralfasern

Nutzung
- Strömungsdichte Fugenausbildung – vermeidet Mineralfaser- oder Holzstaubemission in Raumluft
- Holzfaserdämmstoff – vermeidet Emissionen von Formaldehyd aus Mineralwolle

Notes on environmental protection, workplace and health protection measures

Installation
- Low-chromate cement screed and protective equipment – prevents cement eczema
- Comprehensive protective work equipment – reduces health hazards caused by mineral and wood fiber
- Wood fiber insulation material – prevents the development of skin irritations caused by mineral fibers

Use
- Flow-sealed joints – prevents mineral fiber or wood fiber emissions in room air
- Wood fiber insulation material – prevents mineral wool formaldehyde emissions

Entsorgung und Verwertung / Disposal and utilization

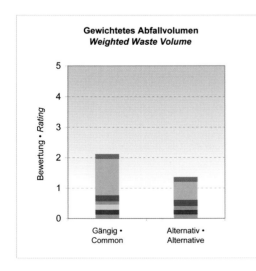

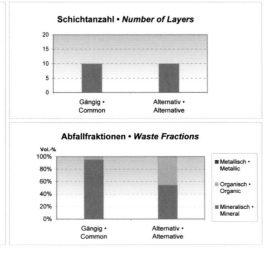

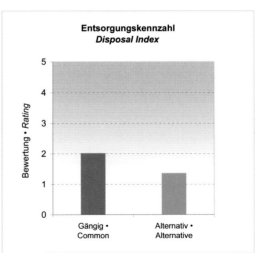

DAh 01

Massivholz-Flachdach als Warmdach
Solid wood flat roof, non-ventilated

außen
outside

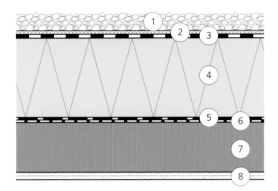

innen
inside

Bauphysik ▪ Building physics

	Einheit Unit	Gängig Usual	Alternative Alternative
Gesamtdicke ▪ Total thickness	[cm]	63	66
Wärmedurchgangskoeffizient ▪ Thermal transmission coefficient	[W/(m²K)]	0,10	0,10
Bewertetes Schalldämmmaß R_w ▪ Rated Sound Insulation Value R_w	[dB]	57	52
Feuchtetechnische Sicherheit ▪ Moisture safety	[kg/m²a]	0,001/0,001	0,004/0,004
Wirksame Wärmespeicherkapazität ▪ Effective heat capacity	[kJ/(m²K)]	56	56

	[cm]	Gängiger Aufbau von außen nach innen / Usual construction from outside to inside
1	6	Kies 16/32 ▪ Gravel 16/32
2	1	Gummigranulatmatte, Stöße abgedeckt od. überlappt ▪ Rubber granule mat, covered or overlapping joints
3	1	Polymerbitumen-Abdichtung 2 Lg. ▪ Polymer bitumen sealing 2 layer
4	32	Mineralwolleplatten (hart) ▪ Mineral wool panels (hard)
5	-	Bitu-Alu-Bahn ▪ Bitumen-aluminum layer
6	-	Dampfdruckausgleichsschicht ▪ Vapor pressure compensation layer
7	20	Brettstapeldecke genagelt ▪ Nailed stacked board ceiling
8	3	2 Lg. Gipskarton-Brandschutzplatten ▪ 2-layer gypsum plasterboard fire protection panels

	[cm]	Alternativer Aufbau von außen nach innen / Alternative construction from outside to inside
1	6	Kies 16/32 ▪ Gravel 16/32
2	-	entfällt ▪ N/A
3	-	PE-Abdichtung, mechanisch befestigt ▪ Mechanically bonded PE sealing
4	38	Kork ▪ Cork
5	-	PE-Dampfbremse ▪ PE vapor barrier
6	-	entfällt ▪ N/A
7	20	Brettstapeldecke gedübelt (Holzdübel) ▪ Dowelled stacked boards (wood dowels)
8	2,5	2 Lg. Gipsfaserplatte ▪ 2-layer gypsum fiberboard

Technische Beschreibung

Eignung
- Für nicht ständig begangene Flachdächer auf Holzbauten
- Für geringe Anforderungen an den Schallschutz
- Für geringe Anforderungen an die speicherwirksame Masse

Ausführungshinweise
- Die Dampfbremse durch rechnerischen Nachweis auf die übrige Konstruktion abstimmen, Stöße und alle Anschlüsse mit besonderer Sorgfalt dicht ausführen
- Die Gummigranulatmatten lückenlos, Stöße überlappt, als mechanischer Schutz der Feuchteabdichtung verlegen
- Die Kiesauflage wegen des erforderlichen UV-Schutzes überall sorgfältig in der erforderlichen Dicke aufbringen

Instandhaltung
- Schäden an der Feuchteabdichtung durch regelmäßige Sichtprüfung und Instandhaltung des Kiesbelags vermeiden
- Schadhafte Feuchteabdichtungen vollständig erneuern, da eine genaue und vollständige Lokalisierung von Schäden sehr schwierig ist
- Sanierungen durch einfaches Aufkleben oder Aufflämmen zusätzlicher Abdichtungsschichten nur nach rechnerischer Prüfung, da sie den Diffusionswiderstand vergrößern und schädliches Kondensat an der Unterseite der Abdichtung in der Wärmedämmung verursachen können, welches zu Dampfblasenbildung in der Abdichtung und, durch deren Aufbrechen, zu neuen Feuchteschäden führen kann
- Bei Beachtung der Richtlinien des konstruktiven → Holzschutzes ist kein chemischer Holzschutz erforderlich

Diskussion des Aufbaus
- Vorteil: große Dämmschichtdicken sind problemlos erzielbar
- Nachteil: erfordert sorgfältige Beobachtung und Pflege und ist wesentlich schadensanfälliger als z.B. ein Duodach

Technical description

Suitability
- For flat roofs on wood structures that are not accessed constantly
- For low sound insulation requirements
- For low storage mass requirements

Construction process
- Adjust the vapor barrier according to calculations for the rest of the structure, make and seal joints and all connections very carefully
- Lay rubber granule mats seamlessly with overlapping joints to protect the moisture seal
- Apply the gravel layer evenly in the required thickness on all areas to meet the required UV protection levels

Maintenance
- Avoid damages to the moisture seal with regular visual checks and gravel layer maintenance
- Exchange damaged moisture seals completely since an exact and complete localization of damages is very difficult
- Only effect bonding or torching down of additional layers after verifying calculations since they increase diffusion resistance and can cause damaging condensation on the lower side of the heat insulation seal. This can lead to vapor blisters in the seal and new moisture damage due to ensuing tears.
- No chemical wood protection is required if the guidelines for structural → wood protection are followed

Structural discussion
- Advantage: very thick insulation layers can be achieved easily
- Disadvantage: requires careful observations and care, it is also much more susceptible to damage than a duo roof, for example

- Geringe wirksame Speichermasse, auch bei unterseitiger Verkleidung mit Gipskarton- oder Gipsfaserplatten
- Gummigranulatmatte dient als mechanischer Schutz der Abdichtung

- Low storage mass efficiency, also in the case of gypsum plasterboard or gypsum fiberboard cladding on the lower side
- Rubber granule mat serves as mechanical protection for the seal

Ökologisches Profil ▪ Ecological profile

Herstellung ▪ Production

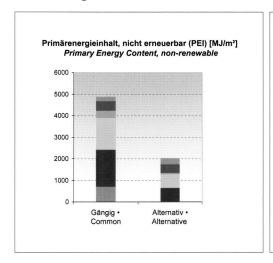

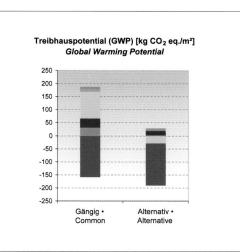

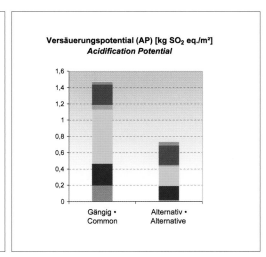

- Befestigungsmaterialien
- Gipskartonplatte / Gipsfaserplatte
- Brettstapeldecke, genagelt / gedübelt
- Alu-Bitumendampfsperre / Dampfsperre PE
- Steinwolle / Backkork
- Polymerbitumen-Dichtungsbahn / PE-Dichtungsbahn
- Gummigranulatmatte / -
- Kies

- Fastening Materials
- Gypsum Plasterboard / Gypsum Fiberboard
- Stacked Board Ceiling, nailed / dowelled
- Aluminum Bitumen Vapor Barrier / Vapor Barrier PE
- Rock Wool / Baked Cork
- Polymer Bitumen Sealing Sheet / PE Sealing Sheet
- Rubber Granule Mat / -
- Gravel

Hinweise zu Ökologie, Arbeits- und Gesundheitsschutz

Herstellung
- PVC-freies Dachzubehör – vermeidet problematischen Werkstoff

Einbau
- PE-Abdichtung – reduziert VOC-Emissionen durch Aufflämmen der Polymerbitumenabdichtung
- Korkdämmstoff – vermeidet Faserbelastung und Hautreizung durch Mineralfasern

Notes on environmental protection, workplace and health protection measures

Production
- PVC-free roof materials – avoids the use of problematic materials

Installation
- PE seal – reduces VOC emissions from torching down of polymer bitumen seal
- Cork insulation material – avoids fiber hazards and skin irritations due to mineral fibers

Entsorgung und Verwertung / Disposal and utilization

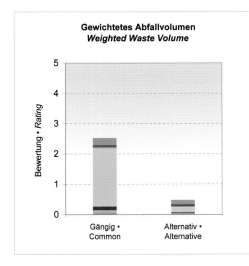

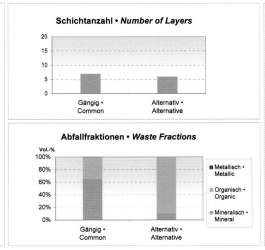

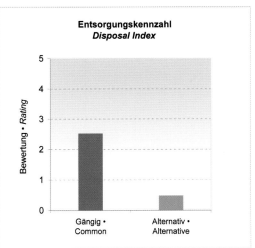

DAI 01

Holzsparren-Steildach
Wood rafter steeply-pitched roof

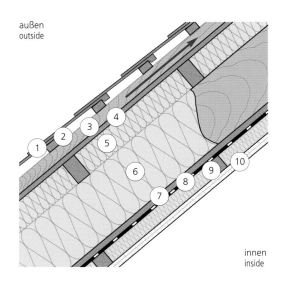

außen
outside

innen
inside

Bauphysik ▪ Building physics

	Einheit Unit	Gängig Usual	Alternative Alternative
Gesamtdicke ▪ Total thickness	[cm]	55	54
Wärmedurchgangskoeffizient ▪ Thermal transmission coefficient	[W/(m²K)]	0,10	0,10
Bewertetes Schalldämmmaß R_w ▪ Rated sound insulation value R_w	[dB]	51	51
Feuchtetechnische Sicherheit ▪ Moisture safety	[kg/m²a]	0/0	0/0
Wirksame Wärmespeicherkapazität ▪ Effective heat capacity	[kJ/(m²K)]	28	32

	[cm]	Gängiger Aufbau von außen nach innen Usual construction from outside to inside
1	-	Deckung* ▪ Covering*
2	3	Lattung 3/5 ▪ Lathes 3/5
3	5	Durchlüftung zw. Konterlattung ▪ Ventilation bet. cross-lathing
4	2	Holzfaser-Unterdachplatten (bituminiert) ▪ Wood fiber inside roofing layer (bitumenized)
5	10	Mineralfaserfilz zw. horizontalen Latten ▪ Mineral fiber felt bet. horizontal lathes
6	24	Mineralfaserfilz zw. Sparren ▪ Mineral fiber felt bet. rafters
7	2,2	Spanplatte ▪ Chipboard
8	-	Dampfbremse ▪ Vapor barrier
9	6	Mineralfaserfilz zw. horizontalen Latten ▪ Mineral fiber felt bet. horizontal lathes
10	3	2 Lg. Gipskarton-Brandschutzplatten ▪ 2-layer gypsum plasterboard fire protection panels

*Für die Berechnung wurde Dachziegel verwendet

	[cm]	Alternativer Aufbau von außen nach innen Alternative construction from outside to inside
1	-	Deckung* ▪ Covering*
2	3	Lattung 3/5 cm ▪ Lathes 3/5 cm
3	5	Durchlüftung zw. Konterlattung ▪ Ventilation bet. cross-lathing
4	2	Holzfaserplatte naturharzimprägniert, NF ▪ Wood fiberboard treated with natural resin, tongue and groove
5	10	Flachs zw. horizontalen Latten ▪ Flax felt bet. horizontal lathes
6	24	Flachs zw. Sparren ▪ Flax felt bet. rafters
7	2,2	OSB-Platte ▪ OSB panel
8	-	entfällt ▪ N/A
9	6	Schafwolle zw. horizontalen Latten ▪ Lambswool felt bet. horizontal lathes
10	2,5	2 Lg. Gipsfaserplatte ▪ 2-layer gypsum fiberboard

*Calculations based on the use of roof bricks

Technische Beschreibung

Eignung
- Für beheizte Dachgeschoßräume in Holzbauten
- Für sehr geringe Anforderungen an die speicherwirksame Masse (der Schutz vor sommerlicher Überwärmung wird durch andere Maßnahmen erzielt)

Ausführungshinweise
- Die Unterdachplatte auf der Schalung ist zweite Entwässerungsebene und zugleich Windsperre. Stöße und Anschlüsse daher sorgfältig dicht abkleben.
- Die Dampfbremse bzw. OSB-Platte ist zugleich innere Strömungssperre, Stöße und Anschlüsse sorgfältig dicht abkleben, Verletzungen sorgfältig dicht überkleben
- Für ausreichend große Zuströmöffnungen im Traufenbereich und bei den Abströmöffnungen der Hinterlüftung im Firstbereich sorgen
- Die Höhe des Unterlüftungsraums ist hier nur ein unverbindlicher Richtwert für kleine Dächer und große Zu- und Abströmöffnungen (vgl. DAI 02)

Instandhaltung
- Bei Beachtung der Richtlinien des konstruktiven ➔ Holzschutzes ist kein chemischer Holzschutz erforderlich
- Dachdeckung regelmäßig inspizieren und instandhalten
- Beschädigte Windsperren nach Entfernung der Dachdeckung reparieren
- Verletzungen der Dampfsperre, zB. durch nachträgliche Installationsarbeiten, sorgfältig dampfdicht überkleben

Diskussion des Aufbaus
- Die äußere Dämmebene hält starke Temperaturschwankungen der Außenoberfläche von den Sparren ab (Gefahr von Schäden an der tragenden Konstruktion), vermeidet Wärmebrücken zwischen Außenoberfläche und Sparren, erspart extrem dicke Sparren, die für die erforderliche Dämmschichtdicke sonst notwendig wären

Technical description

Suitability
- For heated attics in wood structures
- For very low storage mass requirements (protection against summer overheating is achieved by other means)

Construction process
- The inside roofing board on the cladding is the second drainage level, it also acts as a wind barrier. Joints and connections should therefore be sealed carefully.
- The vapor barrier or OSB panel also acts as an interior flow barrier, make sure to seal joints, connections of all types and damaged areas very carefully
- Make sure afflux openings in the gutter area and the rear ventilation exhaust openings along the roof ridge area are large enough
- The height of the ventilated space is only a non-binding reference value for small roofs and large afflux and exhaust openings (cf. DAI 02)

Maintenance
- No chemical wood protection is required if the guidelines for structural ➔ wood protection are followed
- Inspect and maintain roof cladding regularly
- Repair damaged wind barriers after removing the roof cladding layer
- Vapor-tight seals should be applied after damage to the vapor barrier, caused, for example, by later fitting of services

Structural discussion
- The outer insulation layer protects the outer surface of the rafters from major temperature changes (risk of damage to the load-bearing structure), avoids thermal bridges between the outer surface and rafters and

- Die innerste Dämmebene dient als Installationsschicht, bietet Zusatznutzen einer zusätzlichen Dämmung und einen guten mechanischen Schutz für die Dampfbremse
- Verbesserung der geringen wirksamen Speichermasse ist z.B. durch unterseitige Verkleidung mit einem Putzträger und Aufbringen eines mehrlagigen, sehr dicken schweren Putzes (ca. 5 cm) möglich

makes extremely thick rafters that would be needed for the required insulation thickness otherwise unnecessary
- The innermost insulation layer serves as the services level. It also serves as additional insulation and offers good mechanical protection for the vapor barrier
- An improvement of the effective storage mass can be achieved by adding protective cladding, e.g. in the form of plaster base and a multi-layer heavy plaster (ca. 5 cm)

Ökologisches Profil ▪ Ecological profile

Herstellung ▪ Production

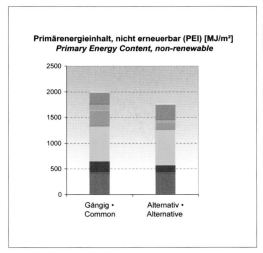

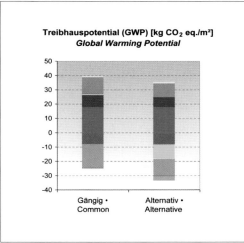

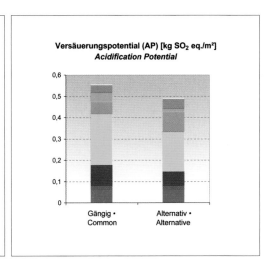

Befestigungsmaterialien
Gipskartonplatte / Gipsfaserplatte
Lattung + Glaswolle / Schafwolle
Spanplatte + Dampfbremse PE / OSB-Platte, verklebt
Sparren, 2lagig + Glaswolle / Flachs
Poröse Holzfaserplatte, bitumiert / naturharzimprägniert

Lattung + Konterlattung
Dachziegel

Fastening Materials
Gypsum Plasterboard / Gypsum Fiberboard
Lathing + Glass Wool / Lambs Wool
Chipboard + PE Vapor Barrier / OSB Panels, bonded
Two-Layer Spar + Glass Wool / Flax
Porous Wood Fiberboard, Bitumen-Coated / Natural Resin-Coated

Lathing + Cross Lathing
Roof Tiles

Hinweise zu Ökologie, Arbeits- und Gesundheitsschutz

Herstellung
- PVC-freies Dachzubehör – vermeidet problematischen Werkstoff

Einbau
- Flachsdämmstoff – vermeidet Hautreizung durch Mineralfasern
- Umfassender Arbeitsschutz – reduziert Gesundheitsbelastungen durch Mineral- und Flachsfaser
- Schafwolldämmstoff – vermeidet Faserbelastung und Hautreizung durch Mineralfasern

Nutzung
- Strömungsdichte Fugenausbildung – vermeidet Mineralfaseremission in Raumluft
- Schafwolldämmstoff – vermeidet Emissionen von Formaldehyd aus Mineralwolle

Notes on environmental protection, workplace and health protection measures

Production
- PVC-free roof materials – avoids the use of problematic materials

Installation
- Flax insulation material – avoids skin irritations due to mineral fibers
- Comprehensive protective work equipment – reduces health hazards due to mineral and flax fibers
- Lambswool insulation material – prevents the development of skin irritations due to mineral fibers

Use
- Flow-sealed joints – prevents mineral fiber emissions in room air
- Lambswool insulation material – prevents mineral wool formaldehyde emission

Entsorgung und Verwertung / Disposal and utilization

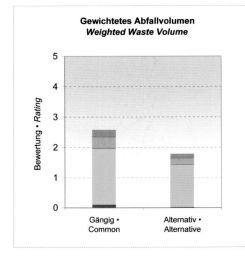

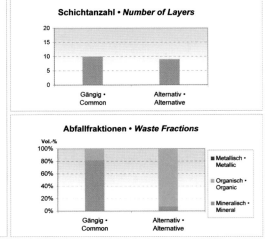

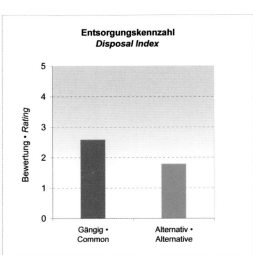

DAI 02

Holzsparren-Steildach mit Aufsparrendämmung
Wood rafter steeply-pitched roof with rafter insulation

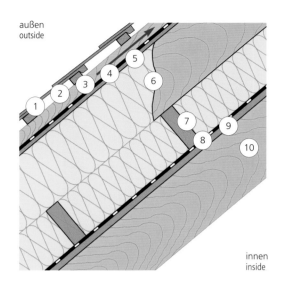

außen
outside

innen
inside

Bauphysik ▪ Building physics

	Einheit Unit	Gängig Usual	Alternative Alternative
Gesamtdicke ▪ Total thickness	[cm]	54	55
Wärmedurchgangskoeffizient ▪ Thermal transmission coefficient	[W/(m²K)]	0,10	0,10
Bewertetes Schalldämmmaß R_w ▪ Rated sound insulation value R_w	[dB]	51	50
Feuchtetechnische Sicherheit ▪ Moisture safety	[kg/m²a]	0/0	0/0
Wirksame Wärmespeicherkapazität ▪ Effective heat capacity	[kJ/(m²K)]	18	18

	[cm]	Gängiger Aufbau von außen nach innen Usual construction from outside to inside
1	-	Deckung* ▪ Covering*
2	3	Lattung 3/5 ▪ Lathes 3/5
3	5	Durchlüftung zw. Konterlattung 5/5 ▪ Ventilation bet. cross-lathing 5/5
4	-	Diffusionsoffene Dachauflegebahn, winddicht verklebt ▪ Open diffusion roofing sheet, sealed (windtight)
5	1,6	Poröse-Holzfaser-Unterdachplatte ▪ Porous wood fiber Inside roofing layer
6	24	Mineralwolleplatten zw. vertikalen Latten ▪ Mineral wool panels bet. vertical lathes
7	18	Mineralwolleplatten zw. horizontalen Latten ▪ Mineral wool panels bet. horizontal lathes
8	-	PE- Dampfbremse ▪ PE vapor barrier
9	2,5	Sichtschalung N+F ▪ Exposed shuttering, tongue and groove
10	-	Sparren, frei sichtbar** ▪ Freely visible rafters**

* Für die Berechnung wurde Dachziegel verwendet
** Dimensionierung nach statischen und brandschutztechnischer Erfordernis

	[cm]	Alternativer Aufbau von außen nach innen Alternative construction from outside to inside
1	-	Deckung* ▪ Covering*
2	3	Lattung 3/5 ▪ Lathes 3/5
3	5	Durchlüftung zw. Konterlattung 5/5 ▪ Ventilation bet. cross-lathing 5/5
4	-	Diffusionsoffene Dachauflegebahn, winddicht verklebt ▪ Open diffusion roofing sheet, sealed (windtight)
5	2,4	Holzschalung ▪ Wood shuttering
6	24	Flachsdämmplatten zw. vertikalen Latten ▪ Flax insulation panels bet. vertical lathes
7	18	Flachsdämmplatten zw. horizontalen Latten ▪ Flax insulation panels bet. horizontal lathes
8	-	PE- Dampfbremse ▪ PE vapor barrier
9	2,5	Sichtschalung N+F ▪ Exposed shuttering, tongue and groove
10	-	Sparren, frei sichtbar** ▪ Freely visible rafters**

* Calculations based on the use of roof bricks
** Dimensions acc. to static and fire protection requirements

Technische Beschreibung

Eignung
- Für beheizte Dachgeschoßräume, vorwiegend in Holzbauten
- Für sichtbare Sparren zur optischen Gestaltung, sofern hinsichtlich Brandschutz zulässig
- Für sehr geringe Anforderungen an den Schallschutz
- Für sehr geringe Anforderungen an die speicherwirksame Masse (der Schutz vor sommerlicher Überwärmung wird durch andere Maßnahmen erzielt)
- Wenn keine Installationen in der Decke verlegt werden müssen

Ausführungshinweise
- Die Unterspannbahn auf der Schalung (oder auf Unterdachplatten) ist zweite Entwässerungsebene und zugleich Windsperre. Stöße und Anschlüsse daher sorgfältig dicht abkleben.
- Die Dampfbremse ist zugleich innere Strömungssperre, Stöße und Anschlüsse sorgfältig dicht abkleben
- Verletzungen der Dampfbremse sorgfältig dicht überkleben
- Für ausreichend große Zuströmöffnungen im Traufenbereich und bei den Abströmöffnungen der Hinterlüftung im Firstbereich sorgen
- Installationen in der Konstruktion vermeiden, da sie die Dampfbremse durchstoßen müssten
- Die Höhe des Unterlüftungsraums ist hier nur ein unverbindlicher Richtwert für kleine Dächer und große Zu- und Abströmöffnungen. Die tatsächlich unter Blecheindeckungen erforderlichen Unterlüftungsquerschnitte hängen sehr stark vom Diffusionswiderstand der Bauteile zwischen Innenraum und Unterlüftung sowie vom Abstand jedes Dachflächenpunktes von der nächstgelegenen Entlüftungsöffnung ab und sind individuell rechnerisch zu ermitteln. Die Dampfsperre entsprechend dimensionieren.

Technical description

Suitability
- For heated attic rooms, mostly in wood structures
- For visible rafters necessary for visual reasons, if permissible in terms of fire protection
- For very low sound insulation requirements
- For very low storage mass requirements (protection against summer overheating is achieved with other means)
- If no service runs are required in the ceiling

Construction process
- The roofing membrane on the cladding is the second drainage level, it also acts as a wind barrier. Joints and connections should therefore be sealed carefully.
- The vapor barrier also acts as an interior flow barrier, make sure to seal joints, connections of all types and damage very carefully
- Seal damage to vapor barrier carefully
- Make sure afflux openings in the gutter area and the rear ventilation exhaust openings along the roof ridge area are large enough
- Avoid service runs in the construction that penetrate the vapor barrier
- The height of the ventilated space is only a non-binding reference value for small roofs and large afflux and exhaust openings. The actually required ventilated space cross sections are very dependent on the diffusion resistance of the construction components between the interior spaces and the ventilation and the distance of every point of the roof surface to the next exhaust opening. These values can be calculated individually. Specify the vapor barrier accordingly.

Instandhaltung

- Bei Beachtung der Richtlinien des konstruktiven → Holzschutzes ist kein chemischer Holzschutz erforderlich
- Dachdeckung regelmäßig inspizieren und instandhalten
- Beschädigte Windsperren nach Entfernung der Dachdeckung reparieren

Diskussion des Aufbaus

- Nachteile: höherer Aufbau als bei Dächern mit Wärmedämmung zwischen Sparren oder zwischen Doppel-T-Trägern
- Keine Installationsebene
- Wirksame Speichermasse sehr klein
- Brandschutz problematisch
- Vorteil: das optische Erscheinungsbild mit sichtbaren Sparren

Maintenance

- No chemical wood protection is required if the guidelines for structural → wood protection are followed
- Inspect and maintain roof cladding regularly
- Repair damaged wind barriers after removing the roof cladding layer

Structural discussion

- Disadvantages: thicker structure than roofs with thermal insulation between rafters or between double T beams
- No services level
- Effective storage mass is very small
- Fire protection is problematic
- Advantage: visual appearance with visible rafters

Ökologisches Profil ▪ Ecological profile

Herstellung ▪ Production

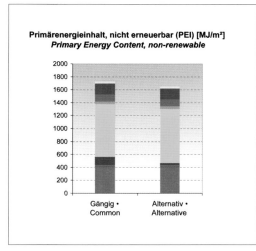

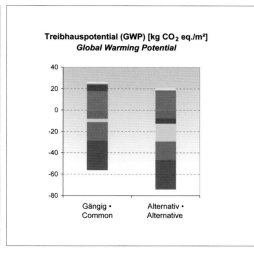

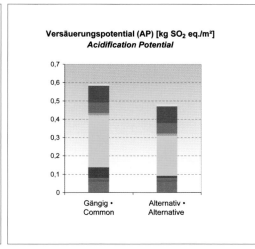

Befestigungsmaterialien
- Sparren
- Holzschalung
- Dampfbremse PE
- Pfosten, 2lagig + Glaswolle / Flachs
- PE-Dachauflegebahn + Poröse Holzfaserplatte / Rauhschalung
- Lattung + Konterlattung
- Dachziegel

Fastening Materials
- Spars
- Wood Shuttering
- PE Vapor Barrier
- Two-Layer Posts + Glass Wool / Flax
- PE Roof Layer + Porous Wood Fiberboard / Rough Shuttering
- Lathing + Cross Lathing
- Roof Tiles

Hinweise zu Ökologie, Arbeits- und Gesundheitsschutz

Herstellung

- PVC-freies Dachzubehör – vermeidet problematischen Werkstoff

Einbau

- Flachsdämmstoff – vermeidet Hautreizung durch Mineralfasern
- Umfassender Arbeitsschutz – reduziert Gesundheitsbelastungen durch Mineral- und Flachsfaser

Notes on environmental protection, workplace and health protection measures

Production

- PVC-free roof materials – avoids the use of problematic materials

Installation

- Flax insulation material – avoids skin irritations caused by mineral fibers
- Comprehensive protective work equipment – reduces health hazards caused by mineral and flax fibers

Entsorgung und Verwertung / Disposal and utilization

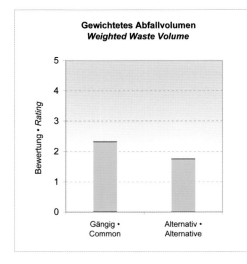

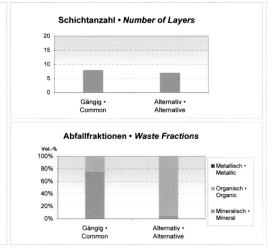

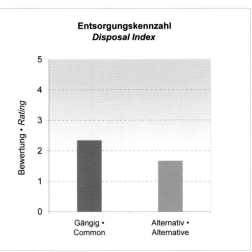

DAI 03   Doppel-T-Träger-Steildach
Double T-beam steeply-pitched roof

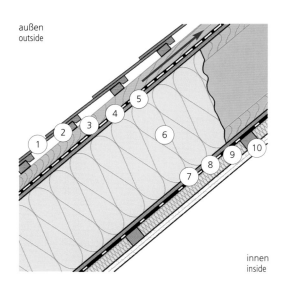

außen
outside

innen
inside

Bauphysik ▪ Building physics

	Einheit Unit	Gängig Usual	Alternative Alternative
Gesamtdicke ▪ Total thickness	[cm]	56	56
Wärmedurchgangskoeffizient ▪ Thermal transmission coefficient	[W/(m²K)]	0,10	0,10
Bewertetes Schalldämmmaß R_w ▪ Rated sound insulation value R_w	[dB]	52	52
Feuchtetechnische Sicherheit ▪ Moisture safety	[kg/m²a]	0,005/0,005	0,305/0,305
Wirksame Wärmespeicherkapazität ▪ Effective heat capacity	[kJ/(m²K)]	28	28

	[cm]	Gängiger Aufbau von außen nach innen Usual construction from outside to inside
1	-	Deckung* ▪ Covering*
2	3	Lattung 3/5 cm ▪ Lathes 3/5 cm
3	5	Durchlüftung zw. Konterlattung ▪ Ventilation bet. cross lathes
4	-	Diffusionsoffene Dachauflegebahn, winddicht verklebt ▪ Open diffusion roofing sheet, sealed (windtight)
5	1,6	MDF-Platte NF ▪ MDF panel, tongue and groove
6	36	Mineralwolle zw. Doppel-T-Trägern ▪ Mineral wool bet. double-T beams
7	2,2	Spanplatte ▪ Chipboard
8	-	PE-Dampfbremse ▪ PE vapor barrier
9	5	Mineralwolle zw. horizontalen Latten ▪ Mineral wool bet. horizontal lathes
10	3	2 Lg. Gipskarton-Brandschutzplatten ▪ 2-layer gypsum plasterboard fire protection panels

* Für die Berechnung wurde Dachziegel verwendet

	[cm]	Alternativer Aufbau von außen nach innen Alternative construction from outside to inside
1	-	Deckung* ▪ Covering*
2	3	Lattung 3/5 cm ▪ Lathes 3/5 cm
3	5	Durchlüftung zw. Konterlattung ▪ Ventilation bet. cross lathes
4	-	Diffusionsoffene Dachauflegebahn, winddicht verklebt ▪ Open diffusion roofing sheet, sealed (windtight)
5	2,4	Holzschalung ▪ Wood shuttering
6	36	Zellulose zw. Doppel-T-Trägern ▪ Cellulose bet. double-T beams
7	1,8	OSB-Platte luftdicht verklebt ▪ OSB panel, sealed (windtight)
8	-	entfällt ▪ N/A
9	5	Schafwolle zw. horizontalen Latten ▪ Lambswool bet. horizontal lathes
10	2,5	2 Lg. Gipsfaserplatten ▪ 2-layer gypsum fiberboard

*Calculations based on the use of roof bricks

Technische Beschreibung

Eignung
- Für beheizte Dachgeschoßräume in Holzbauten
- Zur Vorfertigung geeignet
- Für sehr geringe Anforderungen an die speicherwirksame Masse (der Schutz vor sommerlicher Überwärmung wird durch andere Maßnahmen erzielt)

Ausführungshinweise
- Die Unterspannbahn auf der Schalung ist zweite Entwässerungsebene und zugleich Windsperre. Stöße und Anschlüsse daher sorgfältig dicht abkleben
- Die Dampfbremse bzw. OSB-Platte ist zugleich innere Strömungssperre, Stöße und Anschlüsse aller Art sorgfältig dicht abkleben, Verletzungen dicht überkleben
- Wird die Dampfbremse unterhalb der Spanplatten verlegt, kann sie leichter verletzt, aber auch einfacher repariert werden
- Für ausreichend große Zuströmöffnungen im Traufenbereich und Abströmöffnungen der Hinterlüftung im Firstbereich sorgen
- Die Höhe des Unterlüftungsraums ist hier nur ein unverbindlicher Richtwert für kleine Dächer und große Zu- und Abströmöffnungen (vgl. DAI 02)

Instandhaltung
- Bei Beachtung der Richtlinien des konstruktiven ➔ Holzschutzes ist kein chemischer Holzschutz erforderlich
- Dachdeckung regelmäßig inspizieren und instandhalten
- Beschädigte Windsperren nach Entfernung der Dachdeckung reparieren
- Verletzungen der Dampfsperre, zB. durch nachträgliche Installationsarbeiten sorgfältig dampfdicht überkleben

Diskussion des Aufbaus
- Eine zusätzliche äußere Dämmschicht kann meist entfallen, da die Wärmebrückenwirkung der wesentlich schlankeren Doppel-T-Träger geringer ist als jene von Sparren, und Doppel-T-Träger beliebig hoch hergestellt werden können, ohne deshalb dicker ausgebildet werden zu müssen. Jedoch sind bei

Technical description

Suitability
- For heated attics in wood structures
- Suitable for prefabrication
- For very low storage mass requirements (protection against summer overheating is achieved with other means)

Construction process
- The roofing membrane on the cladding is the second drainage level, it also acts as a wind barrier. Joints and connections should therefore be sealed carefully
- The vapor barrier or OSB panel also acts as an interior flow barrier, make sure to seal joints, connections of all types and any damaged area very carefully
- The vapor barrier is laid beneath the chipboard panels, it can be damaged easily, but it is also easier to repair
- Make sure afflux openings in the gutter area and the rear ventilation exhaust openings along the roof ridge area are large enough
- The height of the ventilated space is only a non-binding reference value for small roofs and large afflux and exhaust openings (cf. DAI 02)

Maintenance
- No chemical wood protection is required if the guidelines for structural ➔ wood protection are followed
- Inspect and maintain roof cladding regularly
- Repair damaged wind barriers after removing the roof cladding layer
- Vapor-tight seals should be applied after damage to the vapor barrier, caused, for example, by later fitting of services

Structural discussion
- An additional exterior insulation layer isn't required generally since the thermal bridge effect of the much slimmer double T beams is lower

großen Spannweiten und bei großen Temperaturdifferenzen zwischen innen und außen Deformationen des Dachs möglich. In diesem Fall ist eine zusätzliche äußere Wärmedämmschicht nötig (vgl. DAl 01).

- Die innerste Dämmebene dient als Installationsschicht, bietet Zusatznutzen einer zusätzlichen Dämmung und einen guten mechanischen Schutz für die Dampfbremse
- Eine Verbesserung der wirksamen Speichermasse kann z.B. durch unterseitige Verkleidung mit einem Putzträger und Aufbringen eines mehrlagigen, sehr dicken schweren Putzes (ca. 5 cm) erreicht werden

than in the case of rafters. Double T beams can also be made in any required height without needing to be thicker. However, roof deformation is possible in the case of long-span constructions and large temperature differences. An additional thermal insulation layer is required in these cases (vgl. DAl 01).

- The innermost insulation layer serves as the services level. It also serves as additional insulation and offers good mechanical protection for the vapor barrier
- An improvement of the effective storage mass can be achieved by adding protective cladding, e.g., in the form of plaster base and a multi-layer thick plaster (ca. 5 cm)

Ökologisches Profil ▪ Ecological profile

Herstellung ▪ Production

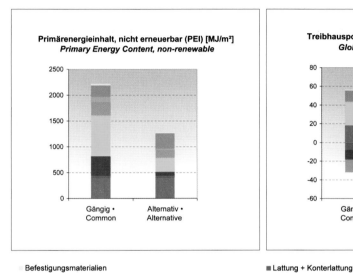

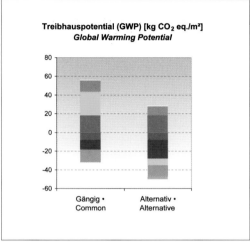

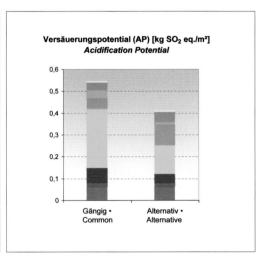

Befestigungsmaterialien	■ Lattung + Konterlattung
■ Gipskartonplatte / Gipsfaserplatte	■ Dachziegel
■ Lattung + Glaswolle / Schafwolle	
■ Spanplatte + Dampfbremse PE / OSB-Platte, verklebt	
▪ I-Träger + Glaswolle MW-WF / Zellulosefaserflocken	
■ PE-Dachauflegebahn + MDF-Platte / PE-Dachauflegebahn + Rauhschalung	

Fastening Materials	■ Lathing + Cross Lathing
■ Gypsum Plasterboard / Gypsum Fiberboard	■ Roof Tiles
■ Lathing + Glass Wool / Lambs Wool	
■ Chipboard + PE Vapor Barrier / OSB Panels, bonded	
▪ I-Beam + Glass Wool MW-WF / Cellulose Fiber Flakes	
■ PE Roof Layer + MDF Panel / PE Roof Layer + Rough Shuttering	

Hinweise zu Ökologie, Arbeits- und Gesundheitsschutz

Herstellung
- PVC-freies Dachzubehör – vermeidet problematischen Werkstoff

Einbau
- Umfassender Arbeitsschutz – reduziert Gesundheitsbelastungen durch Mineralfaser und Zellulosefaser
- Schafwolldämmstoff – vermeidet Faserbelastung und Hautreizung durch Mineralfasern

Nutzung
- Strömungsdichte Fugenausbildung – vermeidet Mineralfaseremission in die Raumluft
- Schafwolldämmstoff – vermeidet Emissionen von Formaldehyd aus Mineralwolle

Notes on environmental protection, workplace and health protection measures

Production
- PVC-free roof materials – avoids the use of problematic materials

Installation
- Comprehensive protective work equipment – reduces health hazards caused by mineral fiber and cellulose fibers
- Lambswool insulation material – prevents the development of skin irritations caused by mineral fibers

Use
- Flow-sealed joints – prevents mineral fiber emissions in room air
- Lambswool insulation material – prevents mineral wool formaldehyde emissions

Entsorgung und Verwertung / Disposal and utilization

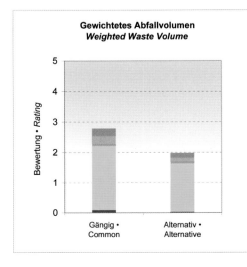

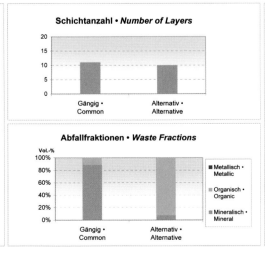

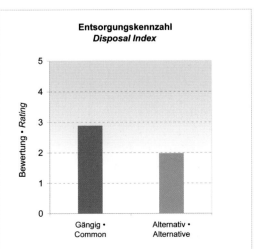

DAI 04 Boxträger-Steildach
Box beam steeply-pitched roof

außen
outside

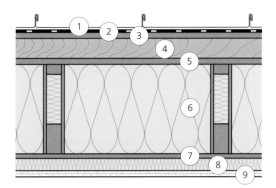

innen
inside

Bauphysik ▪ Building physics

	Einheit Unit	Gängig Usual	Alternative Alternative
Gesamtdicke ▪ Total thickness	[cm]	58	59
Wärmedurchgangskoeffizient ▪ Thermal transmission coefficient	[W/(m²K)]	0,10	0,10
Bewertetes Schalldämmmaß R_w ▪ Rated sound insulation value R_w	[dB]	54	54
Feuchtetechnische Sicherheit ▪ Moisture safety	[kg/m²a]	0/0	0/0
Wirksame Wärmespeicherkapazität ▪ Effective heat capacity	[kJ/(m²K)]	23	28

	[cm]	Gängiger Aufbau von außen nach innen Usual construction from outside to inside
1	-	Alu-Blech ▪ Sheet aluminum
2	-	Trennlage Struktur-Antidröhnmatte ▪ Separating layer structured anti-drumming mat
3	2,4	Holzschalung ▪ Wood shuttering
4	8	Hinterlüftung zw. Holzlatten, Insektenschutzgitter ▪ Rear ventilation bet. wood lathes, insect screen
5	2,4	Poröse Holzfaserplatte, bituminisiert* ▪ Porous wood fiberboard with bitumen Impregnation*
6	36	Mineralwolle zw. Boxträger ▪ Mineral wool bet. box beams
7	1,8	OSB-Platte, strömungsdicht verklebt ▪ OSB panel, sealed (airtight)
8	5	Mineralwolle zw. Holzlatten ▪ Mineral wool bet. wood lathes
9	2,5	2 Lg. Gipskarton-Brandschutzplatten ▪ 2-layer gypsum plasterboard fire protection panels

* Je nach Gefälle und Traufganglänge

	[cm]	Alternativer Aufbau von außen nach innen Alternative construction from outside to inside
1	-	Alu-Dachplatten ▪ Aluminum roof panels
2	-	entfällt ▪ n/a
3	3	Lattung ▪ Lathes
4	8	Hinterlüftung zw. Holzlatten, Insektenschutzgitter ▪ Rear ventilation bet. wood lathes, insect screen
5	2,4	Poröse Holzfaserplatte naturharzimprägniert* ▪ Porous wood fiberboard with natural resin Impregnation*
6	36	Hanf zw. Boxträger ▪ Hemp bet. box beams
7	1,8	OSB-Platte, strömungsdicht verklebt ▪ OSB panel, sealed (airtight)
8	5	Schafwolle zw. Holzlatten ▪ Lambswool bet. wood lathes
9	2,5	2 Lg. Gipskarton-Brandschutzplatten ▪ 2-layer gypsum plasterboard fire protection panels

* Depending on the incline and eaves channel length

Technische Beschreibung

Eignung
- Für beheizte Dachgeschoßräume ohne kaltem Dachboden zwischen beheiztem Raum und Dach
- Für Vorfertigung geeignet, schlecht geeignet für Fertigung auf der Baustelle
- Für sehr geringe Anforderungen an die speicherwirksame Masse (der Schutz vor sommerlicher Überwärmung wird durch andere Maßnahmen erzielt)
- Auch für andere Dämmständer, die die Last innenseitig abtragen, geeignet

Ausführungshinweise
- Für ausreichend große Zuströmöffnungen im Traufenbereich und Abströmöffnungen der Unterlüftung im Firstbereich sorgen
- Die Höhe des Unterlüftungsraums ist hier nur ein unverbindlicher Richtwert für kleine Dächer und große Zu- und Abströmöffnungen. Die tatsächlich unter Blecheindeckungen erforderlichen Unterlüftungsquerschnitte hängen sehr stark vom Diffusionswiderstand der Bauteile zwischen Innenraum und Unterlüftung sowie vom Abstand jedes Dachflächenpunktes von der nächstgelegenen Entlüftungsöffnung ab und sind individuell rechnerisch zu ermitteln. Gegebenenfalls innenseitig eine zusätzliche Dampfsperre vorsehen.

Instandhaltung
- Bei Beachtung der Richtlinien des konstruktiven → Holzschutzes ist kein chemischer Holzschutz erforderlich
- Alternative Alu-Dachplatten: Die für Dächer üblichen regelmäßigen Inspektionen und Instandhaltungsarbeiten vornehmen

Diskussion des Aufbaus
- Die innenraumseitige (untere) Dämmschicht ist primär als Installationsschicht nötig, um Installationen (z.B. Zuleitungen zu Deckenbeleuchtungen) ohne Durchbrechen der dampfbremsenden Schicht zu ermöglichen

Technical description

Suitability
- For heated attic spaces without a ventilated roof between a heated room and roof
- Suitable for prefabrication, not well-suited for onsite assembly
- For very low storage mass requirements (protection from overheating during summer is achieved by other means)
- Suitable for other insulated supports that transfer loads on the inside

Construction process
- Make sure afflux openings in the gutter area and the rear ventilation exhaust openings along the roof ridge area are large enough
- The height of the ventilated space is only a non-binding reference value for small roofs and large afflux and exhaust openings. The actually required ventilated space cross sections are very dependent on the diffusion resistance of the construction components between the interior spaces and the ventilation and the distance of every point on the roof surface to the next exhaust opening. These values can be calculated individually. Calculate an additional interior vapor barrier if necessary.

Maintenance
- No chemical wood protection is required if the guidelines for structural → wood protection are followed
- Aluminum roof panels as an alternative: Adhere to the regular roof inspection and maintenance intervals

Structural discussion
- The interior (lower) insulation layer is primarily required as an services layer, to allow for services (e.g. ceiling lighting power supply lines) without penetrating the vapor barrier layer

- Wegen der geringen wirksamen Speichermasse kann der thermische Komfort in den Räumen unter dem Dach im Sommer stark beeinträchtigt sein. Verbesserungen wären z.B. durch einen unterseitigen Putzträger und Aufbringen eines mehrlagigen, dicken, schweren bewehrten Putzes möglich.

- Thermal comfort in the rooms under the roof can be severely affected due to the low effective storage mass. Improvements can be made by adding a plaster base on the lower side and applying a multi-layer, thick, heavy reinforced plaster coating.

Ökologisches Profil ▪ Ecological profile

Herstellung ▪ Production

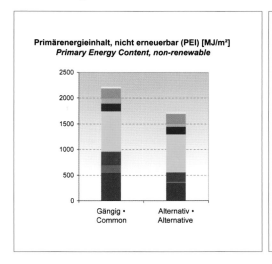
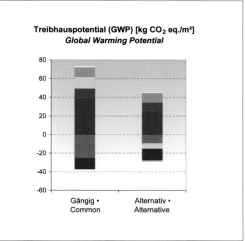
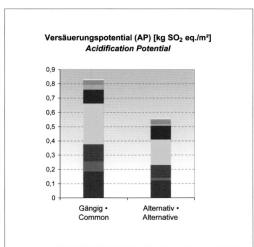

- Befestigungsmaterialien
- Gipskartonplatten
- Lattung + Glaswolle / Schafwolle
- OSB-Platte
- Boxträger + Glaswolle MW-WF / Hanf
- Poröse Holzfaserplatte, bitumiert / naturharzimprägniert
- Trennlage + Holzschalung + Lattung / Lattung + Konterlattung
- Alublech / Al-Dachplatten

- Fastening Materials
- Gypsum Plasterboard
- Lathing + Glass Wool / Lambs Wool
- OSB Panel
- Box Stays + Glass Wool MW-WF / Hemp
- Porous Wood Fiberboard with Bitumen Coating / with Natural Resin Coating
- Separating Layer + Lathing + Wood Shuttering / Lathing + Cross Lathing
- Aluminum Sheet / Aluminum Roof Panels

Hinweise zu Ökologie, Arbeits- und Gesundheitsschutz

Herstellung
- PVC-freies Dachzubehör – vermeidet problematischen Werkstoff

Einbau
- Umfassender Arbeitsschutz – reduziert Gesundheitsbelastungen durch Mineralfaser und Hanffaser
- Schafwolldämmstoff – vermeidet Faserbelastung und Hautreizung durch Mineralfasern

Nutzung
- Strömungsdichte Fugenausbildung – vermeidet Mineralfaseremission in die Raumluft
- Schafwolldämmstoff – vermeidet Emissionen von Formaldehyd aus Mineralwolle

Notes on environmental protection, workplace and health protection measures

Production
- PVC-free roof materials – avoids the use of problematic materials

Installation
- Comprehensive protective work equipment – reduces health hazards caused by mineral fiber and hemp fibers
- Lambswool insulation material – prevents the development of skin irritations caused by mineral fibers

Use
- Flow-sealed joints – prevents mineral fiber emissions in room air
- Lambswool insulation material – prevents mineral wool formaldehyde emissions

Entsorgung und Verwertung / Disposal and utilization

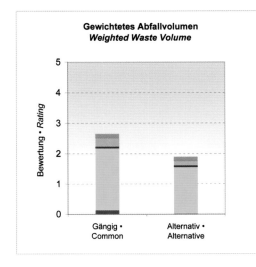
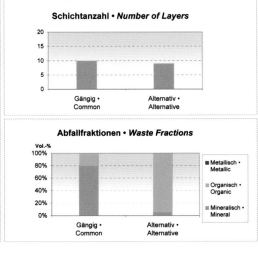
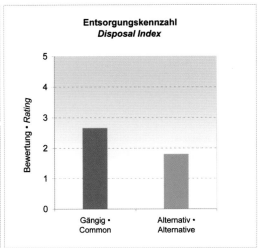

DAI 05

Doppel-T-Träger-Flachdach
Double T-beam flat roof

außen
outside

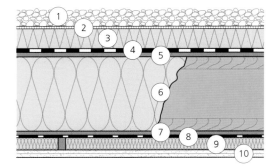

innen
inside

Bauphysik ▪ Building physics

	Einheit Unit	Gängig Usual	Alternative Alternative
Gesamtdicke ▪ Total thickness	[cm]	57	56
Wärmedurchgangskoeffizient ▪ Thermal transmission coefficient	[W/(m²K)]	0,10	0,10
Bewertetes Schalldämmmaß R_w ▪ Rated sound insulation value R_w	[dB]	56	56
Feuchtetechnische Sicherheit ▪ Moisture safety	[kg/m²a]	0,002/0,002	0/0
Wirksame Wärmespeicherkapazität ▪ Effective heat capacity	[kJ/(m²K)]	28	32

	[cm]	Gängiger Aufbau von außen nach innen Usual construction from outside to inside
1	6	Kies 16/32 ▪ Gravel 16/32
2	-	Filtervlies (Polypropylen) ▪ Filter fleece (polypropylene)
3	8	Extrudiertes Polystyrol, CO_2-geschäumt ▪ Extruded polystyrene, CO_2 foamed
4	1	Polymerbitumen-Abdichtung 2 Lg. mit Dampfdruckausgleichsschicht ▪ 2-layer polymer bitumen seal with vapor pressure compensation layer
5	1,8	Spanplatte ▪ Chipboard
6	30	Mineralwollepl. zw. Doppel-T-Trägern ▪ Mineral wool panel bet. double T-Beams
7	1,8	Spanplatte ▪ Chipboard
8	-	Alu-Dampfsperre, selbstklebend ▪ Self-adhesive aluminum vapor barrier
9	5	Mineralwolle zwischen Latten ▪ Mineral wool bet. lathes
10	3	2 Lg. Gipskarton-Brandschutzplatten ▪ 2-layer gypsum plasterboard fire protection panels

	[cm]	Alternativer Aufbau von außen nach innen Alternative construction from outside to inside
1	6	Kies 16/32 ▪ Gravel 16/32
2	-	Filtervlies (Polypropylen) ▪ Filter fleece (polypropylene)
3	8	Extrudiertes Polystyrol, CO_2-geschäumt ▪ Extruded polystyrene, CO_2 foamed
4	1	PE-Abdichtung und PP-Schutzvlies ▪ PE-sealing and PP protective fleece
5	1,8	OSB-Platte ▪ OSB panel
6	30	Zelluloseflocken zw. Doppel-T-Trägern ▪ Cellulose flakes bet. double T-beams
7	1,8	OSB-Platte ▪ OSB panel
8	-	PE-Dampfbremse, selbstklebend ▪ Self-adhesive PE-vapor barrier
9	5	Schafwolle zwischen Latten ▪ Lambswool between lathes
10	2,5	2 Lg. Gipsfaserplatten ▪ 2-layer gypsum fiberboard

Technische Beschreibung

Eignung
- Für nicht ständig begangene Flachdächer, insbesondere auf Holzbauten
- Für geringe Anforderungen an den Schallschutz
- Für sehr geringe Anforderungen an die speicherwirksame Masse
- Für Vorfertigung gut geeignet
- Für Installationen in der Decke geeignet

Ausführungshinweise
- Die Dampfbremse durch rechnerischen Nachweis auf die übrige Konstruktion abstimmen, besonders sorgfältig verlegen, Stöße und alle Anschlüsse mit besonderer Sorgfalt dicht ausführen
- Die Kiesauflage als UV-Schutz überall sorgfältig in der erforderlichen Dicke aufbringen

Instandhaltung
- Schäden an der Feuchteabdichtung durch regelmäßige Sichtprüfung und Instandsetzung des Kiesbelags vermeiden
- Schadhafte Feuchteabdichtungen vollständig erneuern, da eine genaue und vollständige Lokalisierung von Schäden sehr schwierig ist
- Sanierungen durch einfaches Aufkleben oder Aufflämmen zusätzlicher Abdichtungsschichten nur nach rechnerischer Prüfung vornehmen, da sie den Diffusionswiderstand vergrößern und schädliches Kondensat an der Unterseite der Abdichtung in der Wärmedämmung verursachen können, welches zu Dampfblasenbildung in der Abdichtung und, durch deren Aufbrechen, zu neuen Feuchteschäden führen kann
- Bei Beachtung der Richtlinien des konstruktiven → Holzschutzes ist kein chemischer Holzschutz erforderlich
- Beschädigte Dampfsperre sorgfältig dampfdicht überkleben

Technical description

Suitability
- For flat roofs that are not accessed constantly, especially on wood structures
- For low sound insulation requirements
- For very low storage mass requirements
- Suitable for prefabrication
- Suitable for service runs in the roof

Construction process
- Adjust the vapor barrier according to calculations for the rest of the structure lay and seal joints and all connections very carefully
- The gravel layer should be laid evenly in the required thickness to achieve the required UV protection

Maintenance
- Avoid damage to the moisture seal with regular visual checks and gravel layer maintenance
- Exchange damaged moisture seals completely since an exact and complete localization of damage is very difficult
- Only effect bonding or torching down of additional layers after verifying calculations since they increase diffusion resistance and can cause damaging condensation on the lower side of the thermal insulation seal. This can lead to vapor blisters in the seal and new moisture damage due to ensuing tears.
- No chemical wood protection is required if the guidelines for structural → wood protection are followed
- Seal damaged vapor barrier carefully

Diskussion des Aufbaus

- Hohe Dämmschichtdicke ist problemlos erzielbar
- Sorgfältige Beobachtung und Pflege erforderlich, dennoch wesentlich schadensanfälliger als z.B. ein Massivdach, Duodach oder ein Gründach

Structural discussion

- High insulation thickness can be achieved easily
- Careful observation and care are required and yet still considerably more susceptible to damage than a solid roof, duo roof or green roof, for example

Ökologisches Profil ▪ Ecological profile

Herstellung ▪ Production

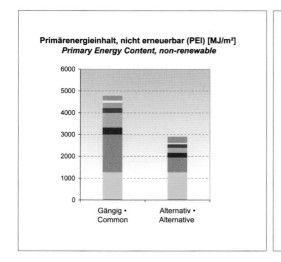
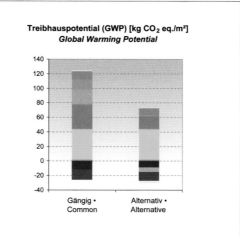
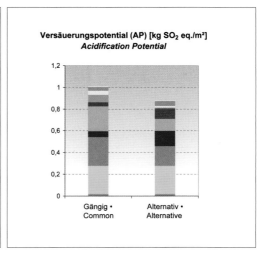

Befestigungsmaterialien
Gipskartonplatten / Gipsfaserplatten
Lattung + Glaswolle / Schafwolle
Alu-Dampfsperre / Dampfbremse PE
Spanplatte / OSB-Platte
Doppel-T-Träger + Glaswolle / Zelluloseflocken
Spanplatte / OSB-Platte
Polymerbitumen-Dichtungsbahn / PE-Dichtungsbahn + Vlies
Polystyrol, extrudiert
Kies

Fastening Materials
Gypsum Plasterboard / Gypsum Fiberboard
Lathing + Glass Wool / Lambs Wool
Aluminum Vapor Barrier / PE Vapor Barrier
Chipboard / OSB Panels
Double-T-Beam + Glass Wool / Cellulose Flakes
Chipboard / OSB Panels
Polymer Bitumen Sealing Sheet / PE Sealing Sheet + Fleece
Extruded Polystyrene
Gravel

Hinweise zu Ökologie, Arbeits- und Gesundheitsschutz

Herstellung
- PVC-freies Dachzubehör – vermeidet problematischen Werkstoff

Einbau
- PE-Abdichtung – reduziert VOC-Emissionen durch Aufflämmen der Polymerbitumenabdichtung
- Umfassender Arbeitsschutz – reduziert Gesundheitsbelastungen durch Mineral- oder Zellulosefaser
- Schafwolle anstatt Mineralfaser – vermeidet Hautreizung und Faserbelastung durch Mineralfasern

Nutzung
- Emissionsarme Span- oder OSB-Platten – reduzieren Emissionen von Formaldehyd und VOC
- Schafwolldämmstoff – vermeidet Emissionen von Formaldehyd und Mineralfasern aus Mineralwolle
- Strömungsdichte Fugenausbildung – vermeidet Mineralfaseremission in Raumluft

Notes on environmental protection, workplace and health protection measures

Production
- PVC-free roof materials – avoids the use of problematic materials

Installation
- PE-seal – reduces VOC emissions from torching down of polymer bitumen seal
- Comprehensive protective work equipment – reduces health hazards caused by mineral or cellulose fibers
- Lambswool instead of mineral fibers – avoids skin irritations and fiber hazards from mineral fibers

Use
- Low-emission chipboard or OSB panels – reduce formaledehyde and VOC emissions
- Lambswool insulation material – prevents mineral wool formaldehyde and mineral fiber emissions
- Flow-sealed joints – prevents mineral fiber emissions in room air

Entsorgung und Verwertung / Disposal and utilization

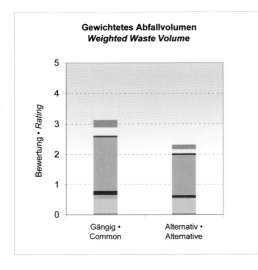
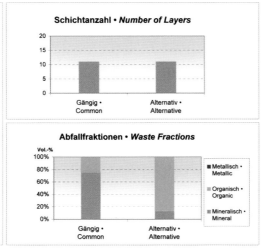
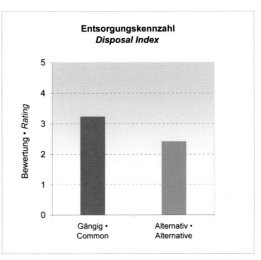

DAI 06

Leichtbau-Terrasse, hinterlüftet
Lightweight terrace, rear ventilation

außen
outside

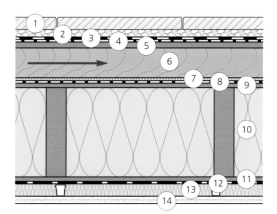

innen
inside

Bauphysik ▪ Building physics

	Einheit Unit	Gängig Usual	Alternative Alternative
Gesamtdicke ▪ Total thickness	[cm]	72	71
Wärmedurchgangskoeffizient ▪ Thermal transmission coefficient	[W/(m²K)]	0,10	0,10
Bewertetes Schalldämmmaß R_w ▪ Rated sound insulation value R_w	[dB]	70	70
Bewerteter Standard-Trittschallpegel $L_{nT,w}$ ▪ Standard impact sound insulation level rating $L_{nT,w}$	[dB]	44	44
Feuchtetechnische Sicherheit ▪ Moisture safety	[kg/m²a]	0/0	0/0
Wirksame Wärmespeicherkapazität ▪ Effective heat capacity	[kJ/(m²K)]	23	25

	[cm]	Gängiger Aufbau von außen nach innen Usual construction from outside to inside
1	5	Betonplatte ▪ Cement slab
2	3	Kies ▪ Gravel
3	1	Polymerbitumen-Abdichtung 2 Lg. ▪ 2-layer polymer bitumen seal
4	-	Dampfdruckausgleichsschicht ▪ Vapor pressure compensation layer
5	2,4	Holzschalung ▪ Wood shuttering
6	>12	Hinterlüftung zw. Holzlatten, Insektenschutzgitter ▪ Rear ventilation bet. wood lathes, insect screen
7	1,2	Dimensionierte Sylomerlager HFKW-frei unter Holzlatten ▪ HFC-free dimensioned sylomer bed under wood lathes
8	-	Diffusionsoffene PE-Dachauflegebahn, strömungsdicht verschweißt ▪ Open diffusion PE roofing sheet, welded airtight
9	1,8	OSB-Platte ▪ OSB panel
10	36	Steinwolle zw. Brettschichtholzsparren, oberseitig Neigung >1° ▪ Rock wool bet. rectangular timber rafters, with >1° angle on upper side
11	1,8	OSB-Platte ▪ OSB panel
12	-	PE-Dampfsperre ▪ PE vapor barrier
13	5	Glaswolle zw. Schwingbügel ▪ Glass wool bet. adj. strap hangers
14	3	2 Lg. Gipskarton-Brandschutzplatten ▪ 2-layer gypsum plasterboard fire protection panels

	[cm]	Alternativer Aufbau von außen nach innen Alternative construction from outside to inside
1	5	Betonplatte ▪ Cement slab
2	3	Kies ▪ Gravel
3	-	PE-Abdichtung ▪ PE Seal
4	-	PP-Schutzvlies ▪ PP protective fleece
5	2,4	Holzschalung ▪ Wood shuttering
6	>12	Hinterlüftung zw. Holzlatten, Insektenschutzgitter ▪ Rear ventilation bet. wood lathes, insect screen
7	1,2	EPDM-Streifen unter Holzlatten ▪ EPDM sealing sheets under wood lathes
8	-	Diffusionsoffene PE-Dachauflegebahn, strömungsdicht verschweißt ▪ Open diffusion PE roofing sheet, welded airtight
9	2,4	Holzschalung ▪ Wood shuttering
10	36	Zellulose zw. Brettschichtholzsparren ▪ Cellulose bet. rectangular timber rafters
11	1,8	OSB-Platte ▪ OSB panel
12	-	PE-Dampfsperre ▪ PE vapor barrier
13	5	Schafwolle zw. Schwingbügel ▪ Lambswool bet. adj. strap hangers
14	2,5	2 Lg. Gipsfaserplatten ▪ 2-layer gypsum fiberboard

Technische Beschreibung

Eignung
- Für beheizte Dachgeschossräume unter Terrassen und bei geringen Anforderungen an die speicherwirksamen Massen der Räume
- Für teilweise Vorfertigung geeignet
- Für schwere Terrassenbeläge aller Art mit offenen Fugen (z.B. Betonsteinen, Waschbetonplatten, usw.)

Ausführungshinweise
- Für ausreichend große Zu- und Abströmöffnungen der Unterlüftung sorgen
- Die Höhe des Unterlüftungsraums und die Dimensionierung der Dampfbremse durch mehrdimensionale Diffusionsrechnung ermitteln. Für größere Abmessungen können große Höhen des Unterlüftungsraumes erforderlich sein, um Kondensatschäden zu vermeiden.
- Alle Zu- und Abluftöffnungen mit einem feinmaschigen Insektenschutzgitter verschließen
- Eine Gummigranulatmatte auf der Abdichtung bietet zusätzlichen Schutz vor mechanischen Beschädigungen

Instandhaltung
- Bei Beachtung der Richtlinien des konstruktiven → Holzschutzes ist kein chemischer Holzschutz erforderlich
- Unkraut aus den Fugen zwischen Plattenbelägen entfernen, um Schäden an der Abdichtung durch Wurzeln zu verhindern
- In längeren Intervallen Lage der Platten korrigieren

Technical description

Suitability
- For heated attic rooms under terraces with low room storage mass requirements
- Suitable for partial prefabrication
- For terrace surfaces of all types with open joints (e.g. concrete blocks, concrete exposed aggregate slabs, etc.)

Construction process
- Ensure the ventilation afflux and exhaust openings are large enough
- Use multi-dimensional diffusion calculations to establish the height and size of the ventilated space and the size of the vapor barrier. Larger dimensions can require large ventilation spaces to avoid condensation damage.
- Cover the afflux and exhaust openings with a fine-mesh insect screen
- A rubber granule mat on the seal offers additional protection against mechanical damage

Maintenance
- No chemical wood protection is required if the guidelines for structural → wood protection are followed
- Remove weeds from between joints of floor slabs to avoid seal damage caused by root growth
- Correct floor slab positions at periodical intervals

Diskussion des Aufbaus

- Die innenraumseitige (untere) Dämmschicht wird als Installationsschicht und zur Verbesserung des Schallschutzes benötigt. Wegen des mehrfachen Nutzens sollte diese Schicht keinesfalls eingespart werden.
- Die Unterlüftung erfordert u.U. eine größere Aufbauhöhe

Structural discussion

- The interior (lower) insulation layer is necessary to improve sound insulation. This layer is indispensable due to its multiple function.
- The ventilation can require rather large construction heights under certain circumstances

Ökologisches Profil ▪ Ecological profile

Herstellung ▪ Production

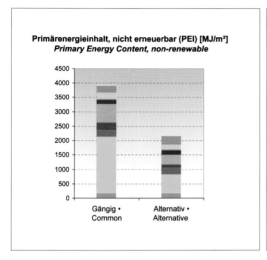

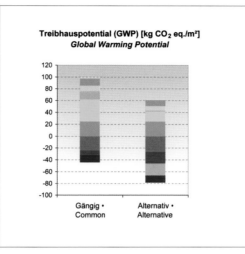

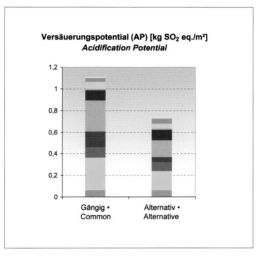

Befestigungsmaterialien	BSH-Sparren + Glaswolle / Zelluloseflocken
Gipskartonplatten / Gipsfaserplatten	PE-Dachauflegebahn + OSB-Platte / Holzschalung
Schwingbügel + Glaswolle / Schafwolle	Holzschalung + Latten + Trittschalldämmung
Dampfbremse PE	Polymerbitumen-Dichtungsbahn / PE-Dichtungsbahn + Vlies
OSB-Platte	Betonplatten auf Kies

Fastening Materials	Laminated Wood Spars + Glass Wool / Cellulose Flakes
Gypsum Plasterboard / Gypsum Fiberboard	PE Roof Layer + OSB Panels / Wood Shuttering
Adjusting Strap Hangers + Glass Wool / Lambs Wool	Wood Shuttering + Wood Lathes + Sylomer / Neoprene
PE Vapor Barrier	Polymer Bitumen Sealing Sheet / PE Sealing Sheet + Fleece
OSB Panels	Concrete slabs on Gravel

Hinweise zu Ökologie, Arbeits- und Gesundheitsschutz

Herstellung

- PVC-freies Dachzubehör – vermeidet problematischen Werkstoff

Einbau

- Umfassender Arbeitsschutz – reduziert Gesundheitsbelastungen durch Mineralfaser und Zellulosefaser
- Schafwolldämmstoff – vermeidet Faserbelastung und Hautreizung durch Mineralfasern
- PE-Abdichtung – reduziert VOC-Emissionen durch Aufflämmen der Polymerbitumenabdichtung

Nutzung

- Strömungsdichte Fugenausbildung – vermeidet Mineralfaseremission in die Raumluft
- Schafwolldämmstoff – vermeidet Emissionen von Formaldehyd aus Mineralwolle
- Emissionsarme Span- oder OSB-Platten – reduzieren Emissionen von Formaldehyd und VOC

Notes on environmental protection, workplace and health protection measures

Production

- PVC-free roof materials – avoids the use of problematic materials

Installation

- Comprehensive protective work equipment – reduces health hazards caused by mineral fiber and cellulose fibers
- Lambswool insulation material – prevents the development of skin irritations caused by mineral fibers
- PE seal – reduces VOC emissions from torching down of polymer bitumen seal

Use

- Flow-sealed joints – prevents mineral fiber emissions in room air
- Lambswool insulation material – prevents mineral wool formaldehyde emissions
- Low-emission chipboard or OSB panels – reduce formaldehyde and VOC emissions

Entsorgung und Verwertung / Disposal and utilization

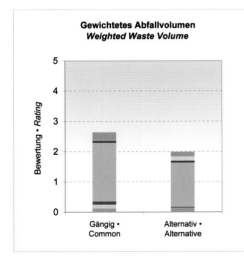

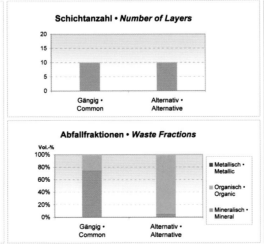

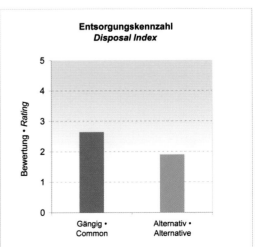

DAm 01   Stahlbeton-Steildach
Reinforced concrete steeply-pitched roof

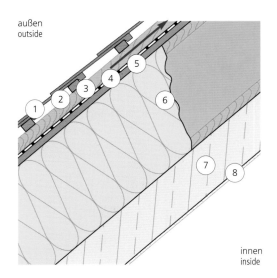

außen
outside

innen
inside

Bauphysik ▪ Building physics

	Einheit Unit	Gängig Usual	Alternative Alternative
Gesamtdicke ▪ Total thickness	[cm]	68	70
Wärmedurchgangskoeffizient ▪ Thermal transmission coefficient	[W/(m²K)]	0,10	0,10
Bewertetes Schalldämmmaß R_w ▪ Rated sound insulation value R_w	[dB]	64	64
Feuchtetechnische Sicherheit ▪ Moisture safety	[kg/m²a]	0/0	0/0
Wirksame Wärmespeicherkapazität ▪ Effective heat capacity	[kJ/(m²K)]	330	250

	[cm]	Gängiger Aufbau von außen nach innen Usual construction from outside to inside
1	-	Deckung* ▪ Covering*
2	3	Lattung 3/5 cm ▪ Lathes 3/5 cm
3	5	Durchlüftung zw. Konterlattung ▪ Ventilation bet. cross lathes
4	-	Diffusionsoffene Dachauflegebahn, winddicht verklebt ▪ Open diffusion roofing sheet, sealed (windtight)
5	2,4	Schalung ▪ Shuttering
6	40	Mineralfaserfilz zw. Holz C-Trägern ▪ Mineral fiber felt bet. wood C-beams
7	18	Stahlbeton ▪ Reinforced concrete
8	-	Spachtelung ▪ Filler

* Für die Berechnung wurde Dachziegel verwendet

	[cm]	Alternativer Aufbau von außen nach innen Alternative construction from outside to inside
1	-	Deckung* ▪ Covering*
2	3	Lattung 3/5 cm ▪ Lathes 3/5 cm
3	5	Durchlüftung zw. Konterlattung ▪ Ventilation bet. cross lathes
4	-	Diffusionsoffene Dachauflegebahn, winddicht verklebt ▪ Open diffusion roofing sheet, sealed (windtight)
5	2,4	Schalung ▪ Shuttering
6	40	Flachs zw. Holz C-Trägern ▪ Flax bet. wood C-beams
7	18	Stahlbeton ▪ Reinforced concrete
8	1,5	Lehmputz auf Haftbrücke ▪ Loam rendering on bonding layer

* Calculations based on the use of roof bricks

Technische Beschreibung

Eignung
- Für hohe Anforderungen an den Schallschutz
- Für hohe Anforderungen an den Brandschutz
- Für hohe Anforderungen an die speicherwirksame Masse (guter Schutz gegen sommerliche Überwärmung)

Ausführungshinweise
- Die diffusionsoffene Dachauflegebahn auf der Schalung ist zweite Entwässerungsebene und zugleich Windsperre. Stöße und Anschlüsse daher sorgfältig dicht abkleben.
- Für ausreichend große Zuströmöffnungen im Traufenbereich und Abströmöffnungen der Hinterlüftung im Firstbereich sorgen
- Die Höhe des Unterlüftungsraums ist hier nur ein unverbindlicher Richtwert für kleine Dächer und große Zu- und Abströmöffnungen. Die tatsächlich unter Blecheindeckungen erforderlichen Unterlüftungsquerschnitte hängen sehr stark vom Diffusionswiderstand der Bauteile zwischen Innenraum und Unterlüftung sowie vom Abstand jedes Dachflächenpunktes von der nächstgelegenen Entlüftungsöffnung ab und sind individuell rechnerisch zu ermitteln. Gegebenenfalls auf der Stahlbetondecke eine zusätzliche Dampfsperre vorsehen.
- Zur Erhaltung der wirksamen Speichermasse der Decke die Deckenuntersicht so dünn wie möglich spachteln und auf Verkleidung der Deckenuntersicht verzichten

Instandhaltung
- Bei Beachtung der Richtlinien des konstruktiven → Holzschutzes ist kein chemischer Holzschutz erforderlich
- Dachdeckung regelmäßig inspizieren und instandhalten
- Beschädigte Windsperren nach Entfernung der Dachdeckung reparieren

Technical description

Suitability
- For high sound insulation requirements
- For high fire protection requirements
- For high storage mass requirements (good protection against overheating in summer)

Construction process
- The open-diffusion roofing sheet on the shell is the second drainage level and wind barrier. Joints and connections should therefore be sealed carefully.
- Make sure afflux openings in the gutter area and the rear ventilation exhaust openings along the roof ridge area are large enough
- The height of the ventilated space is only a non-binding reference value for small roofs and large afflux and exhaust openings. The actually required ventilated space cross sections are very dependent on the diffusion resistance of the construction components between the interior spaces and the ventilation and the distance of every point of the roof surface to the next exhaust opening. These values can be calculated individually. Calculate an additional interior vapor barrier on the reinforced concrete slab if necessary.
- Smooth filler mass as thinly as possible to preserve storage mass efficiency on the lower side of the ceiling and do not use cladding

Maintenance
- No chemical wood protection is required if the guidelines for structural → wood protection are followed
- Inspect and maintain roof cladding regularly
- Repair damaged wind barriers after removing roof cladding segments

Diskussion des Aufbaus

- Vorteile: problemlos beliebig große Dämmschichtdicke erzielbar, große Sicherheit gegen Feuchteschäden, gegen Blitzschlag und Brand, große Speichermasse

Structural discussion

- Advantages: any required insulation thickness can be achieved, very good safety against moisture damage, lightning and fires, large storage mass

Ökologisches Profil ▪ Ecological profile

Herstellung ▪ Production

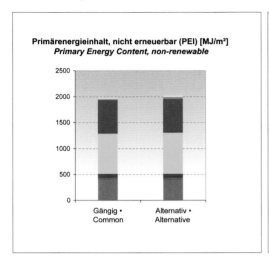

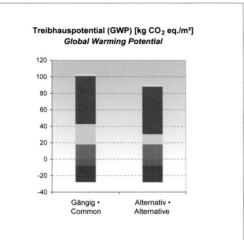

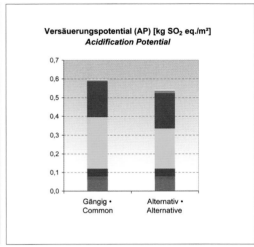

- Befestigungsmaterialien
- Gipsspachtel / Haftbrücke + Lehmputz
- Stahlbeton
- Glaswolle / Flachs + Holz-C-Profile
- Dachauflegebahn + Rauhschalung
- Lattung + Konterlattung
- Dachziegel

- Fastening Materials
- Gypsum Filler / Bonding Layer + Loam Rendering
- Reinforced Concrete
- Glass Wool / Flax + Wood C-Profiles
- Roof Layer + Rough Shuttering
- Lathing + Cross Lathing
- Roof Tiles

Hinweise zu Ökologie, Arbeits- und Gesundheitsschutz

Herstellung
- PVC-freies Dachzubehör – vermeidet problematischen Werkstoff

Einbau
- Flachsdämmstoff – vermeidet Hautreizung durch Mineralfasern
- Umfassender Arbeitsschutz – reduziert Gesundheitsbelastungen durch Mineral- und Flachsfaser

Nutzung
- Lehmputz – verbessert Feuchtepufferfähigkeit der Konstruktion

Notes on environmental protection, workplace and health protection measures

Production
- PVC-free roof materials – avoids the use of problematic materials

Installation
- Flax insulation material – avoids skin irritations caused by mineral fibers
- Comprehensive protective work equipment – reduces health hazards caused by mineral and flax fibers

Use
- Loam plaster – improves the moisture buffering properties of the construction

Entsorgung und Verwertung / Disposal and utilization

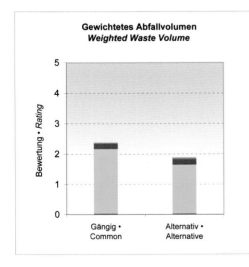

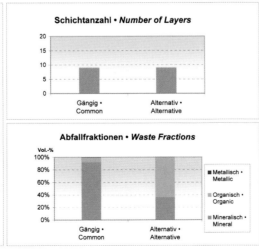

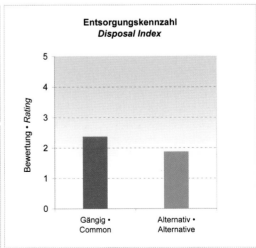

DAm 02

Stahlbeton-Flachdach, hinterlüftet
Reinforced concrete flat roof, rear ventilation

außen
outside

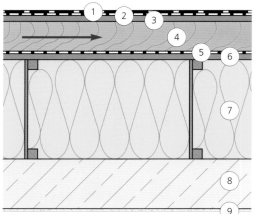

innen
inside

Bauphysik ▪ Building physics

	Einheit Unit	Gängig Usual	Alternative Alternative
Gesamtdicke ▪ Total thickness	[cm]	77	78
Wärmedurchgangskoeffizient ▪ Thermal transmission coefficient	[W/(m²K)]	0,10	0,10
Bewertetes Schalldämmmaß R_w ▪ Rated sound insulation value R_w	[dB]	65	65
Feuchtetechnische Sicherheit ▪ Moisture safety	[kg/m²a]	0/0	0/0
Wirksame Wärmespeicherkapazität ▪ Effective heat capacity	[kJ/(m²K)]	324	259

	[cm]	Gängiger Aufbau von außen nach innen Usual construction from outside to inside
1	-	PE-Abdichtung, mechanisch befestigt ▪ PE seal, mechanically bonded
2	-	PP-Vlies ▪ PP fleece
3	2,4	Holzschalung ▪ Wood shuttering
4	12	Unterlüftung/Dampfdruckentspannung zw. Holzlatten, Insektenschutzgitter ▪ Low-level ventilation / Vapor pressure relaxation bet. wood lathes, insect screen
5	-	Diffusionsoffene PE-Dachauflegebahn, strömungsdicht verschweißt ▪ Open diffusion PE roofing sheet, welded airtight
6	2,4	Holzschalung ▪ Wood shuttering
7	40	Mineralwolle zw. Holz-C-Trägern, Gefälle >1° ▪ Mineral wool bet. wood C-beams, >1° incline
8	20	Stahlbeton ▪ Reinforced concrete
9	-	Spachtelung ▪ Filler

	[cm]	Alternativer Aufbau von außen nach innen Alternative construction from outside to inside
1	-	PE-Abdichtung, mechanisch befestigt ▪ PE seal, mechanically bonded
2	-	PP-Vlies ▪ PP fleece
3	2,4	Holzschalung ▪ Wood shuttering
4	12	Unterlüftung/Dampfdruckentspannung zw. Holzlatten, Insektenschutzgitter ▪ Low-level ventilation / Vapor pressure relaxation bet. wood lathes, insect screen
5	-	Diffusionsoffene PE-Dachauflegebahn, strömungsdicht verschweißt ▪ Open diffusion PE roofing sheet, welded airtight
6	2,4	Holzschalung ▪ Wood shuttering
7	40	Zellulose zw. Holz-C-Trägern, Gefälle >1° ▪ Cellulose bet. wood C-beams, >1° incline
8	20	Stahlbeton ▪ Reinforced concrete
9	1,5	Lehmputz ▪ Loam rendering

Technische Beschreibung

Eignung
• Für beheizte Dachgeschossräume
• Bei hohen Anforderungen an die speicherwirksamen Massen der Räume
• Für UV-beständige Abdichtungen geeignet

Ausführungshinweise
• Für ausreichend große Zu- und Abströmöffnungen der Unterlüftung sorgen
• Alle Zu- und Abluftöffnungen mit einem feinmaschigen Insektenschutzgitter verschließen
• Für die benötigten Installationen Leerinstallationen (einschließlich ausreichender Reserven) bereits bei der Herstellung der Betondecke einlegen

Instandhaltung
• Bei Beachtung der Richtlinien des konstruktiven → Holzschutzes ist kein chemischer Holzschutz erforderlich
• Abdichtung ist sehr gut auf Undichtigkeiten kontrollierbar

Diskussion des Aufbaus
• Die Höhe des Unterlüftungsraums ist durch mehrdimensionale Diffusionsrechnung ermitteln. Für größere Abmessungen können große Höhen des Unterlüftungsraumes erforderlich sein, um Kondensatschäden zu vermeiden.
• Vorteil der Konstruktion ist die sehr hohe speicherwirksame Masse, welche das Sommerverhalten der Dachgeschossräume positiv beeinflusst
• Die Unterlüftung erfordert u.U. eine größere Aufbauhöhe

Technical description

Suitability
• For heated attic rooms
• For high room storage mass requirements
• Suitable for UV-resistant seals

Construction process
• Ensure the ventilation afflux and exhaust openings are large enough
• Cover the afflux and exhaust openings with a fine-mesh insect screen
• Provide service runs (with enough reserve space) for all required services when building the concrete ceiling slab

Maintenance
• No chemical wood protection is required if the guidelines for structural → wood protection are followed
• It is very easy to check the seal for leaks

Structural discussion
• Use multi-dimensional diffusion calculations to establish the height and size of the ventilated space and the size of the vapor barrier. Larger dimensions can require large ventilation spaces to avoid condensation damage.
• The advantage of the construction is its very high storage mass efficiency, which has a positive effect on summer conditions in attic rooms
• The ventilation can require rather large construction heights under certain circumstances

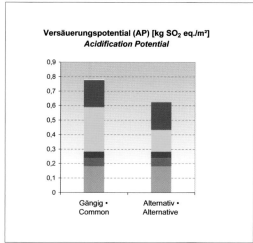

Ökologisches Profil ▪ Ecological profile

Herstellung ▪ Production

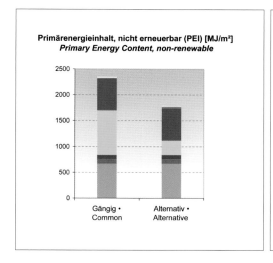

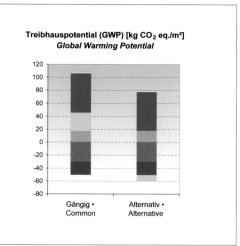

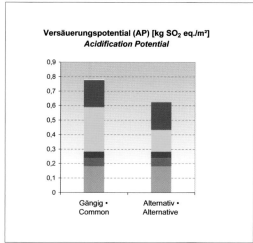

Befestigungsmaterialien
Gipsspachtel / Haftbrücke + Lehmputz
Stahlbeton
Glaswolle / Zellulose + Holz-C-Profile
Dachauflegebahn + Rauhschalung
Lattung + Rauhschalung
PE-Abdichtung + Vlies

Fastening Materials
Gypsum Filler / Bonding Layer + Loam Rendering
Reinforced Concrete
Glass Wool / Cellulose + Wood C-Profiles
Roof Layer + Rough Shuttering
Lathing + Rough Shuttering
PE Sealing Sheet + Fleece

Hinweise zu Ökologie, Arbeits- und Gesundheitsschutz

Herstellung
• PVC-freies Dachzubehör – vermeidet problematischen Werkstoff

Einbau
• Umfassender Arbeitsschutz – reduziert Gesundheitsbelastungen durch Mineralfaser und Zellulosefaser

Nutzung
• Strömungsdichte Fugenausbildung – vermeidet Mineralfaseremission in die Raumluft
• Lehmputz – verbessert Feuchtepufferfähigkeit der Konstruktion

Notes on environmental protection, workplace and health protection measures

Production
• PVC-free roof materials – avoids the use of problematic materials

Installation
• Comprehensive protective work equipment – reduces health hazards caused by mineral fiber and cellulose fibers

Use
• Flow-sealed joints – prevents mineral fiber emissions in room air
• Loam plaster – improves the moisture buffering properties of the construction

Entsorgung und Verwertung / Disposal and utilization

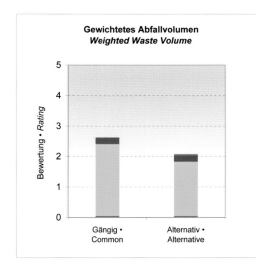

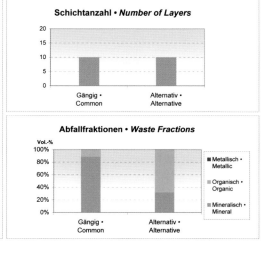

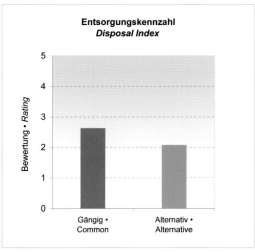

DAm 03

Stahlbeton-Flachdach als Warmdach
Reinforced concrete flat roof, non ventilated

außen
outside

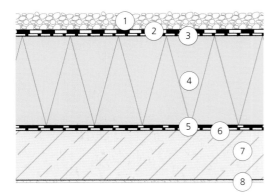

innen
inside

Bauphysik ▪ Building physics

	Einheit Unit	Gängig Usual	Alternative Alternative
Gesamtdicke ▪ Total thickness	[cm]	63	68
Wärmedurchgangskoeffizient ▪ Thermal transmission coefficient	[W/(m²K)]	0,10	0,10
Bewertetes Schalldämmmaß R_W ▪ Rated sound insulation value R_W	[dB]	65	61
Feuchtetechnische Sicherheit ▪ Moisture safety	[kg/m²a]	0,001/0,001	0,003/0,003
Wirksame Wärmespeicherkapazität ▪ Effective heat capacity	[kJ/(m²K)]	330	259

	[cm]	Gängiger Aufbau von außen nach innen Usual construction from outside to inside
1	6	Kies 16/32 ▪ Gravel 16/32
2	1	Polymerbitumen-Abdichtung 2 Lg. ▪ Polymer bitumen sealing 2-layer
3	-	Dampfdruck-Ausgleichsschicht ▪ Vapor pressure compensation layer
4	36	EPS > 20 kg/m² ▪ EPS > 20 kg/m²
5	-	Bitu-Alu-Bahn ▪ Bitumen-aluminum layer
6	-	Entspannungsschicht ▪ Relaxation layer
7	20	Stahlbeton ▪ Reinforced concrete
8	-	Spachtelung ▪ Filler

	[cm]	Alternativer Aufbau von außen nach innen Alternative construction from outside to inside
1	6	Kies 16/32 ▪ Gravel 16/32
2	0,2	PE-Abdichtung auf PP-Schutzvlies ▪ PE seal on PP protective fleece
3	-	entfällt ▪ N/A
4	42	Kork ▪ Cork
5	-	PE-Dampfsperre ▪ PE vapor barrier
6	-	entfällt ▪ N/A
7	20	Stahlbeton ▪ Reinforced concrete
8	-	Spachtelung ▪ Filler

Technische Beschreibung

Eignung
- Für hohe Anforderungen an den Schallschutz
- Für hohe Anforderungen an den Brandschutz
- Für hohe Anforderungen an die speicherwirksame Masse (guter Schutz gegen sommerliche Überwärmung)

Ausführungshinweise
- Die Dampfbremse durch rechnerischen Nachweis auf die übrige Konstruktion abstimmen
- Die Dampfbremse besonders sorgfältig verlegen, Stöße und alle Anschlüsse mit besonderer Sorgfalt dicht ausführen
- Die Feuchteabdichtung besonders sorgfältig verlegen, um die Wärmedämmung nicht zu beschädigen
- Die Kiesauflage wegen des erforderlichen UV-Schutzes überall sorgfältig in der erforderlichen Dicke aufbringen
- Zur Erhaltung der wirksamen Speichermasse der Decke die Deckenuntersicht so dünn wie möglich spachteln und auf Verkleidung der Deckenuntersicht verzichten

Instandhaltung
- Schäden an der Feuchteabdichtung durch regelmäßige Sichtprüfung und Instandhaltung des Kiesbelags vermeiden
- Schadhafte Feuchteabdichtungen vollständig erneuern, da eine genaue und vollständige Lokalisierung von Schäden sehr schwierig ist
- Sanierungen durch einfaches Aufkleben oder Aufflämmen zusätzlicher Abdichtungs-Schichten nur nach rechnerischer Prüfung vornehmen, da sie den Diffusionswiderstand vergrößern und schädliches Kondensat an der Unterseite der Abdichtung in der Wärmedämmung verursachen können, welches zu Dampfblasenbildung in der Abdichtung und durch deren Aufbrechen zu neuen Feuchteschäden führen kann.

Technical description

Suitability
- For high sound insulation requirements
- For high fire protection requirements
- For high storage mass requirements (good protection against overheating in summer)

Construction process
- Adjust the vapor barrier according to calculations for the rest of the structure
- Lay the vapor barrier very carefully, seal all connections well and with great care
- The moisture seal should also be laid very carefully to avoid damaging the thermal insulation
- The gravel layer should be laid evenly in the required thickness to achieve the required UV protection
- Smooth filler mass as thinly as possible to preserve storage mass efficiency on the lower side of the ceiling slab and do not use cladding on soffit

Maintenance
- Avoid damage to the moisture seal with regular visual checks and gravel layer maintenance
- Exchange damaged moisture seals completely since an exact and complete localization of damage is very difficult
- Only effect bonding or torching down of additional layers after verifying calculations since they increase diffusion resistance and can cause damaging condensation on the lower side of the thermal insulation seal. This can lead to vapor blisters in the seal and new moisture damage due to ensuing tears.

Diskussion des Aufbaus

- Vorteilhaft durch problemlos erzielbare für Passivhäuser erforderliche Dämmschichtdicke und hohe Speichermassen, erfordert jedoch sorgfältige Beobachtung und Pflege und ist wesentlich schadensanfälliger als ein Duodach

Structural discussion

- Advantageous because the insulation layer thickness and high storage mass required for passive houses can be easily achieved, but requires careful observation and care and is considerably more susceptible to damage than a duo roof

Ökologisches Profil ▪ Ecological profile

Herstellung ▪ Production

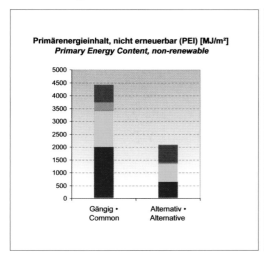

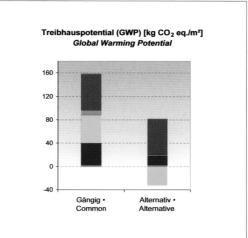

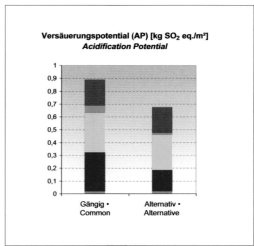

- Gipsspachtel
- Stahlbeton
- Alu-Bitumen-Dampfsperre / Dampfsperre PE
- EPS / Backkork
- Polymerbitumen-Dichtungsbahn / PE-Dichtungsbahn
- Kies

- *Gypsum Filler*
- *Reinforced Concrete*
- *Aluminum Bitumen Vapor Barrier / PE Vapor Barrier*
- *EPS / Baked Cork*
- *Polymer Bitumen Sealing Sheet / PE Sealing Sheet*
- *Gravel*

Hinweise zu Ökologie, Arbeits- und Gesundheitsschutz

Herstellung

- PVC-freies Dachzubehör – vermeidet problematischen Werkstoff

Einbau

- PE-Abdichtung – reduziert VOC-Emissionen durch Aufflämmen der Polymerbitumenabdichtung.

Notes on environmental protection, workplace and health protection measures

Production

- PVC-free roof materials – avoids the use of problematic materials

Installation

- PE seal – reduces VOC emissions from torching down of polymer bitumen seal

Entsorgung und Verwertung / Disposal and utilization

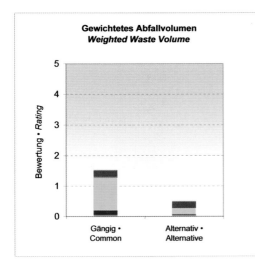

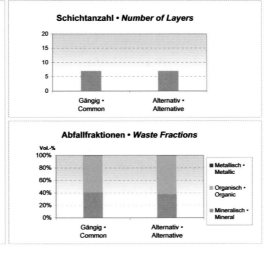

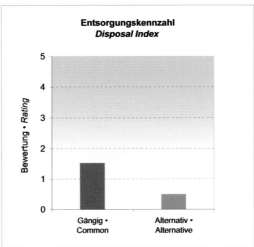

DAm 04
Stahlbeton-Flachdach als Warmdach (Gründach)
Reinforced concrete flat roof, non-ventilated (with planting)

außen
outside

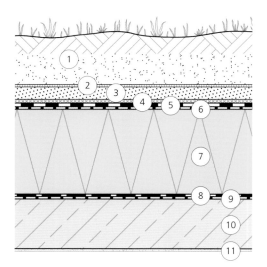

innen
inside

Bauphysik ▪ Building physics

	Einheit Unit	Gängig Usual	Alternative Alternative
Gesamtdicke ▪ Total thickness	[cm]	83	88
Wärmedurchgangskoeffizient ▪ Thermal transmission coefficient	[W/(m²K)]	0,10	0,10
Bewertetes Schalldämmmaß R_W ▪ Rated sound insulation value R_W	[dB]	65	65
Feuchtetechnische Sicherheit ▪ Moisture safety	[kg/m²a]	0,001/0,001	0,003/0,003
Wirksame Wärmespeicherkapazität ▪ Effective heat capacity	[kJ/(m²K)]	330	330

	[cm]	Gängiger Aufbau von außen nach innen Usual construction from outside to inside
1	≥ 20	Vegetationsschicht ▪ Vegetation layer
2	-	PP-Filtervlies ▪ PP Filter fleece
3	5	Dränschicht ▪ Drainage layer
4	1	Gummigranulat-Schutzmatte, Stöße ≥ 20 cm überlappt ▪ Rubber granule protective mat, joints ≥ 20 cm overlapping
5	1	Polymerbitumen-Abdichtung 2 Lg. ▪ Polymer bitumen sealing 2 layer
6	-	Dampfdruck-Ausgleichsschicht ▪ Vapor pressure compensation layer
7	36	EPS ≥ 20 kg/m² ▪ EPS ≥ 20 kg/m²
8	-	Bitu-Alu-Bahn ▪ BItumen-aluminum layer
9	-	Dampfdruck-Ausgleichsschicht ▪ Vapor pressure compensation layer
10	20	Stahlbeton ▪ Reinforced concrete
11	-	Spachtelung ▪ Filler

	[cm]	Alternativer Aufbau von außen nach innen Alternative construction from outside to inside
1	≥ 20	Vegetationsschicht ▪ Vegetation layer
2	-	PP-Filtervlies ▪ PP Filter fleece
3	5	Dränschicht ▪ Drainage layer
4	1	Gummigranulat-Schutzmatte, Stöße ≥ 20 cm überlappt ▪ Rubber granule protective mat, joints ≥ 20 cm overlapping
5	-	EPDM Wurzelsperrschicht ▪ EPDM root barrier
6	-	entfällt ▪ N/A
7	42	Kork ▪ Cork
8	-	PE-Dampfsperre ▪ PE vapor barrier
9	-	entfällt ▪ N/A
10	20	Stahlbeton ▪ Reinforced concrete
11	-	Spachtelung ▪ Filler

Technische Beschreibung

Eignung
- Für hohe Anforderungen an den Schallschutz
- Für hohe Anforderungen an den Brandschutz
- Für hohe Anforderungen an die speicherwirksame Masse (guter Schutz gegen sommerliche Überwärmung)
- Für hohe Anforderungen an Langlebigkeit

Ausführungshinweise
- Die Dampfbremse durch rechnerischen Nachweis auf die übrige Konstruktion abstimmen
- Oberhalb der Feuchteabdichtung angeordnete Schichten besonders sorgfältig verlegen, um die Feuchteabdichtung nicht zu beschädigen
- Zur Erhaltung der wirksamen Speichermasse der Decke die Deckenuntersicht so dünn wie möglich spachteln und auf Verkleidung der Deckenuntersicht verzichten

Instandhaltung
- Den gärtnerischen Aufbau zum Schutz der Feuchteabdichtung instandhalten
- Bei gärtnerischen Arbeiten Wurzelschutzschicht und Feuchteabdichtung nicht beschädigen
- Schadhafte Feuchteabdichtungen vollständig erneuern, da eine genaue und vollständige Lokalisierung von Schäden sehr schwierig ist
- Sanierungen durch einfaches Aufkleben oder Aufflämmen zusätzlicher Abdichtungsschichten nur nach rechnerischer Prüfung vornehmen, da sie den Diffusionswiderstand vergrößern und schädliches Kondensat in der unteren Wärmedämmung verursachen können

Technical description

Suitability
- For high sound insulation requirements
- For high fire protection requirements
- For high storage mass requirements (good protection against overheating in summer).
- For long life cycle requirements

Construction process
- Adjust the vapor barrier according to calculations for the rest of the structure
- Lay the layers above the moisture seal very carefully to avoid damage to the moisture seal
- Smooth filler mass as thinly as possible to preserve storage mass efficiency on the lower side of the ceiling and do not use cladding

Maintenance
- Maintain vegetation layer regularly to protect the moisture seal
- Avoid damage to the root barrier and moisture seal while maintaining vegetation layer
- Exchange damaged moisture seals completely since an exact and complete localization of damage is very difficult
- Only effect bonding or torching down of additional layers after verifying calculations since they increase diffusion resistance and can cause damaging condensation on the lower side of the thermal insulation seal

Diskussion des Aufbaus

- Vorteile: problemlos erzielbare hohe Dämmschichtdicke; gegen Witterungsein-flüsse und mechanische Beschädigungen gut geschützte Feuchteabdichtung; große Speichermasse, für Flachdächer hohe Lebenserwartung bei geringem Pflegeaufwand
- Die Gummigranulatmatte schützt die Feuchteabdichtung und die Wurzelsperr-schicht wirksam vor Beschädigungen durch gärtnerische Arbeiten

Structural discussion

- Advantages: the required insulation thickness can be easily achieved, the moisture seal is well-protected against the elements and mechanical damage, large storage mass, high flat roof life expectancy despite low maintenance requirements.
- The rubber granule mat effectively protects the moisture seal and the root protection seal against gardening work damage

Ökologisches Profil ▪ Ecological profile

Herstellung ▪ Production

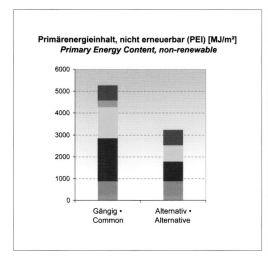
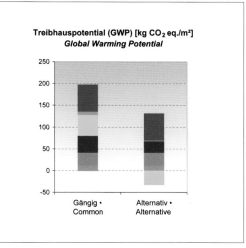
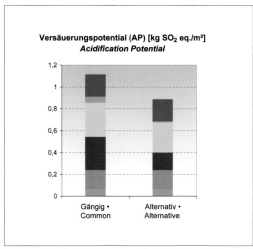

- Gipsspachtel
- Stahlbeton
- Alu-Bitumen-Dampfsperre / Dampfsperre PE
- EPS / Backkork
- Polymerbitumen-Dichtungsbahn / EPDM-Bahn
- Gummigranulatmatte
- Pflanzensubstrat + Vlies + Kies

- Gypsum Filler
- Reinforced Concrete
- Aluminum Bitumen Vapor Barrier / Vapor Barrier PE
- EPS / Baked Cork
- Polymer Bitumen Sealing Sheet / EPDM Sheet
- Rubber Granule Mat
- Plant Substrate + Fleece + Gravel

Hinweise zu Ökologie, Arbeits- und Gesundheitsschutz

Herstellung
- PVC-freies Dachzubehör – vermeidet problematischen Werkstoff

Einbau
- EPDM-Abdichtung – reduziert VOC-Emissionen durch Aufflämmen der Polymerbitumenabdichtung

Nutzung
- Intensive Dachbegrünung – trägt vor allem in dicht bebautem Gebiet zur Verbesserung des Mikroklimas bei und hält Regenwasser zurück

Notes on environmental protection, workplace and health protection measures

Production
- PVC-free roof materials – avoids the use of problematic materials

Installation
- EPDM seal – reduces VOC emissions from torching down of polymer bitumen seal

Use
- Dense roof planting – contributes to an improvement of the micro-climate in densely populated areas and absorbs rain

Entsorgung und Verwertung / Disposal and utilization

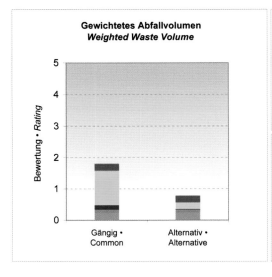
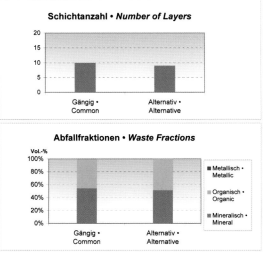
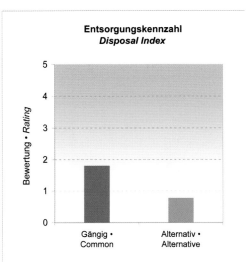

DAm 05

Stahlbeton-Flachdach als Warmdach (Terrassenaufbau)
Reinforced concrete flat roof, non-ventilated (terrace structure)

außen
outside

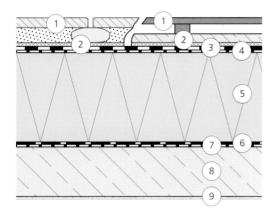

innen
inside

Bauphysik ▪ Building physics

	Einheit Unit	Gängig Usual	Alternative Alternative
Gesamtdicke ▪ Total thickness	[cm]	67	78
Wärmedurchgangskoeffizient ▪ Thermal transmission coefficient	[W/(m²K)]	0,10	0,10
Bewertetes Schalldämmmaß R_w ▪ Rated sound insulation value R_w	[dB]	65	65
Bewerteter Standard-Trittschallpegel $L_{nT,w}$ ▪ Standard impact sound insulation level rating $L_{nT,w}$	[dB]	38	44
Feuchtetechnische Sicherheit ▪ Moisture safety	[kg/m²a]	0,001/0,001	0,004/0,004
Wirksame Wärmespeicherkapazität ▪ Effective heat capacity	[kJ/(m²K)]	330	259

	[cm]	Gängiger Aufbau von außen nach innen Usual construction from outside to inside
1	10	Beton- od. Steinplatten auf Mörtelbatzen in PE-Säcken, dazw. gew. Rundkiesel 5/8 ▪ Concrete or rock slabs on mortar pats in PE bags, w/round gravel in between
2	-	Gummigranulatmatte, Stöße überlappt ▪ Rubber granule mat, overlapping joints
3	1	Polymerbitumen-Abdichtung 2 Lg. ▪ Polymer bitumen sealing, 2-layer
4	-	Dampfdruck-Ausgleichsschicht ▪ Vapor pressure compensation layer
5	36	EPS > 25 kg/m² (in mehr. Lagen) ▪ EPS > 25 kg/m² (in a number of layers)
6	-	Bitu-Alu-Bahn ▪ Bitumen-aluminum layer
7	-	Enstpannungsschicht ▪ Relaxation layer
8	20	Stahlbeton ▪ Reinforced concrete
9	-	Spachtelung ▪ Filler

	[cm]	Alternativer Aufbau von außen nach innen Alternative construction from outside to inside
1	10	Lattenrost auf Polsterhölzern und EPDM-Klötzchen ▪ Lath grids on raft battens and small EPDM blocks
2	5	Schutzbeton auf 2 Lg. PE-Folie ▪ Protective concrete on 2-layer PE foil
3	-	PE-Abdichtung ▪ PE sealing
4	-	entfällt ▪ N/A
5	42	Kork* ▪ Cork*
6	-	PE-Dampfsperre ▪ PE vapor barrier
7	-	entfällt ▪ N/A
8	20	Stahlbeton ▪ Reinforced concrete
9	1,5	Lehmspachtel auf Haftbrücke ▪ Loam filler on bonding layer

* Ev. Alternative mit Vakuumdämmung, dann andere Zeichnung notwendig

* Possible alternative with vacuum insulation, but another designation is necessary

Technische Beschreibung

Eignung
- Für dauernd begehbare Flachdächer (Terrassen)
- Für hohe Anforderungen an den Schallschutz
- Für hohe Anforderungen an den Brandschutz
- Für hohe Anforderungen an die speicherwirksame Masse (guter Schutz gegen sommerliche Überwärmung)

Ausführungshinweise
- Die Dampfbremse durch rechnerischen Nachweis auf die übrige Konstruktion abstimmen, Stöße und alle Anschlüsse mit besonderer Sorgfalt dicht ausführen
- Beschädigungen der Abdichtung beim Verlegen von Schutzbeton bzw. Gummigranulatmatten vermeiden
- Zur Erhaltung der wirksamen Speichermasse der Decke die Deckenuntersicht so dünn wie möglich spachteln und auf Verkleidung der Deckenuntersicht verzichten

Instandhaltung
- Schäden an der Feuchteabdichtung durch regelmäßige Sichtprüfung und Instandhaltung der Beläge vermeiden
- Schadhafte Feuchteabdichtungen vollständig erneuern, da eine genaue und vollständige Lokalisierung von Schäden sehr schwierig ist
- Sanierungen durch einfaches Aufkleben oder Aufflämmen zusätzlicher Abdichtungs-Schichten nur nach rechnerischer Prüfung vornehmen, da sie den Diffusionswiderstand vergrößern und schädliches Kondensat in der unteren Wärmedämmung verursachen können

Diskussion des Aufbaus
- Vorteile: die für Passivhäuser erforderliche Dämmschichtdicke und hohe Speichermassen sind problemlos erzielbar

Technical description

Suitability
- For constantly accessed flat roofs (terraces)
- For high sound insulation requirements
- For high fire protection requirements
- For high storage mass requirements (good protection against overheating in summer)

Construction process
- Adjust the vapor barrier according to calculations for the rest of the structure, make and seal joints and all connections very carefully
- Avoid damage to the seal when applying protective concrete or laying granule mats
- Smooth filler mass as thinly as possible to preserve storage mass efficiency on the lower side of the ceiling and do not use cladding

Maintenance
- Avoid damage to the moisture seal with regular visual checks and surface maintenance
- Exchange damaged moisture seals completely since an exact and complete localization of damage is very difficult
- Only effect bonding or torching down of additional layers after verifying calculations since they increase diffusion resistance and can cause damaging condensation on the lower side of the thermal insulation seal

Structural discussion
- Advantages: the insulation thickness and high storage mass required for passive houses can be easily achieved

- Die Schutzbeton-Schicht unter einem Lattenrost bzw. die Gummigranulatmatten unter einem in Kies verlegten Plattenbelag erscheinen als Mehraufwand, erhöhen jedoch die Sicherheit gegen Verletzung der Wärmedämmung erheblich
- Mechanische Beschädigungen der Abdichtung können durch sorgfältige Beobachtung, Pflege und Vorsicht in der Nutzung vermieden werden

- The protective concrete layer under a lattice or rubber granule mats under slabs laid on a gravel bed seem to be a unnecessary additional work, but offer considerably increased safety against thermal insulation damage
- Mechanical damage to the seal can be prevented by careful observation, care and caution during use

Ökologisches Profil ▪ Ecological profile

Herstellung ▪ Production

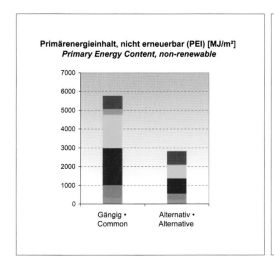

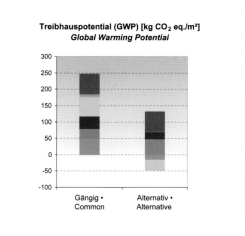

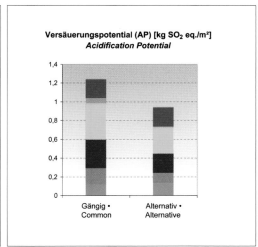

- ■ Gipsspachtel
- ■ Stahlbeton
- ■ Alu-Bitumendampfsperre / Dampfsperre PE
- ▫ EPS / Backkork
- ■ Polymerbitumen Dichtungsbahn / PE Dichtungsbahn
- ■ Gummigranulatmatte/Normalbeton
- ▫ Normalbeton + Mörtel + Kies / Lärchenlattenrost auf Kantholz + EPDM-Klötzchen

- ■ Gypsum Filler
- ■ Reinforced Concrete
- ■ Aluminum Bitumen Vapor Barrier / Vapor Barrier PE
- ▫ EPS / Baked Cork
- ■ Polymer Bitumen Sealing Sheet / PE Sealing Sheet
- ■ Rubber Granule Mat / Normal Concrete
- ▫ Normal Concrete + Mortar + Gravel / Larch Lath Grid on Raft Batten + small EPDM Blocks

Hinweise zu Ökologie, Arbeits- und Gesundheitsschutz

Herstellung
- PVC-freies Dachzubehör – vermeidet problematischen Werkstoff
- Lärchenholz aus nachhaltiger regionaler Holzwirtschaft verwenden – vermeidet Zerstörung schützenswerter Wälder

Einbau
- PE-Abdichtung – reduziert VOC-Emissionen durch Aufflämmen der Polymerbitumenabdichtung

Nutzung
- Lehmputz – verbessert Feuchtepufferfähigkeit der Konstruktion

Notes on environmental protection, workplace and health protection measures

Production
- PVC-free roof materials – avoids the use of problematic materials
- Use larch wood from sustainable regional production areas – prevents the destruction of forests worth preserving

Installation
- PE seal – reduces VOC emissions from torching down of polymer bitumen seal

Use
- Loam plaster – improves the moisture buffering properties of the construction

Entsorgung und Verwertung / Disposal and utilization

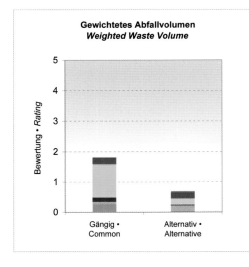

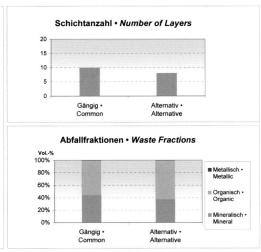

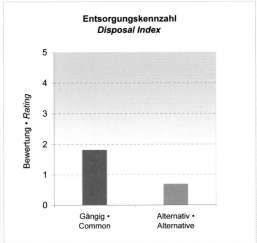

DAm 06

Stahlbeton-Flachdach mit Terrassenaufbau
Reinforced concrete flat roof with terrrace structure

außen
outside

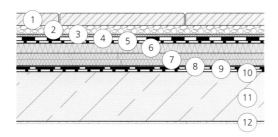

innen
inside

Bauphysik ▪ Building physics

	Einheit Unit	Gängig Usual	Alternative Alternative
Gesamtdicke ▪ Total thickness	[cm]	39	42
Wärmedurchgangskoeffizient ▪ Thermal transmission coefficient	[W/(m²K)]	0,10	0,10
Bewertetes Schalldämmmaß R_w ▪ Rated sound insulation value R_w	[dB]	65	65
Bewerteter Standard-Trittschallpegel $L_{nT,w}$ ▪ Standard impact sound insulation level rating $L_{nT,w}$	[dB]	42	43
Feuchtetechnische Sicherheit ▪ Moisture safety	[kg/m²a]	0/0	0/0
Wirksame Wärmespeicherkapazität ▪ Effective heat capacity	[kJ/(m²K)]	322	258

	[cm]	Gängiger Aufbau von außen nach innen Usual construction from outside to inside
1	5	Betonplatten ▪ Cement slab
2	> 3	Kies ▪ Gravel
3	1	Gummigranulatmatte, Stöße überlappt ▪ Rubber granule mat, overlapping joints
4	1	Polymerbitumen-Abdichtung 2 Lg. ▪ 2-layer polymer bitumen seal
5	-	Dampfdruck-Ausgleichschicht ▪ Vapor pressure compensation layer
6	> 4	EPS W25 Gefälleplatten ▪ EPS W25 incline panels
7	5	Vakuumdämmung 2-lagig, Stöße versetzt ▪ 2-layer vacuum insulation, offset joints
8	0,5	PE-Weichschaum ▪ PE soft foam
9	-	Bitu-Alu-Dampfsperre ▪ Bitumen-aluminum vapor barrier
10	-	Dampfdruck-Ausgleichschicht ▪ Vapor pressure compensation layer
11	20	Stahlbeton ▪ Reinforced concrete
12	-	Spachtelung ▪ Filler

	[cm]	Alternativer Aufbau von außen nach innen Alternative construction from outside to inside
1	5	Holzrost ▪ Wood lattice
2	> 3	Holzlatten auf EPDM Klötzchen ▪ Wood lathes on small EPDM blocks
3	-	entfällt ▪ N/A
4	0,18	PE-Abdichtung auf PP-Schutzvlies ▪ PE sealing on PP protective fleece
5	2	Zementgebundene Spanplatte ▪ Cement-bonded chipboard
6	> 4	EPS W25 Gefälleplatten ▪ EPS W25 incline panels
7	5	Vakuumdämmung 2-lagig, Stöße versetzt ▪ 2-layer vacuum insulation, offset joints
8	2	PE-Weichschaum ▪ PE soft foam
9	-	PE-Dampfsperre ▪ PE vapor barrier
10	-	entfällt ▪ N/A
11	20	Stahlbeton ▪ Reinforced concrete
12	1,5	Lehmputz ▪ Loam rendering

Technische Beschreibung

Eignung
- Für beheizte Dachgeschossräume unter Terrassen und bei hohen Anforderungen an die speicherwirksamen Massen der Räume
- Sowohl für teilweise Vorfertigung (Beton-Fertigteiledecken) als auch für Fertigung vor Ort

Ausführungshinweise
- Vakuumpaneele verlegen und sofort mit einer Lage Dämmplatten schützen. Verarbeiter einschulen
- Für die Verlegung der Feuchteabdichtung auf EPS-Dämmungen kein Heißbitumen und keine lösungsmittelhaltigen Klebstoffe verwenden, um die EPS-Dämmung nicht zu beschädigen
- Für die benötigten Installationen Leerinstallationen (einschließlich ausreichender Reserven) bereits bei der Herstellung der Betondecke einlegen

Instandhaltung
- Unkraut aus den Fugen zwischen Platten entfernen, um Schäden an der Abdichtung durch Wurzeln zu verhindern
- In längeren Intervallen Lage der Platten korrigieren

Diskussion des Aufbaus
- Vorteilhaft ist die geringe Aufbauhöhe, welche Anschlüsse an angrenzende Räume mit Terrassenausgängen erleichtert
- Vorteil der Konstruktion (ob mit Vakuumdämmung oder herkömmlicher Dämmung) ist die sehr hohe speicherwirksame Masse, welche das Sommerverhalten der Dachgeschossräume positiv beeinflusst

Technical description

Suitability
- For heated attic rooms under terraces with high room storage mass requirements
- For both partial prefabrication (prefabricated concrete ceilings) and on-site assembly

Construction process
- Lay vacuum panels and immediately protect with a layer of protective insulation panels, train the responsible workers
- Do not use hot bitumen or any bonding agents that contain solvents to lay moisture seals on EPS insulation to avoid damage to the EPS
- Provide service runs (with enough reserve space) for all required services when building the concrete ceiling slab

Maintenance
- Remove weeds from the joints between slabs to avoid seal damage caused by root growth
- Correct slab positions in periodical intervals

Structural discussion
- The low construction height is an advantage since it facilitates connections to bordering rooms with terrace access
- The advantage of the structure (with vacuum or conventional insulation) is its very high storage mass, which has a positive effect on attic room summer properties

Ökologisches Profil ▪ Ecological profile

Herstellung ▪ Production

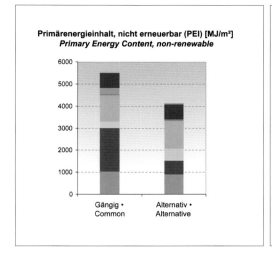
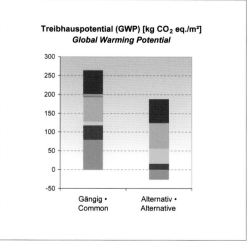
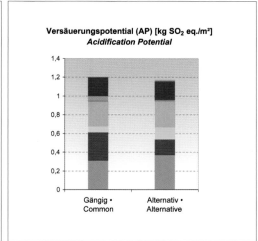

Primärenergieinhalt, nicht erneuerbar (PEI) [MJ/m²]
Primary Energy Content, non-renewable

Treibhauspotential (GWP) [kg CO₂ eq./m²]
Global Warming Potential

Versäuerungspotential (AP) [kg SO₂ eq./m²]
Acidification Potential

- Gipsspachtel / Haftbrücke + Lehmputz
- Stahlbeton
- Alu-Bitumendampfsperre / Dampfsperre PE
- Vakuumdämmung auf PE-Weichschaum
- EPS / Zementgebundene Spanplatte auf EPS
- Polymerbitumen Dichtungsbahn / PE-Dichtungsbahn
- Normalbeton + Mörtel + Kies + Gummigranulatmatte / Lärchenlattenrost auf Kantholz + EPDM-Klötzchen

- *Gypsum Filler / Bonding Layer + Loam Rendering*
- *Reinforced Concrete*
- *Aluminum Bitumen Vapor Barrier / PE Vapor Barrier*
- *Vacuum Insulation + PE Soft Foam*
- *EPS / Cement-Bonded Chipboard + EPS*
- *Polymer Bitumen Sealing Sheet / PE Sealing Sheet*
- *Normal Concrete + Mortar + Gravel + Rubber Granule Mat / Larch Lath Grid on Raft Batten + small EPDM Blocks*

Hinweise zu Ökologie, Arbeits- und Gesundheitsschutz

Herstellung
- PVC-freies Dachzubehör – vermeidet problematischen Werkstoff
- Lärchenholz aus nachhaltiger regionaler Holzwirtschaft verwenden – vermeidet Zerstörung schützenswerter Wälder

Einbau
- PE-Abdichtung – reduziert VOC-Emissionen durch Aufflämmen der Polymerbitumenabdichtung

Nutzung
- Lehmputz – verbessert Feuchtepufferfähigkeit der Konstruktion

Notes on environmental protection, workplace and health protection measures

Production
- PVC-free roof materials – avoids the use of problematic materials
- Use larch wood from sustainable regional production areas – prevents the destruction of forests worth preserving

Installation
- PE seal – reduces VOC emissions from torching down of polymer bitumen seal

Use
- Loam plaster – improves the moisture buffering properties of the construction

Entsorgung und Verwertung / Disposal and utilization

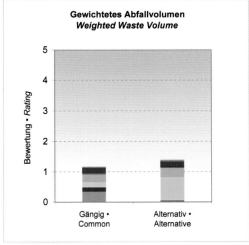
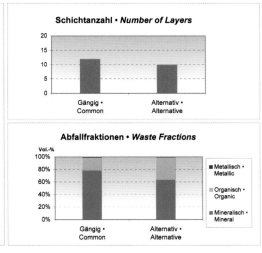
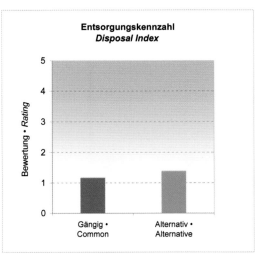

Gewichtetes Abfallvolumen
Weighted Waste Volume

Schichtanzahl ▪ *Number of Layers*

Abfallfraktionen ▪ *Waste Fractions*

Entsorgungskennzahl
Disposal Index

DAm 07

Stahlbeton-Flachdach als Duodach
Reinforced concrete flat roof, duo roof

außen
outside

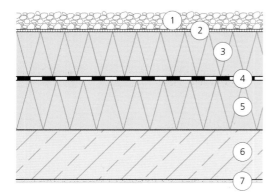

innen
inside

Bauphysik ▪ Building physics

	Einheit Unit	Gängig Usual	Alternative Alternative
Gesamtdicke ▪ Total thickness	[cm]	65	68
Wärmedurchgangskoeffizient ▪ Thermal transmission coefficient	[W/(m²K)]	0,10	0,10
Bewertetes Schalldämmmaß R_w ▪ Rated sound insulation value R_w	[dB]	65	61
Feuchtetechnische Sicherheit ▪ Moisture safety	[kg/m²a]	0,034/0,034	0,03/0,03
Wirksame Wärmespeicherkapazität ▪ Effective heat capacity	[kJ/(m²K)]	330	330

	[cm]	Gängiger Aufbau von außen nach innen Usual construction from outside to inside
1	6	Gewaschener Rund-Kies 16/32 wenn ohne Gehbelag ▪ Washed round gravel 16/32 without walking surface
2	-	Filtervlies (Polypropylen) ▪ Filter fleece (polypropylene)
3	18	Extrudiertes Polystyrol, CO_2-geschäumt ▪ Extruded polystyrene, CO_2 foamed
4	1	Polymerbitumen-Abdichtung, kalt geklebt ▪ Polymer bitumen sealing, cold bonded
5	20	EPS > 25 kg/m² (ggf. Gefälleplatten) ▪ EPS > 25 kg/m² (panels with fall if needed)
6	20	Stahlbeton ▪ Reinforced concrete
7	-	Spachtelung ▪ Filler

	[cm]	Alternativer Aufbau von außen nach innen Alternative construction from outside to inside
1	6	Gewaschener Rund-Kies 16/32 wenn ohne Gehbelag (ggf. Platten-Gehbelag auf Mörtelbatzen) ▪ Washed round gravel 16/32 without walking surface (tile walking surface on mortar pats if needed)
2	-	Filtervlies (Polypropylen) ▪ Filter fleece (polypropylene)
3	20	Extrudiertes Polystyrol, CO_2-geschäumt ▪ Extruded polystyrene, CO_2 foamed
4	-	PE-Abdichtung ▪ PE sealing
5	22	Kork (ggf. Gefälleplatten) ▪ Cork (panels with fall if needed)
6	20	Stahlbeton ▪ Reinforced concrete
7	-	Spachtelung ▪ Filler

Technische Beschreibung

Eignung
- Für hohe Anforderungen an den Schallschutz
- Für hohe Anforderungen an den Brandschutz
- Für hohe Anforderungen an die speicherwirksame Masse (guter Schutz gegen sommerliche Überwärmung)
- Für hohe Anforderungen an Langlebigkeit

Ausführungshinweise
- Die Konstruktion hinsichtlich Dampfdiffusion und Kondensatbildung prüfen, ggf. kann bei großer Dicke der unteren Dämmschicht eine Dampfbremse zwischen Betondecke und unterer Lage Wärmedämmung erforderlich sein
- Die Feuchteabdichtung besonders sorgfältig verlegen, um die untere Lage der Wärmedämmung nicht zu beschädigen
- Zur Erhaltung der wirksamen Speichermasse der Decke die Deckenuntersicht so dünn wie möglich spachteln und auf Verkleidung der Deckenuntersicht verzichten

Instandhaltung
- Schäden an der (gut geschützten) Feuchteabdichtung durch regelmäßige Sichtprüfung und Instandhaltung des Platten- oder Kiesbelags verhindern
- Sanierungen durch einfaches Aufkleben oder Aufflämmen zusätzlicher Abdichtungsschichten nur nach rechnerischer Prüfung vornehmen, da sie den Diffusionswiderstand vergrößern und schädliches Kondensat in der unteren Wärmedämmung verursachen können

Diskussion des Aufbaus
- Vorteile: problemlos erzielbare hohe Dämmschichtdicke; gegen Witterungseinflüsse und mechanische Beschädigungen gut geschützte Feuchteabdichtung;

Technical description

Suitability
- For high sound insulation requirements
- For high fire protection requirements
- For high storage mass requirements (good protection against overheating in summer).
- For high life cycle requirements

Construction process
- Check the construction for vapor diffusion and condensation build up. A vapor barrier may be necessary between the concrete ceiling slabs and lower thermal insulation layer if the lower insulation is very thick.
- Lay the moisture seal very carefully to avoid damage to the lower thermal insulation layer
- Smooth filler mass as thinly as possible to preserve storage mass efficiency on the lower side of the ceiling slab and do not use cladding on soffit

Maintenance
- Damage to the (well-protected) moisture seal can be avoided with regular visual inspections and maintenance of the slab of gravel layer
- Only effect bonding or torching down of additional layers after verifying calculations since they increase diffusion resistance and can cause damaging condensation on the lower side of the thermal insulation seal

Structural discussion
- Advantages: the required insulation thickness can be easily achieved, the moisture seal is well-protected against the elements and mechan-

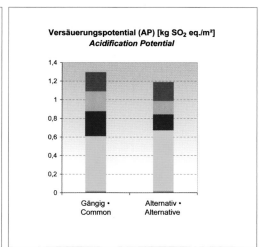

große Speichermasse, für Flachdächer hohe Lebenserwartung bei geringem Pflegeaufwand

- Die unter der Feuchtabdichtung liegende Dämmschicht ermöglicht die Vorteile eines Umkehrdaches bei hohen Dämmstärken, die einlagig nicht herstellbar sind
- Eine Lokalisierung von schadhaften Stellen in der Feuchtabdichtung ist deutlich einfacher als bei Warmdächern

ical damage, large storage mass, high flat roof life expectancy despite low maintenance requirements

- The insulation layer under the moisture seal allows for the advantages of an inverted roof in the case of thick insulation that cannot be produced in a single layer
- Localizing damaged parts of the moisture seal in a duo roof is considerably simpler than in non-ventilated roofs

Ökologisches Profil ▪ Ecological profile

Herstellung ▪ Production

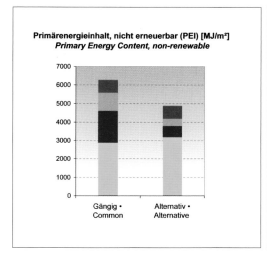

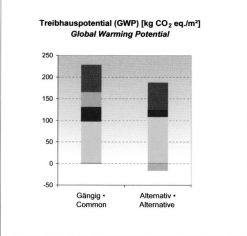

- Gipsspachtel
- Stahlbeton
- EPS / Backkork
- Polymerbitumen-Dichtungsbahn / PE Dichtungsbahn
- Vlies + Polystyrol, extrudiert
- Kies

- *Gypsum Filler*
- *Reinforced Concrete*
- *EPS / Baked Cork*
- *Polymer Bitumen Sealing Sheet / PE Sealing Sheet*
- *Fleece + Extruded Polystyrene*
- *Gravel*

Hinweise zu Ökologie, Arbeits- und Gesundheitsschutz

Herstellung
- PVC-freies Dachzubehör – vermeidet problematischen Werkstoff

Einbau
- PE-Abdichtung – reduziert VOC-Emissionen durch Aufflämmen der Polymerbitumenabdichtung

Notes on environmental protection, workplace and health protection measures

Production
- PVC-free roof materials – avoids the use of problematic materials

Installation
- PE seal – reduces VOC emissions from torching down of polymer bitumen seal

Entsorgung und Verwertung / Disposal and utilization

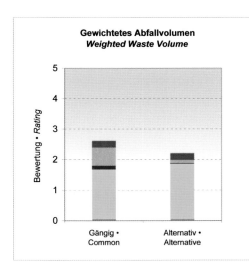

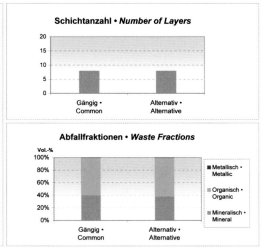

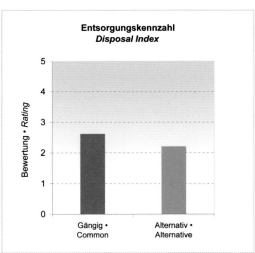

IWI 01

Ständer-Scheidewand, nichttragend
Timber stud partition wall, non-load bearing

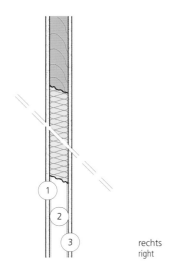

links
left

rechts
right

Bauphysik ▪ Building physics

	Einheit Unit	Gängig Usual	Alternative Alternative
Gesamtdicke ▪ Total thickness	[cm]	10	10
Wärmedurchgangskoeffizient ▪ Thermal Transmission Coefficient	[W/(m²K)]	0,43	0,43
Bewertetes Schalldämmmaß R_w ▪ Rated Sound Insulation Value R_w	[dB]	45	45
Feuchtetechnische Sicherheit ▪ Moisture Safety	[kg/m²a]	0/0	0/0
Wirksame Wärmespeicherkapazität ▪ Effective Heat Capacity	[kJ/(m²K)]	14/14	13/13

	[cm]	Gängiger Aufbau von links nach rechts Usual construction from left to right
1	1,5	Gipskarton-Brandschutzplatte ▪ Gypsum plasterboard fire protection panel
2	7,5	Mineralwolle zwischen C-Blechprofil-Ständern ▪ Mineral wool bet. C-profile sheet metal studs
3	1,5	Gipskarton-Brandschutzplatte ▪ Gypsum plasterboard fire protection panel

	[cm]	Alternativer Aufbau von links nach rechts Alternative construction from left to right
1	1,25	Gipsfaserplatte ▪ Gypsum fiberboard
2	7,5	Schafwolle zwischen Holzständern ▪ Lambswool bet. timber studs
3	1,25	Gipsfaserplatte ▪ Gypsum fiberboard

Technische Beschreibung

Eignung
- Für alle Gebäude in Leicht- oder Massivbauweise
- Für nichttragende Scheidewände zwischen Räumen innerhalb einer Wohneinheit, ohne besondere Anforderungen an Schall- und Wärmeschutz
- Zur Verlegung von Installationen ohne Schwächung der Wand (im Gegensatz zu massiven Scheidewänden)
- Wenn ausreichend speicherwirksame Masse durch andere Bauteile gegeben ist
- Für Wände nur zeitweiligen Bestands gut geeignet (leicht entfernbar)
- Für einfache und billige Selbstbau-Montage

Ausführungshinweise
- Elastische Anschlüsse an die flankierenden Bauteile erforderlich.
- Als Hohlraumbedämpfung können auch weiche, nicht-belastbare Dämmmaterialien verwendet werden

Instandhaltung
- Bei Beachtung der Richtlinien des konstruktiven → Holzschutzes ist kein chemischer Holzschutz erforderlich

Diskussion des Aufbaus
- Einfache, schnelle Trockenbauweise
- Wände leicht wieder zu entfernen oder zu versetzen
- Ohne besondere Kenntnisse auch von Heimwerkern errichtbar

Technical Description

Suitability
- For all lightweight or solid construction method buildings
- For non-load-bearing partition walls within a residential unit without special sound and heat insulation requirements
- For service runs without weakening the wall (as opposed to solid partition walls)
- If other construction components provide sufficient effective storage mass
- Suitable for wall that will only be used for a limited period (easy to remove),
- For easy and fast do-it-yourself assembly

Construction Process
- Elastic connections are required to flanking construction segments
- Soft, non-load-bearing insulation materials can be used to insulate hollow space.

Maintenance
- No chemical wood protection is required if the guidelines for structural → wood protection are followed

Structural discussion
- Easy, fast dry construction method
- Walls can be easily removed and moved
- Easily erected by do-it-yourself enthusiasts without specialist skills

Ökologisches Profil / Ecological profile

Herstellung / Production

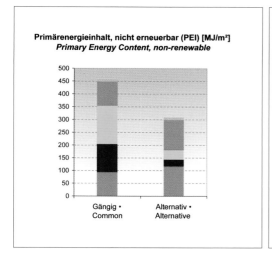

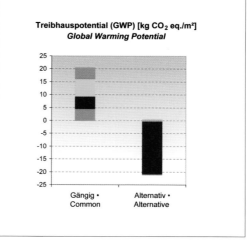

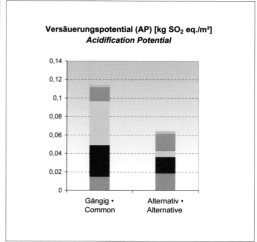

■ Befestigungsmaterial
■ Gipskartonplatte / Gipsfaserplatte
■ Glaswolle / Schafwolle
■ Metallständer / Holzständer
■ Gipskartonplatte / Gipsfaserplatte

■ *Fastening Materials*
■ *Gypsum Plasterboard / Gypsum Fiberboard*
■ *Glass Wool / Lambs Wool*
■ *Metal Stayers / Wood Stayers*
■ *Gypsum Plasterboard / Gypsum Fiberboard*

Hinweise zu Ökologie, Arbeits- und Gesundheitsschutz

Einbau
• Schafwolldämmstoff – vermeidet Faserbelastung und Hautreizung durch Mineralfasern

Nutzung
• Schafwolldämmstoff – vermeidet Emissionen von Formaldehyd aus Mineralwolle
• Strömungsdichte Fugenausbildung – vermeidet Mineralfaseremission in Raumluft

Notes on environmental protection, workplace and health protection measures

Installation
• Lambswool insulation material – prevents the development of skin irritations caused by mineral fibers

Use
• Lambswool insulation material – prevents mineral wool formaldehyde emissions
• Flow-sealed joints – prevents mineral fiber emissions in room air

Entsorgung und Verwertung / Disposal and utilization

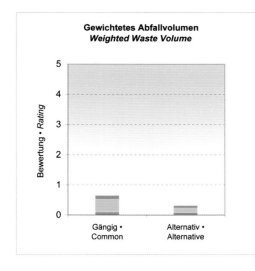

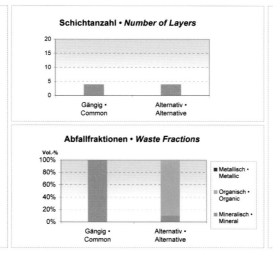

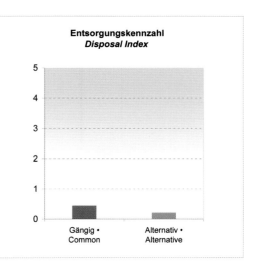

IWI 02

Metallständer-Wohnungstrennwand, nichttragend
Metal stud apartment party wall, non-load bearing

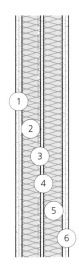

links
left

rechts
right

Bauphysik ▪ Building physics

	Einheit Unit	Gängig Usual	Alternative Alternative
Gesamtdicke ▪ Total thickness	[cm]	22	21
Wärmedurchgangskoeffizient ▪ Thermal transmission coefficient	[W/(m²K)]	0,25	0,25
Bewertetes Schalldämmmaß R_w ▪ Rated sound insulation value R_w	[dB]	69	69
Feuchtetechnische Sicherheit ▪ Moisture safety	[kg/m²a]	0/0	0/0
Wirksame Wärmespeicherkapazität ▪ Effective heat Capacity	[kJ/(m²K)]	25/25	21/21

	[cm]	Gängiger Aufbau von links nach rechts / Usual construction from left to right
1	2,5	2 Lg. Gipskarton-Brandschutzplatten ▪ 2-layer gypsum plasterboard fire protection panels
2	7,5	Mineralwolle zwischen C-Blechprofil-Ständern ▪ Mineral wool bet. C-profile sheet metal studs
3	1,25	Gipskarton-Brandschutzplatte ▪ Gypsum plasterboard fire protection panel
4	1	Mineralwolle-Anschlussdichtung ▪ Mineral wool connection sealing
5	7,5	Mineralwolle zwischen C-Blechprofil-Ständern ▪ Mineral wool bet. C-profile sheet metal studs
6	2,5	2 Lg. Gipskarton-Brandschutzplatten ▪ 2-layer gypsum plasterboard fire protection panels

	[cm]	Alternativer Aufbau von links nach rechts / Alternative construction from left to right
1	2	2 lg. Gipsfaserplatten ▪ 2-layer gypsum fiberboard
2	7,5	Schafwolle zwischen C-Blechprofil-Ständern ▪ Lambswool bet. C-profile sheet metal studs
3	1	Gipsfaserplatte ▪ Gypsum fiberboard
4	1	Schafwolle-Anschlussdichtung ▪ Lambswool connection sealing
5	7,5	Schafwolle zwischen C-Blechprofil-Ständern ▪ Lambswool bet. C-profile sheet metal studs
6	2	2 lg. Gipsfaserplatten ▪ 2-layer gypsum fiberboard

Technische Beschreibung

Eignung
- Für alle Gebäude in Leicht- oder Massivbauweise
- Für nichttragende Trennwände zwischen Wohnungen oder zwischen Wohnung und Gang
- Für hohe Anforderungen an den Schall- und Wärmeschutz
- Zur Verlegung von Installationen innerhalb der Wand ohne Schwächung der Wand und ohne wesentliche Beeinträchtigung des Schallschutzes
- Wenn ausreichend speicherwirksame Masse durch andere Bauteile gegeben ist

Ausführungshinweise
- Installationen dürfen die Wand oder die mittlere Schale nicht durchdringen
- Die C-Profil-Ständer der beiden Reihen dürfen einander nicht berühren (weiche Anschlussdichtung in den Luftspalt einlegen)

Diskussion des Aufbaus
- Einfache, schnelle und vor allem leichte Trockenbauweise
- Wände leicht wieder zu entfernen oder zu versetzen
- Sehr guter Schallschutz erzielbar

Technical description

Suitability
- For all lightweight or solid construction method buildings
- For non-load-bearing party walls between apartments or between an apartment and a hall
- For high sound and thermal insulation requirements
- For the service runs within the wall without weakening the wall and affecting sound insulation considerably
- If other construction components provide sufficient effective storage mass

Construction process
- Services should not penetrate the wall or middle shell
- There should be no contact between the C-profile studs of both rows (insert soft connection seal in the air gap)

Structural discussion
- Easy, fast and, most importantly, light dry construction
- Walls can be easily removed and moved
- Very good sound insulation can be achieved

Ökologisches Profil / Ecological profile

Herstellung / Production

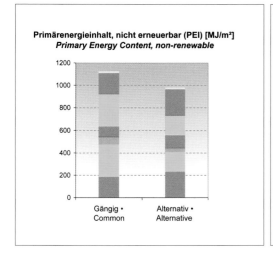

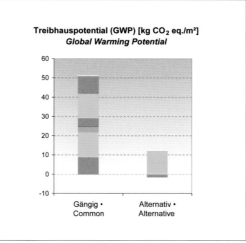

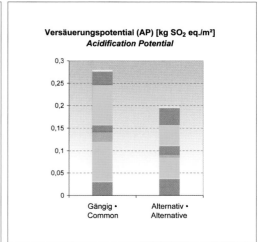

Befestigungsmaterial
- Gipskartonplatte / Gipsfaserplatte
- Metallständer + Glaswolle / Schafwolle
- Gipskartonplatte / Gipsfaserplatte
- Glaswollefilz / Schafwollefilz
- Metallständer + Glaswolle / Schafwolle
- Gipskartonplatte / Gipsfaserplatte

Fastening Materials
- Gypsum Plasterboard / Gypsum Fiberboard
- Metal Stayers + Glass Wool / Lambs Wool
- Gypsum Plasterboard / Gypsum Fiberboard
- Glass Wool / Lambs Wool
- Metal Stayers + Glass Wool / Lambs Wool
- Gypsum Plasterboard / Gypsum Fiberboard

Hinweise zu Ökologie, Arbeits- und Gesundheitsschutz

Einbau
- Schafwolldämmstoff – vermeidet Faserbelastung und Hautreizung durch Mineralfasern

Nutzung
- Schafwolldämmstoff – vermeidet Emissionen von Formaldehyd aus Mineralwolle
- Strömungsdichte Fugenausbildung – vermeidet Mineralfaseremission in Raumluft

Notes on environmental protection, workplace and health protection measures

Installation
- Lambswool insulation material – prevents the development of skin irritations caused by mineral fibers

Use
- Lambswool insulation material – prevents mineral wool formaldehyde emissions
- Flow-sealed joints – prevents mineral fiber emissions in room air

Entsorgung und Verwertung / Disposal and utilization

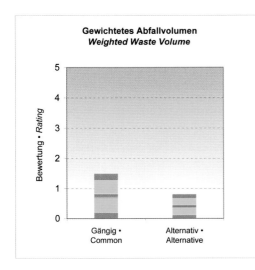

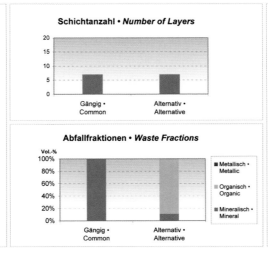

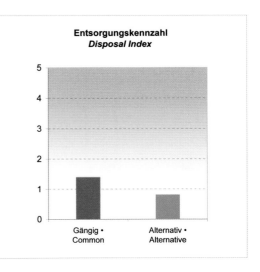

IWI 03

Leichtbau-Wohnungstrennwand, tragend, o. Vorsatzschale
Lightweight apartment party wall, load bearing wo. facing layer

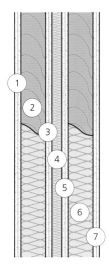

links
left

rechts
right ___

Bauphysik ▪ Building physics

	Einheit Unit	Gängig Usual	Alternative Alternative
Gesamtdicke ▪ Total thickness	[cm]	34	32
Wärmedurchgangskoeffizient ▪ Thermal transmission coefficient	[W/(m²K)]	0,16	0,16
Bewertetes Schalldämmmaß R_w ▪ Rated sound insulation value R_w	[dB]	59	59
Feuchtetechnische Sicherheit ▪ Moisture safety	[kg/m²a]	0/0	0/0
Wirksame Wärmespeicherkapazität ▪ Effective e heat Capacity	[kJ/(m²K)]	24/24	19/19

	[cm]	Gängiger Aufbau von links nach rechts Usual construction from left to right
1	2,5	2 Lg. Gipskarton-Brandschutzplatten ▪ 2-layer gypsum plasterboard fire protection panels
2	10	Mineralwolle zw. Holzstehern 6/10 ▪ Mineral wool bet. wood studs 6/10
3	2,5	2 Lg. Gipskarton-Brandschutzplatten ▪ 2-layer gypsum plasterboard fire protection panels
4	4	Mineralwolle ▪ Mineral wool
5	2,5	2 Lg. Gipskarton-Brandschutzplatten ▪ 2-layer gypsum plasterboard fire protection panels
6	10	Mineralwolle zw. Holzstehern 6/10 ▪ Mineral wool bet. wood studs 6/10
7	2,5	2 Lg. Gipskarton-Brandschutzplatten ▪ 2-layer gypsum plasterboard fire protection panels

	[cm]	Alternativer Aufbau von links nach rechts Alternative construction from left to right
1	2	2 Lg. Gipsfaserplatten ▪ 2-layer gypsum fiberboard
2	10	Schafwolle zw. Holzstehern 6/10 ▪ Lambswool bet. wood studs 6/10
3	2	2 Lg. Gipsfaserplatten ▪ 2-layer gypsum fiberboard
4	4	Mineralwolle ▪ Mineral wool
5	2	2 Lg. Gipsfaserplatten ▪ 2-layer gypsum fiberboard
6	10	Schafwolle zw. Holzstehern 6/10 ▪ Lambswool bet. wood studs 6/10
7	2	2 Lg. Gipsfaserplatten ▪ 2-layer gypsum fiberboard

Technische Beschreibung

Eignung
- Wohnungstrennwand in Holzriegelbauten, insbesondere Reihenhäuser
- Sowohl für Vorfertigung als auch für Fertigung vor Ort geeignet

Ausführungshinweise
- Für Elektroinstallationen Hinweise der Hersteller für Einbau (Brandschutz, Schallschutz) beachten, nur luftdichte Steckdosen/Verrohrungen verwenden oder Vorsatzschale vorsetzen
- Stöße zwischen Gipskarton-Platten dicht verschließen (Brandschutz, Schallschutz)
- Sind zusätzliche Holzwerkstoffplatten aus statischen Gründen notwendig, Minderung des Schallschutzes beachten
- Strömungsdichte Ebene sind die raumseitig liegenden verspachtelten Gipskarton-, bzw. Gipsfaserplatten, gegebenenfalls strömungsdichte Folie zwischen den beiden Platten einlegen

Instandhaltung
- Risse in Plattenstößen sorgfältig verschlließen

Diskussion des Aufbaus
- Sehr sorgfältige Planung und Ausführung von Steckdosen und anderen Durchdringungen notwendig (Brandschutz, Luftdichtigkeit)

Technical description

Suitability
- Apartment party wall in wood frame constructions, especially in row houses
- For prefabrication and onsite assembly

Construction process
- Observe manufacturer assembly guidelines (fire protection, sound insulation), use only air-tight sockets and pipes or add facing shells
- Seal the joints between gypsum plasterboard panels (fire protection, sound insulation)
- Check for reduced sound insulation properties if additional wood panels are necessary for statics purposes
- The flow-sealed level consists of the filler-mass coated gypsum plasterboards or gypsum fiberboards, add a layer of flow-resistant foil between both layers if necessary

Maintenance
- Close cracks in the panels joints carefully

Structural discussion
- Very careful planning and assembly of sockets as well as other penetrations is required (fire protection, air-tightness)

Ökologisches Profil / Ecological profile

Herstellung / Production

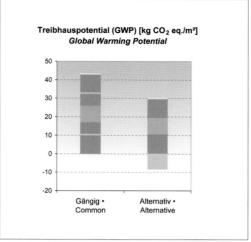

Primärenergieinhalt, nicht erneuerbar (PEI) [MJ/m²]
Primary Energy Content, non-renewable

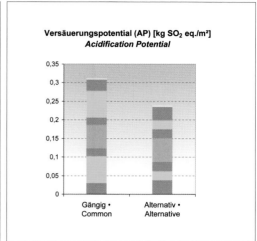

Treibhauspotential (GWP) [kg CO₂ eq./m²]
Global Warming Potential

Versäuerungspotential (AP) [kg SO₂ eq./m²]
Acidification Potential

Befestigungsmaterial
■ Gipskartonplatte / Gipsfaserplatte
▦ Holzständer + Glaswolle / Schafwolle
■ Gipskartonplatte / Gipsfaserplatte
▦ Glaswollefilz
■ Gipskartonplatte / Gipsfaserplatte
▦ Holzständer + Glaswolle / Schafwolle
■ Gipskartonplatte / Gipsfaserplatte

Fastening Materials
■ *Gypsum Plasterboard / Gypsum Fiberboard*
▦ *Wood Stayers + Glass Wool / Lambs Wool*
■ *Gypsum Plasterboard / Gypsum Fiberboard*
▦ *Glass Wool*
■ *Gypsum Plasterboard / Gypsum Fiberboard*
▦ *Wood Stayers + Glass Wool / Lambs Wool*
■ *Gypsum Plasterboard / Gypsum Fiberboard*

Hinweise zu Ökologie, Arbeits- und Gesundheitsschutz

Einbau
• Schafwolldämmstoff – vermeidet Faserbelastung und Hautreizung durch Mineralfasern

Nutzung
• Schafwolldämmstoff – vermeidet Emissionen von Formaldehyd aus Mineralwolle
• Strömungsdichte Fugenausbildung – vermeidet Mineralfaseremission in Raumluft

Notes on environmental protection, workplace and health protection measures

Installation
• Lambswool insulation material – prevents the development of skin irritations caused by mineral fibers

Use
• Lambswool insulation material – prevents mineral wool formaldehyde emissions
• Flow-sealed joints – prevents mineral fiber emissions in room air

Entsorgung und Verwertung / Disposal and utilization

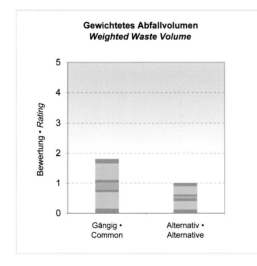

Gewichtetes Abfallvolumen
Weighted Waste Volume

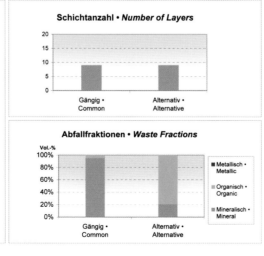

Schichtanzahl • *Number of Layers*

Abfallfraktionen • *Waste Fractions*

■ Metallisch • Metallic
□ Organisch • Organic
■ Mineralisch • Mineral

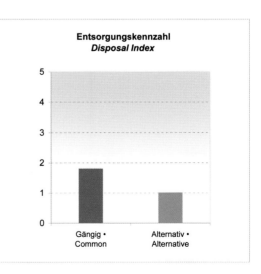

Entsorgungskennzahl
Disposal Index

IWI 04

Leichtbau-Wohnungstrennwand, tragend
Lightweight apartment party wall, load bearing

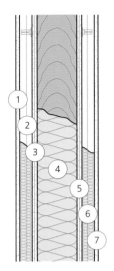

links
left

rechts
right

Bauphysik ▪ Building physics

	Einheit Unit	Gängig Usual	Alternative Alternative
Gesamtdicke ▪ Total thickness	[cm]	33	33
Wärmedurchgangskoeffizient ▪ Thermal transmission coefficient	[W/(m²K)]	0,15	0,15
Bewertetes Schalldämmmaß R_w ▪ Rated sound insulation value R_w	[dB]	59	59
Feuchtetechnische Sicherheit ▪ Moisture safety	[kg/m²a]	0/0	0/0
Wirksame Wärmespeicherkapazität ▪ Effective e heat Capacity	[kJ/(m²K)]	19/19	19/19

	[cm]	Gängiger Aufbau von links nach rechts / Usual construction from left to right
1	1,5	Gipsfaserplatte ▪ Gypsum fiberboard
2	5	Mineralwolle zw. Schwingbügel ▪ Mineral wool bet. adj. strap hangers
3	2	2 Lg. Gipsfaserplatten ▪ 2-layer gypsum fiberboard
4	16	Mineralwolle zw. Holzstehern 6/10 ▪ Mineral wool bet. wood studs 6/10
5	2	2 Lg. Gipsfaserplatten ▪ 2-layer gypsum fiberboard
6	5	Mineralwolle zw. Schwingbügel ▪ Mineral wool bet. adj. strap hangers
7	1,5	Gipsfaserplatte ▪ Gypsum fiberboard

	[cm]	Alternativer Aufbau von links nach rechts / Alternative construction from left to right
1	1,5	Gipsfaserplatte ▪ Gypsum fiberboard
2	5	Schafwolle zw. Schwingbügel ▪ Lambswool bet. adj. strap hangers
3	2	2 Lg. Gipsfaserplatten ▪ 2-layer gypsum fiberboard
4	16	Zellulose zw. Holzstehern ▪ Cellulose bet. wood studs 10/16
5	2	2 Lg. Gipsfaserplatten ▪ 2-layer gypsum fiberboard
6	5	Schafwolle zw. Schwingbügel ▪ Lambswool bet. adj. strap hangers
7	1,5	Gipsfaserplatte ▪ Gypsum fiberboard

Technische Beschreibung

Eignung
- Wohnungstrennwand in Holzriegelbauten
- Sowohl für Vorfertigung als auch für Fertigung vor Ort geeignet

Ausführungshinweise
- Installationen dürfen die innen liegenden Gipsfaserplatten nicht durchdringen (Brandschutz, Schallschutz)
- Stöße zwischen den Gipsfaserplatten dicht verschließen (Brandschutz, Schallschutz)
- Für Elektroinstallationen Hinweise der Hersteller für Einbau (Brandschutz, Schallschutz) beachten
- Strömungsdichte Ebene sind 2 Lagen verspachtelte Gipsfaserplatten, falls nötig, strömungsdichte Folie zwischen den beiden Platten einlegen

Instandhaltung
- Risse in Plattenstößen sorgfältig verschließen

Diskussion des Aufbaus
- Beidseitig Installationsschichten vorhanden, keine Durchdringung der luftdichten Ebene

Technical description

Suitability
- Apartment party wall in wood frame buildings
- For prefabrication and onsite assembly

Construction process
- Installations cannot penetrate the gypsum fiberboard panels on the inside (fire protection, sound insulation)
- Seal the joints between gypsum fiberboard panels tightly (fire protection, sound insulation)
- Follow manufacturer guidelines for electric services (fire protection, sound insulation)
- The flow-resistant layer consists of two gypsum fiberboard panels with a filler mass coating, add a layer of flow-resistant foil between both layers if necessary

Maintenance
- Close cracks in the panels joints carefully

Structural discussion
- Services layers exist on both sides, no penetration of the air-tight level

Ökologisches Profil / Ecological profile

Herstellung / Production

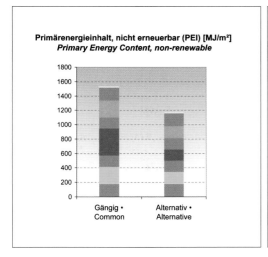

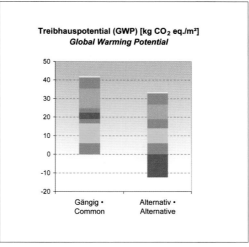

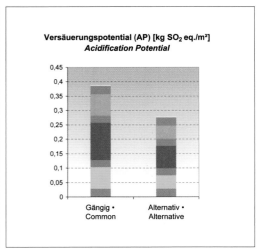

Befestigungsmaterial
- Gipsfaserplatte
- Schwingbügel + Glaswolle / Schafwolle
- Gipsfaserplatten
- Holzständer + Glaswolle / Zellulose
- Gipsfaserplatten
- Schwingbügel + Glaswolle / Schafwolle
- Gipsfaserplatte

Fastening Materials
- *Gypsum Fiberboard*
- *Adjusting Strap Hangers + Glass Wool / Lambs Wool*
- *Gypsum Fiberboard*
- *Wood Stayers + Glass Wool / Cellulose*
- *Gypsum Fiberboard Panels*
- *Adjusting Strap Hangers + Glass Wool / Lambs Wool*
- *Gypsum Fiberboard*

Hinweise zu Ökologie, Arbeits- und Gesundheitsschutz

Einbau
- Schafwolldämmstoff – vermeidet Faserbelastung und Hautreizung durch Mineralfasern

Nutzung
- Schafwolldämmstoff – vermeidet Emissionen von Formaldehyd aus Mineralwolle
- Strömungsdichte Fugenausbildung – vermeidet Mineralfaseremission in Raumluft

Notes on environmental protection, workplace and health protection measures

Installation
- Lambswool insulation material – prevents the development of skin irritations caused by mineral fibers

Use
- Lambswool insulation material – prevents mineral wool formaldehyde emissions
- Flow-sealed joints – prevents mineral fiber emissions in room air

Entsorgung und Verwertung / Disposal and utilization

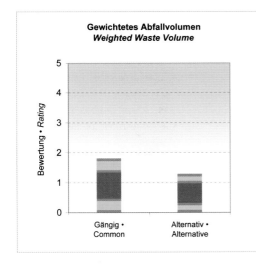

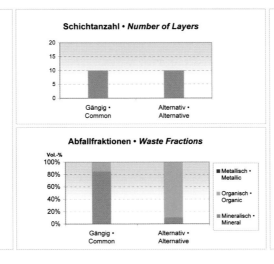

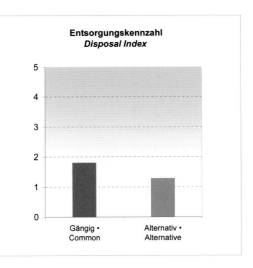

IWm 01

Lehmziegel-Scheidewand
Loam brick party wall

links
left

① ② ③

rechts
right

Bauphysik ▪ Building physics

	Einheit Unit	Gängig Usual	Alternative Alternative
Gesamtdicke ▪ Total thickness	[cm]	28	25
Wärmedurchgangskoeffizient ▪ Thermal transmission coefficient	[W/(m²K)]	1,52	1,62
Bewertetes Schalldämmmaß R_w ▪ Rated sound insulation value R_w	[dB]	58	30–53*
Feuchtetechnische Sicherheit ▪ Moisture safety	[kg/m²a]	0/0	0/0
Wirksame Wärmespeicherkapazität ▪ Effective heat Capacity	[kJ/(m²K)]	139/139	140/140

* Je nach Luftdichtigkeit   *Depending upon airtightness

	[cm]	Gängiger Aufbau von links nach rechts Usual construction from left to right
1	1,5	Lehmputz ▪ Loam rendering
2	25	Lehmziegel ▪ Loam brick
3	1,5	Lehmputz ▪ Loam rendering

	[cm]	Alternativer Aufbau von links nach rechts Alternative construction from left to right
1	25	Lehmziegel ▪ Loam brick

Technische Beschreibung

Eignung
- Innenwände sowie optische Raumteilungen, wenn unverputzt: ohne Schallschutzanforderungen
- Vergrößerung der wirksamen Speichermasse zur Erhöhung des thermischen Komforts im Sommer

Ausführungshinweise
- Installationsschlitze lt. Zulassung oder gültiger Norm sorgfältig planen und ausführen
- Die beiden untersten Ziegelscharen und die letzte Ziegelschar vor der Decke mit gebrannten Ziegeln (der gleichen Wanddicke) herstellen (Sicherheit vor Wasserschäden in der Bauphase und während der Nutzung)
- Luftdichtigkeit durch sorgfältig ausgeführten Putz sicherstellen

Diskussion des Aufbaus
- Einfache Konstruktion
- Zusätzliche speicherwirksame Masse zur Erhöhung des sommerlichen Komforts

Technical description

Suitability
- For inside walls and visual room separation, if without plastering: without sound insulation requirements
- To increase effective storage mass and thermal comfort in summer

Construction process
- Plan and make services slits carefully according to authorization or standard
- Lay the two first masonry courses and the last course below the ceiling with fired bricks with the same wall thickness (ensures protection from water damage during construction and use)
- Carefully applied plaster ensures air-tightness

Structural discussion
- Simple construction
- Additional effective storage mass increases summer comfort

Ökologisches Profil / Ecological profile

Herstellung / Production

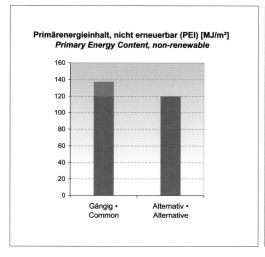

Primärenergieinhalt, nicht erneuerbar (PEI) [MJ/m²]
Primary Energy Content, non-renewable

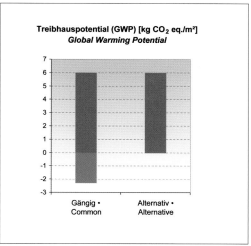

Treibhauspotential (GWP) [kg CO₂ eq./m²]
Global Warming Potential

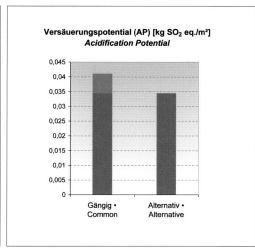

Versäuerungspotential (AP) [kg SO₂ eq./m²]
Acidification Potential

■ Lehmputz / unverputzt
■ Lehmziegel + Lehmmörtel

■ *Loam Rendering / unplastered*
■ *Loam Brick + Mortar*

Hinweise zu Ökologie, Arbeits- und Gesundheitsschutz

Einbau
• Unverputzte Lehmziegel – vermeiden Aufwand für die Putzherstellung

Notes on environmental protection, workplace and health protection measures

Installation
• Loam bricks without plastering – avoids inputs for plaster production

Entsorgung und Verwertung / Disposal and utilization

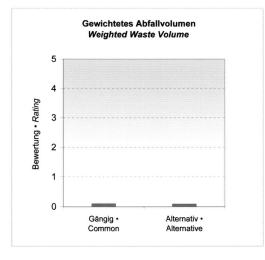

Gewichtetes Abfallvolumen
Weighted Waste Volume

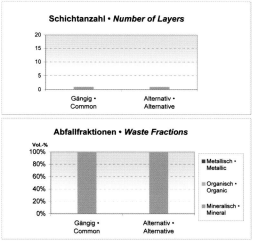

Schichtanzahl • Number of Layers

Abfallfraktionen • Waste Fractions

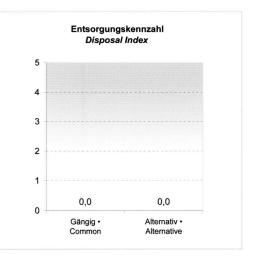

Entsorgungskennzahl
Disposal Index

IWm 02

Füllziegel-Wohnungstrennwand mit Vorsatzschale
Filler brick apartment party wall with facing layer

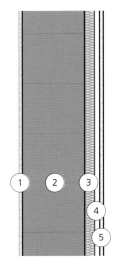

links
left

rechts
right

Bauphysik ▪ Building physics

	Einheit Unit	Gängig Usual	Alternative Alternative
Gesamtdicke ▪ Total thickness	[cm]	34	34
Wärmedurchgangskoeffizient ▪ Thermal transmission coefficient	[W/(m²K)]	0,53	0,48
Bewertetes Schalldämmmaß R_w ▪ Rated sound insulation value R_w	[dB]	66	66
Feuchtetechnische Sicherheit ▪ Moisture safety	[kg/m²a]	0/0	0/0
Wirksame Wärmespeicherkapazität ▪ Effective heat Capacity	[kJ/(m²K)]	143/18	139/13

	[cm]	Gängiger Aufbau von links nach rechts Usual construction from left to right
1	1,5	Kalkzementputz ▪ Lime cement plaster
2	25	Schallschutzziegel mit Füllbeton ▪ Sound insulation bricks with hardcore filling
3	4	Mineralwolle zw. Schwingbügel ▪ Mineral wool bet. adj. strap hangers
4	2	Luftspalt ▪ Air space
5	1,5	Gipskartonplatten ▪ Gypsum plasterboard

	[cm]	Alternativer Aufbau von links nach rechts Alternative construction from left to right
1	1,5	Lehmputz ▪ Loam rendering
2	25	Schallschutzziegel mit Füllbeton ▪ Sound insulation bricks with hardcore filling
3	4	Schafwolle zw. Schwingbügel ▪ Lambswool bet. adj. strap hangers
4	2	Luftspalt ▪ Air space
5	1,25	Gipsfaserplatten ▪ Gypsum fiberboard

Technische Beschreibung

Eignung
- Für tragende Wohnungswände mit erhöhtem Schall- und Wärmeschutz
- Wenn verringerte wirksame Speichermasse im Raum auf der Seite der Vorsatzschale zulässig

Ausführungshinweise
- Die Fugen zwischen den Schallschutzziegeln müssen dicht sein: sorgfältige Verfüllung (Schallschutz!), Innenputz zur Erzielung der erforderlichen Luftdichtheit sorgfältig ausführen
- Installationen dürfen die Wand nicht durchdringen oder auf andere Weise Schallbrücken bilden

Diskussion des Aufbaus
- Installationen in der Vorsatzschale unterbringen
- Unsymmetrischer Aufbau führt zu unterschiedlichen Eigenschaften in den beiden aneinander grenzenden Wohneinheiten

Technical description

Suitability
- For load-bearing apartment walls with increased sound and thermal insulation
- If reduced effective storage mass in the room on the side of the facing shell is permissible

Construction process
- The joints between the sound insulation bricks have to sealed: careful filling (sound insulation!), apply interior plaster carefully to achieve the required air-tightness
- Services should not penetrate the wall or transmit sound in any other way

Structural discussion
- Put installations into the facing layer
- Non-symmetrical structure leads to different properties in two adjoining residential units

Ökologisches Profil / Ecological profile

Herstellung / Production

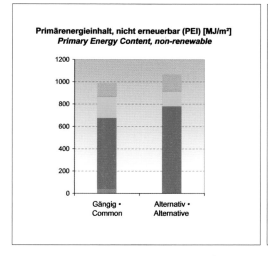

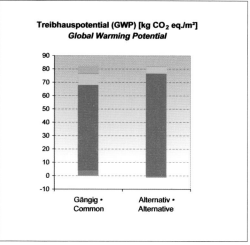

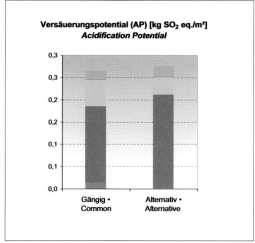

- Gipskartonplatte / Gipsfaserplatten + Befestigungsmaterial
- Schwingbügel + Glaswolle / Schafwolle
- Ziegel + Füllbeton
- Kalkzementputz / Lehmputz

- Gypsum Plasterboard / Gypsum Fiberboard + Fastening Material
- Adjusting Strap Hangers + Glass Wool / Lambs Wool
- Brick + Concrete
- Lime-Cement Plaster / Loam Rendering

Hinweise zu Ökologie, Arbeits- und Gesundheitsschutz

Einbau
- Schafwolldämmstoff – vermeidet Faserbelastung und Hautreizung durch Mineralfasern
- Chromatarme Kalkzement-Mauer- und Putzmörtel sowie persönliche Schutzausrüstung – vermeiden Zementekzeme

Nutzung
- Schafwolldämmstoff – vermeidet Emissionen von Formaldehyd aus Mineralwolle
- Strömungsdichte Fugenausbildung – vermeidet Mineralfaseremission in Raumluft
- Lehmputz – verbessert Feuchtepufferfähigkeit der Konstruktion

Notes on environmental protection, workplace and health protection measures

Installation
- Lambswool insulation material – prevents the development of skin irritations caused by mineral fibers
- Low-chromate lime cement wall and plaster mortar as well as protective equipment – avoids cement eczema

Use
- Lambswool insulation material – prevents mineral wool formaldehyde emissions
- Flow-sealed joints – prevents mineral fiber emissions in room air
- Loam plaster – improves the moisture buffering properties of the construction

Entsorgung und Verwertung / Disposal and utilization

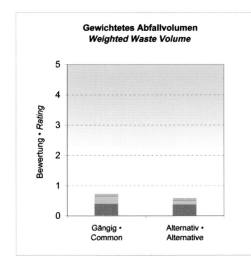

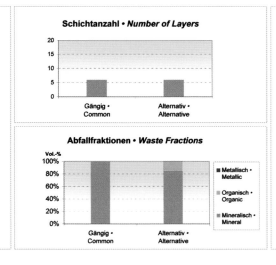

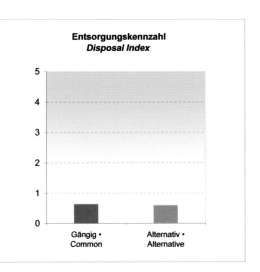

IWm 03

Hochlochziegel-Scheidewand, nichttragend
Honeycomb brick partition wall, non-load bearing

links
left

rechts
right

Bauphysik ▪ Building physics

	Einheit Unit	Gängig Usual	Alternative Alternative
Gesamtdicke ▪ Total thickness	[cm]	15	15
Wärmedurchgangskoeffizient ▪ Thermal transmission coefficient	[W/(m²K)]	1,87	2,24
Bewertetes Schalldämmmaß R_w ▪ Rated sound insulation value R_w	[dB]	45	53
Feuchtetechnische Sicherheit ▪ Moisture safety	[kg/m²a]	0/0	0/0
Wirksame Wärmespeicherkapazität ▪ Effective heat Capacity	[kJ/(m²K)]	71/71	129/129

	[cm]	Gängiger Aufbau von links nach rechts Usual construction from left to right
1	1,5	Kalkzementputz ▪ Lime cement plaster
2	12	Dünnwandziegel ▪ Thin wall bricks
3	1,5	Kalkzementputz ▪ Lime cement plaster

	[cm]	Alternativer Aufbau von links nach rechts Alternative construction from left to right
1	1,5	Lehmputz ▪ Loam rendering
2	12	Volllehmsteine ▪ Solid loam blocks
3	1,5	Lehmputz ▪ Loam rendering

Technische Beschreibung

Eignung
- Für nichttragende Scheidewände zwischen Räumen innerhalb einer Wohneinheit

Ausführungshinweise
- Elastische Anschlüsse an die flankierenden Bauteile erforderlich
- Installationsschlitze lt. Zulassung oder gültiger Norm sorgfältig planen und ausführen

Instandhaltung
- Schwächungen durch (nachträgliche) Installationen vermeiden

Diskussion des Aufbaus
- Aufbau ist Stand der Technik

Technical description

Suitability
- For non-load-bearing party walls between rooms within a residential unit

Construction process
- Elastic connections are required to flanking construction segments
- Plan and make services slits carefully according to authorization or standard

Maintenance
- Avoid weakening with (post-construction) services

Structural discussion
- The structure is state-of-the-art

Ökologisches Profil / Ecological profile

Herstellung / Production

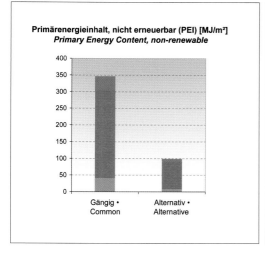

Primärenergieinhalt, nicht erneuerbar (PEI) [MJ/m²]
Primary Energy Content, non-renewable

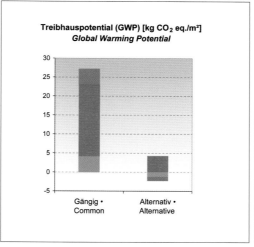

Treibhauspotential (GWP) [kg CO₂ eq./m²]
Global Warming Potential

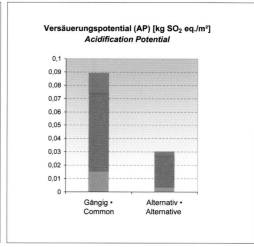

Versäuerungspotential (AP) [kg SO₂ eq./m²]
Acidification Potential

■ Kalkzementputz / Lehmputz
■ Dünnwandziegel + Mörtel / Lehmvollziegel + Mörtel
■ Kalkzementputz / Lehmputz

■ *Lime Cement Plaster / Loam Rendering*
■ *Honeycomb Brick + Mortar / Loam Brick + Mortar*
■ *Lime Cement Plaster / Loam Rendering*

Hinweise zu Ökologie, Arbeits- und Gesundheitsschutz

Einbau

- Lehmbauweise – vermeidet Zementekzeme durch Mauer- und Putzmörtel
- Chromatarme Kalkzement-Mauer- und Putzmörtel sowie persönliche Schutzausrüstung – vermeiden Zementekzeme

Nutzung

- Lehmputz – verbessert Feuchtepufferfähigkeit der Konstruktion

Notes on environmental protection, workplace and health protection measures

Installation

- Loam construction method – avoids cement eczema from wall and plaster mortar
- Low-chromate lime cement wall and plaster mortar as well as personal protective equipment – avoids cement eczema

Use

- Loam plaster – improves the moisture buffering properties of the construction

Entsorgung und Verwertung / Disposal and utilization

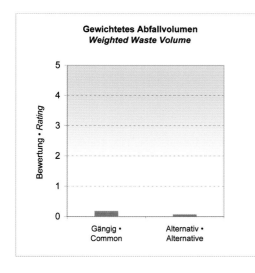

Gewichtetes Abfallvolumen
Weighted Waste Volume

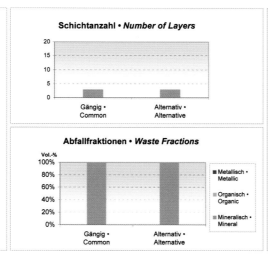

Schichtanzahl • *Number of Layers*

Abfallfraktionen • *Waste Fractions*

■ Metallisch • *Metallic*
■ Organisch • *Organic*
■ Mineralisch • *Mineral*

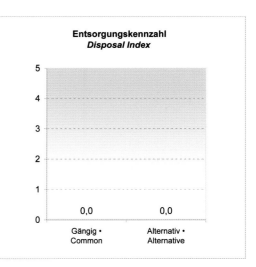

Entsorgungskennzahl
Disposal Index

IWm 04

Vollziegel-Scheidewand, unverputzt
Solid brick partition wall without plaster

links
left

rechts
right

Bauphysik ▪ Building physics

	Einheit Unit	Gängig Usual	Alternative Alternative
Gesamtdicke ▪ Total thickness	[cm]	12	12
Wärmedurchgangskoeffizient ▪ Thermal transmission coefficient	$[W/(m^2K)]$	2,60	2,60
Bewertetes Schalldämmmaß R_w ▪ Rated sound insulation value R_w	[dB]	30–50*	30–50*
Feuchtetechnische Sicherheit ▪ Moisture safety	$[kg/m^2a]$	0/0	0/0
Wirksame Wärmespeicherkapazität ▪ Effective heat Capacity	$[kJ/(m^2K)]$	106/106	106/106

* Je nach Luftdichtigkeit   *Depending upon airtightness

[cm]	Gängiger Aufbau von links nach rechts Usual construction from left to right
1	12	Weinkellerziegel mit Kalkzementmörtel ▪ Wine cellar brick with lime cement mortar

[cm]	Alternativer Aufbau von links nach rechts Alternative construction from left to right
1	12	Weinkellerziegel mit Lehmmörtel ▪ Wine cellar brick with loam mortar

Technische Beschreibung

Eignung
- Innenwände sowie optische Raumteilungen
- Vergrößerung der wirksamen Speichermasse zur Erhöhung des thermischen Komforts im Sommer

Diskussion des Aufbaus
- Einfache Konstruktion

Technical description

Suitability
- For inside walls and visual room separation
- To increase effective storage mass and thermal comfort in summer

Structural discussion
- Simple construction

Ökologisches Profil / Ecological profile

Herstellung / Production

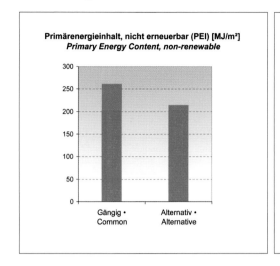

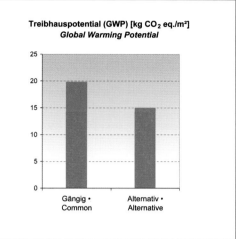

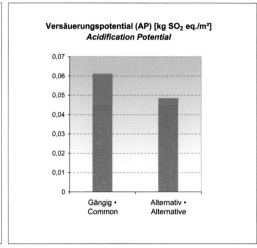

■ Kalkzementmörtel / Lehmmörtel
■ Vollziegel

■ *Lime Cement Mortar / Loam Mortar*
■ *Solid Brick*

Hinweise zu Ökologie, Arbeits- und Gesundheitsschutz

Einbau

- Lehmmörtel – vermeidet Zementekzeme durch zementhältigen Putzmörtel

Notes on environmental protection, workplace and health protection measures

Installation

- Loam mortar – helps avoid cement eczema from plaster mortars that contain cement

Entsorgung und Verwertung / Disposal and utilization

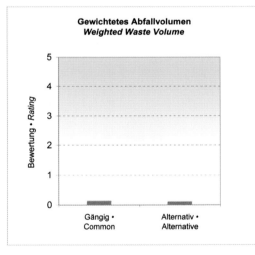

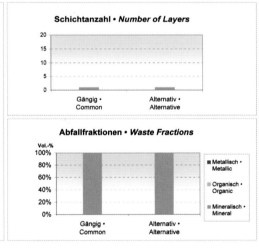

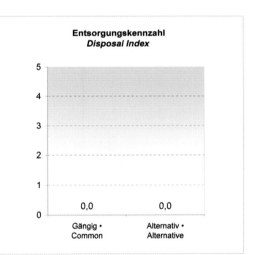

IWm 05

Schwere Hochlochziegel-Wohnungstrennwand
Heavy honeycomb brick apartment party wall

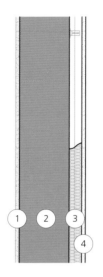

links
left

rechts
right

Bauphysik ▪ Building physics

	Einheit Unit	Gängig Usual	Alternative Alternative
Gesamtdicke ▪ Total thickness	[cm]	33	33
Wärmedurchgangskoeffizient ▪ Thermal transmission coefficient	[W/(m²K)]	0,45	0,48
Bewertetes Schalldämmmaß R_w ▪ Rated sound insulation value R_w	[dB]	64	64
Feuchtetechnische Sicherheit ▪ Moisture safety	[kg/m²a]	0/0	0/0
Wirksame Wärmespeicherkapazität ▪ Effective heat Capacity	[kJ/(m²K)]	118/17	112/17

	[cm]	Gängiger Aufbau von links nach rechts Usual construction from left to right
1	1,5	Kalkzementputz ▪ Lime cement plaster
2	25	Schallschutzziegel ▪ Sound insulating block bricks
3	5	Mineralwolle zw. Schwingbügel ▪ Mineral wool bet. adj. strap hangers
4	1,5	Gipskartonplatte ▪ Gypsum plasterboard

	[cm]	Alternativer Aufbau von links nach rechts Alternative construction from left to right
1	1,5	Lehmputz ▪ Loam rendering
2	25	Schallschutzziegel ▪ Sound insulating block bricks
3	5	Schafwolle zw. Schwingbügel ▪ Lambswool bet. adj. strap hangers
4	1,25	Gipsfaserplatte ▪ Gypsum fiberboard

Technische Beschreibung

Eignung
- Innen-/Trenn-Wände mit erhöhtem Schallschutz für Häuser in Ziegelbauweise
- Wenn verringerte wirksame Speichermasse im Raum auf der Seite der Vorsatzschale zulässig
- Auch für Selbstbau geeignet

Ausführungshinweise
- Installationsschlitze lt. Zulassung oder gültiger Norm sorgfältig planen und ausführen
- Gewissenhafte Verputzarbeiten gewährleisten hohe Luftdichtheit
- Installationen dürfen die Wand nicht durchdringen, wenn sie zu schützende Einheiten voneinander trennt (Schallschutz, Brandschutz)

Diskussion des Aufbaus
- Bewährte Konstruktion, handwerkliche Anforderungen sind Stand der Technik
- Mittelgroße speicherwirksame Masse für guten sommerlichen Komfort
- Unsymmetrischer Aufbau führt zu unterschiedlichen Eigenschaften in den beiden aneinander grenzenden Wohneinheiten
- Installationen in der Vorsatzschale unterbringen

Technical description

Suitability
- Inside/separating wall with increased sound insulation for brick construction buildings
- If reduced effective storage mass in the room on the side of the facing shell is permissible
- Also suitable for do-it-yourself assembly

Construction process
- Plan and make services slits carefully according to authorization or standard
- Thorough plaster work ensures high air-tightness
- Services should not penetrate the wall if it separates components that require protection (sound insulation, fire protection).

Structural discussion
- Proven construction, state-of-the-art technical requirements
- Medium-level storage mass effectiveness for good comfort in summer
- Non-symmetrical structure leads to different properties in two adjoining residential units
- Install services into the facing layer

Ökologisches Profil / Ecological profile

Herstellung / Production

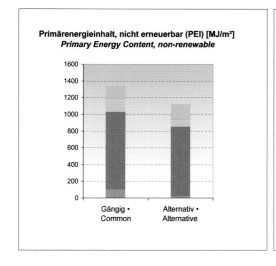

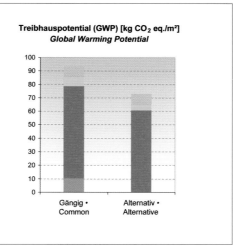

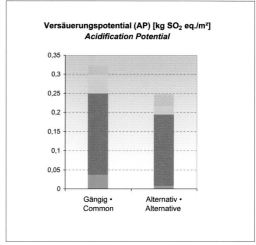

- Gipskartonplatte / Gipsfaserplatten + Befestigungsmaterial
- Schwingbügel + Glaswolle / Schafwolle
- Hochlochziegel, schwer + Mörtel
- Kalkzementputz / Lehmputz

- *Gypsum Plasterboard / Gypsum Fiberboard + Fastening Material*
- *Adjusting Strap Hangers + Glass Wool / Lambs Wool*
- *Heavy Honeycomb Brick + Mortar*
- *Lime-Cement Plaster / Loam Rendering*

Hinweise zu Ökologie, Arbeits- und Gesundheitsschutz

Einbau
- Schafwolldämmstoff – vermeidet Faserbelastung und Hautreizung durch Mineralfasern
- Lehmputz – vermeidet Zementekzeme durch zementhältigen Putzmörtel

Nutzung
- Holzschalung oder emissionsarme Spanplatten – vermeiden bzw. reduzieren Emissionen von Formaldehyd und VOC
- Schafwolldämmstoff – vermeidet Emissionen von Mineralfaser und Formaldehyd aus Mineralwolle
- Strömungsdichte Fugenausbildung – vermeidet Glaswollfaseremission in Innenraumluft
- Lehmputz – verbessert Feuchtepufferfähigkeit der Konstruktion

Notes on environmental protection, workplace and health protection measures

Installation
- Lambswool insulation material – prevents the development of skin irritations caused by mineral fibers
- Loam plaster – helps avoid cement eczema from plaster mortars that contain cement

Use
- Wood shuttering or low-emission chipboard panels – avoid or reduce formaldehyde and VOC emissions
- Lambswool insulation material – avoids mineral wool formaldehyde and mineral fiber emissions
- Flow-sealed joints – avoids glass wool fiber emissions in room air
- Loam plaster – improves the moisture buffering properties of the construction

Entsorgung und Verwertung / Disposal and utilization

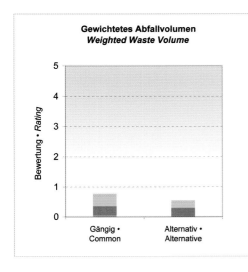

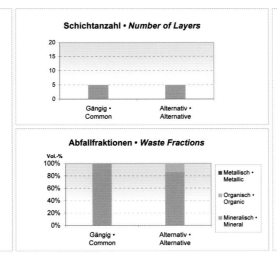

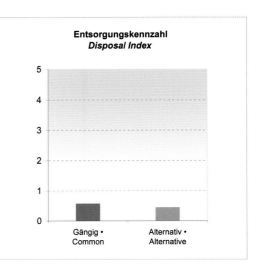

Anschlüsse
Connections

AWh 01 ⋈ EFu 01

Brettstapel-Außenwand, hinterlüftet / Plattenfundament, unterseitig gedämmt, Nassestrich
Stacked wood outside wall, rear ventilation / Slab foundation, insulated lower side, wet screed

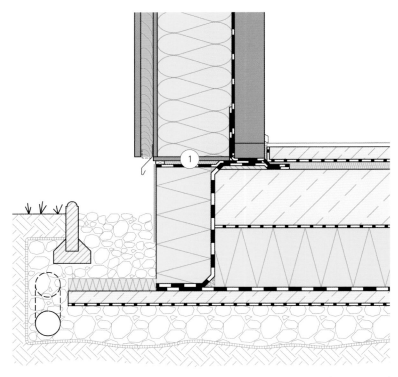

1 OSB-Platte / OSB panel

Bauphysik / Building physics

	Einheit / Unit	
Linearer Wärmebrückenkoeffizient Ψ ▪		
Linear thermal bridge coefficient Ψ	W/mK	- 0,013

Technische Beschreibung

Eignung
- Für Fußböden, die oberhalb der angrenzenden Erdoberfläche liegen
- Für Bodenverhältnisse, die Streifenfundamente nicht erfordern
- Für beliebiges Erdreich geeignet (z.B. auch Fels, bindige Böden), siehe S. 32

Ausführungshinweise
- Die Drainagerohre müssen (sofern überhaupt nötig) überall über der Fundamentsohle verlaufen
- Gewaschenen Drainageschotter (ohne Feinanteile) verwenden
- Das Drainageschotterbett allseits mit PP-Filtervlies umhüllen, Verunreinigung des Schotters durch Erdreich bei der Arbeit sorgfältig vermeiden
- Der zwischen oberem Rand der Sockeldämmung und Dämmung der aufgehenden Leichtbauwand dargestellte Streifen aus Polymerbitumenbahn kann mit der Wandoberfläche dicht verklebt (z.B. angeflämmt) werden, die Fuge an der Vorderfläche der Dämmung dauerelastisch verschließen
- Brüche in den Abdichtungsbahnen an den Kanten sorgfältig vermeiden, da nachträgliche Reparaturen schwierig und aufwändig sind
- Die unteren Öffnungen der Hinterlüftung mit einem feinmaschigen Insektenschutzgitter verschließen, dessen Fläche möglichst groß zu wählen ist (freier Mindestquerschnitt in Anlehnung an ÖNORM B 8110-2: 200 cm²/m)
- Dampfbremse strömungsdicht an Bodenplatte anschließen. Blower-Door-Test vor Ausführung des Fußbodenaufbaus durchführen, um vorhandene Undichtigkeiten verschließen zu können.

Instandhaltung
- Drainagesystem regelmäßig reinigen (falls vorhanden)
- Holz-Fassadenverkleidung besonders im Sockelbereich regelmäßig pflegen und warten. Die untersten 2 Bretter der Fassade für Austausch leicht demontierbar befestigen („Opferbrett")
- Alle Einflüsse vermeiden, die länger andauernde Durchfeuchtungen der Holzverkleidungen oder Verschluss der Hinterlüftungsöffnungen bewirken (z.B. Schneeanwehungen entfernen)

Diskussion des Aufbaus
- Die Konstruktion erfordert Pflege und sorgfältige Herstellung insbesondere der Abdichtungen

Technical description

Suitability
- For floors that are above the level of the adjoining ground
- For ground conditions that do not require strip foundations
- For any type of ground (also rock and binding loamy grounds), cf. p.32

Construction process
- Drainage pipes (if required) should be laid higher than the foundation level in all building segments
- Use washed drainage gravel (without fines)
- Line drainage gravel bed with PP filter fleece on all sides, be careful to avoid mixing the gravel with soil during construction
- Seal the polymer bitumen sheet stripe visible between the base insulation and insulation of the rising wall tightly (e.g. torch applying) on the wall surface, close the joint with a long-lasting elastic seal
- Be careful to avoid ruptures in the sealing layer since post-construction repairs are difficult and complex
- Cover the ventilation opening, which should be as large as possible, with a fine-mesh insect screen (200 cm²/m minimum open cross-section with regard to ÖNORM B 8110-2)
- The connection of the vapor barrier to the floor slab should be flow-sealed. Perform the blower door test before building the floor surface structure to check for existing leaks and close them.

Maintenance
- Clean the drainage system regularly (if one exists)
- Ensure proper care and maintenance of the wood cladding along the base. The lowest two boards of the façade should be mounted to allow easy exchange
- Avoid longer periods of moisture penetration of the wood cladding or blockage of the back ventilation (e.g. remove accumulated snow)

Structural discussion
- The construction requires maintenance and care completion, especially of the seals

AWh 01 ⋈ KDb 01

Brettstapel-Außenwand, hinterlüftet / Kellerdecke beidseitig gedämmt, Nassestrich
Stacked wood outside wall, rear ventilation / Basement ceiling slab with insulation on both sides, wet screed

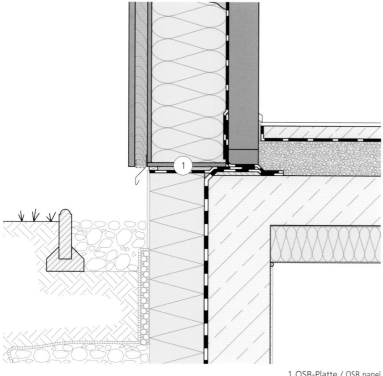

1 OSB-Platte / OSB panel

Bauphysik / Building physics

	Einheit / Unit	
Linearer Wärmebrückenkoeffizient Ψ = Linear thermal bridge coefficient Ψ	W/mK	
Außenluft = Outside air		- 0,035
Keller = Basement		0,072

Technische Beschreibung

Eignung
• Für Fußböden, die oberhalb der angrenzenden Erdoberfläche liegen
• Für Kellerbedingungen, die nicht zu Kondensat in der Kellerdecke führen.

Ausführungshinweise
• Gewaschenen Drainageschotter (ohne Feinanteile) verwenden
• Das Drainageschotterbett allseits mit PP-Filtervlies umhüllen, Verunreinigung des Schotters durch Erdreich bei der Arbeit sorgfältig vermeiden
• Der zwischen oberem Rand der Sockeldämmung und Dämmung der aufgehenden Leichtbauwand dargestellte Streifen aus Polymerbitumenbahn mit der Wandoberfläche dicht verkleben (z.B. anflämmen), die Fuge an der Vorderfläche der Dämmung dauerelastisch verschließen
• Brüche in den Abdichtungsbahnen an den Kanten sorgfältig vermeiden, da nachträgliche Reparaturen schwierig und aufwändig sind
• Die unteren Öffnungen der Hinterlüftung mit einem feinmaschigen Insektenschutzgitter verschließen (Freier Mindestquerschnitt in Anlehnung an ÖNORM B 8110-2: 200 cm²/m)
• Dampfbremse strömungsdicht an Kellerdecke anschließen. Blower-Door-Test vor Ausführung des Fußbodenaufbaus durchführen, um vorhandene Undichtigkeiten verschließen zu können.

Instandhaltung
• Drainagesystem regelmäßig reinigen
• Holz-Fassadenverkleidung besonders im Sockelbereich regelmäßig pflegen und warten. Die untersten 2 Bretter der Fassade für Austausch leicht demontierbar befestigen („Opferbrett").
• Alle Einflüsse vermeiden, die länger andauernde Durchfeuchtungen der Holzverkleidungen oder Verschluss der Hinterlüftungsöffnungen bewirken (z.B. Schneeanwehungen entfernen)

Diskussion des Aufbaus
• Die Konstruktion enthält Wärmebrücken, deren Wirksamkeit von den Bedingungen im Keller abhängt
• Die Konstruktion erfordert sorgfältige Herstellung und Pflege, insbesondere der Abdichtungen

Technical description

Suitability
• For floors that are above the level of the adjoining ground
• For basement conditions that do not lead to condensation build up in the ceiling

Construction process
• Use washed drainage gravel (without fines)
• Line drainage gravel bed with PP filter fleece on all sides, be careful to avoid mixing the gravel with soil during construction
• Seal the polymer bitumen sheet stripe visible between the base insulation and insulation of the rising wall tightly (e.g. torch applying) on the wall surface, close the joint with a long-lasting elastic seal
• Be careful to avoid ruptures in the sealing layer since post-construction repairs are difficult and complex
• Cover the ventilation opening with a fine-mesh insect screen (200 cm²/m minimum open cross-section with regard to ÖNORM B 8110-2)
• The connection of the vapor barrier to the basement ceiling slab should be flow-sealed. Perform the blower door test before completing the floor to check for existing leaks and close them.

Maintenance
• Clean the drainage system regularly
• Ensure proper care and maintenance of the wood cladding along the base. The lowest two boards of the façade should be mounted to allow easy exchange.
• Avoid longer periods of moisture penetration of the wood cladding or blockage of the back ventilation (e.g. remove accumulated snow)

Structural discussion
• The construction contains thermal bridges the effect of which depends on the conditions in the basement
• The construction requires maintenance and care completion, especially of the seals

AWh 01 ⋈ GDh 01

Brettstapel-Außenwand, hinterlüftet / Brettstapel-Geschoßdecke, Nassestrich
Stacked wood outside wall, rear ventilation / Intermediate stacked board floor, wet screed

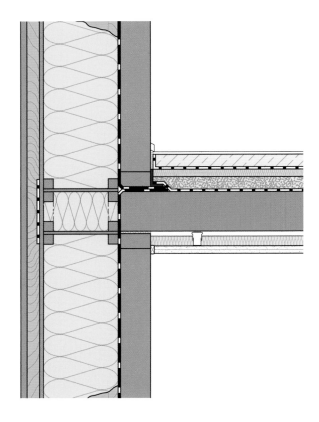

Bauphysik / Building physics

	Einheit / Unit	
Linearer Wärmebrückenkoeffizient Ψ • Linear thermal bridge coefficient Ψ	W/mK	0,013

Technische Beschreibung

Eignung
- Für Geschoßdecken zwischen zwei in gleichartiger Massivholzbauweise herge-stellten Geschoßen mit gleichartigen thermischen Bedingungen
- Für Deckenanschlüsse in größerer Höhe über der Erdoberfläche
- Besonders für Fertigteilbauweise

Ausführungshinweise
- Hochwertige Schallentkopplung zwischen Decke und unterer Wand vorsehen beispielsweise mittels Sylomerlager, Aufnahme von Kräften über schallentkop-pelte Dorne
- Strömungsdichte Folie nach Montage der Rohdecke nach innen klappen, mit Folie des darüberliegenden Wandteils strömungsdicht verkleben
- Blower-Door-Test vor Ausführung des Fußbodenaufbaus durchführen, um vor-handene Undichtigkeiten verschließen zu können

Instandhaltung
- Bei Beachtung der Richtlinien des konstruktiven Holzschutzes (➔ Holzschutz) ist kein chemischer Holzschutz erforderlich

Technical description

Suitability
- For intermediate floors between two levels with similar thermal condi-tions built using the same solid wood construction method
- For floor connections built at greater height from the ground level
- Specially suitable for prefabrication

Construction process
- Plan high quality acoustic separation between the ceiling and the low-er wall by using sylomer beds or absorbing forces via acoustic separa-tion pins
- Fold the air-tight sheet inwards after assembling the ceiling and seal it to the air-tight foil of the wall section above
- Perform the blower door test before assembling the floor structure to close existing leaks

Maintenance
- No chemical wood protection is required if the guidelines for structur-al wood protection (➔ wood protection) are followed

AWh 01 ⋈ DAh 01

Brettstapel-Außenwand, hinterlüftet / Massivholz-Flachdach als Warmdach
Stacked wood outside wall, rear ventilation / Solid wood flat roof, non-ventilated

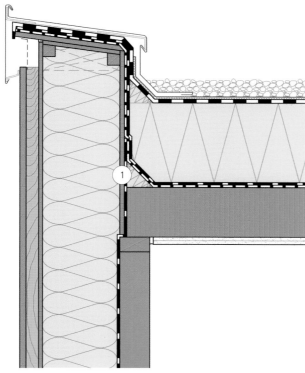

1 OSB-Platte / OSB panel

Bauphysik / Building physics

	Einheit / Unit	
Linearer Wärmebrückenkoeffizient Ψ ▪ Linear thermal bridge coefficient Ψ	W/mK	- 0,092

Technische Beschreibung

Ausführungshinweise
- Die Gummigranulatmatte zum Schutz der Abdichtung an der Attika bis unter die Blechverkleidung ziehen
- Zum Schutz vor UV-Einstrahlung und gegen mechanische Einwirkungen die dachseitige Seite der Attika mit einem Schutzblech abdecken
- Dampfsperre Dach strömungsdicht an Dampfbremse Wand anschließen
- Die Abdichtung des Flachdaches lückenlos bis vor die Außenfläche der Außenwand unter der Blechverkleidung ziehen
- Dampfsperre und Dampfdruckausgleichsschicht lückenlos von der Rohdecken-Oberkante bis zur Außenkante der Attika führen. Alu-Bitu-Dampfsperre im Bereich der Attika durch Bitumenbahn ersetzen (Wärmebrückeneffekt von Aluminium).
- Zur Vermeidung von Brüchen im Bereich der Übergänge vom horizontalen Dach zur vertikalen Attika unter allen Bahnen 45°-Keile einlegen
- Die Verblechung der Attika an der Außenseite bis unter die Öffnung der Durchlüftung herabziehen, um Schlagregeneintritt zu minimieren
- Die Entlüftungsöffnung mit einem feinmaschigen Insektenschutzgitter verschließen (Freier Mindestquerschnitt in Anlehnung an ÖNORM B 8110-2: 200 cm²/m)

Instandhaltung
- Lüftungsöffnungen fallweise reinigen
- Bei Beachtung der Richtlinien des konstruktiven Holzschutzes (➔ Holzschutz) ist kein chemischer Holzschutz erforderlich

Diskussion des Aufbaus
- Strömungsdichte Ebene nach Montage nicht mehr zugänglich. Daher mit besonderer Sorgfalt ausführen.

Technical description

Construction process
- The rubber granule mat should be continued under the sheet metal cladding to seal the attic
- The side of the parapet facing the roof should be covered with protective metal cladding to protect against UV irradiation and mechanical damage
- The connection between the vapor barriers of the roof and the wall should be flow-sealed
- The roof seal should extend to the exterior surface of the outer wall under the sheet metal cladding without any gaps
- The vapor barrier and vapor pressure compensation layer should extend from the surface of the structural ceiling slab to the outer edge of the parapet without gaps. At the parapet, continue the bitumen-aluminum vapor barrier with a bitumen sealing sheet (aluminum makes a thermal bridge).
- 45° wedges should be inserted under all sheets to avoid ruptures in the transition areas between the horizontal roof and the vertical attic
- Make sure the parapet's sheet metal cladding extends below the ventilation opening to minimize driving rain penetration
- Cover the ventilation opening with a fine-mesh insect screen (200 cm²/m minimum open cross-section with regard to ÖNORM B 8110-2)

Maintenance
- Clean ventilation openings periodically
- No chemical wood protection is required if the guidelines for structural wood protection (➔ wood protection) are followed

Structural discussion
- The flow sealing plane is not accessible after assembly. Hence it should be completed with special care.

AWI 05 ⋈ EFu 01

Boxträger-Außenwand, hinterlüftet / Plattenfundament, unterseitig gedämmt, Nassestrich
Box beam outside wall, rear ventilation / Slab foundation, insulated lower side, wet screed

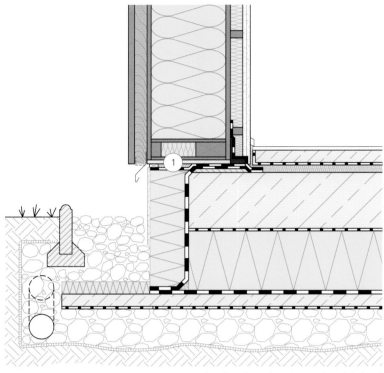

1 zementgebundene Spanplatte / Cement-bound chipboard

Bauphysik / Building physics

	Einheit / Unit	
Linearer Wärmebrückenkoeffizient Ψ ▪ Linear thermal bridge coefficient Ψ	W/mK	0,009

Technische Beschreibung

Eignung
- Für Fußböden, die oberhalb der angrenzenden Erdoberfläche liegen
- Für Bodenverhältnisse, die Streifenfundamente nicht erfordern
- Für beliebiges Erdreich geeignet (z.B. auch Fels, bindige Böden), siehe S. 32

Ausführungshinweise
- Drainagerohre müssen überall über der Fundamentsohle verlaufen
- Gewaschenen Drainageschotter (ohne Feinanteile) verwenden
- Das Drainageschotterbett allseits mit PP-Filtervlies umhüllen, die Verunreinigung des Schotters durch Erdreich bei der Arbeit sorgfältig vermeiden
- Der zwischen oberem Rand der Sockeldämmung und Dämmung der aufgehenden Leichtbauwand dargestellte Streifen aus Polymerbitumenbahn mit der Wandoberfläche dicht verkleben (z.B. anflämmen), die Fuge an der Vorderfläche der Dämmung dauerelastisch verschließen
- Brüche in den Abdichtungsbahnen an den Kanten sorgfältig vermeiden, da nachträgliche Reparaturen schwierig und aufwändig sind
- Die unteren Öffnungen der Hinterlüftung mit einem feinmaschigen Insektenschutzgitter verschließen (Mindestquerschnitt in Anlehnung an ÖNORM B 8110-2: 200 cm²/m)
- OSB-Platte strömungsdicht an Bodenplatte anschließen. Blower-Door-Test vor Ausführung des Fußbodenaufbaus durchführen, um vorhandene Undichtigkeiten verschließen zu können.

Instandhaltung
- Drainagesystem regelmäßig reinigen (falls vorhanden)
- Holz-Fassadenverkleidung besonders im Sockelbereich regelmäßig pflegen und warten. Die untersten 2 Bretter der Fassade für Austausch leicht demontierbar befestigen („Opferbrett").
- Alle Einflüsse vermeiden, die länger andauernde Durchfeuchtungen der Holzverkleidungen oder Verschluss der Hinterlüftungsöffnungen bewirken (z.B. Schneeanwehungen entfernen)

Diskussion des Aufbaus
- Für eine dauerhaft wirksame Abdichtung der Anschlüsse, insbesondere in Eckbereichen, ist besonderes handwerkliches Können und besondere Sorgfalt nötig

Technical description

Suitability
- For floors that are above the level of the adjoining ground
- For ground conditions that do not require strip foundations
- For any type of ground (also rock and binding loamy grounds), cf. p.32

Construction process
- The drainage pipes should be laid above the foundation level in all areas
- Use washed drainage gravel (without fines)
- Line drainage gravel bed with PP filter fleece on all sides, be careful to avoid mixing the gravel with soil during construction
- Seal the polymer bitumen sheet stripe visible between the base insulation and insulation of the rising wall tightly (e.g. torch applying) on the wall surface, cover the joint with a long-lasting elastic seal
- Be careful to avoid ruptures in the sealing layer since post-construction repairs are difficult and complex
- Cover the ventilation opening with a fine-mesh insect screen (200 cm²/m minimum open cross-section with regard to ÖNORM B 8110-2)
- Make sure the connection between the OSB panel and the floor slab is flow-sealed. Perform the blower door test before assembling the floor structure to close existing leaks.

Maintenance
- Clean the drainage system regularly (if required)
- Ensure proper care and maintenance of the wood cladding along the base. The lowest two boards of the façade should be mounted to allow easy exchange.
- Avoid longer periods of moisture penetration of the wood cladding or blockage of the back ventilation (e.g. remove accumulated snow)

Structural discussion
- Special technical skills and great care are required to achieve long-lasting effectiveness of sealed connection

AWI 05 ⋈ KDb 01

Boxträger-Außenwand, hinterlüftet / Kellerdecke beidseitig gedämmt, Nassestrich
Box beam outside wall, rear ventilation / Basement ceiling slab with insulation on both sides, wet screed

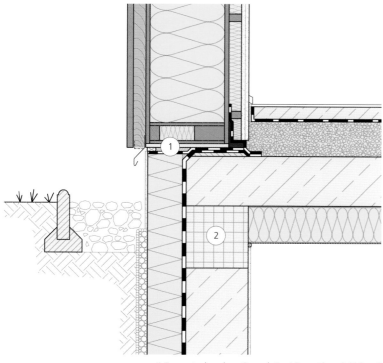

1 Zementgebundene Spanplatte / Cement-bound chipboard
2 Warmer Fuß / Warm foot

Bauphysik / Building physics

	Einheit / Unit
Linearer Wärmebrückenkoeffizient Ψ = Linear thermal bridge coefficient Ψ	W/mK
Außenluft = Outside air	- 0,018
Keller = Basement	- 0,036

Technische Beschreibung

Eignung
- Für Fußböden, die oberhalb der angrenzenden Erdoberfläche liegen
- Für Kellerbedingungen, die nicht zu Kondensat in der Kellerdecke führen

Ausführungshinweise
- Gewaschenen Drainageschotter (ohne Feinanteile) verwenden
- Das Drainageschotterbett allseits mit PP-Filtervlies umhüllen, Verunreinigung des Schotters durch Erdreich bei der Arbeit sorgfältig vermeiden
- Der zwischen oberem Rand der Sockeldämmung und Dämmung der aufgehenden Leichtbauwand dargestellte Streifen aus Polymerbitumenbahn mit der Wandoberfläche dicht verkleben (z.B. anflämmen), die Fuge an der Vorderfläche der Dämmung dauerelastisch verschließen
- Brüche in den Abdichtungsbahnen an den Kanten sorgfältig vermeiden, da nachträgliche Reparaturen schwierig und aufwändig sind
- Die unteren Öffnungen der Hinterlüftung mit einem feinmaschigen Insektenschutzgitter verschließen (Freier Mindestquerschnitt in Anlehnung an ÖNORM B 8110-2: 200 cm²/m)
- Dampfbremse strömungsdicht an Kellerdecke anschließen. Blower-Door-Test vor Ausführung des Fußbodenaufbaus durchführen, um vorhandene Undichtigkeiten verschließen zu können.

Instandhaltung
- Drainagesystem regelmäßig reinigen
- Holz-Fassadenverkleidung besonders im Sockelbereich regelmäßig pflegen und warten. Die untersten 2 Bretter der Fassade für Austausch leicht demontierbar befestigen („Opferbrett").
- Alle Einflüsse vermeiden, die länger andauernde Durchfeuchtungen der Holzverkleidungen oder Verschluss der Hinterlüftungsöffnungen bewirken können (z.B. Schneeanwehungen entfernen)

Diskussion des Aufbaus
- Die Konstruktion enthält Wärmebrücken, deren Wirksamkeit von den Bedingungen im Keller abhängt
- Für eine dauerhaft wirksame Abdichtung der Anschlüsse, insbesondere in Eckbereichen, ist besonderes handwerkliches Können und besondere Sorgfalt nötig

Technical description

Suitability
- For floors that are above the level of the adjoining ground
- For basement conditions that do not lead to condensation build up in the basement ceiling

Construction process
- Use washed drainage gravel (without fines)
- Line drainage gravel bed with PP filter fleece on all sides, be careful to avoid mixing the gravel with soil during construction
- Seal the polymer bitumen sheet stripe visible between the base insulation and insulation of the rising wall tightly (e.g. torch applying) on the wall surface, cover the joint with a long-lasting elastic seal
- Be careful to avoid ruptures in the sealing layer since post-construction repairs are difficult and complex
- Cover the ventilation opening with a fine-mesh insect screen (200 cm²/m minimum open cross-section with regard to ÖNORM B 8110-2)
- Make sure the connection between the vapor barrier and the basement ceiling is flow-sealed. Perform the blower door test before assembling the floor structure to close existing leaks.

Maintenance
- Clean the drainage system regularly
- Ensure proper care and maintenance of the wood cladding along the base. The lowest two boards of the façade should be mounted to allow easy exchange.
- Avoid longer periods of moisture penetration of the wood cladding or blockage of the back ventilation (e.g. remove accumulated snow)

Structural discussion
- The construction contains thermal bridges the effect of which depends on the conditions in the basement
- Special technical skills and great care are required to achieve long-lasting effectiveness of sealed connection

AWI 05 ⋈ GDI 01

Boxträger-Außenwand, hinterlüftet / Leichtbau- (oder Tram-) Geschoßdecke, Nassestrich
Box beam outside wall, rear ventilation / Lightweight (or joist) intermediate floor, wet screed

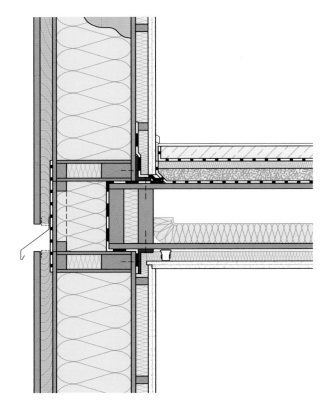

Bauphysik / Building physics

	Einheit / Unit	
Linearer Wärmebrückenkoeffizient Ψ ▪ Linear thermal bridge coefficient Ψ	W/mK	0,030

Technische Beschreibung

Eignung
- Für Geschoßdecken zwischen zwei in gleichartiger Leichtbauweise hergestellten Geschoßen mit gleichartigen thermischen Bedingungen
- Für Deckenanschlüsse in größerer Höhe über der Erdoberfläche
- Besonders für Fertigteilbauweise

Ausführungshinweise
- Strömungsdichte Folie an OSB-Platte des unteren Wandelements strömungsdicht verkleben, nach Montage der Rohdecke nach innen klappen, mit OSB-Platte des darüberliegenden Wandteils strömungsdicht verkleben
- OSB-Platten in Stößen strömungsdicht verkleben, über die Geschoße mit strömungsdichter Folie verbinden, da nach Fertigstellung Mängel nur mit großem Aufwand auffindbar und behebbar sind. Daher vor Montage des Fußbodenaufbaus und der Vorsatzschalen Blower-Door-Test durchführen.

Instandhaltung
- Bei Beachtung der Richtlinien des konstruktiven Holzschutzes (→ Holzschutz) ist kein chemischer Holzschutz erforderlich

Diskussion des Aufbaus
- Die Konstruktion erfordert eine besonders sorgfältige Herstellung der inneren strömungsdichten Ebene

Technical description

Suitability
- For intermediate floors between two levels with similar thermal conditions built using the same lightweight construction method
- For floor connections built at greater height from the ground level
- Specially suitable for prefabrication

Construction process
- Bond air-tight foil to the OSB panel along the lower wall element. Fold the air-tight sheet inwards after assembling the ceiling and seal it to the OSB panel of the wall section above.
- Bond the OSB panel joints with an air-tight seal, and then connect them across the floor levels with air-tight foil, since it is difficult to locate and repair faulty areas after assembly. Perform the blower door test before assembling the floor structure and face work.

Maintenance
- No chemical wood protection is required if the guidelines for structural wood protection (→ wood protection) are followed

Structural discussion
- The construction requires especially careful assembly of the internal flow-sealing plane

AWI 05 ⋈ DAI 04

Boxträger-Außenwand, hinterlüftet / Boxträger-Steildach, Traufe und Ortgang
Box beam outside wall, rear ventilation / Box beam steeply-pitched roof, eaves and verge

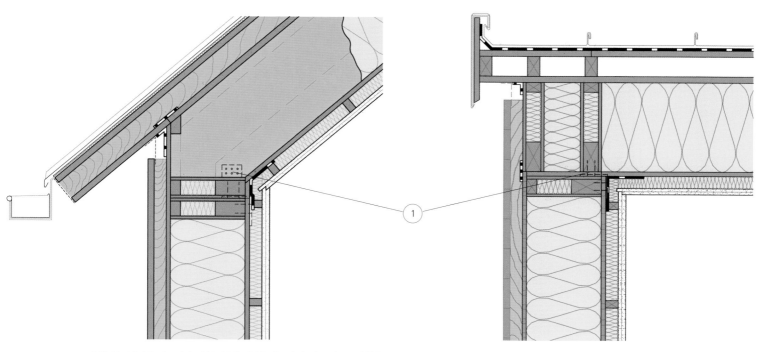

1 Stahlwinkel (horizontal, nicht sichtbar) / Steel angle (horizontal, non-visible)

Bauphysik / Building physics

Traufe / Eaves	Einheit / Unit	
Linearer Wärmebrückenkoeffizient Ψ ▪ Linear thermal bridge coefficient Ψ	W/mK	- 0,013
Ortgang / Verge		
Linearer Wärmebrückenkoeffizient Ψ ▪ Linear thermal bridge coefficient Ψ	W/mK	- 0,033

Technische Beschreibung

Eignung
• Besonders für Fertigteilbauweise geeignet

Ausführungshinweise
• Dachelement an das Wandelement mit Stahlwinkel befestigen. OSB-Platte für Winkel ausfräsen.
• Dreischichtplatte für Holzuntersicht und Befestigung der Insektenschutzgitter an entsprechend dimensionierter Dachlattung befestigen
• Dreischichtplatte mit diffusionsoffener Dachauflegebahn schützen
• Die Entlüftungsöffnung mit einem feinmaschigen Insektenschutzgitter verschließen (Freier Mindestquerschnitt in Anlehnung an ÖNORM B 8110-2: 200 cm²/m)
• OSB-Platten von Dach und Wand strömungsdicht miteinander verbinden. Blower-Door-Test vor Montage der Vorsatzschalen durchführen, um vorhandene Undichtigkeiten verschließen zu können.

Instandhaltung
• Bei Beachtung der Richtlinien des konstruktiven Holzschutzes (➔ Holzschutz) ist kein chemischer Holzschutz erforderlich

Technical description

Suitability
• Especially suitable for prefabrication

Construction process
• Fasten the roof element to the wall element with steel angles. Mill the OSB panel to fit the angles.
• Fasten the three-layer panel for the roof soffit and the insect screen mounting points on ceiling lathes of the appropriate size
• Protect the three-layer panel with an open diffusion roofing sheet
• Cover the ventilation opening with a fine-mesh insect screen (200 cm²/m minimum open cross-section with regard to ÖNORM B 8110-2)
• Make sure the connection between the OSB panels of the roof and wall is flow-sealed. Perform the blower door test before mounting the front panel to be able to close existing leaks.

Maintenance
• No chemical wood protection is required if the guidelines for structural wood protection (➔ wood protection) are followed

AWI 03 ⋈ EFo 01

Holzständer-Außenwand mit WDVS / Plattenfundament, oberseitig gedämmt, Nassestrich
Wood post outside wall with ETICS / Slab foundation, insulated upper side, wet screed

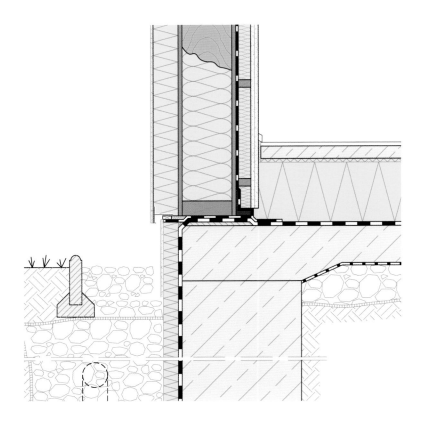

Bauphysik / Building physics

	Einheit / Unit	
Linearer Wärmebrückenkoeffizient Ψ · Linear thermal bridge coefficient Ψ	W/mK	- 0,051

Technische Beschreibung

Eignung
- Für Fußböden, die oberhalb der angrenzenden Erdoberfläche liegen
- Für Bodenverhältnisse, die Streifenfundamente erfordern
- Besonders für Fertigung vor Ort
- Nur bei gering wärmeleitendem Erdreich (z.B. Kies). Siehe S. 32

Ausführungshinweise
- Drainagerohre müssen überall höher als die Fundamentsohle verlaufen
- Gewaschenen Drainageschotter (ohne Feinanteile) verwenden
- Das Drainageschotterbett allseits mit PP-Filtervlies umhüllen, Verunreinigung des Schotters durch Erdreich bei der Arbeit sorgfältig vermeiden
- Die Fuge an der Vorderkante der Horizontalabdichtung dauerelastisch verschließen
- Dampfsperre strömungsdicht an Abdichtung anschließen. Blower-Door-Test vor Ausführung des Fußbodenaufbaus durchführen, um vorhandene Undichtigkeiten verschließen zu können.
- Brüche und andere Undichtheiten in den Abdichtungsbahnen in den Ichsen zwischen Bodenplatte und Wand sorgfältig vermeiden, da nachträgliche Reparaturen schwierig und aufwändig sind
- Innenraumseitige Gipskartonplatten dürfen Bodenplatte nicht berühren, da Schäden durch Kondensat auftreten können. Unterlage einer Wärmedämmung zweckmäßig.

Instandhaltung
- Drainagesystem regelmäßig reinigen
- Holz-Fassadenverkleidung besonders im Sockelbereich regelmäßig pflegen und warten. Die untersten 2 Bretter der Fassade für Austausch leicht demontierbar befestigen („Opferbrett").
- Alle Einflüsse vermeiden, die länger andauernde Durchfeuchtungen des Sockelbereichs der Außenwand bewirken können (z.B. Schneeanwehungen entfernen)

Diskussion des Aufbaus
- Die Konstruktion ermöglicht bei einfacher handwerklicher Herstellbarkeit eine weitgehend wärmebrückenfreie Ausbildung
- Die Anordnung einer Wärmedämmschicht unter der Fundamentplatte erhöht die feuchtetechnische Sicherheit beträchtlich. Siehe S. 32.

Technical description

Suitability
- For floors that are above the level of the adjoining ground
- For ground conditions that require strip foundations
- Especially suitable for onsite assembly
- Only in the case of ground with low thermal conductivity (e.g. gravel), cf. p. 32

Construction process
- The drainage pipes should be laid above the foundation level in all areas
- Use washed drainage gravel (without fines)
- Line drainage gravel bed with PP filter fleece on all sides, be careful to avoid mixing the gravel with soil during construction
- Cover the front edge joint of the horizontal seal with a long-lasting seal
- Connect the vapor barrier with an air-tight seal. Perform the blower door test before assembling the floor structure to seal existing leaks.
- Be careful to avoid ruptures and other leaks in the sealing layers in the valleys between the floor slab and wall since post-construction repairs are difficult and complex
- The gypsum plasterboard panels on the inside ought not touch the floor slab due to the possibility of condensation damage. A lower thermal insulation layer is advisable.

Maintenance
- Clean the drainage system regularly
- Ensure proper care and maintenance of the wood cladding along the base. The lowest two boards of the façade should be mounted to allow easy exchange
- Avoid longer periods of moisture penetration of the wall base (e.g. remove accumulated snow)

Structural discussion
- The construction is easy to assemble with basic technical skills and allows for a largely thermal bridge-free structure
- Placing parts of the thermal insulation beneath the foundation slab increases moisture safety considerably. Cf. p. 32.

AWI 03 ⤬ KDo 02

Holzständer-Außenwand mit WDVS / Kellerdecke oberseitig gedämmt, Nassestrich
Wood post outside wall with ETICS / Basement ceiling slab insulated upper side, wet screed

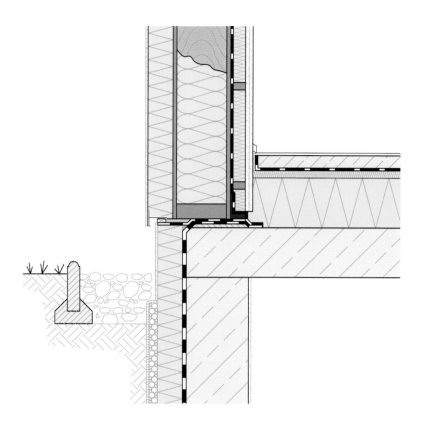

Bauphysik / Building physics

		Einheit / Unit
Linearer Wärmebrückenkoeffizient Ψ = Linear thermal bridge coefficient Ψ		W/mK
Außenluft ▪ Outside air		- 0,036
Keller ▪ Basement		- 0,029

Technische Beschreibung

Eignung
- Für Fußböden oder Kellerdecken, die oberhalb der angrenzenden Erdoberfläche liegen
- Für beliebig kalte, auch durchlüftete Kellerräume (z.B. Tiefgaragen)

Ausführungshinweise
- Gewaschenen Drainageschotter (ohne Feinanteile) verwenden
- Das Drainageschotterbett allseits mit PP-Filtervlies umhüllen, Verunreinigung des Schotters durch Erdreich bei der Arbeit sorgfältig vermeiden
- Die Fuge an der Vorderkante der Horizontalabdichtung zwischen Bodenplatte und aufgehender Außenwand dauerelastisch verschließen
- Brüche in den Abdichtungsbahnen an den Kanten sorgfältig vermeiden, da nachträgliche Reparaturen schwierig und aufwändig sind
- Dampfbremse strömungsdicht an Stahlbetondecke anschließen. Blower-Door-Test vor Ausführung des Fußbodenaufbaus durchführen, um vorhandene Undichtigkeiten verschließen zu können.
- Innenraumseitige Gipskartonplatten dürfen die Bodenplatte nicht berühren, da Schäden durch Kondensat auftreten können. Unterlegen einer druckfesten Wärmedämmung zweckmäßig.

Instandhaltung
- Drainagesystem regelmäßig reinigen
- Alle Einflüsse vermeiden, die länger andauernde Durchfeuchtungen der Holzverkleidungen bewirken können (z.B. Schneeanwehungen entfernen)

Diskussion des Aufbaus
- Die Konstruktion enthält Wärmebrücken, die zwar für die Wärmebilanz des Hauses nur von geringer Bedeutung sind, aber kritisch hinsichtlich Schäden an Holz- und Gipsteilen der Außenwand sein können
- Bei frei belüfteten Tiefgaragen ist die Anordnung der Wärmedämmung unter der Stahlbetondecke sinnvoll, um die Temperaturen innerhalb des Außenwandsockels zu erhöhen

Technical description

Suitability
- For floors or basement ceiling slabs that are above the level of the adjoining ground
- For colder and possibly ventilated basement rooms (e.g. underground garages)

Construction process
- Use washed drainage gravel (without fines)
- Line drainage gravel bed with PP filter fleece on all sides, be careful to avoid mixing the gravel with soil during construction
- Cover the front edge joint of the horizontal seal between floor slab and the rising wall with a long-lasting seal
- Be careful to avoid ruptures along the edges of the sealing sheets since post-construction repairs are difficult and complex
- Connect the vapor barrier to the reinforced concrete ceiling slab with an air-tight seal. Perform the blower door test before assembling the floor structure to seal existing leaks.
- The gypsum plasterboard panels on the inside ought not touch the floor slab due to the possibility of condensation damage. A lower thermal insulation layer is advisable.

Maintenance
- Clean the drainage system regularly
- Avoid all influences that can cause long-term moisture penetration of wood cladding (e.g. remove accumulated snow)

Structural discussion
- The construction contains thermal bridges which may be of only minor importance in terms of the building's heat balance, but can be critical with regard to damage to the wood and gypsum parts of the outside wall
- Placing the thermal insulation beneath the reinforced concrete ceiling slab is useful to increase temperatures within the wall base

AWI 03 ⋈ DAI 01

Holzständer-Außenwand mit WDVS / Holzsparren-Steildach
Wood post outside wall with ETICS / Wood rafter steeply-pitched roof

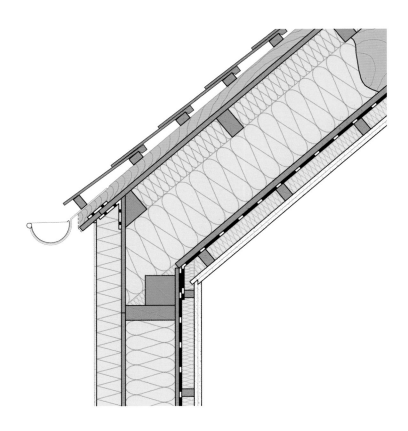

Bauphysik / Building physics

	Einheit / Unit	
Linearer Wärmebrückenkoeffizient Ψ ▪		
Linear thermal bridge coefficient Ψ	W/mK	- 0, 010

Technische Beschreibung

Eignung
- Für beheizte Räume im obersten Geschoß, ohne hohe Anforderungen an die Vermeidung sommerlicher Überwärmung
- Insbesondere für Fertigung des Dachstuhls vor Ort
- Für nicht-hinterlüftete Fassaden

Ausführungshinweise
- Auf Ausführung achten, die keine Bewegungen zwischen Dach und Außenwand ermöglicht, welche zu Schäden in den Abklebungen der Fugen führen können
- Dampfbremsen strömungsdicht miteinander verkleben. Blower-Door-Test vor Montage der Vorsatzschalen durchführen, um vorhandene Undichtigkeiten verschließen zu können.
- Massivholzbrett für Befestigung der Insektengitter in der zweiten wasserführenden Ebene vorsehen

Instandhaltung
- Bei Beachtung der Richtlinien des konstruktiven Holzschutzes (➔ Holzschutz) ist kein chemischer Holzschutz erforderlich
- Bei Sanierung von Rissen in den Ichsen (infolge Alterung des Holzes) Dichtheit von Dampfbremse und Windsperre prüfen

Technical description

Suitability
- For heated rooms on the uppermost floor without special protection requirements to prevent overheating during summer
- Especially suitable for onsite construction of the roof structure
- For façades without rear ventilation

Construction process
- Make sure that no movements between the roof and outside wall are possible that could be damaging to the bonded joints
- Bond the vapor barriers airtightly. Perform the blower door test before assembling the face work to seal existing leaks.
- Include a solid wood board to fasten insect screens on the second water-carrying level

Maintenance
- No chemical wood protection is required if the guidelines for structural wood protection (➔ wood protection) are followed
- When repairing cracks in the valleys (due to wood aging) check the tightness of the vapor barrier and wind barrier

AWl 03 ⋈ FEh 01

Holzständer-Außenwand mit WDVS / Holzfenster
Wood post outside wall with ETICS / Wooden window

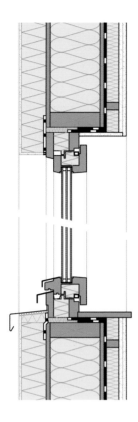

Bauphysik / Building physics

	Einheit / Unit	
Linearer Wärmebrückenkoeffizient Ψ ▪ Linear thermal bridge coefficient Ψ	W/mK	
Sturz/Laibung ▪ Header/reveal		0,012
Parapet ohne Überdämmung ▪ Parapet w/o add. insulation		0,030
Parapet, 2 cm überdämmt ▪ Parapet, 2 cm add. insulation		0,025
$U_{W,eff}$-Wert ▪ $U_{W,eff}$-value	W/m²K	0,847

Technische Beschreibung

Eignung
- Für Holz-Alu-Passivhausfenster nur eingeschränkt verwendbar

Ausführungshinweise
- Ausführungen gelten sinngemäß auch für den Anschluss eines Fensters an die Laibung
- Fensterstock in Träger verschrauben
- Butylkautschukband umlaufend dicht an Dampfsperre verkleben
- Schlagregen- und Winddichtigkeit durch entsprechende Ausführung herstellen (z.B. Kompriband zwischen Dämmstoff und Fensterstock einfügen, darüber Außenputz mit Anputzleiste an Fensterrahmen anschließen)
- Strukturmatte zur Abfuhr von Kondensat ("Sommerkondensat") einlegen

Instandhaltung
- Die Fenster sind nach Abnehmen der Gipskarton- bzw. Gipsfaserplatte leicht demontier- und austauschbar
- Instandhaltungzyklen des Decklacks oder der Lasuren beachten (Akrylabdecklacke ca. alle 10 Jahre, Lasuren ca. alle 4 Jahre, im geschützten Bereich auch länger)

Diskussion des Aufbaus
- Holz-Alu-Fenster sind wegen der hohen Wärmeleitfähigkeit der Aluschale und trotz Überdämmung des Fensterstock nur für Fenster mit U_W-Wert deutlich kleiner 0,8 W/m²K geeignet. Passivhausgrenzwert: $U_{W,eingebaut}$ = 0,85 W/m²K.
- Eine leicht abgeschrägte Ausführung der Laibung zur Erhöhung der solaren Einstrahlung führt nur zu geringfügiger Erhöhung des Wärmebrückenkoeffizienten
- Auch für Außenwand mit Holzwerkstoffplatte als Dampfbremse geeignet (Stöße strömungsdicht verklebt)
- Die Aluschale ist im Parapetbereich wegen der hohen Wasserbelastung jedenfalls empfehlenswert

Technical description

Suitability
- Only of limited use for wood-aluminum passive house windows

Construction process
- The construction steps are also valid for window-reveal connections
- Screw the window frame to the uprights
- Bond and seal vapor barrier with butyl rubber strip on all sides
- Ensure driving rain sealing and windtightness by appropriate completion (e.g. insert compression strips between the insulation material and window frame, connect exterior plaster with a plaster bead to the window frame)
- Insert structural mat to drain condensation ("summer condensation")

Maintenance
- The windows are easy to dismantle and exchange after removing the gypsum plasterboard or gypsum fiberboard panel
- Observe the maintenance cycles for the finishing coating or the glazings (acrylic finishing lacquers approx. every ten years, coatings approx. every four years, longer in protected areas)

Structural discussion
- Wood-aluminum windows are only suitable if the U_W value is significantly lower than 0.8 W/m²K due to the high heat conductivity of aluminum and despite the use of an insulation layer on the window frame. Passive house limit value: $U_{W,mounted}$ = 0.85 W/m²K.
- Slightly angled reveals to increase solar radiation only leads to a minor increase in the thermal bridge coefficient
- Also suitable for exterior walls with wood-derivative panels as vapor barriers (bond joints with air-tight seals)
- Aluminum cladding is definitely advisable along the parapet area due to the high water loads

AWl 06 ⋈ EFo 01

Doppel-T-Träger-Außenwand, hinterlüftet / Plattenfundament, oberseitig gedämmt, Nassestrich
Double T-beam outside wall, rear ventilation / Slab foundation, insulated upper side, wet screed

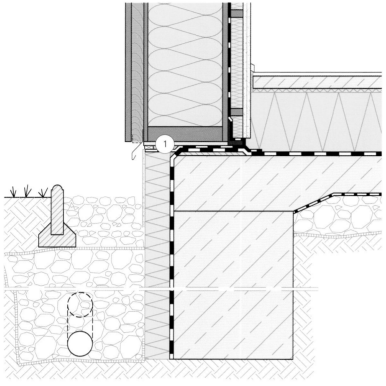

1 zementgebundene Spanplatte / Cement-bound chipboard

Technische Beschreibung

Eignung
- Für Fußböden/Bodenplatten, die oberhalb der angrenzenden Erdoberfläche liegen
- Für Bodenverhältnisse, die Streifenfundamente erfordern
- Besonders für Fertigteilbauweise
- Nur bei gering wärmeleitendem Erdreich (z.B. Kies). Siehe S. 32

Ausführungshinweise
- Drainagerohre müssen überall höher als die Fundamentsohle verlaufen
- Gewaschenen Drainageschotter (ohne Feinanteile) verwenden
- Das Drainageschotterbett allseits mit PP-Filtervlies umhüllen, Verunreinigung des Schotters durch Erdreich bei der Arbeit sorgfältig vermeiden
- Die Fuge an der Vorderkante der Horizontalabdichtung zwischen Bodenplatte und aufgehender Leichtbauwand dauerelastisch verschließen
- Brüche in den Abdichtungsbahnen an den Kanten sorgfältig vermeiden, da nachträgliche Reparaturen schwierig und aufwändig sind
- Dampfsperre strömungsdicht an Abdichtung anschließen. Blower-Door-Test vor Ausführung des Fußbodenaufbaus durchführen, um vorhandene Undichtigkeiten verschließen zu können.
- Innenraumseitige Gipskartonplatten dürfen die Bodenplatte nicht berühren, da Schäden durch Kondensat auftreten können. Unterlegen einer druckfesten Wärmedämmung ist zweckmäßig.
- Die Zuluftöffnung der Wandhinterlüftung mit einem engmaschigen Insektenschutzgitter verschließen (Freier Mindestquerschnitt in Anlehnung an ÖNORM B 8110-2: 200 cm²/m)

Instandhaltung
- Drainagesystem regelmäßig reinigen
- Zuluftöffnungen der Hinterlüftung freihalten
- Holz-Fassadenverkleidung besonders im Sockelbereich regelmäßig pflegen und warten. Die untersten 2 Bretter der Fassade für Austausch leicht demontierbar befestigen („Opferbrett").
- Alle Einflüsse vermeiden, die länger andauernde Durchfeuchtungen des Sockelbereichs der Außenwand bewirken können (z.B. Schneeanwehungen entfernen)
- Werden die Richtlinien des konstruktiven Holzschutzes beachtet (→ Holzschutz), ist kein chemischer Holzschutz erforderlich

Bauphysik / Building physics

	Einheit / Unit	
Linearer Wärmebrückenkoeffizient Ψ =		
Linear thermal bridge coefficient Ψ	W/mK	- 0,040

Technical description

Suitability
- For floors /floor slabs that are above the level of the adjoining ground
- For ground conditions that require strip foundations
- Especially suitable for prefabrication
- Only in the case of ground with low thermal conductivity (e.g. gravel), cf. p. 32

Construction process
- The drainage pipes should be laid above the foundation level in all areas
- Use washed drainage gravel (without fines)
- Line drainage gravel bed with PP filter fleece on all sides, be careful to avoid mixing the gravel with soil during construction
- Cover the front edge joint of the horizontal seal between foundation slab and rising wall with a long-lasting seal
- Be careful to avoid ruptures along the edges of the sealing sheets since post-construction repairs are difficult and complex
- Connect the vapor barrier to the sealing with an air-tight seal. Perform the blower door test before assembling the floor structure to seal existing leaks.
- The gypsum plasterboard panels on the inside cannot touch the floor slab due to the possibility of condensation damage. A lower thermal insulation layer is advisable.
- Cover the afflux opening of the wall rear ventilation with a fine-mesh insect screen (200 cm²/m minimum open cross-section with regard to ÖNORM B 8110-2)

Maintenance
- Clean the drainage system regularly
- Keep afflux openings free
- Ensure proper care and maintenance of the wood cladding along the base. The lowest two boards of the façade should be mounted to allow easy exchange.
- Avoid all influences that can cause long-term moisture penetration at the wall base (e.g. remove accumulated snow)
- No chemical wood protection is required if the guidelines for structural wood protection (→ wood protection) are followed

Structural discussion
- Special care is required for an effective long term vapor barrier, especially in the corner areas
- Placings parts of the thermal insulation beneath the foundation slab increases moisture safety considerably. Cf. p. 32.

Diskussion des Aufbaus
- Für eine dauerhaft wirksame Dampfsperre, insbesondere in Eckbereichen, ist besondere Sorgfalt nötig
- Die Anordnung einer Wärmedämmschicht unter der Fundamentplatte erhöht die feuchtetechnische Sicherheit beträchtlich. Siehe S. 32.

AWI 06 ⤫ KDI 01

Doppel-T-Träger-Außenwand, hinterlüftet / Leichtbau-Kellerdecke
Double T-beam outside wall, rear ventilation / Lightweight basement ceiling slab

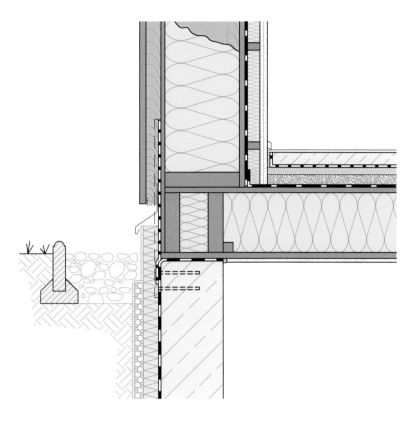

Bauphysik / Building physics

	Einheit / Unit
Linearer Wärmebrückenkoeffizient Ψ = Linear thermal bridge coefficient Ψ	W/mK
Außenluft = Outside air	- 0,012
Keller = Basement	- 0,026

Technische Beschreibung

Eignung
- Für Fußböden/Kellerdecken, die oberhalb der angrenzenden Erdoberfläche liegen,
- Für Kellerräume mit Normalklima
- Nicht über Kellerräumen mit besonderen Brandschutzanforderungen (z.B. Garagen – von der örtlichen Bauordnung abhängig)

Ausführungshinweise
- Feuchteabdichtung über Kellerwand und unter die Leichtkellerdecke ziehen, außenseitig ECB-Bahn dicht an die vertikale Feuchteabdichtung anschließen (Verhinderung kapillar aufsteigender Feuchte)
- Im Bereich der Sockelanker, die über die Fußschwelle hinausreichen, müssen statt der Doppel-T-Träger Brettschichtholz-Wandrippen angeordnet sein
- Dampfbremsen der Wand und der Kellerdecke strömungsdicht miteinander verkleben. Blower-Door Test vor Montage der Vorsatzschale und des Fußbodenaufbaus durchführen, um vorhandene Undichtigkeiten verschließen zu können.
- Minimale Toleranz für die Ausführung der Kelleraußenwände vorgeben (Ebenheit Mauerkrone, Maßhaltigkeit, Rechwinkeligkeit und Flucht der Außenwände)

Instandhaltung
- Zuluftöffnungen der Hinterlüftung freihalten
- Alle Einflüsse vermeiden, die länger andauernde Durchfeuchtungen der Holzverkleidungen oder Verschluss der Hinterlüftungsöffnungen bewirken können (z.B. Schneeanwehungen entfernen)
- Die untersten zwei Bretter der Fassade leicht demontierbar befestigen für Austausch („Opferbrett")
- Werden die Richtlinien des konstruktiven Holzschutzes beachtet (➔ Holzschutz), ist kein chemischer Holzschutz erforderlich

Diskussion des Aufbaus
- Die Konstruktion minimiert die Schadensanfälligkeit durch Kondensation an Innenwänden
- Die Herstellung erfordert besondere Kenntnisse und besondere Sorgfalt

Technical description

Suitability
- For floor slabs/basement ceiling slabs that are above the level of the adjoining ground
- For basement rooms with normal climate conditions
- Not for basement rooms with special fire protection requirements (e.g. garages – depending on the local building regulations)

Construction process
- Make sure the moisture seal extends above the basement wall and below the lightweight basement ceiling, seal the connection between the ECB layer on the outside with the vertical moisture seal (prevents vertical capillary moisture build up)
- Laminated wood wall ribs have to be placed instead of double T-beams in the area along the base anchors that extend beyond the threshold
- The connection of the vapor barrier to the basement ceiling should be flow-sealed. Perform the blower door test before building the floor surface structure and facing shell to check for existing leaks and close them.
- Plan minimal tolerances for the assembly of the outside basement walls (level wall crown, dimensional accuracy, true right angles and outer wall alignment)

Maintenance
- Keep afflux openings free
- Avoid longer periods of moisture penetration of the wood cladding or blockage of the back ventilation (e.g. remove accumulated snow)
- The lowest two boards of the façade should be mounted to allow easy exchange
- No chemical wood protection is required if the guidelines for structural wood protection (➔ wood protection) are followed

Structural discussion
- The construction minimizes susceptibility to damage due to condensation along the inside walls
- Assembly requires special knowledge and care

AWI 06 ⋈ KDo 01

Doppel-T-Träger-Außenwand, hinterlüftet / Kellerdecke oberseitig gedämmt, Nassestrich
Double T-beam outside wall, rear ventilation / Basement ceiling slab insulated upper side, wet screed

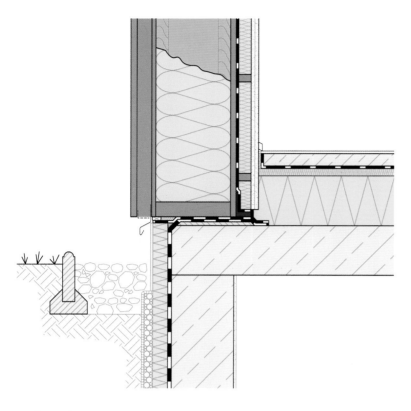

Technische Beschreibung

Eignung
- Für Fußböden/Kellerdecken, die oberhalb der angrenzenden Erdoberfläche liegen
- Für beliebig kalte, auch durchlüftete Kellerräume (z.B. Tiefgaragen)

Ausführungshinweise
- Gewaschenen Drainageschotter (ohne Feinanteile) verwenden
- Das Drainageschotterbett allseits mit PP-Filtervlies umhüllen, Verunreinigung des Schotters durch Erdreich bei der Arbeit sorgfältig vermeiden
- Die Fuge an der Vorderkante der Horizontalabdichtung zwischen Bodenplatte und aufgehender Außenwand dauerelastisch verschließen
- Brüche in den Abdichtungsbahnen an den Kanten sorgfältig vermeiden, da nachträgliche Reparaturen schwierig und aufwändig sind
- Dampfsperre strömungsdicht an Abdichtung anschließen. Blower-Door-Test vor Ausführung des Fußbodenaufbaus durchführen, um vorhandene Undichtigkeiten verschließen zu können.
- Innenraumseitige Gipskartonplatten dürfen die Bodenplatte nicht berühren, da Schäden durch Kondensat auftreten können. Unterlegen einer druckfesten Wärmedämmung ist zweckmäßig.
- Die Zuluftöffnung der Wandhinterlüftung mit einem engmaschigen Insektenschutzgitter verschließen (Freier Mindestquerschnitt in Anlehnung an ÖNORM B 8110-2: 200 cm²/m)

Instandhaltung
- Drainagesystem regelmäßig reinigen
- Zuluftöffnungen der Hinterlüftung der Außenwand freihalten
- Holz-Fassadenverkleidung besonders im Sockelbereich regelmäßig pflegen und warten. Die untersten 2 Bretter der Fassade für Austausch leicht demontierbar befestigen ("Opferbrett").
- Alle Einflüsse vermeiden, die länger andauernde Durchfeuchtungen der Holzverkleidungen oder Verschluss der Hinterlüftungsöffnungen bewirken können (z.B. Schneeanwehungen entfernen)

Diskussion des Aufbaus
- Die Konstruktion enthält schwache Wärmebrücken, die zwar für die Wärmebilanz des Hauses von geringer Bedeutung sind, aber kritisch hinsichtlich Schäden an Holz- und Gipsteilen der Außenwand sein können
- Die Herstellung erfordert besondere Sorgfalt bei der Herstellung insbesondere dauerhaft wirksamer Abdichtungen und Dampfbremsen

Bauphysik / Building physics

	Einheit / Unit	
Linearer Wärmebrückenkoeffizient Ψ ▪ Linear thermal bridge coefficient Ψ	W/mK	
Außenluft ▪ Outside air		- 0,040
Keller ▪ Basement		- 0,023

Technical description

Suitability
- For floor slabs/ basement ceiling slabs that are above the level of the adjoining ground
- For cold, also and possibly ventilated basement spaces (e.g. underground garages)

Construction process
- Use washed drainage gravel (without fines)
- Line drainage gravel bed with PP filter fleece on all sides, be careful to avoid mixing the gravel with soil during construction
- Cover the front edge joint of the horizontal seal between foundation slab and rising wall with a long-lasting seal
- Be careful to avoid ruptures along the edges of the sealing sheets since post-construction repairs are difficult and complex
- Connect the vapor barrier to the reinforced concrete ceiling slab with an air-tight seal. Perform the blower door test before assembling the floor structure to seal existing leaks.
- The gypsum plasterboard panels on the inside ought not touch the floor slab due to the possibility of condensation damage. A lower thermal insulation layer is advisable.
- Cover the afflux opening of the wall rear ventilation with a fine-mesh insect screen (200 cm²/m minimum open cross-section with regard to ÖNORM B 8110-2)

Maintenance
- Clean the drainage system regularly
- Keep afflux openings free
- Ensure proper care and maintenance of the wood cladding along the base. The lowest two boards of the façade should be mounted to allow easy exchange.
- Avoid longer periods of moisture penetration of the wood cladding or blockage of the back ventilation (e.g. remove accumulated snow)

Structural discussion
- The construction contains thermal bridges which may be of only minor importance in terms of the heat balance of the building, but can be critical with regard to damage to the wood and gypsum parts of the outer wall
- Special care is required to construct an effective long term vapor barrier and seals
- Placing the thermal insulation beneath the reinforced concrete ceiling slab is useful to increase temperatures within the wall base

---

- Bei frei belüfteten Tiefgaragen ist die Anordnung der Wärmedämmung unter der Stahlbetondecke sinnvoll, um die Temperaturen innerhalb der Außenwandsockels zu erhöhen

AWI 06 ⋈ GDI 01

Doppel-T-Träger-Außenwand, hinterlüftet / Leichtbau- (oder Tram-) Geschoßdecke, Nassestrich
Double T-beam outside wall, rear ventilation / Lightweight (or joist) intermediate floor, wet screed

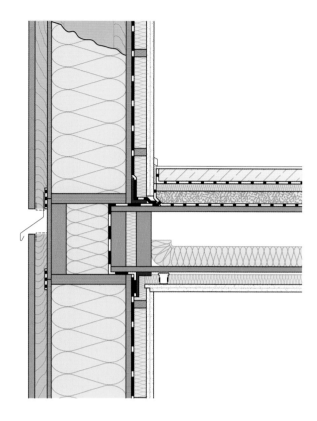

Bauphysik / Building physics

	Einheit / Unit	
Linearer Wärmebrückenkoeffizient Ψ ▪ Linear thermal bridge coefficient Ψ	W/mK	0,025

Technische Beschreibung

Eignung
- Für Geschossdecken zwischen zwei in gleichartiger Leichtbauweise hergestellte Geschoße mit gleichartigen thermischen Bedingungen
- Für Deckenanschlüsse in größerer Höhe über der Erdoberfläche
- Besonders für Fertigteilbauweise

Ausführungshinweise
- Strömungsdichte Folie an der Dampfbremse des unteren Wandelements strömungsdicht verkleben, nach Montage der Rohdecke nach innen klappen, mit Dampfbremse des darüberliegenden Wandteils strömungsdicht verkleben
- Dampfbremsen in den Stößen strömungsdicht verkleben, über die Geschoße mit strömungsdichter Folie verbinden, da nach Fertigstellung Mängel nur mit großem Aufwand auffindbar und behebbar sind. Daher vor Montage des Fußbodenaufbaus und der Vorsatzschalen Blower-Door-Test durchführen.
- Die Öffnungen der Wandhinterlüftung mit einem engmaschigen Insektenschutzgitter verschließen (Freier Mindestquerschnitt in Anlehnung an ÖNORM B 8110-2: 200 cm²/m)

Instandhaltung
- Werden die Richtlinien des konstruktiven Holzschutzes beachtet (→ Holzschutz), ist kein chemischer Holzschutz erforderlich

Diskussion des Aufbaus
- Die Konstruktion erfordert besonders sorgfältige Herstellung der inneren strömungsdichten Ebene

Technical description

Suitability
- For intermediate floors between two levels with similar thermal conditions built using the same lightweight construction method
- For floor connections built at greater height above ground level
- Specially suitable for prefabrication

Construction process
- Bond air-tight foil to the vapor barrier along the lower wall element. Fold the air-tight sheet inwards after assembling the ceiling and seal it to the vapor barrier of the wall section above.
- Bond the joints of the vapor barriers to form an air-tight seal and connect them across the floors with an air-tight seal, since it is difficult to locate and repair faulty areas after construction. Perform the blower door test before assembling the floor surface and facing shell to seal existing leaks.
- Cover the rear ventilation openings with a fine-mesh insect screen (200 cm²/m minimum open cross-section with regard to ÖNORM B 8110-2)

Maintenance
- No chemical wood protection is required if the guidelines for structural wood protection (→ wood protection) are followed

Structural discussion
- The construction requires especially careful assembly of the internal flow-sealing plane

AWI 06 ⋈ DAI 03

Doppel-T-Träger-Außenwand, hinterlüftet / Doppel-T-Träger-Steildach
Double T-beam outside wall, rear ventilation / Double T-beam steeply-pitched roof

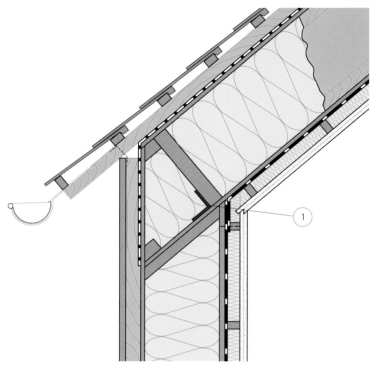

1 Stahlwinkel / Steel angle

Bauphysik / Building physics

	Einheit / Unit	
Linearer Wärmebrückenkoeffizient Ψ ▪ Linear thermal bridge coefficient Ψ	W/mK	- 0,006

Technische Beschreibung

Eignung
- Für beheizte Räume im obersten Geschoß, für die keine hohen Anforderungen hinsichtlich Vermeidung sommerlicher Überwärmung gestellt werden
- Insbesondere für Fertigteilbauweise

Ausführungshinweise
- Dampfbremsen strömungsdicht miteinander verkleben. Blower-Door-Test vor Montage der Vorsatzschalen durchführen, um vorhandene Undichtigkeiten verschließen zu können.
- Dachauflegebahn an die Wand (luftdichte Ebene) anschließen
- Stärke der Konterlattung je nach Auskragung passend wählen
- Hinterlüftungsöffnungen mit engmaschigen Insektenschutzgittern verschließen (Freier Mindestquerschnitt in Anlehnung an ÖNORM B 8110-2: 200 cm²/m)

Instandhaltung
- Werden die Richtlinien des konstruktiven Holzschutzes beachtet (→ Holzschutz), ist kein chemischer Holzschutz erforderlich

Technical description

Suitability
- For heated rooms on the uppermost floor without special protection requirements to prevent overheating during summer
- Especially suitable for prefabrication

Construction process
- Connect the vapor barriers to form an air-tight seal, perform the blower door test before assembling the facing shell to seal existing leaks
- Connect the roofing sheet to the wall (airtight layer) with an air-tight seal
- Choose the cross batten thickness to suit the respective projection
- Cover the rear ventilation opening with a fine-mesh insect screen (200 cm²/m minimum open cross-section with regard to ÖNORM B 8110-2)

Maintenance
- No chemical wood protection is required if the guidelines for structural wood protection (→ wood protection) are followed

AWI 06 ⋈ FEh 01

Doppel-T-Träger-Außenwand, hinterlüftet / Holzfenster
Double T-beam outside wall, rear ventilation / Wooden window

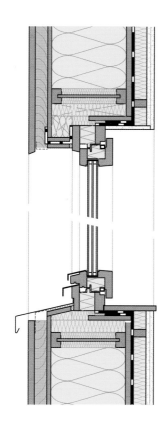

Bauphysik / Building physics

	Einheit / Unit	
Linearer Wärmebrückenkoeffizient Ψ ▪ Linear thermal bridge coefficient Ψ	W/mK	
Sturz/Laibung ▪ Header/reveal		0,007
Parapet ohne Überdämmung ▪ Parapet w/o add. insulation		0,021
Parapet, 2 cm überdämmt ▪ Parapet, 2 cm add. insulation		0,015
Parapet, 2 cm überdämmt, Doppel-T-Träger an durchgehender Spanplatte ▪ Parapet, 2 cm add. insulation, double T-beams in contact with the continuous chipboard		0,019
Wie vor, 7 cm überdämmt ▪ As above, 7 cm add. insulation		0,012
Wie vor, statt Doppel-T-Träger 6 cm Konstruktionsvollholz ▪ As above, instead of double T beams 6 cm solid construction wood		0,016
$U_{W,eff}$-Wert ▪ $U_{W,eff}$-value	W/m²K	0,833

Technische Beschreibung

Eignung
- Für Holz-Alu-Passivhausfenster nur eingeschränkt verwendbar

Ausführungshinweise
- Ausführungen gelten sinngemäß auch für den Anschluss eines Fensters an die Laibung
- Parapet: Strukturmatte zur Abfuhr von Kondensat („Sommerkondensat") einlegen
- Fensterstock in Kanthölzer verschrauben
- Butylkautschukband umlaufend dicht an Dampfsperre verkleben
- Schlagregen- und Winddichtigkeit durch entsprechende Ausführung der Stöße der 3-Schichtplatte herstellen (z.B. Kompribänder mit entsprechender Vorkomprimierung)

Instandhaltung
- Die Fenster sind nach Abnehmen der Gipskarton- bzw. Gipsfaserplatte, bzw. nach Abnehmen des Fensterbretts leicht demontier- und austauschbar
- Instandhaltungzyklen des Decklacks oder der Lasuren beachten (Akrylabdecklacke ca. alle 10 Jahre, Lasuren ca. alle 4 Jahre, im geschützten Bereich auch länger)
- Parapet/Holz-Alufenster: Wegen der Alu-Deckschale ist keine Instandhaltung der Deckschicht notwendig

Diskussion des Aufbaus
- Holz-Alu-Fenster sind wegen der hohen Wärmeleitfähigkeit der Aluschale und trotz Überdämmung des Fensterstock nur für Fenster mit U_W-Wert deutlich kleiner 0,8 W/m²K geeignet. Passivhausgrenzwert: $U_{W,eingebaut}$ = 0,85 W/m²K.
- Leicht abgeschrägte Ausführung der Laibung zur Erhöhung der solaren Einstrahlung führt nur zu geringfügiger Erhöhung des Wärmebrückenkoeffizienten
- Auch für Außenwände mit Holzwerkstoffplatte als Dampfbremse geeignet (Stöße strömungsdicht verklebt)

Technical description

Suitability
- Only of limited use for wood-aluminum passive house windows

Construction process
- The construction steps are also valid for window-reveal connections
- Parapet: insert structural mat to drain condensation ("summer condensation")
- Screw window frame onto squared timber elements
- Bond and seal vapor barrier with butyl rubber strip on all sides
- Ensure driving rain sealing and windtightness with the apprpriate completion of the 3-layer panel (e.g. compression strips with the necessary pre-compression)

Maintenance
- The windows are easy to dismantle and exchange after removing the gypsum plasterboard or gypsum fiberboard panel and removing the windowsill
- Observe the maintenance cycles for the finishing coating or the glazings (acrylic finishing lacquers approx. every ten years, coatings approx. every four years, longer in protected areas).
- Parapet/wood-aluminum windows: no coating maintenance is necessary due to the aluminum cladding

Structural discussion
- Wood-aluminum windows are only suitable if the U_W value is significantly lower than 0.8 W/m²K due to the high heat conductivity of aluminum and despite the use of an insulation layer on the window frame. Passive house limit value: $U_{W,mounted}$ = 0.85 W/m²K.
- Slightly angled reveals to increase solar radiation only lead to a minor increase in the thermal bridge coefficient
- Also suitable for exterior walls with wood chipboard panels as vapor barriers (bond joints with air-tight seals)

AWI 04 ⋈ KDb 01

Brettschichtholzständer-Außenwand, nicht hinterlüftet / Kellerdecke beidseitig gedämmt
Laminated wood post outside wall, no rear ventilation / Basement ceiling slab with insulation on both sides

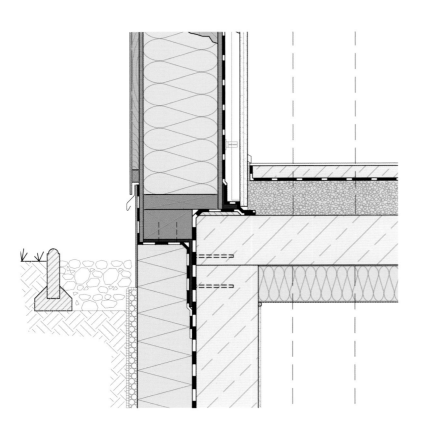

Bauphysik / Building physics

	Einheit / Unit	
Linearer Wärmebrückenkoeffizient Ψ • Linear thermal bridge coefficient Ψ	W/mK	
Raum zu Außenluft • Room to outside air		0,016
Raum zu Keller • Room to basement		0,019
3-dimensionaler Wärmebrückenkoeffizient χ • 3-dimensional thermal bridge coefficient χ	W/K	
Raum zu Keller • Room to basement		
Querschnitt der Stützen • Cross section of the supports:		
20 x 20 cm		0,136
20 x 40 cm		0,247
20 x 60 cm		0,357

Technische Beschreibung

Eignung
- Für Fußböden/Kellerdecken, die oberhalb der angrenzenden Erdoberfläche liegen
- Für Kellerbedingungen, die nicht zu Kondensat in der Kellerdecke führen

Ausführungshinweise
- Drainagerohre müssen überall höher als die Fundamentsohle (Kellerboden) verlaufen
- Gewaschenen Drainageschotter (ohne Feinanteile) verwenden
- Das Drainageschotterbett allseits mit PP-Filtervlies umhüllen, Verunreinigung des Schotters durch Erdreich bei der Arbeit sorgfältig vermeiden
- ECB-Folie im Eckbereich nicht auf Untergrund verkleben
- Brüche in den Abdichtungsbahnen an den Kanten sorgfältig vermeiden, da nachträgliche Reparaturen schwierig und aufwändig sind
- Die Dampfbremse der Wand strömungsdicht an die Stahlbetondecke anschließen, Klebeband muss Bewegungen aufnehmen können. Blower-Door-Test vor Montage der Vorsatzschale und des Fußbodenaufbaus durchführen, um vorhandene Undichtigkeiten verschließen zu können.

Instandhaltung
- Drainagesystem regelmäßig reinigen
- Alle Einflüsse vermeiden, die länger andauernde Durchfeuchtungen des Sockelbereichs der Außenwand bewirken können (z.B. Schneeanwehungen entfernen)

Diskussion des Aufbaus
- Die Herstellung erfordert besonderes handwerkliches Können und besonders sorgfältige Ausführung

Technical description

Suitability
- For floors/basement ceiling slabs that are above the level of the adjoining ground
- For basement conditions that do not lead to condensation build up in the basement ceiling

Construction process
- Drainage pipes should be laid higher than the foundation level in all building segments
- Use washed drainage gravel (without fines)
- Line drainage gravel bed with PP filter fleece on all sides, be careful to avoid mixing the gravel with soil during construction
- The ECB foil in the corner area should not be glued to the ground
- Be careful to avoid ruptures along the edges of the sealing sheets since post-construction repairs are difficult and complex
- The connection between the wall vapor barrier and the reinforced concrete ceiling should be flow-sealed. The sealing tape should be able to absorb movement. Perform the blower door test before mounting the facing shell and assembling the floor surface structure to check for existing leaks and close them.

Maintenance
- Clean the drainage system regularly
- Avoid longer periods of moisture penetration of the wall base (e.g. remove accumulated snow)

Structural discussion
- The construction requires special technical skills and especially careful assembly

AWI 04 ⋈ GDm 02

Brettschichtholzständer-Außenwand, nicht hinterlüftet / Stahlbeton-Geschoßdecke, Distanzboden
Laminated wood post outside wall, no rear ventilation / Reinforced concrete intermediate floor slab, spacer floor

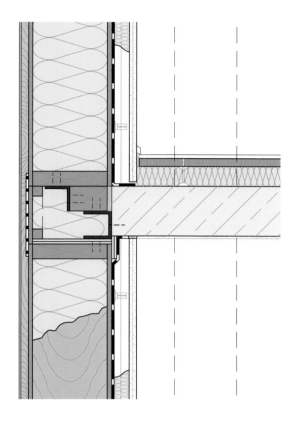

Bauphysik / Building physics

	Einheit / Unit	
Linearer Wärmebrückenkoeffizient Ψ = Linear thermal bridge coefficient Ψ	W/mK	0,05

Technische Beschreibung

Eignung
- Für Betonskelettbauten mit Leichtbau-Fassaden
- Für angrenzende Räume mit gleichartigem Innenklima

Ausführungshinweise
- Unterschiedliche Bewegungen von Decke und Außenwand bei der Wahl der Befestigungart berückschtigen
- Sehr enge Toleranz für die Ausführung des Stahlbetonskeletts vorgeben
- Die Dampfbremse der Wand strömungsdicht an die Stahlbetondecke anschließen, Klebeband muss maximal erwartbare Bewegungen zwischen Außenwand und Decke aufnehmen können. Blower-Door-Test vor Montage der Vorsatzschale und des Fußbodenaufbaus durchführen, um vorhandene Undichtigkeiten verschließen zu können.
- Brandschutzmaßnahmen je nach Bauhöhe und örtlichen Vorschriften vorsehen

Instandhaltung
- Keine besonderen Maßnahmen

Diskussion des Aufbaus
- Wegen unterschiedlicher Bewegungen von Decke und Außenwand sind Maßnahmen zur Vermeidung von Rissen nötig
- Für die Herstellung ist eine besondere Schulung und erhöhte Sorgfalt erforderlich
- Kann Vorteile hoher Speichermassen im Innenraum (geringe sommerliche Überwärmung) mit schlanken und dennoch gut wärmedämmenden Außenwänden verbinden

Technical description

Suitability
- For concrete skeleton frame buildings with lightweight façades
- For adjoining rooms with similar interior climates

Construction process
- Take the varying movement between the ceiling and the outer wall into consideration when choosing the fastening method
- Define very close tolerance for the construction of the reinforced concrete skeleton frame
- The connection between the wall vapor barrier and the reinforced concrete ceiling should be flow-sealed. The sealing tape should be able to absorb the maximum expected movement between outer wall and ceiling. Perform the blower door test before mounting the facing shell and the floor construction to check for existing leaks and close them.
- Plan the fire protection measures according to the construction height and the local building code guidelines

Maintenance
- No special measures

Structural discussion
- Measures that prevent crack development are required due to the differing ceiling slab and outside wall movement
- Special training and increased care are required for this construction
- Combines the advantages of high storage mass on the inside (low overheating in summer) with slender walls that nonetheless have good thermal insulation properties

AWI 04 ⋈ DAm 03

Brettschichtholzständer-Außenwand, nicht hinterlüftet / Stahlbeton-Flachdach als Warmdach
Laminated wood post outside wall, no rear ventilation / Reinforced concrete flat roof, non ventilated

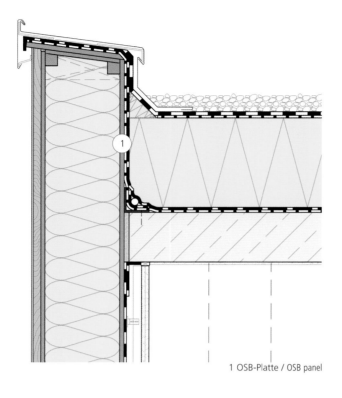

1 OSB-Platte / OSB panel

Bauphysik / Building physics

	Einheit / Unit	
Linearer Wärmebrückenkoeffizient Ψ = Linear thermal bridge coefficient Ψ	W/mK	- 0,055

Technische Beschreibung

Eignung
- Für Leichtbauten mit hohen Anforderungen an den sommerlichen Überwärmungsschutz
- Für Betonskelettbauten mit Leichtbau-Fassaden

Ausführungshinweise
- Zum Schutz vor UV-Einstrahlung und gegen mechanische Einwirkungen die hochgezogene Abdichtung an der dachseitigen Seite der Attika mit einem Schutzblech abdecken
- Dampfsperre und Dampfdruckausgleichsschicht lückenlos von der Rohdecken-Oberkante bis zur Außenkante der Attika führen. Alu-Bitu-Dampfsperre im Bereich der Attika durch Bitumenbahn ersetzen (Wärmebrückeneffekt von Aluminium).
- Die Abdichtung des Flachdaches und die Dampfdruckentspannungsschicht lückenlos bis vor die Außenfläche der Außenwand unter der Blechverkleidung ziehen
- Zur Vermeidung von Brüchen im Bereich der Übergänge vom horizontalen Dach zur vertikalen Attika unter allen Bahnen 45°-Keile einlegen
- Abdichtung im Ichsenbereich kunststoffverstärkt und im Übergangsbereich gegenüber Untergrund unverklebt ausführen
- Fuge zwischen Stahlbetondecke und Außenwandelement mit Faserdämmstoff ausstopfen
- Dampfbremse der Wand strömungsdicht an Stahlbetondecke anschließen, Klebeband muss maximal erwartbare Bewegungen zwischen Außenwand und Decke aufnehmen können. Blower-Door-Test vor Montage der Vorsatzschale durchführen, um vorhandene Undichtigkeiten verschließen zu können.

Instandhaltung
- Werden die Richtlinien des konstruktiven Holzschutzes beachtet (→ Holzschutz), ist kein chemischer Holzschutz erforderlich

Diskussion des Aufbaus
- Wegen unterschiedlicher Bewegungen von Decke und Außenwand sind Maßnahmen zur Vermeidung von Rissen nötig
- Besondere Sorgfalt und Fachkenntnisse sind nötig

Technical description

Suitability
- For lightweight constructions with high summer overheating prevention requirements
- For concrete skeleton frame constructions with lightweight façades

Construction process
- The extended seal at the roof side of the parapet should be covered with protective metal cladding for protection against UV irradiation and mechanical damage
- The vapor barrier and vapor pressure compensation layer should extend from the upper edge of the ceiling to the outer edge of the parapet without interruption. At the parapet, continue the bitumen-aluminum vapor barrier with a bitumen sealing sheet (aluminum makes a thermal bridge).
- The flat roof seal and the vapor pressure compensation layer seal should extend completely to the front of the outer walls' outer surface under the sheet metal cladding
- 45° wedges should be inserted under all sheets to avoid ruptures in the transition areas between the horizontal roof and the vertical attic
- Assemble the seal in the valley area with synthetic reinforcement and in the transition area close to the floor without adhesive bonding
- Fill the joint between the reinforced concrete and the outer wall element with fiber insulation material
- The connection between the wall vapor barrier and the reinforced concrete ceiling should be flow-sealed. The sealing tape should be able to absorb the maximum expected movement between outer wall and ceiling Perform the blower door test before mounting the facing shell to check for existing leaks and close them.

Maintenance
- No chemical wood protection is required if the guidelines for structural wood protection (→ wood protection) are followed

Structural discussion
- Measures that prevent crack development are required due to the differing ceiling and outer wall movement
- Special care and technical skills are required

AWl 04 ⋈ DAm 05 ⋈ GDm 02

Brettschichtholzständer-Außenwand / Stahlbeton-Terrasse / Stahlbeton-Geschoßdecke
Laminated wood post outside wall / Reinforced concrete terrace / Reinforced concrete intermediate floor slab

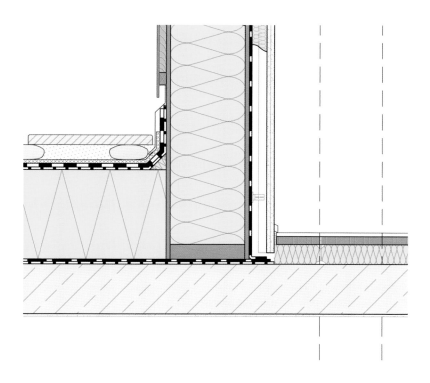

Bauphysik / Building physics

	Einheit / Unit	
Linearer Wärmebrückenkoeffizient Ψ = Linear thermal bridge coefficient Ψ	W/mK	0,023

Technische Beschreibung

Eignung
• Für Massivbauten mit aufgesetztem Obergeschoß/Dachgeschoß in Leichtbauweise

Ausführungshinweise
• Zum Schutz vor UV-Einstrahlung und gegen mechanische Einwirkungen die hochgezogene Abdichtung des außenseitigen Sockelbereichs der Wand mit einem Schutzblech abdecken
• Die Dampfbremse der Wand strömungsdicht an die Dampfsperre der Stahlbetondecke anschließen, Klebeband muss Bewegungen aufnehmen können. Blower-Door-Test vor Montage der Vorsatzschale und des Fußbodenaufbaus durchführen, um vorhandene Undichtigkeiten verschließen zu können.

Instandhaltung
• Alle Einflüsse vermeiden, die länger andauernde Durchfeuchtungen des Sockelbereichs der Leichtbauwand bewirken (z.B. Schneeanwehungen entfernen)
• Werden die Richtlinien des konstruktiven Holzschutzes beachtet (➔ Holzschutz), ist kein chemischer Holzschutz erforderlich

Diskussion des Aufbaus
• Die Konstruktion ermöglicht eine weitgehend wärmebrückenfreie Ausbildung
• Es sind beliebig große Dämmstoffdicken realisierbar
• Bei großen Dämmstoffdicken unter der Terrasse sind entweder Stufen zwischen Innenraum und Terrasse oder ein sehr hoher Fußbodenaufbau im Innenraum nötig
• Eine große Dämmstoffdicke im Terrassenaufbau bietet die Gelegenheit, eine wirksame und großzügig dimensionierte Entwässerung im Bereich vor der Terrassentür herzustellen

Technical description

Suitability
• For solid construction method buildings with a lightweight supported upper or uppermost floor

Construction process
• The extended sealing of the outer base area of the wall should be covered with protective metal cladding for protection against UV irradiation and mechanical damage
• The connection between the wall vapor barrier and the reinforced concrete ceiling vapor barrier should be flow-sealed. The sealing tape should be able to absorb the maximum expected movement between outer wall and ceiling. Perform the blower door test before mounting the facing shell and the floor construction to check for existing leaks and close them.

Maintenance
• Avoid all influences that can cause longer periods of moisture penetration of the wall base (e.g. remove accumulated snow)
• No chemical wood protection is required if the guidelines for structural wood protection (➔ wood protection) are followed

Structural discussion
• The construction allows for an almost completely thermal bridge-free structure
• Any preferred insulation thickness is possible
• Where a thick insulaton layer is used for the terrace either steps are required between interior and terrace, or a very high floor construction in the interior
• A very thick insulation layer offers the possibility of building an effective drainage system in the terrace door area

AWm 05 ⊃⊂ EFo 01

Hochlochziegel-Außenwand, WDVS / Plattenfundament, oberseitig gedämmt, Nassestrich
Honeycomb brick outside wall, ETICS / Slab foundation, insulated upper side, wet screed

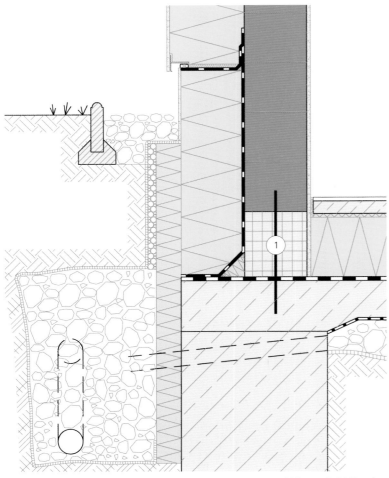

1 Warmer Fuß / Warm foot

Bauphysik / Building physics

Linearer Wärmebrückenkoeffizient Ψ ▪ Linear thermal bridge coefficient Ψ		Einheit / Unit W/mK
	Kalkzementputz Lime cement plaster λ = 0,8 W/mK	Dämmputz Insulating plaster λ = 0,14 W/mK
Warmer Fuß ▪ Warm foot		
λ = 0,10 W/mK	- 0,032	- 0,046
λ = 0,14 W/mK	- 0,021	- 0,034
λ = 0,20 W/mK	- 0,008	- 0,019
λ = 0,30 W/mK	0,010	0,000

Technische Beschreibung

Eignung
- Für beheizte Räume, deren Fußböden unter der Erdoberfläche liegen
- Für Bauwerke mit Streifenfundamenten
- Wenn eine innen liegende Wärmedämmung gewünscht wird
- Nur bei gering wärmeleitendem Erdreich (z.B. Kies). Siehe S. 32

Ausführungshinweise
- Die Drainagerohre müssen überall unterhalb der Feuchteabdichtung, aber überall oberhalb der Fundamentsohle verlaufen
- Gewaschenen Drainageschotter (ohne Feinanteile) verwenden
- Das Drainageschotterbett allseits mit PP-Filtervlies umhüllen, Verunreinigung des Schotters durch Erdreich während der Arbeit vermeiden
- Den Streifen aus Polymerbitumenbahn zwischen oberem Rand der Sockeldämmung und Dämmung des aufgehenden Mauerwerks mit der Wandoberfläche dicht verkleben (z.B. anflämmen), die Fuge an der Vorderfläche der Dämmung dauerelastisch verschließen

Instandhaltung
- Drainagesystem regelmäßig reinigen

Diskussion des Aufbaus
- Erfordert besonders sorgfältige Verarbeitung der Feuchteabdichtungen. Das Auffinden und die Reparatur von Verletzungen der Feuchteabdichtung sind meist schwierig und aufwändig.
- Die Abdichtung zwischen dem oberen Rand der Sockeldämmung und der darüber anschließenden Wärmedämmung des aufgehenden Mauerwerks verhindert kapillares Aufsteigen von Feuchte und daraus folgende Schäden (wird meist vergessen!)
- Die Anordnung einer Wärmedämmschicht unter der Fundamentplatte erhöht die feuchtetechnische Sicherheit beträchtlich. Siehe S. 32.

Technical description

Suitability
- For heated rooms with floors below ground level
- For buildings with strip foundations
- If interior thermal insulation is asked for
- Only in the case of ground with low thermal conductivity (e.g. gravel), cf. p. 32

Construction process
- The drainage pipes should laid below the moisture seal, but above the foundation level in all areas
- Use washed drainage gravel (without fines)
- Line drainage gravel bed with PP filter fleece on all sides, be careful to avoid mixing the gravel with soil during construction
- Seal the polymer bitumen sheet stripe visible between the base insulation and insulation of the rising wall tightly (e.g. torch applying) on the wall surface, cover the joint with a long-lasting elastic seal

Maintenance
- Clean the drainage system regularly

Structural discussion
- Requires especially careful work on the moisture seals. Locating and repairing moisture seal damage is generally difficult and complex.
- The seal between the upper edge of the base insulation and the adjoining thermal insulation of the rising walls prevents vertical capillary moisture movement and the resulting damage (often forgotten!)
- Placing parts of the thermal insulation beneath the foundation slab increases moisture safety considerably. Cf. p. 32.

AWm 05 ✕ EFu 01

Hochlochziegel-Außenwand, WDVS / Plattenfundament, unterseitig gedämmt, Nassestrich
Honeycomb brick outside wall, ETICS / Slab foundation, insulated lower side, wet screed

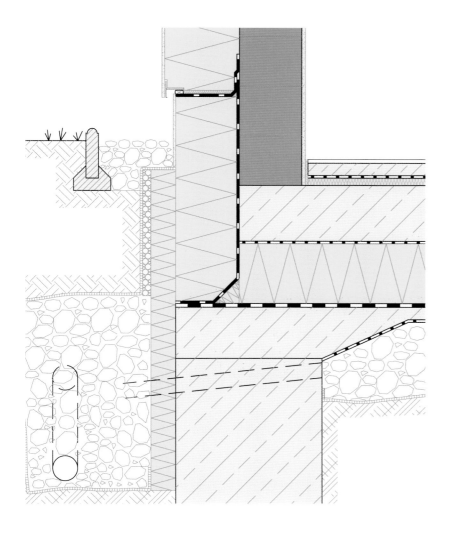

Bauphysik / Building physics

	Einheit / Unit	
Linearer Wärmebrückenkoeffizient Ψ ▪ Linear thermal bridge coefficient Ψ	W/mK	
Erdberührte Wand: 24 cm XPS ▪ Wall in contact with ground: 24 cm XPS		- 0,028

Technische Beschreibung

Eignung
- Für beheizte Räume, deren Fußböden unter der Erdoberfläche liegen
- Für Bauwerke mit Streifenfundamenten
- Für Gebäudelasten, die über die Wärmedämmschicht abgetragen werden können
- Für beliebiges Erdreich geeignet (z.B. auch Fels, bindige Böden), siehe S. 32

Ausführungshinweise
- Die Drainagerohre müssen überall unterhalb der Feuchteabdichtung, aber überall oberhalb der Fundamentsohle verlaufen
- Gewaschenen Drainageschotter (ohne Feinanteile) verwenden
- Das Drainageschotterbett allseits mit PP-Filtervlies umhüllen, Verunreinigung des Schotters durch Erdreich während der Arbeit vermeiden
- Den Streifen aus Polymerbitumenbahn zwischen oberem Rand der Sockeldämmung und Dämmung des aufgehenden Mauerwerks mit der Wandoberfläche dicht verkleben (z.B. anflämmen), die Fuge an der Vorderfläche der Dämmung dauerelastisch verschließen

Instandhaltung
- Drainagesystem regelmäßig reinigen

Diskussion des Aufbaus
- Vorteil: vollkommen wärmebrückenfrei
- Nachteil: erfordert besonders sorgfältige Verarbeitung der Feuchteabdichtungen. Das Auffinden und Reparieren von Verletzungen der Feuchteabdichtung ist meist schwierig und aufwändig.
- Die Abdichtung zwischen dem oberen Rand der Sockeldämmung und der darüber anschließenden Wärmedämmung des aufgehenden Mauerwerks verhindert kapillares Aufsteigen von Feuchte und daraus folgende Schäden (wird meist vergessen!)

Technical description

Suitability
- For heated rooms with floors below ground level
- For buildings with strip foundations
- For building loads that can be transfered via a thermal insulation layer
- For any type of ground (also rock and binding loamy grounds), cf. p.32

Construction process
- The drainage pipes should be laid below the moisture seal, but above the foundation level in all areas
- Use washed drainage gravel (without fines)
- Line drainage gravel bed with PP filter fleece on all sides, be careful to avoid mixing the gravel with soil during construction
- Seal the polymer bitumen sheet stripe visible between the base insulation and insulation of the rising wall tightly (e.g. torch applying) on the wall surface, cover the joint with a long-lasting elastic seal

Maintenance
- Clean the drainage system regularly

Structural discussion
- Advantage: completely free of thermal bridges
- Disadvantage: requires especially careful moisture seal application. Locating and repairing moisture seal damage is generally difficult and complicated.
- The seal between the upper edge of the base insulation and the adjoining thermal insulation of the rising walls prevents vertical capillary moisture movement and the resulting damage (often forgotten!)

AWm 05 ✕ EFu 10

Hochlochziegel-Außenwand, WDVS / Dichtbeton-Plattenfundament unterseitig gedämmt
Honeycomb brick outside wall, ETICS / Water resistant concrete slab foundation, insulated lower side

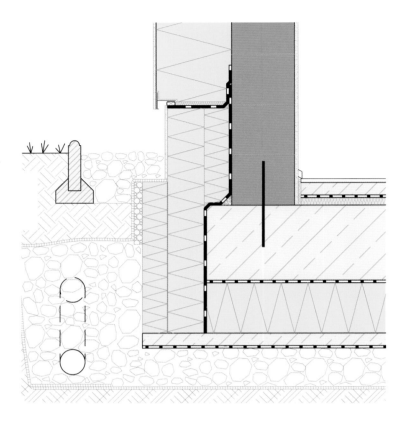

Bauphysik / Building physics

	Einheit / Unit	
Linearer Wärmebrückenkoeffizient Ψ ▪ Linear thermal bridge coefficient Ψ	W/mK	
Erdberührte Wand: 26 cm XPS ▪ Wall in contact with ground: 26 cm XPS		- 0,033

Technische Beschreibung

Eignung
- Für beheizte Räume, deren Fußböden unter der Erdoberfläche liegen
- Wenn die Bodenplatte mindestens 1 m unter der Erdoberfläche liegt (andernfalls ist eine tiefer reichende vertikale Wärmedämmung entlang von Streifenfundamenten nötig)
- Für hohe punktförmige Bodenlasten, welche eine Wärmedämmung über der Bodenplatte und unmittelbar unter dem Fußbodenaufbau nicht zulassen
- Für Bauwerke ohne Streifenfundamente
- Für Gebäudelasten, die über die Wärmedämmschicht abgetragen werden können
- Für beliebiges Erdreich geeignet (z.B. auch Fels, bindige Böden), siehe S. 32
- Nur für diffusionsoffene Bodenbeläge geeignet

Ausführungshinweise
- Die Drainagerohre müssen überall unterhalb der tiefsten Stelle der Feuchteabdichtung, aber überall oberhalb der Oberfläche des gewachsenen Bodens verlaufen
- Gewaschenen Drainageschotter (ohne Feinanteile) verwenden
- Das Drainageschotterbett allseits mit PP-Filtervlies umhüllen, Verunreinigung des Schotters durch Erdreich während der Arbeit vermeiden
- Den Streifen aus Polymerbitumenbahn zwischen oberem Rand der Sockeldämmung und Dämmung des aufgehenden Mauerwerks mit der Wandoberfläche dicht verkleben (z.B. anflämmen), die Fuge an der Vorderfläche der Dämmung dauerelastisch verschließen

Instandhaltung
- Drainagesystem regelmäßig reinigen

Diskussion des Aufbaus
- Die Abdichtung zwischen dem oberen Rand der Sockeldämmung und der darüber anschließenden Wärmedämmung des aufgehenden Mauerwerks verhindert kapillares Aufsteigen von Feuchte und daraus folgende Schäden (wird meist vergessen!)

Technical description

Suitability
- For heated rooms with floors below ground level
- If the floor slab is at least 1 m below ground level (deeper-reaching vertical thermal insulation along strip foundations is necessary otherwise)
- For high point loads that do not allow for thermal insulation above the floor slab and directly below the floor surface structure
- For buildings without strip foundations
- For building loads that can be transfered via a thermal insulation layer
- For any type of ground (also rock and binding loamy grounds), cf. p.32
- Only for floors with open-diffusion flooring materials

Construction process
- The drainage pipes should be laid below the lower edge of the floor slab, but above the upper edge of the natural ground
- Use washed drainage gravel (without fines)
- Line drainage gravel bed with PP filter fleece on all sides, be careful to avoid mixing the gravel with soil during construction
- Seal the polymer bitumen sheet stripe visible between the base insulation and insulation of the rising wall tightly (e.g. torch applying) on the wall surface, cover the joint with a long-lasting elastic seal

Maintenance
- Clean the drainage system regularly

Structural discussion
- The seal between the upper edge of the base insulation and the adjoining thermal insulation of the rising walls prevents vertical capillary moisture movement and the resulting damage (often forgotten!)

AWm 05 ⤜ EFu 10*

Ziegel-Außenwand / Dichtbeton-Plattenfundament, unterseitig gedämmt (*Streifenfundament)
Brick outside wall / Water resistant concrete slab foundation, insulated lower side (*strip foundation)

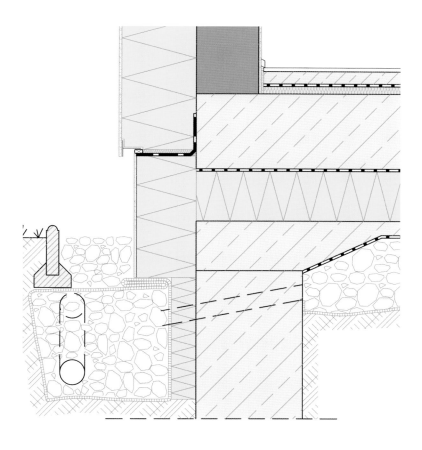

Bauphysik / Building physics

	Einheit / Unit	
Linearer Wärmebrückenkoeffizient Ψ ▪ Linear thermal bridge coefficient Ψ	W/mK	- 0,053

Technische Beschreibung

Eignung
- Für beheizte nicht unterkellerte Räume, deren Fußböden über der Erdoberfläche liegen
- Für beliebiges Erdreich geeignet (z.B. auch Fels, bindige Böden), siehe S. 32
- Nur für diffusionsoffene Bodenbeläge geeignet

Ausführungshinweise
- Die Drainagerohre müssen (sofern überhaupt nötig) überall oberhalb der Fundamentsohle verlaufen
- Gewaschenen Drainageschotter (ohne Feinanteile) verwenden
- Das Drainageschotterbett allseits mit PP-Filtervlies umhüllen, Verunreinigung des Schotters durch Erdreich während der Arbeit vermeiden
- Den Streifen aus Polymerbitumenbahn zwischen oberem Rand der Sockeldämmung und Dämmung des aufgehenden Mauerwerks mit der Wandoberfläche dicht verkleben (z.B. anflämmen), die Fuge an der Vorderfläche der Dämmung dauerelastisch verschließen
- Streifenfundamente sind sowohl zur Lastabtragung als auch für die bis in ca. 1,5 m Tiefe reichenden Dämmschürzen erforderlich

Instandhaltung
- Drainagesystem regelmäßig reinigen (falls vorhanden)

Diskussion des Aufbaus
- Die feuchtedichte Ausbildung der Bodenplatte verhindert kapillare Durchfeuchtung
- Nach sorgfältiger Herstellung des WU-Betons der Bodenplatte unempfindlich gegen Verletzungen. Undichte Stellen können meist leicht aufgefunden und repariert werden.
- Die Abdichtung zwischen dem oberen Rand der Sockeldämmung und der darüber anschließenden Wärmedämmung des aufgehenden Mauerwerks verhindert kapillares Aufsteigen von Feuchte und daraus folgende Schäden (wird meist vergessen!)

Technical description

Suitability
- For heated rooms without basements with floors above ground level
- For any type of ground (also rock and binding loamy grounds), cf. p.32
- Only for floors with open-diffusion flooring materials

Construction process
- The drainage pipes (if necessary) should be laid above the foundation level
- Use washed drainage gravel (without fines)
- Line drainage gravel bed with PP filter fleece on all sides, be careful to avoid mixing the gravel with soil during construction
- Seal the polymer bitumen sheet stripe visible between the base insulation and insulation of the rising wall tightly (e.g. torch applying) on the wall surface, cover the joint with a long-lasting elastic seal
- Strip foundations are required for load-bearing purposes and for the insulation layers that reach down approx. 1.5 meters

Maintenance
- Clean drainage system regularly (if included in the structure)

Structural discussion
- The moisture resistant structure of the floor slab prevents capillary moisture build up
- Impervious to damage where water resistant concrete is made carefullyl. It is generally easy to find and repair leaks.
- The seal between the upper edge of the base insulation and the adjoining thermal insulation of the rising walls prevents vertical capillary moisture movement and the resulting damage (often forgotten!)

AWm 05 ⋈ EFu 11

Hochlochziegel-Außenwand, WDVS / Dichtbeton-Plattenfundament auf Glasschaumgranulat
Honeycomb brick outside wall, ETICS / Water resistant concrete slab foundation on foamed glass granulate

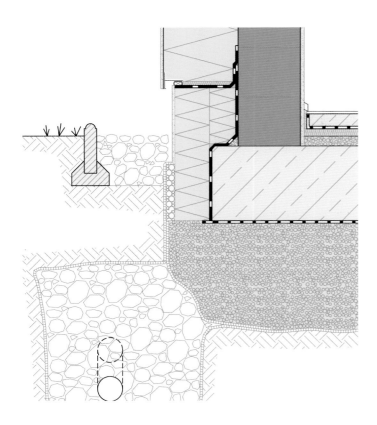

Bauphysik / Building physics

	Einheit / Unit	
Linearer Wärmebrückenkoeffizient Ψ • Linear thermal bridge coefficient Ψ	W/mK	- 0,017

Technische Beschreibung

Eignung
• Für beheizte nicht unterkellerte Räume, deren Fußböden über der Erdoberfläche liegen

Ausführungshinweise
• Die Drainagerohre müssen (sofern überhaupt nötig) überall oberhalb der Fundamentsohle verlaufen
• Gewaschenen Drainageschotter (ohne Feinanteile) verwenden
• Das Drainageschotterbett allseits mit PP-Filtervlies umhüllen, Verunreinigung des Schotters durch Erdreich während der Arbeit vermeiden
• Den Streifen aus Polymerbitumenbahn zwischen oberem Rand der Sockeldämmung und Dämmung des aufgehenden Mauerwerks mit der Wandoberfläche dicht verkleben (z.B. anflämmen), die Fuge an der Vorderfläche der Dämmung dauerelastisch verschließen
• Die Dämmschürze im Perimeterbereich muss bis ca. 1 m unter die Erdoberfläche reichen

Instandhaltung
• Drainagesystem regelmäßig reinigen (falls vorhanden)

Diskussion des Aufbaus
• Die feuchtedichte Ausbildung der Bodenplatte verhindert kapillare Durchfeuchtung
• Nach sorgfältiger Herstellung des WU-Betons der Bodenplatte unempfindlich gegen Verletzungen. Undichte Stellen können meist leicht aufgefunden und repariert werden.
• Die Abdichtung zwischen dem oberen Rand der Sockeldämmung und der darüber anschließenden Wärmedämmung des aufgehenden Mauerwerks verhindert kapillares Aufsteigen von Feuchte und daraus folgende Schäden (wird meist vergessen!)

Technical description

Suitability
• For heated rooms without basements, with floors above ground level

Construction process
• The drainage pipes (if necessary) should be laid above the foundation level
• Use washed drainage gravel (without fines)
• Line drainage gravel bed with PP filter fleece on all sides, be careful to avoid mixing the gravel with soil during construction
• Seal the polymer bitumen sheet stripe visible between the base insulation and insulation of the rising wall tightly (e.g. torch applying) on the wall surface, cover the joint with a long-lasting elastic seal
• The insulating apron in the perimeter area should extend approx. 1 meter below the ground surface

Maintenance
• Clean drainage system regularly (if included in the structure)

Structural discussion
• The moisture resistant structure of the floor slab prevents capillary moisture build up
• Impervious to damage where water resistant concrete is made carefullyl. It is generally easy to find and repair leaks.
• The seal between the upper edge of the base insulation and the adjoining thermal insulation of the rising walls prevents vertical capillary moisture movement and the resulting damage (often forgotten!)

AWm 05 ⊰ EFu 06

Hochlochziegel-Außenwand, WDVS / Plattenfundament, unters. gedämmt, Abdichtung auf Bodenplatte
Honeycomb brick outside wall, ETICS / Slab foundation, insulated lower side, sealed on floor slab

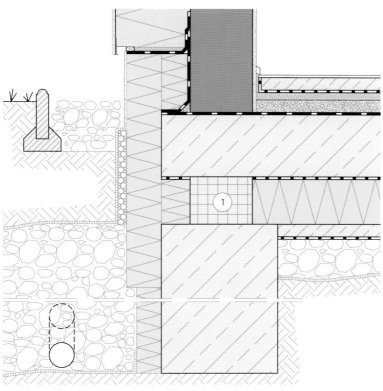

1 Warmer Fuß / Warm foot

Bauphysik / Building physics

Linearer Wärmebrückenkoeffizient Ψ ▪ Linear thermal bridge coefficient Ψ	Einheit ▪ Unit W/mK
Warmer Fuß ▪ Warm foot	
λ = 0,10 W/mK	0,003
λ = 0,14 W/mK	0,012
λ = 0,20 W/mK	0,024
λ = 0,30 W/mK	0,038

Technische Beschreibung

Eignung
- Für Fußböden/Bodenplatten, die oberhalb oder geringfügig unterhalb der angrenzenden Erdoberfläche liegen
- Für Bodenverhältnisse, die Streifenfundamente erfordern
- Für Fertigung vor Ort
- Für beliebiges Erdreich geeignet (z.B. auch Fels, bindige Böden), siehe S. 32

Ausführungshinweise
- Drainagerohre müssen überall höher als die Fundamentsohle verlaufen
- Gewaschenen Drainageschotter (ohne Feinanteile) verwenden
- Drainageschotterbett allseits mit PP-Filtervlies umhüllen, die Verunreinigung des Schotters durch Erdreich bei der Arbeit sorgfältig vermeiden
- Die Fuge an der Vorderkante der Horizontalabdichtung zwischen der erdberührten Perimeterdämmung und der Außendämmung der aufgehenden Wand dauerelastisch verschließen
- Brüche und andere Undichtheiten in den Abdichtungsbahnen sorgfältig vermeiden, da nachträgliche Reparaturen schwierig und aufwändig sind
- Die Diffusionseigenschaften der Bodenschichten einschließlich Abdichtungen und Folien so aufeinander abstimmen, dass die Feuchteanreicherung in der Wärmedämmung möglichst gering bleibt
- Die zur Milderung der Wärmebrücken zwischen Streifenfundamenten und Bodenplatte eingelegten Blähtonbetonsteine sowohl hinsichtlich der erforderlichen Druckfestigkeit als auch hinsichtlich ihrer Wärmebrückenwirkung dimensionieren
- Die Wärmedämmung unter Berücksichtigung der zeitlichen Abnahme der Dämmwirkung infolge Feuchteanreicherung durch Diffusion und ggf. Kondensation dimensionieren
- Eine durchgehende „satte" Lagerfuge unterhalb der ersten Ziegelschar ausführen, um Innenputz strömungsdicht an die Feuchteabdichtung anzuschließen

Instandhaltung
- Drainagesystem regelmäßig reinigen
- Die Fuge zwischen Sockel/Perimeterdämmung und Wärmedämmung der Außenwand auf Unversehrtheit der Abdichtung prüfen, ggf. offene Bereiche verschließen

Technical description

Suitability
- For floors/floor slabs that are above or slightly below the level of the adjoining ground
- For ground conditions that require strip foundations
- For onsite production
- For any type of ground (also rock and binding loamy grounds), cf. p.32

Construction process
- Drainage pipes should be laid higher than the foundation level
- Use washed drainage gravel (without fines)
- Line drainage gravel bed with PP filter fleece on all sides, be careful to avoid mixing the gravel with soil during construction
- Cover the joint on the front edge of the horizontal seal between the perimeter insulation and the exterior insulation of the rising wall with a long-lasting elastic seal
- Be careful to avoid ruptures and other leaks in the sealing layer since post-construction repairs are difficult and complex
- The diffusion characteristics of ground layer, seals and foils should be adapted to one another in a way that ensures that moisture accumulation in the thermal insulation will be as low as possible
- The lightweight expandable clay concrete blocks inserted between the strip foundations and floor slab to minimize thermal bridges should be dimensioned to provide the respective compression-resistance and thermal bridge-prevention requirements
- The decrease in insulating effect over time due to diffusion moisture accumulation and possible condensation should be taken into consideration when determining the thickness of the thermal insulation layer
- A solid "massive" bed joint should be laid under the first brick layer to be able to connect the flow-sealed interior plaster layer to the moisture seal

Maintenance
- Clean the drainage system regularly
- The joint between the base and perimeter thermal insulation and the thermal insulation of the outer wall should be inspected for seal damage, any open areas should be closed

AWm 05 ⋈ KDb 01

Hochlochziegel-Außenwand, WDVS / Kellerdecke, beidseitig gedämmt, Nassestrich
Honeycomb brick outside wall, ETICS / Basement ceiling slab with insulation on both sides, wet screed

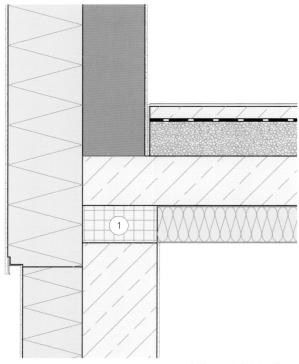

1 Warmer Fuß / Warm foot

Bauphysik / Building physics

Linearer Wärmebrückenkoeffizient Ψ = Linear thermal bridge coefficient Ψ	Einheit = Unit W/mK	
	Außenluft Outside air	Keller Basement
Warmer Fuß = Warm foot:		
$\lambda = 0{,}10$ W/mK	- 0,030	0,012
$\lambda = 0{,}14$ W/mK	- 0,031	0,030
$\lambda = 0{,}20$ W/mK	- 0,032	0,053
$\lambda = 0{,}30$ W/mK	- 0,034	0,080

Technische Beschreibung

Eignung
- Für beheizte Räume, deren Fußböden über unbeheizten, ggf. durchlüfteten Räumen (Garage, Keller...) liegen

Ausführungshinweise
- Die untere Betonplatte der Sandwich-Konstruktion kann – abhängig von Gebäudelast und Druckfestigkeit des Dämmmaterials – auch nur als Verbreiterungen der tragenden Wände ausgeführt werden
- Es ist keine übliche Rostdämmung an der Außenwand erforderlich

Technical description

Suitability
- For heated rooms with floors above unheated or ventilated rooms (garage, basement ...)

Construction process
- The lower concrete slab of the sandwich construction can – depending on the building load and compression-resistance of the insulation material – be finished as a widening of the load-bearing walls
- No generally used grating insulation is required on the outer wall

AWm 05 ⋈ DAl 03

Hochlochziegel-Außenwand, WDVS / Doppel-T-Träger-Steildach
Honeycomb brick outside wall, ETICS / Double T-beam steeply-pitched roof

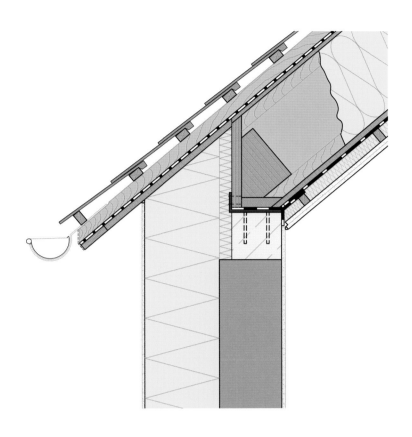

Bauphysik / Building physics

	Einheit / Unit	
Linearer Wärmebrückenkoeffizient Ψ = Linear thermal bridge coefficient Ψ	W/mK	0,002

Technische Beschreibung

Eignung
- Für beheizte Räume im Dachgeschoß, für welche keine horizontale Decke gefordert ist
- Für Dachgeschoßräume, für welche kein besonderer Schutz vor sommerlicher Überwärmung gefordert ist
- Für Dächer von Massivbauten, für welche nicht durch örtliche Bauvorschriften Stahlbetondächer gefordert sind
- Besonders geeignet für vorgefertigte Dachelemente

Ausführungshinweise
- Dachelemente bei der Montage sehr vorsichtig behandeln (Verletzungsgefahr für die vormontierte Dampfbremse)
- Stahlwinkel in Rost einbetonieren
- Dreischichtplatte für Untersicht und Montage des Insektenschutzes an der Konterlattung befestigen
- Dampfsperre mit überputzbarem Klebeband strömungsdicht am Betonrost verkleben und überputzen. Blower-Door-Test vor Montage der Vorsatzschale im Dachbereich durchführen, um vorhandene Undichtigkeiten verschließen zu können.
- Die Öffnungen der Dachunterlüftung mit einem feinmaschigen Insektenschutzgitter verschließen (Freier Mindestquerschnitt in Anlehnung an ÖNORM B 8110-2: 200 cm²/m)
- Die Gipskartonbeplankung an die Außenwand dicht entsprechend der einschlägigen Brandschutzbestimmungen anschließen, da durch einen offenen Spalt eine Brandübertragung aus dem Raum in den Dachstuhl möglich wäre

Instandhaltung
- Dachdeckung regelmäßig überprüfen
- Werden die Richtlinien des konstruktiven Holzschutzes beachtet (➔ Holzschutz), ist kein chemischer Holzschutz erforderlich

Diskussion des Aufbaus
- Für die Herstellung ist eine besondere Schulung und erhöhte Sorgfalt erforderlich

Technical description

Suitability
- For heated rooms on the uppermost level that do not require a horizontal roof
- For attic rooms that do not require any special protection against overheating in summer
- For solid construction method building roofs that do not require reinforced concrete roofs due to local building code guidelines
- Especially suitable for prefabricated roof elements

Construction process
- Handle roof elements very carefully during assembly (risk of damage to prefabricated vapor barrier)
- Concrete steel angles into the grating
- Fasten the three-layer panel to the cross battens for the soffit and the mounting of an insect screen
- Fasten the plaster-bearing adhesive tape to the concrete grating with an air-tight seal and apply plaster. Perform the blower door test before mounting the facing shell in the roof area to check for existing leaks and close them.
- Cover the ventilation of the lower roof side opening with a fine-mesh insect screen (200 cm²/m minimum open cross-section with regard to ÖNORM B 8110-2)
- Connect the gypsum plasterboard tightly to the outside wall, in accordance with the appropriate fire protection regulations since a gap could lead to fire spreading from the room to the attic space

Maintenance
- Check the roof cladding regularly
- No chemical wood protection is required if the guidelines for structural wood protection (➔ wood protection) are followed

Structural discussion
- Special training and increased care are required for this construction

AWm 05 ⋈ DAm 03

Hochlochziegel-Außenwand, WDVS / Stahlbeton-Flachdach als Warmdach
Honeycomb brick outside wall, ETICS / Reinforced concrete flat roof, non ventilated

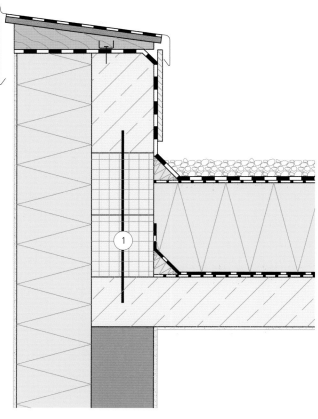

1 Porenbetonstein λ = 0,1 W/mK / Porous concrete stone λ = 0.1 W/mK

Bauphysik / Building physics

	Einheit / Unit	
Linearer Wärmebrückenkoeffizient Ψ ▪ Linear thermal bridge coefficient Ψ	W/mK	- 0,041

Technische Beschreibung

Eignung
- Für beheizte Räume im obersten Geschoß, mit hoher sommerlicher Behaglichkeit (geringe sommerliche Überwärmung)
- Für begehbare Flachdächer, Dachterrassen und Gründächer

Ausführungshinweise
- Attika mit Steckeisen sichern
- Dampfbremse, Feuchteabdichtung und deren Anschlüsse an die Attika besonders sorgfältig ausführen und vor Verletzungen während der Bauarbeiten schützen

Instandhaltung
- Regelmäßige Kontrolle der Dachhaut

Diskussion des Aufbaus
- Dampfbremse und Feuchteabdichtung (obere Dachhaut) sind empfindlich gegen Verletzungen. Das Auffinden von schadhaften Stellen der Abdichtung ist oft langwierig und die fachgerechte Reparatur und die Beseitigung von bereits eingetretenen Feuchteschäden kann aufwändig sein.

Technical description

Suitability
- For rooms on the uppermost level with high comfort standards (low summertime overheating)
- For accessible flat roofs, roof terraces and green roofs

Construction process
- Secure parapet with splice bars
- Vapor barriers, moisture seals and their connections to parapet should be made with great care and be protected from damage during construction

Maintenance
- Check the roof skin regularly

Structural discussion
- Vapor barrier and moisture seal (upper roof skin) are susceptible to damage. Damaged areas are often hard to find, repairs and the removal of moisture damage that has already developed can be difficult.

AWm 05 ⋈ DAm 07

Hochlochziegel-Außenwand, WDVS / Stahlbeton-Flachdach als Duodach
Honeycomb brick outside wall, ETICS / Reinforced concrete flat roof, duo roof

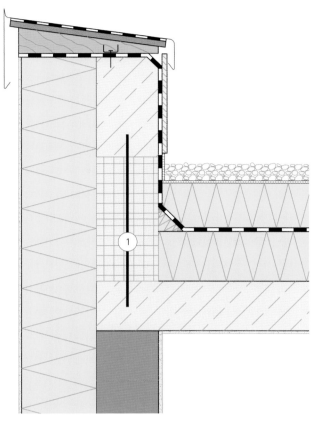

1 Porenbetonstein λ = 0,1 W/mK / Porous concrete stone λ = 0.1 W/mK

Bauphysik / Building physics

	Einheit / Unit	
Linearer Wärmebrückenkoeffizient Ψ ▪ Linear thermal bridge coefficient Ψ	W/mK	- 0,043

Technische Beschreibung

Eignung
- Für beheizte Räume im obersten Geschoß mit hoher sommerlicher Behaglichkeit (geringe sommerliche Überwärmung)
- Sowohl für nicht ständig begehbare Flachdächer als auch für Dachterrassen und für Gründächer

Ausführungshinweise
- Attika mit Steckeisen sichern
- Dampfbremse, Feuchteabdichtung und deren Anschlüsse an die Attika besonders sorgfältig ausführen und vor Verletzungen während der Bauarbeiten schützen

Instandhaltung
- Keine besonderen Maßnahmen

Diskussion des Aufbaus
- Die Herstellung der Feuchteabdichtung und deren Anschlüsse erfordert besonders sorgfältige und vorsichtige Arbeit und besonderen Schutz bis zum Aufbringen der oberen Dämmschicht, durch welche die Dachhaut wirksam geschützt ist.

Technical description

Suitability
- For rooms on the uppermost level with great summer comfort (low summertime overheating)
- For both flat roofs not accessed constantly and roof terraces as well as green roofs

Construction process
- Secure parapet with splice bars
- Vapor barriers, moisture seals and their connections to parapet should be made with great care and be protected from damage during construction

Maintenance
- No special measures

Structural discussion
- The creation of the moisture seal and its connections requires meticulous, careful work and special protection before adding the upper insulation layer. This layer gives the roof skin effective protection.

AWm 05 ⋈ FEh 01*

Hochlochziegel-Außenwand, WDVS / Holzfenster, *montiert auf Blindstock
Honeycomb brick outside wall, ETICS / Wooden window, *mounted on a subframe

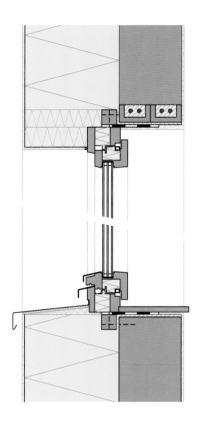

Bauphysik / Building physics

	Einheit / Unit	
Linearer Wärmebrückenkoeffizient Ψ = Linear thermal bridge coefficient Ψ	W/mK	
Sturz/Laibung = Header/reveal		0,005
Parapet ohne Überdämmung = Parapet w/o add. insulation		0,027
Parapet, 2 cm überdämmt = Parapet, 2 cm add. insulation		0,024
$U_{W,eff}$-Wert = $U_{W,eff}$-value	W/m²K	0,831

Technische Beschreibung

Eignung
- Für Holz-Alu-Passivhausfenster nur eingeschränkt verwendbar
- Für Ausführung in Stahlbetonbauweise nur eingeschränkt verwendbar

Ausführungshinweise
- Ausführungen gelten sinngemäß auch für den Anschluss eines Fensters an die Laibung
- Den Fensterstock auf dem Blindstock verschrauben, diesen auf dem Mauerwerk befestigen
- Glattstrich in der Laibung umlaufend herstellen
- Vlieskaschiertes Butylkautschukband umlaufend dicht auf dem Glattstrich verkleben
- Den Innenputz ggf. mit Anputzleiste am Fensterstock anschließen
- Schlagregen- und Winddichtigkeit durch entsprechende Ausführung herstellen (z.B. Kompriband zwischen Dämmstoff und Fensterstock, darüber Außenputz mit Anputzleiste an den Fensterrahmen anschließen)

Instandhaltung
- Die Fenster sind nach dem Abschlagen des Innenputzes leicht demontier- und austauschbar
- Instandhaltungzyklen des Decklacks oder der Lasuren beachten (Akrylabdecklacke ca. alle 10 Jahre, Lasuren ca. alle 4 Jahre, im geschützten Bereich auch länger)

Diskussion des Aufbaus
- Holz-Alu-Fenster sind wegen der hohen Wärmeleitfähigkeit der Aluschale und trotz Überdämmung des Fensterstock nur für Fenster mit U_W-Wert deutlich kleiner 0,8 W/m²K geeignet. Passivhausgrenzwert: $U_{W,eingebaut}$ = 0,85 W/m²K.
- Bei einer Ausführung der Außenwände mit Stahlbeton müssen Passivhausfenster mit einem U_W-Wert wesentlich kleiner als 0,80 W/m²K eingesetzt werden
- Eine Ausführung der Außenwand mit Massivscheiben, die eine niedrigere Wärmeleitfähigkeit als Hohlziegelmauerwerk besitzen, ist möglich (z.B. Massivholzwand)
- Abgeschrägte Ausführung der Laibung zur Erhöhung der solaren Einstrahlung führt nur zu geringfügiger Erhöhung des Wärmebrückenkoeffizienten
- Parapet: Eine Aluschale ist im Parapetbereich wegen der hohen Wasserbelastung jedenfalls empfehlenswert

Technical description

Suitability
- Only of limited use for wood-aluminum passive house windows
- Only of limited use for reinforced concrete constructions

Construction process
- The construction steps are also valid for window-reveal connections.
- Screw the window frame to the subframe and fasten it to the masonry
- Spread smooth screed on all sides of the reveal
- Fasten fleece-laminated butyl rubber strips and seal all sides of the smooth screed
- Connect the interior plaster with the window frame plastering bead if needed
- Ensure driving rain and windtightness with the corresponding construction (e.g. insert compression strips between the insulation and window frame, connect exterior plaster layer with a bead to the frame)

Maintenance
- The windows are easy to dismantle and exchange after removing the interior plaster
- Observe the maintenance cycles for the finishing coating or the glazings (acrylic finishing lacquers approx. every ten years, coatings approx. every four years, longer in protected areas)

Structural discussion
- Wood-aluminum windows are only suitable if the U_W value is significantly lower than 0.8 W/m²K due to the high heat conductivity of aluminum and despite the use of an insulation layer on the window frame. Passive house limit value: $U_{W,mounted}$ = 0.85 W/m²K.
- Passive house windows used for reinforced concrete wall constructions have to have a U_W value significantly lower than 0.80 W/m²K
- Construction with an exterior wall with solid slabs that offer less heat conduction than hollow brick walls is possible (e.g. solid wood walls)
- Slightly angled reveal to increase solar radiation leads to only a minor increase in the thermal bridge coefficient
- Parapet: aluminum cladding is definitely advisable along the parapet area due to the high water loads

AWm 05 ⋈ FEh 01*

Hochlochziegel-Außenwand, WDVS / Holzfenster, *montiert auf Mauerwerk
Honeycomb brick outside wall, ETICS / Wooden window, *mounted on masonry

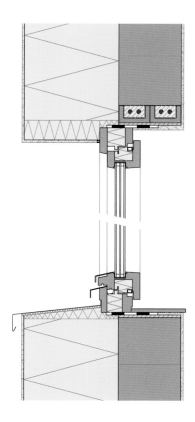

Bauphysik / Building physics

	Einheit / Unit	
Linearer Wärmebrückenkoeffizient Ψ ▪ Linear thermal bridge coefficient Ψ	W/mK	
Sturz/Laibung ▪ Header/reveal		0,008
Parapet ohne Überdämmung ▪ Parapet w/o add. insulation		0,028
Parapet, 2 cm überdämmt ▪ Parapet, 2 cm add. insulation		0,030
$U_{W,eff}$-Wert ▪ $U_{W,eff}$-value	W/m²K	0,840

Technical description

Suitability
- Only of limited use for wood-aluminum passive house windows
- Only of limited use for reinforced concrete constructions

Construction process
- The construction steps are also valid for window-reveal connections
- Half of the window frame is on the solid wall, this side is screwed to the masonry
- Use a smooth screed layer on all sides
- Bond a fleece-laminated butyl rubber strip to seal the smooth screed on all sides
- Connect the interior plaster with the window frame plastering bead if needed
- Ensure driving rain sealing and windtightness by meeans of suitable completion (e.g. insert compression strips between the insulation material and window frame, connect exterior plaster layer with a bead to the frame)

Maintenance
- The windows are easy to dismantle and exchange after removing the interior plaster
- Observe the maintenance cycles for the finishing coating or the glazings (acrylic finishing lacquers approx. every ten years, coatings approx. every four years, longer in protected areas)

Structural discussion
- Wood-aluminum windows are only suitable if the U_W value is significantly lower than 0.8 W/m²K due to the high heat conductivity of aluminum and despite the use of an insulation layer on the window frame. Passive house limit value: $U_{W,mounted}$ = 0.85 W/m²K.
- Passive house windows used for reinforced concrete wall constructions have to have a U_W value significantly lower than 0.80 W/m²K
- Construction with an exterior wall with solid slabs that offer less heat conduction than hollow brick walls is possible (e.g. solid wood walls)
- Slightly angled reveal to increase solar radiation leads only to a minor increase in the thermal bridge coefficient
- The use of sealing tape and wet sealing between the window frame and smooth screed can also be a suitable replacement for the inserted butyl rubber strip in the airtight layer between window and wall

---

- Der Einsatz von Dichtungsband und Nassversiegelung zwischen Fensterstock und Glattstrich ist auch als Ersatz für den Einsatz von Butylkautschukband zur Sicherung der Luftdichtigkeitsebene zwischen Fenster und Außenwand geeignet

Technische Beschreibung

Eignung
- Für Holz-Alu-Passivhausfenster nur eingeschränkt verwendbar
- Für Ausführung der Außenwände in Stahlbetonbauweise nur eingeschränkt verwendbar

Ausführungshinweise
- Ausführungen gelten sinngemäß auch für den Anschluss eines Fensters an die Laibung
- Der Fensterstock liegt zur Hälfte auf der Massivwand auf, wird seitlich ins Mauerwerk verschraubt
- Einen Glattstrich umlaufend herstellen
- Vlieskaschiertes Butylkautschukband umlaufend dicht auf dem Glattstrich verkleben
- Den Innenputz ggf. mit Anputzleiste an den Fensterstock anschließen
- Schlagregen- und Winddichtigkeit durch entsprechende Ausführung herstellen (z.B. Kompriband zwischen Dämmstoff und Fensterstock, darüber Außenputz mit Anputzleiste an den Fensterrahmen anschließen)

Instandhaltung
- Die Fenster sind nach Abschlagen des Innenputzes leicht demontier- und austauschbar
- Instandhaltungzyklen des Decklacks oder der Lasuren beachten (Akrylabdecklacke ca. alle 10 Jahre, Lasuren ca. alle 4 Jahre, im geschützten Bereich auch länger)

Diskussion des Aufbaus
- Holz-Alu-Fenster sind wegen der hohen Wärmeleitfähigkeit der Aluschale und trotz Überdämmung des Fensterstock nur für Fenster mit U_W-Wert deutlich kleiner 0,8 W/m²K geeignet. Passivhausgrenzwert: $U_{W,eingebaut}$ = 0,85 W/m²K.
- Bei Ausführung der Außenwände mit Stahlbeton müssen Passivhausfenster mit einem U_W-Wert wesentlich kleiner 0,80 W/m²K eingesetzt werden
- Eine Ausführung der Außenwand mit Massivscheiben, die eine niedrigere Wärmeleitfähigkeit als Hohlziegelmauerwerk besitzen, ist möglich (z.B. Massivholzwand)
- Eine leicht abgeschrägte Ausführung der Laibung zur Erhöhung der solaren Einstrahlung führt nur zu geringfügiger Erhöhung des Wärmebrückenkoeffizienten
- Parapet: Eine Aluschale ist im Parapetbereich wegen der hohen Wasserbelastung jedenfalls empfehlenswert

AWm 01 ⋈ EFu 10

Stahlbeton-Außenwand, WDVS / Dichtbeton-Plattenfundament unterseitig gedämmt
Reinforced concrete outside wall, ETICS / Water resistant concrete slab foundation, insulated lower side

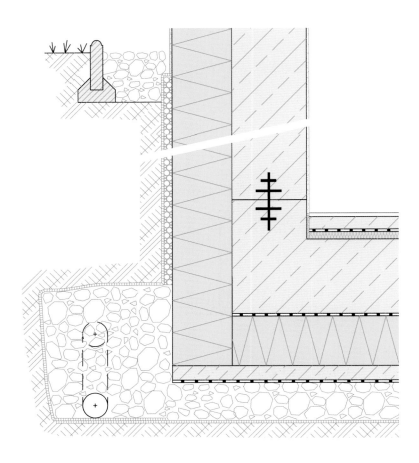

Bauphysik / Building physics

	Einheit / Unit	
Linearer Wärmebrückenkoeffizient Ψ ▪		
Linear thermal bridge coefficient Ψ	W/mK	- 0,040

Technische Beschreibung

Eignung
- Für beheizte Räume, deren Fußböden unter der Erdoberfläche liegen
- Wenn die Bodenplatte mindestens 1 m unter der Erdoberfläche liegt (andernfalls ist eine tiefer reichende vertikale Wärmedämmung entlang von Streifenfundamenten nötig)
- Für ausreichend tragfähigen Boden, der Streifenfundamente entbehrlich macht
- Für Gebäudelasten, die über die Wärmedämmschicht abgetragen werden können
- Für beliebiges Erdreich geeignet (z.B. auch Fels, bindige Böden), siehe S. 32

Ausführungshinweise
- Die Drainagerohre müssen überall unterhalb der Unterkante der Bodenplatte, aber überall oberhalb der Oberkante des gewachsenen Bodens verlaufen
- Gewaschenen Drainageschotter (ohne Feinanteile) verwenden
- Das Drainageschotterbett allseits mit PP-Filtervlies umhüllen, Verunreinigung des Schotters durch Erdreich während der Arbeit vermeiden

Instandhaltung
- Drainagesystem regelmäßig reinigen

Diskussion des Aufbaus
- Die Kombination einer WU-Beton-Bodenplatte mit aufgehendem Außenmauerwerk mit bituminöser Abdichtung ist zwar technisch möglich, jedoch nicht empfehlenswert: Schwachstelle beim Anschluss der Bitumenbahn an den WU-Beton
- Nach sorgfältiger Herstellung des WU-Betons und der Abdichtung zwischen Bodenplatte und erdberührter Außenwand unempfindlich gegen Verletzungen. Undichte Stellen können meist leicht aufgefunden und repariert werden.

Technical description

Suitability
- For heated rooms with floors below ground level
- If the floor slab is at least 1 m below ground level (deeper-reaching vertical thermal insulation along strip foundations is necessary otherwise)
- For floors with adequate load-bearing capabilities that make strip foundations unnecessary
- For building loads that can be transfered via a thermal insulation layer
- For any type of ground (also rock and binding loamy grounds), cf. p.32

Construction process
- The drainage pipes should be laid below the lower edge of the floor slab, but above the upper edge of the natural ground
- Use washed drainage gravel (without fines)
- Line drainage gravel bed with PP filter fleece on all sides, be careful to avoid mixing the gravel with soil during construction

Maintenance
- Clean the drainage system regularly

Structural discussion
- The combination of a water resistant concrete floor slab and a rising wall with a bituminous seal is technically possible, but not recommendable: the connection of the bitumen layer with the water resistant concrete is a weak spot
- Impervious to damage where water resistant concrete and seal between slab and external wall in contact with ground are made carefully. It is generally easy to find and repair leaks.

AWm 01 ⋈ EFu 10*

Stahlbeton-Außenwand / Dichtbeton-Plattenfundament unterseitig gedämmt (*Streifenfundament)

Reinforced concrete outside wall / Water resistant concrete slab foundation, ins. lower side (*strip foundation)

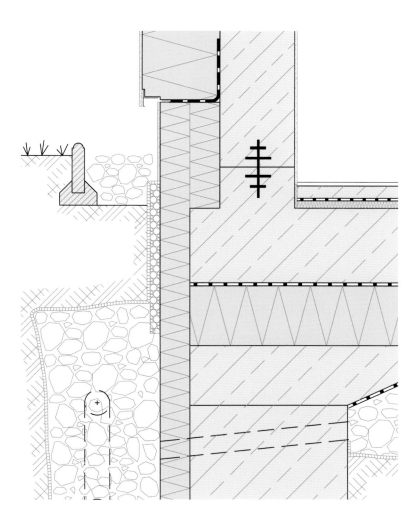

Bauphysik / Building physics

	Einheit / Unit	
Linearer Wärmebrückenkoeffizient Ψ • Linear thermal bridge coefficient Ψ	W/mK	- 0,007

Technische Beschreibung

Eignung
- Für beheizte Räume, deren Fußböden unter der Erdoberfläche liegen
- Für Bauwerke mit Streifenfundamenten
- Für beliebiges Erdreich geeignet (z.B. auch Fels, bindige Böden), siehe S. 32

Ausführungshinweise
- Die Drainagerohre müssen überall unterhalb der Unterkante der Wärmedämmung, aber überall oberhalb der Fundamentsohle verlaufen
- Gewaschenen Drainageschotter (ohne Feinanteile) verwenden
- Das Drainageschotterbett allseits mit PP-Filtervlies umhüllen, Verunreinigung des Schotters durch Erdreich während der Arbeit vermeiden
- Den Streifen aus Polymerbitumenbahn zwischen oberem Rand der Sockeldämmung und Dämmung des aufgehenden Mauerwerks mit der Wandoberfläche dicht verkleben (z.B. anflämmen), die Fuge an der Vorderfläche der Dämmung dauerelastisch verschließen
- Die Kombination einer WU-Beton-Bodenplatte mit aufgehendem Außenmauerwerk mit bituminöser Abdichtung ist zwar technisch möglich, jedoch nicht empfehlenswert: Schwachstelle beim Anschluss der Bitumenbahn an den WU-Beton

Instandhaltung
- Drainagesystem regelmäßig reinigen

Diskussion des Aufbaus
- Nach sorgfältiger Herstellung des WU-Betons und der Abdichtung zwischen Bodenplatte und erdberührter Außenwand unempfindlich gegen Verletzungen. Undichte Stellen können meist leicht aufgefunden und repariert werden.
- Die Abdichtung zwischen dem oberen Rand der Sockeldämmung und der darüber anschließenden Wärmedämmung des aufgehenden Mauerwerks verhindert kapillares Aufsteigen von Feuchte und daraus folgende Schäden (wird meist vergessen!)

Technical description

Suitability
- For heated rooms with floors below ground level
- For buildings with strip foundations
- For any type of ground (also rock and binding loamy grounds), cf. p.32

Construction process
- The drainage pipes should be laid below the lower edge of the thermal insulation, but above the foundation level in all areas
- Use washed drainage gravel (without fines)
- Line drainage gravel bed with PP filter fleece on all sides, be careful to avoid mixing the gravel with soil during construction
- Seal the polymer bitumen sheet stripe visible between the base insulation and insulation of the rising wall tightly (e.g. torch applying) on the wall surface, cover the joint with a long-lasting elastic seal
- The combination of a water resistant concrete floor slab and a rising wall with a bituminous seal is technically possible, but not recommendable: the connection of the bitumen layer with the water resistant concrete is a weak spot

Maintenance
- Clean the drainage system regularly

Structural discussion
- Impervious to damage where water resistant concrete and seal between slab and external wall in contact with ground are made carefully. It is generally easy to find and repair leaks.
- The seal between the upper edge of the base insulation and the adjoining thermal insulation of the rising walls prevents vertical capillary moisture movement and the resulting damage (often forgotten!)

AWm 01 ✕ EFu 10*

Stahlbeton-Außenwand / Dichtbeton, *Streifenfundament, für mehrgeschoßige Wohnbauten
Reinforced concrete outside wall / Water resist. concrete, *strip foundation, for multistorey residential buildings

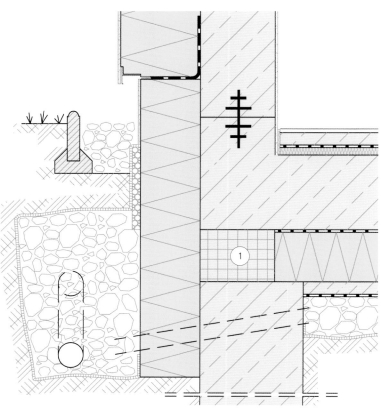

1 Warmer Fuß / Warm foot

Bauphysik / Building physics

Linearer Wärmebrückenkoeffizient Ψ ▪ Linear thermal bridge coefficient Ψ	Einheit ▪ Unit W/mK
Warmer Fuß ▪ Warm foot	
$\lambda = 0{,}10$ W/mK	- 0,007
$\lambda = 0{,}14$ W/mK	0,010
$\lambda = 0{,}20$ W/mK	0,033
$\lambda = 0{,}30$ W/mK	0,063

Technische Beschreibung

Eignung
- Für beheizte Räume, deren Fußböden unter der Erdoberfläche liegen
- Für Bauwerke mit Streifenfundamenten
- Für Gebäudelasten, die nicht über eine zwischenliegende Wärmedämmschicht in die Fundamente abgetragen werden können
- Für beliebiges Erdreich geeignet (z.B. auch Fels, bindige Böden), siehe S. 32

Ausführungshinweise
- Die Drainagerohre müssen überall unterhalb der Unterkante der Wärmedämmung, aber überall oberhalb der Fundamentsohle verlaufen
- Gewaschenen Drainageschotter (ohne Feinanteile) verwenden
- Das Drainageschotterbett allseits mit PP-Filtervlies umhüllen, Verunreinigung des Schotters durch Erdreich während der Arbeit vermeiden
- Den Streifen aus Polymerbitumenbahn zwischen oberem Rand der Sockeldämmung und Dämmung des aufgehenden Mauerwerks mit der Wandoberfläche dicht verkleben (z.B. anflämmen), die Fuge an der Vorderfläche der Dämmung dauerelastisch verschließen
- Die Kombination einer WU-Beton-Bodenplatte mit aufgehendem Außenmauerwerk mit bituminöser Abdichtung ist zwar technisch möglich, jedoch nicht empfehlenswert: Schwachstelle beim Anschluss der Bitumenbahn an den WU-Beton

Instandhaltung
- Drainagesystem regelmäßig reinigen

Diskussion des Aufbaus
- Nach sorgfältiger Herstellung des WU-Betons und der Abdichtung zwischen Bodenplatte und erdberührter Außenwand unempfindlich gegen Verletzungen. Undichte Stellen können meist leicht aufgefunden und repariert werden.
- Die Abdichtung zwischen dem oberen Rand der Sockeldämmung und der darüber anschließenden Wärmedämmung des aufgehenden Mauerwerks verhindert kapillares Aufsteigen von Feuchte und daraus folgende Schäden (wird meist vergessen!)

Technical description

Suitability
- For heated rooms with floors below ground level
- For buildings with strip foundations
- For building loads that cannot be transfered via an intermediate thermal insulation layer into the foundation
- For any type of ground (also rock and binding loamy grounds), cf. p.32

Construction process
- The drainage pipes should be laid below the lower edge of the thermal insulation, but above the foundation level in all areas
- Use washed drainage gravel (without fines)
- Line drainage gravel bed with PP filter fleece on all sides, be careful to avoid mixing the gravel with soil during construction
- Seal the polymer bitumen sheet strip visible between the base insulation and insulation of the rising wall tightly (e.g. torch applying) on the wall surface, cover the joint with a long-lasting elastic seal
- The combination of a water resistant concrete floor slab and a rising wall with a bituminous seal is technically possible, but not recommendable: the connection of the bitumen layer with the water resistant concrete is a weak spot

Maintenance
- Clean drainage system regularly

Structural discussion
- Impervious to damage where water resistant concrete and seal between slab and external wall in contact with ground are made carefully. It is generally easy to find and repair leaks.
- The seal metween the upper edge of the base insulation and the adjoining thermal insulation of the rising walls prevents vertical capillary moisture movement and the resulting damage (often forgotten!)

AWm 01 ✕ EFu 07

Stahlbeton-Außenwand, WDVS / Dichtbeton-Plattenfundament, unterseitig gedämmt
Reinforced concrete outside wall, ETICS / Water resistant concrete slab foundation, insulated lower side

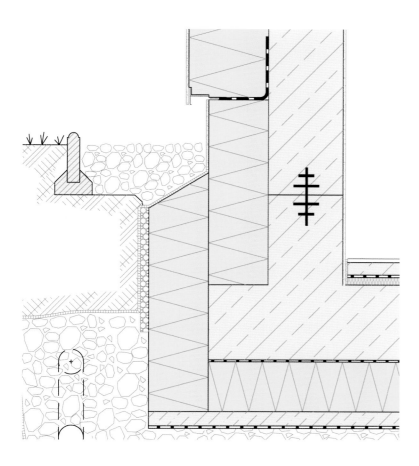

Bauphysik / Building physics

	Einheit / Unit	
Linearer Wärmebrückenkoeffizient Ψ = Linear thermal bridge coefficient Ψ	W/mK	0,013

Technische Beschreibung

Eignung
- Für beheizte Räume, deren Fußböden unter der Erdoberfläche liegen
- Wenn die Bodenplatte mindestens 1 m unter der Erdoberfläche liegt (andernfalls ist eine tiefer reichende vertikale Wärmedämmung entlang von Streifenfundamenten nötig)
- Für weniger tragfähigen Boden, der zwar Streifenfundamente entbehrlich macht, aber eine Verteilung der Last auf eine größere Fläche erfordert
- Für Gebäudelasten, die über die Wärmedämmschicht abgetragen werden können
- Für beliebiges Erdreich geeignet (z.B. auch Fels, bindige Böden), siehe S. 32

Ausführungshinweise
- Die Drainagerohre müssen überall unterhalb der Unterkante der Bodenplatte, aber überall oberhalb der Oberkante des gewachsenen Bodens verlaufen
- Gewaschenen Drainageschotter (ohne Feinanteile) verwenden
- Das Drainageschotterbett allseits mit PP-Filtervlies umhüllen, Verunreinigung des Schotters durch Erdreich während der Arbeit vermeiden
- Den Streifen aus Polymerbitumenbahn zwischen oberem Rand der Sockeldämmung und Dämmung des aufgehenden Mauerwerks mit der Wandoberfläche dicht verkleben (z.B. anflämmen), die Fuge an der Vorderfläche der Dämmung dauerelastisch verschließen
- Die Kombination einer WU-Beton-Bodenplatte mit aufgehendem Außenmauerwerk mit bituminöser Abdichtung ist zwar technisch möglich, jedoch nicht empfehlenswert: Schwachstelle beim Anschluss der Bitumenbahn an den WU-Beton

Instandhaltung
- Drainagesystem regelmäßig reinigen

Diskussion des Aufbaus
- Nach sorgfältiger Herstellung des WU-Betons und der Abdichtung zwischen Bodenplatte und erdberührter Außenwand unempfindlich gegen Verletzungen. Undichte Stellen können meist leicht aufgefunden und repariert werden.
- Die Abdichtung zwischen dem oberen Rand der Sockeldämmung und der darüber anschließenden Wärmedämmung des aufgehenden Mauerwerks verhindert kapillares Aufsteigen von Feuchte und daraus folgende Schäden (wird meist vergessen!)

Technical description

Suitability
- For heated rooms with floors below ground level
- Where the floor slab is at least 1 m below ground level (deeper-reaching vertical thermal insulation along strip foundations is necessary otherwise)
- For grounds with lower load-bearing capabilities that do not require strip foundations, but require load distribution over a larger surface
- For building loads that can be transfered via a thermal insulation layer
- For any type of ground (also rock and binding loamy grounds), cf. p.32

Construction process
- The drainage pipes should be laid below the lower edge of the floor slab, but above the upper edge of the natural ground
- Use washed drainage gravel (without fines)
- Line drainage gravel bed with PP filter fleece on all sides, be careful to avoid mixing the gravel with soil during construction
- Seal the polymer bitumen sheet stripe visible between the base insulation and insulation of the rising wall tightly (e.g. torch applying) on the wall surface, cover the joint with a long-lasting elastic seal
- The combination of a water resistant concrete floor slab and a rising wall with a bituminous seal is technically possible, but not recommendable: the connection of the bitumen layer with the water resistant concrete is a weak spot

Maintenance
- Clean the drainage system regularly

Structural discussion
- Impervious to damage where water resistant concrete and seal between slab and external wall in contact with ground are made carefully. It is generally easy to find and repair leaks.
- The seal between the upper edge of the base insulation and the adjoining thermal insulation of the rising walls prevents vertical capillary moisture movement and the resulting damage (often forgotten!)

AWm 01 ⋈ KDu 01

Stahlbeton-Außenwand, WDVS / Kellerdecke massiv, unterseitig gedämmt
Reinforced concrete outside wall, ETICS / Solid basement ceiling slab, insulated lower side

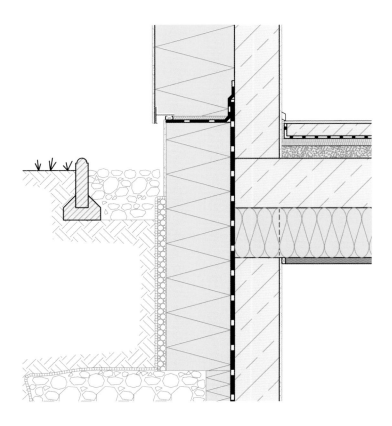

Bauphysik / Building physics

Linearer Wärmebrückenkoeffizient Ψ = Linear thermal bridge coefficient Ψ	Einheit = Unit W/mK	
	Außenluft Outside air	Keller Basement
	- 0,025	- 0,033
3-dimensionaler Wärmebrückenkoeffizient χ = 3-dimensional thermal bridge coefficient χ	W/K	
Querschnitt der Stützen = Cross section of the supports:		
18 x 18 cm	- 0,001	0,116
18 x 25 cm	- 0,001	0,148
18 x 50 cm	- 0,001	0,251
18 x 100 cm	- 0,002	0,442

Technische Beschreibung

Eignung

- Für Fußböden, die oberhalb oder geringfügig unterhalb der angrenzenden Erdoberfläche und über einem Keller oder einer Tiefgarage liegen
- Für Gebäude, die eine sägezahnartige Ausbildung der Oberkante der Kellerwand erlauben

Ausführungshinweise

- Gewaschenen Drainageschotter (ohne Feinanteile) verwenden
- Das Drainageschotterbett allseits mit PP-Filtervlies umhüllen, die Verunreinigung des Schotters durch Erdreich bei der Arbeit sorgfältig vermeiden
- Den zwischen oberem Rand der Sockeldämmung und Dämmung der aufgehenden Außenwand dargestellte Streifen aus Polymerbitumenbahn mit der Wandoberfläche dicht verkleben (z.B. anflämmen), die Fuge an der Vorderfläche der Dämmung dauerelastisch verschließen
- Die Unschädlichkeit der Wärmebrückenwirkung der die Wärmedämmung abschnittsweise durchdringenden Teile der Kellerwand bei der Planung prüfen

Instandhaltung

- Drainagesystem regelmäßig reinigen

Diskussion des Aufbaus

- Die Konstruktion enthält Wärmebrücken, die umso stärker sind, je größer die Tragfähigkeit des Kellermauerwerks sein muss. Es ist somit ein Kompromiss zwischen den statischen und den thermischen Anforderungen nötig. Thermisch sind wenige und dafür stärker dimensionierte Durchdringungen günstiger als eine höhere Anzahl schlank dimensionierter. Die Eignung auf Kondensatfreiheit ist jedenfalls zu prüfen.

Technical description

Suitability

- For floor surfaces that are slightly above or below the level of the adjoining ground and that lie above a basement or underground garage
- For buildings that allow for basement walls with a saw tooth upper edge

Construction process

- Use washed drainage gravel (without fines)
- Line drainage gravel bed with PP filter fleece on all sides, be careful to avoid mixing the gravel with soil during construction
- Seal the polymer bitumen sheet stripe visible between the base insulation and insulation of the rising wall tightly (e.g. torch applying) on the wall surface, cover the joint with a long-lasting elastic seal
- During planning check for potential damage that can be caused by thermal bridges resulting from basement wall penetration in certain areas

Maintenance

- Clean the drainage system regularly

Structural discussion

- The construction contains thermal bridges, which become stronger depending on the load-bearing requirements of the basement walls. Therefore a compromise is needed between static and thermal requirements. Hence, in terms of thermal quality, fewer, but larger penetrations are preferable to a large number of smaller penetrations. Suitability in terms of condensation resistance should be examined in any case.

AWm 01 ⋈ DAm 01

Stahlbeton-Außenwand, WDVS / Stahlbeton-Steildach
Reinforced concrete outside wall, ETICS / Reinforced concrete steeply-pitched roof

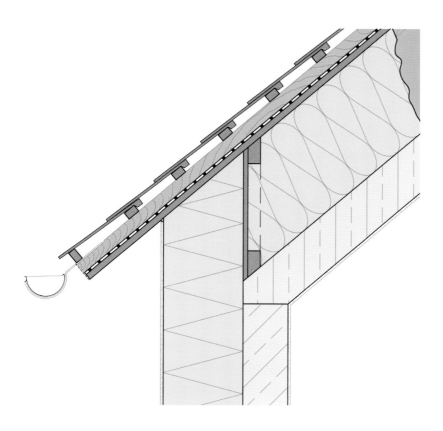

Bauphysik / Building physics

	Einheit / Unit	
Linearer Wärmebrückenkoeffizient Ψ ▪ Linear thermal bridge coefficient Ψ	W/mK	- 0,012

Technische Beschreibung

Eignung
- Für beheizte Räume im Dachgeschoß, für welche keine horizontale Decke gefordert ist
- Für Dachgeschoßräume, für welche ein hoher Schutz vor sommerlicher Überwärmung gefordert ist
- Für Dächer von Massivbauten, für welche durch örtliche Bauvorschriften (Brandschutz) Stahlbetondächer gefordert sind
- Zur Herstellung einer nahezu wärmebrückenfreien Ausführung

Ausführungshinweise
- Die Öffnungen der Dachunterlüftung mit einem feinmaschigen Insektenschutzgitter verschließen (Freier Mindestquerschnitt in Anlehnung an ÖNORM B 8110-2: 200 cm²/m)
- Stärke der Konterlattung je nach Auskragung des Vordachs wählen
- Installationen (Leerverrohrungen) vorzugsweise vor dem Betonieren in die Schalung einlegen

Instandhaltung
- Dachdeckung und Lattung regelmäßig überprüfen

Diskussion des Aufbaus
- Die Konstruktion ermöglicht eine nahezu vollständig wärmebrückenfreie Ausbildung
- Infolge der hohen wirksamen Speichermassen lässt sich eine hohe thermische Behaglichkeit erzielen
- Nachteilig ist die lange Aushärtezeit des Betondachs (nicht bei Verwendung von Fertigteilen), die den anschließenden Innenausbau verzögern kann

Technical description

Suitability
- For heated rooms on the uppermost floor that do not require a horizontal ceiling
- For rooms on the uppermost floor that require a high amount of protection against overheating in summer
- For roofs in solid construction method buildings which require reinforced concrete roofs in accordance with local building code (fire protection)
- For the construction of a nearly thermal bridge-free structure

Construction process
- Cover the afflux opening of the lower roof ventilation with a fine-mesh insect screen (200 cm²/m minimum open cross-section with regard to ÖNORM B 8110-2)
- Choose the thickness of the cross batten to suit the projection of the canopy
- Services (empty piping) should be inserted in the formwork before pouring concrete

Maintenance
- Check the roof cladding and battens regularly

Structural discussion
- The construction allows for an almost completely thermal bridge-free structure
- The high storage mass effectiveness leads to increased thermal comfort
- The long concrete roof drying period is a disadvantage (not in the case of prefabricated components), that may delay interior construction

AWm 01 ⋈ FEa 01

Stahlbeton-Außenwand, WDVS / Holz-Aluminium-Fenster
Reinforced concrete outside wall, ETICS / Wood-aluminum windows

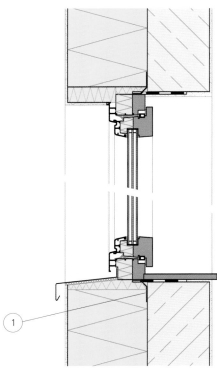

1 Stahlwinkel / Steel angle

Bauphysik / Building physics

Linearer Wärmebrückenkoeffizient Ψ ▪ Linear thermal bridge coefficient Ψ	Einheit Unit	Wand aus ▪ Wall made of		
		Beton Concrete	Ziegel Brick	Holz Wood
Holz-Alu-Fenster ▪ Wood aluminum windows				
Sturz/Laibung, überdämmt ▪ Header/reveal w. add. insulation	W/mK	0,011	0,009	0,007
Parapet ▪ Parapet	W/mK	0,023	0,018	0,016
$U_{W,eff}$-Wert ▪ $U_{W,eff}$-value	W/m²K	0,842	0,834	0,828
Holz-PUR-Fenster ▪ Wood-PUR windows				
Sturz/Laibung, überdämmt ▪ Header/reveal w. add. insulation	W/mK	0,003	0,000	- 0,002
Parapet ▪ Parapet	W/mK	0,025	0,020	0,018
$U_{W,eff}$-Wert ▪ $U_{W,eff}$-value	W/m2K	0,824	0,816	0,810
Sturz/Laibung 2 cm überdämmt ▪ Header/reveal with 2 cm add. insulation				
Holz-Alu-Fenster ▪ Wood aluminum windows	W/mK	0,016	0,013	0,011
Holz-PUR-Fenster ▪ Wood-PUR windows	W/mK	0,021	0,018	0,015

Technische Beschreibung

Eignung
- Auch für den Einbau von Fenstern in Mauerwerk und Massivholzwände geeignet
- Auch für Passivhausholzfenster geeignet

Ausführungshinweise
- Ausführungen gelten sinngemäß auch für den Anschluss eines Fensters an die Laibung
- Fenster über seitliche Flacheisen oder Stahlwinkel befestigen
- Bei größeren Fenstern für die Einrichtung und Montage auf dem Parapet Winkel zur Auflage montieren
- Vlieskaschiertes Butylkautschukband umlaufend dicht auf den (gesäuberten) Beton verkleben
- Auf der Laibung ist ein Innenputz oder Gipskartonplatten zur Abdeckung von durch Flacheisen und Butylkautschukband entstandenen Unebenheiten notwendig
- Das Ausschäumen der Fuge zwischen Mauerwerk und Fensterstock erhöht die mechanische Stabilität des eingebauten Fensters
- Schlagregen- und Winddichtigkeit durch entsprechende Ausführung herstellen (z.B. Kompriband zwischen Dämmstoff und Fensterstock einlegen, darüber Außenputz mit Anputzleiste an Fensterrahmen anschließen)

Instandhaltung
- Die Fenster sind (bei Montage über Flacheisen) nach Abschlagen des Innenputzes, bzw. nach Abnahme der Gipskartonplatte, bzw. nach Abnahme der Fensterbank leicht demontier- und austauschbar
- Wegen der Alu-Deckschale ist keine Instandhaltung der Deckschicht notwendig

Diskussion des Aufbaus
- Eine Ausführung mit anderen Massivscheiben z.B. Mauerwerk, Massivholzplatten, Betonfertigteile ist ebenfalls möglich
- Bei Ausführung mit Mauerwerk einen Glattstrich umlaufend herstellen
- Wenn eine Ausführung mit Innenputz auf der Laibung nicht gewünscht wird, ist die Befestigung mit Winkeln stirnseitig möglich, allerdings wegen Verschraubung von außen schwer demontierbar
- Leicht abgeschrägte Ausführung der Laibung zur Erhöhung der solaren Einstrahlung führt nur zu geringfügiger Erhöhung des Wärmebrückenkoeffizienten
- Eine Aluschale ist im Parapetbereich wegen der hohen Wasserbelastung jedenfalls empfehlenswert

Technical description

Suitability
- Also suitable for the installation of windows in masonry and solid wood walls
- Also suitable for wood passive house windows

Construction process
- The construction steps are also valid for window-reveal connections
- Fasten windows via lateral flat irons or via steel angles
- Mount angles on the parapet for the installation and assembly of larger windows
- Bond a fleece-laminated butyl rubber strip to seal the (cleaned) concrete on all sides
- An interior plaster layer or gypsum fiberboard panel is necessary to cover the uneven surfaces caused by the flat irons and butyl rubber strips
- Foaming the joint between the masonry and window frame increases the stability of the installed window
- Ensure driving rain protection and windtightness by the appropriate construction (e.g. insert compression strips between the insulation and window frame, connect exterior plaster layer with a rail to the frame)

Maintenance
- If mounted with flat irons, the windows are easy to dismantle and exchange after removing the interior plaster, the gypsum plasterboard or gypsum fiberboard panel or removing the window sill
- The aluminum cladding makes maintenance of the covering rail unnecessary

Structural discussion
- Construction is also possible with other solid slabs, such as masonry, solid wood slabs and prefabricated cement components
- Use a smooth screed layer on the entire surface for masonry
- If a construction with interior plaster on the reveal is not desired, it is possible to fasten the window along the front using angles, but dismantling is difficult due to the screws on the outside
- Slightly angled reveal to increase solar radiation leads only to a minor increase in the thermal bridge coefficient
- Aluminum cladding is definitely advisable along the parapet area due to the high water loads

AWm 02 ✕ KDo 03

Ziegelsplittbeton-Außenwand / Kellerdecke, oberseitig zw. Holzkonstruktion gedämmt
Brick chipping concrete outside wall / Basement ceiling slab, insulated upper side between wood construction

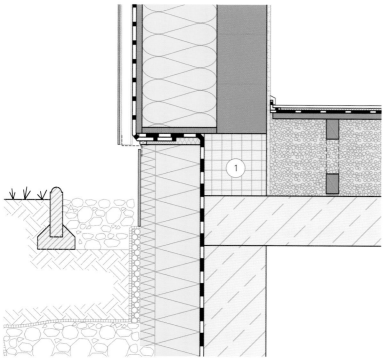

1 Warmer Fuß / Warm foot

Bauphysik / Building physics

Linearer Wärmebrückenkoeffizient Ψ ▪ Linear thermal bridge coefficient Ψ	Einheit ▪ Unit W/mK	
	Außenluft Outside air	Keller Basement
Warmer Fuß ▪ Warm foot:		
λ = 0,10 W/mK	- 0,039	0,009
λ = 0,14 W/mK	- 0,040	0,023
λ = 0,20 W/mK	- 0,041	0,041
λ = 0,30 W/mK	- 0,043	0,065

Technische Beschreibung

Eignung
- Für Fußböden/Kellerdecken, die oberhalb der angrenzenden Erdoberfläche liegen
- Für Gebäude geringer Höhe mit geringen Auflasten auf den Porenbeton-Mauerwerkssockel
- Je nach thermischer Qualität des Porenbeton-Sockels der Außenwand für Decken über mäßig kalten Kellerräumen bis zu beliebig kalten, durchlüfteten Kellerräumen (z.B. Tiefgaragen)

Ausführungshinweise
- Drainagerohre müssen überall höher als die Fundamentsohle (Kellerboden) verlaufen
- Gewaschenen Drainageschotter (ohne Feinanteile) verwenden
- Das Drainageschotterbett allseits mit PP-Filtervlies umhüllen, die Verunreinigung des Schotters durch Erdreich bei der Arbeit sorgfältig vermeiden
- Tragfähigkeit und Dämmeigenschaften des Porenbeton-Sockels, sorgfältig abstimmen
- Die Fuge an der Vorderkante der Horizontalabdichtung zwischen Bodenplatte und aufgehender Außenwand dauerelastisch verschließen
- Brüche in den Abdichtungsbahnen, insbesondere am Übergang zwischen der vertikalen Abdichtung und dem horizontalen, an die Oberfläche führenden Teil, sind sorgfältig zu vermeiden
- Die Entlüftungsöffnung mit einem feinmaschigen Insektenschutzgitter verschließen (Freier Mindestquerschnitt in Anlehnung an ÖNORM B 8110-2: 200 cm²/m)

Instandhaltung
- Drainagesystem regelmäßig reinigen
- Zuluftöffnungen der Hinterlüftung der Außenwand freihalten
- Holz-Fassadenverkleidung besonders im Sockelbereich regelmäßig pflegen und warten. Die untersten 2 Bretter der Fassade für Austausch leicht demontierbar befestigen („Opferbrett").
- Länger andauernde Durchfeuchtungen der Holzverkleidungen oder Verschluss der Hinterlüftungsöffnungen vermeiden (z.B. Schneeanwehungen entfernen)

Diskussion des Aufbaus
- Die Konstruktion enthält im Sockelbereich schwache Wärmebrücken, für welche ein Kompromiss zwischen Tragfähigkeit und Dämmwirkung einzugehen ist

Technical description

Suitability
- For floors/basement ceiling slabs that are above the bordering ground level
- For low-rise buildings with low loads on the porous concrete wall bases
- For ceiling slabs over spaces ranging from moderately cold basement rooms to colder ventilated basement rooms (e.g. underground garages), depending on the quality of the porous concrete base

Construction process
- Drainage pipes should be laid higher than the foundation level (basement floor)
- Use washed drainage gravel (without fines)
- Line drainage gravel bed with PP filter fleece on all sides, be careful to avoid mixing the gravel with soil during construction
- Adjust the load-bearing and insulation properties of the porous concrete base carefully as required
- Cover the joint on the front edge of the horizontal seal between the floor slab and the exterior insulation of the rising wall with a long-lasting elastic seal
- Carefully avoid tears in the sealing sheets, especially in the vertical and horizontal transition areas leading to the surface
- Cover the ventilation opening with a fine-mesh insect screen (200 cm²/m minimum open cross-section with regard to ÖNORM B 8110-2)

Maintenance
- Clean the drainage system regularly
- Keep rear ventilation afflux openings free
- Ensure regular care and maintenance of the wood façade cladding along the base area. The lowest two boards of the façade should be mounted to allow easy exchange.
- Longer periods of wood cladding moisture penetration or rear ventilation opening blocking should be avoided (e.g. remove accumulated snow)

Structural discussion
- The construction contains weak thermal bridges along the base, which make a compromise between load-bearing capabilities and insulation effectiveness necessary

AWm 02 ⋈ KDu 01

Ziegelsplittbeton-Außenwand, hinterlüftet / Kellerdecke massiv, unterseitig gedämmt
Brick chipping concrete outside wall, rear ventilation / Solid basement ceiling slab, insulated lower side

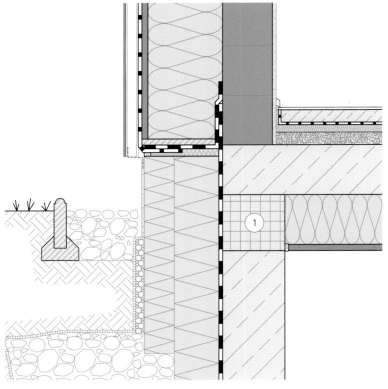

1 Warmer Fuß / Warm foot

Bauphysik / Building physics

Linearer Wärmebrückenkoeffizient Ψ ▪ Linear thermal bridge coefficient Ψ	Einheit ▪ Unit W/mK	
	Außenluft Outside air	Keller Basement
Warmer Fuß ▪ Warm foot:		
λ = 0,10 W/mK	- 0,013	- 0,013
λ = 0,14 W/mK	- 0,015	0,007
λ = 0,20 W/mK	- 0,016	0,033
λ = 0,30 W/mK	- 0,018	0,069

Technische Beschreibung

Eignung
- Für Fußböden, die oberhalb oder geringfügig unterhalb der angrenzenden Erd-oberfläche und über einem Keller oder einer Tiefgarage liegen
- Für Gebäude geringer Höhe (geringe vertikale Lasten), die eine Krone des Keller-mauerwerks aus weniger druckfesten Materialien (Blähton-, Porenbeton) erlauben

Ausführungshinweise
- Drainagerohre müssen überall höher als die Fundamentsohle (Kellerboden) ver-laufen
- Gewaschenen Drainageschotter (ohne Feinanteile) verwenden
- Das Drainageschotterbett allseits mit PP-Filtervlies umhüllen, die Verunrei-nigung des Schotters durch Erdreich bei der Arbeit sorgfältig vermeiden
- Den zwischen oberem Rand der Sockeldämmung und Dämmung der aufge-henden Außenwand dargestellten Streifen aus Polymerbitumenbahn mit der Wandoberfläche dicht verkleben (z.B. anflämmen), die Fuge an der Vorder-fläche der Dämmung dauerelastisch verschließen
- Die Entlüftungsöffnung mit einem feinmaschigen Insektenschutzgitter ver-schließen (Freier Mindestquerschnitt in Anlehnung an ÖNORM B 8110-2: 200 cm²/m)

Instandhaltung
- Drainagesystem regelmäßig reinigen
- Werden die Richtlinien des konstruktiven Holzschutzes beachtet (→ Holz-schutz), ist kein chemischer Holzschutz erforderlich
- Zuluftöffnungen der Hinterlüftung der Außenwand freihalten
- Holz-Fassadenverkleidung besonders im Sockelbereich regelmäßig pflegen und warten. Die untersten 2 Bretter der Fassade für Austausch leicht demontierbar befestigen („Opferbrett").
- Länger andauernde Durchfeuchtungen der Holzverkleidungen oder Verschluss der Hinterlüftungsöffnungen vermeiden (z.B. Schneeanwehungen entfernen)

Diskussion des Aufbaus
- Die Konstruktion enthält Wärmebrücken, die umso stärker sind, je größer die Tragfähigkeit des Kellermauerwerks sein muss. Es ist somit ein Kompromiss zwischen den statischen und den thermischen Anforderungen nötig.

Technical description

Suitability
- For floor surfaces that are slightly above or below the adjoining ground level and which lie above a basement or underground garage
- For low-rise buildings (low vertical loads) that allow for a basement wall crown made of less compression-resistant materials (lightweight expanded clay, porous concrete)

Construction process
- Drainage pipes should be laid higher than the foundation level (base-ment floor)
- Use washed drainage gravel (without fines)
- Line drainage gravel bed with PP filter fleece on all sides, be careful to avoid mixing the gravel with soil during construction
- Seal the polymer bitumen sheet stripe visible between the base insu-lation and insulation of the rising wall tightly (e.g. torch applying) on the wall surface, cover the joint with a long-lasting elastic seal
- Cover the ventilation opening with a fine-mesh insect screen (200 cm²/m minimum open cross-section with regard to ÖNORM B 8110-2)

Maintenance
- Clean the drainage system regularly
- No chemical wood protection is required if the guidelines for structur-al wood protection (→ wood protection) are followed
- Keep rear ventilation afflux openings free
- Ensure regular care and maintenance of the wood façade cladding along the base area. The lowest two boards of the façade should be mounted to allow easy exchange.
- Avoid longer periods of moisture penetration of the wood cladding or blockage of the back ventilation (e.g. remove accumulated snow)

Structural discussion
- The construction contains thermal bridges that become stronger with increased load-bearing requirements of the basement masonry. Hence a compromise between static and thermal requirements is necessary.

AWm 02 ⋈ DAm 02

Ziegelsplittbeton-Außenwand, hinterlüftet / Stahlbeton-Flachdach, hinterlüftet
Brick chipping concrete outside wall, rear ventilation / Reinforced concrete flat roof, rear ventilation

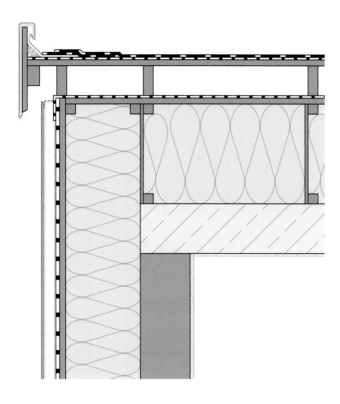

Bauphysik / Building physics

	Einheit / Unit	
Linearer Wärmebrückenkoeffizient Ψ ▪ Linear thermal bridge coefficient Ψ	W/mK	- 0,054

Technische Beschreibung

Eignung
- Für beheizte Räume im obersten Geschoß mit hoher sommerlicher Behaglichkeit (geringe sommerliche Überwärmung)
- Sowohl für nicht ständig begehbare Flachdächer als auch für Dachterrassen und für Gründächer

Ausführungshinweise
- Die Höhe des Unterlüftungshohlraums und die Zu- und Abluftöffnungen sorgfältig auf ausreichenden Abtransport von Dampf dimensionieren, um Feuchteschäden an der Decke zu vermeiden
- Sowohl die obere Öffnung der Hinterlüftung der Außenwand als auch alle Öffnungen der Unterlüftung mit engmaschigen Insektenschutzgittern verschließen, wobei die Gitterflächen möglichst größer als die Durchlüftungsquerschnitte gewählt werden sollten
- UV-beständige Folien für Dachabdichtung wählen

Instandhaltung
- Keine besonderen Maßnahmen

Diskussion des Aufbaus
- Die Konstruktion lässt sich mit vernachlässigbaren Wärmebrücken herstellen
- Es ist hoher thermischer Komfort erzielbar
- Die Konstruktion erfordert Sorgfalt in der Planung, um Schäden durch Kondensatbildung zu verhindern
- Insbesondere die Anschlüsse der Dachabdichtung müssen sorgfältig hergestellt werden
- Die Dachabdichtung muss gegen thermische Einwirkungen und UV-Strahlung stabil sein
- Von Vorteil ist die einfache Kontrolle der Dachhaut auf Undichtigkeiten
- Bei entsprechender Dimensionierung des Hinterlüftungsraumes bietet die Konstruktion im Vergleich zu anderen Flachdächern hohe Sicherheit durch zwei wasserführende Ebenen und hohes Austrocknungspotential

Technical description

Suitability
- For rooms on the uppermost level with high summer comfort standards (low summertime overheating)
- For both flat roofs not accessed constantly and roof terraces as well as green roofs

Construction process
- The height of the ventilated space and the afflux/exhaust ventilation openings should be checked carefully to ensure adequate vapor transportation and to avoid moisture damage to the ceiling
- Both the upper opening of the rear ventilation of the outside wall and all the roof ventilation openings should be covered with fine-mesh insect screens. The screen surface should be larger than the ventilation cross-sections.
- UV-resistant foils should be used for roof sealing purposes

Maintenance
- No special measures

Structural discussion
- The construction can be completed with negligible thermal bridges
- High thermal comfort can be achieved
- The construction requires caution during planning to avoid condensation build-up damage
- The construction of the roof sealing connection requires particular care
- The roof sealing has be resistant to thermal influences and UV irradiation
- Checks for leaks in the roof skin are simple
- With proper dimensioning of rear-ventilation space the construction offers a high degree of safety in comparison to other flat roofs thanks to two water-transport levels and its high drying potential

IWm 03 ⊲⊳ EFo 01

Hochlochziegel-Scheidewand, nichttragend / Plattenfundament, oberseitig gedämmt, Nassestrich
Honeycomb brick separating wall, non-load bearing / Slab foundation, insulated upper side, wet screed

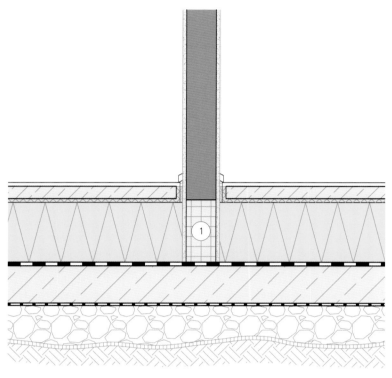

1 Warmer Fuß / Warm foot

Bauphysik / Building physics

Linearer Wärmebrückenkoeffizient Ψ ▪ Linear thermal bridge coefficient Ψ		Einheit ▪ Unit W/mK
	Kalkzementputz Lime cement plaster $\lambda = 0{,}8$ W/mK	Dämmputz Insulating plaster $\lambda = 0{,}14$ W/mK
Warmer Fuß ▪ Warm foot:		
$\lambda = 0{,}10$ W/mK	0,071	0,027
$\lambda = 0{,}14$ W/mK	0,080	0,038
$\lambda = 0{,}20$ W/mK	0,093	0,053
$\lambda = 0{,}30$ W/mK	0,112	0,074

Technische Beschreibung

Eignung
- Für nichttragende massive und schwere, schlecht wärmedämmende Innenwände auf oberseitig gedämmten Bodenplatten
- Nur bei gering wärmeleitendem Erdreich (z.B. Kies). Siehe S. 32

Ausführungshinweise
- Prüfen, ob evt. die ganze Wand aus dem gleichen gut wärmedämmenden Material wie der Wandsockel (Porenbeton, Blähtonbeton, usw.) hergestellt werden kann (in diesem Fall ist kein gesonderter Sockel aus anderen Materialien nötig)
- Zur Verringerung von Körperschallübertragung zwischen dem Estrich und der Innenwand elastische Randstreifen einlegen

Instandhaltung
- Keine besonderen Maßnahmen

Diskussion des Aufbaus
- Der Sockel aus gut dämmenden mineralischen Materialien (Porenbeton Blähtonbeton, …) bringt für Wände aus schlecht dämmenden Materialien (mit großer Speicherwirkung zur Verbesserung des Sommerverhaltens) Vorteile
- Werden an die Innenwand keine besonderen Anforderungen hinsichtlich speicherwirksamer Masse oder Schallschutz gestellt, kann die ganze Wand aus demselben Material wie der Sockel ausgeführt werden
- Die Anordnung einer Wärmedämmschicht unter der Fundamentplatte erhöht die feuchtetechnische Sicherheit beträchtlich. Siehe S. 32.

Technical description

Suitability
- For non-load-bearing , solid, heavy interior walls with poor thermal insulation on floor slabs with upper-side insulation
- Only in the case of ground with low thermal conductivity (e.g. gravel), cf. p. 32

Construction process
- Check whether the entire wall can be built using the same well-insulating material as the wall base (porous concrete, lightweight expanded concrete, etc.), in such cases no separate base made of another material is required
- Elastic edging strips should be inserted between the screed and the interior wall to minimize body impact sound transmission

Maintenance
- No special measures

Structural discussion
- The base made of mineral materials (porous concrete, lightweight expanded clay) is advantageous for walls made of materials with poor insulation qualities (e.g. materials with high storage effectiveness to improve summer properties)
- If there are no special requirements in terms of interior wall storage mass efficiency, or sound insulation, the entire wall can be made of the same material as the base
- Placing parts of the thermal insulation beneath the foundation slab increases moisture safety considerably. Cf. p. 32.

IWm 02 ⋊ KDb 01

Füllziegel-Wohnungstrennwand mit Vorsatzschale / Kellerdecke beidseitig gedämmt
Filler brick apartment party wall with facing layer/ Basement ceiling slab with insulation on both sides

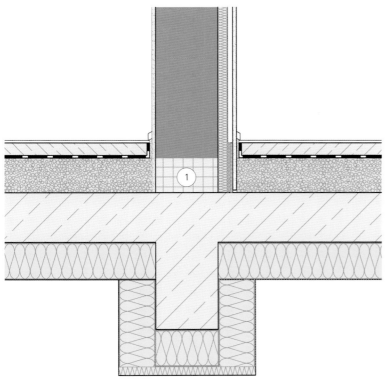

1 Warmer Fuß / Warm foot

Bauphysik / Building physics

Linearer Wärmebrückenkoeffizient Ψ ▪ Linear thermal bridge coefficient Ψ		Einheit ▪ Unit W/mK
	Raum ohne Vorsatzschale Room w/o facing layer	Raum mit Vorsatzschale Room w. facing layer
Warmer Fuß ▪ Warm foot:		
$\lambda = 0,10$ W/mK	0,053	- 0,005
$\lambda = 0,20$ W/mK	0,074	- 0,008
$\lambda = 0,10$ W/mK mit Dämmputz ($\lambda = 0,14$ W/mK) ▪ w. insulating plaster ($\lambda = 0,14$ W/mK)	0,043	- 0,003
Ohne thermische Entkopplung ▪ w/o thermal decoupling	0,137	- 0,019

Technische Beschreibung

Eignung
- Für tragende massive und schwere, Wärme und Schall dämmende Innenwände auf ober- und unterseitig gedämmten Bodenplatten
- Für Gebäudehöhen, in denen der weniger tragfähige, besser dämmende Sockel eingesetzt werden kann

Ausführungshinweise
- Zur Verringerung von Körperschallübertragung zwischen dem Estrich und der Innenwand elastische Randstreifen einlegen
- Die unterseitige Wärmedämmung und Umdämmung des Unterzuges so dimensionieren, dass eine Kondensatbildung im dämmenden Mauersockel auszuschließen ist

Instandhaltung
- Keine besonderen Maßnahmen

Diskussion des Aufbaus
- Mit Perlite gefüllte Hochlochziegel haben ein verhältnismäßig besseres Schalldämmmaß bei höherer Wärmeleitfähigkeit als die üblicherweise eingesetzten Porenbetonsteine

Technical description

Suitability
- For load-bearing, solid, heavy, heat and sound insulating walls on floor slabs with upper and lower side insulation
- For building heights that allow the use of bases with less load-bearing capability and better insulating properties

Construction process
- Elastic edging strips should be inserted between the screed and the interior wall to minimize body impact sound transmission
- The thermal insulation on the lower side and the insulation around the main beam should be sized to eliminate the possibility of condensation build up in the insulating wall base

Maintenance
- No special measures

Structural discussion
- Perlite-filled honeycomb bricks have a proportionally better sound insulation level at higher heat conduction levels than the porous concrete blocks normally used

TTh 01 ⋈ EFo 01

Terrassentür / Plattenfundament, oberseitig gedämmt, Nassestrich
Terrace door / Slab foundation, insulated upper side, wet screed

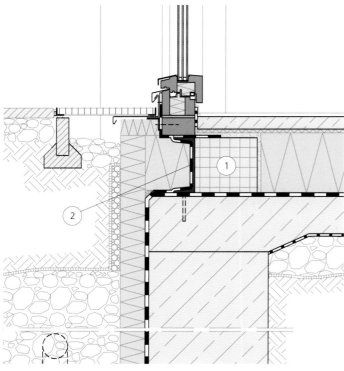

1 Warmer Fuß / Warm foot
2 Stahlwinkel / Steel angle

Technische Beschreibung

Eignung
• Für Einbau in Massivwänden (z.B. AWm 01, AWm 02)

Ausführungshinweise
• Den Fensterstock auf dem Blindstock verschrauben, diesen punktuell mit Stahlwinkeln befestigen
• Die Stahlwinkel einrichten und auf dem Betonfundament verschrauben
• Einen Glattstrich auf dem Porenbeton umlaufend herstellen; Wärmedämmputz empfohlen
• Fugen ausstopfen oder ausschäumen
• Ein vlieskaschiertes Butylkautschukband umlaufend dicht auf dem Glattstrich verkleben
• Die Porenbetonsteine zur Herstellung der Luftdichtigkeit verputzen
• Schlagregendichtigkeit durch eine ECB-Folie herstellen, diese in den Eckbereichen nicht verkleben. ECB-Folie mindestens 5 cm breit auf der Abdichtung der Bodenplatte verkleben.
• Folienabdichtung mittels Schutzblech mechanisch befestigen
• Die Betonrandsteine auf eigenem Fundament einbetonieren
• Die Winkel für die punktweise Befestigung des Gitterrosts können am Blindstock oder, wenn statisch möglich, auch am Fensterstock angebracht werden

Instandhaltung
• Die Fenster sind nach dem Abnehmen des Bodenbelags leicht demontier- und austauschbar
• Wegen der Alu-Deckschale ist keine Instandhaltung der Deckschicht notwendig. Die untere waagrechte Abdeckschiene des Fensterstocks sollte demontierbar sein, damit der Isolierungsanschluss überprüft werden kann.

Diskussion des Aufbaus
• Eine Aluschale ist im Parapetbereich wegen der hohen Wasserbelastung jedenfalls empfehlenswert
• Der Blindstock ist durch eine Purenit-Bohle oder einen verjüngten Blindstock mit XPS-Außenschale für verbesserten Wärmeschutz ersetzbar
• Der Anschluss ist barrierefrei herstellbar
• Die Mindesthöhe des Hochzugs muss in Abhängigkeit von den lokalen Gegebenheiten, wie Orientierung, Hauptwindrichtung, Vordach, nationale Normung festgelegt werden

Bauphysik / Building physics

	Einheit / Unit	
Linearer Wärmebrückenkoeffizient Ψ • Linear thermal bridge coefficient Ψ	W/mK	- 0,008

vgl. AWm 05 / EFo 01 (Seite 202) • cf. AWm 05 / EFo 01 (Page 202)

Technical description

Suitability
• For installation in solid walls (e.g. AWm 01, AWm 02)

Construction process
• Screw the window frame to the subframe, reinforce this frame with steel angles where needed
• Adjust and screw the angles to the concrete foundation
• Add a layer of smooth screed to the porous concrete; insulating plaster recommended
• Fill or foam joints
• Bond a fleece-laminated butyl rubber with the smooth screed layer with an airtight seal
• Plaster the porous concrete blocks to make them airtight
• Ensure driving rain protection by applying an ECB sheet, do not bond it in the corner areas. The ECB sheet should be bonded to the sealing of the floor slab for a width of at least 5 m.
• Protective sheet should be mechanically fastened with a sheet metal
• The concrete edge stones should be laid in their own concrete foundation
• The steel angles used to fasten the grating can be fixed to the subframe, or if the statics allow, to the window frame

Maintenance
• The windows are easy to dismantle and exchange after removing the flooring layer
• The aluminum cladding makes maintenance of the surface unnecessary. The lower horizontal covering rail of the window frame should be removable to check the insulating connection.

Structural discussion
• Aluminum cladding is definitely advisable along the parapet area due to the high water loads
• The subframe can be replaced with a purenit plank or a battered subframe with an XPS exterior shell for improved heat protection
• The connection can be built without barriers
• The minimum height of the vertical upstand element should be determined according to local conditions such as, orientation, main wind direction, canopy and national standards
• When using terrace doors which meet ÖNORM B 7220 standards with reduced vertical upstand of the moisture seal, an additional mechanical fastening to the window frame is required. If the frame is not suitable according to the manufacturer, the moisture seal must be fastened to the exterior wall or to a subframe.

• Der bei Terrassentüren lt. ÖNORM B 7220 erlaubte verminderte Hochzug der Feuchteabdichtung erfordert eine zusätzliche mechanische Befestigung der Feuchteabdichtung am Fensterrahmen. Ist der Fensterrahmen lt. Herstellerangaben dafür nicht geeignet, muss die Feuchteabdichtung an der Außenwand oder an einem Blindstock befestigt werden.

TTh 01 ⋈ EFu 01

Terrassentür / Plattenfundament, unterseitig gedämmt, Nassestrich
Terrace door / Slab foundation, insulated lower side, wet screed

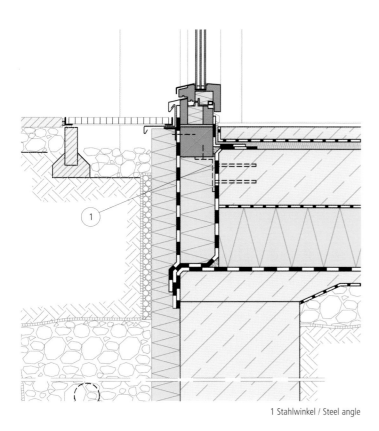

1 Stahlwinkel / Steel angle

Bauphysik / Building physics

	Einheit / Unit	
Linearer Wärmebrückenkoeffizient Ψ ▪ Linear thermal bridge coefficient Ψ	W/mK	- 0,008

vgl. AWm 05 x EFu 11 (Seite 202) ▪ cf. AWm 05 x EFu 11 (Page 202)

Technical description

Suitability
- For installation in solid and lightweight walls (e.g. AWm 01, AWm 02, AWl 05, AWl 03)

Construction process
- Screw the window frame to the subframe, reinforce this frame with steel angles where needed
- Screw the angles to the floor slab
- Insert a pre-compressed sealing ribbon between the window frame and subframe and between subframe and floor slab on all sides for high-quality sound insulation
- Fill or foam the joint between the window frame and subframe
- Bond the vapor barrier to the window frame and floor slab with an airtight seal
- Ensure driving rain protection by applying an ECB sheet, do not bond it in the corner areas. The ECB sheet should be bonded to the floor slab at least 5 cm wide.
- Protective sheet should be mechanically fastened with a metal sheet
- The concrete edge stones should be laid in their own concrete foundation
- The angles used to fasten the grating can be fixed to the subframe, or if the statics allow, along the window frame

Maintenance
- The windows are easy to dismantle and exchange after removing the flooring layer
- The aluminum cladding makes maintenance of the surface unnecessary. The lower horizontal covering rail of the window frame should be removable to check the insulating connection.

Structural discussion
- Aluminum cladding is definitely advisable along the parapet area due to the high water loads
- The subframe can be replaced with a purenit plank or a battered subframe with an XPS exterior shell (improved heat protection)
- The connection can be built without barriers
- The connection requires sophisticated adaptation for lightweight walls due to its greater assembly height (e.g. exterior wall on concrete base)
- The minimum height of the vertical upstand element should be determined according to local conditions such as orientation, main wind direction, canopy and national standards
- When using terrace doors which meet ÖNORM B 7220 standards with reduced vertical upstand of the moisture seal, an additional mechanical fastening to the window frame is required. If the frame is not suitable according to the manufacturer, the moisture seal must be fastened to the exterior wall or to a subframe.

Technische Beschreibung

Eignung
- Für Einbau in Massivwänden und Leichtbauwänden (z.B. AWm 01, AWm 02, AWl 05, AWl 03)

Ausführungshinweise
- Den Fensterstock auf dem Blindstock verschrauben, diesen punktweise auf Stahlwinkeln befestigen
- Die Stahlwinkel auf der Bodenplatte verschrauben
- Ein vorkomprimiertes Dichtungsband zwischen Fensterstock und Blindstock sowie zwischen Blindstock und Bodenplatte umlaufend für hochwertigen Schallschutz einfügen
- Die Fuge zwischen Fensterstock und Blindstock ausstopfen oder ausschäumen
- Die Dampfsperre auf Fensterstock und Bodenplatte strömungsdicht verkleben
- Schlagregendichtigkeit durch ECB-Folie herstellen, diese in den Eckbereichen nicht verkleben. Die ECB-Folie mindestens 5 cm breit auf der Abdichtung der Bodenplatte verkleben.
- Die Folienabdichtung mittels Schutzblech mechanisch befestigen
- Die Betonrandsteine auf eigenem Fundament einbetonieren
- Die Winkel für die punktuelle Befestigung des Gitterrostes können am Blindstock, wenn statisch möglich, auch am Fensterstock befestigt werden

Instandhaltung
- Die Fenster sind nach dem Abnehmen des Bodenbelags leicht demontier- und austauschbar
- Wegen der Alu-Deckschale ist keine Instandhaltung der Deckschicht notwendig. die untere waagrechte Abdeckschiene des Fensterstocks sollte demontierbar sein, damit der Isolierungsanschluss überprüft werden kann

Diskussion des Aufbaus
- Eine Aluschale ist im Parapetbereich wegen der hohen Wasserbelastung jedenfalls empfehlenswert
- Ein verjüngter Blindstock mit XPS-Außenschale kann durch einen Blindstock (größere Wärmebrücke) oder durch eine Purenit-Bohle ersetzt werden
- Der Anschluss ist barrierefrei herstellbar
- Der Anschluss ist wegen des hohen Außenniveaus nur aufwändig für Leichtbauaußenwände adaptierbar (z.B. Außenwand auf Betonsockel)

- Die Mindesthöhe des Hochzugs muss in Abhängigkeit der lokalen Gegebenheiten, wie Orientierung, Hauptwindrichtung, Vordach, nationale Normung festgelegt werden
- Der bei Terrassentüren lt. ÖNORM B 7220 erlaubte verminderte Hochzug der Feuchteabdichtung erfordert eine zusätzliche mechanische Befestigung der Feuchteabdichtung am Fensterrahmen. Ist der Fensterrahmen lt. Herstellerangaben dafür nicht geeignet, muss die Feuchteabdichtung an der Außenwand oder an einem Blindstock befestigt werden.

TTh 01 ⋈ KDo 01 ⋈ EAm 02

Terrassentür / Kellerdecke oberseitig gedämmt, Nassestrich / Erdberührte Stahlbeton-Außenwand
Terrace door / Basement ceiling slab insulated upper side, wet screed / Sealed reinforced concrete outside wall

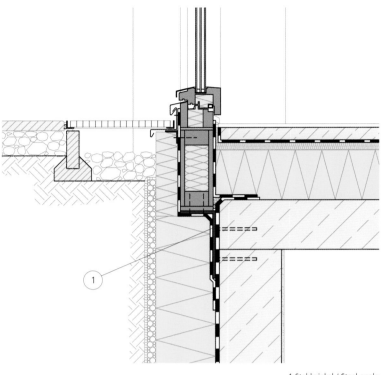

1 Stahlwinkel / Steel angle

Technische Beschreibung

Eignung
- Für Einbau in Leichtbau- und Massivwände (z.B. AWl 05, AWl 03, AWm 01, AWm 02)
- Für Fenstereinbau mit hochwertigem Schallschutz

Ausführungshinweise
- Den Fensterstock auf dem Fertigteilsockelelement verschrauben, diesen punktweise auf Stahlwinkeln befestigen
- Die Stahlwinkel auf der Bodenplatte und dem Fertigteilsockelelement verschrauben
- Die Holzwerkstoffplatte an den Stahlwinkeln befestigen
- Die Fuge zwischen Fensterstock und Blindstock ausstopfen oder ausschäumen
- Die Dampfsperre auf Fensterstock und Bodenplatte strömungsdicht verkleben, seitlich an strömungsdichte Schicht (Putz, Dampfsperre, OSB, je nach Außenwand) anschließen
- Schlagregendichtigkeit durch ECB-Folie herstellen, diese in den Eckbereichen nicht verkleben. Die ECB-Folie auf der Abdichtung der Bodenplatte verkleben.
- Die Folienabdichtung mittels Schutzblech mechanisch befestigen
- Die Betonrandsteine auf eigenem Fundament einbetonieren
- Die Winkel für die Befestigung des Gitterrostes können am Fertigteilsockelelement oder, wenn statisch möglich, am Fensterstock befestigt werden

Instandhaltung
- Die Fenster sind nach dem Abnehmen des Bodenbelags leicht demontier- und austauschbar
- Wegen der Alu-Deckschale ist keine Instandhaltung der Deckschicht notwendig. Die untere waagrechte Abdeckschiene des Fensterstocks sollte demontierbar sein, damit der Isolierungsanschluss überprüft werden kann.

Diskussion des Aufbaus
- Eine Aluschale ist im Parapetbereich wegen der hohen Wasserbelastung jedenfalls empfehlenswert
- Der Anschluss ist barrierefrei herstellbar
- Die Mindesthöhe des Hochzugs muss in Abhängigkeit von den lokalen Gegebenheiten wie Orientierung, Hauptwindrichtung, Vordach, nationale Normung festgelegt werden

Bauphysik / Building physics

	Einheit / Unit
Linearer Wärmebrückenkoeffizient Ψ ▪ Linear thermal bridge coefficient Ψ	W/mK
Außenluft ▪ Outside air	0,001
Keller ▪ Basement	- 0,025

Technical description

Suitability
- For installation in lightweight and solid walls (e.g. AWl 05, AWl 03, AWm 01, AWm 02)
- For window installations with high-quality sound insulation

Construction process
- Screw the window frame to the prefabricated base element, reinforce this frame with steel angles were needed
- Screw the angles to the floor slab and the prefabricated base element
- Fasten the wood chipboard panel to the angles
- Fill or foam the joint between the window frame and subframe
- Fasten the vapor barrier to the window frame and floor slab with an airtight seal amd connect it to the flow-sealed layer along the sides (plaster, vapor barrier, OSB, depending on the exterior wall)
- Ensure driving rain protection by applying an ECB sheet, do not bond it in the corner areas. Bond the ECB sheet with the floor slab seal.
- Protective sheet should be mechanically fastened with a sheet metal
- The concrete edge stones should be laid in their own concrete foundation
- The angles used to fasten the grating can be fixed to the prefabricated base element or if the statics allow, to the window frame

Maintenance
- The windows are easy to dismantle and exchange after removal of the flooring layer
- The aluminum cladding makes maintenance of the surface unnecessary. The lower horizontal covering rail of the window frame should be removable to check the insulating connection.

Structural discussion
- Aluminum cladding is definitely advisable along the parapet area due to the high water loads
- The connection can be built without barriers
- The minimum height of the vertical upstand element should be determined according to local conditions such as orientation, main wind direction, canopy and national standards
- When using terrace doors which meet ÖNORM B 7220 standards with reduced vertical upstand of the moisture seal, an additional mechanical fastening on the window frame is required. If the frame is not suitable according to the manufacturer, the moisture seal must be fastened to the exterior wall or to a subframe.

- Der bei Terrassentüren lt. ÖNORM B 7220 erlaubte verminderte Hochzug der Feuchteabdichtung erfordert eine zusätzliche mechanische Befestigung der Feuchteabdichtung am Fensterrahmen. Ist der Fensterrahmen lt. Herstellerangaben dafür nicht geeignet, muss die Feuchteabdichtung an der Außenwand oder an einem Blindstock befestigt werden.

TTh 01 ✕ KDu 01 ✕ EAm 02

Terrassentür / Kellerdecke unterseitig gedämmt, Nassestrich / Erdberührte Stahlbeton-Außenwand
Terrace door / Basement ceiling slab insulated lower side, wet screed / Sealed reinforced concrete outside wall

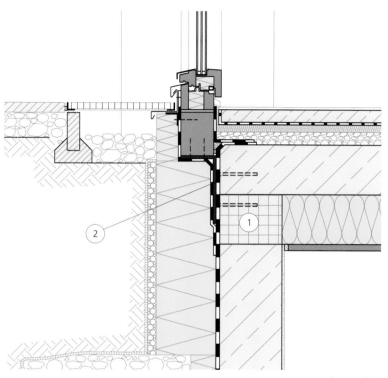

1 Warmer Fuß / Warm foot
2 Stahlwinkel / Steel angle

Bauphysik / Building physics

	Einheit / Unit
Linearer Wärmebrückenkoeffizient Ψ ▪ Linear thermal bridge coefficient Ψ	W/mK
Außenluft ▪ Outside air	0,027
Keller ▪ Basement	0,006

Technische Beschreibung

Eignung
- Für den Fenstereinbau in Massivwände (z.B. AWm 01, AWm 04, AWm 02)
- Für Fenstereinbau mit hochwertigem Schallschutz

Ausführungshinweise
- Den Fensterstock auf dem Blindstock verschrauben, diesen punktweise auf Stahlwinkeln befestigen
- Die Stahlwinkel auf der Bodenplatte verschrauben
- Ein vorkomprimiertes Dichtungsband zwischen Fensterstock und Blindstock sowie zwischen Blindstock und Bodenplatte umlaufend für hochwertigen Schallschutz einfügen
- Die Fuge zwischen Fensterstock und Blindstock ausstopfen oder ausschäumen
- Die Dampfsperre auf Fensterstock und Bodenplatte strömungsdicht verkleben
- Schlagregendichtigkeit durch ECB-Folie herstellen, diese in den Eckbereichen nicht verkleben. Die ECB-Folie auf der Abdichtung der Bodenplatte verkleben.
- Die Folienabdichtung mittels Schutzblech mechanisch befestigen
- Die Betonrandsteine auf eigenem Fundament einbetonieren
- Die Winkel für die Bestigung des Gitterrosts können am Blindstock oder, wenn statisch möglich, am Fensterstock befestigt werden

Instandhaltung
- Die Fenster sind nach dem Abnehmen des Bodenbelags leicht demontier- und austauschbar
- Wegen der Alu-Deckschale ist keine Instandhaltung der Deckschicht notwendig. Die untere waagrechte Abdeckschiene des Fensterstocks sollte demontierbar sein, damit der Isolierungsanschluss überprüft werden kann.

Diskussion des Aufbaus
- Eine Aluschale ist im Parapetbereich wegen der hohen Wasserbelastung jedenfalls empfehlenswert
- Der Blindstock kann durch eine Purenit-Bohle oder einen verjüngten Blindstock mit XPS-Außenschale für verbesserten Wärmeschutz ersetzt werden
- Der Anschluss ist barrierefrei herstellbar
- Der Anschluss ist wegen des hohen Außenniveaus nur aufwändig für Leichtbauaußenwände adaptierbar (z.B. Außenwand auf Betonsockel)

Technical description

Suitability
- For window installation ins solid walls (e.g. AWm 01, AWm 04, AWm 02)
- For window installations with high-quality sound insulation

Construction process
- Screw the window frame to the subframe, reinforce this frame with steel angles where needed
- Screw the angles to the floor slab
- Insert a pre-compressed sealing ribbon between the window frame and subframe and between subframe and floor slab on all sides for high-quality sound insulation
- Fill or foam the joint between the window frame and subframe
- Bond the vapor barrier to the window frame and floor slab with an airtight seal
- Ensure driving rain protection by applying an ECB sheet, do not bond it in the corner areas. Bond the ECB sheet with the floor slab seal
- Protective sheet should be mechanically fastened with a sheet metal
- The concrete edge stones should be laid in their own concrete foundation
- The angles used to fasten the grating can be fixed to the subframe, or if the statics allow, along the window frame

Maintenance
- The windows are easy to dismantle and exchange after removing the flooring layer
- The aluminum cladding makes maintenance of the surface unnecessary. The lower horizontal covering rail of the window frame should be removable to check the insulating connection.

Structural discussion
- Aluminum cladding is definitely advisable along the parapet area due to the high water loads
- The subframe can be replaced with a purenit plank or a battered subframe with an XPS exterior shell for improved heat protection
- The connection can be built without barriers
- The connection requires sophisticated adaptation for lightweight walls due to its high external level (e.g. exterior wall on concrete base)

TTh 01 ⋈ DAl 06 ⋈ GDl 01

Terrassentür / Leichtbau-Terrasse, hinterlüftet / Leichtbau- (oder Tram-) Geschoßdecke, Nassestrich
Terrace door / Lightweight terrace, rear ventilation / Lightweight (or joist) intermediate floor, wet screed

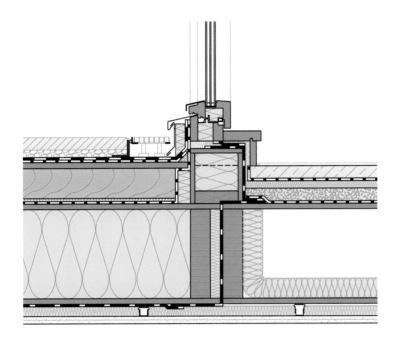

Bauphysik / Building physics

		Einheit / Unit
Linearer Wärmebrückenkoeffizient Ψ ▪ Linear thermal bridge coefficient Ψ		W/mK
Sockel ▪ Base		0,058
Sturz/Laibung, überdämmt ▪ Header/reveal w. add. insulation		0,008
$U_{w,eff}$-Wert (1,1–2,2 m) ▪ $U_{w,eff}$-value (1,1–2,2 m)	W/m²K	0,842

Technische Beschreibung

Eignung
- Für den Einbau in Leichtbauaußenwänden (z.B. AWI 04, AWI 05, AWI 03)

Ausführungshinweise
- Dampfbremse-Streifen strömungsdicht an Dampfsperre des Dachelements und des Sockels, bzw. der Außenwand des oberen Geschoßes anschließen. Diesen vor Auflegen des Dach- bzw. Deckenelements einlegen.
- In die Hinterlüftungsebene zur Minimierung der Wärmebrücke Dämmkeil ankleben
- Den Fensterstock in Kanthölzer bzw. das Fertigteilsockelelement verschrauben
- Das Butylkautschukband umlaufend dicht an der Dampfsperre verkleben
- Fugen mit Faserdämmstoff ausstopfen oder mit Schallschutzschaum ausschäumen
- Verschweißbare diffusionsoffene Dachauflagebahn verwenden
- Vorlegestufe (Holzfertigteil) durch Einlage von Trittschallstreifen vom Wandelement schallentkoppelt auflagern
- Schlagregendichtigkeit durch Verklebung der Abdichtung auf dem Fensterstock und durch mechanische Befestigung mittels gekantetem Schutzblech oder mittels eigener Klemmleiste herstellen

Instandhaltung
- Die Fenster sind nach dem Abnehmen der Trittstufe demontier- und austauschbar
- Wegen der Alu-Deckschale ist keine Instandhaltung der Deckschicht notwendig. Die untere waagrechte Abdeckschiene des Fensterstocks sollte demontierbar sein, damit der Isolierungsanschluss überprüft werden kann.

Diskussion des Aufbaus
- Anstatt der Auswechslung von Trägern in der Decke sind bei entsprechender Höhe des Sockels im Parapetbereich auch Parapetträger einsetzbar
- Öffnungen für Hinterlüftung der Terrasse sind im Terrassentürenbereich nicht möglich, Dampfdruckentspannung entsprechend planen (z.B. seitliche Öffnungen)
- Die Alu-Schale ist im Parapetbereich wegen der hohen Wasserbelastung jedenfalls empfehlenswert

Technical description

Suitability
- For installation in lightweight construction walls (e.g. B. AWI 04, AWI 05, AWI 03)

Construction process
- Vapor barrier strips should be connected to the roof element and base, or to the exterior wall of the upper level with an airtight seal. Insert this connection before laying the roof or ceiling element.
- Bond insulating wedge in the rear ventilation level to minimize the thermal bridge
- Mount the window frame in the squared timber or prefabricated base element using screws
- The butyl rubber strip should be bonded to the vapor barrier with a tight seal along all sides
- Joints should be filled with fiber insulation material or foamed with sound insulation foam
- Use weldable, open-diffusion roofing sheet
- Step (prefabricated wood) should feature sound impact insulation strips that separate it from the wall element
- Ensure protection against driving rain by bonding a sealing layer along the window frame and mount a folded metal sheet using mechanical fastening or clamp joints

Maintenance
- The windows can be dismantled and exchanged after removing the step
- The aluminum cladding makes maintenance of the surface unnecessary The lower horizontal covering rail of the window frame should be removable to check the insulating connection

Structural discussion
- With the corresponding height, parapet supports can be used in the parapet area instead of changing the ceiling supports
- Rear ventilation openings for the terrace are not possible. Plan the needed vapor pressure compensation solution (e.g. lateral openings).
- Aluminum cladding is definitely advisable along the parapet area due to the high water loads

Fortsetzung Seite 236

Continuation page 236

TTh 01 ✂ DAm 05 ✂ GDm 02

Terrassentür / Stahlbeton-Terrasse / Stahlbeton-Geschoßdecke
Terrace door / Reinforced concrete terrace structure / Reinforced concrete intermediate floor

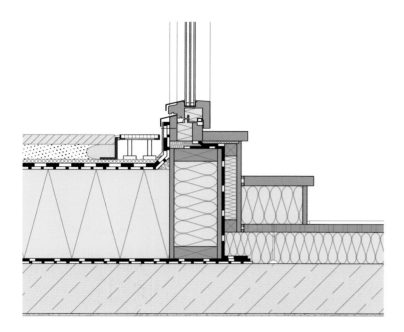

Bauphysik / Building physics

	Einheit / Unit	
Linearer Wärmebrückenkoeffizient Ψ ▪ Linear thermal bridge coefficient Ψ	W/mK	
Sockel ▪ Base		0,069
Sturz/Laibung, überdämmt ▪ Header/reveal w. add. insulation		0,008
$U_{w,eff}$-Wert (1,1–2,2 m) ▪ $U_{w,eff}$-value (1,1–2,2 m)	W/m²K	0,846

Technical description

Suitability
- For installation in solid or lightweight exterior walls (e.g. AWI 01, AWI 02, AWI 04, AWI 05, AWI 03)

Construction process
- Screw the window frame to the prefabricated base element
- Fasten the prefabricated base element to the reinforced concrete ceiling with steel angles
- The butyl rubber strip should be bonded to the vapor barrier with a tight seal along all sides
- Joints should be filled with fiber insulation material or foamed with sound insulation foam.
- Bond the base vapor barrier to the reinforced concrete ceiling with an air-tight seal
- Ensure protection against driving rain by bonding a sealing layer along the window frame and mount a folded metal sheet using mechanical fastening or clamp joints
- Place the grating on adjustable feet using compensating panels underneath. Insert a sound insulation layer under these panels if needed (e.g. neoprene).

Maintenance
- The windows are easy to dismantle and exchange after removing the flooring layer
- The aluminum cladding makes maintenance of the surface unnecessary. The lower horizontal covering rail of the window frame should be removable to check the insulating connection.

Structural discussion
- Aluminum cladding is definitely advisable along the parapet area due to the high water loads
- The connection is also suitable for walls with wood-derivative panels as vapor barrier; joints should be finished with bonded, air-tight seals
- Even surface inside and terrace levels can be achieved using spacers or bonded filler and wood-derivative panel, no cladding is required then
- The minimum height of the vertical upstand should be determined according to local conditions such as orientation, main wind direction, canopy and national standards
- When using terrace doors which meet ÖNORM B 7220 standards with reduced vertical upstand of the moisture seal, an additional mechanical fastening to the window frame is required. If the frame is not suitable according to the manufacturer, the moisture seal has to be fastened to the exterior wall or to a subframe.

Technische Beschreibung

Eignung
- Für den Einbau in Massiv- und Leichtbauaußenwänden (z.B. AWI 01, AWI 02, AWI 04, AWI 05, AWI 03)

Ausführungshinweise
- Den Fensterstock im Fertigteilsockelelement verschrauben
- Das Fertigteilsockelelement mit Stahlwinkeln an der Stahlbetondecke befestigen
- Das Butylkautschukband umlaufend dicht an der Dampfsperre verkleben
- Fugen mit Faserdämmstoff ausstopfen oder mit Schallschutzschaum ausschäumen
- Die Dampfsperre des Sockels strömungsdicht an der Stahlbetondecke verkleben
- Schlagregendichtigkeit durch Verklebung der Abdichtung auf dem Fensterstock und durch mechanische Befestigung mittels gekantetem Schutzblech oder mittels eigener Klemmleiste herstellen).
- Den Gitterrost auf höhenverstellbaren Füßen aufsetzen, diese auf Ausgleichplatten lagern. Ggf. eine schalldämmende Lage unter die Ausgleichplatten legen (z.B. Neopren).

Instandhaltung
- Die Fenster sind nach dem Abnehmen des Bodenbelags leicht demontier- und austauschbar
- Wegen der Alu-Deckschale ist keine Instandhaltung der Deckschicht notwendig. Die untere waagrechte Abdeckschiene des Fensterstocks sollte demontierbar sein, damit der Isolierungsanschluss überprüft werden kann.

Diskussion des Aufbaus
- Die Alu-Schale ist im Parapetbereich wegen der hohen Wasserbelastung jedenfalls empfehlenswert
- Der Anschluss ist auch für Außenwände mit Holzwerkstoffplatte als Dampfbremse geeignet: Stöße strömungsdicht verkleben
- Eine Niveaugleichheit innen mit Terrassenboden außen ist durch entsprechende Distanzelemente oder eine Unterlage mit gebundener Schüttung und Holzwerkstoffplatte erreichbar, eine Vorsatzschale kann dann entfallen
- Die Mindesthöhe des Hochzugs muss in Abhängigkeit von den lokalen Gegebenheiten, wie Orientierung, Hauptwindrichtung, Vordach, nationale Normung festgelegt werden
- Der bei Terrassentüren lt. ÖNORM B 7220 erlaubte verminderte Hochzug der Feuchteabdichtung erfordert eine zusätzliche mechanische Befestigung der Feuchteabdichtung am Fensterrahmen. Ist der Fensterrahmen lt. Herstelleran-

gaben dafür nicht geeignet, muss die Feuchteabdichtung an der Außenwand oder an einem Blindstock befestigt werden.

TTh 01 ⋈ DAm 06 ⋈ GDm 02

Terrassentür / Stahlbeton-Flachdach mit Terrassenaufbau / Stahlbeton-Geschoßdecke
Terrace door / Reinforced concrete flat roof terrrace structure / Reinforced concrete intermediate floor

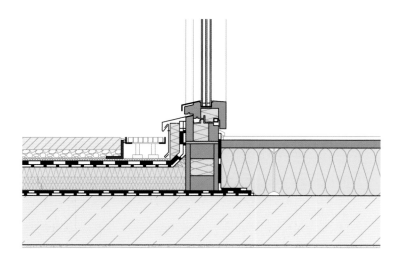

Bauphysik / Building physics

	Einheit / Unit	
Linearer Wärmebrückenkoeffizient Ψ ▪ Linear thermal bridge coefficient Ψ	W/mK	
Sockel ▪ Base		0,068
Sturz/Laibung, überdämmt ▪ Header/reveal w. add. insulation		0,008
$U_{w,eff}$-Wert (1,1–2,2 m) ▪ $U_{w,eff}$-value (1,1–2,2 m)	W/m²K	0,847

Technische Beschreibung

Eignung
- Für den Einbau in Massiv- und Leichtbauaußenwänden (z.B. AWl 01, AWl 02, AWl 04, AWl 05, AWl 03)

Ausführungshinweise
- Den Fensterstock im Holzelement verschrauben
- Fugen mit Faserdämmstoff ausstopfen oder mit Schallschutzschaum ausschäumen
- Die Dampfsperre strömungsdicht an Fensterstock und Stahlbetondecke verkleben
- Schlagregendichtigkeit durch Verklebung der Abdichtung auf Fensterstock und mechanischer Befestigung mittels gekantetem Schutzblech oder mittels eigener Klemmleiste herstellen).
- Den Gitterrost auf höhenverstellbaren Füßen aufsetzen, diese auf Ausgleichplatten lagern. Ggf. eine schalldämmende Lage unter die Ausgleichplatten legen (z.B. Neopren).

Instandhaltung
- Die Fenster sind nach dem Abnehmen des Bodenbelags leicht demontier- und austauschbar
- Wegen der Alu-Deckschale ist keine Instandhaltung der Deckschicht notwendig. Die untere waagrechte Abdeckschiene des Fensterstocks sollte demontierbar sein, damit der Isolierungsanschluss überprüft werden kann.

Diskussion des Aufbaus
- Das Holzfertigteilelement kann durch Purenit- oder Holzbohle ersetzt werden. (Dehnungsverhalten und höhere Wärmebrückenwirkung beachten).
- Der Vorteil des Holzfertigteilelements ist die hohe Stabilität bei relativ günstigem thermischen Verhalten
- Die Vakuumdämmung gegen mechanische Beschädigung schützen
- Zur thermischen Optimierung und zum Schutz des Hochzugs kann ein XPS-Keil, abgedeckt durch starkes Blech, vor den Hochzug gesetzt werden
- Die Alu-Deckschale ist im Parapetbereich wegen der hohen Wasserbelastung jedenfalls empfehlenswert
- Der Anschluss ist auch für Außenwände mit Holzwerkstoffplatte als Dampfbremse geeignet: Stöße strömungsdicht verklebt

Fortsetzung Seite 236

Technical description

Suitability
- For installation in solid and lightweight exterior walls (e.g. AWl 01, AWl 02, AWl 04, AWl 05, AWl 03)

Construction process
- Screw the window frame to the prefabricated base element
- Joints should be filled with fiber insulation material or foamed with sound insulation foam
- Bond the window frame vapor barrier to the reinforced concrete ceiling with an air-tight seal
- Ensure protection against driving rain by bonding a sealing layer along the window frame and mount a folded metal sheet using mechanical fastening or clamp joints
- Set the grating on adjustable feet using compensating panels underneath. Insert a sound insulation layer under these panels if needed (e.g. neoprene).

Maintenance
- The windows should be easy to dismantle and exchange after removing the flooring
- The aluminum cladding makes maintenance of the surface unnecessary. The lower horizontal covering rail of the window frame should be removable to check the insulating connection.

Structural discussion
- The prefabricated wood element can be replaced with a purenit or a timber plank. (Consider the expansion properties and higher thermal bridge effect).
- The advantage of the prefabricated wood element is its high stability combined with relatively good thermal properties
- Protect vacuum insulation against mechanical damage
- A XPS wedge protected with a thick sheet metal can be inserted in front of the vertical upstand element to optimize its thermal properties
- Aluminum cladding is definitely advisable along the parapet area due to the high water loads
- The connection is also suitable for for outside walls with a wood-derivative panel as vapor barrier; joints should be finished with bonded, air-tight seals

Continuation page 236

TTh 01 ⋈ GDm 02*

Balkontür / Stahlbeton-Geschoßdecke, Distanzboden, *Balkon, statisch vorgestellt
Balcony door / Reinforced concrete intermediate floor, spacer floor, *freestanding balcony

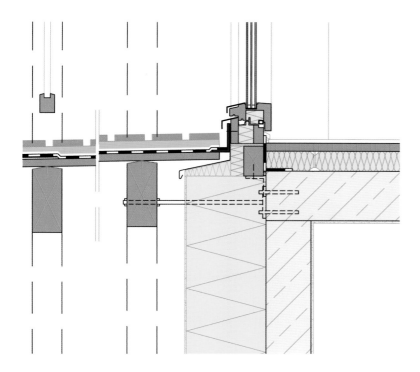

Bauphysik / Building physics

	Einheit / Unit	
Linearer Wärmebrückenkoeffizient Ψ ▪ Linear thermal bridge coefficient Ψ	W/mK	
Sockel ▪ Base		0,045
Sturz/Laibung, überdämmt ▪ Header/reveal w. add. insulation		0,003
$U_{w,eff}$-Wert (1,1–2,2 m) ▪ $U_{w,eff}$-value (1,1–2,2 m)	W/m²K	0,824
3-dimensionaler Wärmebrückenkoeffizient χ ▪ 3-dimensional thermal bridge coefficient χ	W/K	
Stahlanker pro Stück ▪ Steel anchor per piece:		
Edelstahl ▪ Stainless steel ⌀ 5 mm		0,001
Edelstahl ▪ Stainless steel ⌀ 10 mm		0,004
Stahl ▪ Steel ⌀ 5 mm		0,003
Stahl ▪ Steel ⌀ 10 mm		0,011

Technische Beschreibung

Eignung
- Für den Einbau von Fenstern in Massivwände oder Holzmassivwände mit Wärmedämmverbundsystem oder mechanisch befestigtem Dämmsystem

Ausführungshinweise
- Den Fensterstock an den Blindstock, diesen an den umlaufenden Stahlwinkel verschrauben
- Luftdichtigkeit zwischen Fensterstock und Stahlbetondecke mit strömungsdichter Folie herstellen
- Fugen außenseitig ausstopfen oder mit Schallschutzschaum ausschäumen
- Schlagregendichtigkeit durch ein mechanisch fixiertes Sockelblech herstellen
- Balkonkonstruktion freistehend mittels Edelstahlhalterung (Mindestabstände lt. Erzeuger) an Deckenrost befestigen
- Holzlatten und Sparren konstruktiv gegen stehende Feuchtigkeit schützen

Instandhaltung
- Die Fenster sind nach Abnehmen des Fertigparketts leicht demontier- und austauschbar
- Wegen der Alu-Deckschale ist keine Instandhaltung der Deckschicht notwendig. Die untere waagrechte Abdeckschiene des Fensterstocks sollte demontierbar sein, damit der Isolierungsanschluss überprüft werden kann.
- Regelmäßige Reinigung der Fugen erhöht die Nutzungsdauer des Balkonrostes

Diskussion des Aufbaus
- Auch für Geschossdecken mit Nassestrich geeignet
- Die Aluschale an Fensterstock und -flügel ist im Parapetbereich wegen der hohen Wasserbelastung jedenfalls empfehlenswert
- Die Balkonkonstruktion ist wasserdicht. Wasser darf nicht ins Hirnholz der Balkonbretter gelangen.
- Lokale Brandschutzvorschriften beachten, entsprechende Dimensionierung der Holzsteher, ggf. ihren Austausch durch Stahl (brandgeschützt) und eine Brandschutzplatte unterhalb der Balkonplatte vorsehen

Technical description

Suitability
- For the installation of windows in solid walls or solid wood walls with ETIC systems or mechanically fastened insulation systems

Construction process
- Screw the window frame to the subframe, which is screwed to the steel angles on all sides
- Ensure airtightness between the window frame and reinforced concrete ceiling with air-tight foil
- Fill joints or foam them with sound insulation foam
- Use a mechanically fixed sheet metal protector on the base to ensure driving rain protection
- Use stainless steel mounting (minimum spacing according to manufacturer) for freestanding balcony structure, fasten it to the ceiling grating
- Wood lathes and rafters should be structurally protected against moisture

Maintenance
- The windows should be easy to dismantle and exchange after removing the ready-to-use parquet flooring layer
- The aluminum cladding makes maintenance of the surface unnecessary. The lower horizontal covering rail of the window frame should be removable to check the insulating connection.
- Regular cleaning of the joints increases the balcony grating service life

Structural discussion
- Also suitable for wet screed intermediate floors
- The aluminum cladding on the window frame and doors in the parapet area is advisable due to the high water loads
- The balcony structure is watertight. Water should not seep into the ends of the balkony planks.
- Observe local fire protection guidelines, size the wood uprights accordingly and plan for the use of steel uprights (fire protected) if needed. Also plan for the use of a fire protection panel below the balcony slab.

TTh 01 ⋈ GDm 02*

Balkontür / Stahlbeton-Geschoßdecke, Distanzboden, *Balkon auf Isokorb
Balcony door / Reinforced concrete intermediate floor, spacer floor, *cantilevered balcony (Isokorb)

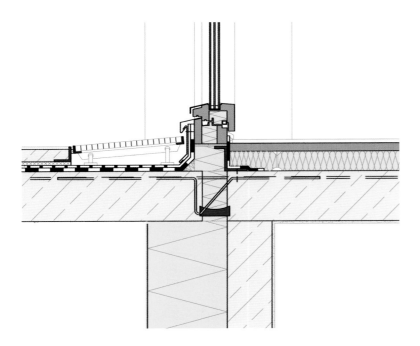

Bauphysik / Building physics

	Einheit / Unit	
Linearer Wärmebrückenkoeffizient Ψ ▪ Linear thermal bridge coefficient Ψ	W/mK	
Sockel ▪ Base		0,319
Sturz/Laibung, überdämmt ▪ Header/reveal w. add. insulation		0,003
Opake Wand zu Isokorb ▪ Opaque wall to Isokorb:		
Stahlbetonwand ▪ Reinforced concrete wall AWm01		0,282
Ziegelwand ▪ Brick wall AWm05		0,252
Leichtbauwand ▪ Lightweight wall AWl04		0,332
$U_{w,eff}$-Wert (1,1–2,2 m) ▪ $U_{w,eff}$-value (1,1–2,2 m)	W/m²K	0,949

Technische Beschreibung

Eignung
- Für Fenstereinbau mit durchschnittlichem Schallschutz geeignet, wenn Stahlwinkel durchlaufend dicht ausgeführt werden. Stärke und Abdichtung der Stahlwinkel neben den statischen Erfordernissen gemäß Schallschutzanforderungen dimensionieren.
- Einbau von Fenstern in Massivwände oder Holzmassivwände mit Wärmedämmverbundsystem
- Hohe Wärmebrückenverluste durch Isokorb, nur in Passivhäusern mit entsprechenden Reserven ausführbar

Ausführungshinweise
- Den Fensterstock am umlaufenden Stahlwinkel verschrauben
- Luftdichtigkeit zwischen Fensterstock und Stahlbetondecke mit strömungsdichter Folie herstellen
- XPS-Keil exakt in den freien Raum zwischen Fensterstock und Isokorb schneiden und kleben, Fugen außenseitig ausstopfen oder mit Schallschutzschaum ausschäumen
- Schlagregendichtigkeit durch mechanisch befestigte Abdichtung herstellen, die Abdichtung durch Sockelblech schützen

Instandhaltung
- Ein Fensteraustausch ist je nach Verschraubungsart einfach oder mit hohem Aufwand verbunden
- Wegen der Alu-Deckschale ist keine Instandhaltung der Deckschicht notwendig. Die untere waagrechte Abdeckschiene des Fensterstocks sollte demontierbar sein, damit der Isolierungsanschluss überprüft werden kann.

Diskussion des Aufbaus
- Eine entkoppelte Balkonkonstruktion ist wärmetechnisch deutlich günstiger
- Die Aluschale an Fensterstock und -flügel ist im Parapetbereich wegen der hohen Wasserbelastung jedenfalls empfehlenswert
- Die Balkonkonstruktion ist wasserdicht
- Der Isokorb bedingt einen hohen Wärmebrückenkoeffizienten, je nach Auskragung. In Zukunft ist wahrscheinlich der Ersatz von Stahl durch Glasfaser möglich.
- Bei Auskragungen bis ca. 1,5 m sind punktuell angeordnete Isokörbe und damit eine Reduzierung der Wärmebrücken möglich
- Durch Einsatz von Leichtbetonfertigteilen für die Balkonkragplatte können Wärmebrücken reduziert werden
- Der Anschluss ist barrierefrei herstellbar

Technical description

Suitability
- For window installations with average sound insulation if airtight steel angles are used on all sides. Size the thickness and sealing of the steel angles according to statics and sound insulation requirements.
- Window installations in solid walls or solid wood walls with a ETIC system
- High thermal bridge losses due to Isokorb (a load bearing connecting element for cantilevered balconies), can only be completed in passive houses with the corresponding reserves

Construction process
- Screw the window frame to the steel angles on all sides
- Ensure airtightness between the window frame and reinforced concrete floor with air-tight foil
- Cut and bond the XPS wedge exactly within the free space between the window frame and Isokorb element. Fill joints along the outside or foam with sound insulation foam.
- Use a mechanically fixed sheet metal protector on the base to ensure driving rain protection

Maintenance
- Exchanging the windows can be either easy or complicated depending on the type of screw fastening
- The aluminum cladding makes maintenance of the surface unnecessary. The lower horizontal covering rail of the window frame should be removable to check the insulating connection.

Structural discussion
- A separate balcony construction is much better in terms of thermal properties
- The aluminum cladding on the window frame and doors in the parapet area is advisable due to the high water loads
- The balcony structure is watertight
- Isokorb elements cause an high thermal bridge coefficient depending on the projection. Replacement of steel with fiberglass is probable in the future.
- With projections up to 1.5 m thermal bridges can be reduced by using Isokorb elements at selected points only
- The use of lightweight prefabricated concrete components for the projecting balcony slab can reduce thermal bridges
- The connection can be built without barriers

TTh 01 ⋈ GDm 02*

Balkontür / Stahlbeton-Geschoßdecke, Distanzboden, *Balkon auf Dreibein
Balcony door / Reinforced concrete intermediate floor, spacer floor, *balcony on tripods

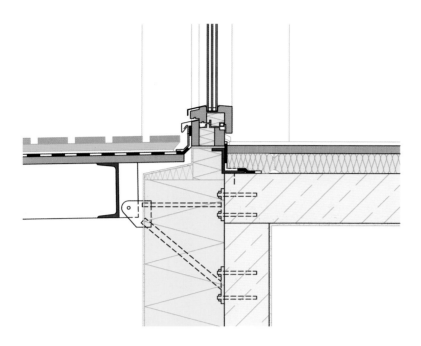

Bauphysik / Building physics

	Einheit / Unit	
Linearer Wärmebrückenkoeffizient Ψ ▪ Linear thermal bridge coefficient Ψ	W/mK	
Sockel ▪ Base		0,063
Sturz/Laibung, überdämmt ▪ Header/reveal w. add. insulation		0,003
$U_{W,eff}$-Wert (1,1–2,2 m) ▪ $U_{W,eff}$-value (1,1–2,2 m)	W/m²K	0,832
3-dimensionaler Wärmebrückenkoeffizient χ ▪ 3-dimensional thermal bridge coefficient χ	W/K	
Dreibein pro Stück* ▪ Tripod per piece*:		0,021

*[Schöberl et al. 2004]

Technical description

Suitability
- Window installations in solid walls or solid wood walls with an ETIC system
- For window installations with average sound insulation if airtight steel angles is completed airtightly on all sides. Size the thickness and sealing of the steel angle according to statics and sound insulation requirements.

Construction process
- The tripod can be insulated with local application of 2-layer thermal insulation and by foaming of hollow spaces
- The exterior plaster layer should reach the lower edge of the window frame. The joint should be wet-sealed after installing the window.
- Screw the window frame to the steel angles on all sides
- Ensure airtightness between the window frame and reinforced concrete with air-tight foil
- Create an air gap between the wood planks and the exterior plaster, no water should penetrate the end-grain wood!
- Size the space between the U-iron and tripod for screw fastening
- Ensure protection against driving rain by bonding a sealing layer along the window frame and mount a folded metal sheet using mechanical fastening or clamp joints, if needed
- Connect the handrails outside the watertight structure

Maintenance
- Exchanging the windows can be either easy or complicated depending on the type of screw fastening
- The aluminum cladding makes maintenance of the surface unnecessary. The lower horizontal covering rail of the window frame should be removable to check the insulating connection.

Structural discussion
- Also suitable for wet screed intermediate floors
- The aluminum cladding on the window frame and doors in the parapet area is advisable due to the high water loads
- The balcony structure is watertight
- Respect local fire protection guidelines, size the steel structure accordingly. Plan for the use of a fire protection panel below the balcony slab, if needed.
- The balcony support structure can also be built using wood, respect local fire protection guidelines
- Average sound insulation only requires steel angles at certain points instead of continuous metal angle
- A bracket or a double T iron on an EPDM layer can be used instead of a "tripod" depending on the projection
- The connection can be built without barriers

- Alternativ zu einem „Dreibein" kann je nach Auskragung auch eine Konsole oder ein I-Eisen auf einer EPDM-Lage hergestellt werden
- Der Anschluss ist barrierefrei herstellbar

Technische Beschreibung

Eignung
- Für den Einbau von Fenstern in Massivwände oder Holzmassivwände mit Wärmedämmverbundsystem
- Für Fenstereinbau mit durchschnittlichem Schallschutz geeignet, wenn die Stahlwinkel durchlaufend dicht ausgeführt werden. Stärke und Abdichtung des Stahlwinkels neben den statischen Erfordernissen auch gemäß Schallschutzanforderungen dimensionieren.

Ausführungshinweise
- Das Dreibein ggf. durch lokale 2-lagige Verlegung der Wärmedämmung und das Ausschäumen von Hohlräumen umdämmen
- Den Außenputz bis zur Unterkante des Fensterstocks führen, die Fuge nach Fenstereinbau nassversiegeln
- Den Fensterstock an einem umlaufenden Stahlwinkel verschrauben
- Luftdichtigkeit zwischen Fensterstock und Stahlbetondecke mit strömungsdichter Folie herstellen
- Zwischen den Holzbohlen und dem Außenputz einen Luftspalt vorsehen, es darf kein Wasser in das Hirnholz eindringen!
- Den Abstand zwischen U-Eisen und Dreibein für die Verschraubung dimensionieren
- Schlagregendichtigkeit durch Verklebung der Abdichtung auf dem Fensterstock und durch mechanische Befestigung mittels gekantetem Schutzblech, ggf. mittels eigener Klemmleiste herstellen
- Geländer außerhalb der Wannenbildung anschließen

Instandhaltung
- Ein Fensteraustausch ist je nach Verschraubungsart einfach oder mit hohem Aufwand verbunden
- Wegen der Alu-Deckschale ist keine Instandhaltung der Deckschicht notwendig. Die untere waagrechte Abdeckschiene des Fensterstocks sollte demontierbar sein, damit der Isolierungsanschluss überprüft werden kann.

Diskussion des Aufbaus
- Der Anschluss ist auch für Geschossdecken mit Nassestrich geeignet
- Die Aluschale an Fensterstock und -flügel ist im Parapetbereich wegen der hohen Wasserbelastung jedenfalls empfehlenswert
- Die Balkonkonstruktion ist wasserdicht
- Lokale Brandschutzvorschriften beachten, entsprechende Dimensionierung der Stahlkonstruktion, ggf eine Brandschutzplatte unterhalb der Balkonplatte vorsehen
- Die Balkontragkonstruktion ist auch in Holz herstellbar, lokale Brandschutzvorschriften beachten
- Für durchschnittlichen Schallschutz ist ein Fenstereinbau auch mit punktueller Befestigung mit Stahlwinkeln anstatt mit durchlaufendem Winkelblech möglich

Fortsetzung von Seite 230: TTh 01 / DAl 06 / GDl 01

- Alternativ zu einer Holzfertigteilvorlegestufe ist auch ein Betonfertigteil verwendbar
- Der Anschluss ist auch für Außenwände mit Holzwerkstoffplatte als Dampfbremse geeignet: Stöße strömungsdicht verkleben
- Eine Niveaugleichheit innen mit dem Terrassenboden außen ist durch eine gebundene Schüttung unter dem Estrich und ggf. durch einen Blindstock erreichbar
- Die Mindesthöhe des Hochzugs muss in Abhängigkeit von den lokalen Gegebenheiten, wie Orientierung, Hauptwindrichtung, Vordach, nationale Normung festgelegt werden
- Der bei Terrassentüren lt. ÖNORM B 7220 erlaubte verminderte Hochzug der Feuchteabdichtung erfordert eine zusätzliche mechanische Befestigung der Feuchteabdichtung am Fensterrahmen. Ist der Fensterrahmen lt. Herstellerangaben dafür nicht geeignet, muss die Feuchteabdichtung an der Außenwand oder an einem Blindstock befestigt werden.

Continuation of page 230: TTh 01 / DAl 06 / GDl 01

- A concrete prefabricated step can be used as an alternative to a prefabricated wood component
- The connection is also suitable for outside walls with a wood-derivative panel as vapor barrier; joints should be finished with bonded, airtight seals
- Even surface inside and terrace levels can be achieved using bound filler under the screed or a subframe
- The minimum height of the vertical upstand should be determined according to local conditions such as orientation, main wind direction, canopy and national standards
- When using terrace doors which meet ÖNORM B 7220 standards with reduced vertical upstand of the moisture seal, an additional mechanical fastening to the window frame is required. If, according to the manufacturer, the frame is not suitable, the moisture seal must be fastened to the exterior wall or to a subframe.

Fortsetzung von Seite 232: TTh 01 / DAm 06 / GDm 02

- Eine Niveaugleichheit innen mit dem Terrassenboden außen ist durch eine gebundene Schüttung unter dem Estrich erreichbar
- Die Mindesthöhe des Hochzugs muss in Abhängigkeit von den lokalen Gegebenheiten, wie Orientierung, Hauptwindrichtung, Vordach, nationale Normung festgelegt werden
- Der bei Terrassentüren lt. ÖNORM B 7220 erlaubte verminderte Hochzug der Feuchteabdichtung erfordert eine zusätzliche mechanische Befestigung der Feuchteabdichtung am Fensterrahmen. Ist der Fensterrahmen lt. Herstellerangaben dafür nicht geeignet, muss die Feuchteabdichtung an der Außenwand oder an einem Blindstock befestigt werden.

Continuation of page 232: TTh 01 / DAm 06 / GDm 02

- Even surface inside and terrace levels can be achieved using bound filler under the screed
- The minimum height of the vertical upstand element should be determined according to local conditions such as orientation, main wind direction, canopy and national standards
- When using terrace doors which meet ÖNORM B 7220 standards with reduced vertical upstand of the moisture seal, an additional mechanical fastening on the window frame is required. If the frame is not suitable according to the manufacturer, the moisture seal has to be fastened to the exterior wall or to a subframe.

Funktionale Einheiten
Functional units

Verputzte Dämmfassaden

Datenprofil ausgewählter Dämmsysteme

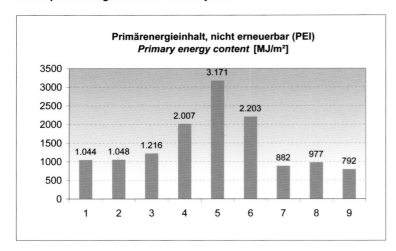

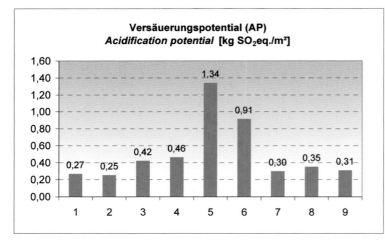

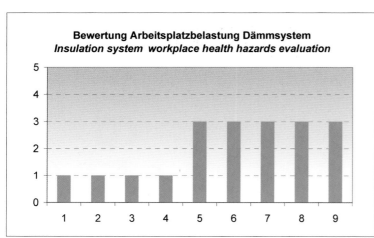

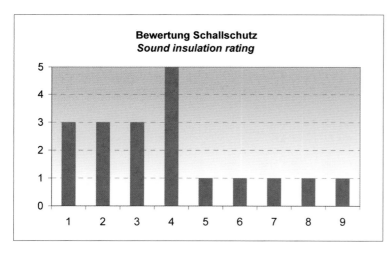

Plaster insulation façades

Data profile of selected insulation systems

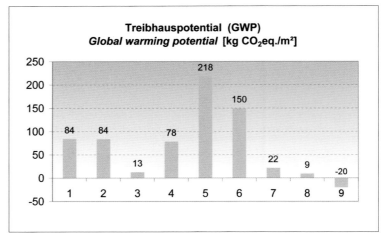

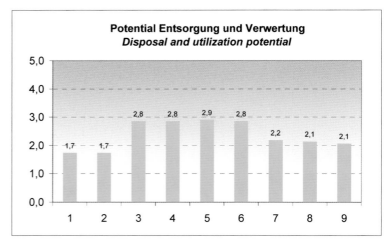

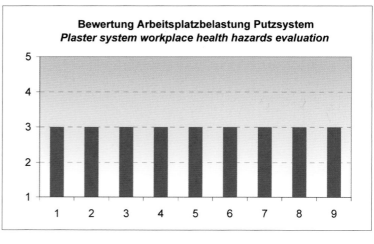

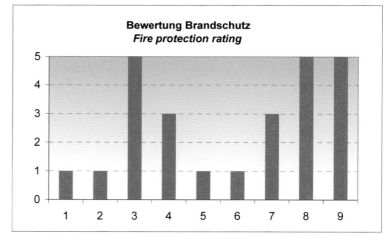

1 Mineralschaumplatte 2-lagig mit Silikatputz
2 Mineralschaumplatte 2-lagig mit Silikonharzputz
3 Korkdämmplatte 1-lagig
4 EPS 1-lagig mit Stufenfalz
5 Steinwolle 2-lagig
6 Steinwolle Lamelle 1-lagig
7 Zellulosedämmung, Holzwolleleichtbauplatte
8 Zellulosedämmung, Holzfaserdämmplatte
9 Zellulosedämmung, Korkputzträger

1 2-layer mineral foam panel with silicate plaster
2 2-layer mineral foam panel with silicon resin plaster
3 1-layer cork insulation panel
4 1-layer EPS with stepped rabbet
5 2-layer rock wool
6 1-layer rock wool lamella panel
7 Cellulose insulation, wood wool lightweigh panel
8 Cellulose insulation, wood fiberboard insulation panel
9 Cellulose insulation, cork plaster bearing layer

Dämmung im Leichtelement

Datenprofil ausgewählter Dämmsysteme

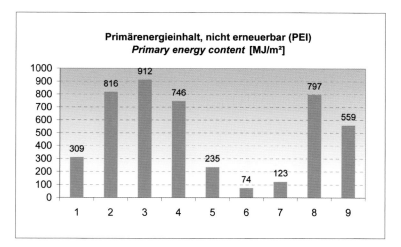

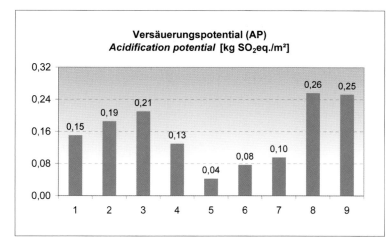

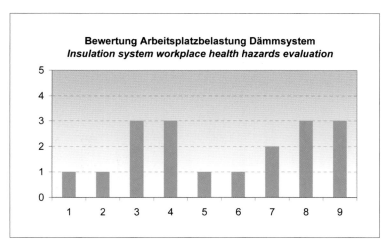

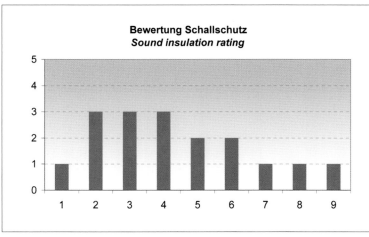

Insulation in lightweight elements

Data profile of selected insulation systems

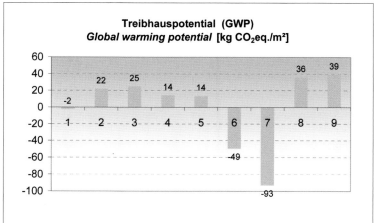

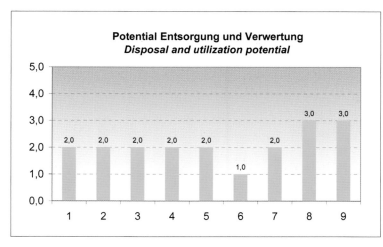

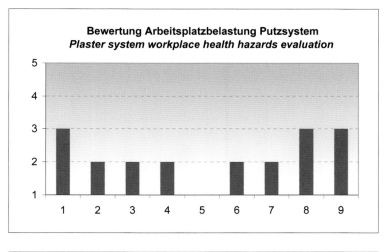

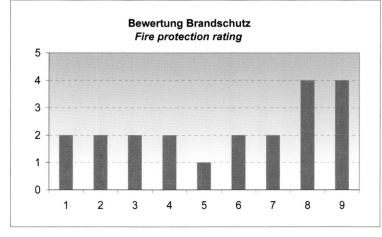

1 Zellulosefaserflocken
2 Flachsdämmstoff ohne Stützgitter
3 Flachsdämmstoff mit Polyestergitter
4 Hanfdämmstoff
5 Schafwolledämmstoff
6 Strohballen
7 Holzspäne
8 Glaswolle
9 Steinwolle

1 Cellulose fiber flakes
2 Flax insulating material w/o supporting fiber
3 Flax insulating material w. supporting fiber
4 Hemp insulating materials
5 Lambswool insulating materials
6 Bales of straw
7 Wood shavings
8 Glass wool
9 Rock wool

Passivhausfenster

Datenprofil ausgewählter Fenstersysteme

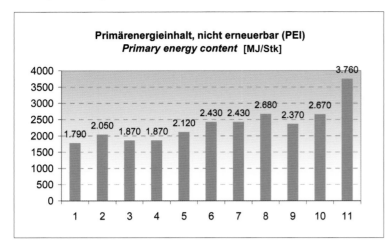

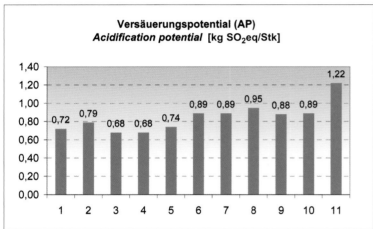

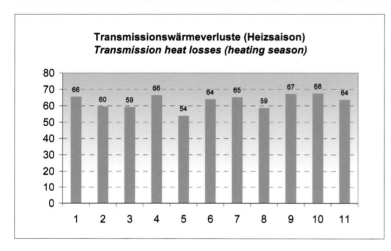

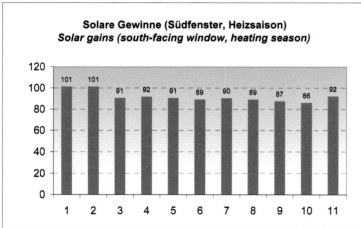

Passive house windows

Data profile for selected window systems

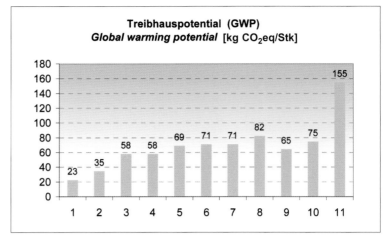

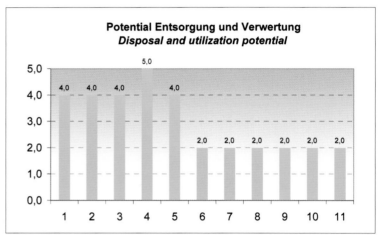

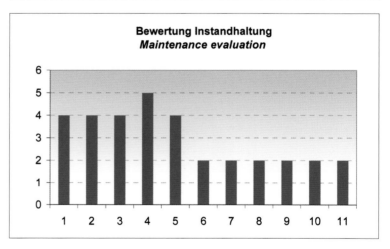

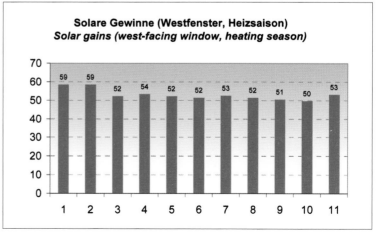

1 Vollholz, überdämmt
2 Vollholz überdämmt, Krypton
3 Holz/PUR/Holz überdämmt
4 Holz/PUR/Holz nicht überdämmt
5 Holz/PUR/Holz, überdämmt, Krypton
6 Holz/XPS/Alu, überdämmt
7 Holz/XPS/Alu, nicht überdämmt
8 Holz/XPS/Alu, überdämmt, Krypton
9 Holz/Kork/Alu, überdämmt
10 Holz/Zellulose/Alu, überdämmt
11 PVC, überdämmt

1 Solid wood, additional insulation
2 Solid wood, additional insulation, Krypton
3 Wood/PUR/wood additional insulation
4 Wood/PUR/wood, without additional insulation
5 Wood/PUR/wood, additional insulation, Krypton
6 Wood/XPS/aluminum, additional insulation
7 Wood/XPS/aluminum, without additional insulation
8 Wood/XPS/aluminum, additional insulation, Krypton
9 Wood/cork/aluminum, additional insulation
10 Wood/cellulose/aluminum, additional insulation
11 PVC, additional insulation

Innenputzschichten

Datenprofil ausgewählter Innenputzsysteme auf Mauerwerk

Interior plaster layers

Data profile for selected interior plaster systems on masonry

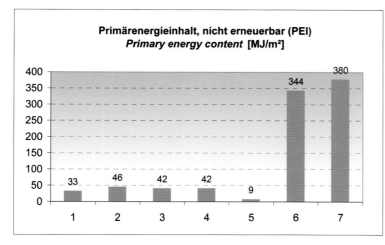

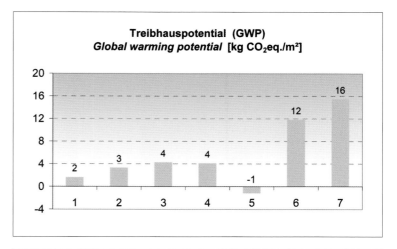

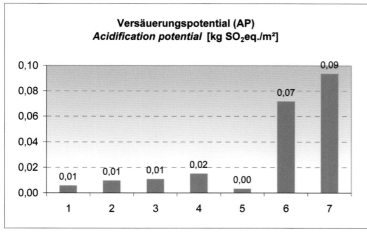

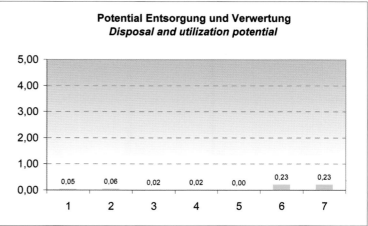

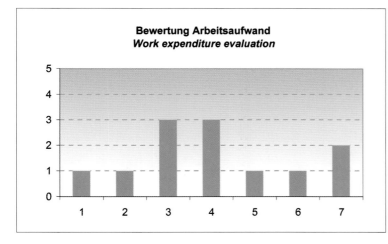

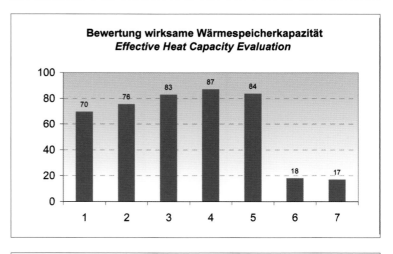

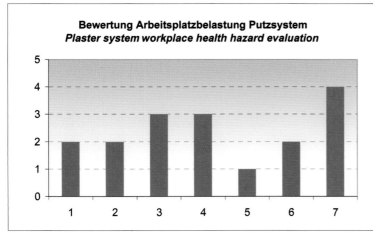

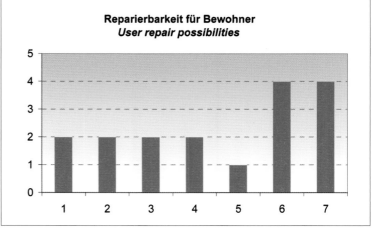

1 Gipsputz einlagig
2 Kalkgipsputz einlagig
3 (Luft)Kalkputz mehrlagig
4 Kalkzementputz einlagig
5 Lehmputz zweilagig
6 Gipskartonplatte mit Installationsebene
7 Gipsfaserplatte mit Installationsebene

1 1-layer gypsum plaster
2 1-layer lime gypsum plaster
3 Multilayer (air)lime plaster
4 1-layer lime cement plaster
5 2-layer loam plaster
6 Gypsum plasterboard with services level
7 Gypsum fiberboard with services level

Innenputzschichten

Datenprofil ausgewählter Innenputzsysteme auf Beton

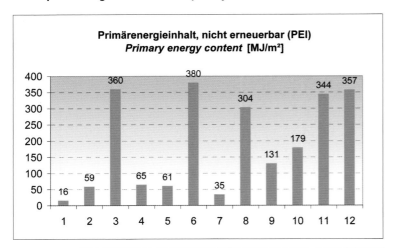

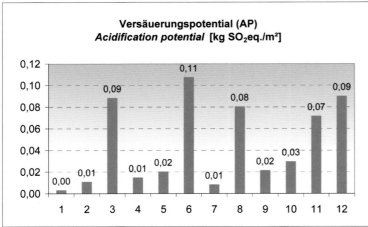

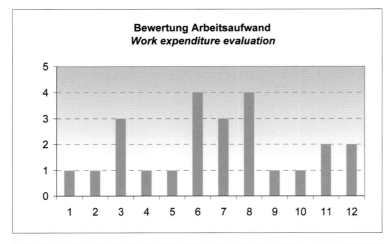

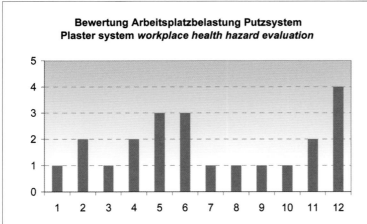

Interior plaster layers

Data profile for selected interior plaster systems on concrete

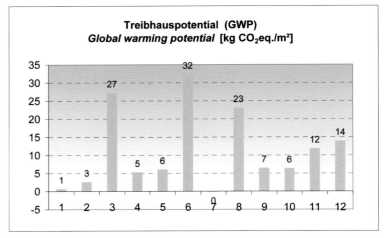

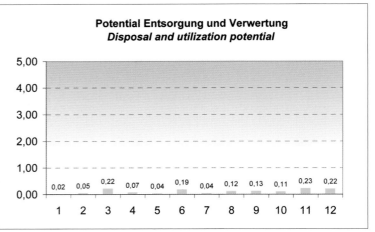

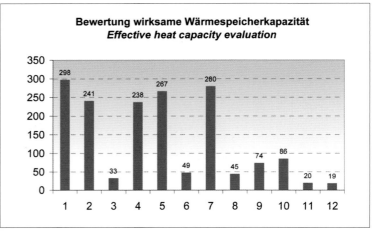

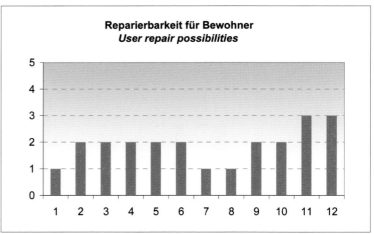

1 Gipsspachtel
2 Gipsputz einlagig
3 Gipsputz einlagig mit Installationsebene
4 Kalkgipsputz einlagig
5 Kalkzementputz einlagig
6 Kalkzementputz zweilagig mit Installationsebene
7 Lehmputz zweilagig
8 Lehmputz zweilagig mit Installationsebene
9 Gipskartonplatte
10 Gipsfaserplatte
11 Gipskartonplatte mit Installationsebene
12 Gipsfaserplatte mit Installationsebene

1 Gypsum filler mass
2 1-layer gypsum plaster
3 1-layer gypsum plaster with services level
4 1-layer lime gypsum plaster
5 1-layer lime cement plaster
6 2-layer lime cement plaster with services level
7 2-layer loam plaster
8 2-layer loam plaster with services level
9 Gypsum plasterboard
10 Gypsum fiberboard
11 Gypsum plasterboard with services level
12 Gypsum fiberboard with services level

Innenputzschichten

Datenprofil ausgewählter Innenputzsysteme auf Leichtkonstruktionen

Interior plaster layers

Data profile for selected interior plaster systems on lightweight construction

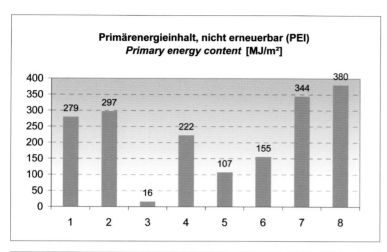

Primärenergieinhalt, nicht erneuerbar (PEI)
Primary energy content [MJ/m²]

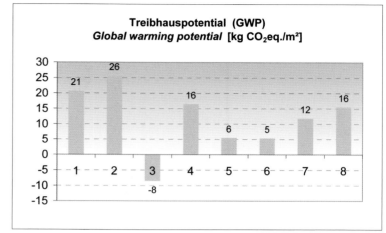

Treibhauspotential (GWP)
Global warming potential [kg CO₂eq./m²]

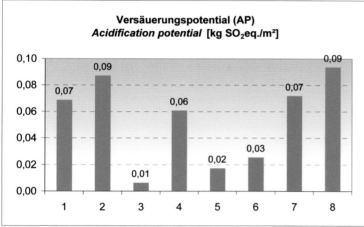

Versäuerungspotential (AP)
Acidification potential [kg SO₂eq./m²]

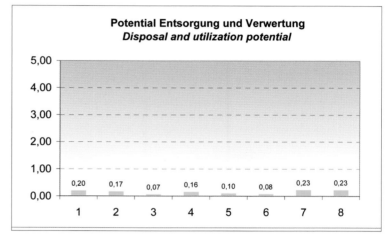

Potential Entsorgung und Verwertung
Disposal and utilization potential

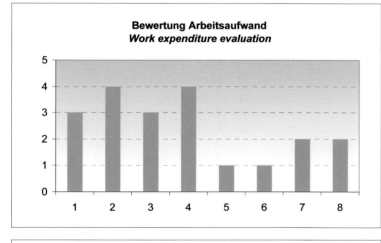

Bewertung Arbeitsaufwand
Work expenditure evaluation

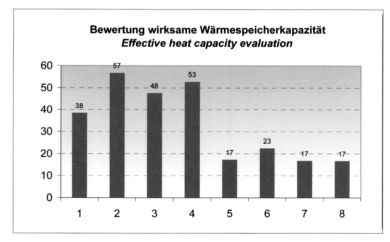

Bewertung wirksame Wärmespeicherkapazität
Effective heat capacity evaluation

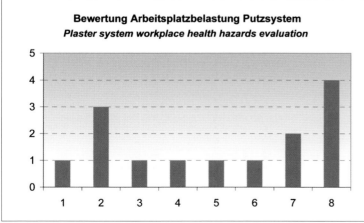

Bewertung Arbeitsplatzbelastung Putzsystem
Plaster system workplace health hazards evaluation

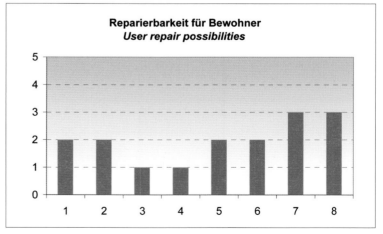

Reparierbarkeit für Bewohner
User repair possibilities

1 Gipsputz einlagig mit Installationsebene
2 Kalkzementputz zweilagig mit Installationsebene
3 Lehmputz zweilagig
4 Lehmputz zweilagig mit Installationsebene
5 Gipskartonplatte
6 Gipsfaserplatte
7 Gipskartonplatte mit Installationsebene
8 Gipsfaserplatte mit Installationsebene

1 1-layer gypsum plaster with services level
2 2-layer lime cement plaster with services level
3 2-layer loam plaster
4 2-layer loam plaster with services level
5 Gypsum plasterboard
6 Gypsum fiberboard
7 Gypsum plasterboard with services level
8 Gypsum fiberboard with services level

Verputzte Dämmfassaden

Beschreibung

Dämmsysteme auf mineralischen Wandbildnern und auf Holzrahmenkonstruktionen, die außenseitig verputzt sind.
Einsatzbereiche im Bauteilkatalog:
- Dämmung der Außenwand
- Dämmung der Kellerdecke
- Dämmung der Außendecke, Wärmestrom nach unten

Im Detail werden ausgewählte Dämmungen von Außenwänden untersucht und bewertet.

Funktionen

- Wärmeschutz
- Schallschutz
- Brandschutz
- Feuchteschutz
- Winddichtigkeit
- Aufnahme und Abbau von Spannungen im Bauwerk
- Gestalterische Funktion: Farbgebung, Oberflächenbeschaffenheit (glatt, rau, sgraffito)

Systemkomponenten

Putzuntergründe

Der Untergrund muss fest, sauber und eben sein. Um eine gleichmäßige Saugfähigkeit zu erreichen, ist gegebenenfalls eine Grundierung notwendig. Dabei sollte auf lösemittelarme Produkte geachtet werden.

Befestigung und Armierung

Die Dämmstoffe werden mittels Klebespachtel und Dübel befestigt. Ausnahme: Bis zu einem Flächengewicht von 30 kg/m² können Dämmstoffe nach österreichischer Normung auf neuwertigem Beton- und Ziegelsteinmauerwerk, ohne Verdübelung, nur mittels Verklebung befestigt werden.
Der Klebespachtel wird meist zum Verkleben und Verspachteln sowie zum Einbetten des Armierungsgewebes eingesetzt.
Typische Klebespachtelmassen bestehen aus Zement, Kalkhydrat, organischen Bindemitteln, Sanden, Zusätzen und eventuell aus mineralischen Leichtzuschlägen wie Perlite oder Blähglas. Für die Verklebung auf Holz- und Gipsbauplatten wer-

Material	Masse kg/m²	PEI MJ/m²	GWP kg CO_2eq/m²	AP kg SO_2eq/m²
Kleber	4,5	19,9	1,6	0,0049
Kleber auf Holz- und Gipsfaserplatten	3,0	87,6	3,0	0,0162
Dübel auf Mauerwerk, Beton (Länge 38 cm, für 30 cm Dämmstoff)	7 Stk	27,9	1,4	0,0088
Dübel auf Holz (Länge 8 cm, für 5 cm Dämmstoff)	7 Stk	9,6	0,5	0,0030
Spachtelmasse (> 5mm Stärke)	8,0	20,9	1,9	0,0055
Armierungsgitter	0,16	7,2	0,4	0,0026

den üblicherweise Kleber auf Kunstharzdispersionsbasis verwendet. Die Spachtelmasse, die auf dem Dämmstoff aufgebracht wird, bildet die Grundlage für die weitere Putzbeschichtung.
Die eingesetzten Dübel (Inkl. Dübelteller) bestehen aus Kunststoff (Polyamid), die Schraubelemente aus verzinktem Stahl. Befestigungen bis über 30 cm Dämmstärke sind möglich.
Zur Aufnahme der Spannungen im Außenputz werden Armierungsgitter in den Putzspachtel eingebettet. Sie bestehen aus Glasfasergitter mit einer Maschenweite von ca. 4 mm.

Dämmstoff

Der Dämmstoff dient neben seiner Wärmeschutzfunktion auch als Putzträger. Die folgenden Kennwerte werden auf einen Wärmedämmwiderstand von D = 8,75 m²K/W bezogen (entspricht 35 cm Dämmstoff der Wärmeleitfähigkeitsgruppe 0,04 W/mK, Berechnung gemäß EN ISO 6946).

Plaster insulation façades

Description

Insulation systems on mineral-based wall structures and wood frame construction featuring exterior plaster layers.
Areas of use in the construction component catalog:
- Exterior wall insulation
- Basement ceiling insulation
- Exterior ceiling insulation with downward heat flow

Selected insulation methods in exterior walls were researched and evaluated.

Functions

- Thermal insulation
- Sound insulation
- Fire protection
- Moisture protection
- Windtightness
- Absorption and reduction of structural tension
- Design function: coloring, surface characteristics (smooth, rough, sgraffito)

System components

Plaster base types

The base has to be firm, clean and even. A priming layer may be required to achieve even absorption. Attention should be paid to the use of products with a low solvent content.

Mounting and armoring

The insulation materials are mounted using adhesive filler mass and dowels. Exception: insulation materials with a surface weight of up to 30 kg/m² can be bonded, without doweling, to new concrete and brick wall masonry according to Austrian standards.
Adhesive filler mass is generally used for bonding and surface filling as well as for embedding armoring material.
Typical adhesive fillers consist of cement, limestone hydrates, organic adhesive agents, sands, additives and light mineral additives such as perlites and expanded glass. Synthetic dispersion-based glues are generally used when the material is bonded on wood or gypsum construction panels. The filler mass applied to the insulation material also acts as the surface for additional plaster layers.
The dowels used including the dowel sockets are synthetic (Polyamide), the screw elements are made of galvanized steel. It is possible to fix insulation layers up to 30 cm thick and more.
Armoring grids are laid in the plaster filler to absorb tension. The grids are made of fiberglass with grid spaces of ca. 4 mm.

Material	Mass kg/m²	PEI MJ/m²	GWP kg CO_2eq/m²	AP kg SO_2eq/m²
Glue	4.5	19.9	1.6	0.0049
Glue on wood and gypsum fiberboard panels	3	87.6	3.0	0.0162
Dowels on masonry, concrete (length 38 cm, for 30 cm insulation material)	7 Stk	27.9	1.4	0.0088
Dowels on wood (length 8 cm, for 5 cm insulation material)	7 Stk	9.6	0.5	0.0030
Filler mass (> 5mm thickness)	8	20.9	1.9	0.0055
Armoring grids	0.16	7.2	0.4	0.0026

Insulation material

The insulation material also serves as a plaster background, aside from its heat protection function. The following core values relate to a thermal insulation resistance value of D = 8.75 m²K/W (corresponds to 35 cm insulation material with a heat conduction rating of 0.04 W/mK, calculated in accordance with EN ISO 6946).

Material	Wärmeleitfähigkeit W/mK	Masse kg/m²	PEI MJ/m²	GWP kg CO$_2$eq/m²	AP kg SO$_2$eq/m²
Mineralschaumplatte	0,045	45,3	216	21,3	0,050
Korkdämmplatte	0,04	42,0	298	-51,7	0,116
Expandiertes Polystyrol (EPS)	0,04	6,3	621	21,1	0,136
Steinwolle	0,04	45,5	1060	74,6	0,478
Steinwolle Lamelle	0,04	29,8	694	48,9	0,313
Zellulose zw. Holz-C-Profilen, 5 cm Holzwolleleichtbauplatte magnesitgebunden	0,04/0,09*	46,9	330	-42,7	0,160
Zellulose zw. Holz-C-Profilen, 4 cm poröse Holzfaserplatte	0,04/0,045*	34,2	240	-31,1	0,117
Zellulose zw. Holz-C-Profilen, 2,4 cm Schalung, 3 cm Kork	0,04/0,04*	43,6	307	-39,7	0,149

* Erster Wert für den Dämmstoff, zweiter Wert für den Putzträger

Material	Thermal conductivity W/mK	Mass kg/m²	PEI MJ/m²	GWP kg CO$_2$eq/m²	AP kg SO$_2$eq/m²
Mineral foam panel	0.045	45.3	216	21.3	0.050
Cork insulation panel	0.04	42.0	298	-51.7	0.116
Expanded polystyrene (EPS)	0.04	6.3	621	21.1	0.136
Rock wool	0.04	45.5	1060	74.6	0.478
Rock wool lamella panel	0.04	29.8	694	48.9	0.313
Cellulose bet. wood C-profiles, 5 cm magnesite-bound lightweight wood panels	0.04/0.09*	46.9	330	-42.7	0.160
Cellulose bet. wood C-profiles, 4 cm porous wood fiberboard	0.04/0.045*	34.2	240	-31.1	0.117
Cellulose bet. wood C-profiles, 2.4 cm cladding. 3 cm cork	0.04/0.04*	43.6	307	-39.7	0.149

* First value for insulation, second value for plaster bearing layer

Putz und Putzgrund

Der Putzgrund wird als deckende Grundierung und Haftvermittler auf dem abgetrockneten Klebespachtel aufgebracht. Der Deckputz gewährleistet den Schutz des Bauteils vor Schlagregen, die Winddichtigkeit, mechanischen Schutz und hat vor allem eine ästhetische Funktion durch Farbe und Oberflächenbeschaffenheit. Mineralische Putzbeschichtungen werden pulverförmig als trockene Sackware angeboten. Organische Putze, Silikat- und Siliconharzputze werden als gebrauchsfertige Putze in Eimern (25 kg) geliefert.

Alle Putze können nach Farbkarte individuell eingefärbt werden. Sie sind zumeist wasserdampf-diffusionsoffen. Verschiedene Strukturen können durch die Glatt-, Reibe- und Kratzputz-ähnliche Struktur von 1,0 bis 5,0 mm Korn erzielt werden.

Zusammensetzung

Silikatputze: Organische Bindemittel, Kaliwasserglas, mineralische Füllstoffe, Zusätze, ev. Pigmente, Wasser.

Silkonharzputze: Silikonharzemulsion mit einem Anteil an organischen Bindemitteln, mineralischen Füllstoffen, Zusätzen, ev. Pigmenten, Wasser.

Material	Masse kg/m²	PEI MJ/m²	GWP kg CO$_2$eq/m²	AP kg SO$_x$eq/m²
Silikatputz inkl. Putzgrund	3,75	43,4	1,8	0,0128
Silikonharzputz inkl. Putzgrund	3,75	44,4	1,7	0,0090
Kunstharzputz inkl. Putzgrund	3,75	40,9	1,5	0,0085

Für die Berechnungen wurden die Trockenrohdichten verwendet

Kunstharzputz: Organische Bindemittel, mineralische Füllstoffe, Farbstoffe, Zusätze, Wasser.

Putzgrund für Silikatputz: Kaliwasserglas, mineralische Füllstoffe, Zusätze, Wasser.

Gegen Veralgung und Pilzbefall werden standardmäßig Zusätze oder Anstriche, die Biozide enthalten, eingesetzt.

Plaster and plaster base

The plaster base is applied on the dry adhesive filler as a priming and bonding agent. The protective plaster ensures the protection of the construction component from driving rain, as well as windtightness. It also offers mechanical protection and serves primarily as an aesthetic measure with its coloring and surface properties. Mineral plaster layers are offered in powder form in sack units. Organic plasters, silicate and silicon resin plasters are supplied ready to use in pales (25 kg).

All plasters can be colored according to the color palette. They are generally open to water vapor diffusion. Various structures can be achieved, with graining ranging from 1.0 to 5.0 mm with smooth, sanded and scraped surfaces.

Composition

Silicate plaster: organic bonding agents, potassium water glass, mineral fillers, additives, ev. pigments, water.

Silicon resin: silicon resin emulsion with a percentage of organic bonding agents, mineral fillers, additives, ev. pigments, water.

Synthetic resin plaster: organic bonding agents, mineral fillers, coloring agents, additives, water.

Plaster base for silicate plaster: potassium water glass, mineral fillers, additives, water.

Additives and coatings containing biocides are added as standard to prevent algae and fungi growth.

Material	Masse kg/m²	PEI MJ/m²	GWP kg CO$_2$eq/m²	AP kg SO$_x$eq/m²
Silicate plaster incl. plaster base	3.75	43.4	1.8	0.0128
Silicon resin plaster including plaster base	3.75	44.4	1.7	0.0090
Synthetic resin plaster including plaster base	3.75	40.9	1.5	0.0085

The dry apparent density was used for these calculations

Einbau

Es wird empfohlen, WDV-Systeme nur aus Komponenten ein und desselben Systemherstellers zusammenzustellen und entsprechend dessen Verarbeitungsvorschriften zu verarbeiten. Die Auswahl des ausführenden Fachbetriebs erleichtert

Installation

It is recommended to assemble external thermal insulation composite systems (ETICS) only using components from one system manufacturer and in accordance to their assembly guidelines. The selection of the assembly

z.B. das Gütezeichen „WDVS-Fachbetrieb ", das u.a. die Verarbeitung geprüfter und überwachter WDVS-Produkte im System und den laufenden Nachweis positiver Ergebnisse der Eigen- und Fremdüberwachung der Baustellenarbeit vorschreibt.

Verarbeitung

Auf mineralischen Untergründen wird der Dämmstoff zumeist mittels „Randwulst-Punkt-Methode" auf den Untergrund geklebt. Auf Holzuntergründen kann der Klebemörtel auch mit einer Zahnspachtel vollflächig auf die Dämmplatte aufgetragen werden. Es erfolgt die Verdübelung mit anschließender Abdeckung der Dübelteller durch Dämmkappen. Nach Auftrag eines Teiles des Putzspachtels wird das Armierungsgitter eingedrückt und anschließend nochmals verspachtelt. Nach der Trocknung werden Putzgrund und Endbeschichtung aufgetragen.

Ressourcenaufwand und Emissionen

Die Dämmstoffaufbringung in einer Lage reduziert den Arbeitsaufwand erheblich. Platten ohne Stufenfalz können Luftspalten an den Stößen zur Folge haben, die zur einer Reduktion des Wärmeschutzes und zur Schimmelpilzbildung am Außenputz führen können [Sedlbauer 2001]. Der Aufwand zur Herstellung einer Wärmedämmung zwischen Holz-C-Profilen und Putzträger ist jener eines Wärmedämmverbundsystems in 2 Lagen vergleichbar.

Arbeitsplatzbelastungen

Die Arbeitsplatzbelastungen bei der Verarbeitung von Wärmedämmverbundsystemen decken sich mit jenen der Einzelkomponenten. Schutzmaßnahmen sind besonders beim Schleifen der Wärmedämmung erforderlich, da dabei die Staubemission beträchtlich ist. Grundierungen können hohe Lösemittelgehalte aufweisen. Bei Kalkhydrat- oder zementhaltigen Produkten können bei unzureichendem Arbeitsschutz raue Hände, Verätzungen etc. auftreten (→ Zementekzeme). Mit dem Tragen von Handschuhen könnte Abhilfe geschaffen werden.
Direkter Hautkontakt mit Glas- oder Steinwolle kann zu einer Reizung der Haut führen. Zudem führt der Einsatz von Faserdämmstoffen zu Staubbelastungen, wobei insbesondere beim Einblasen von Zellulose besondere Arbeitschutzmaßnahmen getroffen werden müssen.

Baustellenabfälle

Putzsäcke aus Karton für Trockengemische können nur sehr aufwändig vollständig entleert werden, sie müssen daher über Sondermüll entsorgt werden. Kübel, in denen Fertigmischungen angeboten werden, werden häufig von den Verarbeitern für andere Zwecke weiterverwendet. Aus diesem Grund und weil der Reinigungsaufwand hoch ist, bieten Putzhersteller oder Baustoffhandel kein Rücknahmesystem für diese Kübel an. Wegen der aufwendigen Entsorgung sollten Fertigmischungen in Kübeln nicht in großen Mengen eingesetzt werden. Die Säcke werden häufig auf Europaletten (Pfandsystem) und mit PE-Folie umwickelt angeliefert. Geringe Reste von Armierungsgitter können über den Hausmüll entsorgt werden.

company is facilitated by an ETICS specialist company certification, for example, which certifies the use of tested and controlled ETICS products. The certification also ensures continuous monitoring of positive construction results at the site both by internal and external instances.

Processing

When working on mineral surfaces, the insulation material is generally glued to the surface applying the mortar around the border and at the center of the panels. Adhesive mortar can also be applied to the full surface of the insulation panel using a toothed spatula when working on wood surfaces. The surfaces are then doweled before capping the dowel ends. The armoring grid is pressed into the surface after applying part of the plaster filler; it is then covered with the remaining plaster filler. The plaster primer and final layer are applied after the surface has dried.

Required resources and emissions

Applying insulation material in a single layer considerably reduces the amount of work necessary. Panels without stepped rabbets can lead to air gaps along the edges, which reduce thermal insulation and encourage mold growth on the exterior plaster [Sedlbauer 2001]. The amount of work required for the construction of a thermal insulation layer between a wood C profile and the plaster bearing layer is comparable to the work required in a 2-layer combined thermal insulation system.

Workplace health hazards

The workplace health hazards involved in the construction of combined thermal insulation systems is equal to the sum of the health hazards that come with the use of each individual component. Protective measures are particularly advisable when beveling thermal insulation components due to the high dust emissions. Primer layers can contain high amounts of solvents. Products containing limestone hydrates or cement can cause raw hands, acid burns, etc (→ cement eczema) when handled without proper protection. Wearing gloves can reduce this hazard.
Direct skin contact when handling glass or rock wool leads to irritated skin. Additionally, the use of fibrous insulation materials leads to dust hazards. Blowing in cellulose requires special protective measures.

Construction site waste

Emptying cardboard sacks of dry plaster poses great difficulties; they should therefore be disposed as special waste. Pails for ready-to-use mixes are often used for other purposes after being emptied. For this reason and since cleaning them is work-intensive, neither plaster manufacturers nor construction material suppliers offer a return policy. Due their complex disposal, ready-to-use mixes shouldn't be used in large amounts. Sacks are often delivered on European standard palettes wrapped in PE foil.

Einbau ausgewählter Dämmsysteme				
Beurteilungskriterien	Günstig	Mittel	Ungünstig	Bewertung
Arbeitsaufwand	1 lagig	2 lagig	Mehr als zweilagig	Nicht eingestuft, da in Kostenschätzung näherungsweise enthalten
Arbeitsplatzbelastung Putzsystem	Keine Gefährdung bei baupraktisch üblichem Arbeitsschutz	Keine Gefährdung bei gesetzlich vorgeschriebenen Arbeitsschutz	Gefährdung auch bei gesetzlich vorgeschriebenen Arbeitsschutz	Einstufung
Arbeitsplatzbelastung Dämmstoff	Keine Gefährdung bei baupraktisch üblichem Arbeitsschutz	Keine Gefährdung bei gesetzlich vorgeschriebenen Arbeitsschutz	Gefährdung auch bei gesetzlich vorgeschriebenen Arbeitsschutz	Einstufung
Verpackung Dämmstoffe	Mehrwegverpackung	Wertstoffrecycling	Sondermüllentsorgung	zu produktabhängig daher keine Einstufung

Fitting of selected insulation systems				
Evaluation criteria	Favorable	Medium	Unfavorable	Evaluation
Work required	1 layer	2 layer	More than two layers	Not rated since included in estimated costs
Plaster system workplace health hazards	No risk if standard protection measures are used	No risk if protective measures are used in accordance with the law	Workplace risks, even when using protective measures in accordance with the law	Rating
Insulation material workplace health hazards	No risk if standard protection measures are used	No risk if protective measures are used in accordance with the law	Workplace risks, even when using protective measures in accordance with the law	Rating
Packaging of insulation material	Reusable packaging	Resource material recycling	Special waste disposal	Too product-dependent, no rating

Gebindereste von Grundierungen und Fungizidanstrich müssen als Sondermüll entsorgt werden. Putzabfälle fallen durch herabfallendes Material, beim Schneiden und Reiben an. Diese können auf Baurestmassendeponien entsorgt werden. Dämmstoffe werden in PE-Folie verpackt geliefert. Ein Hersteller von Zellulosefaserflocken bietet ein Mehrwegsystem mittels Big-Bags an. Bei allen Platten-Dämmstoffen fällt Verschnitt an: Holzfaserplatten können kompostiert werden, alle anderen Dämmstoffe aus nachwachsenden Rohstoffen und Kunststoffen können in Müllverbrennungsanlagen verbrannt werden.

Nutzung

Die Beurteilung der betrachteten Dämmsysteme in der Nutzungsphase bezieht sich auf die erbrachte Qualität der (Dienst-) Leistungen, auf den Aufwand zur Erhaltung dieser Funktionen, die Nutzungsdauer und die Gesundheitsverträglichkeit für den Nutzer.

Wärmeschutz
Der Wärmeschutz des Dämmstoffes wird durch die Verdübelung reduziert. kp-Werte müssen gemäß ETAG 004 unter 0,002 W/K liegen, was bei hohen Dämmstärken durch die Verwendung von Abdeckkappen erreicht wird. Der U-Wert erhöht sich bei 7 Stück/m² um max. 15 %, mit Abdeckkappen deutlich weniger (quantivative Werte liegen nicht vor).

Schallschutz
Der Schallschutz der verputzten Dämmsysteme nimmt mit der Dicke des Putzes zu und mit der dynamischen Steifigkeit des Dämmstoffs ab. Sehr gute Eigenschaften bieten Faserdämmstoffe und Dämmstoffe zwischen Holz-C-Profilen, während sich steife Materialien wie expandiertes Polysytrol ungünstig auf das Schalldämmmaß auswirken. Allerdings ist die Wirkung bei Passivhaus-Dämmstärken weniger stark wie bei baupraktisch üblichen Wärmedämmverbundsystemen. Überdies sind elastifizierte EPS-Dämmplatten mit deutlich reduzierter dynamischer Steifigkeit verfügbar.

Brandschutz
Die Brandschutzanforderungen der Bauordnung an Dämmstoff und Außenputz differieren je nach Gebäudeart und Land.

Feuchteschutz
Neben konstruktiven Maßnahmen wie Vordächern bestimmt der Wasseraufnahmekoeffizient w und die Rissfreiheit die Qualität des Feuchteschutzes einer Außenwand. Für ein optimales Feuchteverhalten der Wand ist zudem ein niedriger Wasserdampfdiffusionswiderstand der Putzschicht verantwortlich.

Winddichtigkeit
Für die Erhaltung der Winddichtigkeit sind neben der Rissfreiheit vor allem die Ausführung der Anschlüsse an benachbarte Bauteile von Bedeutung.

Schadstoffemissionen
Flüchtige Bestandteile der Dämmstoffe können durch den Wandbildner migrieren und die Raumluft belasten. Styrol- und Pentanimmissionen aus frisch verlegtem EPS wurden in [Münzenberg 2003] gemessen, die Schadstoffkonzentrationen in der Raumluft nehmen verhältnismäßig rasch ab. Die innenseitige strömungsdichte Schicht verhindert den Eintritt von Fasern aus Faserdämmstoffen.

Ausführungsmängel/Instandhaltung/Instandsetzung/Nutzungsdauer
Die Lebensdauer eines Wärmedämmverbundsystems ist in hohem Maße von einer einwandfreien Ausführung abhängig. Darüberhinaus können durch die Wahl der Komponenten Instandhaltungsaufwand und Nutzungsdauer beeinflusst werden:
- Vermeidung durchgehender Luftspalten: Verlegung des Dämmstoffes einlagig mit Stufenfalz oder zweilagig. Luftspalten reduzieren den Wärmeschutz und können außenseitig verstärkt zu Algen- und Schimmelpilzbildung führen.
- Reduktion der thermischen Spannungen: Durch die hohen Dämmstärken sind die thermischen Spannungen zwischen Putzsystem und Dämmstoff gegenüber konventionellen Systemen erhöht. Gemäß Systemhersteller sollte die Armierungsschicht mindestens 5 mm betragen.
- Schutz gegen mechanische Beschädigung: Dickputzsysteme verringern die Schädigung von Putz und Dämmstoffe durch mechanische Einwirkung (Spechtlöcher, Eindringen von spitzen Gegenständen)

Small amounts of armoring grids can be disposed of with domestic waste. Residual primer and fungicide waste have to be disposed of with special waste. Plaster waste from fallen material or resulting from cutting and beveling can be disposed of at construction waste sites.
Insulation materials are delivered wrapped in PE foil. One cellulose flake manufacturer offers a "Big-Bag" recycling system. Cutting debris accumulates when using any type of panel insulation material: wood fiberboards can be composted, all other insulation materials made using renewable raw materials and synthetics can be incinerated at incineration plants.

Use

The evaluation of the researched insulation systems during use is based on the quality of their performance, the measures required to maintain these functions, the period of use and their compatibility with the health of the user.

Heat protection
Dowelling reduces the heat protection properties of the insulation material. kp values have to be lower than 0.002 W/K in accordance with ETAG 004, which can be achieved using covering caps when building thick insulation layers. The U value increases by a maximum of 15 %, assuming 7 units/m², covering caps reduce this value considerably (no quantitative values available).

Sound insulation
The sound insulation of the plastered insulation system increases in accordance with the thickness of the plaster and the dynamic stiffness of the insulation material. Fibrous insulation materials and insulation material between wood C profiles offer very good properties, while stiff materials such as expanded polystyrene have negative effects on sound insulation performance. However, the effect is less in thick passive house insulation layers than in common constructions using thinner layers of combined thermal insulation systems. Moreover elastified EPS insulation panels with markedly reduced dynamic stiffness are available.

Fire protection
Building code fire protection requirements for insulation materials and exterior plaster depend on the building type and country.

Moisture protection
The water absorption co-efficient w and the absence of cracks determine the quality of an outer wall's moisture protection, along with structural measures such as projecting roofs. Low water vapor diffusion resistance of the plaster layer water is also important for ideal moisture protection performance.

Windtightness
The quality of the junctions and connections is important with regard to windtightness, as is the absence of cracks.

Harmful substance emissions
Volatile insulation material matter can migrate through the wall structure and become room air hazards. Styrene and pentane emissions from freshly laid EPS were measured in [Münzenberg 2003], the concentration of harmful substances dropped relatively quickly. The interior flow-resistant layer prevents the penetration of fibers from fibrous insulation materials.

Faulty workmanship /maintenance /repair /period of use
The lifespan of a combined thermal insulation system is highly dependent on proper workmanship. The choice of components also influences the amount of maintenance required and the period of use:
- Avoidance of continuous air gaps: lay the insulation material with a stepped rabbet or use two layers. Air gaps reduce heat protection and can lead to increased algae and fungus development on the outside surface.
- Reduction of thermal tension: Thicker insulation layers lead to increased thermal tension between the plaster system and insulation material compared to conventional systems. The armoring layer should be at least 5 mm thick according to the manufacturer.
- Protection against mechanical damage: Thick plaster systems reduce the damage to plaster and insulation material caused by mechanical effects (pecking holes, penetration with sharp objects)

- Algen- und Schimmelpilzrisiko: Verbreitete Methode zur Bekämpfung von Algenbefall auf Fassaden sind aus ökologischer Sicht fragwürdige Biozidanstriche oder –zusätze in den Putzsystemen. Mit diesen wird zwar eine vorbeugende und verzögernde Wirkung erreicht, ein dauerhaftes Ausbleiben von Algenbefall kann aber auch nicht gewährleistet werden. Der beste und umweltfreundlichste Schutz vor Algenbefall sind konstruktive Maßnahmen wie Dachüberstände, Verblechungen, Spritzwasserschutz, etc.
- Austrocknungsverhalten, Verträglichkeit gegenüber übermäßigen Feuchteeintrag: Die Verträglichkeit eines Putzsystems hängt von der Eignung des Putzsystems sowie vom Austrocknungspotential des Gesamtsystems ab (Diffusionswiderstände inner- und außerhalb des Putzsystems) ab. Wegen fehlender Kennzahlen ist eine Einstufung derzeit noch nicht möglich.

- Algae and mold risk: The common prevention method used against algae growth on façades entails the use of biocide coatings or additives that are questionable in ecological terms. These measures achieve preventive or delaying effects, but do not guarantee long-term elimination of algae growth. Structural methods such as projecting roofs, metal cladding or spray water protection etc., offer the best and most environmentally friendly protection.
- Drying properties, compatibility with excessive moisture penetration: compatibility depends on the suitability of the plaster system and the drying potential of the entire system (diffusion resistance within and outside the plaster system). An assessment is currently not possible due to the lack of key data.

Nutzung ausgewählter Dämmsysteme

Beurteilungskriterien	Günstig	Mittel	Ungünstig	Bewertung
Schallschutz	Verbesserung	Neutral	Verschlechterung	Einstufung
Feuchteverhalten bei üblicher Nutzung	Putzsystem diffusionsoffen		diffusionsdicht	Einstufung
Brandschutz	Nicht brennbar	Schwer entflammbar B1	Normalentflammbar B2	Einstufung
Raumluftbelastung durch Schadstoffemissionen	Keine Schadstoffemissionen	Schadstoffemissionen bei falschem Einbau	Schadstoffemissionen möglich	Keine Einstufung, da Datenlage nicht ausreichend
Verträglichkeit gegenüber übermäßigen, kurzfristigen Feuchteeintrag, z.B. Überschwemmung	Erhaltung aller Funktionen, kein Austausch notwendig		Verlust der Funktion, Austausch notwendig	Nicht eingestuft, da Datenlage unbefriedigend
Ästhetische Nachhaltigkeit	Veralgungs- und Verpilzungsrisiko gering		Hohes Risiko für Algen- und Pilzbildung	Nicht eingestuft, da von Zusatzstoffen und konstruktiven Schutz der Fassade abhängig
Nutzungsdauer	Guter Schutz gegen mechanische Beschädigung, Putzträger- und Wärmedämmfunktion entkoppelt		Geringer Schutz gegen mechanische Beschädigung, Spechtproblematik bekannt	Nicht eingestuft, da Datenlage nicht ausreichend

Use of selected insulation systems

Evaluation criteria	Favorable	Medium	Unfavorable	Evaluation
Sound insulation	Improvement	Neutral	Deterioration	Rating
Moisture properties common use	Open diffusion plaster system		Steam proof	Rating
Fire protection	Non-flammable	Low flammability B1	Normal flammability B2	Rating
Room air hazards due to emission of harmful substances	No emission of harmful substances	Emission of harmful substances if improperly installed	Possible emission of harmful substances	Not rated, insufficient data.
Compatibility under exposure to excessive, short-termmoisture, e.g. flooding	Maintenance of all functions, no exchange necessary		Loss of function, exchange necessary	Not rated, unsatisfactory data
Sustainability of aesthetic appearance	Low risk of algae and mold growth		High risk of algae and mold growth	Not rated, since it is dependent on additives and the structural protection of the façade
Period of use	Good protection against mechanical damage, plaster bearing layer and thermal insulation function uncoupled		Low protection against mechanical damage, pecking problem known	Not rated, insufficient data

Verwertung und Beseitigung

Trennbarkeit und Wiederverwendung sind aufgrund der Verklebung der einzelnen Schichten nicht gegeben. Vorteile bieten diejenigen Dämmsysteme, die Wärmedämm- und Putzträgerfunktion entkoppeln.

Datenprofil ausgewählter Dämmsysteme

Die Auswahl der Dämmsysteme wurde auf den Anwendungsbereich massive Innenschale beschränkt, gilt allerdings analog für Holzuntergrund. Da die meisten Dämmstoffe mit fast allen Endbeschichtungen kombiniert werden können, wurden zwei unterschiedliche Beschichtungssysteme auf Mineralschaumplatte gewählt. Für den Vergleich der Dämmsysteme wurde eine Endbeschichtung mit Silikatbeschichtung gewählt.
Die untersuchten Dämmsysteme sind in der nachfolgenden Tabelle dargestellt.

Utilization and disposal

Separation and re-use are not possible due to the bonding of the individual layers. Insulation systems that uncouple thermal insulation functions and plaster bearing offer advantages.

Data profile of selected insulation systems

The selection of insulation systems was limited to those used with solid interior shells, although it is analogous with the use of a wood surface. Since most insulation materials can be combined with almost all final coating types, 3 different mineral foam panel coating systems were chosen. A final silicate coating was used to compare insulation systems.
The researched insulation systems are described in the following table.

Bezeichnung des Systems	Aufbau	Flächenge-wicht [kg/m²]	System designation	Structure	Surface weight [kg/m²]
Mineralschaumplatte 2-lagig mit Silikatputz	Kleber	7,5	2-layer mineral foam layer with silicate plaster	Glue	7.5
	30 cm Mineralschaumplatte	54,3		30 cm mineral foam panel	54.3
	7 Stck. Dübel	0,53		7 dowels	0.53
	Spachtel	8		Filler mass	8
	Armierungsgewebe	0,2		Armoring grid	0.2
	Putzgrund	0,25		Plaster base	0.25
	Silikatputz	3,5		Silicate plaster	3.5
Mineralschaumplatte 2-lagig mit Silikonharzputz	Kleber	7,5	2-layer mineral foam layer with silicon resin plaster	Glue	7.5
	Mineralschaumplatte	54,3		Mineral foam panel	54.3
	7 Stck. Dübel	0,53		7 dowels	0.53
	Spachtel	8		Filler mass	8
	Armierungsgewebe	0,2		Armoring grid	0.2
	Putzgrund	0,25		Plaster base	0.25
	Silikonharzputz	3,5		Silicon resin plaster	3.5
Korkdämmplatte 1-lagig	Kleber	4,5	1-layer cork insulation panel	Glue	4.5
	Kork-Dämmplatte	43		Cork insulation panel	43
	7 Stck. Dübel	0,53		7 dowels	0.53
	Spachtel	8		Filler mass	8
	Armierungsgewebe	0,2		Armoring grid	0.2
	Putzgrund	0,25		Plaster base	0.25
	Silikatputz	3,5		Silicate plaster	3.5
EPS 1-lagig Stufenfalz	Kleber	4,5	1-layer EPS with stepped rabbet	Glue	4.5
	30 cm EPS-Dämmplatte	6,3		30 cm EPS insulation panel	6.3
	7 Stck. Dübel	0,53		7 dowels	0.53
	Spachtel	8		Filler mass	8
	Armierungsgewebe	0,2		Armoring grid	0.2
	Putzgrund	0,25		Plaster base	0.25
	Silikatputz	3,5		Silicate plaster	3.5
Steinwolle 2-lagig	Kleber	7,5	2-layer rock wool	Glue	7.5
	Steinwolle-Dämmplatte	45,5		Rock wool insulation panel	45.5
	7 Stck. Dübel	0,53		7 dowels	0.53
	Spachtel	8		Filler mass	8
	Armierungsgewebe	0,2		Armoring grid	0.2
	Putzgrund	0,25		Plaster base	0.25
	Silikatputz	3,5		Silicate plaster	3.5
Steinwolle Lamelle 1-lagig	Kleber	4,5	1-layer rock wool lamella panel	Glue	4.5
	Steinwolle-Lamellen-Dämmplatte	29,8		Rock wool lamella panel	29.8
	7 Stck. Dübel	0,53		7 dowels	0.53
	Spachtel	8		Filler mass	8
	Armierungsgewebe	0,2		Armoring grid	0.2
	Putzgrund	0,25		Plaster base	0.25
	Silikatputz	3,5		Silicate plaster	3.5
Zellulosedämmung, Holzwolleleichtbauplatte	30 cm OSB-Steher mit Zellulosedämmung	28,9	Cellulose insulation, lightweight wood wool panel	30 cm OSB uprights with cellulose insulation	28.9
	Holzwolleleichtbauplatte 5 cm	18		5cm lightweight wood wool panel	18
	Armierungsgewebe	0,2		Armoring grid	0.2
	7 Stk. Dübel kompl. 8 cm	0,2		7 dowels. compl. 8 cm	0.2
	Putzgrund	0,25		Plaster base	0.25
	Silikatputz	3,5		Silicate plaster	3.5
Zellulosedämmung, Holzfaserplatte	30 cm OSB-Steher mit Zellulosedämmung	27,8	Cellulose insulation., soft wood fiberboard	30 cm OSB uprights with cellulose insulation	27.8
	Holzfaserplatte 4 cm	6,4		Soft wood fiberboard. 4 cm	6.4
	Armierungsgewebe	0,2		Armoring grid	0.2
	7 Stk. Dübel kompl. 8 cm	0,2		7 dowels. compl. 8 cm	0.2
	Putzgrund	0,25		Plaster base	0.25
	Silikatputz	3,5		Silicate plaster	3.5
Zellulosedämmung, Korkputzträger	30 cm OSB-Steher mit Zellulosedämmung	28,0	Cellulose insulation, cork plaster bearing layer	30 cm OSB uprights with cellulose insulation	28.0
	Rauhschalung 2,4 cm	12		Raw cladding. 2.4 cm	12
	Kork-Dämmplatte 3 cm	3,6		Cork insulation panel. 3 cm	3.6
	Armierungsgewebe	0,2		Armoring grid	0.2
	7 Stk. Dübel kompl. 8 cm	0,14		7 dowels. compl. 8 cm	0.14
	Putzgrund	0,25		Plaster base	0.25
	Silikatputz	3,5		Silicate plaster	3.5

Die Grafiken auf Seite 234 stellen die Eigenschaften der gewählten Dämmsysteme zusammen. Zur Definition der funktionalen Einheit wurde ein Wärmedämmwiderstand von D = 8,75 m²K/W festgelegt (entspricht 35 cm Dämmstoff der Wärmeleitfähigkeitsgruppe 0,04 W/mK, Berechnung gemäß EN ISO 6946). Instandhaltungszyklen wurden mitberücksichtigt.

The diagrams on page 234 summarizes the properties of the selected insulation systems. The functional unit was defined using a thermal resistance D = 8.75 m²K/W (equal to 35 cm insulation material with a heat conduction rating of 0.04 W/mK, calculated in accordance with EN ISO 6946). Maintenance cycles were included in the calculations.

Dämmung im Leichtelement

Beschreibung

Als Dämmung im Leichtelement werden Dämmstoffe verstanden, die zur Wärme- und Schalldämmung zwischen Ständern oder -trägern verwendet werden.
Einsatzbereiche im Bauteilkatalog:
- Holzrahmenbauweise
- Aufgeständerter Fußboden auf Kellerdecke oder Fundamentplatte
- „Leichtbaukästen" an massiven Außenwänden und Dächern
Im Detail werden Dämmungen in Außenwänden untersucht und bewertet.

Funktionen

- Wärmeschutz
- Schallschutz

Systemkomponenten

Dämmstoffe
- Zellulosefaserflocken, siehe Baustoffe aus nachwachsenden Rohstoffen
- Flachsdämmstoffe, siehe Baustoffe aus nachwachsenden Rohstoffen
- Hanfdämmstoffe, siehe Baustoffe aus nachwachsenden Rohstoffen
- Schafwolledämmstoffe, siehe Baustoffe aus nachwachsenden Rohstoffen
- Strohballen
- Holzspäne
- Glaswolle, siehe Mineralische Baustoffe
- Steinwolle, siehe Mineralische Baustoffe

Befestigungsmittel
Platten- und mattenförmige Dämmstoffe (Ausnahme Klemmfilze) werden mittels Tacker (Metallklammern) an der Primärkonstruktion befestigt. Die Mengen an Eisen sind gering und werden daher für die Berechnung der ökologischen Kennzahlen vernachlässigt.

Einbau

Die Dämmmatten oder -platten werden ein- oder mehrlagig zwischen Holzständer/träger geklemmt oder mittels Tacker befestigt. Zellulosefaserflocken und Holzspäne werden in einen Hohlraum eingeblasen. Betrachtet wird der „passivhausübliche" Einbau zwischen I- oder C-Profilen aus Holzträgern.

Insulation in lightweight elements

Description

These are insulation materials which are used for heat and sound insulation between uprights or beams in lightweight constructions.
Uses in the construction component catalog:
- Wood frame constructions
- Elevated flooring on basement ceilings or foundation slabs
- "Lightweight boxes" on solid exterior walls and roofs
Insulation in exterior walls are researched in detail and evaluated.

Functions

- Thermal insulation
- Sound insulation

System components

Insulation materials
- Cellulose fiber flakes, see renewable primary product construction materials
- Flax insulating materials, see renewable primary product construction materials
- Hemp insulating materials, see renewable primary product construction materials
- Lambswool insulating materials, see renewable primary product construction materials
- Bales of straw
- Wood shavings
- Glass wool, see mineral construction materials
- Rock wool, see mineral construction materials

Fastening materials
Panels and mat-shaped insulation materials (exception: clamped fleece) are fastened to the primary construction using a staple gun and metal cramps. The amounts of iron are negligible, making them irrelevant for the calculation of ecological values.

Installation

The insulation mats or panels are cramped between the wood uprights/beams in one or more layers or fastened with a staple gun. Cellulose fiber flakes and wood shavings are blown into a hollow space. The "standard passive house" installation between wood beam I or C profiles was examined.

Beurteilungskriterien für ausgewählte Dämmsysteme

Evaluation criteria for selected insulation systems

Einbau ausgewählter Dämmsysteme

Beurteilungskriterien	Günstig	Mittel	Ungünstig	Bewertung
Arbeitsaufwand	1 Arbeitsgang		Mehrere Lagen Dämmstoff notwendig	Nicht eingstuft, da in Kostenschätzung näherungsweise enthalten
Arbeitsplatzbelastung	Keine Gefährdung bei baupraktisch üblichem Arbeitsschutz	Keine Gefährdung bei gesetzlich vorgeschriebenem Arbeitsschutz	Gefährdung auch bei gesetzlich vorgeschriebenem Arbeitsschutz	Einstufung
Baustellenabfälle	verwertbar und unproblematisch entsorgbar in MVA* oder BRM**-Deponie	nicht verwertbar oder Problembereiche bei der Entsorgung	Sondermüllentsorgung	Einstufung
Verpackung Dämmstoffe	Mehrwegverpackung	Wertstoffrecycling	Sondermüllentsorgung	Zu produktabhängig daher keine Einstufung

*Müllverbrennungsanlage
**Baurestmassen

Installation of selected insulation systems

Evaluation criteria	Favorable	Medium	Unfavorable	Evaluation
Work required	1 work step		Multi-layer insulation material required	Not rated since included in cost estimate
Workplace hazards	No risk if common standard protection measures are used	No risk if protective measures are used in accordance with the law	Workplace risks, even when using protective measures in accordance with the law	Rating
Construction site waste	Reusable, easy to dispose of at MVA* or BRM** disposal sites	Not reusable, or problematic disposal	Special waste disposal	Rating
Insulation material packaging	Reusable packaging	Resource material recycling	Special waste disposal	Too product-dependent, therefore no rating

*Waste incineration plants
**Construction waste

Nutzung

Die Beurteilung der betrachteten Dämmsysteme in der Nutzungsphase bezieht sich auf die Qualität der erbrachten (Dienst-) Leistungen, auf den Aufwand zur Erhaltung dieser Funktionen, die Nutzungsdauer und die Gesundheitsverträglichkeit für den Nutzer.

Use

The evaluation of the researched insulation materials during use refers to the quality of their service and performance, the effort required to maintain these functions, the period of use and their compatibility with user health.

Beurteilungskriterien für ausgewählte Dämmsysteme

Evaluation criteria for selected insulation systems

Nutzung ausgewählter Dämmsysteme

Beurteilungskriterien	Günstig	Mittel	Ungünstig	Bewertung
Schallschutz	Strömungswiderstand hoch (> 5 kNs/m³)		Strömungswiderstand gering	Nicht eingestuft, da Datenlage unbefriedigend
Raumluftbelastung durch Schadstoffemissionen	Keine Schadstoffemissionen	Schadstoffemissionen unter Richtwerten	Schadstoffemissionen möglich	Einstufung
Verträglichkeit gegenüber übermäßigen, kurzfristigen Feuchteeintrag, z.B. Überschwemmung	Erhaltung aller Funktionen, kein Austausch notwendig		Verlust der Funktion, Austausch notwendig	Nicht eingestuft, da Datenlage unbefriedigend
Nutzungsdauer				Nicht eingestuft, da vor allem von Umfassungsbauteilen abhängig. Zerstörung durch Kleintiere (Nestbau) in allen betrachteten Dämmsystemen möglich.

Use of selected insulation systems

Evaluation criteria	Favorable	Medium	Unfavorable	Evaluation
Sound insulation	High flow resistance (> 5 kNs/m³)		Low flow resistance	Not rated, unsatisfactory data
Room air pollution from hazardous emissions	No hazardous emissions	Hazardous emissions under guideline values	Possible hazardous emissions	Rating
Compatibility with increased, short-term moisture penetration, e.g. flooding	Preservation of all functions no exchange necessary		Loss of function, exchange necessary	Not rated, unsatisfactory data
Period of use				Not rated, since mostly dependent on surrounding components. Destruction caused by small animal nesting possible in all researched insulation systems.

Verwertung und Beseitigung

Trennbarkeit und Verwertbarkeit sind aufgrund des mechanischen Einbaus bei allen verfügbaren Dämmsystemen gegeben. Beseitigung siehe unten, ökologisches Datenprofil.

Re-utilization and disposal

Mechanical installation means that all available insulation systems are separable and reusable. See below for ecological data profile.

Ökologisches Datenprofil ausgewählter Dämmsysteme

Die Grafiken auf Seite 239 zeigen die ökologischen Kennwerte ausgewählter Dämmsysteme. Als funktionale Einheit wurde ein Wärmedämmwiderstand von D = 10 m²K/W festgelegt.
Die untersuchten Dämmsysteme sind in der nachfolgenden Tabelle dargestellt.

Ecological data profile of selected insulation systems

The diagrams on page 239 shows all the ecological specific values of the selected insulation systems. The functional unit for thermal insulation resistance was established as D = 10 m²K/W.
The researched insulation systems are described in the following tables.

Bezeichnung des Systems	Dämmstoffstärke [cm]	Bedarf an Dämmstoff [kg/m²/100 Jahre]
Zellulosefaserflocken	40	44
Flachsdämmstoff ohne Stützgitter	40	24
Flachsdämmstoff mit Polyestergitter	40	24
Hanfdämmstoff	40	24
Schafwolledämmstoff	40	16
Strohballen	55	88
Holzspäne	43	64,5
Glaswolle	40	16
Steinwolle	40	24

System designation	Thickness of insulating material [cm]	Demand for insulating material [kg/m²/100 yrs.]
Cellulose fiber flakes	40	44
Flax insulating material w/o supporting fiber	40	24
Flax insulating material w. supporting fiber	40	24
Hemp insulating materials	40	24
Lambswool insulating materials	40	16
Bales of straw	55	88
Wood shavings	43	64.5
Glass wool	40	16
Rock wool	40	24

Passivhausfenster

Beschreibung

Fixe und öffenbare Fenster in Passivhausbauweise

Funktionen

- Natürliche Belichtung der Räume
- Besonnung der Räume
- Sichtbezug nach außen
- Natürliche Belüftung der Räume
- Wärmeschutz
- Natürliche Kühlung der Räume
- Luftdichtigkeit/Winddichtigkeit
- Schutz vor Schlagregen
- Schallschutz
- Brandschutz
- Eventuell statische Funktion
- Absturzsicherung
- Gestalterische Funktion: Farbe und Materialität des Rahmens, Fensterteilung, Farbe des Glases

Systemkomponenten

Glasscheiben

Glasscheiben weisen je nach Zusammensetzung und Beschichtung unterschiedliche spektrale Eigenschaften auf.

Glasscheiben werden meist im Floatglasverfahren ab 4 mm Stärke hergestellt. Unbeschichtete Gläser sind für das Tageslichtspektrum hochtransparent, d.h. sie absorbieren und reflektieren in diesem Spektralbereich nur in geringem Masse und weitgehend gleichmäßig über das gesamte Frequenzspektrum. Für UV- und Infrarotstrahlung ist Glas ziemlich intransparent. Eisenfreie Gläser besitzen eine höhere Durchlässigkeit für UV-Strahlung und auch Tageslicht, damit erhöht sich auch der Energiedurchlass (g-Wert) beträchtlich.

Glasscheiben für Wärmeschutzverglasungen sollen möglichst wenig Wärme von innen nach außen leiten und möglichst durchlässig für Licht und Sonnenstrahlung insgesamt sein. Sie werden aus Floatgläsern hergestellt, die mit Metalloxiden beschichtet sind. Dadurch sinkt die Emissionszahl für Infrarotstrahlung beträchtlich, d.h. der Großteil der von beheizten Räumen nach außen dringende Wärmestrahlung wird nach innen reflektiert.

Glasscheiben für Sonnenschutzverglasungen sollen bei möglichst geringer Durchlässigkeit für Sonnenstrahlung und hohem Wärmeschutz eine möglichst hohe Lichtdurchlässigkeit aufweisen. Ausführung als Absorptionsgläser (Glasscheibe ist durchgefärbt, meist grün/bronze, Lichtdurchgang nicht farbneutral), Reflexionsgläsern (Metalloxidbeschichtung, hohe Spiegelwirkung, meist nicht farbneutraler Lichtdurchgang) oder mit Edelmetallen beschichtete Gläser (Silber, Gold, z.T. sehr gute Farbwiedergabe).

Passive house windows

Description

Fixed and opening passive house windows

Functions

- Natural room lighting
- Sunlight entry
- Visual connection to the outside
- Natural room ventilation
- Heat protection
- Natural room cooling
- Airtightness/windtightness
- Protection from driving rain
- Sound insulation
- Fire protection
- Possible structural function
- Accident protection
- Design function: frame color and material, window sub-division, glass color

System components

Glass panes

Glass panes have different spectral properties depending on the their composition and coatings.

Glass panes are generally produced in thicknesses of 4 mm and upwards using the float glass production method. Uncoated glass types are highly transparent when used in the daylight spectrum. Therefore they absorb and reflect only minor amounts of light within this spectrum and function evenly within the entire spectrum. Glass is very intransparent for UV and infrared radiation. Iron-free glass types are more easily penetrable for UV radiation and daylight, which leads to a considerable increase in the total energy transmission value (g value).

Glass panes for heat absorption should conduct as little heat as possible form the inside to the outside and admit as much light and sunlight as possible. They are manufactured using float glass panes coated with metallic oxides. This leads to a considerable decrease in infrared radiation emissions. Hence a large part of the heat radiated from inside to outside is reflected back to the inside.

Glass panes for sun protection should combine the highest light admission possible with low sun radiation admission and high heat protection. Absorption glass panes (panes are tinted, generally green/bronze coated, non-neutral light transmittance), reflective panes (metallic oxide coating, high mirroring effect, generally non-neutral light transmittance) or with noble metal coatings (silver, gold, very good color reproduction).

Panes of varying thickness are coated with casting resin for sound insulation reasons.

Material	Masse kg/m²	PEI MJ/m²	GWP kg CO_2eq/m²	AP kg SO_2eq/m²
Floatglas 4 mm unbeschichtet	10	125	4,9	0,08
Floatglas 4 mm beschichtet, Wärmeschutzverglasung	10	145	6,3	0,09
Verbund-Sicherheitsglas 2 x 5 mm mit Kunststofffolie	25,1	412	17,3	0,24

Material	Masse kg/m²	PEI MJ/m²	GWP kg CO_2eq/m²	AP kg SO_2eq/m²
Float glass 4 mm uncoated	10	125	4.9	0.08
Float glass 4 mm Coated heat absorption glass	10	145	6.3	0.09
Laminated o. multilayer glass 2 x 5 mm	25.1	412	17.3	0.24

Aus Schallschutzgründen werden Scheiben in unterschiedlichen Stärken mit Gießharz verklebt.

Bei erhöhten Sicherheitsanforderungen (z.B. Kopfbereich, Absturzsicherheit, raumhohe Fensterelemente) werden Einscheibensicherheitsgläser (vorgespannte Floatgläser) oder Verbundsicherheitsgläser verwendet (2 Scheiben werden mit einer hochelastischen Kunststoffschicht, meist Polyvinylbutyral verbunden, dadurch zerfällt die Scheibe nicht bei Bruch).

Gasfüllung

Isoliergläser sind im Scheibenzwischenraum mit schweren Edelgasen gefüllt, um den Wärmeverlust durch Konvektion zu reduzieren. Zum Einsatz kommen Argon und Krypton, die auch gemischt werden. Xenon darf nicht mehr für Isolierverglasungen eingesetzt werden. Krypton ist ein radioaktives Gas. Die äußerst geringen Mengen, die während der Nutzungsdauer austreten, sind gesundheitlich nicht relevant.

One-layer safety window panes (tempered float glass) or composite safety glass window panes (2 panes are joined using a highly elastic synthetic bonding layer, generally polyvinylbutyral, to avoid shattering in case of damage) are used to meet increased safety requirements (e.g. head-level windows, accident safety, floor-to-ceiling windows).

Gas filling

The spaces between insulating glass panes are filled with heavy noble gases to reduce convection heat losses. Argon and krypton are used and can also be mixed. Xenon can no longer be used. Krypton is a radioactive gas. The extremely small amounts that leak out during the period of use are not relevant to user health.

Füllgas im Scheibenzwischenraum	Masse kg/m²	PEI MJ/m²	GWP kg CO$_2$eq/m²	AP g SO$_2$eq/m²
Luft	0,0207	-	-	-
Argon 16 mm	0,0285	0,18	0,008	0,044
Krypton 12 mm	0,0417	98	4,4	24,4

Window gas filling	Mass kg/m²	PEI MJ/m²	GWP kg CO$_2$eq/m²	AP g SO$_2$eq/m²
Air	0.0207	-	-	-
Argon	0.0285	0.18	0.008	0.044
Krypton	0.0417	98	4.4	24.4

Randverbund

Die einzelnen Scheiben von Isolierverglasungen werden durch Abstandhalter auf Distanz gehalten. Zum Einsatz kommen Abstandhalter aus Aluminium, Edelstahl, Kunststoffen oder Verbundstoffen. Aluminiumabstandhalter bestehen aus einem Hohlprofil von ca. 0,5 mm Stärke. Die äußere Randabdichtung (Verklebung) auf der Basis von Polysulfid, Polyurethan oder Silikon wird durch Polyisobutylen als zusätzliche zweite Dichtungsstufe unterstützt. Trocknungsmittel im Hohlprofil halten den Scheibenzwischenraum kondensatfrei. Für Passivhausverglasungen sind thermisch hochwertige Abstandhalter notwendig. Die folgenden kommen derzeit zum Einsatz:

Edelstahl: Der Aufbau entspricht dem Alu-Abstandhalter. Durch die geringere Wandstärke des Edelstahl-Hohlprofils von ca. 0,15 mm und die geringere Wärmeleitfähigkeit von Edelstahl kann der Wärmedurchgang deutlich reduziert werden.

Thermix: Form und Verklebung ähneln dem Alu-Abstandhalter, das Grundmaterial ist ein Kunststoff, unterseitig befindet sich eine Folie aus Edelstahl als Diffusionssperre.

Swisspacer: Form und Verklebung ist dem Aluabstandhalter ähnlich, als Material wird ein mit Glasfasern verstärkter Kunststoff eingesetzt, auf der Unterseite befindet sich eine 30 µm starke Alufolie als Diffusionssperre.

TPS: Der Abstandhalter besteht aus trockenstoffhaltigem Butyl, der äußere Randverbund aus Polysulfid. Der TPS-Abstandhalter enthält keine Metalle.

Spacers

The individual panes in insulating glass windows are separated by spacers. Spacers made of aluminum, stainless steel, synthetic materials or composites are used in these systems. Aluminum spacers consist of a hollow profile approximately 0.5 mm thick. The bonded outer edge seal is polysulfide, polyurethane or silicon-based and supported with an additional second seal level made of polyisobutylene. Drying agents in the hollow profile keep the spaces free of condensation. High quality thermal spacers are needed for passive house glass components. The following are currently used:

Stainless steel: The structure is the same as aluminum spacers. The steel hollow profile thickness (ca. 0.15 mm) and the lower heat conduction leads to a considerable reduction of heat transmittance.

Thermix: similar to aluminum spacers in terms of type and bonding. The basic material is synthetic with a stainless steel foil underneath that acts as a diffusion barrier.

Swisspacer: similar to aluminum spacers in terms of type and bonding, fiberglass reinforced synthetic material is used. A 30 µm thick aluminum foil underneath that acts as an diffusion barrier.

TPS: The spacer is made of exsiccant-containing butyl, the outer edge consists of polysulfide. TPS spacers do not contain metals.

Material pro m Rahmen für 16 mm Scheibenzwischenraum	Masse kg/m	PEI MJ/m	GWP kg CO$_2$eq/m	AP g SO$_2$eq/m
Aluminium	0,06	8,3	0,6	2,8
Edelstahl	0,06	4,8	0,3	1,1
Thermix	0,07	6,7	0,25	1,7

Material per m frame for a 16 mm void between panes	Mass kg/m	PEI MJ/m	GWP kgCO$_2$eq/m	AP kgSO$_2$eq/m
Aluminum	0.06	8.3	0.6	2.8
Stainless steel	0.06	4.8	0.3	1.1
Thermix	0.07	6.7	0.25	1.7

Hauptwerkstoffe und Dämmstoffe für Rahmenmaterialien

Als Hauptwerkstoff von Fensterrahmen wird in Passivhaus-Fensterrahmen meist mehrschichtverleimtes Holz eingesetzt, in seltenen Fällen PVC. Ein guter Wärmeschutz macht für die meisten Fensterrahmensysteme den Einsatz eines Dämmstoffes erforderlich. Die am Markt befindlichen Hersteller verwenden die folgenden Dämmstoffe:

- Polyurethan Hartschaum: sehr niedrige Wärmeleitfähigkeit, gut verklebbar, herstellungsökologisch ungünstig (siehe Polyurethan)
- Polyurethan Weichschaum: sehr niedrige Wärmeleitfähigkeit, meist in PVC-Rahmen eingesetzt, herstellungsökologisch ungünstig (siehe Polyurethan)
- Purenit: Wärmeleitfähigkeit zwischen der von Dämmstoffen und von Holz, gute statische Eigenschaften, wird aus Polyurethan-Sekundärstoffen und Polyurethanklebern hergestellt
- Extrudiertes Polystyrol: hohe Feuchteunempfindlichkeit, kann Luft oder HFKW als Zellgas enthalten, gut verklebbar, herstellungsökologisch ungünstig (siehe XPS)
- Kork: Weist niedriges Treibhauspotential auf (siehe Backkork)
- Zellulose: Ausgangsrohstoff ist Altpapier (siehe Zellulose-Dämmstoffe), niedrige Belastung für Herstellung, aber Hüllmaterial erforderlich (z.B. Styrolbutadien)
- Poröse Holzfaserplatten: Weisen niedriges Treibhauspotential auf (siehe Holzfaserplatten), verhältnismäßig hoher Aufwand zur Herstellung

Main materials and insulation types for window frames

Multilayer bonded wood is the main material used for passive house window frames. PVC is used in a few cases. Good heat protection requires the use of an insulation material. The manufacturers on the market use the following insulation materials:

- Hard polyurethane foam: very low heat conduction, good bonding properties, ecologically unfavorable in terms of production (see polyurethane)
- Soft polyurethane foam: very low heat conduction, generally used in PVC frames, ecologically unfavorable in terms of production (see polyurethane)
- Purenit: heat conduction between insulation material and wood levels, good static properties, it is made of recycled polyurethane and polyurethane adhesives
- Extruded polystyrene: very impervious to moisture, can contain air or HFC as cell gas, good bonding properties, ecologically unfavorable in terms of production (see XPS)
- Cork: has low greenhouse effect potential (see baked cork)
- Cellulose: The primary raw material is waste paper (see cellulose insulation materials), low manufacturing burden, but covering material required (e.g. styrene butadien)
  - Porous wood fiberboards: show potential greenhouse effect risk (see wood fiberboards), relatively complex production

Material Dämmstoff (bezogen auf 1 m²K/W)	Masse kg/m²	PEI MJ/m²	GWP kg CO$_2$eq/m²	AP g SO$_2$eq/m²
Polyurethan-Hartschaum	1,2	122,4	4,8	31,7
Polyurethan-Weichschaum	1,0	99,7	4,37	27,4
Purenit	38,5	558,2	25,5	120,2
XPS	1,5	153	5,2	31,6
Kork	6,75	47,9	-8.3	18,5
Zellulose	2,0	14,1	-1,8	6,8
Poröse Holzfaserplatte (250 kg/m³)	12,5	171,3	-2,3	86,0

Material insulation material (related to 1 m²K/W)	Mass kg/m²	PEI MJ/m²	GWP kg CO$_2$eq/m²	AP g SO$_2$eq/m²
Hard polyurethane foam	1.2	122.4	4.8	31.7
Soft polyurethane foam	1.0	99.7	4.37	27.4
Purenit	38.5	558.2	25.5	120.2
XPS	1.5	153	5.2	31.6
Cork	6.75	47.9	-8.3	18.5
Cellulose	2.0	14.1	-1.8	6.8
Porous wood fiberboard panels (250 kg/m³)	12.5	171.3	-2.3	86.0

Oberflächenschutz

Zum Schutz vor dem Außenklima werden Fensterrahmen mit den folgenden Deckschichten geschützt:
- Holz mit Lasur
- Holz mit Decklack oder Dickschichtlasur
- Aluminium eloxiert oder pulverbeschichtet

Surface protection

Window frames are protected from outside weather with the following layers:
- Wood with glazing
- Wood with cover coat or a glazing
- Anodized or powder-coated aluminum

Material pro m Rahmen	Masse kg/m	PEI MJ/m	GWP kg CO$_2$eq/m	AP g SO$_2$eq/m
Lasur auf Holz	ca. 0,11	5,7	0,2	1,1
Decklack oder Dickschichtlasur auf Holz	ca. 0,25	12,9	0,5	2,6
Aluminium pulverbeschichtet	ca. 0,85	106,3	7,6	36,4

Material per m frame	Mass kg/m	PEI MJ/m	GWP kgCO$_2$eq/m	AP g SO$_2$eq/m
Wood with glazing	ca. 0.11	5.7	0.2	1.1
Wood with glazing or cover coat	ca. 0.25	12.9	0.5	2.6
Powder-coated aluminum	ca. 0.85	106.3	7.6	36.4

Kleinmaterialien

für Dichtungen kommen die folgenden Materialien zum Einsatz:
- → Silikon
- EPDM
- Gummi

Für Beschläge wird Stahl verwendet, für die Olive (Fenstergriff) wird vor allem Neusilber eingesetzt.

Small materials

The following materials are used for seals:
- → Silicon
- EPDM
- Rubber

Steel is used for hardware and fittings, nickel silver is generally used for window handles.

Isolierverglasungssysteme

Isolierverglasungen setzen sich aus Glasscheiben zusammen, die mit Metalloxiden bedampft und durch einen Glasrandverbund auf Distanz miteinander verklebt sind. Der Scheibenzwischenraum ist meist mit einem Edelgas gefüllt.
Nachfolgend werden verschiedene Kombinationen mit z.T. unterschiedlichen Primärfunktionen vergleichsweise aufgeführt.

Thermopane windows

Thermopane windows consist of window panes with a vapor-applied metallic oxide treatment. They are bonded with spacers, the space between the panes is generally filled with a noble gas.
The following chart compares different combinations with partially different primary functions.

Material[1]	Masse / Mass kg/m²	U_g-Wert / U_g Value [W/m²K]	Ψ-Wert[2] / Ψ Value[2] [W/mK]	g-Wert / g Value [-]	τ-Wert / τ Value [-]	R_w [-]	PEI MJ/m²	GWP kg CO₂eq/m²	AP kg SO₂eq/m²
3-WSG Argon 4/16/4/16/4 Thermix	30,74	0,6	0,035	0,5	0,72	34	528	22,1	0,30
Variante Edelgas / Variant Noble gas									
3-WSG Krypton 4/12/4/12/4 Thermix	30,76	0,5	0,035	0,5	0,72	35	724	31	0,34
Varianten Randverbund / Variants Spacer									
3-WSG Argon 4/16/4/16/4 Alu	30,67	0,6	0,035	0,5	0,72	34	540	24,5	0,30
3-WSG Argon 4/16/4/16/4 Edelstahl / Stainless steel	30,67	0,6	0,045	0,5	0,72	34	515	22,4	0,29

1) Referenz ist Passivhausrahmen / Reference: passive house frame
2) U_W-Wert Referenzfenster nach [Schnieders 1998] / U_W-reference value according to [Schnieders 1998]

Rahmensysteme

Rahmensysteme können abseits ihrer Materialität durch die folgenden Eigenschaften unterschieden werden:

Öffenbarkeit:
- fix
- öffenbar, Drehkipp-, Dreh-, Schiebetür

Statische Konstruktionsweise:
- Fenster/Türen
- Pfosten-Riegel

Die Verbindung der einzelnen Rahmenwerkstoffe erfolgt meist über Klebeverbindungen. Die Art der Klebstoffe ist den Autoren nicht bekannt.

In Passivbauweise werden die folgenden Systeme angeboten:

Frame systems

Apart from the material they are made of, frame systems can be differentiated according to the following properties:

Opening options:
- fixed
- opening with a turn and tilt mechanism, revolving mechanism, sliding mechanism

Static construction method:
- windows /doors
- posts and beams

The individual frame materials are generally bonded with adhesives. The type of adhesive used is not known to the authors.

The following systems are used for passive house construction:

Material pro m Rahmen für Rahmen öffenbar *	Masse kg/m	PEI MJ/m	GWP kgCO₂eq/m	AP kgSO₂eq/m
Vollholz	7,22	158	-2,6	0,045
Vollholz mit Alu-Deckschale	7,85	249	3,6	0,075
Holz/PUR/Holz	6,50	167	3,4	0,038
Holz/PUR/Holz mit Aluschale	7,39	295	12,2	0,079
Holz/XPS/Alu-Deckschale	7,65	302	7,4	0,085
Holz/Kork/Alu-Deckschale	8,06	290	6,2	0,083
Holz/Zellulose/Alu-Deckschale	7,69	343	8,0	0,087
PVC/Polyurethan	7,14	623	28,4	0,161

* Pfosten-Riegelsysteme werden hier nicht dargestellt

Material per m frame for opening frame*	Mass kg/m	PEI MJ/m	GWP kgCO₂eq/m	AP kgSO₂eq/m
Solid wood	7.22	158	-2.6	0.045
Solid wood with aluminum cladding	7.85	249	3.6	0.075
Wood /PUR/Wood	6.50	167	3.4	0.038
Wood/PUR/Wood with aluminum cladding	7.39	295	12.2	0.079
Wood /XPS/aluminum protective cladding	7.65	302	7.4	0.085
Wood /cork /aluminum cladding	8.06	290	6.2	0.083
Wood /cellulose /aluminum cladding	7.69	343	8.0	0.087
PVC/Polyurethane	7.14	623	28.4	0.161

* Post and beam systems are not included

Einbau

Verarbeitung

Ein passivhaustauglicher Einbau liegt dann vor, wenn das Fenster in Norm-Abmessungen (1,23 m x 1,48 m) derart eingebaut wird, dass ein Gesamt U-Wert von $U_{w,eff}$ = 0,85 W/m²K nicht überschritten wird [PHPP 2007]. Folgende Bedingungen beeinflussen die Wärmebrückenwirkung des Einbaus:

- Überdämmung Fensterstock
- Position Fenster: mittig in Wärmedämmebene, innen oder außen bündig
- Einbau in Laibung, Parapet, Sturz, Sockel (bei Fenstertüren)
- Aufbau Außenwand: Massive Schale mit Außendämmung, Leichtbau, Schalsteine
- Art der Verbindung Fensterrahmen/statisches System Außenwand: Eisenwinkel punktuell oder durchgehend, Blindstock
- Aufbau des Fensterrahmens:
  - Fenster mit außenseitiger Alu-Schale: Eine Überdämmung des Stockrahmens bringt nur geringfügige Verbesserungen, da durch die hochwärmeleitfähige Aluschale viel Wärme nach außen fließen kann
  - Fenster mit Holzoberfläche außen: Eine Überdämmung des Fensterstocks bringt eine deutliche Reduktion der Wärmebrückenverluste, in bestimmten Fällen ist sogar ein wärmebrückenfreier Einbau möglich. Diese Bauweise führt auch zur Passivhaustauglichkeit von Fensterrahmen im eingebauten Zustand ($U_{w,eff}$ = 0,85 W/m²K), die als Fensterrahmen das Passivhaus-Kriterium nicht erreichen.
- Ausführung Jalousiekasten

Neben der thermischen Qualität muss der Einbau

- innenseitig strömungsdicht und dampfsperrend (z.B. Butylkautschukbänder, Silikondichtung/Hinterfüllband) und
- außenseitig winddicht und schlagregendicht (z.B. diffusionsoffene PE-Streifen, vorkomprimierte Dichtungsbänder)

ausgeführt werden (siehe Luftdichtigkeit im Einleitungskapitel).

Fugen zwischen Fensterstock und Außenwand werden ausgeschäumt oder mit Faserdämmstoffen ausgestopft.

Art und Qualität der Ausführung beeinflussen neben den genannten Eigenschaften eine Reihe anderer Funktionen:

- Schallschutz des eingebauten Fensters
- Tageslichtausbeute und solare Gewinne in Abhängigkeit von Laibungstiefe und Farbe
- Fassadengestaltung durch Einbauposition
- Effektiver Lüftungsquerschnitt in Abhängigkeit vom Abstand der Fensterflügel von der Laibung

Ressourcenaufwand und Emissionen

Der Arbeitsaufwand unterscheidet sich je nach Einbaumodalitäten verhältnismäßig stark (Montage auf Blindstock, Einschäumen in Leichtbauwand, Ausstopfen Fuge, Ausführung stömungdichte/winddichte Ebene). An Ressourcenaufwand fallen vor allem Bauhilfsstoffe wie Klebebänder, Schrauben, Blindstock, PU-Schäume, Abdichtungsmassen, vorkomprimierte Dichtungsbänder, Stopfwolle ins Gewicht, daneben wird elektrische Energie für elektrische Werkzeuge benötigt. Als Emissionen treten vor allem die Treibgase und Isocyanate in den Montageschäumen sowie Lösemittel in Dichtungsmassen und Klebemitteln (z.B. → Silikon) auf. Die Beschichtung von Holzrahmen wird meist bereits werkseitig aufgebracht. Lösemittelfreie Beschichtungssysteme auf natürlicher Basis sind von Vorteil, ökologisch geprüfte Produkte sind vorzuziehen, insbesondere bei Aufbringung vor Ort.

Arbeitsplatzbelastungen

Die Montage großer ungeteilter Verglasungsflächen ohne Kran kann zu starken Belastungen des Bewegungsapparates der ArbeiterInnen führen. Bei Fenstereinbau mit Hilfe von Montageschäumen ist mit erhöhten Konzentrationen von Isocyanaten zu rechnen.

Baustellenabfälle

Fenster werden meist direkt aus den Herstellerwerken geliefert, eine Verpackung ist daher nicht üblich. An Baustellenabfällen fallen vor allem Reste von Klebebändern, leere Gebinde von Montageschäumen oder Silikonkartuschen sowie die Verpackung der Bauhilfsstoffe, die meist aus Kartonagen bestehen, an.

Installation

Handling

A passive house standard is achieved when a standard size (1.23 m x 1.48 m) window achieves an overall U value that does not exceed $U_{w,eff}$ = 0.85 W/m²K [PHPP 2007]. The following conditions influence the thermal bridge effect in the structure:

- Additional window frame insulation
- Window position: in the middle of the thermal insulation level, flush-mounted along the outside or inside
- Installation in the reveal, parapet, header, wall base (French windows)
- Outside wall structure: solid shell with exterior insulation, lightweight construction, open-end blocks
- Type of connection between the window frame/outside wall static system: iron angles in specific places or throughout, sub-frame
- Window frame structure:
  - Window with exterior aluminum cladding: Additional frame insulation only leads to minor improvements, since the highly heat conducting exterior frame can allow a lot of heat to flow to the outside
  - Windows with wood exterior surfaces: Additional window frame insulation leads to a significant reduction of thermal bridge losses, thermal bridge-free insulation is possible in certain cases. This construction method results in windows that meet passive house standards once assembled ($U_{w,eff}$ = 0.85 W/m²K), which as window frames wouldn't meet passive house requirements.
- Blind box

Apart from having thermal qualities the installation must be

- sealed against flow along the inside and serves as a vapor barrier (e.g. butyl rubber strips, silicon seal /back-fill strips) and be
- windtight along the outside and waterproof against driving rain (e.g. open-diffusion PE strips, pre-compressed sealing tapes)

when assembled (see airtightness in the introductory chapter).

Joints between the window frame and the outside wall are filled with foam or fibrous insulation material.

The type and quality of the assembly method influence a number of other functions, along with the abovementioned properties:

- Sound protection of the installed windows
- Daylight amounts and solar gains depending on the reveal depth and color
- Installation position has impact on façade design
- Effective ventilation cross section depending on the distance between the window casements and reveal

Required resources and emissions

The amount of work required varies greatly according to the installation method (assembly on the frame, foaming in a lightweight wall, joint filling, type of flow-sealed/wind resistant layer structure). Most of the resources required are supplementary construction materials such as adhesive tape, screws, sub-frames, PU foams, sealing mass, pre-compressed sealing tape and filler wool. Electric power is also required for electric tools. The main emissions are from gas propellants and isocyanates in the assembly foam and solvents in the sealing mass and bonding agents (e.g. → silicon). Wood frame coatings are generally applied at the production site. Natural, solvent-free coating systems are advantageous. Ecologically tested materials are preferable, especially if the coating is to be applied onsite.

Workplace hazards

Large, undivided glass surfaces that are not accessible with the help of a crane can lead to considerable physical stress for the workers. Window installation work with the help of assembly foam leads to high isocyanate concentrations.

Construction site waste

Windows are generally delivered ex factory, so packaging is not usual. Construction site waste generally consists of adhesive tape remnants, empty assembly foam packaging or silicon cartridges as well as supplementary construction material packaging, which are usually made of cardboard.

Beurteilungskriterien für gewählte Fenstersysteme

Evaluation criteria for selected window systems

Einbau Beurteilungskriterien	Günstig	Mittel	Ungünstig	Bewertung
Arbeitsaufwand	direkt auf Tragkonstruktion	auf eigenen Winkeln		keine Einstufung
Einbau	mechanisch eingebaut, Fugen ausgestopft mit Schafwolle, Flachs, Hanf	mechanisch eingebaut, Fugen ausgestopft mit Glas- oder Steinwolle	Fenster eingeschäumt mit PU-Montageschaum	keine Einstufung
Aufbringung Deckschicht	lösemittelfrei	lösemittelarm Deckschicht	lösemittelhältige Deckschicht	keine Einstufung, da meist im Werk aufgebracht
Verpackung	Keine Verpackung	Mehrwegverpackung	Einwegverpackung	Keine Einstufung, da stark produktabhängig

Installation Evaluation criteria	Favorable	Medium	Unfavorable	Evaluation
Work required	Directly on the load-bearing structure	On is own angles		No rating
Installation	Mechanically installed, joints filled with lambs-wool, flax, hemp	Mechanically installed, joints filled with glass or rock wool	Window foamed with PU assembly foam	No rating
Covering layer application	Solvent-free	Low solvent content covering layer	Covering layer contains solvents	No rating, since applied by the manufacturer
Packaging	No packaging	Reusable packaging	Disposable packaging	No rating since strongly dependent on the product

Nutzung

Wärmeschutz

Der Wärmeschutz eines Fensters wird durch den $U_{w,eff}$-Wert in [W/m²K] quantifiziert. Dieser wird gemäß [Feist 1998] in Anlehnung an EN ISO 10077 ermittelt:

$$U_w = \frac{A_g \cdot U_g + A_f \cdot U_f + l_g \cdot \psi_g}{A_g + A_f}$$

$U_{w,eff} = (U_w \times A_w + l_w \times \Psi_w)/A_w$
U_w: U-Wert Fenster [W/m²K]
$U_{w,eff}$f: U-Wert Fenster im eingebauten Zustand [W/m²K]
U_g: U-Wert Verglasung Scheibenmittelpunkt gemäß EN 673 [W/m²K]
U_f: U-Wert Rahmen [W/m²K]
Ψ_g-Wert: Wärmebrückenkoeffizient Glasrandverbund gemäß EN ISO 10077 [W/mK]
Ψ_w-Wert: Wärmebrückenkoeffizient Fenstereinbau [W/mK]
A_w: Fläche Fenster [m²]
A_g: Fläche Verglasung [m²]
A_f: Fläche Rahmen [m²]
l_g: Länge Glasrandverbund [m]
l_w: Länge Stockaußenmaß [m]

Oberflächentemperatur

Es ist einerseits die mittlere Oberflächentemperatur des Fensters von Interesse (hat Einfluss auf empfundene Strahlungstemperatur im Raum), andererseits die Mindesttemperaturen in Bereichen der Wärmebrücken (meist im Bereich Glasrandverbund oder Fuge Fenster/umgebender Bauteil), die sich auch auf eine potentielle Schimmelbildung auswirken. Beide Kennwerte können Hinweise auf einen potentiellen Kaltluftabfall geben.

Tageslichtdurchgang (Transmission, Rahmenbreite)

Die natürliche Belichtung von Wohn- oder Arbeitsräumen wird zu einem wichtigen Teil durch Fenstereigenschaften und Einbaumodalitäten beeinflusst:
- Transmission, Verglasung, Tageslicht τ
- Verglasungsanteil
- Laibungstiefe und Farbe der Laibung
- Höhe des Fenstersturzes

Farbwiedergabe

Die Qualität der verwendeten Gläser und der aufgebrachten Beschichtungen bestimmen die Farbwiedergabe des transmittierten Tageslichtes.

Durchgang solarer Energie

Solare Energie kann auf zweierlei Wegen in einen Raum gelangen:
- Direkte Transmission durch die Verglasung
- Durch die Absorption von solarer Energie heizen sich die Glasscheiben auf, dadurch wird Wärme über Konvektion und Strahlung an den Raum abgegeben

Use

Heat protection

The heat protection of a window is quantified with an $U_{w,eff}$ value in [W/m²K]. According to [Feist 1998] this value is calculated using EN ISO 10077:

$$U_w = \frac{A_g \cdot U_g + A_f \cdot U_f + l_g \cdot \psi_g}{A_g + A_f}$$

$U_{w,eff} = (U_w \times A_w + l_w \times \Psi_w)/A_w$
U_w: U-value window[W/m²K]
$U_{w,eff}$: U-value installed window [W/m²K]
U_g: U-value center of glazing pane according to EN 673 [W/m²K]
U_f: U-value frame [W/m²K]
Ψ_g-Value: spacer thermal bridge coefficient according to EN ISO 10077 [W/mK]
Ψ_w-Value: window installation thermal bridge coefficient [W/mK]
A_w: Area of window [m²]
A_g: Area of glazing [m²]
A_f: Area of frame [m²]
l_g: Spacer length [m]
l_w: External length of frame [m]

Surface temperature

The average surface temperature is important (has influence on the radiation temperature felt in the room), as well as the minimal temperature in the thermal bridge zones (generally in the spacer zones or the joints between the window and the surrounding components). The latter affect potential mold growth. Both values can indicate potential cold air currents.

Daylight transmittance (transmission, frame width)

Window properties and installation methods have great influence on the natural lighting of living or work spaces:
- Glazing daylight transmission τ
- Glazing percentage
- Reveal depth and color
- Window lintel height

Color reproduction

The quality of the glass used and the coatings applied determine the color reproduction of the transmitted daylight.

Solar energy transmittance

Solar energy can enter rooms two ways:
- Direct transmission through glazing
- The absorption of solar energy heats up the glass panes. Heat is then released in the room via convection and radiation

Der Gesamtanteil der solaren Energie, die das Fenster durchdringt, wird auf die gesamte außen auffallende Strahlung bezogen und als g-Wert bezeichnet. Die Messung erfolgt gemäß EN 410. Gemäß [PHPP 2007] wird ein g-Wert größer 50% empfohlen, für bestimmte Anwendungszwecke mit hohen inneren Lasten können allerdings auch Verglasungen mit deutlich geringeren g-Werten (Sonnenschutzgläser) sinnvoll sein, um den Energiebedarf für Kühlung zu minimieren
.

Luftdichtigkeit
Die Luftdichtigkeit eines eingebauten Fensters ergibt sich vor allem aus der Ausführung der Fugen zwischen
- Isolierverglasung – Fensterrahmen: Ausführung mit EPDM-Einlage, die silikonisiert wird
- Flügelrahmen – Fensterstock: 2 bis 3 umlaufende Dichtungsebenen, die durch die Beschläge nicht durchbrochen werden dürfen
- Fensterstock – Regelquerschnitt: Abdichtung durch Klebebänder, Hinterfüllband/Silikon oder Innenputz/Anputzschiene: siehe Einleitung/Luftdichtigkeit
Fenster werden in Beanspruchungsklassen gemäß EN 12207 eingeteilt, die Messung erfolgt gemäß EN 1026.

Schallschutz
Der Schallschutz eingebauter Fenstern hängt vor allem ab von
- den Eigenschaften der Isolierverglasung: Schalltechnische Optimierung durch unterschiedlich starke Scheiben und Scheibenzwischenräume, Einsatz von Gießharzscheiben, Einsatz von schweren Füllgasen (z.T. problematisch aus ökologischen Gründen wie bei SF_6)
- der Luftdichtigkeit: Passivhausfenster müssen allein aus thermischen Gründen sehr dicht sein, dies wirkt sich auch positiv auf das tatsächlich erreichte Schalldämmmaß aus
- den Einbaudetails: Konstruktion von „Labyrinthfugen", Verwendung von Schwerefolie

Wirksamer Lüftungsquerschnitt (sommerliche Lüftung)
Für den wirksamen Lüftungsquerschnitt sind die folgenden Eigenschaften von Bedeutung:
- Art des Beschlages (Dreh-, Dreh-Kipp-, Schiebefenster): Bei der sommerlichen Lüftung sind meist auch Kriterien wie Regensicherheit, Sicherheit für Kinder, Einbruchschutz für die tatsächlich gewählte Stellung ausschlaggebend. Daher wird in vielen Fällen „nur" gekippt und das Fenster nicht ganz geöffnet.
- Öffnungswinkel Beschlag und Dimension des Fensters, insbesondere dessen Höhe und Stärke
- Der Einbau und die Art des Mauerwerks: Für die Größe des effektiven Querschnitts im gekippten Zustand ist der Abstand des Fensterflügels zur Laibung entscheidend.
Zur Berechnung des effektiven Lüftungsquerschnittes siehe [PHPP 2007].

Raumluftbelastung durch Schadstoffemissionen
Folgende Bestandteile von Fenstern können Schadstoffe an den Innenraum abgeben:
- Lasuren und Decklacke: → Lösungsmittel, Biozide, wenn eingesetzt
- PU-Montageschäume: Isocyanate

Instandhaltungsaufwand, Reinigung
Der Instandhaltungsaufwand betrifft vor allem die Außenschale des Rahmens:
- Eloxierte und pulverbeschichtete Aluminium-Rahmen benötigen keinen Aufwand zur Reinigung und Instandhaltung und sind über lange Zeit farbecht
- Lasierte Holzrahmen müssen je nach Regenbelastung alle 2 bis 3 Jahre neu gestrichen werden, Systeme mit Decklack alle 2 bis 5 Jahre. Da die höchste Belastung am Rahmenteil auf dem Parapet besteht, rüsten viele Hersteller von Holzfenstern diesen unteren Teil mit einer Alu-Deckschale aus.
- PVC-Fenster benötigen einen verhältnismäßig niedrigen Instandhaltungsaufwand, allerdings findet meist über die Jahre eine Vergilbung statt

Nutzungsdauer
Die Nutzungsdauer hängt einerseits von technischen (vor allem Beständigkeit der Außenhaut, Dichtigkeit der Anschlüsse) und ästhetischen Gesichtspunkten ab (Vergilben, Rissbildung). Ob ein nicht mehr gebrauchstaugliches Fenster zerstörungsfrei ausgebaut werden kann, hängt davon ab, wie das Fenster eingebaut war. Günstig ist eine mechanische Befestigung von innen, ungünstig ist eine Befestigung von außen. Als günstig können Ausführungen z.B. mit Blindstöcken eingestuft werden.

The total amount of solar energy that penetrates through the window is calculated against the total amount of incident radiation and is described as the g value. The measurements are in accordance with EN 410. According to [PHPP 2007], a g value higher than 50% is recommended, but glazing with markedly lower g values can be useful for specific uses with high interior radiation to minimize the amount of cooling energy required.

Airtightness
The handling of joints is a major determinant in terms of the airtightness of an installed window.
- Thermopane glazing – window frames: assembled with a silicon-treated EPDM insert
- Casement frame – window frame: 2 to 3 continuous sealing levels, that cannot be interrupted by fixtures
- Window frame – standard cross section: sealed with adhesive tape, back-filled tape/silicon or interior plaster /plastering rail: see Introduction /airtightness
Windows are divided into exposure classes according to EN 12207, measurements are made in accordance with EN 1026.

Sound insulation
The sound insulation of installed windows is mostly dependent on
- The thermopane glazing properties: sound insulation optimizing with panes of varying thickness and pane spaces, the use of cast resin panes, the use of heavy filler gases (partly problematic for ecological reasons such as SF_6)
- Airtightness: passive house windows have to be very tight for thermal reasons, this also has a positive effect on the sound insulation level actually achieved
- Installation details: construction of "labyrinth joints", use of heavy foil

Effective ventilation cross section (summer ventilation)
The following properties are important in terms of the effective ventilation cross section:
- The type of fitting (turn, turn-tilt, sliding): Criteria such as rain safety, child safety, burglary safety are decisive in terms of the positioning for summer ventilation. Hence the window is often "only" tilted and not opened entirely in many cases.
- Opening angle and dimension of the window, especially its height and thickness
- The installation and type of masonry: The space between the window casement and the reveal is decisive in determining the size of the effective cross section of a tilted window.
See [PHPP 2007] for the calculation of the effective ventilation cross section.

Room air pollution from the emission of harmful substances
The following window components can emit harmful substances:
- Glazes and cover coatings: → solvents, biocides, if used
- PU assembly foam types: isocyanates

Maintenance requirements, cleaning
The maintenance requirements apply primarily to the exterior shell of the frame:
- Anodized and powder-coated aluminum frames do not require any major cleaning or maintenance measures and retain their color fastness over a long period of time.
- Wood frames with glaze finishes need new coatings every 2 to 3 years depending on their exposure to rain. Systems with coating finishes require new coatings every 2 to 5 years. Since the highest strain is on the lement of the frame that rests on the parapet, many wood window manufacturers equip their windows with aluminum cladding along the lower section.
- PVC require relatively little maintenance, although they become yellow over the years

Period of use
The period of use depends on technical (especially the durability of the exterior skin, connection tightness) and aesthetic aspects (yellowing, crack development). Whether a window that is no longer fit for use can be dismantled without destroying it depends on how it was installed. Mechanical installation from within is good, while mechanical installation from the outside is unfavorable. Other favorable solutions include installations with sub-frames, for example.

Beurteilungskriterien für gewählte Fenstersysteme

Evaluation criteria for selected window systems

Nutzung Beurteilungskriterien ohne Einstufung	Bewertung
Wärmeschutz	U-Wert gemäß EN ISO 10077, Darstellung der Transmissionswärmeverluste eines Normfensters pro Heizsaison und pro m² Fensterfläche [kWh/m²]
Oberflächentemperatur	Keine Einstufung, da von Produkt stark abhängig
Tageslichtdurchgang (Transmission, Rahmenbreite)	Kennwert Transmission gemäß EN 410, keine Einstufung, da von Produkt stark abhängig
Farbwiedergabe	EN 410, keine Einstufung, da von Produkt stark abhängig
Solare Gewinne in der Heizsaison	Abhängig vom g-Wert der Verglasung, Glasanteil und Verschattung Laibung, Kennwerte für Normfenster Süd und West pro Heizsaison und pro m² Fensterfläche [kWh/m²]
Luftdichtigkeit	Kennwert gemäß EN 12207 keine Einstufung, da von Produkt stark abhängig
Schallschutz	Kennwert Rw nach EN ISO 140 und EN ISO 717, keine Einstufung, da von Produkt stark abhängig
Wirksamer Strömungsquerschnitt in Kippstellung (sommerliche Lüftung)	m² effektiver Lüftungsquerschnitt pro m² Fensterfläche, keine Einstufung, da von Produkt stark abhängig
Nutzungsdauer	Keine Einstufung

Nutzung Beurteilungskriterien mit Einstufung	Günstig	Mittel	Ungünstig	Bewertung
Raumluftbelastung durch Schadstoffemissionen	Keine Schadstoffemissionen	Schadstoffemissionen bei falschem Einbau	Schadstoffemissionen möglich	Keine Einstufung, da Schadstoffbelastung von Produktwahl für Grundierungen, Kleber etc. abhängig
Instandhaltungsaufwand, Reinigung	Geringer Aufwand, keine gesundheitsgefährdenden Stoffe notwendig		Hoher Aufwand, gesundheitsgefährdende Stoffe	Einstufung

Use Evaluation criteria without rating	Evaluation
Thermal insulation	U value according to EN ISO 10077, transmission heat losses of a standard-sized window per heating season and per m² window area [kWh/m²]
Surface temperature	No rating since strongly dependent on the product
Daylight transmittance g (transmission, frame width)	Specific value according to EN 410, no rating since strongly dependent on the product
Color reproduction	EN 410, no rating since strongly dependent on the product
Solar energy transmittance	Depending on the g-value of the glazing, glazing percentage, shading, reveal, specific values for standard-sized windows facing south and west, per heating season and per m² windows area [kWh/m²]
Airtightness it	Specific value according to EN 12207, no rating since strongly dependent on the product
Sound insulation	Specific value according to EN ISO 140 und EN ISO 717, no rating since strongly dependent on the product
Effective ventilation cross section in when tilted (summer ventilation)	m² effective ventilation cross section per m²· no rating since strongly dependent on the product
Period of use	No rating

Use Evaluation criteria with rating	Favorable	Medium	Unfavorable	Evaluation
Room air pollution from the emission of harmful substances	No emission of harmful substances	Emission of harmful substances if incorrectly installed	Emission of harmful substances possible	No rating since pollution levels are dependent on the choice of primer, glue, etc.
Required maintenance, cleaning	Low maintenance requirement, no harmful substances required		High maintenance requirement, hazardous substances	Rating

Verwertung und Beseitigung

Fenster können, wenn mechanisch eingebaut, zerstörungsfrei wieder ausgebaut werden (im Massivhaus nur eingeschränkt, je nach Verschraubung). Je nach Einbau muss allerdings die Innenputzschicht und der Anschluss an die Dämmung, bzw. die Außendeckschicht der Außenwand abgetragen werden. Isolierverglasungen können vom Rahmen problemlos getrennt werden. Die Trennung der Scheiben ist annähernd sortenrein möglich, unbeschichtete Glasscheiben können verhältnismäßig leicht, beschichtete nur eingeschränkt wiederverwertet werden. Fensterrahmen können nur eingeschränkt in die jeweiligen Bestandteile getrennt werden (z.B. Aluminiumdeckschale, Beschläge), alle brennbaren Bestandteile können in entsprechenden Abfallverbrennungsanlagen verbrannt werden. Bestimmte Bestandteile wie Aluminiumdeckschalen könnten auch wiederverwertet werden.

Re-utilization and disposal

If mechanically installed, windows can be dismantled without destroying them (with limitations in solid construction type buildings). However, according to the installation method, the interior plaster layer and the connecting insulation as well as the outer cladding of the outside wall have to be removed. Thermal glazing can be separated from the frame without problems. Pane separation according to type is almost fully possible, uncoated glass panes can be easily re-used, coated panes can be re-used only to a certain degree. Window frames can only be separated into their respective components to a degree (e.g. aluminum cladding, fixtures), all flammable components can be incinerated at waste incineration plants. Some components like aluminum cladding could be re-used.

Ökologisches Datenprofil ausgewählter Fenstersysteme

Es werden öffenbare Fenstersysteme miteinander verglichen. Fenstergröße ist das „Normfenster" mit einer Breite von 1,23 m und einer Höhe von 1,48 m (Stockaußenmaß). Es wurde das PHPP-Standardklima gewählt (für die Heizsaison: Heizgradtage 84 kKh, Globalstrahlung Süd 370 kWh/m², West 230 kWh/m²).

Ecological data profile for selected window systems

Window systems compared opening windows with a "standard size" window measuring W = 1.23 m and H = 1.48 m (exterior frame size). PHPP Standard Climate was used (for the heating season: heating degree days 84 kKh, global and sky radiation south 370 kWh/m², west 230 kWh/m²)

Fenstersysteme

Öffenbare Fenster	Verglasung	Rahmen	Einbau
Vollholz, überdämmt	3-WSG Argon 4/16/4/16/4 Thermix	Vollholzrahmen, lasiert	mit Überdämmung
Vollholz überdämmt, Krypton	3-WSG Krypton 4/12/4/12/4 Thermix	Vollholzrahmen, lasiert	mit Überdämmung
Holz/PUR/Holz überdämmt	3-WSG Argon 4/16/4/16/4 Thermix	Holz/Purenit/Polyurethan/Purenit/Holz, lasiert	mit Überdämmung
Holz/PUR/Holz nicht überdämmt			ohne Überdämmung
Holz/PUR/Holz, überdämmt, Krypton	3-WSG Krypton 4/12/4/12/4 Thermix	Holz/Purenit/Polyurethan/Purenit/Holz, lasiert	mit Überdämmung
Holz/XPS/Alu, überdämmt	3-WSG Argon 4/16/4/16/4 Thermix	Holz/XPS/Alu eloxiert	mit Überdämmung
Holz/XPS/Alu, nicht überdämmt	3-WSG Argon 4/16/4/16/4 Thermix	15 mm auf 50 mm HWL (geklebt), Glasfaserarm.	ohne Überdämmung
Holz/XPS/Alu, überdämmt, Krypton	3-WSG Krypton 4/12/4/12/4 Thermix	Holz/XPS/Alu eloxiert	mit Überdämmung
Holz/Kork/Alu, überdämmt	3-WSG Argon 4/16/4/16/4 Thermix	Holz/Kork/Alu eloxiert	mit Überdämmung
Holz/Zellulose/Alu, überdämmt	3-WSG Argon 4/16/4/16/4 Thermix	Holz/Zellulose/Alu, eloxiert	mit Überdämmung
PVC, überdämmt	3-WSG Argon 4/16/4/16/4 Thermix	PVC, PU-Schaum	mit Überdämmung

Window systems

Openable windows	Glazing	Frame	Installation
Solid wood, additional insulation	3-WSG Argon 4/16/4/16/4 Thermix	Solid wood frame, glazed	with additional insulation
Solid wood, additional insulation, Krypton	3-WSG Krypton 4/12/4/12/4 Thermix	Solid wood frame, glazed	with additional insulation
Wood/PUR/wood additional insulation	3-WSG Argon 4/16/4/16/4 Thermix	Wood /Purenit/Polyurethan/Purenit/ wood, glazed	with additional insulation
Wood/PUR/wood, without additional insulation			without additional insulation
Wood/PUR/wood, additional insulation, Krypton	3-WSG Krypton 4/12/4/12/4 Thermix	Wood /purenit/polyurethane/purenit/ wood, glazed	with additional insulation
Wood/XPS/aluminum, additional insulation	3-WSG Argon 4/16/4/16/4 Thermix	Wood/XPS/aluminum, anodized	with additional insulation
Wood/XPS/aluminum, without additional insulation	3-WSG Argon 4/16/4/16/4 Thermix	15 mm auf 50 mm HWL (bonded), fiberglass armoring	without additional insulation
Wood/XPS/aluminum, additional insulation, Krypton	3-WSG Krypton 4/12/4/12/4 Thermix	Wood/XPS/aluminum, anodized	with additional insulation
Wood/cork/aluminum, additional insulation	3-WSG Argon 4/16/4/16/4 Thermix	Wood/cork/aluminum, anodized	with additional insulation
Wood/cellulose/aluminum, additional insulation	3-WSG Argon 4/16/4/16/4 Thermix	Wood /cellulose/aluminum, anodized	with additional insulation
PVC, additional insulation	3-WSG Argon 4/16/4/16/4 Thermix	PVC, PU foam	with additional insulation

Die Grafiken auf Seite 240 zeigen die ökologischen Kennwerte ausgewählter Fenstersysteme.

The diagrams on page 240 shows all the ecological specific values of the selected window systems.

Innenputzschichten

Beschreibung

Innenputze auf mineralischen Wand- und Deckenbildnern sowie auf Holzrahmenkonstruktionen

Funktionen

- Ausgleich von Unebenheiten und Rissen
- Untergrund für Anstriche, Tapeten etc.
- Gestalterische Funktion: Farbgebung, Oberflächenbeschaffenheit (glatt, rau, sgraffito)
- Feuchteaufnahme, -pufferung und -abgabe
- Wärmespeicherung
- Luftdichtigkeit
- Schallabsorption und Schallschutz
- Brandschutz
- Wärmeverteilung bei Bauteilheizungen

Systemkomponenten

Putzuntergründe

Die Kenntnis der Festigkeitseigenschaften, des Schwind- und des Rissverhaltens, der Wärmeleitfähigkeit, der Rauheit und der Saugfähigkeit sind wichtig für die mechanische Abstimmung mit dem Untergrund. Gute Verhältnisse sind z.B. gegeben bei schwach und gleichmäßig saugendem Putzgrund, wenig schwankender Putzdicke und gleichmäßig vollen Mauerwerksfugen. Bei den ausgewählten Innenputzschichten wurden Aufbauten auf Mauerwerk, Beton und Leichtbau unterschieden.

Putzträger

Die ältesten bekannten Putzträger sind Schilfstukkatur (mit Drahtgewebe verbundenes Schilfrohr). Diese sind heute weitestgehend durch schneller aufzubringende

Material	Masse kg/m²	PEI MJ/m²	GWP kg CO₂eq/m²	AP g SOₓeq/m²
Schilfstukkatur (2 cm)	4,5	4,2	-7,2	1,8
Streckmetall	0,8	19,6	1,1	6,3
Drahtziegelgewebe	5	35,9	1,8	5,5
HWL-Dämmplatte zementgeb. 15 mm	7,5	31,8	-0,8	8,3
HWL-Dämmplatte zementgeb. 35 mm	17,5	74,2	-1,8	19,3
HWL-Dämmplatte zementgeb. 50 mm	25	106,0	-2,5	27,5

Putzträger (z.B. Streckmetalltafeln, Drahtziegelgewebe) oder Armierungen abgelöst worden. Streckmetall besteht aus Bandstahl in unterschiedlichen Ausführungsarten (blank, verzinkt, lackiert, etc.). Drahtziegelgewebe besteht aus einem Drahtgeflecht, an dessen Kreuzungsstellen Keramikteilchen aufgepresst werden. Im Holzleichtbau werden häufig Holzwolle-Dämmplatten als Putzträger verwendet.

Putzbewehrung

Die Armierung von Putzen dient der Rissbegrenzung auf ein unschädliches Maß. Es werden Gewebe aus korrosionsgeschütztem Draht oder aus mit Kunstharzen überzogenen Glasfasern verwendet. Kunststoffgewebe werden wegen der besseren technischen Eigenschaften der Glasgewebe kaum mehr eingesetzt. Auch Jutegewebe kann als Armierungsgewebe eingesetzt werden.

Material	Masse kg/m²	PEI MJ/m²	GWP kgCO₂eq/m²	AP g SOₓeq/m²
Drahtgewebe	0,49	13,4	0,6	3,6
Glasfasergewebe	0,16	7,2	0,4	2,6
Jutegewebe	0,125	3,3	-0,1	1,3

Interior plaster layers

Description

Interior plaster on mineral wall, ceiling structures and wood frame constructions

Functions

- Evening of rough surfaces and crack filling
- Surface for coatings, wallpaper, etc.
- Design function: coloring, surface texture (smooth, rough, sgraffito)
- Moisture absorption, buffering and release
- Heat storage
- Airtightness
- Sound absorption and protection
- Fire protection
- Heat distribution for component heating

System components

Plaster base types

Knowledge of the surface firmness, shrinkage and cracking behavior, roughness, heat conduction and absorbency properties is important for the mechanical adjustment of the base. Plaster bases with low and even absorption properties, low variations in plaster thickness and evenly filled masonry joints are examples of good plastering conditions. The selected interior plaster layers are divided into the categories: masonry, concrete and lightweight construction methods.

Plaster bases

The oldest known plaster bases are made of reed stucco (reeds woven with wire gauze). Today this form of base has largely been replaced by plaster bases that are easier to apply (e.g. expanded metal, clayed wire mesh) or armoring. Expanded metal is made of band steel in various finishes (raw, galvanized, coated, etc.). Clayed wire mesh consists of wire mesh with pressed clay on the mesh intersections. Wood wool insulation panels are often used as plaster bases in lightweight wood construction.

Material	Mass kg/m²	PEI MJ/m²	GWP kg CO₂eq/m²	AP g SOₓeq/m²
Reed stucco (2 cm)	4.5	4.2	-7.2	1.8
Expanded metal	0.8	19.6	1.1	6.3
Clayed wire mesh	5	35.9	1.8	5.5
Wood wool insulation panel, cement-bound 15 mm	7.5	31.8	-0.8	8.3
Wood wool insulation panel, cement-bound 35 mm	17.5	74.2	-1.8	19.3
Wood wool insulation panel, cement-bond 50 mm	25.0	106.0	-2.5	27.5

Plaster reinforcement

Reinforcing plaster reduces crack development to a negligible amount. Corrosion-resistant meshes or glass fibers with synthetic resin coatings are used for reinforcement. Synthetic meshes are hardly used anymore because of glass fiber's superior properties. Jute mesh can also be used for reinforcement.

Material	Mass kg/m²	PEI MJ/m²	GWP kg CO₂eq/m²	AP g SOₓeq/m²
Wire mesh	0.49	13.4	0.6	3.6
Glass fiber mesh	0.16	7.2	0.4	2.6
Jute mesh	0.125	3.3	-0.1	1.3

Putzprofile

An Gebäudeecken und Kanten werden im modernen Hochbau Putzprofile aus verzinktem Stahl ohne oder mit zusätzlichem Kunststoffkantenschutz (im Außenbereich) verwendet. In der Lehmbautechnik hat sich noch die Verarbeitungsweise ohne Profile bewahrt. Für Anschlüsse an andere Bauteile (z.B. Fenster) werden Metall oder PVC-Profile eingesetzt. Eine ökologische Bewertung unterbleibt wegen der verhältnismäßig hohen Produktvielfalt.

Haftvermittler

Die Rauheit des Untergrunds ermöglicht gute Haftung. Zu glatte Flächen können aufgeraut oder mit Haftvermittler versehen werden. Als Haftvermittler finden Vorspritzer, spezielle Haftmörtel, Haftschlämmen und Haftbrücken Verwendung. Für gipshaltige Putze sind ausschließlich Haftbrücken zu verwenden. Sie bestehen aus Kunstharzdispersionen mit feinteilarmen Sanden.

Für Kalk-, Kalk-Zement und Zement-Putze kommen auf allen Putzgründen (ausgenommen Beton) hauptsächlich Zement-Vorspritzer als Haftvermittler zur Anwendung. Als Untergrund für Lehmputze werden meist Trasskalk-Vorspritzer eingesetzt. Auf dichten, schlecht saugenden Betonflächen werden vergütete Vorspritzer, spezielle Haftmörtel und auch Haftschlämmen eingesetzt. Ein armierter Vorspritzer hat die Funktion eines Putzträgers und ist vollflächig deckend auszuführen.

Es gibt aber auch schon kunststoffvergütete Kalk-Zement-Dünnschichtreibputze, die ohne Haftvermittler auf schalglatten Betonflächen eingesetzt werden können.

Plaster profiles

Galvanized steel plaster profiles are used for building corners and edges in modern construction, both without or with plastic edge protectors (on the exterior). Loam construction method still does without profiles. Metal or PVC profiles are used for connections to other building components (e.g. windows). An ecological evaluation was not made because of the great variety of available products.

Adhesion agents

Roughness of the surface makes good adhesion possible. Surfaces that are too smooth can be roughened or treated with adhesion agents. Primers, special bonding mortars, adhesion slurries and bonding interlays are used as adhesion agents. Only bonding layers must be used for plasters containing gypsum. They consist of synthetic resins and sands with low amounts of fine particles.

Cement primers are the main type of adhesion agents used for lime, lime cement and cement plasters on all surfaces (except concrete). Trass limestone primers are generally used for loam plaster. Tempered primers, special bonding mortars and adhesion slurries are used on dense, low-absorption concrete surfaces. An armored primer functions as a plaster base and should be applied to the entire surface.

However, synthetically tempered limestone-cement, thin layer coarse plasters are available now that can be used on smooth-shell concrete surfaces without adhesion agents.

Bonding mortars are specially mixed cement mortars that are often synthetically reinforced. Adhesion slurries are more rarely used. They consist of an alkali-resistant synthetic resin into which cement is stirred until it achieves coating consistency.

Material	Masse kg/m²	PEI MJ/m²	GWP kg CO$_2$eq/m²	AP g SO$_2$eq/m²
Zementvorspritzer	10	23,8	2,5	9,4
Trasskalk-Vorspritzer	14	23,0	2,7	3,7
Haftmörtel 5 mm (Dünnbettmörtel)	8	28,2	3,3	11,8
Haftschlämmen	4,5	14,1	2,2	7,0
Haftbrücke 2 mm	0,5	8,7	0,4	3,7

Haftmörtel sind speziell zusammengesetzte, oft kunststoffvergütete Zementmörtel. Seltener finden Haftschlämmen Verwendung. Sie bestehen aus einer alkalibeständigen Kunstharzdispersion, in welche Zement bis zur Streichbarkeit eingerührt wird.

Material	Mass kg/m²	PEI MJ/m²	GWP kg CO$_2$eq/m²	AP g SO$_2$eq/m²
Cement primer	10.0	23.8	2.5	9.4
Trass limestone primer	14.0	23.0	2.7	3.7
Bonding mortar 5 mm (thin-bed mortar)	8.0	28.2	3.3	11.8
Adhesion slurries	4.5	14.1	2.2	7.0
Bonding interlays 2 mm	0.5	8.7	0.4	3.7

Grundierung

Grundierungen werden auf stark saugenden Untergründen, Gipskartonplatten oder Gipsputzen notwendig. Als Grundierungen sind hydrophobe Emulsionen, lösemittelhältige Voranstriche aber auch wasserbasierende Dispersionen erhältlich.

Priming coatings

Primer coatings are applied to high-absorption surfaces, gypsum plasterboards or gypsum plaster layers. Hydrophobic emulsions, and subcoatings containing solvents as well as water-based dispersions are available.

Material	Masse kg/m²	PEI MJ/m²	GWP kg CO$_2$eq/m²	AP g SO$_2$eq/m²
Wasserverdünnbare Dispersionen	0,4	7,8	0,3	1,7

Material	Mass kg/m²	PEI MJ/m²	GWP kgCO$_2$eq/m²	AP g SO$_2$eq/m²
Water soluble dispersions	0.4	7.8	0.3	1.7

Putzsysteme

Putze werden aus Putzmörteln oder Trockenputzen hergestellt. Putzmörtel bestehen aus Bindemitteln, Zuschlags- und Zusatzstoffen. Systematisiert werden sie nach der Art des Bindemittel. Für den Innenbereich kommen Anhydritputze, Gipsputze bzw. -spachtel, Gipskalk- bzw. Kalkgipsputze, Kalkmörtel, Kalkzementputze, Lehmputze, selten Zementputze oder Silikatputze zur Anwendung. Die wichtigsten Vertreter des Trockenbaus sind Gipskartonplatten und Gipsfaserplatten.

Natürliche Sande sind die häufigsten Zuschlagsstoffe für Putze, an künstlichen Zuschlägen werden Hüttensande, selten Hochofenschlacke beigegeben. Kreide, Schiefermehl und Feinstsande werden als Füllstoffe bezeichnet. Leichtzuschläge wie Bims, Schaumlava, Hüttenbims, Blähton und Blähschiefer können die Wärmedämmfähigkeit von Putzen erhöhen. Blähperlite, Blähglimmer und expandiertes Polystyrol sind leichte Zuschläge für Wärmedämmputze.

Zunehmend werden kunststoffvergütete mineralische Putze eingesetzt, die die Zähigkeit erhöhen, die Wasserundurchlässigkeit verbessern, die chemische Widerstandsfähigkeit steigern und zu einer besseren Haftung auf dem Untergrund beitragen können. Kunstharze finden sehr häufig Anwendung z.B. in sehr vielen

Plaster systems

Plaster is made of plastering mortar or dry mortar. Plaster mortars consist of adhesive bonding agents, aggregates and additives. They are systemized according to the type of adhesive bonding agent. The following are used for interior spaces: anhydrite plasters, gypsum plasters or fillers, gypsum lime or lime gypsum plasters, lime mortar, lime plasters, loam plasters, and cement or silicates plasters in rare cases. The most important plaster types for dry construction are gypsum plasterboard panels and gypsum fiberboards. Natural sands are the most common aggregates in plaster, artificial aggregates include cinder sands and in rare cases blast furnace sands. Chalk, slate flour and fine sands used as aggregates are defined as fillers. Light aggregates such as pumice, foam lava, cinder pumice, expanded clay and expanded shale can increase plaster thermal insulation properties. Expanded perlites, exfoliated vermiculite and expanded polystyrene are light aggregates for thermal insulation plaster.

Synthetically tempered mineral plaster types that increase toughness are

Werktrockenmörteln und nahezu allen Sonderputzen (Sanierputz, Dichtungsputz, Wärmedämmputz).

Zur Farbgebung werden zwischen 2 und 8 % des Bindemittelgehalts an Pigmenten zugegeben.

Als Zusatzmittel gelangen zum Einsatz:

- Luftporenbildner (Naturharzseifen, Alkylarylsulfonate oder Polyglykolether werden nur in Sonderfällen eingesetzt wie z.B. beim Sanierputz)
- Erstarrungsverzögerer (Phosphate, Carbonsäuren bzw. deren Salze, Sulfonate, Glukonate, Silikate, → Borate und Kalilauge bei zementgebundenen Putzen)
- Erstarrungsbeschleuniger (Karbonate, Aluminate, Silikate oder organische Stoffe auf Harnstoffbasis bei zementgebundenen Putzen)
- Dichtungsmittel (hydrophobierend: Dichtungsmittel auf Oleat- und Stearatbasis, porenverstopfend: Dichtungsmittel mit Eiweißstoffen, porenvermindernd: silikatische Stoffe)
- Verflüssiger (Ligninsulfonate oder Polymere)
- Haftungsmittel (häufig Kunstharzdispersionen)
- Stabilisatoren (bei Werkmörteln)

Gips- und Anhydritmörtel enthalten relativ hohe Mengen an Zusatzstoffe.

Lehmmörtel zeichnen sich durch geringe ökologischen Wirkungen bei ihrer Herstellung und hohe feuchtepuffernde Wirksamkeit aus. Lehmmörtel sind die einzigen wiederverwendbaren Mörtel. Der Nachteil liegt in der im Vergleich zu konventionellen Putzen aufwendigen Verarbeitung und geringeren Eindruckfestigkeit.

Material	Masse kg/m²	PEI MJ/m²	GWP kg CO$_2$eq/m²	AP g SO$_2$eq/m²
Anhydritputz 10 mm	10	22,6	1,2	4,2
Gipsputz 10 mm	10	25,6	1,3	4,5
(Luft)Kalkputz 10 mm	12	23,9	2,5	6,2
(Trass)Kalkputz 10 mm	14	30,7	3,4	8,0
Kalkzementputz 10 mm	14	21,8	2,1	7,8
Lehmputz 15 mm	25,5	8,7	-1,3	3,3
Gipskartonplatte	11,25	48,8	2,3	7,4
Gipsfaserplatte	11,25	48,8	2,3	7,4

Die Vorteile des Trockenbaus liegen in den günstigen Kosten, der schnellen Ausführbarkeit und der trockenen Verarbeitung. Der Nachteil ist das notwendige Verschließen der Fugen, das üblicherweise mit problematischen isocyanatbasierenden Klebern durchgeführt wird. Die ökologische Alternative sind Fugenspachtelmassen, die allerdings aufwendiger in der Verarbeitung sind.

Feuchteabdichtung

Als Feuchteschutzmittel für Putzoberflächen bei Wasserentnahmestellen gibt es neben den wegen ihrer Inhaltsstoffe problematischen Abdichtungsmitteln auf Basis von Epoxyharzen, Bitumen, Acrylaten und Teerepoxy auch toxikologisch verträglichere Produkte auf Silicon-Kautschuk Basis. Die ökologischen Belastungen ausgedrückt in den Kennwerten PEI, GWP und AP durch die relativ kleinen Flächen sind zu vernachlässigen.

Für den Spritzwasserbereich kommen auch altbewährte, mehrlagig aufgetragene Kalkputze zum Einsatz, die je nach Zusammensetzung die Funktion von Fliesen übernehmen können (Stucco lustro, Marmorino etc.).

Einbau

Verarbeitung

Putze werden ein- oder mehrlagig verarbeitet. Als einlagige Putze eignen sich gipshaltige Putze und bei sehr guten Verhältnissen Kalk-Zement-Putze.

Ob und in welcher Form das Armierungsgewebe eingelegt werden muss, bestimmt wesentlich den Arbeitsaufwand und damit auch die Kosten des Verputzens. Je höher der Gipsanteil, desto kürzer sind die Abbinde- und Trocknungszeiten. Je höher der Kalkanteil im Putz, desto länger sind die Abbinde- und Trocknungszeiten. Trockenbauplatten werden mit Ansetzbinder an die Wand geklebt oder auf Holzlatten bzw. Metallprofile geschraubt.

being used with increasing frequency. They improve water resistance and can contribute to better adhesion on the plaster base. Synthetic resins are used very frequently, e.g. in very many dry mortar types and almost all special plasters (repair plaster, sealing plaster, thermal insulation plaster).

An amount of pigments that corresponds to between 2 and 8 % of the adhesion bonding agent content is added for coloring purposes.

Additives used are:

- Porosity agents (natural resin soaps, alkylarylsulfonates or polyglycolethelene, used only in special cases, e.g. repair plaster)
- Hardening retarders (phosphates, carbon acids or their salts, sulfonates, gluconates, silicates, → borates and potassium lye for cement-bound plaster types)
- Hardening accelerators (for cement-bound plasters, carbonates, aluminates, silicates or organic, urea-based substances)
- Sealing agents (hydrophobic: sealing agents based on oleates and stearates, pore-blocking: sealing materials with proteins, Pore reducing: silicate substances)
- Fluidifier (Lignin sulfonates or polymers)
- Adhesion agents (often synthetic resin dispersions)
- Stabilizers (in factory mortars)

Gypsum and anhydrite mortars contain relatively high amounts of additives.

Loam mortars are characterized by their relatively low ecological impact of their production and their high moisture-buffering qualities. Loam mortars are the only reusable mortar types. Their disadvantages lie in the complex use and low resistance to indentation.

The advantages of dry construction are the low costs, quick completion and dry processing. The disadvantage is the required joint sealing, which is usually completed with problematic isocyanate-based adhesives. The ecological alternatives are joint filler mass types, although their use is more complex.

Material	Mass kg/m²	PEI MJ/m²	GWP kg CO$_2$eq/m²	AP g SO$_2$eq/m²
Anhydrite plaster 10 mm	10.0	22.6	1.2	4.2
Gypsum plaster 10 mm	10.0	25.6	1.3	4.5
(Air)lime plaster 10 mm	12.0	23.9	2.5	6.2
(Trass)lime plaster 10 mm	14.0	30.7	3.4	8.0
Lime cement plaster 10 mm	14.0	21.8	2.1	7.8
Loam plaster 15 mm	25.5	8.7	-1.3	3.3
Gypsum plasterboard	11.25	48.8	2.3	7.4
Gypsum fiberboard	11.25	48.8	2.3	7.4

Moisture sealing

Epoxy resins, bitumen, acrylates and tar epoxy types all of which contain problematic substances, are used for plaster surface moisture protection near water sources. There are rubber-silicon-based products that are toxicologically less hazardous. The ecological hazards are expressed in the PEI, GWP and AP values and are negligible due to the relatively small surfaces. Proven, multilayer limestone mortars, which function the same way as tiles are used for splash water areas according to their composition (Stucco lustro, Marmorino etc.).

Installation

Handling

Plasters are used in one or more layers. Plasters that contain gypsum are suitable for single-layer applications as are lime-cement plasters, under very good conditions.

Whether and how an armoring mesh has to be used is generally determined by the amount of work this requires and the related costs.

The higher the gypsum content, the shorter the final setting and drying time. The higher the limestone content, the longer the final setting and drying time.

Dry construction panels are glued to the wall with bedding mortar, or screwed to wood lathes or metal profiles.

Ressourcenaufwand und Emissionen

Für Maschinenputze wird Strom für die Putzmaschine und Wasser benötigt. Die verunreinigten Schnecken der Putzmaschine müssen regelmäßig ausgetauscht werden (wesentlich längere Zyklen bei Lehmputzen möglich). Beim Handverputzen oder im Trockenbausystem entfällt dieser Aufwand.

Baustellenabfälle

Putzsäcke aus Karton für Trockengemische können nur sehr aufwändig vollständig entleert werden, sie müssen daher über Sondermüll entsorgt werden. Kübel, in denen Fertigmischungen angeboten werden, werden häufig von den Verarbeitern für andere Zwecke weiterverwendet. Aus diesem Grund und weil der Reinigungsaufwand hoch ist, bieten Putzhersteller oder Baustoffhandel kein Rücknahmesystem für diese Kübel an. Die Säcke werden häufig auf Europaletten (Pfandsystem) und mit PE-Folie umwickelt (ARA) angeliefert.

Geringe Reste von Armierungsgitter können über den Hausmüll entsorgt werden. Gebinderreste von Haftverbesserer, Grundierung und Feuchteabdichtung müssen als Sondermüll entsorgt werden. Putzabfälle fallen durch herabfallendes Material, beim Schneiden und Reiben an. Die meisten können auf Baurestmassendeponien entsorgt werden.

Arbeitsplatzbelastungen

Putze werden nach wie vor in 40-kg-Säcken abgepackt, daraus resultieren Belastungen im Bereich der Lendenwirbelsäule für die Verarbeiter, vor allem für Hilfskräfte, die meistens nur zum Beschicken der Putzmaschine abgestellt sind. Hohe Staubbelastungen gibt es vor allem beim Einfüllen der Putze. Diese Belastungen entfallen bei der Verwendung von Silos. Beim Reiben und Schneiden des Putzes können die hohen Feuchtegehalte im Raum Erkältungskrankheiten fördern. Bei kalkhydrat- oder zementhaltigen Produkten können raue Hände, Verätzungen, → Zementekzeme etc. auftreten.

Required resources and emissions

Electricity for the plastering machine and water are needed for machine plasters. The dirty plastering machine blades have to be changed regularly (considerably longer cycles are possible with loam mortar). These steps are not required when applying plaster by hand or in dry construction systems.

Construction site waste

Emptying dry plaster cardboard sacks poses great difficulties; they should therefore be disposed as special waste. Pails for ready-to-use mixes are often used for other purposes after being emptied. For this reason and since cleaning them is work-intensive, neither plaster manufacturers nor construction material suppliers offer a return policy. Sacks are often delivered on European standard palettes wrapped in PE foil.

Small amounts of armoring grids can be disposed of with domestic waste. Packaging waste from anti-stripping additives, primer and moisture sealing substance have to be disposed of with special waste. Plaster waste from fallen material or resulting from cutting and beveling can be disposed of at construction waste sites.

Workplace health hazards

Plaster mixes are still delivered in 40 kg sacks, which results in strain on the lumbar region of construction workers, especially for those workers who are in charge of filling the plaster machine.

High dust emissions arise from refilling the machine. These problems can be eliminated by using silos. Beveling and cutting plaster leads to the release of moisture in the room, which can lead to colds. Limestone hydrates or products that contain cement can cause raw hands, acid burns, → cement eczema etc.

Beurteilungskriterien für gewählte Putzsysteme

Evaluation criteria for selected plaster systems

Einbau Beurteilungskriterien	Günstig	Mittel	Ungünstig	Bewertung
Arbeitsaufwand	1 lagig	2 lagig mit Armierungsgewebe	Mehr als zweilagig	Einstufung
Arbeitsplatzbelastung Putzsystem	Keine Gefährdung bei baupraktisch üblichen Arbeitsschutz	Keine Gefährdung bei gesetzlich vorgeschriebenen Arbeitsschutz	Gefährdung auch bei gesetzlich vorgeschriebenen Arbeitsschutz	Einstufung
Gebinde Putzsystem	Mehrwegverpackung	Wertstoffrecycling	Sondermüllentsorgung	Einstufung

Installation Evaluation criteria	Favorable	Medium	Unfavorable	Evaluation
Required work	1 layer	2 layers with armoring mesh	More than two layers	Rating
Plaster system workplace hazards	No risk if common standardprotection measures are used	No risk if protective measures are used in accordance with the law	Workplace risks, even when using protective measures in accordance with the law	Rating
Packaging	Reusable packaging	Resource material recycling	Special waste disposal	Rating

Nutzung

Ausgleich von Unebenheiten und Rissen

Elastizität und mögliche Putzstärke beeinflussen die Eignung von Putzsystemen für den Ausgleich von Unebenheiten und Rissen. Die sorgfältige Abstimmung auf die Eigenschaften des Untergrundes (insbesondere Feuchteverhalten) ist erforderlich.

Untergrund für Anstriche, Tapeten

Alle Putzsysteme sind als Untergrund für Anstriche und Tapeten geeignet. Anstriche und Tapeten sind auf das jeweilige Putzsystem abzustimmen. Z.B. sind Anstriche auf Mineralbasis wie Kalk- und Silikatfarben auf Gipsplatten oder Gipsputzen nicht geeignet. Gipskartonplatten müssen vor dem ersten Tapezieren grundiert werden, soll der Plattenkarton beim späteren Ablösen der Tapete nicht beschädigt werden.

Gestalterische Funktion (Farbgebung, Rauheit)

Einige Putzsysteme eignen sich auch ohne Zugabe von Pigmenten für die Farbgebung der Innenoberflächen (z.B. Kalkputz, Lehmputz). Die Beschaffenheit der Oberfläche kann durch die Körnigkeit der Zuschläge und/oder die Verarbeitung beeinflusst werden.

Uses

Evening of rough surfaces and crack filling

The elasticity and possible plaster thickness influence the plaster system's suitability for evening rough surfaces and filling cracks. Careful harmonization of the properties with the respective surface is necessary (esp. moisture behavior).

Surface for coatings, wallpaper

All plaster systems are suitable for use as a surface for coatings and wallpaper. Coatings and wallpaper should be compatible with the respective plaster system. Mineral-based coatings such as lime and silicate-based paints are not suitable for application on gypsum panels or plasters. Gypsum plasterboards have to be primed before being wallpapered to avoid damaging the panel's cardboard when the wallpaper is removed later.

Design function (coloring, surface roughness)

Some plaster systems can be used to color interior surfaces without adding pigments (e.g. limestone plaster, loam plaster). The surface characteristics can be influenced by the graininess of the additives or finishing.

Feuchteverhalten

Lehm- und (Luft)Kalkputze können hohe Mengen an Feuchte aufnehmen und wieder abgeben. Der Dampfdiffusionswiderstand steigt bei den hydraulisch abbindenden Putzen, bei Kunstharzputzen ist er ca. 10 mal so hoch wie bei mineralischen Putzen.

Wärmespeicherung

Hohe thermische Speichermasse verbunden mit hoher Wärmeleitfähigkeit führen zu hoher wirksamer Speichermasse von Putzschichten, die sich positiv auf den sommerlichen Überhitzungsschutz auswirken kann (bedeutend insbesondere für Leichtbauten).

Luftdichtigkeit

Der Innenputz bildet für Mauerwerk oder Anschlüsse unterschiedlicher Bauteile die strömungsdichte Schicht. Rissbildung oder sonstige Beschädigungen des Putzes können zu Lüftungswärmeverlusten, Zugerscheinungen und im Extremfall zu Feuchteschäden führen.

Schallschutz

Putzschichten haben nur bei sehr leichten Mauersteinen, bei Mauerwerk ohne vermörtelte Stoßfugen, bei Mauerwerk aus Schalungssteinen oder bei der Anwendung von Wärmedämmverbundsystemen einen bedeutenden Einfluss auf den Schallschutz. Im Trockenbau wird der Schallschutz durch die schalltechnischen Besonderheiten der Trockenbauplatten bestimmt. Bei Verwendung von steifen Putzträgerplatten (z.B. EPS) kann es zu einer Beeinträchtigung des Schallschutzes kommen.

Brandschutz

Die meisten mineralischen Putze sind nicht brennbar. (Schwer) brennbar sind Kunstharzputze und mineralische Putze mit hohem Anteil an Kunstharzdispersionen. Für erhöhte Brandschutzanforderungen werden Gipskartonplatten als Brandschutzplatten mit Glasfaserarmierung ausgeführt.

Wärmeverteilung (Bauteilheizung)

Innenputze eignen sich dann für die Abdeckung von Wandflächen-Heizregistern, wenn sie hohe Wärmeleitfähigkeit mit mechanischer Stabilität gegenüber thermischen Spannungen verbinden. Zweilagige Ausführung und Armierungsgitter sind in fast allen Fällen erforderlich (Ausnahme Trockenputze).

Schadstoffemissionen

Von den Putzsystemen sind keine relevanten Schadstoffemissionen bekannt. Emissionen können aus dem Dämmstoff (Vorsatzschale, z.B. Formaldehyd und Fasern aus Glaswolle) oder von Grundierung/Imprägnierung stammen. Erhöhte Radioaktivität aus Phosphorgipsen ist kein Thema mehr, da diese nicht mehr für Baumaterialien eingesetzt werden.

Ausführungsmängel/Instandhaltung/Instandsetzung

Ein großer Anteil der auftretenden Putzmängel hat seine Ursache in einer nicht sorgfältigen und fachgerechten Ausführung der Vorarbeiten. Vor allem bei Mischbauweisen ist es notwendig, die im Stoßbereich unterschiedlicher Baustoffe erhöhten Spannungen im Putz abzubauen und zu verteilen. Glättputze (Putze mit überwiegendem Gipsanteil) haben gegenüber Reibeputzen (solche mit höherem Kalkhydratanteil) den Vorteil, dass Ausbesserungsarbeiten bei baustellenüblichen Beschädigungen der Verputzoberfläche vor Bezug des Objektes optisch unauffälliger vorgenommen werden können.

Gipsputze verhalten sich problematisch bei andauernder Durchfeuchtung: Es kommt zu einer Gefügeerweichung und in der Folge zur irreversiblen Putzzerstörung („Faulen"). Ein solcher Zustand tritt auf, wenn Sanitärbereiche nicht ausreichend abgedichtet werden oder ständig eine Feuchtesättigung der Raumluft vorherrscht.

Vom Aufbrennen am Untergrund spricht man dann, wenn zufolge heißer, trockener Witterung und stark saugendem Untergrund der chemische Prozess des Abbindens durch zu schnelle Wasserentnahme gestört wird. Eine zu dünne Putzschicht kann diesen Effekt ebenfalls bewirken. Die Folge eines solcherart gefügezerstörten Verputzes ist ein permanentes „Absanden" der Oberfläche und eine geringere Druckfestigkeit.

Moisture behavior

Loam and (air) limestone plaster types can absorb and release a high amount of moisture. Vapor diffusion resistance increases with hydraulically set plaster and synthetic resin plaster diffusion resistance is approx. 10 times higher than in mineral plaster.

Heat storage

High thermal storage mass connected with high heat conductivity lead to high effective storage mass for plaster layers, which can have a positive effect in preventing overheating during the summer (especially important for lightweight constructions).

Airtightness

The interior plaster layer is the flow-sealed layer for a building's masonry or connections between various building components. Crack development or other plaster damage can lead to heat losses, drafts and, in extreme cases, to moisture damage.

Sound insulation

Plaster layers have only a significant influence on sound insulation in the case of very light wall blocks, masonry without mortared joints, masonry with shuttering blocks or where composite thermal insulation systems are used. The sound engineering properties of dry construction panels define the sound insulation qualities of the structure in dry construction buildings. The use of stiff plaster base panels (e.g. EPS) can have a negative influence on sound insulation.

Fire protection

Most mineral plasters are non-flammable. Synthetic resin plasters and mineral plasters with high synthetic resin contents have low flammability. Gypsum plasterboard panels are equipped with glass fiber armoring for use as fire protection panels.

Heat distribution (component heating)

Interior plasters are suitable to cover wall heating piping if they combine high heat conductivity with mechanical stability in terms of thermal tension. Two layer finishes and armoring grids are required in almost all cases (exception: dry plaster).

Emission of harmful substances

No relevant harmful emissions are known for plaster systems. Emissions can stem from the insulation material (facing shell, e.g. formaldehyde and glass wool fibers) or from primers and waterproofing. Increased radioactivity from phosphor gypsum is no longer an issue, since these materials are no longer used.

Faulty construction/maintenance/repair

A large number of plaster deficiencies are caused by careless and poor completion of the preparatory work. In mixed construction buildings it is particularly important to reduce and distribute increased tension between joints involving two different construction materials. Smooth finish plasters (plasters consisting mainly of gypsum) have an advantage over float finish plasters (plasters with high limestone hydrate content) as repairs to common construction site mishaps can be performed inconspicuously.

Gypsum plasters are problematic where continuously exposed to moisture: such exposure leads to softening and irreversible plaster damage ("decomposition"). This can happen if sanitary areas are not sealed properly or are exposed to continuous moisture saturation in the room air.

Plaster layers may deteriorate if water is removed too quickly due to hot dry weather and high absorption, as this interferes with the setting process. A plaster layer that is too thin can also cause this problem. This structurally damaged plaster layer results in permanent surface "flaking" and low resistance to pressure.

Beurteilungskriterien für gewählte Putzsysteme

Evaluation criteria for selected plaster systems

Nutzung Beurteilungskriterien	Günstig	Mittel	Ungünstig	Bewertung
Wärmespeicherung				Kennwerte, wirksame Wärmespeichekapazität gemäß ÖNORM B 8110-2
Feuchteauf- und abgabe	hoch		niedrig	Derzeit Entwicklung von Kennzahlen in IEA-Task, daher noch keine Einstufung
Schallschutz	Verbesserung	Neutral	Verschlechterung	Keine Einstufung, da untersuchte Putze alle Verbesserung bringen
Raumluftbelastung durch Schadstoffemissionen	Keine Schadstoffemissionen	Schadstoffemissionen bei falschem Einbau	Schadstoffemissionen möglich	Keine Einstufung, da Schadstoffbelastung von Produktwahl für Grundierungen, Kleber etc. abhängig
Reparierbarkeit für Bewohner	Geringer Aufwand, keine gesundheitsgefährdenden Stoffe notwendig		Hoher Aufwand, gesundheitsgefährdende Stoffe	Einstufung

Use Evaluation criteria	Favorable	Medium	Unfavorable	Evaluation
Heat storage				Specific values, effective heat capacity according to ÖNORM B 8110-2
Moisture absorption and release	High		Low	Specific values are currently being developed in an IEA-Task, no rating
Sound insulation	Improvement	Neutral	Deterioration	No rating since all researched plaster types lead to improvements
Room air pollution from harmful emissions	No harmful emissions	Harmful emissions if incorrectly installed	Harmful emissions possible	No rating since harmful emissions are dependent on the choice of primer, glue, etc. products
User repair possibilities	Low effort, no hazardous substance are required		High effort, hazardous substances	Rating

Verwertung und Beseitigung

Der einzige vollständig wiederverwendbare Putz ist reiner Lehmputz. Alle anderen Putze können in der Regel auch keiner stofflich hochwertigen Verwertung zugeführt werden (ev. Verwertung bei Straßenaufschüttungen). Gipsputze können die Verwertbarkeit von Mauerwerk herabsetzen, da gipsverunreinigtes Material sich nicht als Betonzuschlagstoff eignet.
Die meisten Putze sind als Baurestmassen (BRM) entsorgbar. Nicht möglich ist die Entsorgung auf Baurestmassendeponien, wenn aufgrund des Gipsanteils die Sulfatemissionen im Eluat zu hoch sind oder zu hohe organische Verunreinigungen vorliegen (z.B. bei Kunstharzputzen, kunstharzdispersionshaltigen Putzen). Nicht mit synthetischen Mitteln (Kunstharzdispersion oder synthetischen Zusätzen) verunreinigte Lehmputze können kompostiert werden, die Deponierbarkeit ist abhängig von den organischen Bestandteilen.

Ökologisches Datenprofil ausgewählter Innenputzsysteme

Die Einteilung der Putzsysteme wurde nach üblichen Untergründen vorgenommen. Neben dem Putzuntergrund wirkt sich auch der Schichtaufbau außen auf die Wirkung der Innenputze aus (z.B. wirksame Speichermasse des Putzes, Schallschutz). Daher wurden typische Bauteilaufbauten in Passivbauweise für die quantitative Bewertung gewählt:
• Mauerwerk (Hochlochziegel 20 cm, Korkdämmung 30 cm, mineralischer Außenputz 1,5 cm)
• Beton (Stahlbeton 20 cm, Korkdämmung 30 cm, mineralischer Außenputz 1,5 cm)
• Leichtbau (innenseitig OSB-Platte)

Re-utilization and disposal

The only completely reusable plaster is pure loam plaster. All other plasters cannot be reused in a high-quality form (but possibly as street filler material). Gypsum plaster can reduce the reusability of masonry since material contaminated with gypsum is not a suitable concrete aggregate. Most plasters can be disposed as construction waste. Disposal as construction waste is not possible if the sulfate emissions are too high in the eluate due to a high gypsum content, or if organic contamination has taken place (e.g. in the case of synthetic resin plasters, synthetic resin dispersions). Loam plaster that has not been contaminated with synthetic substances (synthetic resin dispersion or synthetic additives) is biodegradable, disposability depends on the organic components.

Ecological data profile for selected interior plaster systems

The plaster systems were divided according to the common plaster bases. The exterior layer structure has an effect on plaster effectiveness as well as the plaster base (e.g. effective plaster storage mass, sound insulation). Typical passive house component structures were chosen for a quantitative evaluation:
• Masonry (honeycomb brick 20 cm, cork insulation 30 cm, mineral plaster 1.5 cm)
• Concrete (reinforced concrete 20 cm, cork insulation 30 cm, exterior mineral plaster 1.5 cm)
• Lightweight construction (interior OSB panel)

Die untersuchten Putzsysteme sind in der folgenden Tabelle dargestellt:

The researched plaster systems are described in the following tables:

Bezeichnung des Putzsystems	Aufbau des Putzsystems auf ...		
	Mauerwerk	**Beton**	**Leichtbau**
Gipsspachtel	-	3 mm, Gipsspachtel, händisch verspachtelt	-
Gipsputz einlagig	10 mm Gipsputz	Haftbrücke 2 mm, 10 mm Gipsputz	-
Gipsputz einlagig mit Installationsebene	-	10 mm auf 50 mm HWL (geklebt), Glasfaserarmierung	10 mm auf 50 mm HWL (mechanisch befestigt), Glasfaserarmierung
Kalkgipsputz einlagig	15 mm Kalkgipsputz	Zementvorspritzer 4 mm, 15 mm Kalkgipsputz	-
(Luft)Kalkputz mehrlagig	15 mm, Kalkputz aus Sumpfkalk, händisch aufgebracht	-	-
Kalkzementputz einlagig	15 mm, Weißzement und hydraulischer Kalk	Zement-Vorspritzer 4 mm, 15 mm Weißzement und hydraulischer Kalk	-
Kalkzementputz zweilagig mit Installationsebene	-	15 mm auf 50 mm HWL (geklebt), Glasfaserarmierung	15 mm auf 50 mm HWL (mechanisch befestigt), Glasfaserarmierung
Lehmputz zweilagig	Lehmputz in 2 Lagen	15 mm, zweilagig auf Haftbrücke (2 mm)	Lehmputz, 15 mm, auf Schilfstukkatur mit eingespachtelter Jutearmierung
Lehmputz zweilagig mit Installationsebene	-	Lehmputz, 15 mm, auf 50 mm HWL (geklebt) mit eingespachtelter Jutearmierung	Lehmputz, 15 mm, auf 50 mm HWL (mech. befestigt) mit eingespachtelter Jutearmierung
Gipskartonplatte	-	12,5 mm, geklebt, verspachtelt	12,5 mm, mech. befestigt, verspachtelt
Gipsfaserplatte	-	12,5 mm, geklebt, verspachtelt	12,5 mm, mech. befestigt, verspachtelt
Gipskartonplatte mit Installationsebene	12,5 mm, 50 mm Flachsdämmplatte zw. Metallständer	12,5 mm, 50 mm Flachsdämmplatte zw. Metallständer	12,5 mm, 50 mm Flachsdämmplatte zw. Metallständer
Gipsfaserplatte mit Installationsebene	12,5 mm, 50 mm Mineralwolle zw. Metallständer, verspachtelt	12,5 mm, 50 mm Mineralwolle zw. Metallständer, verspachtelt	12,5 mm, 50 mm Mineralwolle zw. Metallständer, verspachtelt

Plaster system name	Plaster system composition on ...		
	Masonry	**Concrete**	**Lightweight**
Gypsum filler mass	-	3 mm, gypsum filler mass, applied manually	-
1-layer gypsum plaster	10 mm gypsum plaster	Bonding interlay 2 mm, 10 mm gypsum plaster	-
1-layer gypsum plaster with services level	-	10 mm on 50 mm wood wool lightweight panel (glued), glass fiber armoring	10 mm on 50 mm wood wool lightweight panel (mechanically fastened), glass fiber armoring
1-layer lime gypsum plaster ,	15 mm lime gypsum plaster	Cement primer 4 mm, 15 mm lime gypsum plaster	-
Multilayer (air)lime plaster	15 mm, pit lime plaster, manually applied	-	-
1-layer lime cement plaster	15mm, white cement and hydraulic lime	Cement primer 4 mm, 15 mm white cement with hydraulic lime	-
2-layer lime cement plaster with services level	-	15 mm on 50 mm wood wool lightweight panel (glued), glass fiber armoring	10 mm on 50 mm wood wool lightweight panel (mechanically fastened), glass fiber armoring
2-layer loam plaster	Loam plaster in two layers	15 mm, two layers on bonding interlay (2 mm)	Loam plaster, 15 mm, on reed stucco with jute armoring filling
2-layer loam plaster with services level	-	Loam plaster, 15 mm, on 50 mm wood wool lightweight panel (glued) with jute armoring filling	Loam plaster, 15 mm, on 50 mm wood wool lightweight panel (mech. mounted) with jute armoring filling
Gypsum plasterboard	-	12.5 mm, glued, skimmed	12.5 mm, mech. fastened, skimmed
Gypsum fiberboard	-	12.5 mm, glued, skimmed	12.5 mm, mech. fastened, skimmed
Gypsum plasterboard with services level	12.5 mm, 50 mm flax insulation panel with metal stands in between	12.5 mm, 50 mm flax insulation panel with metal stands in between	12.5 mm, 50 mm flax insulation panel with metal stands in between
Gypsum fiberboard with services level	12.5 mm, 50 mm mineral wool with metal stands, skimmed	12.5 mm, 50 mm mineral wool with metal stands, skimmed	12.5 mm, 50 mm mineral wool with metal stands, skimmed

Die Grafiken auf Seite 241–243 zeigen die ökologischen Kennwerte ausgewählter Innenputzsysteme.

The diagrams on page 241–243 shows all the ecological specific values of the selected interior plaster systems.

Baustoffe
Building materials

Baustoffe aus nachwachsenden Rohstoffen
Renewable primary product construction materials

Dämmstoffe aus Pflanzenfasern und Tierhaaren

Grundlagen

Pflanzenfasern und Tierhaare

Pflanzenfasern und Tierhaare sind Erzeugnisse aus nachwachsenden Rohstoffen, die sich über kurze Zeit in natürlichen Kreisläufen erneuern. Die zur Herstellung von Dämmstoffen genutzten Fasern sind Nebenprodukte der Landwirtschaft, die durch ihren Rohstoffeinsatz in Dämmstoffen einer hochwertigen Verwertung zugeführt werden:

- Die Kurzfaser für Flachsdämmstoffe ist ein Nebenprodukt der Leinenfasergewinnung für die Textilindustrie. Lein, im allgemeinen Sprachgebrauch Flachs genannt, ist eine der ältesten Kulturpflanzen.
- Die Hanffasern und Schäben sind Nebenprodukte des Hanfanbaus für Textilien und Hanfölgewinnung. Hanf ist eine äußerst robuste und anspruchslose Kulturpflanze der gemäßigten Breiten. Für den Anbau in der EU wurde der Gehalt an der Rauschsubstanz THC begrenzt.
- In Mitteleuropa ist Schafwolle ein Abfall- bzw. Nebenprodukt der Mutterschafhaltung. Die Nachfrage an Schafwolle aus der Textilindustrie ist in den letzten Jahrzehnten drastisch gesunken. In mehreren Ländern Europas wurde daher Schafwolle als unerwünschtes Nebenprodukt verbrannt. Im deutschsprachigen Raum werden mittlerweile hauptsächlich Schafwolle-Dämmstoffe mit überwiegend Schafwolle europäischer Provenienz erzeugt. Extensive Schafhaltung, wie sie in Europa üblich ist, trägt wesentlich zur Erhaltung der Kulturlandschaft bei.

Umwelt- und Gesundheitsaspekte
Herstellung

Nachwachsende Rohstoffe entziehen der Atmosphäre bei der Photosynthese Kohlendioxid. Werden nachwachsende Rohstoffe als Baustoffe genutzt, so bleibt der darin enthaltene Kohlenstoff auf lange Zeit gebunden. Dies trägt zur Verminderung des Treibhauseffekts bei. Durch den Einsatz in der Dämmstoffherstellung werden zudem Abfallprodukte einer sinnvollen Verwertung zugeführt. Trotz konventionellen Anbaus verursacht die landwirtschaftliche Produktion der eingesetzten Fasern verglichen mit anderen landwirtschaftlichen Produkten relativ geringe Umweltbelastungen. Ein Umstieg auf organisch-biologischen Anbau wird zur Zeit als wirtschaftlich nicht tragbar angesehen.

Die Herstellungsverfahren sind einfach und umweltschonend. Die eingesetzten Zusatzstoffe sind bei sachgemäßem Umgang humantoxisch unproblematisch. Ökotoxische Relevanz besitzt das in Schafwolle-Dämmstoffen eingesetzte Mottenschutzmittel Mitin FF, das als „giftig für Wasserorganismen bei direktem Eintrag in Gewässer" eingestuft ist. Die eingesetzten Mengen an Kunststofffasern und Flammschutzmittel bei Hanf- und Flachsdämmstoffen haben noch Verringerungspotential.

Verarbeitung und Nutzung

Beim Schneiden entsteht Feinstaub. Entsprechende Staubschutzmaßnahmen sind zu treffen.

Die je nach Produkt eingesetzten Zusatzstoffe haben einen niedrigen Dampfdruck und gasen daher aus dem Dämmstoff nicht aus. Gesundheitliche Beeinträchtigungen durch Schadstoffabgabe aus den Dämmstoffen während der Nutzung sind daher nicht zu erwarten.

Es gibt noch keine Erfahrungswerte bezüglich Lebensdauer, anzunehmen ist bei fachgerechtem Einbau eine mit konventionellen Produkten vergleichbare Lebensdauer. Zugelassene Produkte sind auf Resistenz gegen Fäulnis, Ungeziefer und Schimmelpilzbefall geprüft.

Entsorgung

Sauberes Material kann weiterverwendet werden, ev. sollten die Zusatzstoffe erneuert werden. Die Beseitigung erfolgt in Müllverbrennungsanlagen. Die Deponierung von organischen Abfällen und damit von Dämmstoffen aus nachwachsenden Rohstoffen ist nur mehr in Ausnahmefällen (als geringer Anteil von Bauschutt) erlaubt.

Flachsdämmstoffe

Flachsdämmstoffe werden vorwiegend zur Dämmung von Holzkonstruktionen (Steildachdämmung, Dämmung im Leichtelement, abgehängte Decke usw.) eingesetzt.

Plant fiber and animal hair insulation materials

Fundamentals

Plant fibers and animal hair

Plant fibers and animal hair are produced from renewable primary sources that are renewed in natural cycles within short periods of time. The fibers used in the production of insulation materials are agricultural byproducts that are re-utilized as high-quality insulation additives:

- The short fibers used in flax insulation materials are a byproduct of linen fiber production for the textile industry. Flax is one of the oldest cultivated plants.
- Hemp fibers and shives are byproducts stemming from hemp farming for the textile industry and hemp oil production. Hemp is an extremely robust, low-maintenance cultivated plant that is grown in latitudes with moderate climates. The EU limited the THC (intoxicant) content in hemp for cultivation in Europe.
- Lambswool is a waste and/or byproduct of ewe/sheep keeping. The demand for lambswool has dropped sharply in Europe over the last decades, and lambswool was burned in many European countries for this reason. By now, mainly lambswool of European provenance is used in wool insulation materials in German-speaking countries. Extensive sheep keeping, as is common in Europe makes a major contribution to maintaining the cultural landscape.

Environmental and health aspects
Production

Renewable raw materials draw carbon dioxide from the atmosphere during photosynthesis. The carbon contained in renewable raw materials remains bound for a long period of time when they are used as construction materials. This leads to a reduction of the greenhouse effect. Waste products are given a sensible function by using them in insulation material production. Despite the conventional methods used to grow renewable raw materials, the farming involved in the production of these fibers leads to a relatively low environmental burden. The shift to organic-biological farming is not considered economically viable at the time. The production processes are simple and friendly to the environment. The additives used are unproblematic in terms of human toxicology when properly handled. Mitin FF, the moth protection substance used in lambswool insulation materials is eco-toxicologically relevant, since it is rated "poisonous to water organisms when directly fed into bodies of water." The amounts of synthetic fibers and flame-protection agents used in hemp and flax insulation materials can still be reduced.

Processing and uses

Cutting leads to fine dust emissions. The corresponding protection measures should be taken.

The additives used have low vapor pressure levels, depending on the product, and therefore do not cause gaseous emissions from the insulation material. Hence health hazards due to harmful emissions cannot be expected during use.

No durability data is currently available, although it should be comparable to conventional products when properly fitted. Approved products are tested against rotting and insects as well as mildew susceptibility.

Disposal

Clean material can be re-used, after an eventual renewal of the additives. Disposal is handled at waste incineration plants. The disposal of organic waste and insulation materials made from renewal primary products is only allowed in specific cases (in small amounts as part of construction waste).

Flax insulation materials

Flax insulation materials are mainly used in wood construction (high-pitched roof insulation, light element insulation, in suspended ceilings, etc.).
These materials are made from the short fibers of flax plants. They are bound with synthetic support fibers made from polyethene and → poly-

Sie werden aus den Kurzfasern der Flachspflanze erzeugt. Die Bindung erfolgt mit Kunststoff-Stützfasern aus ➜ Polyethen und ➜ Polyester (bis zu 18 M%) oder mit Kartoffelstärke. Als Flammschutzmittel werden ➜ Ammoniumpolyphosphate oder ➜ Borsalze (ca. 10 M%) eingesetzt.

Es werden die üblichen Feldaufbereitungsarbeiten (Pflügen, Eggen, Säen etc.) durchgeführt. Auf Dünger wird in der Regel verzichtet, weil Flachs sehr sensibel auf Nährstoff-Überangebot reagiert. Die Pflanzen werden mit Spezialmaschinen geerntet und in Schwaden zur Tauröste auf dem Feld abgelegt. Dabei verrotten unter Einfluss von Wärme und Feuchtigkeit die Pflanzenleime, die Holzteile und Faserbündel zusammenhalten. Der Röstflachs wird von den Fruchtkapseln befreit, gebrochen und in einer Turbine geschwungen, um die Holzteile vollständig zu entfernen. Anschließend werden die Fasern über ein Nagelbrett parallel ausgerichtet (kardiert) und dabei die Lang- und Kurzfasern getrennt. Die Kurzfasern werden in einer Kardiermaschine verarbeitet und danach schichtenweise mit Flammschutzmittel besprüht. Die Vliese werden mit Stärke oder Polyesterfasern verbunden.

Hanfdämmstoffe

Hanfdämmstoffe können für die unterschiedlichsten Wärmedämmzwecke eingesetzt werden. Meist werden sie in Holzkonstruktionen (Steildachdämmung, Dämmung im Leichtelement, abgehängte Decke usw.) eingebaut. Es sind aber auch Wärmedämmverbundsysteme mit Hanfdämmplatten möglich.

Die Kurzfasern oder Schäben aus Hanf werden mit ca. 15 M% Kunststoff-Stützfasernfasern aus Polyethen und ➜ Polyester gebunden. Die Bindung mit Stärkefasern funktioniert bereits technisch, scheitert zur Zeit aber noch an zu hohen Kosten. Als brandhemmende Mittel wirken ➜ Ammoniumpolyphosphate oder ➜ Sodalösungen.

Im Hanfanbau werden die üblichen Feldaufbereitungsarbeiten (Pflügen, Eggen, Säen etc.) durchgeführt. Hanf gilt als Pflanze mit Beikraut unterdrückender Wirkung, der Einsatz von Pflanzenschutzmittel ist daher unter guten Bedingungen nicht notwendig. Die Fasern verbleiben nach der Ernte 10 bis 20 Tage am Feld zur Röste. Dabei verrotten unter Einfluss von Wärme und Feuchtigkeit die Pflanzenleime, welche die Holzteile und Faserbündel zusammenhalten. Im Werk wird das Hanfstroh in einer Hammermühle in die Bestandteile Hanffaser, Schäben und Staub getrennt und die Hanffaser mit Flammschutzmittel behandelt. Die Hanf- und Kunststofffasern werden gemischt und durch 2 Vliesbildner befördert. Im darauf folgenden Thermobondierofen schmilzt der PE-Mantel der Kunststofffaser und verbindet so die Hanffasern. Der innere Polyester-Kern schmilzt nicht und gibt der Platte Festigkeit.

Holzfaser-Dämmplatten

siehe Holzwerkstoffe, organisch gebunden

Schafwolle-Dämmstoffe

Schafwolle-Dämmstoffe sind Dämmstoffe für die unterschiedlichsten Wärme- und Schallschutzzwecke.

Die hier betrachteten Produkte bestehen aus Schafwolle, die mit Mottenschutzmittel (Harnstoffderivat, Handelsname Mitin FF) behandelt ist. Da Schafwolle sehr gute Brandschutzwerte aufweist, kann B2-Qualität („normal brennbar") ohne Brandschutzmittel erreicht werden. Nur bei sehr leichten Produkten, die auch geringeren Wärmeschutz aufweisen, finden daher ➜ Borsalze als Flammschutzmittel Einsatz.

Die Schafe werden ein- bis zweimal pro Jahr geschoren. Pro Schaf und Jahr werden ca. 7 kg Rohwolle gewonnen. Für Dämmstoffe wird meist regional anfallende Schafwolle verwertet. Die geschorene Wolle wird zu Ballen komprimiert und der Wäscherei zugeführt, wo die Verunreinigungen wie Wollfett, Schmutz und Schweiß mit Kernseife und Soda entfernt werden und üblicherweise das Mottenschutzmittel aufgebracht wird. Die Wolle wird über einen Reißwolf geleitet, Knäuel entfernt, in einer Kardiermaschine entflochten und danach zu sehr feinen Vliesen verarbeitet. Die Vliese werden bis zur gewünschten Dicke übereinandergelegt und anschließend vernadelt. Die in der Kardiermaschine anfallende Feinwolle wird entstaubt und als Stopfwolle verwendet.

Erfahrungen der vergangenen Jahre zeigen, dass ein Schutz der Wolle unbedingt notwendig ist, um Mottenfraß zu vermeiden. Der Mottenschutz dient vor allem als Schutz vor dem Einbau. Das Einwandern von keratinverdauenden Insektenlarven in die Schafwolldämmung wird bei Passivhäusern durch die winddichte und luftdichte Gebäudehülle verhindert.

ester (up to 18 M%) fibers or with potato starch. ➜ Ammonium polyphosphates or ➜ boric salts (ca. 10 M%) are used as flame protection agents. The usual field preparation steps are used (plowing, harrowing, sowing) to cultivate flax. Fertilizers are not used generally because flax is sensitive to excess nutrients. The plants are harvested with special machines, swathed, and placed on grids on the field. Heat and moisture lead to the decomposition of plant bonding compounds that binds the wood and fiber bundles. The flax is freed from the fruit capsules, broken and swung in a turbine to remove the wood completely. The fibers are then carded, before the long and short fibers are separated. The short fibers are processed in a combing machine. A flame protection agent is sprayed on to the flax layers. These fleeces are then bound with starch or polyester fibers.

Hemp insulation materials

Hemp insulation materials can be used for many different thermal insulation purposes. They are generally used in wood constructions insulation of steeply pitched roofs, light element insulation, in suspended ceilings, etc.). But it is also possible to use hemp insulation panels in combined thermal insulation systems.

The hemp short fibers or shives are bound with synthetic support fibers polyethene and ➜ polyester (ca. 18 M%) fibers. It is technically possible to bind them with starch fibers but this isn't done due to high costs. ➜ Ammonium polyphosphates or ➜ soda solutions are used as flame protection agents.

The usual field preparation steps are used (plowing, harrowing, sowing) to cultivate hemp. Hemp is considered a weed-deterring plant, so no protective substances are required under good conditions. The fibers are left on the field for 10 to 20 days to rot. Heat and moisture lead to the decomposition of plant bonding compounds that binds the wood and fiber bundles. At the plant, hemp straw is separated into its components, hemp fiber, shives, and dust using a hammer mill, before it is treated with a fire protection agent. The hemp and synthetic fibers are mixed and fed through two fleece structuring machines. The synthetic fibers' PE shell is melted in a thermo-bonding oven, which helps bond the hemp fibers. The inner polyester core doesn't melt, giving the panel its rigidity.

Wood fiber insulation panels

see derived timber products, organically bound

Lambswool insulation materials

Lambswool insulation materials are materials used for a wide variety of heat and impact insulation purposes.

The products discussed here are made of lambswool that is treated with moth protection agents (urea derivative, retail product name, Mitin FF). Since lambswool has very good fire protection ratings, B2 quality ("normally flammable") can be reached without fire protection agents. ➜ Boric salt is only used as a fire protection agent for very light products, which also offer less thermal protection.

Sheep are shorn once or twice yearly. Each sheep produces approx. seven kilos of raw wool. Regionally available lambswool is generally used for insulation material. The shorn wool is compressed into bales and sent to the laundry, where impurities such as wool grease, dirt and sweat are removed with hard soap before a moth protection agent is added. The wool is sent through a shredder that removes snarls and straightened in a combing machine before being processed into very fine fleece layers. The fleeces are layered to reach the desired thickness and then fixed with needles. Dust is removed from the fine wool left in the combing machine, which is used as plugging wool.

Experience over the last years has shown that a protective agent is indispensable to avoid moth feeding. Moth protection agents are primarily used to protect the fleece before it is used in construction. Windproof and air-proof building shells of passive houses prevent the migration of keratindigesting larvae into the lambswool insulation.

Holz

Grundlagen

Rohholz

Holz wird als Werkstoff oder als Rohstoff (für Holzwerkstoffplatten) eingesetzt. Hauptbestandteile von Holz sind Cellulose, Hemicellulose und Lignin sowie Nebenbestandteile (Zucker, Stärke, Eiweiß etc.). Dazu kommen je nach Holzart unterschiedliche Holzinhaltsstoffe, die für Geruch, Farbe und Schädlingsresistenz verantwortlich sind. Es wird unterschieden zwischen Weich- und Harthölzern, die in eine Vielzahl von Arten untergliedert sind. Die technischen Eigenschaften von Hölzern hängen beträchtlich von der Holzart und dem Feuchtigkeitsgehalt ab. Holz wird als Stamm- und Durchforstungsholz aus dem Wald gewonnen und zur weiteren Verarbeitung ins Sägewerk gebracht.

Die forstliche Produktion wird in Anlehnung an [Schweinle 1996] in Europa in folgende Prozessschritte eingeteilt:

- Biologische Produktion: Das Wachsen des Baumes. Der Wachstumsprozess bindet unter anderem atmosphärischen Kohlenstoff unter Freigabe von Sauerstoff. Dieser wird als negative Kohlendioxidemission bilanziert (1851 kg CO_2/t_{atro}). (atro = absolut trockenes Rohholz)
- Wegebau: nur Instandhaltung der Wege, da fast der gesamte Wirtschaftswald bereits erschlossen ist
- Bestandesbegründung: Freimachen der Fläche, Pflanzung
- Kulturpflege: Schutz der Kultur vor Begleitvegetation (erste 2 Jahre)
- Jungwuchspflege: Entfernung geschädigter Bäume, Mischungsregulierung (wird für Fichtenkulturen üblicherweise nicht durchgeführt)
- Läuterung: Reduzierung der Bestockungsdichte, gefällte Stämme verbleiben im Bestand
- Kalkung: Ausbringung von Magnesiumkalk durch Hubschrauber gegen Versauerung des Bodens
- Durchforstung: je nach Ertragstafel in mechanisierten Ernteverfahren (Harvester, Forwarder)
- Endnutzung: motormanuelles Fällen und Aufarbeiten sowie Rücken zur Waldstraße mittels Schlepper

Aus dem Rundholz entstehen unterschiedliche Produkte:

- Schnittholz,
- Furniere,
- Späne und
- Fasern,

die wiederum Ausgangsprodukte für verschiedene Werkstoffe bzw. Holzwerkstoffe sind.

Kuppelprodukte wie Häcksel, Kapphölzer, Sägespäne werden in der Papier-, Ziegel- und Holzwerkstoffindustrie eingesetzt oder als Energieträger z. B. im Sägewerk zur Trocknung der Hölzer verwendet.

Für den Holzbau werden qualitativ hochwertige Einschnitte natürlich und künstlich getrocknet, für vorgefertigte Elemente Bretter, Lamellen o.ä. miteinander durch Dübel, Leim oder Nägel verbunden, für großflächige Platten werden Furniere, Späne etc. aus Holz oder holzähnlichen Stoffen mit Bindemitteln verpresst.

Umwelt- und Gesundheitsaspekte

Herstellung

Holz ist ein Rohstoff, der weltweit in großen Mengen nachwächst. Neben ihrer Funktion als Rohstofflieferanten erfüllen Wälder vielfältige Aufgaben: Lebensraum, Förderung der Biodiversität, Schutzwald, Sauerstoffproduzent, Wasserrückhaltung, Erholungsgebiet. In den deutschsprachigen Ländern sind weitgreifende ökologische Belastungen durch die Forstwirtschaft weitestgehend gesetzlich unterbunden, d.h. es darf nur so viel Holz eingeschlagen werden, wie in einem Durchschnittsjahr nachwächst; großflächige Kahlschläge sind verboten, um Bodenerosion zu vermeiden. Die Holzwirtschaft kann aber auch schwere Umweltbeeinträchtigungen verursachen. Anpflanzungen in Monokulturen machen den Wald anfällig gegen Umwelteinflüsse. Die Schlägerung geschieht unter Einsatz schwerer Maschinen, die Schäden an Baumbestand und Waldboden verursachen können. Durch die Gewinnung von Tropenholz werden oft schwerste Umweltschäden verursacht. Ein zunehmendes Problem ist illegal geschlägertes Holz, das in Mitteleuropa auf den Markt gelangt. Fortschrittliche Waldbausysteme (z. B. → Plenterwald, → FSC-zertifizierter Wald) werden dem Ökosystem Wald gerecht und ermöglichen trotzdem eine effiziente Holznutzung.

Durch die biologische Produktion von Holzmasse wird der Atmosphäre Kohlendioxid entzogen (negatives Treibhauspotential), das bis zur Zersetzung oder Verbrennung des Holzes gespeichert bleibt;

Relevanter Energiebedarf für die technische Trocknung (je nach Anfangsfeuchte ca. 3 MJ/kg), jedoch meist relativ umweltfreundliche Erzeugung mit Hackschnitzel-

Wood

Fundamentals

Raw wood

Wood is used as a work material and raw material (for wood panels). The main components in wood are cellulose, hemicellulose and lignin as well as others (sugar, starch, protein, etc.). Wood also contains varying other elements depending on the type that define its smell, color and resistance to pest damage. There are two forms of wood, softwood and hard wood, which are subdivided into a number of different types. The technical properties of wood are highly dependent on the type and moisture content. Wood is extracted from the forest as either log wood or thinnings and taken to the sawmill for further processing.

Forest wood processing in Europe is divided into the following steps according to [Schweinle 1996]:

- Biological production: tree growth. The growth process binds atmospheric carbon, amongst others, while releasing oxygen. On balance this is a negative carbon dioxide emission (1851 kg $CO2/t_{atro}$). (→ atro = absolutely dry raw wood)
- Path construction: path maintenance only, since almost all the industrial forest area is accessible
- Development of existing areas: clearing areas, planting
- Cultivation care: protection of cultivated trees from accompanying vegetation the first 2 years)
- Sapling care: removal of damaged trees, Mix regulation (isn't normally performed for spruce trees)
- Clearing: reduction of arborization density, fallen trunks remain on site
- Limewashing: Distribution of magnesium lime via helicopter to stabilize the soil
- Forestation: mechanical harvesting (harvester, forwarder) depending on production scale
- Final use: motor-manual felling and processing as well as motorized transportation to the forest road

Different products are made from roundwood:

- timber,
- veneers,
- shavings and
- fibers,

which in turn are source products for various work materials, or wood work materials.

Byproducts such as chaff, lumber tailings, shavings are used in the paper, brick and wood work material industries or as fuel, e.g. at sawmills to dry wood. High-quality cuts for timber construction are dried naturally and artificially. Prefabricated elements, boards, laths and other similar products are joined using dowels, glue or nails. Wood veneers, shavings, etc, or other wood-like goods are pressed with bonding agents to produce large-surface panels.

Environmental and health aspects

Production

Wood is a raw material that grows in large amounts all over the world. Forests fulfill a number of tasks aside from delivering raw materials: living space, bio-diversity development, soil protection, oxygen production, water retention, recreational areas. Far-reaching ecological burdens by the forestation industry are largely prevented by law in the German-speaking countries. Thus only as much wood can be cut as is needed in an average year; large-scale clearances are prohibited to avoid soil erosion. But the wood industry can also cause major damage to the environment. Monocultural cultivation make the forest susceptible to environmental influences. Felling is completed with the help of heavy machinery that can damage the existing trees and the ground. Tropical wood exploitation often causes major damage to the environment. Illegally felled wood that reaches European markets is another rising problem.

Advanced forestation systems (e.g. → single-stem forestry → FSC certified forest) are adequate for the forest eco-system and nonetheless allow efficient use of wood.

The biological production of wood mass draws carbon dioxide from the atmosphere (negative green house potential) that is stored for the tree's entire life cycle.

A certain amount of energy is required for technical drying (ca. 3 MJ/kg depending on the initial moisture), but is generally produced in an environmentally friendly manner at the sawmill by using waste products. Target-

heizung aus den im Sägewerk anfallenden Abfällen; durch materialspezifische Schlägerung und natürliche Trocknung minimierbar; Arbeitsplatzbelastung durch Lärm und Staub. Gem. MAK-Liste sind Buchen- und Eichenfeinstaub als krebsauslösend eingestuft, alle anderen Holzstäube stehen im Verdacht, krebserzeugend zu sein.

Verarbeitung

Beim Einbau von Holz ist konstruktiver Holzschutz in Verbindung mit der Auswahl von resistenten Hölzern zu beachten. Dadurch kann der Einsatz von chemischen Holzschutzmitteln vermieden werden (➜ Holzschutzmittel).

Nutzung

Holz kann flüchtige organische Verbindungen emittieren, insbes. Terpene. Besonders bedeutsam sind alpha- und beta-Pinen, D-Limonen und delta-3-Caren. Im Vergleich zu anderen heimischen Holzarten weist Kiefernholz die höchsten VOC-Emissionen auf. Bei oberflächenbeschichteten Hölzern sind Emissionen je nach eingesetztem Mittel möglich.

Bei unbehandelten bzw. bei diffusionsoffen behandelten Oberflächen (Öle, Wachse) gute wohnhygienische Eigenschaften durch Feuchtepufferung und Geruchsbindung. Bei diffusionsdichter Versiegelung entfällt positiver Einfluss auf die wohnhygienischen Eigenschaften; elektrostatische Aufladung möglich. Bei unsachgemäßer Verarbeitung von Ölen und Wachsen als Oberflächenbehandlung ist durch Oxidationsvorgänge eine Geruchsbelästigung möglich.

Wartung je nach Beanspruchung, Oberflächenbehandlungsmittel und Holzart: Wachsen alle 1–3 Jahre, Versiegeln und Ölen alle 10 Jahre. Versiegelungen sind beständiger gegen Verunreinigungen und Beschädigungen als Öle und Wachse, jedoch, wenn eine Beschädigung auftritt, aufwändiger in der Instandsetzung.

Entsorgung

Mechanisch verbundene Holzteile lassen sich meist einfach rückbauen. Bei zerstörungsfreiem Ausbau ist eine Wiederverwendung möglich. Unbehandeltes Altholz ist als Rohstoff für verschiedenste Anwendungen, z.B.: in der Zellstoffindustrie, für Holzwerkstoffe oder als Porosierungsmittel verwertbar. Holz besitzt einen hohen Heizwert (zwischen 12,5 MJ/kg und 20,1 MJ/kg), die thermische Verwertung von unbehandeltem und unbeschichtetem Holz ist problemlos.

Behandelte Hölzer können in Verbrennungsanlagen entsorgt werden. Vor allem aus kunstharzbeschichteten Hölzern können bei niedrigen Verbrennungstemperaturen polycyclische aromatische Kohlenwasserstoffverbindungen (tw. kanzerogen) bzw. polycyclische Biphenyle freigesetzt werden. Umweltverträgliche Oberflächenbeschichtungen wie natürliche Öle und Wachse verursachen keine erhöhten Schadstoffemissionen.

Die Deponierung von organischen Abfällen ist nach der österreichischen Deponieverordnung (BGBl. 1996/164) nicht mehr erlaubt. Ausnahme: als geringer Anteil von Bauschutt, das gilt auch für alle Formen des Werkstoffes Holz.

Empfehlung

Holz aus nachhaltig genutzten und regionalen Wäldern verwenden (Zertifikat verlangen). Tropenhölzer nur verwenden, wenn ihre nachhaltige Gewinnung durch ein ➜ FSC-Zertifikat oder gleichwertiges Zertifikat nachgewiesen ist. Natürlich getrocknete Hölzer bevorzugen. Beschichtung nur wenn notwendig, dann diffusionsoffene Beschichtung wählen. Mechanische Verbindungen wählen.

Der Einsatz von ➜ Holzschutzmittel kann vermieden werden, wenn für die spezifischen Anforderungen geeignete Holzarten gewählt werden, das Holz fachgerecht gelagert, getrocknet und konstruktiv geschützt wird und bauphysikalische Vorkehrungen getroffen werden, die eine Schädigung des Holzes durch Feuchtigkeit und Schädlinge verhindern. Der konstruktive Holzschutz umfasst Witterungsschutz z.B. durch große Dachüberstände, Abschrägung liegender Flächen, Abdeckung von Hirnholz mit Brettern, offene Bohrungen, Verschluss von Zapfenlöchern und Schlitzen und gute Belüftung aller Konstruktionsteile. In ÖNORM B 3802-1, B 3804 und DIN 68800-2 werden Konstruktionen, die die Bedingungen für die Gefährdungsklasse 0 (kein chemischer Holzschutz notwendig) erfüllen, angegeben. Wird trotz allem chemischer Holzschutz angewandt, sind ausschließlich Mittel, die im österreichischen Holzschutzmittelverzeichnis enthalten sind oder das deutsche RAL-Gütezeichen 830 tragen, einzusetzen bzw. Präparate, deren gesundheitliche Unbedenklichkeit außer Frage steht. Chrom-Kupfer-Fluorid-Salze (CKF) oder Holzschutzmittel mit Inhaltsstoffen wie Permethrin sind wegen der gesundheitlichen Risiken möglichst zu ersetzen. ➜ Holzschutz

ing specific material to be felled and natural drying can also minimize energy production. Noise and dust are workplace hazards. According to the MAK list, beech and oak fine dust are considered carcinogenic, all other wood dust forms are suspected of being carcinogenic as well.

Processing

Structural wood protection and the selection of resistant wood types should be kept in mind for building purposes. This helps reduce the use of chemical wood protection agents (➜ wood protection).

Uses

Wood can emit traces of organic compounds, esp. terpene. Alpha and beta pines, d-limonenes and delta-3 carenes are particularly important. Pinewood shows the highest VOC emissions in comparison to other domestic wood types. Emissions from coated wood types are possible depending on the agents used.

Untreated or open-diffusion treated surfaces (oil, wax) show good living space hygiene properties since they act as moisture buffers and bind smells. Diffusion-dense coatings have no positive effect on living space hygiene properties, electrostatic charging is possible. Improper use of oil and waxes for surface treatment can lead to noxious smells due to oxidation. Maintenance depends on wear, the surface treatment substance and the type of wood: surfaces should be waxed every 1–3 years, and sealed or oiled every 10 years. Sealing is more resistant to dirt and damage than oil and wax, but surface damage repairs are more complex.

Disposal

Mechanically bound wood components are generally easy to renaturalize. Re-utilization is possible if wood is dismantled without damage. Untreated old wood can be used as raw material for a number of different applications, e.g.: in the cellulose industry, for woodwork materials or as a porosity agent. Wood has a high caloric value (between 12,5 MJ/kg and 20,1 MJ/kg), thermal re-utilization of untreated and uncoated wood is unproblematic.

Treated wood can be disposed of at incineration plants. Wood with synthetic resin coatings is most likely to release polycyclic aromatic carbon hydrogen compounds (partially carcinogenic) at low temperatures. Environmentally friendly surface coatings such as oil and wax do not cause increased harmful substance emissions. Disposal of organic waste is no longer allowed in accordance with Austrian waste disposal regulations (BGBl. 1996/164). Exception: in small amounts as part of construction waste, this also goes for all forms of wood work materials.

Recommendation

Use wood from sustainably used regional forests (ask for a certificate). Only use tropical wood types if their sustainability is certified with a ➜ FSC certificate or other similar certification. Naturally dried woods are preferable. Only use coatings when necessary, and only use open-diffusion coatings. Choose mechanical joining.

The use of ➜ wood protection agents can be avoided if the proper type of wood is selected for the specific requirements and the wood has been stored properly. It is also important that structural precautions be taken to prevent wood damage by moisture and pests. Structural wood protection covers weathering protection, e.g. large roof surfaces, tilting lying surfaces, end-grain wood covering with boards, open drilling, closing slot mortises and slits as well as good ventilation for all construction parts. ÖNORM B 3802-1, B 3804 and DIN 68800-2 list construction types that fulfill the requirements for hazard category 0 (no chemical wood protection necessary). Only agents listed in the Austrian Wood Protection Agents Compendium or which bear the German RAL 830 quality seal should be used, or substances whose safety in terms of health hazards are beyond doubt if chemical wood protection is used, despite all of these precautions. CCF salts or wood protection agents containing substance such as Permethrin should be replaced due to health risks. ➜ Wood protection.

Schnittholz

Hauptprodukte:
- Schnittholz sägerau, luftgetrocknet: Latten, Holzschalung
- Schnittholz, sägerau, technisch getrocknet: konstruktiv verwendetes Bauholz z.B. Sparren
- Schnittholz technisch getrocknet, gehobelt: Außen- oder Innenverkleidung
- Kuppelprodukte wie Sägespäne, Hackschnitzel, Kapphölzer etc.: Holzwerkstoffe, Papierindustrie, Ziegelherstellung

Ausgangsmaterial: Rundholz

Entrinden der Hölzer, Einschnitt mittels Gatter, Bandsäge oder Spaner; technische Trocknung meist in Frischluft/Ablufttrockner, teilweise in Kondensations- oder Vakuumtrockner; Hobeln, Zusammenbinden mit Stahlbändern.

Brettschichtholz (BSH)

Brettschichtholz eignet sich besonders für hoch belastete und weit gespannte Bauteile mit hohen Ansprüchen an Formstabilität und Optik.
Die technisch getrockneten Bretter werden gehobelt und Fehlerstellen herausgeschnitten. In der Länge werden die Bretter durch Keilzinkung miteinander verbunden, dann auf den Breitseiten verleimt und zur Fertigstellung 4-seitig gehobelt. (EN 386 und EN 1194).
Die Verleimung erfolgt abhängig von der Festigkeitsklasse (1: bis 12 % HF, 2: bis 20 % HF, 3: > 20 %) bzw. der Klimabeanspruchung mit → PVAc-Leimen, → Polyurethan- oder Phenol-Formaldehyd-Harzen (→ formaldehydhältige Harze). Der Leimanteil beträgt ca. 3 % [Hänger 1990].

Brettstapelelemente

Brettstapelelemente werden für Wand-, Dach- und Deckenaufbauten eingesetzt, z. T. mit Aufbeton.
Brettstapelelemente bestehen aus hochkant gestellten Weichholzbrettern, -bohlen oder Kanthölzern, die zu flächenbildenden tragenden Elementen verbunden sind. Die Holzstücke können sägerau, egalisiert oder gehobelt sein und sind mit Nägeln oder Dübeln verbunden. Die Holzfeuchte beträgt etwa 18 %.
Es können alle Holzsortimente auch (minderwertigere) Seitenbretter verwendet werden. Die Bretter laufen über die gesamte Elementlänge ungestoßen durch oder werden durch Keilzinkung kraftschlüssig verbunden.
Decken- und Dachelemente können zur Verbesserung der Raumakustik profiliert sein. Sie verfügen über eine mittlere wirksame Speichermasse.
Dübelholzelemente können leichter bearbeitet werden, genagelte Elemente sind nachträglich schwerer zu bearbeiten (Werkzeugschneiden).
Verbund der Elemente mechanisch durch Schrauben, Nägel, Stabdübel, geschweißte Stahlteile etc.

Holzdielenboden

Holzdielenböden sind Bodenbeläge aus technisch getrocknetem, gehobeltem Schnittholz aus Weich- oder Hartholz mit Nut- und Federprofilierung.
Rundhölzer werden zu Brettern aufgeschnitten, natürlich und technisch getrocknet und zu Dielen gehobelt. Die Dielen werden mit Nägeln, Schrauben oder Klammern auf Polsterhölzern oder Blindboden verlegt. Die Oberfläche wird geschliffen und i.d.R. behandelt (geölt und gewachst oder versiegelt).

Konstruktionsvollholz (KVH)

Konstruktionsvollholz besteht aus Nadelschnittholz (Fichte, Tanne, Kiefer und Lärche), das der Sortierklasse S10 nach DIN 4074-1 (Tragfähigkeit) entspricht. Es wird zwischen sichtbarem (KVH-Si) und nichtsichtbarem (KVH-nSi) Konstruktionsvollholz unterschieden.
Herzfreier bzw. herzgetrennter Einschnitt von Nadelholz wird nach Festigkeit sortiert (nach DIN 4074), grobe Fehler werden herausgeschnitten. Die Hölzer werden technisch auf eine Holzfeuchte von 15 ± 3 % getrocknet. Durch kraftschlüssige Verbindung (gemäß DIN 1052-1: Schäften oder Keilzinken) kann beliebig langes KVH hergestellt werden. Die Balken werden allseitig gehobelt, abgelängt und ev. paketweise foliert.
Die Eigenschaften von KVH wurden durch eine Vereinbarung zwischen der Vereinigung deutscher Sägewerksverbände und dem Bund deutscher Zimmermeister 1994 festgelegt. Erkennbar ist KVH am Gütezeichen der Überwachungsgemeinschaft Konstruktionsvollholz aus deutscher Produktion e.V., wobei auch österreichische Unternehmen solches Holz anbieten. Wegen des niedrigen Feuchtegehalts sind Schwindverformungen geringer und kann auf vorbeugenden chemischen Holzschutz nach DIN 68800-2 verzichtet werden.

Timber

Main Products:
- Timber rough-sawn, air-dried: lathes, timber shuttering
- Timber, rough-sawn, technically dried: structurally used construction wood, e.g. rafters
- Technically dried timber, planed: interior and exterior cladding
- Byproducts such as wood shavings, cuttings, capping wood, etc.: derived timber products, paper industry, brick production

Source material: roundwood

Debarking via saw gate, mechanical saw or chipping machine; technical drying is generally completed in a fresh air/ exhaust dryer, or in a condensation or vacuum dryer; planing and binding with steel bands.

Laminated wood

Laminated wood is particularly suitable for high-stress and wide-spanning construction segments and meeets high visual and form-stability requirements.
The technically dried boards are planed; faults are cut out. The boards are joined lengthwise using wedge finger jointing and then glued along their width before being planed on four sides and finished. (EN 386 and EN 1194).
Gluing depends on the strength category (1: up to 12 % HF, 2: up to 20 % HF, 3: > 20 %) and the climate exposure; with → PVAc-resins, → polyurethane or phenol formaldehyde resins (→ resins containing formaldehyde). Glue content is ca. 3 % [Hänger 1990].

Stacked board elements

Stacked board elements are used for wall, roof and ceiling structures, partially with concrete topping.
Stacked Board Elements consist of softwood boards, planks or structural lumber set on edge that are joined to act as supporting elements. The timber is rough sawn, evened or planed and linked with nails or dowels. The wood moisture is around 18 %.
All types of timber can be used, even (lower quality) lateral boards. The boards extend over the entire element length without abuts, or joined sideways with slot mortises.
Ceiling and roof elements can be profiled to improve space acoustics. They have average storage mass.
Wood dowel elements are easier to work with, nailed elements are harder to work with afterwards (tool cutting).
Elements are joined mechanically with screws, nails, keyed dowels, steel dowels, welded steel parts, etc.

Boarded floors

Boarded floors are flooring types generally made of technically dried, planed sawn wood, either soft or hardwood with tongue and groove profiles.
Round wood is cut into boards, naturally and technically dried. The boards are planed and then laid on the cushioning wood or dead floor with nails, screws or clips. The surface is sanded and then generally treated (oiled and waxed or sealed).

Certified solid construction wood (KVH wood)

Solid construction wood consists of softwood timber (spruce, fir, pine and larch), that meets category class S10 standards according DIN 4074-1 (load-bearing capacity). Two types of solid construction wood are defined: visible and concealed solid construction wood. Heart-free or heart-separated softwood is categorized by strength (according to DIN 4074), large imperfections are cut out. The timber is dried technically to a 15 ± 3 % moisture level. Frictional connection (according to DIN 1052-1: shafts or slot mortises) make it possible to produce solid construction wood in any required length. The beams are planed on all sides, cut to length, packed and wrapped, when needed.
The properties of solid construction wood were defined in an agreement between the association of German Sawmill Unions and the German Carpentry Association in 1994. KVH solid construction wood can be recognized by its seal of quality from the "Überwachungsgemeinschaft Konstruktionsvollholz aus deutscher Produktion e.V." (supervisory committee for German solid construction wood). Austrian companies also offer this type of wood. Shrinkage deformation levels are low due to the low moisture content, so it isn't necessary to use chemical wood protection according to DIN 68800-2.

Holzwerkstoffe, organisch gebunden

Holzwerkstoffe werden für vielfältige Zwecke im Holzbau, Innenausbau und Möbelbau verwendet.

Organisch gebundene Holzwerkstoffe sind großflächige Platten, die durch Verbinden von Fasern, Spänen, Wolle, Leisten, Stäbchen oder Furnieren aus Holz, meist unter Zugabe von Bindemitteln (→ formaldehydhältige Harze oder → Polyurethankleber) hergestellt werden. Hilfs- und Zuschlagstoffe wie Härter und Beschleuniger, Formaldehyd-Fängersubstanzen, Hydrophobierungsmittel, Feuerschutzmittel, Fungizide und Farbstoffe werden nach Bedarf beigemengt. Durch die Verleimung entstehen Platten mit einer großen Homogenität und Dimensionsstabilität, die sich leicht verarbeiten lassen. Für Holzwerkstoffe werden zumeist Schwach- und Durchforstungshölzer oder Sägerei-Resthölzer verwendet, zum Teil auch Gebrauchtholz (Paletten, Dippelbäume, Dachstühle etc), wobei der Rohstoffqualitätssicherung besonderes Gewicht zukommt (Aussortierung imprägnierter oder behandelter Hölzer). Als Bindemittel werden → formaldehydhältige Harze oder PMDI-Harze eingesetzt.

Nach ihrer Feuchtebeständigkeit werden folgende Holzwerkstoff-Typen für die unterschiedlichen Anwendungsbedingungen definiert:

V-20: Verwendung für Möbel und Innenausbauteile, die nur in geringem Maße der Luftfeuchtigkeit ausgesetzt sind. Die verwendeten Leime (UF-Leime) neigen zur Abgabe von Formaldehyd.

V-100: Geeignet für den Einsatz mit erhöhter Luftfeuchtigkeit, z. B. für Fußböden, mit konstruktivem Holzschutz z. B. auch als Außenbeplankung ohne direkte Bewitterung. Die verwendeten Leime (v. a. PF-, MF-, MUPF- und PMDI-Leime) sind entweder formaldehydfrei oder neigen nur wenig zur Abgabe von Formaldehyd.

V-100 G: Geeignet für den Einsatz auch unter hoher Feuchtebelastung. Entsprechen den V-100-Platten und enthalten zusätzlich ein Fungizid (Chlornaphthaline).

Grundlagen

Holz *siehe* Holz / Rohholz

Umwelt- und Gesundheitsaspekte
Herstellung

Der ökologische Vorteil von Holzwerkstoffen liegt in der guten Ausnutzung des eingeschlagenen Holzes. Dieser Vorteil wird durch den Einsatz von Kunstharz-Bindemittel erkauft (Ausnahme ist z. B. die Poröse Holzfaserplatte, die ohne Bindemittel hergestellt werden kann). Die Herstellung der Kunstharze ist energieintensiv und umweltbelastend, zum Teil treten sehr problematische Zwischenprodukte auf. Die ökologischen Kennwerte von Holzwerkstoffen werden daher großteils über die Menge des zugegebenen Bindemittels bestimmt. Ein weiterer wesentlicher Einflussfaktor ist die technische Trocknung. MDF-Platten zum Beispiel weisen aus diesen Gründen relativ hohe Belastungen in den ökologischen Kennwerten auf.

Beim Zerkleinern der Hölzer kommt es zu Staubentwicklung (→ Holzstaub).

Durch das zunehmende Umwelt- und Gesundheitsbewusstsein und unterstützt durch Überarbeitung der chemischen Holzschutzbestimmungen in den relevanten Normen (z. B. DIN 68800 oder ÖNORM 3801-3804) ist die Produktion von wirkstoffhältigen Holzwerkstoffen V-100-G stark rückläufig (nur mehr ca. 1 % der Gesamtproduktion).

Verarbeitung
Zur Vermeidung von Gesundheitsbelastungen durch Holzstaub sind beim Bearbeiten von Holzwerkstoffplatten persönliche Schutzmaßnahmen notwendig (→ Holzstaub).

Nutzung
Holzwerkstoffe gehören zu den wichtigsten Quellen von Formaldehyd in Innenräumen. Die Emissionen aus den → formaldehydhältigen Harzen können durch eine Beschichtung aus formaldehydhältigen Lacken verstärkt werden. Holzwerkstoffplatten dürfen nur noch in Verkehr gebracht werden, wenn sie der Chemikalien-Verbotsverordnung (Deutschland) bzw. der Formaldehydverordnung (Österreich) entsprechen (E1-Platten, Emissionsgrenzwert von 0,1 ppm). Bei großflächiger Verlegung, hoher Luftfeuchte und niedrigem Luftwechsel können z. B. auch E1-Holzwerkstoffe zu erhöhten Raumluftkonzentrationen führen. Formaldehydfreie Holzwerkstoffplatten (mit PMDI-Kleber) werden von den Herstellern auch mit der Aufschrift F0 gekennzeichnet. Auch solche Platten können – allerdings äußerst geringe – Formaldehyd-Emissionen aufweisen.

Neben Formaldehyd emittieren Holzwerkstoffe Terpene aus Holzinhaltsstoffen, kurzkettige Carbonsäuren und weitere → Aldehyde. Aldehyde wie Hexanal, Pentanal, Benzaldehyd, Heptanal und Furfural bilden sich durch Oxidationsvorgänge bei

Derived timber products, organically bound

Derived timber products are used for a variety of purposes in wood construction, interior and furniture construction.

Organically bound derived timber products are large-surface panels that are produced by binding wood fiber, wool, laths, rods or veneers, generally with the help of bonding agents (→ resins containing formaldehyde or → polyurethane adhesives). Additives and aggregates such as hardeners, accelerators, formaldehyde stoppers, hydrophobic agents, fire protection agents, fungicides and dyes are added as required. Bonding produces highly homogeneous panels with good dimension stability properties that are easy to work with. Windfall lumber, thinnings, or sawmill residues as well as used lumber (palettes, beams, trusses, etc.) are used for derived timber products. Quality assurance is particularly important here (separation of waterproofed or treated lumber). → Resins containing formaldehyde or PMDI-resins are generally used as bonding agents.

The following wood materials for different application conditions are divided into groups according to their moisture resistance:

V-20: Used for furniture and interior construction work, with low moisture exposure. The glue used tends to emit formaldehyde.

V-100: Suitable for use under increased air moisture, e.g. for floors with structural wood protection, outside planking not directly exposed to the weather. The glue types used (mainly PF, MF, MUPF and PMDI glue) are either formaldehyde-free or only have a slight formaldehyde emission tendency.

V-100 G: Suitable for use under heavy humidity. Reach V-100 standards and also contain fungicide (chlornaphthaline).

Fundamentals

Wood see Wood / Raw wood

Environmental and health aspects
Production

The ecological advantage of derived timber products against solid wood lies in the better use of felled timber. The price of this advantage is the use of synthetic resin bonding agents (porous wood fiberboard, or masonite is an exception since it can be produced without bonding agents). The production of synthetic resins is energy-intensive and harmful to the environment, and partially leads to very problematic interstage products. Hence the ecological values of wood materials are largely defined by the amounts of bonding agents added. Another major influence factor is technical drying. MDF panels have relatively high ecological harmfulness ratings for this reason.

Wood crushing leads to dust development (→ wood dust).

Increasing environmental and health awareness and the revision of chemical wood protection guidelines in the relevant standards (e.g. DIN 68800 or ÖNORM 3801-3804) has led to a steady decrease in the production of V-100 G wood materials (only ca. 1 % of overall production).

Production
Personal protection measures should be taken to prevent harmful health effects when working with wood material panels (→ wood dust).

Uses
Derived timber products are among the most siginificant sources of formaldehyde in interior spaces. The emissions from → resins containing formaldehyde can be emphasized by the use of → formaldehyde-containing lacquers. Wood material panels can only be brought into circulation if they are in compliance with the "Chemikalien-Verbotsverordnung" (chemical ban regulations, Germany) and the "Formaldehydverordnung" (Formaldehyde regulations, Austria), (E1 panels, emission limit 0.1 ppm). Large surface use, high moisture and low air exchange can increase air concentration levels for even E1 derived timber products. Formaldehyde-free wood material panels (with a PMDI adhesive) are labeled with the letters "FO" by manufacturers. But even these panels can emit formaldehyde, although in extremely small quantities.

Aside from formaldehyde, derived timber products emit terpene from wood ingredients, short-chain carbon acids and other → aldehydes. Aldehydes such as hexanal, pentanal, benzaldehyde, Heptanal and Furfural are produced during oxidation processes when drying shavings, stands and fibers from wood components. Derived timber products made from pine show the

der Trocknung von Spänen, Strands und Fasern aus Bestandteilen des Holzes. Die höchsten Emissionen weisen Holzwerkstoffe aus Kiefernholz auf. Insbesondere OSB-Platten, die in den deutschsprachigen Ländern praktisch ausschließlich aus Kiefernholz hergestellt werden, weisen – im Vergleich zu Spanplatten und MDF-Platten – ein deutlich erhöhtes → VOC-Emissionspotenzial auf [Zwiener/Mötzl 2006].

Entsorgung

Je nach Zustand der Platten und der Verlegungsmethode lassen sich Holzwerkstoffe rückbauen und weiterverwenden.

Recycling als Rohstoff für neue Holzwerkstoffplatten oder in der Zellstoffindustrie. Organisch gebundene Holzwerkstoffe besitzen wie Holz einen hohen Heizwert. Sie sollten nur in Verbrennungsanlagen mit Rauchgasreinigung verbrannt werden, sodass Emissionen von problematischen Kohlenwasserstoffverbindungen unterbunden werden können.

Die Deponierung von organischen Abfällen und damit von organisch gebundenen Holzwerkstoffplatten ist nur mehr in Ausnahmefällen (als geringer Anteil von Bauschutt) erlaubt.

Empfehlung

- Hoher Leimanteil beeinflusst die ökologischen Kennwerte wesentlich
- Besonders bei großflächigem Einsatz auf Platten mit niedrigen Schadstoff- und Geruchsemissionen (z. B. natureplus-geprüft) achten
- Die wirkstoffhaltigen Holzwerkstoffe V-100-G sollten nach Möglichkeit nicht eingesetzt werden (andere Konstruktionswahl, konstruktiver Holzschutz, andere Materialwahl)

Holzfaserdämmplatten (SB.W nach DIN 68750) und Poröse Holzfaserplatten (SB nach EN 316)

Holzfaserdämmplatten (SB.W nach DIN 68750, ρ = 230–450 kg/m³) werden für Wärme- und Schalldämmung in Boden-, Wand-, Decken- und Dachkonstruktionen und auch als Putzträger eingesetzt.

Holzfaserplatten haben eine hohe Wärmespeicherfähigkeit bei gleichzeitig guten Wärmedämmeigenschaften, sind diffusionsoffen und können winddicht eingebaut werden.

Poröse Faserplatten (SB nach EN 316: ρ < 400 kg/m³) sind üblicherweise dünner und schwerer als Holzfaserdämmplatten und werden z. B. für Trittschalldämmungen und als Unterdachplatten eingesetzt.

Bituminierte Holzfaserdämmplatten werden für wasserabweisende Unterdächer und Schutzschichten auf der Außenseite von Holzständerwänden bei gleichzeitiger Verbesserung der Wärme- und Schalldämmung eingesetzt.

Rohstoffe sind Resthölzer der Sägeindustrie und Durchforstungshölzer (meist Fichte, Tanne und Kiefer). Bei der Herstellung unterscheidet man Nass- oder Trockenverfahren.

Nassverfahren: Aufschluss der Hackschnitzeln mit Wasserdampf, Mahlen, Vermengen mit Wasser und evtl. Zusatzstoffen, Absaugen des Produktionswassers aus dem Faserstoff mittels Vakuumsaugern; Trocknen im Etagentrockner über mehrere Tage bei 120–190 °C von 40 % auf ca. 2 % Restfeuchte; Ablängen und Kantenausbilden. Als Bindemittel dienen lediglich die holzeigenen Harze. Zur Aktivierung des holzeigenen Harzes Lignin wird Aluminiumsulfat (1–3 M %) beigegeben, die Hydrophobierung erfolgt mit Wachsemulsionen (max. 1 M %). Dickere Platten werden aus dünneren Platten mit Weißleim geklebt (ca. 0,8 M %).

Trockenverfahren: Hackschnitzeln werden im Refiner zu Fasern aufgeschlossen. Die Fasern werden mit → Polyurethanharzen benetzt oder mit Bikomponenten-Kunststofffasern vermischt und unter Druck und Hitze zu homogenen Platten gebunden. Dickere Platten können in einem Arbeitsgang gefertigt werden.

MDF-Platten

Mitteldichte Faserplatten (MDF) sind Holzfaserplatten mit einer Rohdichte über 450 kg/m³. Je nach Rohdichte unterscheidet man HDF (Hochdichte Faserplatten mit einer Rohdichte ≥ 800 kg/m³), leichte MDF (550 ≤ ρ < 800 kg/m³) und ultraleichte MDF (450 < ρ < 550 kg/m³). Einsatzbereiche sind nach EN 622-5 allgemeine und tragende Zwecke sowie trockene und feuchte Bereiche. Zumeist werden sie im Trockenbereich für Möbel, Leisten und Profile verwendet, auch als aussteifende Scheiben, Innenverkleidungen, Bodenplatten, Verlegeplatten. Im Außenbereich werden sie bei diffusionsoffenen Konstruktionen als Wandbeplankung und Dachplatte eingesetzt.

MDF-Platten werden im Trockenverfahren (siehe Holzfaserdämmplatten) hergestellt und bestehen zu ca. 84 % aus Holzfasern und zu ca. 16 % aus Kleb- und Zusatzstoffen. Die Holzfasern stammen aus Resthölzern der Sägeindustrie und

highest emission values. Especially OSB panels, which are produced almost exclusively with pine wood in German-speaking countries, show significantly higher → VOC emission potential values than chipboard panels and MDF panels [Zwiener/Mötzl 2006].

Disposal

Derived timber products can be reprocessed and reused depending on the panels' condition and laying method.

They can be recycled for use as raw material for wood material panels or in the cellulose industry.

Organically bound derived timber products have a high calorific value, as is the case with wood. They should only be burned at incineration plants with exhaust purification systems to eliminate problematic hydrocarbon emissions.

Disposal of organic waste including derived timber product panels is only allowed in specific cases (as a small amount in construction waste).

Recommendation

- High glue content has considerable influence on ecological values
- Make sure to use panels with low harmful substance and smell emissions (e.g. natureplus certified) especially for large surface applications
- V-100-G panels containing active agents should be avoided when possible (different construction type, structural wood protection, different choice of material)

Wood fiberboard insulation panels (SB.W, according to DIN 68750) and porous wood fiberboard (SB, according to EN 316)

Wood fiberboard insulation panels (SB.W according to DIN 68750, ρ = 230–450 kg/m³) are used for heat and impact insulation in floor, wall, ceiling and roof structures and as plaster bases.

Wood fiberboard panels have high heat storage capabilities and good thermal insulation properties as well, they are open to diffusion and can be built as windproof elements.

Porous fiberboard panels (SB according to EN 316: ρ < 400 kg/m³) are normally thinner and heavier than wood fiberboard insulation panels and are used for impact sound insulation or interior roof panels.

Bitumen-coated wood fiberboard insulation panels are used for water-resistant interior roofs and as protective layers on the exterior of wood standing walls, while improving heat and sound insulation at the same time.

Surplus wood from the sawmill industry and thinnings (spruce, fir and pine) are used to produce these components. The two production methods are dry and wet processing.

Wet processing: wood chipping deflocculation with water vapor, grinding, mixing with water and additives when required, removal of the production water from the fiber material via vacuum absorption. The material is then dried in a stacked dryer over a number of days at 120–190 °C until residual moisture drops from 40 % to around 2 %. Then it is cut to measure and edged. The only bonding agents are the woods' natural resins. Aluminum sulfate (1–3 M %) is added to activate the woods' lignin. Wax emulsions (max. 1 M %) are used as hydrophobic agents. Thicker panels are made by gluing thinner panels with white glue (ca. 0.8 M %).

Dry processing: chippings are deflocculated into fibers in a refiner. The fibers are sprayed with → polyurethane resins or mixed with bi-component synthetic fibers and bound into homogenous panels under heat and pressure. Thicker panels can be produced in one work process.

MDF panels

Medium-density fiber board panels (MDF) are wood fiberboard panels with a gross density of over 450 kg/m³. A difference is made between HDF (fiberboards with a gross density of ≥ 800 kg/m³), light MDF (550 ≤ ρ < 800 kg/m³) and ultralight MDF (450 < ρ < 550 kg/m³). Areas of use are general and load bearing purposes as well as dry and moist areas according to EN 622-5 guidelines. They are generally used in dry areas for furniture, laths, profiles and panels. Other uses include interior paneling, floor panels and on tiles. They are also used as outside wall planking and roof slabs on open-diffusion structures.

MDF panels are produced according to the dry processing method (see wood fiberboard insulation panels) and consist of 84 % wood fiber and approx. 16 % adhesives and additives. The wood fibers are taken from sur-

Durchforstungshölzern (meist Fichte und Kiefer, auch Lärche). Zusätzlich können zu einem geringen Anteil Fasern von Chinaschilf (Miscanthus) und Sisal beigefügt sein. Als Bindemittel dienen je nach Einsatzgebiet Harnstoff-Formaldehyd Harze (für Möbel) oder Phenol-Formaldehyd-Harze und PMDI-Kleber (diffusionsoffene Platten für das Bauwesen). Ferner werden Paraffin (als Hydrophobierungsmittel), Härter und Formaldehydfänger sowie z. T. Feuerschutzmittel eingesetzt [Dunky 2002].

Trockenverfahren nach EN 316 ($\rho \geq 600$ kg/m³): Nadelhölzer werden entrindet. Daraus werden Holzfasern aufbereitet, getrocknet (6–12 % Holzfeuchte), ähnlich wie bei Spanplatten beleimt und unter Hitze (120–160 °C) verpresst. Die Bindung beruht einerseits auf der Verfilzung der Fasern und ihren inhärenten Klebeeigenschaften, andererseits auf der Zugabe von synthetischen Bindungsmitteln (lt. EN 316). Anschließend werden die Platten gekühlt, in Form gesägt und geschliffen. Weiterverarbeitung durch Beschichtungen ist möglich.

MDF-Platten enthalten einen hohen Bindemittelanteil. Der Einsatz von MDF-Platten ist dort ökologisch gut zu vertreten, wo sie aufgrund ihrer technischen Eigenschaften (z. B. Winddichtigkeit) zusätzliche Schichten (z. B. Windsperre) ersparen.

OSB-Platte

OSB-Platten werden für Decken-, Dach- und Wandbeplankungen, für tragende und aussteifende Elemente, als Stege für zusammengesetzte Querschnitte, für Innenverkleidungen, Bodenplatten und Verlegeplatten eingesetzt. Nach EN 300 werden sie nach Beanspruchungs- bzw. Bewitterungsbeständigkeit in Verwendungsklassen 1–4 eingeteilt.

OSB-Platten (oriented strand boards) bestehen zu etwa 92 % aus langen, schlanken Holzspänen (strands), die im Allgemeinen dreischichtig mit PMDI-Harz in der Mittelschicht und MUPF-Harzen (Melamin-Harnstoff-Phenol-Formaldehyd-Harz) in den Deckschichten (Anteil etwa 8 %) verklebt und mit einer Paraffinwachsemulsion beschichtet sind. Die Späne der Außenschichten sind zu den Plattenkanten ausgerichtet (oriented), die Späne der Mittelschicht können zufällig oder im rechten Winkel zur Außenschicht angeordnet sein.

Als Rohstoff dienen im Allgemeinen hochwertige Waldholzsortimente [Dunky 2002]. Aus den aus Rundholz hergestellten Spänen von 12–15 cm Länge werden nach dem Trocknen die Feinteile (ca. 20 %) ausgesiebt. Bindemittel sind MUPF- oder MUF- (Melamin-Harnstoff-Formaldehyd), auch PF- (Phenol-Formaldehyd) -Harz. Die Herstellung kann im Nass- oder Trockenverfahren durchgeführt werden, wobei das Trockenverfahren (mit geringeren Bindemittelanteilen) nicht mehr üblich ist.

Spanplatte

Einsatzbereiche sind nach EN 312 allgemeine und tragende Zwecke sowie trockene und feuchte Bereiche. Vielfältig verwendbar für Wand-, Decken- und Bodenaufbauten sowie im Möbelbau.

Spanplatten bestehen aus Holzspänen bzw. holzartigen Faserstoffen aus einjährigen Pflanzen, die mit einem Kunstharz (→ formaldehydhältige Harze (8–10 %, sehr niedrig: 6 %) oder Polyurethanharzen (3–5 %)) verpresst sind. Als Bindemittel werden vor allem Harnstoff-Formaldehydharze (UF) und Melamin-Harnstoff-Formaldehyd-Harze (MF) – teilweise mit Phenol-Formaldehyd-Harzen (PF) modifiziert (MUF, MUPF) – sowie PMDI-Harze eingesetzt. Bei der Verwendung von Aminoplasten als Bindemittel wird Ammoniumchlorid, Ammoniumsulfat oder Ammoniumpersulfat als Härter eingesetzt (0,5–4 M% des Kunstharzanteils). Als Hydrophobierungsmittel dient Paraffin (0,3–2 M% bezogen auf das Trockengewicht der Platten). Schutzmittel gegen Schimmelpilze können eingesetzt werden (V-100-G). Die Oberflächen können mit Furnieren, PVC-Folien, kunstharzimprägnierten Papieren (Laminaten) oder flüssigen Lacken beschichtet werden.

95 % aller Spanplatten sind im Flachpressverfahren hergestellt (Späne parallel zur Plattenebene orientiert) [Holzbauatlas 1996].

Mit Bindemittel benetzte Späne werden durch Streumaschinen zu Formlingen aufgestreut (Spänekuchen) und in beheizten hydraulischen Pressen zu Spanplatten verpresst, anschließend besäumt und geschliffen. Spanplatten werden zumeist aus drei oder fünf Schichten zusammengesetzt: bei Dreischichtplatten wird die Mittelschicht aus gröberen Spänen mit feiner strukturierten Deckschichten beplankt, Fünfschichtplatten haben zusätzliche Ausgleichsschichten, die sich zwischen Mittelschicht und Deckschichten befinden.

Bei Flachpressplatten mit stetigem Übergang wird die Spanstruktur durch separierende Spanstreuung hervorgerufen: grobe Späne gelangen in die Mitte des Plattenquerschnitts, nach außen zur Oberfläche hin wird das Spanmaterial stetig feiner strukturiert.

Stegträger

Stegträger werden in der Regel für Bauteile, die auf Biegung beansprucht werden, eingesetzt (Geschoßdecken, Wandständer, Sparren). Es handelt sich dabei um bal-

---

plus sawmill wood and thinnings (spruce and pine, also larch). The fibers can also contain small amounts of miscanthus and sisal or agave fiber. Urea-based formaldehyde resins (for furniture) or phenol formaldehyde resins as well as PMDI adhesives (open diffusion panels for the construction industry) are used, depending on the field of use. Other components include parafin as hydrophobic agent, hardeners, formaldehyde retaining agents and sometime fire-protection additives [Dunky 2002].

Dry processing according to EN 316 ($\rho \geq 600$ kg/m³): softwoods are debarked. They are then processed into wood fibers, dried (6–12 % wood moisture), glued in a similar manner as chipboard panels and pressed under heat (120–160 °C). Binding is based on fiber felting and their inherent adhesive qualities, as well as the addition of synthetic binding agents (according to EN 316). The panels are then cooled cut and sawed to shape and sanded. Further coating treatment is possible.

MDF have a high binding-agent content. The use of MDF panels is ecologically justified in cases in they save which additional layers (windproofing) due to their technical properties (e.g. windlocks).

OSB panels

OSB panels are used for ceiling, roof and wall planking, as load-bearing and stiffening elements, as webbing for composite cross-sections, interior cladding, floor panels and laying panels. They are categorized by stress and/or weathering resistance categories 1–4 according to EN 300.

OSB-Panels (oriented strand boards) consist of around 92 % long, slender wood shavings (strands), that are generally bonded with a triple layer of PMDI resin on the middle layer and MUPF resin (Melamin Urea Phenol Formaldehyde Resin) on the covering layers (content around 8 %) and coated with a paraffin emulsion. The outer layer strands are oriented towards the panels' edges, the middle layer strands can be randomly oriented or set at right angles to the outer layer.

High-quality assorted wood types are used as raw materials [Dunky 2002]. Fine particles (approx. 20 %) are removed from the roundwood strands (12–15 cm long) with a sieve after drying. The binding agents are MUPF or MUF (Melamin Urea Formaldehyde), as well as PF (Phenol Formaldehyde) resin. OSB boards can be produced via either wet or dry processing, although dry processing (with lower binding agent content) is no longer common.

Chipboard

Areas of use are general and load-bearing purposes as well as dry and wet areas according to EN 312. Can be used for a number of applications in wall, ceiling and floor structures as well as for furniture.

Chipboard panels consist of wood shavings or wood-like fibers from annual plants that are pressed with a synthetic resin (→ resins containing formaldehyde (8–10 %, very low: 6 %) or polyurethane resins (3–5 %)). Urea formaldehyde resins (UF) and melamin urea formaldehyde resins (MF) are generally used, although phenol formaldehyde-modified resins (PF) (MUF, MUPF) and PMDI-resins are also used. Ammonium chloride, ammonium sulfate or ammonium persulfate are used as hardeners when aminoplast bonding agents are used (0.5–4 M% of the synthetic resins used). Paraffin is used as a hydrophobic agent (0.3–2 M% in relation to the dry weight of the boards). Mildew protection substances can be used (V-100-G). The surfaces can be treated with veneers, PVC foils, synthetic resin-coated paper (laminates) or liquid lacquer.

95 % of all chipboards are produced via flat pressing (strands are set parallel to the panel plane [Holzbauatlas 1996].

Strands sprayed with a bonding agent are spread into raw shapes (strand cakes) and pressed in hydraulic presses before being seamed and polished. Chipboard panels generally consist of three to five layers: The middle layer of three-layer panels, which contains coarser strands is clad with more finely structured covering layers, five-layer panels are have additional balancing layers between the middle layer and outer layers.

Continuous flat-pressed boards are produced by adding different sized strands separately: coarse strands are placed in the middle of the panel cross section, towards the exterior surface the strand material becomes gradually finer.

Webbed struts

Webbed struts are construction components that are used for areas subjected to bending (floor ceilings, wall stands, and rafters). They are girder-

kenförmige Werkstoffe mit Gurten aus Vollholz oder Furnierschichtholz und Stehern aus Vollholz, Dreischichtplatten, Hartfaserplatten, Sperrholz, Spanplatten, OSB-Platten oder Stahlblech, mit Resorcinharzen oder Phenolresorcin verpresst. Hier: Stegträger aus genuteten Weichholzkanthölzern, die mit OSB-Platten verbunden sind.

Gutes Verhältnis von Eigengewicht zu Tragfähigkeit und Materialersparnis. Dimensionsstabilität hoch.

Holzwerkstoffe, anorganisch gebunden (AHW)

Anorganisch gebundene Holzwerkstoffe bestehen aus Holzspänen bzw. Holzwolle, die mit anorganischen Bindemitteln (Gips, Zement oder → Magnesitbinder) verbunden werden. Zusätzlich werden Mineralisierungsmittel, Verflüssiger, Beschleuniger oder Verzögerer, in der Regel jedoch keine flüchtigen organischen Stoffe zugegeben. Anorganisch gebundene Holzwerkstoffe unterscheiden sich in ihrem ökologischen Verhalten grundlegend von organisch gebundenen Holzwerkstoffen.

Zu den anorganisch gebundenen Holzwerkstoffen zählen Holzwolle-Leichtbauplatten, Gipsspanplatten und zementgebundene Spanplatten.

Grundlagen

Holz *siehe* **Holz / Rohholz**

Umwelt- und Gesundheitsaspekte
Herstellung
Die Rohstoffe sind in ausreichender Menge vorhanden. Die Gewinnung der mineralischen Rohstoffe verursacht lokale Umweltbelastungen (→ Mineralische Rohstoffe). Zur Herstellung der Späne können Resthölzer aus der holzverarbeitenden Industrie, Durchforstungshölzer oder Gebrauchtholz verwendet werden. Dies trägt zu einer vollständigen Rohstoffnutzung bei. Die Mineralisierungsmittel besitzen (auch bezüglich der eingesetzten Menge) keine Umweltrelevanz. Das Ablängen und Hobeln der Späne erfolgt mit relativ geringem Energieaufwand. Starker Staubanfall beim Zerspanen, Hobeln oder Besäumen möglich (durch Absauganlagen verringert).

Die ökologischen Kennwerte werden vor allem durch die Brennprozesse bei der Herstellung der Bindemittel (Zement, → Magnesitbinder oder Gips) bestimmt.

Verarbeitung und Nutzung
Bei Verarbeitungsschritten, die Staubentwicklung verursachen, z. B. beim Ablängen, sollte aus Vorsorgegründen ein Feinstaubatemfilter getragen werden (→ Holzstaub).

Gesundheitsbeeinträchtigende Emissionen während der Nutzungsphase sind nicht zu erwarten.

Entsorgung
Bei der üblichen Einbausituation ist von einer Wiederverwendung der anorganisch gebundenen Holzwerkstoffe nicht auszugehen. Eine stoffliche Verwertung ist wegen des anorganisch-organischen Verbunds nur in geringem Ausmaß möglich. Sortenreine, saubere Abbruchmaterialien könnten wieder in die Produktion rückgeführt werden (Anteil am Neuprodukt bis zu ca. 10 %). Eine thermische Beseitigung ist aufgrund der dafür notwendigen hohen Temperaturen nicht sinnvoll. Magnesit- und zementgebundene Holzwerkstoffe sind in Österreich gem. BGBl II, 49. Verordnung vom 23.01.2004 (Änderung der Deponieverordnung) der Aufzählung in der Anlage 2 der Deponieverordnung DepVO BGBl 1996/164 angefügt. Die Platten können somit trotz des hohen Anteils organischer Bestandteile auf Baurestmassendeponien beseitigt werden, da das Holz mineralisiert und damit in einer für die Deponierung unbedenklichen Form vorliegt. Ein Verbund mit organischen Dämmstoffen (EPS oder Polyurethan) erschwert die Deponierung, da vorher die organischen Bestandteile abgetrennt werden müssen. Gipsspanplatten können auf Baurestmassen- oder Massenabfalldeponien nur als geringer Anteil im Bauschutt abgelagert werden. In größeren Mengen müssen sie für die Ablagerung auf Reststoffdeponien vorbehandelt werden.

Empfehlung
Beim Bearbeiten Staubschutzmaßnahmen treffen.

Holzspan-Mantelbetonsteine

Mantelbetonsteine- oder elemente aus zementgebundenen Holzspänen für tragende und nichttragende Wandbildner. Die Mantelsteine werden auf der Baustelle mit Kernbeton verfüllt.

Holzspanbeton besteht aus zementgebundenen Holzspänen (im Allgemeinen Fichten- und Tannenholz aus Resten der holzverarbeitenden Industrie sowie aus

---

shaped materials with solid or veneer panel wood belts and solid wood, three-layer wood, fiberboard, plywood, chipboard, OSB panel or sheet steel posts that are pressed with resorcinol or phenol resorcinol. Here: Webbed struts made of softwood grooved rectangular timber bound with OSB panels.

Good own-weight to load-bearing ratio and material saving properties. High dimensional stability.

Derived timber products, inorganically bound

Inorganically bound derived timber products consist of wood strands or wood wool that is bound with inorganic bonding agents (gypsum, cement or → magnesite bonding agents). Mineralization agents, liquifiers, accelerators or retardants are also used, but no volatile organic compunds (VOCs) are generally added. They are fundamentally different to organically bound derived timber products in their ecological behavior.

Lightweight wood wool panels, gypsum chipboard and cement-bound chipboard are examples of inorganically bound chipboard.

Fundamentals

Wood see Wood / Raw wood

Environmental and health aspects
Production
The raw materials are readily available. The extraction of the mineral raw materials causes regional environmental burdens (→ mineral raw materials). Residual wood from the wood processing industry, lumbering or used wood can be used for strand production. This contributes to the full use of raw materials. The mineralization agents are not environmentally relevant (also in terms of the amounts used). Cutting the strands to length and planing them requires relatively little energy. Strong dust accumulation is possible when chipping, planing or seaming panels (reduced with vacuuming devices).

The ecological values are mainly defined by the burning process involved in the production of binding agents (cement, → magnesite bonding agents or gypsum).

Processing and use
A fine dust-filtering mask should be worn for precautionary reasons when working on processing steps that cause dust development, e.g. cutting to length (→ wood dust).

Hazardous emissions during use are not likely.

Disposal
Re-utilization of inorganically bound derived timber products is generally not possible when used in a conventional manner. Material re-utilization is only possible to a minor degree due to the inorganic-organic combination. Single forms of clean rubble can be re-used for production (amount in new production up to around 10 %). Thermal disposal is not wise due to the high temperatures required. In Austria, magnesite and cement-bound derived timber products are included in regulation BGBl II, 49., guideline dated 23.01.2004 ("Änderung der Deponieverordnung," change of disposal site regulations), in the list of "Anlage 2" (appendix 2) of the Deponieverordnung DepVO BGBl 1996/164. The boards can therefore be disposed of at construction waste disposal sites despite the high organic component content, since wood mineralizes and is therefore harmless for disposal. Wood combined with organic insulation materials (EPS or polyurethane) makes disposal more difficult since the organic components have to be separated. Gypsum panels can only be disposed at construction waste disposal sites or bulk waste disposal sites in small amounts. They have to be pre-treated for disposal at residual material disposal sites.

Recommendation
Take precautionary measures for processing purposes.

Wood chip aggregate hollow blocks

This material is used for concrete hollow blocks or elements made of cement-bound wood chips serving as load-bearing or non-load-bearing wall components. The hollow blocks are made of cement-bound wood chips (generally fir and pine wood, or residual wood from the wood processing industry or lumbering and used wood). The hollow block cores are filled with concrete at the site.

Durchforstungshölzern und Gebrauchtholz). Die Holzspäne werden mit einem Mineralisierungsmittel vorbehandelt, damit eine ausreichende Oberflächenbindung zwischen Zementleim und Spänen erreicht wird. Bei den Schallschutzsteinen erfolgt zusätzlich die Zugabe von Sand.

Die Holzspäne werden mittels elektrischer Schlagmühlen auf die richtige Größe zerkleinert, anschließend mit den Zusatzstoffen, Zement und Wasser sowie mit abgebundenem Holzspanbeton (Schrot) versetzt. Die dabei entstehende formbare Holzspanbetonmasse wird schließlich in Formkästen zu Rohlingen geformt. Eine allfällige Kerndämmung wird mit Maschinen in die Öffnungen hineingestanzt.

Holzwolle-Leichtbauplatte (HWL)

Holzwolle-Leichtbauplatten werden als Putzträger für Wand- und Deckenaufbauten sowohl innen als auch außen eingesetzt.

Holzwolle-Leichtbauplatten bestehen aus einem schwach verdichteten Gemisch aus längsgehobelter Holzwolle und mineralischem Bindemittel (rund 65 M% Portlandzement oder ➔ Magnesitbinder). Als Mineralisierungsmittel können geringe Mengen anorganischer Salze zugegeben werden.

Holz wird zu möglichst langen Spänen gehobelt. Die Späne werden gewogen und auf dem Förderband mit einem Mineralisierungsmittel (z. B. Calciumchloridlösung) befeuchtet. Nach Beimengung des Zements wird die Masse in Form gepresst. Nach zwei Tagen werden Platte und Form getrennt, die Platten gestapelt und gelagert. Zur Herstellung der magnesitgebundenen Platten wird Magnesiumsulfat (getrocknetes Bittersalz) in heißem Wasser gelöst und in einem Mischer auf die Holzwolle aufgebracht. Danach wird eine aus Magnesiumsulfat und Magnesiumoxid bestehende Suspension in den Mischer gegeben. Das Holzwolle-Magnesit-Gemisch wird anschließend gepresst.

Holzwolle-Dämmplatten mit einseitig mineralisch gebundener, trittfester Oberfläche heißen Porenverschlussplatten.

Holzwolle-Leichtbauplatten werden auch im Verbund mit Dämmstoffen (EPS-Dämmplatten, Polyurethan-Dämmplatten, Mineralwolle-Dämmplatten) hergestellt.

Weitere Produkte aus nachwachsenden Rohstoffen

Baupapier

Baupapiere sind luft- oder feuchtigkeitssperrende, meist öl- oder bitumenimprägnierte kräftige Papiere: Kraftpapier, Ölpapier, Bitumenpapier, die als Unterlagen unter Estrichen oder Bodenplatte ein Eindringen des Mischguts in den Dämmstoff oder den Untergrund verhindern sollen.

Korkdämmplatten

Produktbeschreibung

Korkdämmplatten werden als Wärmedämmstoffe vor allem in Wärmedämmverbundsystemen eingesetzt.

Die Dämmplatten werden aus niedrig expandiertem Backkork (dunkler Kork) aus der Rinde der Korkeiche erzeugt. Für die Produktion von Backkork werden die Äste der Korkeiche (Falca) oder Kork aus der ersten Ernte im Baumalter von 25–40 Jahren (Virges) verwendet. Das Hauptanbaugebiet für Korkeiche liegt in Portugal (ca. 51 %), in Spanien liegen 28 % der Anbaugebiete. Der Kork wird zu Korkschrot gemahlen und mit Wasserdampf in Druckbehältern bei 350–380 °C expandiert – durch Heißaktivierung der korkeigenen Harze bildet sich beim Pressen Backkork. Dieser wird nach Ablüften und Abkühlen (ca. 14 Tage) in Platten zerschnitten.

Umwelt- und Gesundheitsaspekte

Korkdämmplatten bestehen zu 100 % aus einem nachwachsenden Rohstoff. Der Korkan- und -abbau ist in Portugal strengen gesetzlichen Regeln unterworfen, deren Einhaltung von der Korkbehörde überwacht wird. Dank der wachsenden Nachfrage nach Kork wurde die Abholzung der artenreichen Korkeichenwälder eingestellt und die Wälder werden wieder maßvoll bewirtschaftet. Korkeichenwälder sind widerstandsfähig bei Waldbränden, erosionsmindernd durch tiefes Wurzelwerk, schattengebend und wasserspeichernd. Das Abrinden der Korkeiche ist für den Baum unschädlich. Nachteilig ist der aus mitteleuropäischer Sicht weite Transportweg aus Portugal (in den ökologischen Kennwerten nicht berücksichtigt, da Systemgrenze Werkstor für alle Bauprodukte gilt).

Der Expansionsprozess kann mit Geruchsemissionen verbunden sein. Es werden Wasserdampf, Kohlendioxid und flüchtige Kohlenwasserstoffe an die Luft abgegeben. Von minderwertigen Backkorkprodukten, die bei zu hohen Prozesstemperaturen erzeugt wurden oder von denen die äußere, verkohlte Schicht nicht entfernt wurde, können Verschwelungsprodukte wie z.B. Furfural abgegeben werden. Minderwertige Qualitäten sind meist am unangenehmen Geruch erkennbar.

The wood chips are pre-treated with the mineralization agent to give them enough surface binding between the cement adhesive and chips. Sand is also added to sound insulation stones.

The wood shavings are cut to the right size in an impact mill before the additives, cement, wood chip aggregate concrete (gravel) are added. The resulting wood chip aggregate concrete is then shaped into raw bricks in molds. Required core insulation is press-fitted in the openings mechanically.

Wood wool lightweight panels

Wood wool lightweight panels are used as plaster bases for both exterior and interior wall and ceiling structures.

Wood wool lightweight panels consist of a slightly densified mix of longitudinally planed wood wool and mineral bonding agents (around 65 M% Portland cement or ➔ magnesite bonding agents). Small amounts of inorganic salts can be added as mineralization agents.

The wood is planed into the longest strands possible. The strands are weighed and humidified on the conveyor belt with a mineralization agent (e.g. calcium chloride solution). After adding the cement, the mass is pressed to shape. The panels are separated from the mold after two days, stacked and stored. Magnesium sulfate (dried epsom salt) is dissolved in hot water and added to the wood wool with a mixer for the production of magnesite-bound panels. A suspension consisting of magnesium sulfate and magnesium oxide is added to the mixer afterwards. The wood wool magnesite mix is then pressed.

Wood wool insulation panels with an impact resistant, minerally bound surface on one side are called sealed-pore panels.

Wood wool lightweight panels are also produced in combination with insulation materials (EPS insulation panels, polyurethane insulation panels, mineral wool insulation panels).

Other products made with renewable raw materials

Building paper

Building paper is heavy air or moisture-blocking paper that is generally coated with oil or bitumen: heavy paper, oil paper, bitumen paper that is laid under screed or floor panels to protect the insulation layer or ground from mix penetration.

Cork insulation panels

Product description

Cork insulation panels are used as thermal insulation panels, mostly in composite thermal insulation systems (ETICS).

The insulation panels are made of low-expansion baked cork (dark cork) extracted from the bark of cork oak trees. The branches of the cork tree (Falca) or cork from the first harvest of trees that are 25–40 years old (Virges) are used for production. The main cork oak growing areas are in Portugal (ca. 51 %), and Spain (28 %). The cork is ground into cork grist and expanded in pressurized water containers at 350–380 °C. The hot activation of the corks' resins produces baked cork. It is then cut into panels after the exhaust and cooling phase (around 14 days).

Environmental and health aspects

Cork insulation panels are made of 100 % renewable raw materials. Cork growing and harvesting is subject to stringent legal guidelines, which are closely monitored by the cork growing authorities in Portugal. Due to rising demand for cork, deforestation was discontinued in biodiverse cork oak forests, the forests are now being farmed prudently. Cork oak forests are resistant to forest fires, reduce erosion due to their deep roots, offer shadow and store water. Debarking cork oak trees isn't harmful to the trees. The long transport routes from Portugal (not reflected in the ecological value tables since the production site gate is the system limit for all construction products) are a disadvantage from a Central European point of view.

The expansion process can be associated with smell emissions. Water vapor, carbon dioxide and gaseous hydrocarbons are emitted into the air. Lower quality baked cork products that are produced at excessively high processing temperatures and whose burned exterior layer has not been removed can emit pyrolysis-related products, e.g. furfural. Lower quality products can generally be recognized by their unpleasant smell.

Cork panels should not be delivered wet and they should be stored in ven-

Korkplatten sollten nicht nass angeliefert und vor länger einwirkender Nässe geschützt in belüfteten Räumen gelagert werden, da sich sonst allergener Schimmel bilden kann (Suberinose).

Bei ausreichendem Schutz vor dauernder Durchfeuchtung ist die Alterungsbeständigkeit sehr hoch. Kork ist unempfindlich gegen Insekten (außer Wespen), ungeeignet als Nistplatz für Nagetiere und schwer verrottbar. Bei länger einwirkender Nässe kann er von Pilzen befallen werden.

Lose verlegter, trockener und sauberer Korkabbruch kann zerkleinert zu Korkgranulat als Dämmschüttung oder Zuschlagstoff verwertet werden. Die Beseitigung erfolgt in Müllverbrennungsanlagen. Problematischer ist die Entsorgung von Korkdämmplatten aus Wärmedämmverbundsystemen. Wegen der Verunreinigung mit Putzen und Kleber ist keine Verwertung möglich. Vor der Beseitigung in Müllverbrennungsanlagen müssen Kork und mineralische Bestandteile getrennt werden oder die Platten werden bei sehr hohen Temperaturen (z.B. in der Zementindustrie) mitverbrannt. Die Deponierung von organischen Abfällen und damit von Korkdämmplatten ist nur mehr in Ausnahmefällen (als geringer Anteil von Bauschutt) erlaubt.

Bei Anwendung mit Innenraumkontakt nur hochwertige Produkte (geruchs- und emissionsarm) verwenden.

Kork darf nicht durchnässt werden (schlechte Lagerung)!

Korkment

Korkment wird als schalldämmende Unterlage oder Trägerschicht für Linoleum oder andere Bodenbelägen eingesetzt. Es besteht aus linoxyngebundenem Korkmehl. Linoxyn ist. z.B. auch Bestandteil des Bindemittels in Linoleum. Man erhält es durch Oxidieren (Sauerstoffaufnahme) von Leinöl.

Zellulosefaser-Dämmflocken

Produktbeschreibung

Wärmedämmstoffe, die mit Hilfe einer Verarbeitungsmaschine pneumatisch in das zu dämmende Bauteil eingebracht werden. Dies geschieht durch offenes Aufblasen, Einblasen oder Aufsprühen.

Die Flocken bestehen aus Rohcellulose (Holz) oder aus Altpapier. Als Brandschutz werden → Borsalze oder → Ammoniumpolyphosphate/sulfate („Boratfrei") zugegeben (ca. 14–20 M%). Hier: Altpapier aus Druckereiabfällen mit 18 % Borsalzen. Hochglanz- und verunreinigtes Papier werden händisch aussortiert. Das Papier wird in einem mehrstufigen Zerreiß- und Mahlverfahren zerfasert und trocken mit der Borsalzmischung vermengt.

Umwelt- und Gesundheitsaspekte

Die Herstellung verursacht nur sehr geringe Umweltbelastungen. Der Einsatz eines ausreichend vorhandenen Sekundärrohstoffes vermeidet Umweltbelastungen. Bei der Einbringung kann es zu sehr hohen Staubbelastungen kommen. Alle sich im Baustellenbereich aufhaltenden Personen müssen geeignete Staubfilter oder Frischlufthelme benutzen. Bei Innenanwendung auch die Staubübertragung in umliegende Räumen verhindern, sorgfältigste Reinigung nach Abschluss der Einblasarbeiten. Für Cellulosefasern existieren in arbeitsmedizinischer Hinsicht keine besonderen Einstufungen. Hinweise für eine krebserzeugende Wirkung von natürlichen organischen Fasern wie z.B. Cellulosefasern gibt es in der Literatur bisher keine. Hingegen sind berufsbedingte gutartige Lungenerkrankungen als Folge des Einatmens von organischen Stäuben bekannt (z.B. Byssinose durch Baumwollstaub, Berufsasthma, allergische Alveolitis).

Bei luftdichten Konstruktionen können keine Fasern in den Innenraum gelangen. Bei sortenreiner Rückgewinnung können die Zellulosefasern verwertet werden, indem die Fasern abgesaugt, getrocknet und neu eingeblasen werden. Beim Ausbau ohne Absaugmaschinen können hohe Staubkonzentrationen auftreten. Die Beseitigung erfolgt in Müllverbrennungsanlagen. Die Deponierung von organischen Abfällen und damit von Zellulose-Dämmflocken ist nur mehr in Ausnahmefällen (als Teil von Bauschutt in geringem Ausmaß) erlaubt.

Selbstbausysteme sind nicht zu empfehlen. Geschulte Fachbetriebe wissen über Verarbeitungsschritte zur optimalen Verdichtung und zur Vermeidung von Hohlstellen in der Konstruktion Bescheid. Mit einer Thermokamera kann die vollständige Verfüllung der Hohlräume überprüft werden.

---

tilated rooms that are protected from the effects of long-term humidity. A failure to do this can lead to the development of allergenic moulds (suberosis).

Resistance to age is very high given adequate protection to long-term humidity. Cork is insensitive to insects (except wasps) and unsuitable as a nesting place for rodents, it is also very resistant to rotting. Long-term humidity can lead to fungus development.

Loosely laid, dry, clean cork waste can be crushed into cork granules and used as insulation filler or as an aggregate. Cork is disposed of in waste incineration plants. The disposal of cork insulation panels that come from combined thermal insulation systems is more problematic. Due to the impurities from the use of plaster and adhesives re-utilization is not possible. Mineral components have to be separated from the cork before disposal is possible at incineration plants, or the panels have to be burned at very high temperatures (e.g. in the cement industry). Disposal of organic waste and therefore of cork insulation panels is only possible in certain exceptions (small amounts as part of construction waste).

Only use high quality products (low smell and emissions) on surfaces exposed to the interior.

Cork should not be soaked (bad storage)!

Corkment

Corkment is a sound insulation sub-layer or load-bearing layer for linoleum or other flooring types. It consists of linoxyn-bound cork meal. Linoxyn is also a component in linoleum bonding agents.

Cellulose fiber insulation flakes

Product description

Thermal insulation materials that are applied to the insulated surface with the help of a processing device. This is completed via open blowing, air injection, or spraying.

The flakes consist of raw cellulose (wood) or old paper. As fire protection agent → boric salts or → ammonuim polyphospates/sulfates ("borate free") are added (ca. 14–20 M%). Here: old paper from printing shop waste material that contains 18 % boric salts.

High-gloss or impure paper is sorted and removed by hand. The paper is converted into fibers in a multi-step process and dry-mixed with the boric salt blend.

Environmental and health aspects

Production only causes very minor environmental burdens. Use of a readily available secondary raw material helps avoid environmental burdens. The blending process can lead to extremely high dust emissions. All people present at the construction site should wear adequate dust filters or respiratory helmets. Dust transmission to adjacent rooms should be avoided when used inside and careful cleaning should take place after the blowing process is completed. There are no special work-medical ratings for cellulose fibers. There are no indications for carcinogenic effects arising from natural organic fibers such as cellulose fibers in relevant literature thus far. However, work-related benign lung sicknesses resulting from the inhalation of organic dust (e.g. byssinosis from cotton dust, work asthma, allergic alveolitis) are known.

With air-tight constructions no fibers can enter interiors. Pure cellulose fibers can be reused by drawing them off, drying them and blowing them in again. Dismantling without a vacuum device can lead to high dust emissions. Disposal is completed at waste incineration plants. The disposal of organic waste and therefore of cellulose insulation flakes is only possible as an exception (as small amounts in construction waste).

Do-it-yourself systems are not recommendable. Specialized companies know the processing steps needed for ideal density and the prevention of hollow spaces. Complete filling of hollow spaces can be checked with thermal imaging cameras.

Mineralische Baustoffe
Mineral construction materials

Betone

Grundlagen

Zement

Zement ist ein feingemahlenes hydraulisches Bindemittel für die Herstellung von Mörtel und Beton. Der im deutschsprachigen Raum am häufigsten eingesetzte Zement ist Portlandzement. Er besteht aus Zementklinker und max. 5 % Gips oder Anhydrit. Zementklinker wird aus kalk- und tonhaltigen Rohmaterialien gewonnen, die zerkleinert, in den notwendigen Mengenverhältnissen gemischt, zu Rohmehl vermahlen und getrocknet werden. Das Rohmaterial wird gemeinsam mit den Brennstoffen im Drehrohrofen auf etwa 1450 °C erhitzt und teilweise aufgeschmolzen. Dabei bildet sich Portlandzementklinker, der rasch abgekühlt und mit dem Gips feinst gemahlen wird. Durch die Zumahlung hydraulisch wirkender Stoffe wie ➔ Hüttensand, Kalkstein und Silicastaub zum Klinker sowie durch unterschiedliche Mahlfeinheit entstehen verschiedene Zementarten (z.B. Hochofenzement, Eisenportlandzement (Portlandhüttenzement), Portlandkalksteinzement, Compositzement). Die EN 197-1 teilt die Zemente in 5 Arten ein (CEM I bis CEM V), die sich in 27 Produktgruppen aufgliedern. Mit Wasser gemischt entsteht der Zementleim, der durch Hydratation erstarrt und nach dem Erhärten auch unter Wasser fest und raumbeständig bleibt.

Normalbeton

Normalbeton wird aus ca. 12 M% Zement, ca. 6 M% Wasser und Zuschlagstoffen (Kiessand, Felsbrechgut, recyclierter Ziegelsplitt) hergestellt. Ev. werden Zusatzstoffe oder Zusatzmittel beigegeben.

Leichtbeton

Leichtbeton ist Beton mit einer Rohdichte unter 2000 kg/m³. Die Verringerung der Rohdichte im Vergleich zu Normalbeton erfolgt durch Zuschläge mit hoher Kornporigkeit wie Blähton, Hohlkammern, Schlitze und Löcher im Stein sowie durch Porenbildung. Einsatz als tragende und nichttragende, bewehrte oder unbewehrte Wandbildner sowie als Fertigelementdecken.
Leichtbeton eignet sich besonders für den Zuschlag von Recyclingmaterialien wie Ziegelsplitt, Recycling-EPS oder Blähglas.

Faserzement

Faserzement ist der Sammelname für faserarmierten Zement, bis 1991 wurde mit Asbestfasern armiert. Seit 1.1.1994 ist in Österreich das Inverkehrsetzen von Asbestzementprodukten für den Hochbaubereich verboten (Asbestverordnung, 26.6.1990). Faserzement besteht heute aus Portlandzement (ca. 65 M%), inerten Zusatzstoffen (z.B. Kalksteinmehl oder Hartbruch = Recyclingmaterial aus Faserzement), synthetischen Armierungsfasern (Polyvinylalkohol, ca. 2 M%), Zellulosefasern (ca. 6 M%) mit amorpher Kieselsäure umhüllt (8 M%) und Pigmenten sowie einer Beschichtung aus wässriger Dispersion.

Umwelt- und Gesundheitsaspekte
Herstellung

Die ökologische Gesamtbilanz der Betonherstellung ist durch die Umweltbelastungen bei der Zementherstellung geprägt. Der Rohstoffabbau bedingt lokale Umweltbelastungen (➔ Mineralische Rohstoffe). Für den Brennprozess ist ein sehr hoher Energieaufwand mit einem hohen Anteil an (ökologisch hochwertiger) elektrischer Energie notwendig. Umweltbelastungen entstehen vor allem durch Staub-Emissionen und gasförmige Schadstoffen wie Stickoxide, Kohlendioxid und Kohlenmonoxid: Die Zementindustrie zählt neben der Zellstoff- und Papierindustrie, der Eisen- und Stahlerzeugung sowie den Erdölraffinerien zu den wichtigsten Emittenten von NO_x und CO_2 im produzierenden Bereich.
Bei der Herstellung von Zement können Abfälle als Brennstoffersatz, Rohmehlersatz und Zumahlstoffersatz eingesetzt werden. Der Einsatz von Sekundärbrennstoffen, vor allem extern anfallender Abfälle wie Altreifen, Altöl, Lösemittel, Kunststoffabfälle, Papierschlämme, Tiermehl, ist zunehmend (im deutschsprachigen Raum 2002 etwa 35 %). Der Einsatz von Sekundärrohstoffen und -brennstoffen ersetzt Primärrohstoffe und entlastet Müllbeseitigungsanlagen. Die Sekundärbrennstoffe enthalten aber auch Schwermetalle (Cadmium, Chrom, Quecksilber, Thallium, Thorium etc.), die zum größten Teil in den Zementklinker eingebunden werden. Dies ist z.B. für Zink (Haupteinträge aus Gummi, Bleicherde und Altöl) deutlich zu beobachten, aber auch für Arsen, Blei, Chrom, Nickel, Kupfer und Zinn, die aus

Concrete

Fundamentals

Cement

Cement is a finely ground hydraulic binding material used to produce mortar and concrete. Portland cement is the most commonly used cement in German-speaking countries. It consists of cement clinker and a maximum of 5 % gypsum or anhydrite. Cement clinker is extracted from raw materials containing limestone and clay that are reduced to raw meal in proportional amounts and then dried. The raw material and fuel are then heated to around 1450 °C in a rotating oven and partially melted. The Portland cement produced in this manner is cooled quickly and ground finely into meal with gypsum. Various different types of cement are created in two steps, A) by adding hydraulically active substances such as ➔ cinder sand, limestone and silicon dust to the clinker and B) by varying the degree of grinding fineness. The different cement types include blast furnace cement, iron Portland cement (Portland slag cement), Portland limestone cement, composite cement). The EN 197-1 tables divide cement into 5 types (CEM I to CEM V), that are subdivided into 27 product groups. Mixing cement with water creates wet cement paste that stiffens under hydration and remains hard and fixed after drying even under water.

Normal concrete

Normal concrete consists of ca. 12 M% cement, ca. 6 M% water and aggregates (gravel sand, rock cuttings, recycled brick gravel). Additives or additional substances are added when required.

Light concrete

Light concrete is concrete with a unit weight under 2000 kg/m³. Unit weight is lowered in comparison to normal concrete by using high grain-porosity additives such as lightweight expandable clay and/or hollow chambers, as well as slits and holes in the rocks added and the generation of pores during processing. It is used for load-bearing and non-load bearing as well as reinforced and unreinforced walls and for prefabricated element ceilings. Light concrete production is especially suitable for adding recycled material such as brick gravel, recycled EPS or frothed glass.

Fibrated cement

Fibrated cement is the collective name for fiber-reinforced cement, which was reinforced with asbestos until 1991. Asbestos cement products were banned in building construction as of 1.1.1994 (Asbestverordnung, 26.6.1990). Today, fibrated cement consists of Portland cement (ca. 65 M%), inert additives (e.g. limestone meal or hard waste = recyclable reinforced cement material), synthetic armoring fibers (Polyvinyl alcohol, ca. 2 M%), cellulose fibers (ca. 6 M%) covered with amorphous silicic acid (8 M%) and pigments as well as a watery dispersion coating.

Environmental and health aspects
Production

The overall ecological balance of concrete production is dominated by the strain on the environment posed by the production of cement. Raw material extraction leads to a strain on the local environment (➔ mineral raw materials). The burning process requires a very high amount of (ecologically high-quality) energy. Environmental hazards come from dust emissions and noxious gaseous substances such as nitrogen oxides, carbon dioxide and carbon monoxide. The cement industry is one of the main industrial sources of NO_x and CO_2 emissions, along with the cellullose and paper industry, iron and steel production plants and oil refineries.
Waste products can be used as fuel, raw meal and meal additive substances for the production of cement. The use of secondary fuel forms gained from waste such as old tires, old oil, solvents, synthetic waste, paper mud, and animal meal is on the rise (around 35% in the German speaking world).
The use of secondary raw materials and fuels replaces primary raw materials and reduces the workload at waste disposal plants. But secondary fuel types also contain heavy metals (cadmium, chrome, mercury, thallium, thorium etc.), most of which are fixed in cement clinker. This can be seen clearly in zinc, for

→ Flugasche, Bleicherde, Gummi und Altöl herrühren. Durch Rohmehlersatz können außerdem Cadmium und Kobalt verstärkt in den Zement eingebracht werden. Einige Metalle wie Quecksilber und Thallium werden nicht im Klinker eingebunden und müssen daher durch verfahrenstechnische Maßnahmen zurückgehalten werden. In den letzten beiden Jahrzehnten sind die Schwermetallemissionen z.T. deutlich gesunken. Insgesamt ist bei der Summe der metallischen Spurenelemente und bei halogenierten Schadstoffen tendenziell eine Abnahme des spezifischen Emissionsmassenstroms (je Einheit Zement) zu beobachten.

Ausschlaggebend für die ökologische Qualität der Zuschlagsstoffe wie Kiessand, Felsbruch, Ziegel- oder Betonsplitt, → Hüttensande und/oder poröse Stoffe wie Bims, Blähton, Blähschiefer oder expandiertes Polystyrol (EPS) sind die Verfügbarkeit der Rohstoffe, die Umweltbelastungen bei der Herstellung, der Einfluss auf die bauklimatischen Eigenschaften und auf die Entsorgbarkeit des Betons. Ziegel- oder Betonsplitt sind Recyclingmaterialien, die Kies und Sand ersetzen können und dadurch den Bedarf an Primärrohstoffen und Deponievolumen reduzieren. Die Herstellung von geblähten mineralischen Zuschlagsstoffen ist aufwändig, die Rohstoffe sind allerdings ausreichend vorhanden und die Zuschläge können positiven Einfluss auf die bauklimatischen Eigenschaften des Betons haben.

Eine Vielzahl von → Betonzusatzmitteln werden im Glossar im Überblick dargestellt. Weitere wichtige Hinweise zur Toxizität enthalten Sicherheitsdatenblätter.

Verarbeitung

Der Chromat-Gehalt des nicht abgebundenen Zements kann allergische Ekzeme auslösen (→ Zementekzeme, Maurerkrätze). Gem. EU-Richtlinie 2003/53/EG dürfen daher Zement und zementhaltige Zubereitungen nicht verwendet werden, wenn der Gehalt an löslichem Chrom VI (Chromat) mehr als 2 mg/kg (ppm) Trockenmasse des Zements beträgt (Ausnahme geschlossene, vollautomatische Prozesse). Diese chromatarmen Zemente können durch die Zugabe eines Reduktionsmittels (z.B. Eisensulfat) hergestellt werden. Da die Wirksamkeit des Reduktionsmittels mit der Zeit nachlässt, sind chromatarme Zemente mit einem Verfallsdatum versehen.

In den Betontrennmitteln, die überwiegend durch Versprühen aufgetragen werden, sind zum Teil leichtentzündliche oder entzündliche Lösemittel enthalten. Die infolge des Sprühvorgangs feinverteilten Tröpfchen können bereits unterhalb des Flammpunktes explosible Gemische bilden. Durch den Umgang mit Trennmitteln können aufgrund der enthaltenen Lösemittel, Emulgatoren, Holzschutz- oder Korrosionsschutzmittel Hautschädigungen verursacht werden. Die in den Trennmitteln enthaltenen Mineralöle können das Grundwasser gefährden.

Nachbehandlung von Betonoberflächen mit filmbildenden Mitteln auf Lösemittelbasis verursachen VOC-Emissionen, die Umwelt- und Gesundheit belasten. Beim Schneiden oder beim Fräsen von Installationsschlitzen entstehen Staubemissionen. Bei großen Steinformaten (Hohlblocksteine) ist die Verwendung einer Hebehilfe empfehlenswert (Entlastung der Wirbelsäule).

Nutzung

Die Dauerhaftigkeit armierter Betonkonstruktionen hängt von der Stahlkorrosion ab, ausgelöst durch Karbonatisierung und Chlorideintrag. Die Geschwindigkeit von Karbonatisierung und Chlorideintrag wird in erster Linie vom W/Z-Wert und von der Güte der Betonoberfläche beeinflusst. Darüber hinaus spielen Umweltfaktoren wie Feuchtigkeit, Nass/Trockenzyklen, Rissbildung durch Frostschäden etc. eine wichtige Rolle [Schwarz 1999, Miedler 1995].

Entsorgung

Ein zerstörungsfreier Rückbau ist mit wirtschaftlich vertretbarem Aufwand bei Betondachsteinen ev. auch bei Betonplatten und Produkten aus Faserzement möglich. Nicht verunreinigtes Abbruchmaterial (außer Faserzementbruch) kann zerkleinert und sortiert der Neuproduktion von Betonen als Zuschlagstoff zugeführt werden; eine weitere Nutzungsmöglichkeit besteht im Tiefbau: Füllmaterial für Straßenuntergrund, Schüttmaterial, Unterbau von Wegen und Auffüllen von Senken. Für Faserzementplatten gibt es derzeit keinen wirtschaftlich rentablen Verwertungsweg. Die Deponierung erfolgt auf Inertstoffdeponie gemäß → EU-Deponie-Richtlinie bzw. Baurestmassendeponie gemäß → Österr. Deponieverordnung. Dies gilt auch für Faserzementplatten, die trotz relativ hoher organischer Anteile ohne vorherige Prüfung auf Baurestmassendeponien abgelagert werden dürfen.

Empfehlung

Aufgrund der Alkalität und der mechanischen Reibwirkung dürfen auch beim Umgang mit chromatarmem Zementen entsprechende Arbeitsschutzmaßnahmen nicht vernachlässigt werden (feuchtigkeitsdichte Handschuhe, Hautschutzmaßnahmen).

example, (the main sources are rubber, bleaching earth and old oil). However it is also the case with arsenic, lead, chrome, nickel, copper and zinc, contained in → flue ash, bleaching earth, rubber and old oil. Raw meal replacements also help add to the amount of cadmium and cobalt in cement. Metals such as mercury and thallium are not fixed into the clinker. Therefore, they must be restrained via processing techniques. Heavy metal emissions have dropped significantly (in part) over the last two decades. In total, a decreasing tendency of the specific emission mass flow (per cement unit) can be observed in the sum of metallic trace elements and hazardous halogenated substances.

Raw material availability is crucial in terms of the ecological quality of aggregates such as gravel sand, rock cuttings, brick or concrete chippings, → cinder sand forms and/or porous materials such as pumice, lightweight expandable clay, haydite or expanded polystyrene (EPS). Availability determines the strain on the environment during production, the influence on indoor climate characeratistics and the disposability of concrete. Brick or concrete chippings are recycled materials that can replace gravel and sand and reduce the need for primary raw materials and waste disposal volume. The production of expanded mineral aggregates is complex, but raw materials are readily available and the aggregates can have a positive influence on the indoor climate characteristics of concrete.

A number of → concrete additives are listed in an overview in the glossary. Additional important information on toxicity may be obtained from the safety data sheets.

Production

The chromate content of unset cement can lead to allergic eczema (→ cement eczema). Therefore in accordance with EU guideline 2003/53/EG, cement and prepared substances containing cement cannot be used if the amount of soluble chrome VI (chromate) exceeds 2 mg/kg (ppm) in cement dry mass, (exception: closed, fully automatic processes). These low-chromate cement types can be produced by adding a reduction agent (e.g. iron sulfate). Since the effect of the reduction agent fades with time, low-chromate cements have expiration dates.

Some spray-on concrete release agents contain easily flammable or flammable solvents. The finely distributed drops resulting from spraying can have explosive qualities below their flashpoint. Handling release agents can lead to skin damage due to the solvents, emulsifiers, wood and corrosion protection substances they contain. The mineral oils in release agents can also affect the groundwater.

Curing of concrete surfaces with solvent-based film-developing substances cause VOC emissions that are harmful to the environment and health of exposed persons. Cutting or milling installation points cause dust emissions. Large format stones (hollow block units) should be moved with the help of a lifting device (less strain on the spinal column).

Use

The longevity of reinforced concrete construction depends on steel corrosion, which is triggered by carbonization and chloride penetration. The speed of carbonization is mainly determined by the water/cement ratio and the quality of the concrete surface. Other factors include moisture, wet/dry cycles and cracks due to frost damage, etc. [Schwarz 1999, Miedler 1995].

Disposal

The dismantling of concrete roof tiles and eventually of concrete slabs and fiber cement products without destruction is possible with reasonable economic resources.

Uncontaminated rubble (except fibrated cement cuttings) can be reduced to small pieces and sorted before being used as an aggregate for the production of new concrete. It can also be used for underground work: as filler material for roadbeds, or walkway substructures and to fill hollows. There is no economical utilization for fiber cement slabs. Disposal is handled at inert material disposal sites in compliance with → EU Council Directive on the landfill of waste and construction waste disposal sites according to → Austrian disposal site regulations. This also applies to fiber cement slabs that can discarded at construction waste disposal sites without previous inspection despite relatively high organic substance contents.

Recommendation

Precautionary measures should be taken when working with low-chromate cement due to the alkalinity and the effects of mechanical friction (moisture-resistant gloves, skin protection measures).

Beton für Aufbeton

Beton, der zur Verbesserung der Tragfähigkeit bei Rippendecken eingesetzt wird.

Betondachsteine

Steine für die Deckung von geneigten Dächern.
Betondachsteine sind mit Eisenoxiden durchgehend gefärbt und mit Kunstharz-Dispersionen beschichtet. „Naturgraue" Ausführungen, die keinerlei Pigmentzugaben und Kunstharzdispersionen aufweisen, konnten sich trotz ökologischer Vorteile am Markt vorerst nicht durchsetzen.

Betonplatten

Betonfertigprodukte in Plattenform, die z.B. auf Terrassen verlegt werden.

Betonschalsteine

Fertigbetonsteine für Mauerwerk, die auf der Baustelle versetzt, bewehrt und mit Kernbeton verfüllt werden.

EPS-Beton

Leichtbeton mit Zuschlägen aus Polystyrolabfällen. Betone mit EPS-Zuschlägen können gemäß Österreichischer Deponieverordnung weder auf Baurestmassen- noch auf Massenabfalldeponien entsorgt werden.

Faserzementplatten

Faserzementplatten eignen sich als Fassaden- und Dachplatten zur Deckung von geneigten Dächern. Durch ihr geringes Flächengewicht im Vergleich zu Betondachsteinen und Tochdachziegeln sind sie für leichte Dachstuhlkonstruktionen geeignet.

Hohlblocksteine

Hohle Steine, die für Mauerwerk und Decken eingesetzt werden.

Holzspan-Mantelbeton

Siehe Holz / Holzwerkstoffe, anorganisch gebunden.

Magerbeton

Beton mit geringem Zementgehalt und demzufolge geringer Festigkeit: für Sauberkeitsschichten, zum Ausgleichen von Unebenheiten im Untergrund, als Schutzschicht über/unter Dichtungen, für Verfestigungen und Verfüllungen.

Stahlbeton

Mit Armierungsstahl bewehrter Beton.

WU-Beton

Wasserundurchlässiger (WU-) Beton muss frei von durchgehenden Rissen bleiben und so dicht sein, dass die größte Wassereindringtiefe 50 mm nicht überschreitet. Die Wasserundurchlässigkeit wird durch einen höheren Zementgehalt und durch Zusatzstoffe wie → Flugasche erreicht. Zu beachten ist, dass WU-Beton wasserundurchlässig, aber nicht wasserdampfdicht ist.

Zementestrich

Auf einem tragenden Untergrund hergestellte Bauteilschichten aus Beton, die unmittelbar nutzfähig sind oder mit einem Belag versehen werden können.

Ziegelsplittbeton

Betonsteine oder Betonfertigteile, die als Zuschlagsstoff Ziegelsplitt enthalten.

Topping layer concrete

Concrete used to improve the load-bearing properties of ribbed ceiling slabs.

Concrete roof tiles

Tiles used to cover pitched roofs.
Concrete roof tiles are completely dyed with iron oxides and coated with synthetic resin dispersions. "Natural gray" versions without any dye additives have not been successful on the market thus far, despite ecological advantages.

Concrete slabs

Prefabricated concrete products shaped as slabs that are laid on terraces, for example.

Open end concrete blocks

Prefabricated concrete blocks that are laid, reinforced and filled with core concrete on site.

EPS concrete

Light concrete with aggregates produced from polystyrene waste. Concrete with EPS aggregates cannot be disposed of at construction waste disposal sites or mass waste disposal sites according to Austrian disposal regulations.

Fiber cement tiles

Fiber cement tiles are suitable for façades and roof paneling on pitched roofs. Their low surface weight compared to concrete roof tiles make them appropriate for lightweight truss constructions.

Hollow block units

Hollow blocks that are used for masonry and ceiling slabs.

Wood chip aggregate hollow blocks

See wood / derived timber procucts, inorganically bound.

Lean concrete

Concrete with a low cement content, which makes it weak: used for clean layers and to level ground irregularities, or as a protective layer over/under seals , for consolidation and fillings.

Reinforced concrete

Concrete reinforced with steel.

Water resistant concrete

Water resistant cocrete has to remain free of long cracks and resistant enough to avoid water penetration higher than 50 mm. Water resistance is achieved with a higher cement content and aggregates such as → flue ash. It should be noted that water resistant concrete is impermeable to water, but not vapor-resistant.

Cement screed

Construction component layers on a load-bearing bed that can be used as such or after a floor surface is applied.

Brick chipping concrete

Concrete units or prefabricated parts which contain a brick chipping aggregate.

Dampfgehärtete Baustoffe

Dampfgehärtete Baustoffe sind Baustoffe aus Zement, Kalk und Quarzsand, die keine Zuschlagstoffe enthalten und daher nicht zu den Betonen gezählt werden.

Grundlagen

Zement
siehe Mineralische Baustoffe / Beton

Kalk
siehe Mineralische Baustoffe / Kalk-Baustoffe

Umwelt- und Gesundheitsaspekte
Herstellung
Dampfgehärtete Baustoffe werden in einem vergleichsweise emissions- und energiearmem Verfahren ohne Produktionsabfälle hergestellt und weisen gute Ökobilanzergebnisse auf. Umweltbelastungen stammen vorwiegend aus den Vorprodukten Zement und Branntkalk.
Im Vordergrund der ökologischen Diskussion stehen der Einsatz von Aluminiumpulver sowie Risken durch silikogene Stäube:

- Für das Aluminiumpulver wird üblicherweise Recyclingaluminium eingesetzt, das während der Reaktion in Tonerde umgesetzt und dadurch einem höherwertigen Stoffrecycling entzogen wird. Bei Umgang mit Aluminiumpulver besteht erhöhte Brand- und Explosionsgefahr. Wird das Aluminiumpulver in Pasten und Pellets eingebunden, kann die Bildung eines explosiblen Aluminiumpulver-Luft-Gemisches nicht mehr stattfinden. Mineralschaumplatten können auch ohne Aluminium-Treibmittel hergestellt werden.
- Der Unternehmer hat dafür zu sorgen, dass die Atemluft an den Arbeitsplätzen möglichst frei von silikogenem Staub (Gefahr an Steinstaublunge oder Siliko-Tuberkulose zu erkranken) ist.

Verarbeitung und Nutzung
Bei der Verarbeitung sollten die üblichen Vorkehrungen zum Staubschutz gesetzt werden. Während der Nutzung werden keine gesundheitsschädlichen Stoffe in die Raumluft abgegeben.

Entsorgung
Die Produkte sind nicht unzerstört rückbaubar und daher ausschließlich stofflich verwertbar. Die Wiedernutzung von Porenbeton im Werk ist mehrfach im Kreislauf möglich. Beträgt der Anteil an mineralischen Fremdstoffen, wie Putz- und Mörtelresten, im aufbereiteten Porenbeton max. 10 M%, ist eine Zugabe bis zu 15 M% der Trockenrezeptur möglich. Darüber hinaus kann Porenbetonbruch als Granulat für Schüttungen oder als Sekundärrohstoff für Öl- und Flüssigkeitsbinder, Hygienestreu, Abdeckmaterial, Ölbinder, Klärschlammkonditionierung, etc. weiterverarbeitet werden. Mineralschaumplatten bestehen zu fast 100 % aus mineralischen Rohstoffen und sind daher aus ökologischer Sicht besonders für die Dämmung von mineralischen Tragkonstruktionen geeignet, da die Recyclingfähigkeit und Deponierbarkeit nicht durch Vermischen von organischen und anorganischen Materialien beeinträchtigt wird. Ein Verwertungskonzept für Mineralschaumplatten selbst gibt es derzeit noch nicht. Die Deponierung erfolgt auf Inertstoffdeponie gemäß ➔ EU-Deponie-Richtlinie bzw. Baurestmassendeponie gemäß ➔ Österr. Deponieverordnung.

Mineralschaumplatte

Mineralschaumplatten sind dampfgehärtete Dämmplatten für den Einsatz in Wärmedämmverbundsystemen. Ein besonderes Einsatzgebiet ist der Einsatz von faserdotierten Mineralschaumplatten als Innendämmung für Sanierungen („Calciumsilikatplatten").
Die Herstellung erfolgt aus ➔ Quarzsand, Kalk, Zement, Wasser und einem porenbildenden Zusatzstoff (Proteinschaum oder Recyclingaluminiumpulver). Die Platten sind massehydrophobiert und beschichtet. Aus den Rohstoffen wird eine leichte, ultraporöse Schaummasse hergestellt, die eine Konsistenz ähnlich wie Eierlikör hat. Der Schaumkuchen wird in Formen gereift, mit Drähten in einzelne Platten zerteilt und anschließend im Autoklaven „gebacken". Nach dem Schneiden und Beschichten werden die Platten bei 50–60 °C auf 5 % Feuchte getrocknet.

Porenbeton

Porenbeton wird aus Quarzsand oder anderen quarzhaltigen Zuschlagstoffen (➔ Flugasche, Hochofenschlacke, Ölschieferasche), Bindemittel (Zement und/oder Kalk), Wasser, Treibmittel (in der Regel Aluminium) und ggf. Zusatzstoffen hergestellt. Neben den Primärrohstoffen enthält die Mischung auch sortenreines Recyc-

Vapor-hardened construction materials

Vapor-hardened construction materials are made of cement, limestone and quartz sand and do not contain aggregates. Therefore they cannot be counted among concrete types.

Fundamentals

Cement
see mineral construction materials / Concrete

Limestone
see mineral construction materials / Lime Construction Materials

Environmental and health aspects
Production
Vapor-hardened construction materials are produced using a process with comparatively low emission that also requires little energy and produces no waste. Their ecological balance ratings are good. Environmental hazards stem mainly from the preliminary products, cement and quicklime.
The main themes of the ecological discussion are the use of aluminum powder and risks arising from silica dust:

- Normally, recycling aluminum is used to produce aluminum powder, that is converted into alumina during reaction, thereby withdrawing it from the higher quality material recycling process. There is a high flamability and explosion risk involved in handling aluminum powder. An explosive aluminum powder mix can be avoided if aluminum powder is processed as a paste or in pellets. Mineral foam panels can be produced without using an aluminum expanding agent.
- The company has to ensure that the air at the various workplaces is free of silica dust (risk of silicosis or silicotuberculosis).

Processing and uses
The usual dust protection precautions should be taken during processing. No harmful substances are released into the room's air during use.

Disposal
The products cannot be renaturized without destruction. It is therefore only possible to break them down into utilizable materials. Porous concrete is reusable at the plant at many stages. If the the amount of foreign mineral substances, such as plaster or mortar residues reaches a maximum of 10 M%, it is possible to add an amount of up to 15 % to the dry mix. Porous concrete can also be used as filler granules or as a secondary raw material to bind oil and liquids, for hygienic mulch, covering material, oil binders, clearing slag conditioning etc.
Mineral foam panels consist of almost 100 % mineral raw materials and are therefore particularly suitable for the insulation of mineral support structures from an ecological point of view, since their recyclability and disposal is not affected by the mixing of organic and inorganic materials. There is no re-utilization concept for mineral foam panels at present.
Disposal is handled at inert material disposal sites in compliance with ➔ EU Council Directive on the landfill of waste and construction waste disposal sites according to ➔ Austrian disposal site regulations.

Mineral foam panels

Mineral foam panels are vapor-hardened insulation panels intended for use in combined thermal insulation systems. A special application is the use of fibrated mineral foam panels for interior insulation during refurbishment work. ("Calcium silica panels").
Such panels are produced using ➔ quartz sand, limestone, cement, water and a porosity aggregate (protein foam or recycled aluminum powder). The panel mass is treated and coated for water repellency. A light, ultra-porous foam mass is made with the raw materials that has an eggnog-like consistency. The foam cake is set in molds and wire-cut into individual panels before being "baked" in autoclaves. The panels are dried at 50–60 °C (5 % humidity) after being cut and coated.

Porous concrete

Porous concrete is produced using quartz sand and other quartz-containing additives (➔ flue ash, blast furnace cinder, oil shale ash), binding agents (cement and/or limestone), water, blowing agents (normally aluminum) and ad-

Kalk-Baustoffe

Grundlagen

Kalk

Beim Brennen des Kalksteins (Calciumcarbonat) bei ca. 1000 °C entweichen das Kristallwasser und das im Kalk enthaltene Kohlendioxid (CO_2), Brannt- oder Stückkalk (Calciumoxid) entsteht. Beim Löschen von Branntkalk mit Wasser erhält man Kalkhydrat (Calciumhydroxid), den gelöschten Kalk.

Umwelt- und Gesundheitsaspekte
Herstellung

Kalkstein ist fast überall in der Erdkruste vorhanden, daher sind die Transportwege im Allgemeinen kurz und die Ressourcen noch auf lange Zeit gesichert. Belastungen durch den Abbau sind Lärm, Staub und Landschaftsverbrauch (→ Mineralische Rohstoffe). Der Großteil der Umweltbelastungen entsteht durch das energieintensive Brennen des Kalksteins zu Branntkalk. Beim Brennvorgang werden u.a. Stickoxide (NO_x), Kohlenmonoxid (CO) und Kohlendioxid (CO_2) in die Atmosphäre emittiert. Die Höhe der Schwefeloxidemissionen hängt vom eingesetzten Brennmaterial ab.

Verarbeitung und Nutzung

Kalkhydrat ist als sehr starke Base haut-, schleimhaut- und augenreizend. Fast alle Kalkarten enthalten außerdem geringe Mengen Chrom VI (sensibilisierend). Der häufige Umgang mit kalkhaltigen Produkten kann ein Ekzem auslösen. Im Umgang mit Kalkhydrat sind daher entsprechende Schutzmaßnahmen zu treffen. Auftreten von stark alkalischem Staub beim Füllen der Maschinen, bei schadhaftem Förderschlauch oder bei undichten Filtersäcken. Bei unzureichendem Schutz kann es zu Augenreizungen kommen und die Haut austrocknen und rissig werden.

Kalk hat gute Gebrauchseigenschaften und wirkt günstig auf das Innenraumklima. Er nimmt Kohlendioxid aus der Luft auf, reguliert die Luftfeuchtigkeit, besitzt eine hohe Sorptionsfähigkeit und Dampfdurchlässigkeit.

Regulierung der Luftfeuchte; Hemmung von Schimmelbildung zumindest während der Aushärtung; Bindung von sauren Luftschadstoffen; Während der Nutzung werden aus Kalk keine gesundheitsschädlichen Stoffe in die Raumluft abgegeben.

Entsorgung

In der Regel kein sortenreiner Abbruch, daher fällt Kalkputz nur in Verbindung mit anderen mineralischen Baustoffen zur stofflichen Verwertung an. Die Deponierung erfolgt auf Inertstoffdeponie gemäß → EU-Deponie-Richtlinie bzw. auf Baurestmassendeponie gemäß → Österr. Deponieverordnung.

Kalkgipsputz

Kalkgipsputze sind für den Innenbereich geeignet; nicht wasserbeständig, bis Feuchtebeanspruchungsklasse W3 unter Fliesen in Feuchträumen einsetzbar. Kalkgipsputze bestehen aus ca. 10 Teilen Kalkteig oder Kalkhydrat, 1–5 Teilen Gips, 30–40 Teilen Sand (niedrige Sandanteile für Mischen mit Hand, höhere Sandanteile für Mischen mit der Maschine). Zur Einstellung der Viskosität von Maschinenputzen werden Stärkederivate zugesetzt. Je höher der Gipsanteil, desto kürzer ist die Abbinde- und Austrocknungszeit.

Kalkputz

Einsatz als Innenputz. Im Außenbereich wird der Putz durch die Schwefeldioxidverunreinigungen der Außenluft angegriffen. Als Außenputz kann reiner Kalkputz daher nur als hydraulischer und hochhydraulischer Kalkputz in speziellen Rezepturen (z.B. mit Romankalk oder Trasskalk) eingesetzt werden.

Kalkputz enthält Kalkhydrat und teilweise in geringen Mengen Zement als zusätzliches Bindemittel, Zuschläge wie Sand oder Kalksteinmehl (Trass), Perlite, weitere Zusatzstoffe zur Verbesserung der technischen Eigenschaften produktabhängig (unter 1 %).

Kalkzementputz

Abriebfester Innenputz oder Außenputz; für Verfliesungen, in Nassräumen bis Feuchtebeanspruchungsklasse W4 geeignet.

Kalkzementputze bestehen aus Zement, Kalkhydrat und Sand. Für Dämmputz wird bis zu 25 % Perlite zugesetzt. Die Viskosität wird durch Zugabe von Stärkederivaten eingestellt. Kalkzementmörtel haben im Allgemeinen geringere Sorptionsfähigkeit als Kalkputze.

Lime construction materials

Fundamentals

Lime

Burning limestone (calcium carbonate) at ca. 1000 °C helps crystal water and the carbon dioxide (CO_2) it contains escape, leading to the production of burnt or stucco lime (calcium oxide). Slaking burnt lime with water produces calcium hydrate (calcium hydroxide) slaked lime.

Environmental and health aspects
Production

Limestone can be found almost everywhere in the earth's crust, hence the transport routes are short and long-term availability is guaranteed. Noise, dust and the strain on the landscape are environmental burdens (→ mineral raw materials). The larger part of the burden for the environment comes from the energy-intensive limestone burning process needed to produce burnt lime. The burning process leads to nitrogen oxide (NO_x), carbon monoxide (CO) and carbon dioxide (CO_2) emissions in the atmosphere. The amount of sulfur oxide emissions depends on the burning material used.

Processing and uses

As a very strong base, calcium hydrate is irritating to the skin, mucous membrane and the eyes. Almost all forms of lime also contain small amounts of chrome VI (sensitizing). Frequent handling of products containing lime can lead to eczema. Thus the corresponding protective precautions should be taken when handling calcium hydrate.

Strong alkaline dust emissions occur when filling machines, in the case of leaking processing tubes or filter bags. Insufficient protection can lead to eye irritations and dry, cracking skin.

Lime has good usage characteristics and is favorable to interior climate conditions. It draws carbon dioxide from the air and regulates air humidity. It also has high sorption capacity and vapor permeability.

Regulates air humidity, inhibits the development of mildew, at least while drying, binds harmful acids in the air. It does not emit any hazardous substances in room air during use.

Disposal

Normally it cannot be broken down in its pure form, so lime plaster is only re-processed along with other mineral construction materials. Disposal is handled at inert material disposal sites in compliance with → EU Council Directive on the landfill of waste and construction waste disposal sites according to → Austrian disposal site regulations.

Gauged mortar plaster

Gauged mortar plaster types are used for interior spaces, they are not water resistant and can be used in W3 humidity exposure conditions, under tiles in wet rooms.

Gauged mortar plaster types consist of ca. ten parts of lime mass or calcium hydrate, 1–5 parts gypsum, 30–40 parts sand (low sand content when mixing by hand, higher sand content when machined-mixed). Starch derivatives are used to adjust the viscosity of machine mortar plaster. The higher the gypsum content, the shorter the setting and drying time.

Lime plaster

Used as plaster for interiors. The plaster is susceptible to sulfur dioxide contamination from the outside air. Therefore, lime plaster can only be used outside as hydraulic or highly hydraulic lime plaster mixed according to special recipes (e.g. with Roman cement or trass lime).

Lime plaster contains lime hydrate and small amounts of cement in part as additional bonding agents. Additives such as sand, powdered limestone (trass), perlite, and others are used to improve its technical characteristics depending on the product (under 1 %).

Lime cement plaster

Abrasion-resistant interior or exterior plaster, used for tile laying, adequate for use in wet rooms with max. W4 humidity exposure ratings. Lime cement plasters consist of cement, calcium hydrate and sand. Perlite content can reach up to 25 % in insulation plaster. Viscosity is adjusted by adding starch derivatives. Lime cement mortars generally have a lower sorption capacity than lime plaster.

Kalkzementmörtel

Kalkzementmörtel für Vermauerung von Mauerwerkziegel bestehen aus Zement, Kalkhydrat und Sand und ev. Zusatzstoffen.

Lehmbaustoffe

Lehmbaustoffe sind ungebrannte Produkte aus Lehm. Je nach Rohdichte wird Massivlehm (Dichte 1700–2000 kg/m³), Faserlehm (Dichte 1200–1700 kg/m³, mit Bewehrung aus natürlichen Fasern wie Hanf oder Stroh) und Leichtlehm (Rohdichte 300–1200 kg/m³, mit leichten Zuschlägen z.B. aus Stroh) unterschieden.

Grundlagen

Lehm

Lehm ist ein Gemisch aus Kies, Sand, Schluff und Ton, das aus der Verwitterung von Gesteinen entsteht. Fetter Lehm enthält viel Ton, magerer mehr sandige Bestandteile. Ton und Lehm werden in der Umgebung der Produktionsstätten durch mechanische Verfahren (Abgraben, Abschlämmen,…) im Tagebau gewonnen.

Umwelt- und Gesundheitsaspekte
Herstellung

Lehm ist regional verfügbar und ausreichend vorhanden, häufig sogar direkt auf der Baustelle. Der Abbau in industriellen Lehmgruben bedingt lokale Umweltbelastungen (→ Mineralische Rohstoffe). Da für die Herstellung von Lehmbaustoffen kein Brennvorgang notwendig ist, beschränkt sich der Energiebedarf für die Aufbereitung zum Betrieb von Knet- und Mischmaschinen. Gegebenenfalls werden Lehmbaustoffe wie z.B. Lehmziegel technisch getrocknet.

Verarbeitung und Nutzung

Lehm ist beim Bearbeiten hautverträglich und enthält keine gesundheitsschädlichen Bestandteile. Selten können Lehmvorkommen erhöhte Radioaktivität aufweisen. Aufgrund seiner Fähigkeit zur raschen Feuchtaufnahme kann Lehm zur Feuchteregulierung in Innenräumen beitragen. Lehmputze sind nicht so widerstandsfähig wie andere Innenputze, Schäden können aber relativ einfach behoben werden.

Entsorgung

Lehm wird so verwendet, wie er in der Natur vorkommt. Da kein Brennvorgang stattfand, kann die Tonbindung durch Neuansetzen mit Wasser wieder rückgebildet werden. Alle „echten" Lehmbaustoffe sind daher wiederverwertbar und verursachen kein Problem in der Beseitigung (je nach Bestandteilen organischer Zusatzstoffe auf Baurestmassen-, Massenabfalldeponien oder Kompostieranlagen). Mit Kunststoffen oder anderen Bindemitteln versetzte Lehmbaustoffe können nicht verwertet werden. Lehmputze können als einzige Putzart wieder als Putz verwertet werden.

Lehmputz

Lehmputze sind Innenputze mit dunkelbrauner bis hellbeiger Eigenfarbe. Da Lehm nicht wasserbeständig ist, ist der Einsatz als Außenputz nur in Ausnahmefällen, bei sehr gutem konstruktiven Feuchteschutz möglich.
Das Bindemittel in Lehmputzen ist der im Lehm enthaltene Ton. Lehmputze, die außerdem andere Bindemittel wie Kalkhydrat oder Zement, Methylzellulose oder Kunstharzdispersionen enthalten, sollten als Lehmverbundputze oder stabilisierte Lehmputze bezeichnet werden. Dem Lehmputz werden ca. 75 M% Sand und ca. 5 M% Zusatzstoffe wie Stroh, Flachsschäben, Hanf oder Tierhaare zugegeben. Bei eingefärbten Edelputzen sind in der Regel Erdpigmente zugemischt.
Fertiglehmputz ist Putz in Pulverform, der mit Wasser vor Ort angerührt wird. Wichtiges Know-how bei der Herstellung von Fertiglehmputz ist der Zuschnitt geeigneter Armierungsfasern. Der Lehmputzmörtel wird mit mehreren Schichten angeworfen.

Lehmsteine

Lehmsteine sind zu Steinen oder Blöcken geformte Mischungen aus Lehm. Je nach Zuschlagsstoffen entstehen schwere, gut wärmespeichernde Massivlehmsteine bis leichte wärmedämmende Leichtlehmsteine. Lehmsteine werden entweder mit Hilfe von Formen, in die der Lehm eingedrückt wird, oder maschinell mittels Handpressen hergestellt. Sog. Grünlinge sind industriell gefertigte Massiv-Lehmsteine aus der Strangpresse. In Österreich wurde im Rahmen des Projekts „Lehm konkret" ein maschinell gefertigter Lehmstein, der für tragende Wände eingesetzt werden kann, entwickelt [Kunze 2006]. Der Lehmstein durchläuft mit Ausnahme des Brennofens die selbe Fertigungsstraße wie der gebrannter Ziegel. Die Trocknung erfolgt großteils aus der Abwärme des Brennofens.

Lime cement mortar

Lime cement mortar used for brick laying consists of cement, calcium hydrate, sand and additives in certain cases.

Loam construction materials

Loam construction materials are unburned loam products. They are divided into three product types: solid loam (density between 1700–2000 kg/m³) fibrous loam (density between 1200–1700 kg/m³) with natural fiber armoring made of hemp or straw, and lightweight loam (raw density 300–1200 kg/m³) with light aggregates, e.g. straw.

Fundamentals

Loam

Loam is a mix of gravel, sand, coarse silt and clay that develops from weathered stone. Fat loam is clay-rich, lean loam contains more sand elements. Clay and loam are extracted in the areas surrounding production sites using mechanical processes (digging, elutriation,…) in open mining.

Environmental and health aspects
Production

Loam is available at a regional level in ample amounts, often on site. Extraction from industrial loam pits involves local environmental burdens (→ mineral raw materials). Since no burning process is required to produce loam construction materials, the energy required is limited to the energy needed to power loam working and mixing machines. Loam construction materials, e.g. loam bricks are dried technically when needed.

Processing and uses

Loam is compatible to the skin and contains no hazardous components. Loam rarely shows high radioactivity ratings.
Due to its quick humidity absorption loam can contribute to humidity regulation in interior spaces. Loam plaster is not as resistant as other interior plaster types, but damage can be repaired relatively easily.

Disposal

Loam is used the way it is found in nature. Since no burning process takes place, the clay setting process can be reversed by adding water. Therefore, all "genuine" loam construction materials are recyclable and do not cause any disposal problems (at construction waste disposal, bulk waste, or compost sites, depending on the its components and and organic additives). Loam construction materials combined with synthetic components or other setting agents cannot be processed. Loam plaster is the only type of plaster that can be re-used as plaster.

Loam plaster

Loam plaster types are plaster types with a dark brown to light beige natural color. Since loam is not water-resistant, it can only be used as exterior plaster in specific cases, when structural humidity protection is very good.
The clay in loam plaster acts as the bonding agent. Loam plasters that contain other bonding agents such as calcium hydrate or cement, methyl cellulose or synthetic resin dispersions should be categorized separately. Around 75 M% sand and ca. 5 M% additives such as straw, flax shives, hemp or animal hair are added to loam plaster. Dyed patent plasters generally contain natural pigments. Premixed loam plaster is available as powder that can be mixed with water on site. It is important have knowledge of the appropriate cutting and sizing of reinforcement fibers when preparing premixed loam plaster. Loam plaster mortar is applied in numerous layers.

Loam blocks

Loam blocks consist of mixed loam that is shaped as stones or blocks. Depending on the aggregates, ranging from heavy, solid loam blocks with good thermal storage capacity to lightweight thermal insulating stones can be produced in this fashion. Loam blocks are made with the help of either molds, in which the loam is pressed or machine-made using hand presses. So-called green bricks are industrially finished, solid loam blocks made in extrusion presses. A machine-made loam stone that can be used in load-bearing walls was developed in Austria as part of the "Lehm konkret" project [Kunze 2006]. The loam stone goes through the same production steps as a burned brick, drying is mainly completed using oven exhaust heat.

Ziegel

Grundlagen

Lehm
siehe Mineralische Baustoffe / Lehmbaustoffe

Ziegel
Ziegel sind grobkeramische Baustoffe aus gebrannten tonigen Massen. Brenntemperaturen unterhalb der Sintergrenze führen zu porösen Scherben (z.B. Mauerziegel), oberhalb der Sintergrenze entsteht ein dichter Scherben (z.B. Klinker) oder ein feuerfester Stein (Schamotte). Aus den Rohstoffen wird eine formbare Masse hergestellt, zu Ziegeln geformt, getrocknet und gebrannt (900–1200 °C).

Umwelt- und Gesundheitsaspekte
Herstellung, Verarbeitung, Nutzung
Ziegel besitzen eine sehr einfache Zusammensetzung. Die Rohstoffe sind regional verfügbar und ausreichend vorhanden, qualitativ hochwertige Mischungen ohne Verunreinigungen, wie sie für Dachziegel benötigt werden, sind allerdings seltener. Der Abbau bedingt lokale Umweltbelastungen (➜ Mineralische Rohstoffe). Der Brennvorgang verursacht Schadstoffemissionen und einen hohen Energiebedarf, die abhängig von technischem Stand des Herstellerwerkes und Qualität des Ton/Lehmgemisches sind. Insbesondere werden Schwefeldioxid und Fluorwasserstoff in relevanten Mengen durch das Ziegelbrennen freigesetzt. Durch verbesserte Technik konnte der Energiebedarf in den letzten Jahren um bis zu 40 % reduziert werden.
Bei porosierten Ziegeln deckt das Porosierungsmittel einen Teil des Energiebedarfs. Die Palette an Porosierungsmittel reicht von „ökologisch gratis" als Abfallstoffe anfallende Sägemehle oder Sonnenblumenkerne bis hin zu ökologisch aufwändig hergestelltem Neu-Polystyrol.
In Glasuren von Dachziegeln können umweltproblematische Schwermetalle wie z.B. Bleiverbindungen enthalten sein. Engobierte Ziegel in Rot- bis Schwarztönen sind i.d.R. mit dem toxikologisch unproblematischen Eisenoxid gefärbt.

Verarbeitung, Nutzung
Staubemissionen z.B. beim Schneiden oder Fräsen von Installationsschlitzen. Bei großen Steinformaten ist zur Vermeidung von Belastungen der Wirbelsäule die Verwendung einer Hebehilfe empfehlenswert. Beim Vermauern mit Kalkzementmörtel ist zu beachten, dass der Mörtel nicht mehr als 2 mg/kg (ppm) lösliches Chrom(VI) enthalten darf (➜ Zementekzeme).

Entsorgung
Von den unten angeführten Produkten sind nur Dachziegel wiederverwendbar. Eine stoffliche Verwertung ist aus allen Ziegelabbrüchen mit großer stofflicher Homogenität (Ziegelanteil > 80–90 %) möglich z.B. als Splittkornbereich für Dachbegrünungen, als Ziegelsplittzuschlag für die Betonherstellung, als Tennismehl oder die Herstellung von Zierkies für die Kornklassen > 8 mm.
Die Deponierung erfolgt auf Inertstoffdeponie gemäß ➜ EU-Deponie-Richtlinie bzw. Baurestmassendeponie gemäß ➜ Österr. Deponieverordnung; bei glasierten Materialien ist je nach Inhaltsstoffen die Deponierbarkeit nachzuweisen.

Empfehlung
Bei Ziegelkonstruktionen mit zusätzlicher Wärmedämmung (übliche Passivhaus-Bauweise) übernimmt der Dämmstoff den Wärmeschutz. Für die bauphysikalischen Eigenschaften des Ziegels sind in diesem Fall die speicherwirksame Masse und das Schalldämmmaß wichtigere Kennwerte als der Wärmedurchgangswiderstand.

Dachziegel

Dachziegel sind flächige, keramische Bauteile aus gebranntem Lehm, Ton oder tonigen Massen zur Deckung von geneigten Flächen.
Die Tonmasse wird auf Halde natürlich aufbereitet; in Kollergängen (Walzen auf geschlitzten Stahlplatten) oder Hammermühlen zerkleinert und ev. mit Zusätzen wie Sand und Steinmehl als Magerungsmittel oder mit Pigmenten (meist Eisenoxid) vermischt. Die Masse wird im Strang- oder Pressverfahren geformt und optional durch Engoben oder Glasuren gefärbt. Die Ziegel werden bei 800–1200 °C gebrannt (Sinterziegel bei 1300 °C).

Dünnwandziegel

Dünnwandziegel sind 10 cm dicke Mauerziegel zur Herstellung von Innenwänden.

Bricks

Fundamentals

Loam
see mineral construction materials / loam construction materials

Bricks
Bricks are coarse ceramic construction materials made of burned clay masses. Burning temperatures under the sintering limit leads to porous body (e.g. wall bricks), dense body (e.g. clinker) or fire-resistant stones (chamotte) develop above the sintering limit. A moldable mass is produced from the raw materials, shaped into bricks, dried and burned (900–1200 °C).

Environmental and health aspects
Production, processing, uses
Brick composition is very basic. Raw materials are available regionally in ample amounts. However, high quality mixes without impurities, such as those needed for roofing tiles, are less readily available. Extraction involves local environmental burdens (➜ mineral raw materials).
The burning process causes harmful emissions and requires large amounts of energy that depends on the production plant technology and the quality of the clay/loam mix. Specifically, sulfur dioxide and hydrogen fluoride are released in relevant amounts during the brick burning process. Improved technology has lead to a 40 % reduction in required energy over the last years.
The porosity agent required for porous bricks covers part of the energy required in such cases. The spectrum of porosity agents ranges from "ecologically free of charge" waste substances such as saw dust or sunflower seeds to ecologically complex man-made materials such as new polystyrene.
Roof tile glazing substances can contain ecologically problematic heavy metals such as lead compounds, for example. Engobed bricks in red to black hues are generally dyed with toxicologically unproblematic iron dioxide.

Processing and uses
Dust emissions, resulting from cutting or milling connection points. A lifting device should be used to lessen the strain on the masons' back when using large-format stones. The mortar should not contain more than 2 mg/kg (ppm) of soluble chrome (VI) (➜ cement eczema).

Disposal
Among the products discussed here only roof tiles can be re-utilized. Material re-utilization is possible with all highly homogenous brick crushings (brick content > 80–90 %) e.g. as chippings for roof greenery, brick chippings aggregate for cement production, as tennis court sand or as decorative gravel for particle sizes > 8 mm.
Disposal is handled at inert material disposal sites in compliance with ➜ EU Council Directive on the landfill of waste and construction waste disposal sites according to ➜ Austrian disposal site regulations.
Glazed material disposibility needs to be certified depending on the contents.

Recommendation
In brick constructions with additional thermal insulation (common passive house construction method) the insulation material provides heat protection. The effective storage mass and the sound insulation values are more important than heat permeability resistance in this case.

Roof tiles

Roof tiles are laminar, ceramic components made of burnt loam, and clay or clay-based masses used to cover sloping surfaces.
Clay mass is prepared naturally at the stockpile. It is then produced and crushed in pan grinders (rollers on dagged steel plates) or hammer mills. Sand or rock meal (to make the mix leaner), or pigments (generally iron dioxide) are added. The mass is formed via extrusion or pressing and then dyed, either with engobe or glazing. The bricks are burned at 800–1200 °C (sintered bricks at 1300 °C).

Thin wall bricks

Thin-wall bricks are 10 cm-thick wall bricks used for interior walls.

Hochlochziegel

Hochlochziegel (HLZ) sind Mauerziegel mit einem Lochanteil von über 25 %; die Lochkanäle verlaufen senkrecht zur Lagerfläche.

Tone, Porosierungsmittel und gegebenenfalls Zuschlagsstoffe werden vermischt, homogenisiert; eventuell mit Wasser versetzt. Die Masse wird zu Ziegel-Rohformlingen gepresst und getrocknet (meist in Abluft der Brennöfen). In Tunnelöfen wird der Ziegel bei Temperaturen bis ca. 1000 °C gebrannt, wobei das Porosierungsmittel verbrennt und feine Poren hinterlässt.

Klinker

Aus Klinkersteinen kann z.B. frostbeständiges Sichtmauerwerk hergestellt werden. Klinker ist ein keramisches Produkt aus kalkarmem Ton, der bei über 1100 °C gebrannt wird und hohe Festigkeit und Widerstandskraft aufweist.

Planziegel

Plangeschliffener Mauerziegel, der mit Dünnbettmörtel (Dicke 1 mm) vermauert werden kann.

Schallschutzziegel und Schallschutzblockziegel

Schallschutzziegel sind Mauerziegel, die durch spezifische Formgebung und schwere Zuschläge besonders gute Schallschutzwerte aufweisen. Bei 25 cm Wanddicke werden im Prüfstand Schalldämmmaße bis $R_w = 61$ dB erreicht. Schallschutzblockziegel werden wie Mauerziegel vermauert und die großen Hohlräume zur Verbesserung der Schalldämmung mit Beton (Fließbeton bei Planziegel, Spezialmörtel bei Verfüllziegel) verfüllt.

Einhängeziegel

Einhängeziegel sind der wesentliche Bestandteil von Ziegeldeckenelementen. Sie werden zwischen in Ziegelschalen einbetonierten Gitterträgern eingehängt und mit Betonverguss zu einer statischen und konstruktiven Einheit zusammengefügt. Je nach Art und Gestalt der Deckenziegel können diese als statisch mitwirkend oder statisch nicht mitwirkend ausgebildet sein. Wirken die Ziegel statisch nicht mit, muss ein Aufbeton von mindestens 4 cm Dicke über den Deckenziegeln aufgebracht werden.

Weitere mineralische Baustoffe

Kunstharzputz

Beschreibung

Verwendung als Deckschicht von Wärmedämmsystemen. Kunstharzputze sind nicht so dampfdiffusionsoffen wie mineralische Putze und brennbar. Gegen Regen und Schlagregen bieten sie einen wirksamen Schutz und lassen nur wenig Wasser in den Untergrund eindringen.

Kunstharzputze enthalten ein Bindemittel aus Kunstharzen, meist → Kunstharzdispersionen auf Acrylatbasis. Der Mindestgehalt an Bindemittel in Kunstharzputzen beträgt je nach Typ und Größtkorn des Zuschlags 4,5 bis 8 M%. Die Zuschläge (Sande, Füllstoffe) sind die gleichen wie bei mineralischen Putzen. Außerdem sind Zusatzmittel wie Hilfsstoffe zur Filmbildung, Entschäumer, Verdickungsmittel, Konservierungsstoffe und Wasser oder Lösemittel zur Einstellung der Verarbeitungskonsistenz enthalten.

Umwelt- und Gesundheitsaspekte

Kunstharzputze sind in erhöhtem Ausmaß für die Ansiedlung von Algen und Pilzsporen an schlecht austrocknenden Bereichen anfällig (hoher organischer Anteil, geringere Dampfdurchlässigkeit als mineralische Putze). Sie werden daher in der Regel bereits werkseitig mit Alziziden und Fungiziden ausgerüstet, die in die Umwelt gelangen können.

Mineralwolle-Dämmstoffe

Beschreibung

Zu den Mineralwolle-Dämmstoffen zählen Glaswolle- und Steinwolle-Dämmstoffe.

Glaswolle

Zur Herstellung von Glaswolle werden die Grundstoffe der Glaserzeugung eingesetzt: → Quarzsand, Feldspat, → Soda, → Borsalze, → Dolomit, Kalk, Natriumnitrat, Flussspat und Manganoxid. Diese Primärrohstoffe werden zunehmend durch Altglas ersetzt. Zur Formstabilisierung wird Glaswolle üblicherweise mit 3–

Honeycomb bricks

Honeycomb bricks are wall bricks with a cavity content of over 25 %. The cavity channels are vertical in relation to the position in which the bricks are laid. Clays, porosity agents and aggregates when needed are mixed homogenized and mixed with water when required. The mass is pressed into unfinished bricks and dried (generally in oven exhaust heat). Bricks are burned in tunnel furnaces at temperatures up to around ca. 1000 °C, which also burns the porosity agent, leaving fine pores.

Clinker

Frost resistant face work can be made using clinker stones.
Clinker is a ceramic product made of low-lime content clay that is burned at over 1100 °C. It is very hard and very resilient.

Flat bricks

Flat bricks can be laid with thin-bed mortar (1 mm thickness).

Sound insulation bricks and sound insulation block bricks

Sound bricks are wall bricks that have especially high sound insulation ratings due to their specific shape and the heavy aggregates used to make them. Bricks with a wall thickness of 25 cm achieve sound insulation ratings of $R_w = 61$ dB on the test bench.

Sound insulation bricks are laid the same way as masonry bricks. The large hollow spaces are filled with concrete (colcrete is used for flat bricks, special mortar is used for packed bricks).

Suspended bricks

Suspended bricks are an important component in brick ceiling slabs. They are suspended between lattice trusses concreted into brick shells and filled with concrete, creating a static structural unit. They can have a structural or non-structural role depending on the type and design of the ceiling bricks used. If they are used as non-structural elements, a cement topping layer at least 4 cm thick has to be applied on the ceiling bricks.

Other mineral construction materials

Synthetic resin plaster

Description

It is used as a covering layer for thermal insulation systems. Synthetic resin plaster is flammable and it isn't as open to vapor diffusion as mineral plaster. It offers effective protection against rain and driving rain and only allow minor amount of water to penetrate the surface.

Synthetic resin plaster contains synthetic resin bonding agents, generally acrylate-based → synthetic resin dispersions. The minimum bonding agent content in synthetic resin plaster ranges from 4.5 to 8 M%, depending on the aggregate type and corn size. The additives (sand filler material) are the same as in mineral plaster forms. Synthetic resin plaster also contains other additives such as film-developing blending agents, defoaming substances, thickeners, preservatives and water or solvents to adjust its consistency.

Environmental and health aspects

Synthetic resin plaster forms are highly susceptible to the development of algae and mold spores in poorly dried areas (high organic content, reduced vapor permeability in comparison to mineral plaster). Manufacturers therefore generally treat them with algicides and fungicides, which can be released into the environment.

Mineral wool insulation materials

Description

Glass wool and rock wool insulation are mineral wool insulation materials.

Glass wool

The same basic materials used for glass production are used for glass wool production: → quartz sand, feldspar, → soda, → boric salts, → dolomite, lime, natrium nitrate, fluorite and Manganese oxide. These primary raw materials are being increasingly replaced with waste glass. Glass

9 M% harnstoffmodifiziertem Phenol-Formaldehyd-Harz gebunden (➔ formaldehydhältige Harze). Als Feuchteschutz werden zusätzliche Hydrophobierungsmittel auf ➔ Silikon- oder Mineralölbasis (ca. 1 M%) eingesetzt. Diese Öle binden gleichzeitig die Faserstäube. Die Rohstoffe werden gemischt und bei 1350 °C geschmolzen. Die Schmelze wird auf einer sich drehenden Spinnscheibe durch kleine Öffnungen am Scheibenrand gedrückt, nach außen geschleudert, von ringförmig angeordneten Gasbrennerdüsen nach unten abgeleitet und so zu 4–6 µm feinen Glasfäden gesponnen. Im nächsten Prozessschritt wird das Bindemittel auf die Fasern gesprüht. Das Bindemittel polymerisiert im Härteofen.

Steinwolle

Steinwolle besteht aus zu Fasern aufbereiteten mineralischen Rohstoffen (➔ Diabas, ➔ Basalt, ➔ Dolomit, etc.). Zur Formstabilisierung wird Steinwolle üblicherweise mit ➔ Phenol-Formaldehyd-Harz gebunden. Zum Feuchteschutz werden zusätzliche Hydrophobierungsmittel auf ➔ Silikon- oder Mineralölbasis (ca. 1 M%) eingesetzt. Diese Öle binden gleichzeitig die Faserstäube. Die mineralischen Rohstoffe werden gemeinsam mit Koks, Recyclingwolle und geringen Mengen von Kalk im Kupolofen bei einer Temperatur von ca. 1500 °C geschmolzen. Die Schmelze fließt anschließend über schnell rotierende Scheiben, wird dadurch zerfasert und kühlt gleichzeitig ab. Die Wolle wird gesammelt und als Vlies gleichmäßig auf ein Fließband geschichtet. Walzen pressen die Wolle auf die gewünschte Dicke und Dichte. Die Steinwolle wird anschließend im Härteofen erhitzt, sodass das Bindemittel polymerisiert.
Mineralwolle-Dämmstoffe sollten unter möglichst trockenen Bedingungen eingebaut und mit einem dauerhaften Feuchteschutz versehen werden.

Umwelt- und Gesundheitsaspekte

Die hohen erforderlichen Temperaturen für die Schmelze erfordern einen hohen Energiebedarf, der sich vor allem bei schweren Produktqualitäten (z.B. MW-PT für Wärmedämmverbundsysteme) ökologisch negativ auswirkt.
Bei Tätigkeiten mit Mineralwolle-Produkten können ➔ Künstliche Mineralfasern (KMF) freigesetzt werden. Durch luftdichte Konstruktionen wird der Eintrag der feinen Fasern in die Raumluft vermieden. Aus dem Bindemittel wird Formaldehyd abgespalten, bei großflächiger Verlegung von Mineralwolle mit höherem Bindemittelanteil ist es sinnvoll, eine Formaldehydmessung analog der Formaldehydverordnung für Holzwerkstoffe zu verlangen. Nicht verklebte und saubere Mineralwolle lässt sich weiterverwenden oder als Stopfwolle weiterverwerten. Abbruchmaterial wird von den meisten Herstellern nicht zurückgenommen. Mineralwolle enthält durch die Beigabe des Bindemittels einen organischen Anteil. Eine eindeutige Zuordnung zu Baurestmassen- und Massenabfalldeponie ist daher erst nach einer Analyse der Stoffgehalte und Eluate des Produkts möglich (verschieden hohe Bindemittelanteile, eluierbare Schwermetalle etc.). Als krebsverdächtig eingestufte Mineralwolle der alten Generation muss sachgerecht ausgebaut und als gefährlicher Abfall entsorgt werden.

Perlite-Dämmschüttung

Beschreibung

Perlite finden Verwendung als Ausgleichsschüttung oder Dämmschüttung in Wänden, Decken und Dächern. In Passivhäusern werden sie verstärkt in energiesparenden Bauweisen als innenliegende Dämmung auf Bodenplatten eingesetzt.
Perlite sind eine Familie von wasserhaltigen, glasigen Gesteinen. Sie entstehen durch Vulkantätigkeit mit Wasserkontakt (unterseeisch oder unter Eis). Perlite werden bergmännisch gewonnen. Vorkommen gibt es in Ungarn, Griechenland, der Türkei, Sizilien, Rumänien, Bulgarien und der Ukraine. Für Dämmschüttungen wird Blähperlite verwendet. Dabei wird Perlit kurzzeitig auf über 1000 °C erhitzt, wodurch schlagartig das chemisch gebundene Wasser des Gesteins entweicht und das Rohmaterial auf das 15 bis 20fache seines Volumens expandiert wird. Sie werden je nach Anwendungszweck rein, mit ➔ Silikonen hydrophobiert oder mit Bitumen, Naturharzen und Ähnlichem ummantelt, hergestellt.

Umwelt- und Gesundheitsaspekte

Perlite sind ausreichend verfügbar. Zur Umweltbelastung durch den Abbau liegen den Autoren keine Angaben vor. Allgemeine Belastungen durch Rohstoffabbau siehe ➔ Mineralische Rohstoffe. Der Expandiervorgang wird mit den verschiedensten Verfahren und Energieeinsätzen durchgeführt – daher entsteht eine große Vielfalt an ökologischen Profilen.
Das größte gesundheitliche Risiko bei der Verarbeitung geht von Staubexpositionen aus (Staubschutzmaßnahmen erforderlich). Blähperlite kann ev. erhöhte radioaktive Eigenstrahlung aus den Rohstoffen (Radioaktivität von Baustoffen) aufweisen. Aus bituminierten Perliten können ev. organische Substanzen ausgasen.

wool is commonly bound with 3–9 M% urea-modified ➔ phenol formaldehyde resin for shape retention. ➔ Silicon or mineral oil-based hydrophobic agents (ca. 1 M%) are added to increase its resistance to humidity. These oils also bind fiber dust. The raw materials are mixed and melted at 1350 °C. The molten mass is pressed through small openings along the edge of a spinning disk and forced outside before being pressed downwards through rows of ring-shaped gas burner nozzles and spun into 4–6 µm glass fibers. The bonding agent is sprayed on to the fibers in the next step. The bonding agent then polymerizes in the curing oven.

Rock wool

Rock wool consists of mineral raw materials that are processed into fibers (➔ diabase, ➔ basalt, ➔ dolomite, etc.). Rockwool is commonly bound with phenol formaldehyde resin for shape retention. ➔ Silicon or mineral oil-based hydrophobic agents (ca. 1 M%) are added to increase its resistance to humidity. These oils also bind fiber dust. The mineral raw materials are melted in a cupola melting furnace along with coke, recycled wool and small amounts of lime at ca. 1500 °C. The molten mass then flows over disks rotating at high speeds to create fibers while cooling at the same time. The wool is gathered and layered evenly on a conveyor belt as fleece. Rollers press the wool to the desired thickness and density. The rock wool is finally heated in the curing oven to polymerize the bonding agent. Mineral wool insulation materials should be built in under the driest possible conditions and given long-term humidity protection.

Environmental and health aspects
The high temperatures needed for the melting process require high amounts of energy that can have ecologically negative effects, especially in the case of heavy products (e.g. MW-PT for combined thermal insulation systems).
The handling of mineral wool products can lead to the release of ➔ synthetic mineral fibers (SMF). Airtight constructions prevent fine fiber penetration into the air inside. Formaldehyde separates from the bonding agent, making it sensible to request a formaldehyde measurement analogous to the formaldehyde regulations for wooden materials when using it on larger surfaces.
Non-bound, clean mineral wool can continue to be used or used as plugging wool. Rubble waste cannot be returned to the manufacturer in most cases. Mineral wool contains an organic component due to the bonding agent additive. Hence a clear categorization of waste material as either construction waste or bulk waste is only possible after an analysis of the products' contents and eluents (varying bonding agent content, eluable heavy metals, etc.). Old-generation mineral wool considered possibly carcinogenic needs to be dismantled accordingly and disposed of as dangerous waste.

Perlite insulation filling

Description
Perlite is used as compensating or insulation filler in walls, ceilings and roofs. It is increasingly used in passive houses as part of energy saving construction measures, i.e. as interior insulation flooring panels.
Perlite is a family of hydrous glassy rock. They develop from volcanic activity and its contact with water (underground water or under ice). Perlite is extracted from mines. It can be found in Hungary, Greece, Turkey, Sicily, Romania, Bulgaria and the Ukraine. Expanded perlite is used for insulation filling. It is heated to over 1000 °C for a short period of time, which leads to the sudden release of the chemically bound water before it expands 15 to 20 times in relation to its original volume. It is used in a pure state or after a hydrophobic ➔ silicon treatment depending on the intended purpose. It can also be coated with bitumen, natural resin forms or other similar coatings.

Environmental and health aspects
Perlites are readily available. No environmental hazard records are available to the author at the time. For general hazards arising from raw material extraction see ➔ mineral raw materials. The expansion process is completed using a number of different processes and energy forms – hence there is great variety of ecological profiles.
The largest risk during processing comes from dust emissions (dust protection measures required). Expanded perlite can show increased natural radioactivity in its raw materials in certain cases. Bitumen-coated perlite can release gaseous organic substances in specific cases. Insects and rodents cannot build tunnels or nests in the loose filler. The inorganic material is

Ungeziefer und Nagetiere können in der losen Schüttung weder Gänge noch Nester bauen. Das anorganische Material ist außerdem resistent gegen Chemikalien, Verrottung und Mikroorganismen. Als Schüttmaterial ist die Rückgewinnung von Perliten problemlos. Das Material kann nach Reinigung und Trocknung als Schüttmaterial oder Zuschlagstoff wiederverwendet werden. Die Deponierung erfolgt auf Inertstoffdeponie gemäß → EU-Deponie-Richtlinie bzw. Baurestmassendeponie gemäß → Österr. Deponieverordnung.

Sand, Kies (Splitt), Schotter

Beschreibung

Natürliche Gesteine verschiedener Korngrößen und -formen. Als Sand bzw. Brechsand werden die Bestandteile des Bodens mit einer Korngröße von maximal 4 mm bezeichnet; Kies bzw. Splitt umfasst Korngrößen bis 32 mm, darüber spricht man von Grobkies bzw. Schotter. Sande werden als Schüttungen in Decken eingesetzt (Schallschutz, Installationsebene), Kies kommt als Rollierung, Drainage oder als Auflage auf Flachdächern zum Einsatz. Zudem dienen Sand und Kies als Zuschlagstoffe in Betonen und Putzen.

Die mineralische Zusammensetzung des Ausgangsmaterials und das Ausmaß seiner Verwitterung bestimmen in erster Linie, welche Minerale in den Kies/Sandfraktionen enthalten sind. Nahe Entstehungsort (Gebirge): kiesreich, sandarm, eckig; Flussunterlauf: sandreich, glatt, hoher Quarzgehalt.

Die Materialien werden im Tagebau unmittelbar ohne Zerkleinern (Sand, Kies) und/oder aus größeren Gesteinsstücken durch Brechen (Brechsand, Splitt, Schotter) und Mahlen gewonnen. Verunreinigungen (Lehm etc.) werden durch Wasser, Sieben und Klassieren entfernt.

Umwelt- und Gesundheitsaspekte

Die lokalen Umweltbelastungen des Kiesabbaus wie Lärm und Staubbelastungen sowie Eingriffe in das Ökosystem (siehe → Mineralische Rohstoffe) erhalten vor allem wegen der riesigen Abbaumengen Brisanz. Sand, Kies und Schotter sollten daher nach Möglichkeit durch Recyclingmaterialien substituiert werden.

Schaumglasplatte

Beschreibung

Schaumglasplatten sind gas- und dampfdichte, wasserundurchlässige und vollkommen feuchteunempfindliche Wärmedämmplatten für erdberührte Bauteile innen und außen sowie für alle druckbelasteten Anwendungen.

Schaumglas besteht aus Glas aus den Rohstoffen → Quarzsand (ca. 50 %), Feldspat (ca. 25 %), Kalkstein oder → Dolomit (ca. 15 %) und Soda (ca. 15 %). Als Zusatzstoffe können Eisen- und Manganoxid verwendet werden, als Blähmittel wird Kohlenstoff zugefügt. Die Glasrohstoffe werden zunehmend durch Altglas ersetzt (mehr als 50 % nach Herstellerangaben). Aus den Glasrohstoffen wird eine Glasschmelze hergestellt, die extrudiert, zerkleinert und zu Glaspulver vermahlen wird. Das Blähmittel Kohlenstoff kann in Form von Koks, Magnesiumcarbonat, Calciumcarbonat, Zucker, Glycerin und Glykol zugegeben werden. Danach wird das Gemisch auf ca. 1000 °C erhitzt. Beim Oxidieren des Kohlenstoffs entstehen Gasblasen. Die Abkühlung erfolgt auf genau definierte Weise.

Die Platten werden entweder mit Kaltklebern oder in Heißbitumen vollflächig und vollfugig mit dem Baukörper verklebt oder trocken direkt in Feinsplitt, Sand oder Frischbeton verlegt.

Umwelt- und Gesundheitsaspekte

Die Herstellung erfordert einen hohen Energiebedarf und entsprechende damit verbundene Emissionen in die Atmosphäre. Durch die Verwendung von Altglas konnte der Energiebedarf für die Produktion aber kontinuierlich gesenkt werden, da der Schmelzpunkt des Altglases unter jenem des Rohstoffgemisches liegt. Beim Verlegen von Schaumglas in Heißbitumen treten Emissionen von polycyclischen aromatischen Kohlenwasserstoffen und Bitumendämpfen auf. Beim Schneiden des Schaumglases sind Augenreizungen durch den freigesetzten Glasstaub möglich und werden Nebenbestandteile der Gasfüllung (Schwefelwasserstoffe und Stickstoff) freigesetzt, die nach faulen Eiern riechen, aber gesundheitlich unbedenklich sind.

In Sandbett verlegte Platten können bei gutem Zustand weiterverwendet werden. Normalerweise ist eine hochwertige Verwertung jedoch aufgrund der Verunreinigung mit Bitumen nicht möglich (ev. Downcycling als Grabenfüllmaterial). Die Deponierung erfolgt auf Inertstoffdeponie gemäß → EU-Deponie-Richtlinie bzw. Baurestmassendeponie gemäß → Österr. Deponieverordnung.

also resistant to chemicals, rotting and microorganisms. The recovery of perlite from filler is unproblematic. The material can be used as filler or an aggregate after it is cleaned and dried. Disposal is handled at inert material disposal sites in compliance with → EU Council Directive on the landfill of waste and construction waste disposal sites according to → Austrian disposal site regulations.

Sand, gravel (stone chippings), crushed rock

Description

Natural rock in varying sizes and shapes. Ground components with a maximum grain size of 4 mm are considered sand or crushed sand; gravel or stone chippings comprise grain sizes up to 32 mm. Larger sized grains are rated as coarse gravel or crushed rock. Sand forms are used as ceiling filler (impact insulation, installation level), gravel is used as a setting layer, or drainage layer on flat roofs. Sand forms and gravel are also used as aggregates for concrete and plaster.

The mineral composition of the source material and the degree of weathering are the primary determinants of the minerals contained in the gravel/sand fractions. Close to their extraction site (mountain range): high rock content, low sand content, angular; riverbed: high sand content, smooth, high quartz content.

The minerals are directly extracted from open mines without previous crushing (sand, gravel) and/or broken from larger rocks (crushed sand, stone chippings, crushed rock) and ground. Impurities (loam etc.) are removed with water, sieves, and through sizing separators.

Environmental and health aspects

Local environmental burdens due to gravel extraction, such as noise and dust hazards as well as effects on the ecosystem (see → mineral raw material are a sensitive issue because of the enormous amounts extracted. Sand, gravel and crushed rock should therefore be substituted with recycling materials when possible.

Foamed glass panels

Description

Foamed glass panels are gas and vapor resistant, water resistant and completely humidity resistant insulation panels for exterior and interior surfaces in contact with the ground. They can also be used for all pressure-bearing applications.

Foamed glass panels consist of the following raw materials: → quartz sand (ca. 50 %), Feldspar (ca. 25 %), limestone or → dolomite (ca. 15 %) and Soda (ca. 15 %). Iron or manganese oxide can be used as additives. Carbon is added as the expanding agent. Glass raw materials are increasingly being replaced with waste glass (over 50 % according to manufacturer data). Molten glass is extruded from the glass raw materials, crushed and ground into glass powder. The carbon expanding agent can be added in form of coke, magnesium carbonate, calcium carbonate, sugar glycerine or glycol. The mix is then heated to ca. 1000 °C. Glass bubbles form as the carbon oxides and cooling follows a precisely defined pattern.

The full surface of the flush jointed panels is bonded with the structural body with cold adhesives or hot bitumen, or via dry bonding with fine gravel, sand or fresh concrete.

Environmental and health aspects

Production requires high amounts of energy and leads to the corresponding emissions into the atmosphere. The use of waste glass has led to the continuous reduction of required energy, since waste glass has a lower melting point than the raw material mix.

Laying foamed glass in hot bitumen leads to emissions of polycyclic aromatic hydrocarbons and bitumen gases. Cutting foamed glass can lead to eye irritations due to the glass dust released. Secondary glass filling components (sulfuric hydrogen and nitrogen) are also released, they smell of rotten eggs, but are not health hazards.

Panels in good condition that have been laid in sand beds can be reused. But high-quality re-utilization is not normally possible due to bitumen contamination (possibly downcyclable as pit filling material). Disposal is handled at inert material disposal sites in compliance with → EU Council Directive on the landfill of waste and construction waste disposal sites according to → Austrian disposal site regulations.

Glasschaumgranulat

Beschreibung

Im Hochbau kann Glasschaumgranulat als Leichtzuschlag für Beton, als Perimeterdämmung unter der Bodenplatte bzw. seitlich zur Kellerwand und auf unterkellerten, befahr- oder begehbaren Gebäudeteilen eingesetzt werden. Im Tiefbau findet Glasschaumgranulat als Leichtschüttmaterial vielseitige Anwendungsmöglichkeiten, z.B. als Längs- und Querentwässerung von Straßen oder als Schüttung direkt auf der Rohplanie.

Für das Glasschaumgranulat wird reines Altglas als Ausgangstoff eingesetzt. Die weiteren Produktionsschritte sind identisch mit der Schaumglasplattenproduktion. Die fertige Platte bricht dann auf Grund der thermischen Spannung bei der definierten Abkühlung oder wird aktiv in die entsprechende Körnung gebrochen. Der Luftporenanteil kann je nach gewünschter Produktqualität variiert werden. Ein höherer Luftanteil führt zu guten Dämmeigenschaften und wenig Gewicht, senkt aber auch die Druckfestigkeit. Die Wärmeleitfähigkeit von Glasschaumgranulat liegt je nach Spezifizierung zwischen 0,06–0,17 W/mK.

Weil die Luftkammern in sich geschlossen sind, nehmen die Schottersteine kein Wasser in sich auf. Zwischen den Steinen kann Wasser aber ungehindert durchsickern. Glasschaumgranulat ist feuer- und hitzebeständig und resistent gegen Salze, Säuren, Bakterien und weitere Umwelteinflüsse.

Umwelt- und Gesundheitsverträglichkeit

Durch die Verwendung von Altglas werden mineralische Ressourcen geschont und die energieaufwändige Glasproduktion entfällt. Glasschaumgranulat ist faserfrei, es werden keine Schadstoffe abgegeben. Beim Verarbeiten ist auf Staubentwicklung zu achten. Die Deponierung erfolgt auf Inertstoffdeponie gemäß ➔ EU-Deponie-Richtlinie bzw. Baurestmassendeponie gemäß ➔ Österr. Deponieverordnung.

Silikatputz

Beschreibung

Silikatputze werden als unbrennbare, diffusionsoffene Putzschichten im Außenbereich z.B. als Deckschicht von Wärmedämmverbundsystemen und im Denkmalschutz eingesetzt. Silikatputze erhärten durch Verkieselung, die nur auf silikatischen bzw. entsprechend vorbehandelten Untergründen funktioniert (z.B. sandhaltige Putze).

Silikatputze enthalten eine wässrige Kaliwasserglaslösung mit Dispersionszusatz (ca. 5 M%) als Bindemittel. Die Kunstharzdispersion erleichtert die Verarbeitkeit und verbessert die technischen Eigenschaften. Es können nur alkalibeständige Pigmente wie Titandioxid und Eisenoxid verwendet werden. Besonderen Farbwünschen wird mit einem Silikatdeckanstrich nachgekommen.

Umwelt- und Gesundheitsaspekte

Die Rohstoffe sind in ausreichendem Maße vorhanden, die Gewinnung erfolgt bergmännisch und verursacht lokale Umweltbelastungen (➔ Mineralische Rohstoffe). Die Herstellung von Wasserglas ist aufwändig, jedoch nicht so sehr wie z.B. die Herstellung von Acryldispersionen. Da Silikatputze stark alkalisch sind, benötigen sie keine – meist toxikologisch wirksamen – Topfkonservierer. Bei der Verarbeitung müssen Augen und Hautflächen sowie die Umgebung der Beschichtungsflächen, insbesondere Glas, Keramik, Klinker, Naturstein, Lack und Metall sorgfältig geschützt werden.

Putze fallen in der Regel nur in Verbindung mit anderen Baustoffen zur stofflichen Verwertung an. Gemeinsam mit mineralischem Bauschutt kann Silikatputz auf Inertstoffdeponie gemäß ➔ EU-Deponie-Richtlinie bzw. Baurestmassendeponie gemäß ➔ Österr. Deponieverordnung deponiert werden.

Foamed glass granulate

Description

Foamed glass granulate can be used as an additive for concrete, for perimeter insulation under the floor slab or on the sides of basement walls as well as for building sections with basements underneath or walk/driveway segments. It used as a light filler material in a number of civil engineering applications, e.g. for the lengthwise or cross drainage of streets or as filler applied directly to the levelled surface.

Old glass is the source material for foamed glass granulate. The further production steps are same as those for foamed glass slab production. The finished panel breaks due to thermal tension at the defined cooling point or can be actively broken into the corresponding grain size. The amount of air pores can be varied depending on the desired product quality. A higher air content leads to good insulating properties and low weight, but also leads to lower pressure resistance. The heat conductivity of foamed glass granulate lies between 0.06 – 0.17 W/mK, depending on the specification. Since the air chambers are closed, the chipped glass does not absorb water, but water can seep between the stones unhindered. Foamed glass granulate is fire and heat resistant and also resistant to salts, acids, bacteria and other environmental influences.

Environmental and health compatibility

The use of waste glass helps save mineral resources and makes energy-intensive glass production unnecessary. Foamed glass granulate has no fibers; it does not emit harmful substances. Fine dust development should be monitored during processing. Disposal is handled at inert material disposal sites in compliance with ➔ EU Council Directive on the landfill of waste and construction waste disposal sites according to ➔ Austrian disposal site regulations., respectively.

Silicate plaster

Description

Silicate plasters are used as fire-proof, diffusion permeable plaster layers on exterior surfaces, e.g. as protective layers for combined thermal insulation systems. They are also used for building conservation. Silicate plaster forms are hardened through silification, which only works on surfaces that have been pre-treated as required (e.g. with sand-containing plaster).

Silicate plaster forms contain a watery potassium water glass and dispersion additive (ca. 5 M%) as a binder. The synthetic resin dispersion facilitates processing and improves its technical properties. Only alkali-resistant pigments such as titanium oxide of iron oxide can be used. Special color requests can be fulfilled with a silicate opaque covering.

Environmental and health aspects

Raw materials are readily available, mining causes local environmental strain (➔ mineral raw materials). Water glass production is complex, but not as complex as acrylic dispersion production, for example. Since silicate plaster is very alkaline, it does not require any container preservatives, which generally have toxicological effects. Eyes and skin surfaces should be carefully protected as well as the surfaces surrounding the coating areas, especially glass, ceramic, clinker, natural stone, lacquer and metal.

Plaster is generally only processed for re-utilization along with other construction materials. Silicate plaster can be disposed of with mineral construction waste at inert material disposal sites in compliance with ➔ EU Council Directive on the landfill of waste and construction waste disposal sites according to ➔ Austrian disposal site regulations.

Kunststoffe
Synthetic materials

Baustoffe aus Bitumen

Bituminöse Baustoffe sind zähe hydrophobe Materialien, die zur Abdichtung gegen Wasser verwendet werden. „Bitumen" ist ein Gemisch aus höheren Kohlenwasserstoffen und heterocyclischen Verbindungen (Kohlenwasserstoffe mit anderen Atomen wie Schwefel, Stickstoff oder Sauerstoff). Bestandteile des Bitumens – neben Kohlenwasserstoff – sind daher auch Schwefel (bis zu 8 M%), Stickstoff (etwa 0,5 M%) und Sauerstoff (1–2 M%). „Teer" wird ebenfalls zu den „bituminösen" Stoffen gezählt, ist aber ein Destillationsprodukt der Kohlevergasung und sollte nicht mit Bitumen verwechselt werden. Bei Steinkohleteer liegt der Gehalt an polycyclischen aromatischen Kohlenwasserstoffen (krebserregende Substanzen) um den Faktor 1000 höher als bei Bitumen. Asphalt ist ein mit Bitumen gebundener Straßen- und Bodenbelag. Bitumen kann heiß und kalt verarbeitet werden. Bei der Kaltverarbeitung wird Bitumen in Lösemittel gelöst oder als wässrige Dispersion verarbeitet. Bei der Heißverarbeitung wird Bitumen bis zur Gießfähigkeit erhitzt und heiß verarbeitet.

Grundlagen

Bitumen

Bitumen ist ein Produkt der Mineralölverarbeitung. Die Gewinnung umfasst folgende Schritte: Abdestillieren von Leicht-, Mittel- und Schwerölen; Rückstand aus Bitumen, Heizölen und Schmierölen; Abtrennen der Nebenkomponenten durch Vakuumdestillation (Destillationsbitumen für Lacke und Anstriche) oder Hochvakuumdestillation (Hochvakuumbitumen). Bei Oxidation des Destillationsbitumens entsteht das elastischere Oxidationsbitumen (BITUROX-Verfahren).
Naturbitumen, das in der Natur als Bestandteil von Naturasphalten und Asphaltgesteinen vorkommt, hat untergeordneten Marktanteil.

Polymerbitumen

Polymerbitumen wird durch chemische Vernetzung von Destillationsbitumen mit ca. 10 M% Styrol-Butadien-Elastomeren (SBS), Styrol-Isopren-Elastomeren (SIS) oder ataktischem Polypropylen (aPP) hergestellt. Dadurch wird die Temperaturempfindlichkeit bei der Nutzung verringert und das elastoviskose Verhalten von Bitumen verändert, die Witterungs- und Alterungsbeständigkeit erhöht. Produktarten sind Elastomerbitumenbahnen (PYE) und Plastomerbitumenbahnen (PYP). Polymerbitumen wird zur Bautenabdichtung in Bereichen mit höheren Anforderungen eingesetzt (vor allem als Dachdichtungen).

Umwelt- und Gesundheitsaspekte
Herstellung und Verarbeitung

Gefährdung durch Bitumen besteht bei Hautkontakt oder Einatmen. Bitumen in Form von Dämpfen und Aerosolen ist in die Kategorie 2 der krebserzeugenden Arbeitsstoffe [MAK 2003] eingestuft. Unter den gefährlichen Inhaltsstoffen ist der Anteil an kanzerogenen polyzyklischen aromatischen Kohlenwasserstoffen (PAK) zu verstehen. Der bekannteste Vertreter dieser Stoffgruppe ist Benzo[a]pyren, der als kanzerogen, mutagen und fortpflanzungsgefährdend eingestuft wird. Der Gehalt an Benzo[a]pyren im Bitumen liegt bei etwa 1,2–2,7 mg/kg.
Unterhalb von 80 °C (Kaltkleben, mechanische Befestigung) treten keine messbaren Emissionen von Bitumendämpfen und -aerosolen auf. Bei der Heißverarbeitung wird Bitumen auf 180–250 °C erhitzt, so dass Dämpfe und Aerosole auftreten: Exposition beim Schweißverfahren etwa 9 mg/m³, Gießverfahren 1,5–20 mg/m³ [Gesprächskreis Bitumen 2001]. Für das Gießverfahren (Gussasphalt) musste daher der Grenzwert für Dämpfe und Aerosole bei der Heißverarbeitung von 10 mg/m³ (Deutschland, Stand 2002) bis 2007 ausgesetzt werden. In den Raffinerien erfolgt die Herstellung von Bitumen in geschlossenen Anlagen. Bitumenlösungen enthalten zum Teil erhebliche Mengen an Lösemittel, die Arbeiter und Umwelt belasten.

Nutzung

Wasser kann keine Stoffe aus Bitumen lösen. Die Maximaltemperaturen, die während der Nutzung im Hochbaubereich auftreten, liegen bei ca. 100 °C auf Dächern. Die Emissionen von Bitumendämpfen und -aerosolen aus Bitumenprodukten sind daher gering. Bei fachgerechtem Einbau, abgelüfteten Bitumenschichten und normalen Raumtemperaturen ist keine Beeinträchtigung der Bewohner und der Umwelt durch Bitumeninhaltsstoffe zu erwarten. Diese Aussage betrifft nicht Bitumenprodukten, die emittierbare Zusatzstoffe wie z.B. Durchwurzelungsschutzmittel enthalten. Alterung tritt vor allem bei freiliegenden Flächen auf, die in Kontakt mit Licht, Sauerstoff und Wärme treten können:

Bitumen materials

Bituminous construction materials are tough, hydrophobic, water-resistant sealing materials. Bitumen is a mix of hydrocarbons and heterocyclic compounds (hydrocarbons combined with other atoms such as sulfur, nitrogen or oxygen). The components of bitumen, aside from hydrocarbons, are therefore: sulfur (up to 8 M%), nitrogen (approx. 0.5 M%) and oxygen (1–2 M%). "Tar" is also considered a "bituminous" substance although it is a product distilled during coal gasification and should not be confused with bitumen. The quantity of polycyclic aromatic hydrocarbons (carcinogenic substances) in coal tar is 1000 times higher than in bitumen. Asphalt is a road and floor layering substance created in combination with bitumen. Bitumen can be processed hot or cold. Bitumen is dissolved with a solvent in cold processing, or processed as a watery dispersion. Hot processing entails the heating of bitumen until it is pourable before further processing.

Fundamentals

Bitumen

Bitumen is a product of petroleum processing. Its processing requires the following steps: the distillation of light, middle and heavy oils, leading to bitumen, heating oil and lubricant residues, separation of the secondary compounds via vacuum distillation (distillation bitumen for paints and coatings), or high vacuum distillation (high vacuum bitumen). The oxidation of distilled bitumen leads to the creation of more elastic oxidation bitumen (BITUROX Processing).
The market for natural bitumen, which is found in nature as natural asphalt and asphalt rock, is smaller.

Polymer bitumen

Polymer bitumen is produced via the interlacing of distillation bitumen with approx. 10 M% styrene butadiene elastomers (SBS), styrene isoprene elastomers (SIS) or atactic polypropylene (aPP). This reduces the effects of temperature changes during use and changes the elasto-viscose properties of bitumen, increasing its resistance to weather and aging. Product types include elastomer bitumen sheets (PYE) and plastomer bitumen sheets (PYP). Polymer bitumen is used for sealing in areas facing higher stress (mostly as roof sealing).

Environmental and health aspects
Production and processing

Bitumen is hazardous when it comes into contact with the skin or is inhaled. Bitumen gases and aerosols are category 2 carcinogenic work substances [MAK 2003]. The polycyclic aromatic hydrocarbons (PAH) are the dangerous substances in this case. Benzo(a)pyrene is the most well known substance among them, since it is considered carcinogenic, mutagenic and a hazard in terms of human reproductive capabilities. The amount of Benzo(a)pyrene bitumen contains lies between 1.2 to 2.7 mg/kg.
No measurable bitumen gas and aerosol emissions occur below 80 °C (cold bonding, mechanical fixing). Bitumen is heated to 180–250 °C for hot processing, which leads to gas and aerosol emissions: exposition during welding: 9 mg/m³, during pouring 1.5–20 mg/m³ [Gesprächskreis Bitumen 2001]. It was therefore necessary to postpone the introduction of the 10 mg/m³ limit for hot processing until 2007 (Germany, status in 2002). Bitumen is produced in closed facilities at refineries.
Bitumen solutions can contain considerable amounts of solvents that are hazardous to workers and the environment.

Uses

Bituminous substances are not water-soluble. The maximum temperatures of around 100 °C are reached when it is used for roof construction purposes. The bitumen gas and aerosol emission of bitumen products is therefore minor. Thus no hazards ensue for residents when bitumen is properly handled with adequate ventilation at room temperatures. This statement does not include bitumen products that contain emission-prone additives such as root protection substances. Aging primarily affects exposed surfaces that are affected by light, oxygen and heat:

a) Leichter flüchtige Bitumenbestandteile verdampfen, schwerere Anteile konzentrieren sich, die Bahn wird weniger flexibel.

b) Sauerstoff oxidiert Bestandteile des Bitumens; Alterungsvorgänge können durch Bedeckung der Bitumenoberfläche unterbunden bzw. verlangsamt werden.

Entsorgung

Eine stoffliche oder thermische Verwertung der im Hochbau eingesetzten Bitumenmaterialien nach Abbruch ist wegen der Verklebung mit anderen Baustoffen meist nicht möglich. Die Deponierung erfolgt gem. → Österr. Deponieverordnung (BGBl.1996/164) auf der Baurestmassendeponie bzw. auf der Massenabfalldeponie.

Empfehlung

Zusammenfassend gelten für die Verarbeitung von Bitumen folgende ökologischen Regelungen:

- Hautkontakt mit Bitumen vermeiden. Passende Handschuhe bei der Verarbeitung von Bitumenmassen verwenden!
- Kaltverarbeiten von Bitumenemulsionen dem Heißverarbeiten vorziehen!
- Bitumenemulsionen (GISCODE BBP10) den Bitumenlösungen (GISCODE BBP20) vorziehen (besonders bei Verarbeitung in Innenräumen)!
- Falls der Einsatz von lösemittelhaltigen Bitumenmassen technisch begründet ist, ist die Verwendung von aromatenarmen Bitumenmassen (GISCODE BBP20) gegenüber den gesundheitsschädlichen bzw. lösemittelreichen Produkten vorzuziehen
- Lösemittelreiche Bitumenprodukte (GISCODE BBP30), aromatenreiche und/oder gesundheitsschädliche Bitumenprodukte (GISCODE BBP40, BBP50, BBP60, BBP70) vermeiden!
- Für einige Spezialanwendungen wie z. B. als Haftvermittler auf alten Bitumenuntergründen oder im Korrosionsschutz kann die Verwendung von lösemittelreichen Bitumenmassen technisch notwendig sein. In diesem Fall sind aromatenarme und nicht als gesundheitsschädlich eingestufte Produkte vorzuziehen (GISCODE BBP30). Es ist zu prüfen, ob Produkte mit einem geringeren Lösemittelgehalt (GISCODE BBP20) eingesetzt werden können.
- Auf gute Durchlüftung während des Arbeitens achten, besonders bei der Verarbeitung von Heißbitumen und lösemittelhältigen Bitumenanstrichen oder beim Verschweißen von Bitumenbahnen

Bitumenanstriche

Bitumenanstriche sind kaltverarbeitbare Bitumenprodukte, die als Bitumenemulsionen oder Bitumenlösungen vorliegen und hauptsächlich zur Abdichtung (z. B. von Kelleraußenwänden), zur Haftverbesserung vor dem Aufbringen von Bitumenbahnen und zum Verkleben von Dachbahnen, Dämmstoffplatten etc. eingesetzt werden.

Bitumenemulsionen bestehen aus ca. 55–70 M% Bitumen oder Polymerbitumen sowie Wasser und Emulgatoren. Wenn Bitumenanstriche Füllstoffe oder Kunststoffzusätze (kunststoffmodifizierte Bitumendickbeschichtungen, KMB) enthalten, kann sich der Bitumengehalt bis auf ca. 25 % verringern. Bei zweikomponentigen Bitumenemulsionen wird vor der Verarbeitung eine hydraulische Pulverkomponente (i.d.R. Zement) mit eingemischt. „Lösemittelhaltige" Bitumenmassen gem. GISCODE werden aus 30–60 M% Oxidationsbitumen und max. 25 M% → Lösemittel hergestellt. „Lösemittelreiche" Bitumenmassen enthalten 40–70 % Lösemittel (Testbenzin, Solvent Naphta etc.). Im Gefahrstoff-Informationssystem der Berufsgenossenschaften der Bauwirtschaft (GISBAU) werden kaltverarbeitbare Bitumenanstriche nach folgenden GISCODES systematisiert:

Je höher die jeweilige Kennziffer des GISCODEs, desto gefährlicher ist das Produkt und desto umfangreichere Schutzmaßnahmen müssen getroffen werden. Für „Lösemittelarme Bitumenanstriche und Kleber" gibt es außerdem das deutsche Umweltzeichen „Blauer Engel" (entspricht Bitumenmasse nach Giscode BBP10). Der Gehalt an flüchtigen organischen Stoffen darf 1 Gew.-% bezogen auf das fertige Produkt nicht überschreiten).

Disposal

Generally, the substance or caloric processing of bitumen materials used in building construction after demolition is not possible due to its cementation with other substances. Dumping is carried out at construction waste disposal sites or bulk waste disposal plants in accordance with → Austrian Disposal Site Regulations (BGBl. 1996/164).

Recommendation

The following ecological guidelines apply to bitumen processing:

- Avoid skin contact when working with bitumen. Use appropriate gloves when processing bitumen mass!
- Cold processing of bitumen emulsions is preferable to hot processing!
- Bitumen emulsions (GISCODE BBP10) are preferable to bitumen solutions (GISCODE BBP20), especially when working in enclosed spaces!
- If there is a technical reason for the use of bitumen mass that contains solvents, the use of bitumen masses with low aromatic content (GISCODE BBP20) is recommended, instead of hazardous and/or solvent-rich products
- Avoid solvent-rich bitumen products (GISCODE BBP30), high aromatic content and or hazardous bitumen products (GISCODE BBP40, BBP50, BBP60, BBP70)!
- The use of solvent-rich bitumen mass might be necessary for certain special purposes, e.g. as an adhesive agent on old bitumen surfaces or for corrosion protection. In this case, it is advisable to use products with low aromatic content that are not considered hazardous (GISCODE BBP30). It should be established whether low solvent level (GISCODE BBP20) can be used.
- Ensure good ventilation is available while working with these products, especially when employing hot bitumen and bitumen coating that contain solvents or when welding bitumen sheets

Bitumen coatings

Bitumen coatings are cold-processed bitumen products that are available as bitumen emulsions or solutions and are mainly used for sealing (e.g. exterior basement walls), to improve adhesion before setting bitumen sheets and to bond roofing sheets, insulation panels, etc.

Bitumen emulsions are made of bitumen (approx. 55–70 M%) or polymer bitumen as well as water and emulsifiers. The amount of bitumen can be reduced to around 25 % if the coatings contain fillers of synthetic additives. Two-component bitumen emulsions are mixed with a hydraulic powder component (normally cement).

"Solvent containing" bitumen masses that comply with GISCODE consist of 30–60 M% oxidation bitumen and a maximum of 25 M% → solvents. "Solvent-rich" bitumen masses contain 40–70 M% solvents (test gasoline, solvent naphta, etc). Cold-processed bitumen coatings are systemized under the following GISCODES in the hazardous materials information system of the Professional Cooperative of the Construction Industry (GISBAU): The higher the GISCODE, the higher the danger posed by the product, which also means more comprehensive protective measures have to be taken. Low solvent content bitumen coatings and adhesives are also certified with the German "Blauer Engel" (blue angel) environmental seal (corresponds to bitumen mass in compliance with Giscode BBP10). The amount of volatile organic substances cannot exceed 1 weight-% in relation to the finished product.

GISCODE Bezeichnung · GISCODE Designation

BBP10	Bitumenemulsionen · Bitumen emulsions
BBP20	Bitumenmassen, aromatenarm, lösemittelhaltig · Bitumen masses, low aromatic content, containing solvents
BBP30	Bitumenmassen, aromatenarm, lösemittelreich · Bitumen masses, low aromatic content, solvent-rich
BBP40	Bitumenmassen, aromatenarm, gesundheitsschädlich, lösemittelhaltig · Bitumen masses, low aromatic content, health hazard, containing solvents
BBP50	Bitumenmassen, aromatenarm, gesundheitsschädlich, lösemittelreich · Bitumen masses, low aromatic content, health hazard, solvent-rich
BBP60	Bitumenmassen, aromatenreich, gesundheitsschädlich, lösemittelhaltig · Bitumen masses, high aromatic content, health hazard, containing solvents
BBP70	Bitumenmassen, aromatenreich, gesundheitsschädlich, lösemittelreich · Bitumen masses, high aromatic content, health hazard, solvent-rich

GISCODE für kaltverarbeitbare Bitumenprodukte in der Bauwerksabdichtung · GISCODE for cold-processed bitumen products for construction sealing

Bitumen- und Polymerbitumen-Dichtungsbahnen

Bitumen- und Polymerbitumen-Dichtungsbahnen werden für Dachabdichtungen und Abdichtungen gegen Bodenfeuchtigkeit eingesetzt.

Sie bestehen aus Bitumen-getränkten Trägereinlagen wie Glasgewebe, Glasvlies, Polyestergewebe, Polyestervlies oder Jute. In der Regel sind beidseitig Bitumendeckschichten aus Oxidationsbitumen oder Polymerbitumen aufgebracht, die meist zumindest einseitig mit mineralischen Stoffen bestreut sind. Bei wurzelfesten Bitumenbahnen werden Metallbänder (meist aus Kupfer) oder Herbizide eingearbeitet. Bitumen, Zuschlagsstoffe und ggf. Polymere werden bei etwa 160 °C vermischt und bei 180–190 °C auf die Trägereinlagen aufgebracht. Die fertigen Bahnen werden abgekühlt und konfektioniert. Die Herstellung erfolgt in einer teilgekapselten, abgesaugten Fertigungsstraße (Stand der Technik zur Einhaltung der TA Luft). Es werden 4 Verarbeitungsverfahren unterschieden:

- Schweißen: anschmelzen mit Gasbrenner und verkleben mit dem Untergrund (Temperaturen ca. 200 °C)
- Gießen: Bitumenbahn wird in aufgegossene heiße Bitumenmasse (Temperatur ca. 180–230 °C) gelegt
- Kaltselbstkleben: Selbstklebende Bitumenbahnen, kein Erhitzen von Bitumen
- Mechanische Befestigungsverfahren

Heißbitumen

Heißbitumen wird zum Verkleben von Schaumglasplatten und Bitumenbahnen verwendet. Der früher häufiger durchgeführte Dichtanstrich mit Heißbitumen hat heute kaum noch Bedeutung.

Heißaufstriche bestehen aus Destillations- oder Oxidationsbitumen mit maximal 50 % Füllstoffen wie Quarz- oder Schiefersand.

Zur Herstellung von Heißbitumen wird Bitumen bis zur Gießfähigkeit erhitzt. Das Heißbitumen wird aufgegossen und bei maximal 180 °C aufgetragen.

Baustoffe aus Polyolefinen (PE, PP)

Polyethen (auch: Polyethylen, PE) und Polypropen (auch: Polypropylen, PP) sind Kunststoffe aus polymerisiertem Ethen bzw. Propen.

Folien und Vliese aus PE und PP werden als Dampfbremsen, Winddichtungen, Abdeckungen und Abdichtungsbahnen verwendet.

Grundlagen

Polyethen (PE), Polypropen (PP)

Ethen und Propen werden aus → Erdöl und Erdgas gewonnen. Im Crackprozess wird das raffinierte Naphtha bei sehr hohen Temperaturen chemisch modifiziert, abgekühlt und in die Kohlenwasserstoff-Fraktionen Ethen (auch: Ethylen), Propen (auch: Propylen) und eine Vielzahl anderer Stoffe getrennt.

Bei Polyethen wird zwischen PE-HD (high density polyethen, Niederdruckpolyethen) und PE-LD (low density polyethen, Hochdruckpolyethen) unterschieden. PE-LD, welches viele Verzweigungen aufweist, entsteht unter radikalischer Hochdruckpolymerisation. PE-HD, welches viele kristalline Bereiche aufweist, linear gebaut ist und praktisch keine Verzweigung besitzt, entsteht durch stereospezifische Polymerisation bei Normaldruck mit Ziegler-Katalysatoren

Die Erzeugung von PP entspricht im Wesentlichen jener von PE-HD.

Die Kunststoffe enthalten als Zusatzstoffe Stabilisatoren (Lichtschutzmittel, UV-Absorber, Konservierungsmittel), Antioxidantien, gegebenenfalls Flammschutzmittel und Pigmente.

Umwelt- und Gesundheitsaspekte

Herstellung

Humantoxikologisch ist Ethen als akut wenig toxisch einzustufen. Einige Prozent inhalierten Ethens werden im Organismus jedoch zu Ethylenoxid, einem bekannten Kanzerogen (in Tierversuchen Leukämien, Hirntumore und lokale Tumore je nach Applikationsart), metabolisiert. Ethen ist in die Kategorie 3 B (→ krebserzeugende Arbeitsstoffe) eingestuft [MAK 2003]. Ev. toxisches Potential können auch die Zusatzstoffe aufweisen. Die Polymere PE und PP selbst sind toxikologisch nicht relevant. Die Produktion erfordert einen hohen Energieverbrauch und ist mit Kohlenwasserstoffemissionen verbunden. Die Wirkungen liegen primär im ökologischen Bereich (photochemische Prozesse in der Luft, Ozonbildung, Treibhauseffekt). Verglichen mit anderen Kunststoffen sind für die Herstellung von PE und PP weniger toxische Zwischenstufen notwendig.

Verarbeitung und Nutzung

PE und PP sind in der Einbau- und Nutzungsphase toxikologisch nicht relevant (allenfalls sind Kleber etc. zu beachten).

Bitumen and polymer bitumen sealing sheets

Bitumen and polymer bitumen sealing sheets are used for roof sealing and sealing against ground moisture.

These products consist of bitumen-dipped strut layers such as glass fiber, glass fleece, polyester fibers, polyester fleece or jute. Normally, oxidation or polymer bitumen protective coatings are applied on both sides that also feature mineral substances on at least one side. Root proof bitumen sheets also incorporate metal bands (generally made of copper) or herbicides. Bitumen, filler substances and (in certain cases) polymers are mixed at around 160 °C and applied on the support inserts at between 180–190 °C. The coated sheets are then cooled and finished. Production is completed on a partially encapsulated, vacuum assembly line (State of the art to meet the requirements of the Technical Instructions on Air Quality Control (TA Luft)). There are four different processing methods:

- Welding: melting with gas burners and bonding with the ground (temperature ca. 200 °C)
- Pouring: the bitumen sheet is layered over the hot cast bitumen mass (temperature ca. 180–230 °C)
- Cold self-adhesion: Self-adhesive bitumen sheets, no bitumen heating
- Mechanical bonding process

Hot bitumen

Hot bitumen is used to bond cellular glass and bitumen sheets. The hot bitumen coating sealing process that was the norm earlier is rarely seen today.

Hot bitumen coatings consist of distillation or oxidation bitumen with a maximum of 50 % filler additives such as quartz or shale sand.

Bitumen is heated until it is pourable to produce hot bitumen. The hot bitumen is then poured and applied at a max. temperature of 180 °C.

Polyolefins materials (PE, PP)

Polyethylene and polypropylene are synthetics made from polymerized ethylenes or propylenes.

Films and fleece made of PE or PP are used as vapor locks, for windproofing, cover layers and sealing sheets.

Fundamentals

Polyethylene (PE), polypropylene (PP)

Ethylene and propylene are → petroleum and natural gas-based products. Refined naphtha is chemically modified at very high temperatures before being cooled and separated into hydrocarbon fractions including ethylene and propylene as well as a number of other substances during the crack process.

There are two different types of polyethylene, PE-HD (high-density polyethylene) and PE-LD (low-density polyethylene). PE-LD, which offers many variants, is produced under radical high-pressure polymerization. PE-HD, which has many crystalline areas and practically no variants, is produced via stereospecific polymerization under normal presssure with Ziegler catalysts.

The PP production process is basically the same as that of PE-HD. The synthetic substances contain stabilizing additives (light protection substances, UV absorbers, preservatives), anti-oxidants, and flame-retardant substances and pigments in certain cases.

Environmental and health aspects

Production

Ethylene is rated an acutely low toxin in terms of human toxicology. However, a few percent of inhaled ethylene are metabolized into ethylene oxide, a known carcinogenic substance (it caused leukemia, brain tumors and local tumors when tested on animals). Ethylene is rated in category 3 B (→ carcinogenic work substances) [MAK 2003]. Some additives are also rated eventual potential toxins. The PE and PP polymers themselves are not relevant toxicologically.

Production requires high energy consumption and leads to hydrocarbon emissions. The effects are primarily ecological (photochemical processes in the air, ozone generation, green house effect). Less toxic steps are necessary for the production of PE and PP compared to other synthetic substances.

Production and uses

PE and PP are not toxicologically relevant in the construction and use stages (pay attention to adhesives etc., if need be).

Entsorgung

Aufgrund von Verschmutzungen und Undichtigkeiten ist ein Weiterverwenden in der Regel nicht möglich. Das Material kann stofflich verwertet werden, jedoch ist wegen der langen und anspruchsvollen Nutzung im Baubereich ein „Downcycling"-Prozess unumgänglich. Abfälle von Folien können beispielsweise zu Rohren oder Parkbänken verarbeitet werden, dazu wird auch Altmaterial von den Herstellern zurückgenommen. Verbrennung in Müllverbrennungsanlagen. Die Verbrennung von mit bromierten Flammschutzmitteln ausgerüsteten Folien kann zur Emission von polybromierten Furanen und Dioxinen führen. Das Deponieren ist im Allgemeinen nicht mehr erlaubt. Ausnahme: als geringer Anteil im Bauschutt.

Empfehlung

Polyolefine gelten im Vergleich zu anderen Kunststoffen (z. B. PVC) als relativ umweltverträglich (direkte Gewinnung der Monomere ohne toxikologisch problematische Zwischenprodukte, humantoxikologisch auch im Bereich der Monomere relativ unproblematisch, unproblematische Entsorgung) und ist in Einsatzbereichen, in denen derzeit noch ökologisch bessere Materialien fehlen, bis auf weiteres akzeptabel. Es sollten keine halogenierten Zusatzstoffe (z.B. bromierte Flammschutzmittel) enthalten sein.

PE-Dampfsperren

PE-Dampfsperren werden aus kalandriertem Material gefertigt. Als Zusatzstoffe können Pigmente, Stabilisatoren oder Antioxidationsmittel eingesetzt werden. Der Kalander besteht aus einem speziellen Extruder, in den PE-Granulat eingefüllt, durch die Schneckenpresse und Heizelemente zum Schmelzen gebracht und auf einer Walzenbahn (Kalander) in Folienform ausgewalzt wird.

PE- und PP-Vliese

PE- und PP-Vliese werden im Hochbau als Dampfbremsen oder Winddichtungen eingesetzt.
Die Fasern zur Herstellung der Spinnvliese werden erzeugt, indem PE bzw. PP in einem Lösemittel aufgeschmolzen und in diesem Zustand durch Spinndüsen gepresst wird. Das Lösemittel wird verdampft und rückgeführt, übrig bleiben Polyethen-Endlosfasern, die stapelweise abgelegt werden und das Vlies bilden. Als Zusatzstoffe werden Pigmente, Stabilisatoren und Antioxidationsmittel eingesetzt.

Baustoffe aus Polystyrol

Grundlagen

Polystyrol
Ethen und ➜ Benzol werden in einer Friedl-Crafts-Alkylierungsreaktion zu Ethylbenzol umgesetzt und im darauffolgenden Herstellungsschritt unter Anwesenheit von Festbettreaktoren, in denen Eisenoxidkatalysatoren verschiedener Zusammensetzung zum Einsatz kommen, zu ➜ Styrol dehydriert. Durch Polymerisation von Styrol entsteht Polystyrol.

Expandierbares Polystyrol (EPS)
EPS setzt sich zusammen aus 91–94 M% Polystyrol, 4–7 M% Pentan, knapp 1 M% Brandschutzmittel Hexabromcyclododecan und Dicumylperoxid sowie aus kleinen Mengen von PE-Wachsen, Paraffinen und Metallsalzen von Fettsäuren. Durch Suspensions- oder Perlpolymerisation von Styrol entsteht Polystyrolgranulat. Dafür werden zuerst die Additive, Initiatoren (Dibenzoylperoxid, Dicumylperoxid) und Wiederauflöser (z. B. innerbetriebliche Polystyrolabfälle oder Fehlchargen) in Styrol gelöst und danach diese organische Phase durch ein Rührwerk in der wässrigen Phase dispergiert. Durch Erhöhung der Temperatur zerfallen die Initiatoren und lösen damit die Polymerisation aus. Damit der dispergierte Zustand erhalten bleibt, werden entweder Extender (Tenside) in Kombination mit wasserunlöslichen feinverteilten anorganischen Feststoffen oder leicht hydrophile Polymere (z. B. Polyvinylpyrrolidon) oder eine Kombination der beiden eingesetzt. Bei höheren Umsätzen wird das Treibmittel – in der Regel eine Kombination aus Normalpentan und Isopentan – zugegeben. Nach ca. 10 bis 16 Stunden wird die Polymerisation durch die Zugabe einer geeigneten Stopperlösung (z.B. 20 %ige Lösung von tert-Butylbrenzkatechin) abgebrochen. Bei der Aufarbeitung wird das EPS-Perlpolymerisat in einem Schleuderprozess vom Suspensionsmedium getrennt. Die EPS-Perlen werden gewaschen, im Luftstrom bei moderaten Temperaturen getrocknet (Wassergehalt < 0,5 M%) und mit Gleit- und Verarbeitungshilfsmitteln (z. B. Metallsalzen von Fettsäuren oder Fettsäureester) bzw. Antistatika beschichtet.

Extrudiertes Polystyrol (XPS)
XPS wird aus Polystyrolgranulat (Standardpolystyrol, General Purpose Polystyrene), das eine Reihe von Zusatzstoffen enthält, durch Extrudieren unter Zusetzung eines

Disposal

Generally, further use is impossible due to dirt accumulation and deteriorating sealing properties. The materials' substances can be processed, but a downcycling process is indispensable due to the long and demanding use in construction. Film waste material can be used for pipes and park benches, for example. Manufacturers collect waste material for this purpose. Waste incineration. The incineration of bromided flame retardant film can lead to the emission of polybromided furans and dioxins. Disposal is generally not permitted anymore. Exception: low quantities in construction waste.

Recommendation

Poly-olefins are considered relatively friendly to the environment when compared to other synthetics, e. g. PVC (direct extraction of the monomers without toxicologically problematic byproducts, they are also relatively unproblematic in terms of monomers concerning human toxicology, and easy to dispose). They are therefore acceptable since no ecologically better materials are currently available. However, they should not contain halogenized additives (e.g. bromided flame retardants).

PE vapor barriers

PE vapor barriers are made of calendered material. Pigments, stabilizers or antioxidant substances can be used as additives. The calender is a specialized extruder, in which the extrusion auger is filled with PE granules and heating elements for melting before being rolled into film.

PE and PP fleece

PE and PP fleeces are used in building construction as vapor locks and for windproofing.
Melting PE or PP in a solvent before feeding it into spinning nozzles produces the fibers required for spun fleece. The solvent vaporizes before being returned, leading to finished, stackable polyethylene fiber spools used to manufacture fleece. Pigments, stabilizers and antioxidants are used as additives.

Polystyrene construction materials

Fundamentals

Polystyrene
Ethylene and ➜ benzene are used to produce ethyl benzene via a Friedl-Crafts alkalization reaction, followed by a packing bed reaction in which iron oxide catalysts of varying composition are employed before ➜ styrene can be dehydrated in the last step. The styrene is then polymerized to make polystyrene.

Expandable polystyrene (EPS)
EPS consists of 91–94 M% polystyrene, 4–7 M% pentane, close to 1 M% hexabromcyclododecane flame retardant and dicumyl peroxide as well as small amounts of PE waxes, paraffin, and metal salts from fatty acids. Polystyrene granules are produced via suspension or pearl polymerization. Additives, initiators (dibenzoyl peroxide, dicumyl peroxide) and redissolved substances (e.g. company polystyrene waste or faulty batches) are dissolved in stryrene and deflocculated through stirring in this organic phase. The temperature is raised, causing initiator decay and triggering polymerization. A combination of extenders (tensides) with either finely distributed non-water soluble solids or slightly hydrophilic polymer (e.g. polyvinyl pyrolidone), or both is used to maintain the deflocculated state. Higher turnover requires the addition of an expanding agent, generally normal pentane and isopentane. Polymerization is interrupted after approx. 10 to 16 hours by adding the appropriate stopper solution (e.g. a 20 % tert-butylpyrocatechol) solution. The EPS pearl polymer is then separated from the suspension agent via centrifuge. The EPS pearls are washed and air-dried under moderate temperatures (water content < 0.5 M%) and coated with lubricant and processing agents (e.g. metal salts extracted from fatty acids or fatty acid esters) and/or antistatic substances.

Extruded polystyrene (XPS)
XPS is produced by extrusion using polystyrene granules (standard polystyrene, general polystyrene) containing a number of additives with the

Treibmittels (0–12 M% ➔ HFKW oder CO_2) hergestellt. Weitere Zusatzstoffe sind Flammschutzmittel (➔ Hexabromcyclododecan und Dicumylperoxid), Farbpigmente und weiter Hilfsstoffe wie Antioxidationsmittel, Lichtstabilisatoren oder Keimbildner. Die Einsatzstoffe (Polystyrolgranulat, Brandschutzmittel, Verarbeitungshilfsmittel) werden in einem Extruder dosiert und in der Verdichtungszone zu einer Schmelze verarbeitet. Danach wird das flüssige Treibmittel eingemischt. Durch die Extrusion wird die Schmelze aufgeschäumt, ein Teil des Treibgases wird emittiert und abgesaugt, der Rest verbleibt in den Zellen des XPS und gast langsam im Verlauf von Jahren aus. Die Platten werden abgelängt und durch mechanische Bearbeitung in die gewünschte geometrische Form gebracht. Die dabei anfallenden XPS-Reste werden zerkleinert, in einem Extruder aufgeschmolzen, entgast, filtriert und zu Granulat verarbeitet, das wieder im Schäumprozess verwendet werden kann.

Umwelt- und Gesundheitsaspekte
Herstellung
Hoher Aufwand an Energie, Chemikalien und Infrastruktur, insbesondere zur Herstellung des Ethylbenzols; prozessbedingt dominieren Emissionen von Kohlenwasserstoffen in die Luft. ➔ Benzol ist als „beim Menschen krebserzeugend" eingestuft. Styrol ist ein Nervengift, jedoch nach heutigem Kenntnisstand wahrscheinlich nicht krebsauslösend. Grenzwerte für Styrol-, Ethylbenzol- und Benzol-Konzentrationen werden in westeuropäischen Werken im Normalbetrieb deutlich unterschritten; bei Störfällen sind allerdings Überschreitungen möglich; in Werken Geruchsbelästigung durch Styrol; z.T. erhöhte Lärmemissionen.

Verarbeitung
Relevante Styrolemissionen treten nur bei Erhitzung der Platten auf (z. B. Schneiden mit Glühdraht). Allenfalls sind Emissionen aus Kunstharzkleber, Grundierung, etc. relevant.

Verarbeitung und Nutzung
Aus EPS-Platten wird Styrol emittiert. Der Styrolgehalt im Fertigprodukt liegt in westeuropäischen Ländern unter 1000 ppm, Ausgasungsraten klingen exponentiell ab. Wie [Hoffmann 1994] und [Münzenberg 2003] nachgewiesen haben, kann auch aus außenseitig aufgebrachten EPS-Platten Styrol in die Raumluft gelangen. Die Styrolkonzentrationen in Innenräumen sind jedoch so gering, dass das toxikologische Risiko der Styrolemissionen unter den heute allgemein akzeptierten Risiken für Wohnräume liegt (nach einigen Monaten deutlich unter 1/10 des WHO-Grenzwertes). Für XPS liegen keine Messwerte für Styrolemissionen vor, es ist allerdings von einem dem expandierten Polystyrol (EPS) ähnlichen Verhalten auszugehen.
Das Treibmittel Pentan emittiert aus den Platten und trägt zur bodennahen Ozonbildung (Photosmog) und bei raumseitiger Verlegung zur Verschlechterung der Raumluft bei. Im Niedrigdosisbereich gibt es noch keine Daten zur toxikologischen Wirkung von Pentan [Münzenberg 2003], vorsorglich sollte in der Anfangsphase besonders gut gelüftet werden.
HFKW-Treibmittel emittieren während der Nutzungsphase und tragen wegen ihres hohen Treibhauspotentials zum Treibhauseffekt bei. Die 2002 erlassene österreichische Verordnung (HFKW-FKW-SF6-VO: BGBl. 447/2002) sieht daher ein Verbot für die mengenmäßig wichtigsten HFKW-Anwendungen vor.

Wartung/Lebensdauer
EPS und XPS sind gegenüber organischen Lösemitteln wie Klebern, Anstrichstoffen, Trennmitteln auf ölhaltiger Basis, Teerprodukten, Fluxmitteln sowie konzentrierten Dämpfen dieser Stoffe empfindlich. Bei direktem Kontakt mit PVC-Folien können Weichmacher in den Dämmstoff wandern und Schaden anrichten. EPS und XPS sind biologisch nicht abbaubar. Sie können aber Insekten und Nagetieren als Nistplatz, zur Ablage von Eiern oder zum Anlegen von Futtervorräten dienen.

Entsorgung
Nicht verklebtes, nur leicht verschmutztes Material (z.B. EPS-Trittschalldämmung) kann weiterverwendet werden. Unverschmutzte Abfälle (saubere Baustellenabfälle) sind in den Herstellungsprozess rückführbar oder können zur Herstellung von PS-Extrusionsgegenständen (z. B. Helme) über Entgasung, Aufschmelzen und Wiederbegasung und Extrusion verwendet werden. Bei leichter Verschmutzung: Zerkleinerung zu Granulat, Einsatz als Schüttung, Zuschlagstoff oder als Porosierungsmittel für Leichtbeton oder Ziegel. Eine noch nicht marktreife Verwertungsmöglichkeit besteht in der Zerlegung von XPS in die niedermolekularen Ausgangsrohstoffe Ethen und Benzol (Pyrolyse).
EPS und XPS haben einen hohen Heizwert (ca. 45 MJ/kg bzw. 47 MJ/kg). Neben den üblichen Verbrennungsgasen entstehen auch Bromwasserstoff und bromierte Furane und Dioxine in geringen Mengen. Nur in modernen Müllverbrennungsanlagen ist eine geordnete Verbrennung mit Überwachung und Nutzung der Abwär-

help of a foaming agent (0–12 M% ➔ HFC or CO_2). Other additives include flame retardants (➔ Hexabromcyclododecane and Dicumyl peroxide), color pigments and other substances such as antioxidant agents, light stabilizers or nucleating agents. The substances used (Polystyrene granules, flame retardant agents , processing additives) are dosed in an extruder and melted into a mass in the compression zone. The liquid foaming agent is added afterwards. The molten mass foams during extrusion before part of the foaming agent gases are emitted and removed, the rest remains in the XPS cells and gradually dissipates over the years. The sheets are then measured and shaped as required. The remaining XPS residue is crushed before being melted in an extruder, de-gassed, filtered and processed into granules to be re-used in the foaming process.

Environmental and health aspects
Production
High amounts of energy, chemicals and infrastructure are required, especially for the production of ethyl benzene. The process also leads to hydrocarbon emissions. ➔ Benzene is rated "carcinogenic for humans". Styrene is poisonous to the nervous system, but unlikely to be a carcinogenic according to the information available today. The concentration levels at western European plants are clearly below the maximum permissible amounts for styrene, ethyl benzene and benzene under normal operating conditions, although these limits may be exceeded in case of abnormal occurrences. On site the smell of styrene can lead to irritation. Styrene production can also cause increased noise emmissions.

Processing
Relevant styrene emissions only occur during sheet heating (e.g. filament cutting). Relevant emissions are possible from synthetic adhesives, base coatings, etc.

Processing and uses
EPS sheets emit styrene. The styrene content in finished products is below 1000 PPM in western European countries and degasification rates decrease exponentially. It has been proved [Hoffmann 1994, Münzenberg 2003] that EPS sheets can emit styrene into the indoor air even when mounted externally. However, these styrene emissions are so minor that the toxicological risk posed by styrene emissions lies below the standards that are generally accepted for living spaces (below 1/10 of the WHO maximum level).
No measurements are available for styrene emissions, but quantities similar to those emitted by expanded polystyrene (EPS) can be expected.
Pentane is also emitted, which can lead to low-altitude ozone development (photo smog) and the deterioration of air quality when mounted inside. No data is available on the low-dosage toxicological effects of pentane [Münzenberg 2003], but good ventilation should be ensured in the beginning stages as a precautionary measure.
HFC foaming agents are emitted during use and contribute to the green house effect due to their high potential in this respect. The Austrian guidelines issued in 2002 (HFKW-FKW-SF6-VO: BGBl. 447/2002) therefore stipulate a ban for the most important HFC applications requiring high HFC quantities.

Maintenance and life cycle
EPS and XPS are sensitive to organic solvents such coatings, oil-based separators, tar products, flux oil and the concentrated gases of these substances. Softeners can penetrate the insulating material and cause damage when EPS and XPS come into contact with PVC foil. EPS and XPS are not biodegradable, but they can serve as storage places for insects and rodents, which use them to deposit their eggs and store food.

Disposal
Non-adhesive material that is only slightly contaminated (e.g. EPS impact sound insulation) can be re-used. Uncontaminated waste (clean construction site waste) can be re-used in the production process to produce PS extrusion items (e.g. helmets) via degasification, melting, regasification and extrusion. In the case of slight contamination, it can be reduced to granules, and used as filler, a construction aggregate or as a porosity agent for light cement or bricks. A possibility that is not yet ready for implementation on the market lies in the decomposition of XPS into the low-molecular raw materials ethene and benzene (pyrolysis).
EPS and XPS have high calorific values (ca. 45 MJ/kg and 47 MJ/kg). In addition to the usual incineration gases, they release hydrogen bromide and

me möglich. Bei Wärmedämmverbundsystemen müssen vor der Verbrennung EPS und mineralische Bestandteile aufwändig getrennt werden. Das Deponieren ist im Allgemeinen nicht mehr erlaubt, Ausnahme: als geringer Anteil im Bauschuttes.

Empfehlung
Keine HFKW-geschäumten XPS-Platten verwenden. Für Dämmstoffe und Schäume gibt es eine Reihe von Anbietern für HFKW-freie Produkte.

EPS-Platten

EPS-Platten werden als Wärmedämmstoff und Trittschalldämmung in allen nicht feuchtebelasteten Bereichen eingesetzt.
Zur Erzeugung werden EPS-Perlen, die das Treibmittel bereits enthalten, in Vorschäumgeräten bei ca. 100 °C auf das 20–50fache expandiert und kontinuierlich zu Platten oder diskontinuierlich zu Schalungssteinen geschäumt.

XPS-Platten

XPS-Platten sind feuchteunempfindliche Platten, die kaum Wasser aufnehmen und deshalb vor allem für Perimeter- und Sockeldämmungen sowie für Umkehr- und Terrassendächer eingesetzt werden.
Die Platten bestehen aus überwiegend geschlossenzelligem harten Schaumstoff aus Polystyrol oder Mischpolymerisaten mit überwiegendem Polystyrol-Anteil. Im Unterschied zu den EPS-Platten wird das Treibmittel erst bei der Fertigung der Platten zugegeben.

Weitere Baustoffe aus Kunststoff

ECB-Dichtungsbahnen

Beschreibung
ECB-Dichtungsbahnen bestehen aus Ethylen-Copolymerisat-Bitumen, einer schwarzfarbigen Mischung aus 20–50 % Bitumen, 50–80 % Ethylen-Acrylsäureester-Copolymerisat und Additiven. Für spezielle Anforderungen wie z.B. bei rauem Untergrund oder Dachsanierungen werden Produkte mit zusätzlicher Polyesterkaschierung auf der Unterseite angeboten. ECB-Dichtungsbahnen werden bei Verarbeitungstemperaturen von 160 bis 230 °C aus ECB-Granulat extrudiert und mit einem mittig eingelagerten Glasvlies hergestellt. Die homogen in die Polymermatrix eingelagerten kugelförmigen Bitumenteilchen wirken im Kunststoffgefüge wie ein Weichmacher und inneres Gleitmittel, so dass der Kunststoff im niedrigen Temperaturbereich quasi elastisches Verhalten zeigt. Sie garantieren außerdem die Bitumenverträglichkeit und die Witterungsstabilität. Das Polymer ist verantwortlich für die Festigkeit, Zähigkeit, Wärmestandfestigkeit, chemische Resistenz und das Kältebiegeverhalten. Die 2 mm starken Bahnen werden einlagig verlegt (lose verlegt, mechanisch verankert, bitumig oder mit Polyurethanklebern streifenweise verklebt) und die Naht durch Heißluftverschweißung verfugt. ECB-Dichtungsbahnen sind bitumen- und polystyrolverträglich, ihre Schweißnähte gelten als wurzelfest und verrottungsbeständig. Neben der Flach- und Gründachabdichtung haben sich ECB-Dichtungsbahnen u.a. auch bei Grundwasser-, Teich-, Fundament- und Böschungsabdichtung sowie im Tiefbau bewährt [Zwiener/Mötzl 2006].

Umwelt- und Gesundheitsverträglichkeit
Durch den Verzicht auf Chlor und Weichmacher sind ECB-Dichtungsbahnen eine umweltverträgliche Alternative zu PVC-Dichtungsbahnen. Bei der Herstellung von ECB-Dichtungsbahnen treten Temperaturen über 80 °C, damit sind Emissionen von Bitumendämpfen und -aerosolen (Kat. 2 der krebserzeugenden Arbeitsstoffe gem. MAK-Liste) nicht auszuschließen, von einer Einhaltung des Grenzwertes von 10 mg/m^3 ist aber auszugehen. Die Maximaltemperaturen, die während der Nutzung im Hochbaubereich auftreten, liegen bei ca. 100 °C auf Dächern, relevante Emissionen von Bitumeninhaltsstoffen in die Umwelt treten dabei nicht auf. ECB-Dichtungsbahnen haben einen relativ hohen Heizwert und können in Müllverbrennungsanlagen entsorgt werden [Zwiener/Mötzl 2006].

EPDM-Dichtungsbahnen

Beschreibung
EPDM (Ethen-Propen-Dien-Mischpolymerisate) sind Polymere, die aus Ethen-Propen-Copolymerisat einerseits und einer zweifach ungesättigten Verbindung (Dien-Komponente) andererseits hergestellt werden. Die Dien-Komponente stellt die zur klassischen Schwefel-Vulkanisation benötigten C-C-Doppelbindungen zur Verfügung. So lässt sich ein Elastomer mit hohem Wärmedehn- und Rückstellvermögen und guter Alterungsbeständigkeit erzeugen. EPDM wird vor allem für Dichtungsbahnen, Fugenbänder, Schläuche und Teichfolien eingesetzt.
EPDM-Dichtungsbahnen gehören zur Gruppe der Kautschukabdichtungsbahnen.

bromided furans and dioxins. Orderly incineration is only possible in a waste incineration plant, which allows for the monitoring and use of waste heat. EPS and its mineral materials have to be separated in a sophisticated process in the case of bonded thermal insulation systems. Disposal has been generally forbidden. Exception: as a minor amount in construction waste.

Recommendation
Do not use any HFC-foamed XPS panels. There are a number of suppliers that offer HFC-free insulation materials and foams.

EPS panels

EPS-panels are used as thermal insulation material and impact sound insulation in all areas not affected by moisture.
EPS pearls that already contain the expanding agent are heated in prefoaming devices at ca. 100 °C and expanded 20 to 50 times before being continuously foamed as panels or discontinuously molded into formwork.

XPS panels

XPS panels are non-moisture-sensitive panels that do not absorb water and are used therefore for perimeter and base insulation and for inverted and terrace roofs.
The panels consist mostly of closed-cell hard foam, polystyrene or mixed, high-polystyrene content polymerizates. The foaming agent is only added to the finished panels, as opposed to the case with EPS panels.

Other synthetic construction materials

ECB sealing sheets

Description
ECB sealing sheets consist of ethylene-copolymerized bitumen, a black-colored mix of 20–50 % bitumen, 50–80 % ethylene-acryl acid esters and additives. Products with additional polyester lamination on their undersides are offered for special requirements such as rough sub-surfaces or roof renovations. ECB sealing sheets are extruded from granulated ECB at processing temperatures between 160 and 230 °C and produced with a glass fleece layer in the middle. The ball-shaped bitumen pieces homogeneously distributed in the polymer matrix act as softeners and as an interior lubricant in the synthetic structure. This gives the synthetic sheets elastic properties at low temperatures. This also makes the material compatible with bitumen and weather-resistant. The polymer makes it resilient, tough, heat and chemical-resistant and pliable in cold weather. The 2 mm-thick sheets are laid in single layers (loosely laid, mechanically fastened and bonded with bitumen or polyurethane strips. Seams are welded with hot air. ECB are compatible with bitumen and polystyrene, their welding seams are resistant to roots and decay. ECB sheets have been used successfully for flat roof and green roof sealing and for water, pond, foundation and embankment seals. They have also been used in civil engineering [Zwiener/Mötzl 2006].

Environmental and health aspects
The absence of chlorine and softeners make ECB sealing sheets an eco-friendly alternative to PVC sealing sheets. Temperatures of over 80 °C occur during the production of ECB sealing sheets, this leads to bitumen gas emissions and aerosols (Cat. 2 of carcinogenic work materials according to the MAK list) cannot be excluded, but compliance with the limit value of 10 mg/m^3 can be expected. The maximum temperatures that occur during use in construction lie at roughly 100 °C on roofs. Relevant emissions of bitumen contents do not occur in this case. ECB have a relatively high heating value and can be disposed of in incineration plants [Zwiener/Mötzl 2006].

EPDM sealing sheets

Description
EPDM (Ethylene Propylene Diene Monomers) are polymers that are made of etylene proplylene copolymer and a double unsaturated compound (diene component). The diene component supplies the necessary C-C double-bind compound for classical sulfur vulcanization. This makes it possible to produce an elastomer with high heat elasticity and good resistance to aging. EPDM is mostly used in sealing sheets, gap sealing tape, tubes and pond foil.
EPDM sealing sheets belong to the group of rubber sealing sheets. As a rule, EPDM sealing sheets are pre-fabricated and equipped for connections and roof penetrations at the factory. The condition of the substructure and

In der Regel werden EPDM-Dichtungsbahnen in der Fabrik mit Formteilen für Anschlüsse und Dachdurchdringungen vorkonfektioniert. Der Zustand des Unterbaus sowie zu erwartende mechanische und chemische Einflüsse bestimmen die Dicke der Plane. Unter günstigen Bedingungen können Planen bis zu 1000 m² Größe in einem Stück verlegt werden. Die Überlappungen werden mit dazwischengelegtem Hot-Bond-Band unter Druck- und Hitzeeinwirkung vulkanisiert. Diese Nahtstellen haben sofort ihre volle Festigkeit und Elastizität und dieselbe Wetter- und Chemalienbeständigkeit wie die Plane selbst. Die Verbindung von Teilplanen untereinander und Detailarbeiten werden vor Ort mit Hilfe von herstellerabhängigen Verfahren (z. B. Heiß-Vulkanisationsverfahren oder Thermobond-Heißluftverschweißung) durchgeführt. Für die Konfektionierung vor Ort werden dreischichtige Kautschukbahnen, die eine Quellverschweißung mittels Zitronensäure erlauben, und EPDM-Dichtungsbahnen mit Schmelzschicht, deren Nahtverbindungen über Warmgasschweißen hergestellt werden können, angeboten.

EPDM-Kautschuk ist ein gegen UV-Strahlung beständiges Elastomer mit einem hohen Wärmedehn- und Rückstellvermögen und eine für Synthesekautschuke gute Temperaturbeständigkeit. EPDM-Folien zeichnen sich durch eine gute Bitumenverträglichkeit und Chemikalienbeständigkeit aus, die Mineralöl-, ➔ Lösemittel und Fettbeständigkeit ist jedoch eher gering. Die Folien zeigen wenig bis keine Anzeichen materieller Alterung, auch nicht bei lang anhaltender Ozon-Exposition. Laut Herstellerangaben ist eine Lebensdauer von mindestens 30 Jahren nachgewiesen, mehr als 50 Jahre werden von Experten erwartet. Baustoffklasse: B2 (DIN 4102).

Umwelt- und Gesundheitsverträglichkeit

Zur Umweltverträglichkeit der Herstellung von EPDM-Dichtungsbahnen ist noch wenig bekannt. Durch den Verzicht auf Chlor und Weichmacher sind EPDM-Dichtungsbahnen eine umweltverträgliche Alternative zu PVC-Dichtungsbahnen. Sie geben während ihrer Nutzungsdauer keine umweltschädlichen Chemikalien ab. Bei der Verbrennung von EPDM entstehen keinerlei gefährliche Substanzen.

Gummi-Bautenschutzbahnen und -platten

Gummi-Bautenschutzbahnen bestehen aus rezykliertem, mit ➔ Polyurethan gebundenem Gummigranulat aus Altreifen. Durch spezielle Bindemittel erfolgt die Erzeugung aus Altreifengranulat wesentlich schneller und effizienter als bei der Verwendung von Frischkautschukmischungen. Gummi-Bautenschutzbahnen sind in den Materialstärken 3 bis 20 mm erhältlich (übliche Stärken von 6 bis 10 mm). Einsatzgebiete: als Schutz-, Drän- und Speicherschicht, bei Verkehrsbauten aller Art, Brücken, im Garten- und Landschaftsbau; als Abdichtung auf Flach- und Gründächern, Terrassen und Parkdecks; im Besonderen unter stark befahrenen oder benutzten Dachflächen, z.B. Spielplätzen, Wegebelägen etc. Gummi-Bautenschutzbahnen sind eine Alternative zu Schutzbetonschichten, wenn geringe Aufbauhöhe oder geringes Gewicht gefordert ist. Die Verlegung erfolgt lose oder durch Verklebung mit Heißbitumen bzw. Klebern. Darauf wird Schüttmaterial, eine Betonschicht o.ä. als Oberflächenschutz aufgebracht. Die Zusammensetzung der Gummi-Bautenschutzbahnen muss mit den Dachabdichtungen und Wurzelschutzbahnen verträglich sein. Altreifen sind wegen ihrer Form, Beschaffenheit und Brennbarkeit ein relativ problematischer Abfallstoff. Reifenbrände sind äußerst umweltbelastend, weil neben den schädlichen Gasen wie Ruß und aromatischen Kohlenwasserstoffen noch Pyrolyseöle entstehen, die umliegende Gewässer, das Grundwasser oder den Boden erheblich verseuchen können. Abgesehen von der Brandgefahr bringen unkontrollierte Reifendeponien erhebliche Gesundheitsrisiken mit sich (z.B. sind in den Reifen stehende Wasserlachen Brutstätten für Stechmücken).

Der Großteil der Altreifen wird in Zementwerken verbrannt (30–40 %). Zur Granulat- und Mehlherstellung für den Einsatz als Sekundärrohstoffe gelangen knappe 10 % der Altreifen. Altgummigranulate können ohne Qualitätsverlust für die erzeugten Materialien als Füllstoff in Frischkautschukmischungen eingesetzt werden, dennoch werden nur ca. 2 % des gesamten Altgummis (in Deutschland pro Jahr rund 600.000 Tonnen Altreifen) in der Kautschukindustrie verwertet. Die Herstellung von Gummi-Bautenschutzbahnen aus Altgummigranulat kann daher als sinnvolle Verwertung angesehen werden.

Flüssige Folie (in Feuchträumen)

Die Fliesenabdichtung in Nass- oder Feuchträumen wird meist als flüssige Folie aufgebracht. Flüssige Folien sind Abdichtungsmassen auf Kunststoffbasis (Styrol-Butadienbasis, Styrol-Acrylate, Polyurethane,...) mit inerten Füllstoffen. Die Folie wird aufgestrichen oder gerollt und bildet nach dem Trocknen einen dicken, elastischen Film. Dieser Film ist wasserdampfdurchlässig und wasserdicht (besitzt rissüberbrückende Eigenschaften).

Eine Abgasung von flüchtigen Kohlenwasserstoffen kann besonders in der Anfangsphase nicht ausgeschlossen werden.

the expected mechanical as well as chemical influences determine the thickness of the sheet. Sheets measuring up to 1000 m² can be spread under good conditions. Seams are heated and vulcanized under pressure using hot bond tape. Taped seams are immediately sealed and fully elastic giving them the same weatherproof and chemical properties as the sheets themselves. The linking of sheet segments and detail finishing is completed on site using various processes, depending on the manufacturer (e.g. hot vulcanization or thermobond hot-air welding). Three-layer rubber sheets that allow for solvent bonding using citric acid and EPDM sealing sheets with a fusion layer whose seams can be bonded via gas welding are offered for onsite sheet tailoring.

EPDM rubber is resistant to UV rays with high heat elasticity and heat recovery properties. It also has good temperature resistance properties for a synthetic rubber type. EPDM sheets are characterized by good bitumen compatibility and resistance to chemicals. However, their resistance to mineral oil, ➔ solvents and fats is rather low. The sheets show little to no material aging, even after continuous ozone exposure over an extended period of time. A minimum life time of 30 years can be expected according to manufacturer data, experts expect over 50 years. Construction component class: B2 (DIN 4102).

Environmental and health aspects

Little is currently known about the environmental friendliness of EPDM sealing sheet production. EPDM sealing sheets are an environmentally friendly alternative to PVC sealing sheets since they do not require chlorine or softeners. They do not emit any hazardous chemicals when used and do not release any dangerous substances when burned .

Rubber construction protection sheets and panels

Rubber construction protection sheets consist of recycled, ➔ polyurethane-bonded rubber granules derived from old tires. Special bonding materials make using old tire granules considerably more efficient than the use of fresh rubber mixes. Rubber construction protection sheets are available in thicknesses ranging from 3 to 20 mm (normal thicknesses range from 6 to 10 mm). Areas of use: for protection, as a draining and storage layer, for all types of transportation structures, bridges and for gardens and landscaping. They are also used for flat and green roofs, terraces, and parking decks, especially on highly frequented or heavily used roof surfaces, e.g. playgrounds, walkways, etc. Rubber construction protection layers are an alternative to protective concrete layers when low construction height or low weight are required. They are laid either freely or bonded with hot bitumen or adhesives. Detrital material, a concrete layer or other similar materials are applied on the surface. The composition of rubber construction materials has to be compatible with the roof sealing material and root protection sheets.

Due to their form, characteristics and burning properties, old tires are relatively problematic as waste material. Tire incineration is extremely hazardous to the environment because they release pyrolisis oils as well as harmful gases such as soot and aromatic hydrocarbons that can cause considerable pollution in surrounding bodies of water, and the groundwater. Aside from the fire hazard potential, uncontrolled tire disposal sites can also be serious health risks (e.g. puddles of water in the tires can become breeding grounds for mosquitos).

Most old tires are incinerated in cement plants (30–40 %). Close to 10 % of tires discarded are used as secondary raw materials in granule and rubber flour. Old rubber granules can be used as filler in fresh rubber mixes without affecting the mix quality, but only approx. 2 % of the entire amount of old rubber available is used in the rubber industry (around 600,000 tons per year in Germany). The production of rubber construction protection sheets using old rubber granules can therefore be considered a useful process.

Liquid foil (in wet rooms)

Tile sealing in wet or damp rooms is generally applied in liquid form. Liquid foils are synthetically based sealing masses (Styrene-butadiene-based, Styrene acrylics, polyurethanes) with inert fillers. The foil is spread or rolled and dries into a thick, elastic film. This film is water vapor resistant and waterproof (has crack-compensating properties).

The possibility of emission of gaseous hydrocarbons cannot be excluded, especially in the early stages.

Metalle
Metals

Baustoffe aus Aluminium

Grundlagen

Aluminium

Aluminium ist das dritthäufigste Element in der Erdkruste und mengenmäßig bei weitem das wichtigste Nichteisen-Metall. Aluminium wird in den meisten Anwendungen in Form von Legierungen verwendet. Es werden zwei unterschiedliche Werkstoffgruppen differenziert: die Guss- und die Knetlegierungen. Bei Gusslegierungen sind die Hauptlegierungsbestandteile Silizium, Kupfer und Magnesium. Die Legierungszusätze weisen einen durchschnittlichen Anteil von 12 % auf. Die Knetlegierungen besitzen als Hauptlegierungselemente Magnesium, Mangan und Silizium sowie seltener Kupfer und Zink. Der Anteil an den Legierungselementen liegt mit durchschnittlich 2–2,5 % deutlich niedriger als bei den Gusslegierungen.

Hüttenaluminium

Hauptförderländer von Bauxit, dem mineralischen Ausgangsstoff für die Hüttenaluminiumgewinnung, sind Australien, Westafrika, Brasilien und Jamaica. Bauxit wird im Tagebau gewonnen, zerkleinert, getrocknet und zermahlen. Aus dem Bauxit wird mit Natronlauge das chemische Element Aluminium gelöst und zum Zwischenprodukt Aluminiumoxid (Tonerde) verarbeitet. Der konzentrierte Rest des Bauxits fällt dabei als Rotschlamm an. Die Tonerde wird auf dem Seeweg nach Europa und anschließend per Bahn zu den Elektrolyse-Anlagen transportiert.
Schmelzflusselektrolyse (Kryolith-Tonerde-Verfahren): In einer 2–8 %igen Lösung von Aluminiumoxid in geschmolzenem Kryolith (Natriumaluminiumfluorid) werden durch Elektrolyse Aluminium und Sauerstoff getrennt (Temperatur ca. 950 °C). Aluminium wird an der Kathode im unteren Bereich der Zellen abgelagert, Sauerstoff reagiert mit dem Kohlenstoff der Graphitanode zu Kohlenmonoxid und -dioxid.

Sekundäraluminium

Aluminiumschrott wird in Knet- und Gusslegierungen sortiert und im Drehtrommelofen unter einer flüssigen Salzdecke oder in Herdöfen bzw. speziellen Recyclingöfen salzarm eingeschmolzen. Im Drehtrommelofen werden vor allem solche Schrotte eingeschmolzen, bei denen ohne diese Hilfsmittel erhebliche Metallverluste durch Oxidation zu befürchten wären. Das zunächst reine Salzgemisch wandelt sich während des Prozesses in eine Schlacke, die überwiegend aus Natriumchlorid (NaCl), Kaliumchlorid (KCl) und Aluminiumoxid besteht. Rund 70 Prozent des Gemisches besteht aus metallischem Aluminium. Sekundäraluminium und Sekundärlegierungen werden zu einem großen Teil im Aluminiumformguss verwendet.

Umwelt- und Gesundheitsaspekte

Herstellung

Rohstoffe: Bauxit ist zwar weltweit in hohen Mengen vorhanden (weltweites Vorkommen: rund 23 Mrd. t), problematisch ist aber der hohe Materialverbrauch von ca. 4 t Bauxit, 183 kg Natronlauge und 95 kg Kalkstein für 1 t Aluminium sowie die starken Erdbewegungen bei der Bauxitgewinnung und der hohe Transportaufwand. Die bei der Aufbereitung anfallenden großen Mengen an Rotschlamm (3,2 t/t Aluminium) müssen deponiert werden, da eine wirtschaftliche Verwendungsmöglichkeit fehlt [Schucht 1999].
Aluminiumherstellung: Sehr hoher Energiebedarf für Schmelzflusselektrolyse mit Stromanteil von ca. 75 %; hohe Abgabe von Luftschadstoffen wie Kohlenmonoxid, Schwefeldioxid, Fluorwasserstoff aus Fluorgehalt des Kryolith; Schadstofffrachten in Gewässer (vor allem Fluorid und Feststoffe). Die Aluminiumindustrie ist, trotz umfangreicher Emissionsminderungsmaßnahmen, die größte Emissionsquelle für fluorierte Kohlenwasserstoffe in Deutschland.
Die Aluminium-Staublunge gilt als Berufskrankheit. Kryolith hat bei übermäßigem, oft berufsbedingtem Kontakt langfristig schädigende Wirkung auf den Skelettapparat (Fluorose). Zusätzlich werden zentralnervöse Veränderungen im Sinne einer Demenz und Störungen des Knochenmineralhaushaltes als aluminiumbedingt kontrovers diskutiert.
Ein Vergleich der Sekundäraluminium- mit der Hüttenaluminium-Erzeugung zeigt eine Energieeinsparung von bis zu 85 % und zumindest um eine 10er-Potenz geringere atmosphärische Emissionen und feste Rückstände. Die Entfallmenge an Salzschlacke aus der Sekundäraluminiumaufbereitung beträgt etwa 0,6 t/t Aluminium, im deutschsprachigen Raum wird die Salzschlacke mittlerweile zu einem großen Teil aufbereitet. Aufgrund des höheren Absatzes an Aluminium ist in Zukunft mit größeren Mengen an Aluminiumschrotten zu rechnen. Die fast ausschließliche Erzeugung von Gusslegie-

Aluminum construction materials

Fundamentals

Aluminum

Aluminum is the third most frequently found element in the earth crust and is by far the most important non-iron metal. Aluminum is used as an alloy in most applications. There are two different work material groups: casting and forgeable alloys. Silicon, copper and magnesium are the main alloy materials in castable alloys. The average additive content is 12%. The main alloy materials in forgeable alloys are magnesium, manganese and silicon and copper and zinc in rare cases. The average alloy content is 2–2.5 %, substantially lower than in castable alloys.

Primary aluminum

The main producers of bauxite, the mineral raw material required for the extraction of primary aluminum are Australia, West Africa, Brazil and Jamaica. Bauxite is extracted in open pit mining, reduced to small pieces, dried and ground. Aluminum is separated as a chemical element using sodium hydroxide and processed into aluminum oxide (alumina). The residual red mud resulting from this process contains concentrated bauxite. The alumina is then transported to Europe via sea cargo and delivered to electrolysis facilities throughout the continent via rail.
Smelt electrolysis (cryolite alumina process): aluminum and oxygen are separated via electrolysis in a 2–8 % aluminum oxide solution in combination with melted cryolite (temperature ca. 950 °C). Aluminum is stored in the lower area of the cathode cell before oxygen reacts with the carbon of the graphite anode, producing carbon monoxide and dioxide.

Secondary aluminum

Scrap aluminum is sorted into forgeable and castable alloys and then smelt in rotating drum ovens under a liquid salt layer or using low-salt compound in hearth-type ovens and/or special recycling ovens. Rotating drum ovens are used in cases where there is danger of a considerable loss of metal due to oxidation. The initially pure salt mix becomes a slag primarily consisting of natrium chloride (NaCl), potassium chloride (KCl) and aluminum oxide. Around 70 percent of the mix consists of metallic aluminum. Secondary aluminum and secondary alloys are mostly used for aluminum casting.

Environmental and health aspects

Production

Raw Materials: although bauxite is available in large amounts worldwide (worldwide deposits: around 23 bn. tons), the high material consumption, 4 tons bauxite, 183 kg sodium hydroxide and 95 kg limestone for one ton of aluminum, is problematic. The earth movement required to extract bauxite and the high transportation costs add to these problems. The large amounts of red mud that result from processing (3.2 t/t aluminum) have to be disposed of, since there is no possible economic use. [Schucht 1999].
Aluminum production: a very large amount of energy is required for smelt electrolysis (75 % electricity); this leads to high air pollutant emission of substances such as carbon monoxide, sulfur dioxide, fluorohydrocarbons from the fluoride in the cryolith and dangerous substances in bodies of water (mostly fluoride and solids). The aluminum industry is the greatest source of fluoride hydrocarbons in Germany despite the reduction measures taken.
Aluminum pneumoconioses is considered an occupational disease. Cryolith can have long-term negative effects on the human skeleton (fluorosis). Central nervous system changes in the form of dementia and bone mineral content imbalances are also the subject of controversy.
A comparison of secondary and primary aluminum production shows energy savings of up to 85 % and atmospheric emissions and solid waste amounts that are lower by the power of ten. The amount of salt slag that accumulates during secondary aluminum processing is around 0.6 t/t aluminum. Salt slag is processed in most of the German-speaking countries. Due to the higher amounts of aluminum sold, larger amounts of scrap aluminum can be expected in the future. The almost exclusive production of

rungen aus Aluminiumschrotten, wie sie heute die Regel ist, kann daher in Zukunft zu Absatzproblemen führen. Es müssen neue geschlossene Recyclingkreisläufe für verschiedene Aluminiumlegierungen aufgebaut werden [Hoberg 1997].

Verarbeitung

Gesundheitsgefährdungen entstehen beim Löten durch Cadmiumdämpfe und Emissionen aus dem Flussmittel, beim Kleben durch Emissionen aus dem Kleber. Aus gesundheitlicher Sicht ist die mechanische Verbindung dem Löten und Kleben vorzuziehen.

Nutzung

Obwohl Aluminium ein relativ unedles Metall ist, bleibt es durch die Bildung einer Aluminiumoxidhaut weitgehend vor Umwelteinflüssen wie Abgasen des Straßenverkehrs oder sauren Regenanteilen geschützt.
Der Metalleintrag ins Regenwasser aus Aluminiumblechen ist geringer als bei Blechen aus anderen Metallen.

Entsorgung

Aluminium lässt sich sehr gut wiederverwerten. Die Recyclingrate von Aluminium liegt in der EU bei ca. 80 %. Im deutschsprachigen Raum hat die Erzeugung von Sekundäraluminium bereits vergleichbare Dimensionen wie jene von Hüttenaluminium angenommen. Bei dieser Berechnung bleibt allerdings der hohe Importanteil an Primäraluminium (ca. das Doppelte der eigenen Erzeugung) unberücksichtigt. Aus Verbundstoffen wie z. B. Alu-kaschierten Dämmstoffen oder Polyethylen-beschichteten Aluminiumfolien kann das Aluminium nicht oder nur sehr aufwändig wiedergewonnen werden. Bei der Beseitung von Alu-Verbundprodukten entstehen außerdem Probleme sowohl in der Müllverbrennungsanlage als auch auf der Deponie. Bei der Verbrennung in Müllverbrennungsanlagen wird Aluminium in Form von kleinen Tropfen in den Müllverbrennungsaschen und -schlacken abgeschieden und oxidiert. Das dabei gebildete Wasserstoffgas kann zu heftigen Explosionen in der Deponie führen. Bei Aluminium ist daher wie bei allen Metallen unbedingt ein Recycling anzustreben.

Empfehlung

Die Herstellung von Metallen ist umweltbelastend und energieintensiv. Aus diesem Grund sollten Metalle nur in geringen Mengen oder bei fehlenden Alternativen eingesetzt werden. Primäraluminium muss besonders aufwändig hergestellt werden. Bezüglich der Abschwemmung von Metall durch Regenwasser verhalten sich Aluminiumbleche günstiger als die meisten anderen Metallbleche.
Aus ökologischer Sicht ist die mechanische Verbindung dem Kleben vorzuziehen.

Aluminiumbleche und -profile

Aluminiumbleche und -profile werden für Dacheindeckung, vorgehängte Fassaden, Dachdeckungszubehör, Fensterbänke und Fenster (Aluminiumfenster, Holz-Alufenster) eingesetzt.
Aluminiumbleche und -profile bestehen aus ca. 30–50 % Hüttenaluminium und 70–50 % Sekundäraluminium. Für Dachdeckungen und Fassadenverkleidungen wird Reinaluminium oder hochwertiges mit Mangan oder Magnesium legiertes Aluminium eingesetzt. Das Aluminium wird in Walzbarren gegossen. Sekundäraluminium muss dabei besonders rein sein (z. B. Produktionsabfälle). Die Walzbarren werden im Ofen auf ca. 500 °C erwärmt und in mehreren Durchgängen zwischen drehende Walzen mit immer kleiner werdendem Abstand geschoben. Hohlprofile werden im Strangpressverfahren geformt.
Die Oberfläche von im Bauwesen eingesetzten Aluminiumblechen wird vorwiegend mittels anodischer Oxidation behandelt (Eloxieren).
Aluminium lässt sich nur schwer löten. Die sich innerhalb kürzester Zeit nach dem Blankschleifen nachbildende Oxidschicht muss durch ein aggressives Flussmittel entfernt werden. Bekannte Flussmittel sind Kolophonium („Löthonig"), Zinn- und Zinkchloride in Wasser (Lötwasser) oder in Mineralölen („Lötfett"). Neben den Spezial-Flussmitteln sind Spezial-Lote erforderlich. Feste Verbindungen müssen in der Regel genietet, verschraubt, verklebt und gedichtet werden. Schrauben müssen aus gleichem Material oder aus nichtrostendem Stahl sein (elektrochemische Korrosion); weitere Verbindungsmöglichkeiten sind Reaktionsklebstoffe (auf der Basis von Epoxidharz, Polyurethan oder Cyanacrylat), Falzen bei Dachdeckungen, Steck- und Klemmverbindungen bei Strangpressprofilen. Mechanisch bearbeitet wird Aluminium durch Kalt- und Warmverformung. Aluminium lässt sich gut schleifen und polieren.
Aluminiumbleche sind großen Temperatur-Bewegungen unterworfen (Gefahr von Rissebildung). Bei Bahnbreiten über ca. 750 mm (Dach), ist durch ständigen Windsog und -druck Materialermüdung möglich. Vorteile sind hohe Korrosionsfestigkeit und niedriges Gewicht. Aluminiumdächer, -fassaden etc. sind bei richtiger Anwendung praktisch wartungsfrei.

Processing

Soldering leads to health hazards in the form of cadmium vapors and flux material emissions as well as from adhesive agent emissions. From a health point of view, mechanical linking is preferable to soldering and bonding.

Uses

Although aluminum is a relatively impure metal, it is very impervious to influences from the environment such as exhaust emissions or acid rain since it develops an outer aluminum oxide layer.
The metal amounts that enter rainwater from aluminum sheets are lower than the amounts from other sheet metal types.

Disposal

Aluminum is easily reusable. 80 % of the aluminum used in the EU is recycled. Secondary aluminum production in the German speaking countries has reached levels comparable to those of primary aluminum. However, the high amount of imported primary aluminum is not taken into consideration in these figures (ca. twice the amount coming from own production).
Aluminum can only be re-extracted from composites, such as aluminum-clad insulation materials or polyethylene-coated aluminum foils using extremely complicated procedures. The disposal of aluminum composite products also leads to problems at the incineration plant and waste disposal site. Aluminum is broken down in form of small drops that oxidize in the incinerated ashes and slag. The hydrogen gas that forms in this process can lead to powerful explosions in the disposal facility. Therefore, recycling is definitely desirable for aluminum, as with all metals.

Recommendation

Metal production strains the environment and requires high energy consumption. On this account metals should only be used in low quantities or where there are no alternatives. Primary aluminum production is a sophisticated process. Sheet aluminum withstands rainwash better than most other metals.
Mechanical bonding is preferable to the use of adhesive from an ecological point of view.

Sheet aluminum and profiles

Sheet aluminum and profiles are used for roofing, outer façade layers, for roofing accessories, window sills and windows (aluminum windows, wood-aluminum windows).
Sheet aluminum and profiles consist of ca. 30–50 % primary aluminum and 70–50 % secondary aluminum. Pure aluminum or high-grade aluminum-manganese or magnesium alloys are used for roofing and façade facework. Aluminum is poured into rolled bars. Secondary aluminum has to be especially pure (e.g. production waste). The rolled bars are heated and then pushed through the rotating presses in continuously decreasing spaces. Hollow profiles are formed in extrusion presses.
Sheet aluminum surfaces intended for construction purposes are generally subjected to anodic oxidation (anodized).
It is difficult to solder aluminum. The oxide layer that develops shortly after aluminum is polished has been removed using an aggressive flux agent. Some of the common flux agents are colophon, zinc and zinc chlorides in water or mineral oils. Special welding substances are required along with special flux agents. Solid connections have to be riveted, screwed, bonded and sealed generally. Screws have to be made of the same material or of stainless steel (electrochemical corrosion); other options include corrugated roofing, push in connections and clamp connections and reactive adhesives (on the basis of epoxy resins, polyurethane or cyan acrylate). Aluminum is processed mechanically via cold and warm deformation. Aluminum is easy to sand and polish.
Sheet aluminum is subject to large temperature movements (crack risk). Sheets over ca. 750 mm wide (roof), can be affected by material fatigue due to wind drag and pressure. Its advantages are high corrosion resistance and low weight. Aluminum roofs, façades etc., practically require no maintenance when used properly.

Aluminiumfolien

Aluminiumfolien werden aus gewalztem Reinaluminium gefertigt. Wegen der hohen Qualitätsanforderungen kann dabei nur Primäraluminium (Hüttenaluminium) verwendet werden [Kohler et al. 1995]. Die Folien werden oftmals auch zusätzlich mit einer Beschichtung aus Polyethylen versehen. Aluminiumfolien werden im Baubereich als Dampfsperren eingesetzt, auch im Verbund mit anderen Baustoffen (z. B. Alu-kaschierte Dämmstoffe, Einlage in Bitumendichtungsbahnen).

Baustoffe aus Kupfer

Grundlagen

Kupfer

Kupfer wird aus Primärkupfer oder Sekundärkupfer gewonnen. Im Bauwesen wird ausschließlich sauerstofffreies, phosphatarmes Kupfer (SF-Cu) eingesetzt. Es findet Anwendung in Form von Kupferblech, Kupferrohren oder Kupferdrähten, darüberhinaus als anorganischer Bestandteil von Holzschutzmitteln (K-Salze, Kupfer-HDO).

Primärkupfer (Kupfererzkonzentrat)

Wichtige Kupfererze sind Kupferkies ($CuFeS_2$), Kupferglanz (Cu_2S) und Rotkupfererz (Cu_2O), bedeutende Lagerstätten liegen in Süd- und Nordamerika, Asien und Australien. Der Abbau erfolgt vorwiegend im Tagebau in bis zu 800 m tiefen, amphitheaterförmigen Minen [Frischknecht 1996]. Der Kupfergehalt der Erze liegt unter 1 %. Die Erze werden meist mittels Flotationsverfahren auf 20–30 % Cu aufkonzentriert. Beim Rösten im Flammofen wird das Kupfer weiter angereichert (30–50 % Cu). Durch Einblasen von Luft im Konverter wird das Material zu Rohkupfer mit 97–99 % Cu reduziert. Bei Raffination in Flammöfen und weiterer Reduktion entsteht Hüttenkupfer mit 99,5–99,9 % Cu. Durch elektrolytische Raffination wird Elektrolytkupfer mit mindestens 99,9 % Cu hergestellt (für elektrotechnische Anwendungen).

Sekundärkupfer (Kupferschrott)

Kupfer lässt sich wie Aluminium praktisch ohne Qualitätsverlust rezyklieren. Es kann sowohl aus Altmetall und Legierungen als auch aus Schlacke, Flugstäuben, Asche, Rückständen und Schlämmen zurückgewonnen werden. Zum Recycling wird der Kupferschrott im Altmetallkonverter gemeinsam mit Kohle und Eisenschrott unter Einblasen von Luft eingeschmolzen.
Energiesparend können Altmetalle in die Gewinnung von Primärkupfer integriert werden. So wird die Reaktionswärme im Konverterprozess dazu genutzt, Altmetalle einzuschmelzen und gemeinsam mit dem Kupferstein zu raffinieren.

Umwelt- und Gesundheitsaspekte
Herstellung
Hohe Umweltbelastungen bei der Herstellung von Primärkupfer: Kupfererz ist bei gleichbleibendem Verbrauch nur noch ca. 35 Jahre verfügbar [Coutalides 2000]. Hoher Flächen- und Materialverbrauch von bis zu 140 t Erz pro t Kupfer; hoher Transportaufwand; hoher Energiebedarf für das Aufkonzentrieren. Emission schwermetallhaltiger Stäube, organischer Verbindungen und großer Mengen Schwefeldioxid (siehe: ökologische Kennwerte, Versäuerung). Bei den Prozessen Schmelzen und Konvertieren fallen beträchtliche Mengen an Schlacke an (im Straßenbau zur Herstellung witterungsbeständiger Pflastersteine eingesetzt oder auf Deponien entsorgt). Anfall metallverunreinigten Abwassers beim Flotationsprozess, Kupfersalze werden als wassergefährdend bis stark wassergefährdend eingestuft (WGK 2 und 3). MAK-Werte für Kupfer und seine anorganischen Verbindungen: 0,1 mg/m³ [MAK 2003].
Die Umweltbelastungen bei der Herstellung von Sekundärkupfer sind vom Verfahren abhängig. Bei der Aufbereitung von Kupferschrott im Standardverfahren entstehen große Abgasmengen, vor allem die Bildung von Dioxinen und Furanen stellt ein Problem dar, das eine aufwändige Abgasreinigung notwendig macht. Verglichen mit der Herstellung von Primärkupfer ist die Sekundärkupfer-Aufbereitung noch als umweltverträglicher anzusehen. Für das Warmwalzen bei der Blechherstellung ist zusätzlich ein relevanter Energiebedarf zur Bereitstellung der hohen erforderlichen Temperaturen notwendig.

Verarbeitung
Mögliche Gesundheitsgefährdung beim Löten durch Emissionen von Blei- und Cadmiumverbindungen oder von Zersetzungsprodukten aus dem Flussmittel (z. B. → Aldehyden aus Kolophonium). Emissionen beim Kleben mit Reaktionsklebstoffe. Gesundheitlich verträglicher: Nieten, Schrauben, Falzen, Stecken, Klemmen.

Aluminum foil

Aluminum foil is produced from pure rolled aluminum. Due to the high quality required, only primary aluminum can be used [Kohler et al.1995]. Foils are often coated with an additional polyethylene layer. Aluminum foil is used in construction for vapor barriers and in combination with other construction materials (e.g. aluminum-clad insulation materials, or as inserts in bitumen sealing sheets).

Copper construction materials
Fundamentals

Copper
Copper is extracted from primary or secondary copper. Only oxgen-free, low-phosphate copper (SF Cu) is used in construction. It is used as sheet copper, copper pipes or copper wire. It is also used as an inorganic component in wood protection substances (K salts, copper HDO).

Primary copper (copper ore concentrate)
Important copper ores include ($CuFeS_2$), copper sulfide (Cu_2S) and red copper ore (Cu_2O), significant quantities can be found in South and North America, Asia and Australia. The ore is mainly extracted via strip mining at depths of up to 800 m in amphitheater-shaped galleries [Frischknecht 1996]. The ore copper content is lower than 1%. Ore is generally concentrated to around 20–30 % Cu via flotation. It is then enrichened in ovens (30–50 % Cu). Adding air ventilation to the converter reduces the material to raw copper with a 97–99 % copper content. Refining in flame ovens leads to further reduction, which produces primary copper with a purity of 99.5–99.9 % Cu. Electrolytic refining is used to produce electrolyte copper with a content of at least 99.9 % Cu (for electro-technical purposes).

Secondary copper (scrap copper)
Copper can be recycled with practically no loss of quality, as is the case with aluminum. It can be re-extracted from scrap and alloys as well as from slag, dust, ash residue and mud. Scrap copper is melted in a converter with the help of hot air by adding coal and scrap iron.
Scrap metal can be integrated in the primary copper extraction to save energy. The reaction heat in the converter process is used to melt scrap metal so it can be processed along with copper matte..

Environmental and health aspects
Production
The strain on the environment is high during the production of primary copper: copper ore will only be available for approx. 35 more years at the current consumption rate [Coutalides 2000]. The factors here are the high surface and material use of up to 140 tons of ore for one ton of copper, complex transportation requirements and the high amounts of energy required for concentration. Other factors include the emissions of heavy metal dust, organic compounds and of large amounts of sulfur dioxide (see: ecological statistic values, acidification). Considerable amounts of slag are produced during melting and conversion (used in road construction for the production of weather-resistant paving stones or disposed of). The flotation process also leads to a high metal content in the sewage water. Copper salts are rated hazardous to water to very hazardous to water (WGK 2 and 3). MAK values for copper and its inorganic compounds: 0,1 mg/m³ [MAK 2003].
The environmental strain stemming from the production of secondary copper depends on the process. The standard preparation of scrap copper leads to high exhaust levels. The greatest problem that arises is the generation of dioxins and furans, which calls for complex exhaust purification. However the preparation of secondary copper can be considered less hazardous to the environment than the production of primary copper. A relevant amount of energy is also required for high temperatures needed in the hot-rolled sheet production.

Processing
Possible health hazards during welding due to the emission of lead and cadmium compounds or of decomposed materials stemming from the flux agent (e.g. → aldehydes from colofon). Emissions from reactive bonding agents during adhesion. Healthier variants: riveting, screws, folding, inserted joints and clamping.

Nutzung

Kupfer hat eine hohe Korrosionsbeständigkeit an feuchter Luft durch Bildung einer grünen Schutzschicht (ungiftige Patina). Bewitterte Kupferbleche zeigen jedoch die höchste mittlere Abschwemmrate nach Titanzinkblechen. Zum Beispiel sind bei der Muldenversickerung von Kupfer-Abflusswasser die Bodensanierungswerte in 10 Jahren erreicht, bei Schacht- und Rigolenversickerung in 33 respektive 39 Jahren.

Entsorgung

Kupfer lässt sich sehr gut und ohne Qualitätsverlust verwerten, die Recyclingrate liegt bei 95 %, auch Verbundmaterialien sind trennbar (Debonding-Verfahren). Der Kupferschrottpreis beträgt ca. 60 % des Feinkupferpreises.
Bei allen Metallen ist unbedingt ein Recycling anzustreben. Metalle sollten nach Möglichkeit nicht in die Müllverbrennungsanlage kommen oder spätestens vor der Verbrennung aussortiert werden. Besonders Kupfer steht in Verdacht, bei der Verbrennung katalytisch die Entstehung von Dioxinen und Furanen zu begünstigen. Deponiert werden dürfen Metalle nur als Verunreinigungen anderer Materialien. Nicht recyclierte Metallabfälle, die in Deponien gelagert werden, belasten die Sickerwässer.

Empfehlung

Die Herstellung von Metallen im Allgemeinen und von Kupfer im Besonderen ist umweltbelastend und energieintensiv. Aus diesem Grund sollten Produkte aus Kupfer nur in geringen Mengen oder bei fehlenden Alternativen eingesetzt werden. Aus bewitterten Kupferteilen werden hohe Mengen an Kupfer abgeschwemmt. Die großflächige Anwendung von Kupfer im Außenbereich sollte daher vermieden werden. Falls dies nicht möglich erscheint, sollten Vorkehrungen getroffen werden, den Eintrag von Kupfer in Boden und Gewässer zu vermeiden.

Kupferbleche

Kupferbleche werden für die Dacheindeckung, Fassadenbekleidung und an Fensterbänken eingesetzt.
Das Rohmaterial – eine typische Mischung ist 60 % Primärkupfer und 40 % Sekundärkupfer [Frischknecht 1996] – wird im Stranggussverfahren zu sogenannten Brammen gegossen und danach an der Blocksäge auf die erforderliche Länge gebracht. Die Brammen werden in der ersten Verformungsstufe über einen Ofen auf 700–1100 °C vorgewärmt und in das Warmwalzwerk eingeführt, wo sie zu Warmbreitband gewalzt werden. Danach geht es zur Fräse, bevor das Band auf einem weiteren Walzgerüst kaltgewalzt wird. Im Anschluss erfolgt eine Wärme- bzw. Glühbehandlung. Die Oberfläche des Bleches wird schließlich mit 15-prozentiger Schwefelsäure mechanisch und chemisch gebeizt. Das fertig aufgerollte Blech (Coil) wird in einem letzten Bearbeitungsschritt an der Blechschere auf die gewünschten Maße zurechtgeschnitten. Oberfläche: gebeizt (verdünnte Schwefelsäure), gebrannt, poliert oder farblos lackiert.
Verarbeitung: Herstellen von Verbindungen durch Falzen, Nieten, Schrauben, Kleben, Weichlöten, Hartlöten, Schweißen. Hafter und Nägel zur Befestigung müssen wegen elektrochemischer Korrosion ebenfalls aus Kupfer sein. Verlegung von Blechen in Falztechnik.
Kupferbleche sind sehr geschmeidig, daher besteht bei Temperaturbewegungen nicht so hohe Rissbildungsgefahr wie bei anderen Metallblechen. Gutes Korrosionsverhalten durch rasche Bildung von Kupferoxidschicht, Patinabildung je nach klimatischen Verhältnissen aus Kupfersulfat oder Kupfercarbonat in 8–12 Jahren (Stadtluft) oder 30 Jahren (Gebirgsluft). Einfache Reparatur; hohes Schadenspotential an Anschlüssen, Durchdringungen und bei Luftundichtigkeiten wegen elektrochemischer Korrosion. Beständig gegen aggressive Wässer.

Messingbeschläge

Einsatz im Bauwesen für Beschläge, Armaturen, Verkleidungen. Messingbeschläge werden durch Gießen der flüssigen Legierung in Hohlformen hergestellt.
Messing ist eine Legierung aus Kupfer und Zink. Je nach Mischungsverhältnis variiert die Farbe von goldrot (bei hohem Kupferanteil) bis hellgelb. Eine der am häufigsten verwendeten Legierungen ist CuZn37, die 37 Prozent Zink enthält. Messing ist härter als reines Kupfer. Die Schmelze ist dünnflüssig und lässt sich daher blasenfrei gießen.

Neusilberbeschläge

Einsatz im Bauwesen für Beschläge, Armaturen, Verkleidungen.
Neusilber ist eine Legierung aus ca. 60 % Kupfer, 20 % Zink und 20 % Nickel. Beschläge aus Neusilber werden durch Gießen der flüssigen Legierung in Hohlformen hergestellt.
Nickel-Allergie ist die am meisten verbreitete Kontaktallergie.

Uses

Copper is highly resistant to corrosion from exposure to humidity since it develops a green protective layer (non-poisonous patina). However, weathered copper sheets show the highest mid-level water corrosion rates behind titanium-zinc sheet metal. Maximum trough ground deterioration levels for copper sewage water are reached after 10 years, shaft and drain trench levels are reached after 33 and 39 years respectively.

Disposal

Copper can be re-processed without a loss of quality, the recycling rate is 95 %, and compound materials can also be separated (de-bonding process). The price of scrap copper is about 60 % of the fine copper price. Recycling is desirable for all metals. Metals should not be sent to waste incineration plants if it can be avoided, or at least separated before incineration. Copper is especially suspect as a possible catalyst for the generation of dioxins and furans. Metals can only be disposed of as the byproducts of other materials. Non-recycled metal waste that is stored at waste disposal sites is hazardous to drainage water.

Recommendation

The production of metals in general and particularly of copper is hazardous to the environment and energy-intensive. For this reason, copper should only be used in small amounts or where there are no alternatives. Weathered copper parts release large amounts when continuously exposed to water. Therefore, the use of copper on large exterior surfaces should be avoided. Precautions should be taken to avoid the entrance of copper in the ground and water if such use cannot be avoided.

Sheet copper

Sheet copper is used for roofing, façade cladding and window sills.
The raw material – a typical mix consists of 60 % primary copper and 40 % secondary copper [Frischknecht 1996] – is processed into slabs via continuous casting and then cut to the required length on a block saw. The slabs are pre-heated in an oven to between 700–1100 °C in the first forming stage and then sent on the hot rolling press where they are rolled into broad sheets. They are then sent on to the mill before being cold-rolled. They are then heat or glow treated. The sheet surface is then treated mechanically and chemically with a 15 % sulfuric acid coating. Finally, the rolled coil is cut to measure with a metal sheet cutter. Surface: coated (thinned sulfuric acid), burned, polished or colorless.
Processing: linking via corrugation, riveting, screws, adhesives, soft soldering, hard soldering, welding. Fastening hafts and nails should also be made of copper due to electro-chemical corrosion. Sheets are laid using crimping technology. Sheet copper is very supple, so the tearing risk isn't as great as with other sheet metal types in case of temperature swings. Good corrosion properties due to the quick development of a copper oxide layer. Patina development depends on the climate conditions: copper sulfate or copper carbon in 8–12 years (city air) or 30 years (mountain air). Easy repair, high damage potential at connection points, and high potential penetration due to electrochemical corrosion as a result of faulty air sealing. Resistant to aggressive water.

Brass fittings

Used in construction for fittings, fixtures, cladding. Brass fittings are made by casting the liquid alloy in hollow molds.
Brass is a copper zinc alloy, the color varies between gold red (high copper content) and light yellow depending on the mix ratio. CuZn37 (37 % zinc) is one of the most commonly used alloys. Brass is therefore harder than pure copper. The molten mass is thin and can thus be cast without bubbling.

Nickel silver

Used in construction for fittings, fixtures and cladding.
Nickel silver is an alloy consisting of ca. 60 % copper, 20 % zinc and 20 % nickel. Nickel silver fittings are made by casting the liquid alloy in hollow molds.
Nickel allergy is the most widespread contact allergy.

Baustoffe aus Stahl

Grundlagen

Stahl

Als Stahl werden Eisen-Kohlenstoff-Legierungen mit einem Kohlenstoffgehalt ≤ 2 M% bezeichnet. Baustähle enthalten 0,1–0,6 % Kohlenstoff. Weitere Legierungsbestandteile sind nicht-metallische wie Silicium, Phosphor und Schwefel und metallische wie Mangan, Chrom, Nickel, Molybdän. Unlegierter Stahl enthält Legierungselemente unterhalb der in DIN EN 10021 festgelegten Grenzen. Je nach Eigenschaft, Legierung und Korrosionsverhalten wird zwischen Grundstählen, Qualitätsstählen und Edelstählen unterschieden.

Rohstahl

Roheisen wird aus Erzen und durch Rückführung von Schrott erzeugt. Anteile Schrott in Deutschland 2000: Oxygenstahlverfahren: 20–30 %, Elektrostahlverfahren: 100 %. Stahl gesamt: 42 %. Gießereiindustrie: 88 %.
Eisenerze werden hauptsächlich im Tagebau (Skandinavien, Brasilien, Kanada, Australien) gewonnen. Die Feinerze werden entweder in Pellets (Pelletierung mit Bentonit, einem natürlich vorkommenden Tonmineral) oder als Sinter (Sinterung mit Koks, Hochofenstaub und Kalkstein zu Klumpen) gebunden. Ausgangsmaterial (Deutschland 1991): 60 % Sinter, 31 % Pellets, 9 % Stückerze [Frischknecht 1996].
Der Hochofen wird schichtweise mit Erz und Koks (Brennmaterial und Reduktionsmittel) beschickt, das metallische geschmolzene Eisen abgestochen und zu Barren gegossen. Als Zuschläge kommen Kalk, Olivin, Dolomit sowie Bauxit, Flussspat und Quarz zur Anwendung. Die Zuschläge reduzieren die hohen Schmelztemperaturen von 1700 bis 2000 °C der Gangart (Anteil an taubem Gestein) der Erze und der Asche des Kokses auf 1300 bis 1400 °C.
Stahlproduktion nach dem LD-Verfahren (Blasstahl): Die Eisenschmelze wird in eine Stahlbirne umgefüllt, Sauerstoff wird eingebracht und oxidiert das nicht erwünschte Roheisen-Begleitelement. Kohlenstoff entweicht als Kohlenmonoxid, Verunreinigungen gehen mit dem Schlackenbildner (vor allem Kalk) in die Schlacke über. Der flüssige Stahl wird aus dem Ofen in die Pfanne ausgegossen und mit den gewünschten Legierungselementen verschmolzen. Neuere Verfahren sind Schmelz-Reduktions- und Direkt-Reduktionsverfahren, Schrottaufbereitung mittels Elektrolichtbogenverfahren = Elektrostahl.

Umwelt- und Gesundheitsaspekte

Herstellung

Roheisen: Rohstoffverfügbarkeit von Eisenerz bei gleichbleibendem Verbrauch 81 Jahre [Coutalides 2000]. Hoher Flächenbedarf; hoher Koksverbrauch: in Deutschland durchschnittlich 390 kg Koks pro t Roheisen [Frischknecht 1996]; hoher Transportaufwand; Bildung von Dioxinen, Furanen und anderen Schadstoffen (v. a. Schwermetalle) bei der Sinterung sowie hohe Kohlendioxidemissionen.
Stahlproduktion: Hoher Wasserverbrauch und Abwasserbelastung; aus Koks und anderen Brennstoffen Emissionen von → Benzol, polyzyklischen aromatischen Kohlenwasserstoffe, Schwefelwasserstoff und Ammoniak; Arbeitsplatzbelastung vor allem durch Stäube, Schwermetalle und Hitze. Feinstaub enthält bis zu 10 % Schwermetalle.
Von den Verzinkungsbädern gehen prozessbedingte Emissionen (Schwermetalle, Salzsäure und Stäube) aus. Die staubförmigen Emissionen wurden seit 1985 um 95 Prozent reduziert und durch die Kreislaufführung des Prozesswassers gelangen mittlerweile keine Produktionsabwässer mehr in die Kanalisation. Die entstehenden Abfallstoffe (Zinkasche, Hartzink, Blechabfälle etc.) werden weiterverwertet. Das Warmwalzen bei Blech- und Armierungsstahlerzeugung erfordert einen zusätzlichen Energiebedarf und führt zur Emission von Kohlenwasserstoffen.

Verarbeitung

Beim Schweißen von verzinktem Stahl emittieren zinkoxidhaltige Dämpfe, die abgesaugt werden sollten (MAK-Wert 1 mg/m³ für Zinkoxidrauch [MAK 2003]). Direkte Gesundheitsgefährdung durch Blei und Cadmium in Loten. Bereits übliche Löttemperaturen können auch zur teilweisen Zersetzung des Flussmittels führen, wobei Emissionen entstehen, z. B. → Aldehyde aus Kolophonium. Emissionen entstehen auch aus Zweikomponentenklebern. Gesundheitlich verträglicher: Nieten, Schrauben, Falzen, Stecken, Klemmen.

Nutzung

Verzinkte Stahlbleche zeigen eine hohe mittlere Abschwemmrate. Zum Beispiel sind bei der Muldenversickerung von Zinkdach-Abflusswasser die Bodensanierungswerte in 10 Jahren erreicht. Zusätzlich ist in der Praxis vor allem in Bezug auf Zink von Bauschäden an Metalldeckungen die Rede [Coutalides 2000]. Die Ab-

Steel materials

Fundamentals

Steel

Steel is made of iron-carbon alloys with a carbon content of ≤ 2 M%. Construction steel has a carbon content of 0,1–0,6 %. Other alloy materials are non-metallic substances such as silicon, phosphor and sulfur as well as metals such as manganese, chrome, nickel and molybdenum. Unalloyed steel has an alloy content lower than the minimum defined according to DIN EN 10021. Steel is divided into tonnage steel, high-quality steel and stainless steel according to its properties, alloy and corrosion characteristics.

Raw steel

Raw steel is produced via extraction from ore and scrap recycling. The amount of scrap in Germany for 2000: oxygen steel process: 20–30 %, electric steel process: 100 %. Steel total: 42 %. Foundry industry: 88 %.
Iron ore is mainly extracted via strip mining (Scandinavia, Brazil, Canada, Australia). Fines are either bound in pellets (pellets are made with bentonite, a natural clay mineral) or as sinter (sintered with coke, furnace dust and limestone to create clumps. Outgoing material (Germany 1991): 60 % sinter, 31 % pellets, 9 % lump ore [Frischknecht 1996].
The furnace is filled with layers of ore and coke (burning material and reduction agents), the metallically melted ore is then cut and cast into bars. Limestone, olivine, dolomite and bauxite are used as additives, as well as fluorspar and quartz. These substances reduce the high melting temperatures which range between 1700 to 2000 °C for gangue (vein matter content) in the ore and coke ashes to between 1300 to 1400 °C.
Steel production using the LD process (blown steel): The molten iron is filled into a steel converter before oxygen is added to oxidize the unneeded accompanying raw steel element. It is then released as carbon along with impurities that are released into slag with a slag agent. The liquid steel is poured into a pan from the oven and melted with the required alloy elements. Newer processes are melting reduction and direct reduction process as well as scrap processing via electric arc furnaces = electric steel.

Environmental and health aspects

Production

Raw iron: iron ore raw material availability at the current consumption rate is 81 years [Coutalides 2000]. High surface requirements, high coke requirements: an average of 390 kg per ton of raw iron in Germany [Frischknecht 1996]; complex transportation requirements, generation of dioxins, furans and other harmful substances (mostly heavy metals) during sintering as well as high carbon dioxide emissions.
Steel production: high water consumption and sewage hazard risk; coke and other burning substances emit → benzene and polycyclic aromatic hydrocarbons, as well as hydrosulfide and ammonia. Dusts, heavy metals and heat are the main workplace hazards. The heavy metal content in fine dust can reach 10 %.
Process-related emissions result from galavanization (heavy metals, salt acids and dusts). Dust emissions have been reduced by 95 % since 1985 and the re-circuiting of processing water has stopped the flow of production water into the sewage system. The generated waste materials (zinc ash, hard zinc, sheet waste etc.) are re-processed.
The hot rolling required for sheet metal and steel armor production requires additional energy and leads to the emission of hydrocarbons.

Processing

Welding galvanized steel leads to zinc oxide vapor emissions that should be drawn off (MAK value 1 mg/m³ for zinc oxide smoke [MAK 2003]). Direct hazard through lead and cadmium in soldering. Even common soldering can lead to the partial decomposition of the flux agent, causing emissions, e.g. colophon → aldehydes. Two-component adhesives also generate emissions. Healthier alternatives: riveting, screws, corrugation, inserted joints, clamping.

Uses

Galvanized steel sheets show high average elution rates. Infiltrating rainwater runoff from zinc roofing in shallow pits will result in zinc pollution that makes land reclamation necessary within 10 years. Additionally, structural damage to metal roofing is often mentioned in connection to zinc

schwemmung kann durch eine Kunststoffbeschichtung, die ca. alle 10 Jahre erneuert werden muss, reduziert, aber nicht vermieden werden.

Entsorgung

Metalle werden getrennt gesammelt. Stahlblech lässt sich sehr gut verwerten. Der Primärenergieaufwand beim Recycling beträgt etwa 20–40 % des Primärenergieaufwandes bei der Neuproduktion. Die Zinküberzüge können nach der Trennung von Stahl und Zink erneut zur Verzinkung verwendet werden. Verzinkter Schrott ist allerdings Haupteintragsquelle für Zink in ein integriertes Hüttenwerk (insgesamt 0,4 kg/t Rohstahl, Anteil an verzinktem Schrott wachsend) und führt vermehrt zu verfahrenstechnischen Problemen, da bei zu hohem Zink-Eintrag die Qualität der Produkte (Roheisen, Stahl) und Nebenprodukte (Schlacken) sinkt und der Ausschuss steigt.

Bei allen Metallen ist unbedingt ein Recycling anzustreben. Metalle sollten nach Möglichkeit nicht in die Müllverbrennungsanlage kommen oder spätestens vor der Verbrennung aussortiert werden. Deponiert werden dürfen Metalle nur als Verunreinigungen anderer Materialien. Die Zersetzung von Stahlblech benötigt mehrere Jahre bis Jahrzehnte. Nicht recyclierte Metallabfälle, die in Deponien gelagert werden, belasten die Sickerwässer.

Empfehlung

Die Herstellung von Metallen ist umweltbelastend und energieintensiv. Aus diesem Grund sollten Metalle nur in geringen Mengen oder bei fehlenden Alternativen eingesetzt werden. Der Einsatz von verzinkten Stahlblechen ist außerdem aus folgenden Gründen hinterfragenswert:

- Aus bewitterten Stahlblechteilen wird Zink abgeschwemmt. Die großflächige Anwendung von verzinktem Stahlblech sollte daher vermieden werden. Andernfalls sollten Vorkehrungen getroffen werden, den Eintrag von Zink in Boden und Gewässer zu vermeiden.
- Zunehmender Zinkeintrag aus Stahlschrott in die Stahlproduktion erschwert das hochwertige Recycling.
- Die Rohstoffverfügbarkeit von Zinkerz wird auf nur mehr ca. 20 Jahre geschätzt [Coutalides 2000]. Es ist daher besonders wichtig, Zink in reiner, gut recyclierbarer Form einzusetzen.

Armierungsstahl

Die Zusammensetzung von Armierungsstahl beträgt 90 % Elektrostahl und 10 % Blasstahl [Frischknecht 1996]. Elektrostahl besteht zu 100 % aus Schrott. Armierungsstahl wird entweder in Form von Rippentorstahl (Baustahl mit aufgewalzten Rippen) oder Baustahlgitter eingesetzt. Rippentorstahl wird durch Warmwalzen mit anschließender Wärmenachbehandlung aus der Walzhitze gefertigt. Gittermatten werden durch Kaltverformung erzeugt, die sich kreuzenden Stäbe werden durch Punktschweißung miteinander verbunden.

Distanzbodenhalter

Distanzbodenhalter dienen der Aufständerung von Fußböden. Der dadurch entstehende Hohlraum bietet Platz für Wärmedämmung.

Die Distanzbodenhalter bestehen aus verzinktem Stahl (Stahlgewinde) und einem aufgesetzten Konus aus Aluminium. Sie stehen über ein Kugelgelenk in Verbindung mit dem Schallteller aus Gummi (im Durchmesser von 30 oder 50 mm).

Justierbare Schwingbügel

Justierbare Schwingbügel aus feuerverzinktem Stahlblech dienen zur Befestigung von abgehängten Decken. Die Abmessungen der hier betrachteten Schwingbügel betragen 60 x 27 mm bei 0,6 mm Blechdicke.

Stahlblech, verzinkt

Verwendung als Fassadenbekleidung oder Dacheindeckung. Verzinkte Bleche werden auch für Fensterbänke oder Dacheinfassungen verwendet.

Blechherstellung in Warmwalzwerken durch kontinuierliches Auswalzen eines Barren aus weichem unlegierten Stahl. Tauchen in Zinkbäder nach Vorbehandlung der Oberfläche (Entfetten, Beizen, Flussmittelbad, Trocknen) bzw. kontinuierliches Laufen auf Stahlbreitband durch Zinkbad in heißem Zustand. Für Fassadenbekleidungen und Dacheindeckungen wird häufig werksseitig eine zusätzliche organische Schutzbeschichtung aufgebracht (modifizierte Alkydharze, PVC-Folien, Acrylharze, Polyurethan oder Epoxidharze).

Herstellen von Verbindungen durch Falzen, Nieten, Schrauben, Kleben, Weichlöten, Hartlöten, Schweißen. Beim Schweißen wird der Zinküberzug lokal beschädigt. Zur Sicherung eines durchgehenden Korrosionsschutzes muss die Schutz-

[Coutalides 2000]. Eluation can be reduced with a synthetic layer that should be replaced every 10 years, but it cannot be avoided.

Disposal

Metals are collected separately. Steel sheets can be recycled with ease. The primary energy required for recycling is equal to about 20–40% of the primary energy required for new steel sheet production. Zinc layers can also be re-used for galvanization after being separated from steel. Galvanized scrap metal is the main source of zinc in an integrated mill (a total of 0.4 kg/t raw steel, galvanized scrap metal content rising), which increasingly leads to processing problems. This is due to the fact that the quality of products (raw iron, steel) and byproducts (slags) decreases when the zinc content is too high.

Recycling is desirable for all metals. Metals should not be sent to waste incineration plants if it can be avoided, or should at least separated before incineration. Metals can only disposed of as the byproducts of other materials. It can take years or even decades for steel to decompose. Non-recycled metal waste that is stored at waste disposal sites are hazardous to drainage water.

Recommendation

The production of metals is hazardous to the environment and energy-intensive. For this reason, metal should only be used in small amounts or for lack of alternatives. The use of galvanized steel sheets is also worthy of scrutiny for the following reasons:

- Weathered steel sheet materials release large quantities of zinc when exposed to water. The large surface use of galvanized steel sheets should therefore be avoided. Precautions should be taken to avoid the metal contamination in the ground and water if such use cannot be avoided.
- Increasing zinc content from scrap steel in steel production makes high-quality recycling more difficult.
- Zinc ore will only be available for approx. 20 years according to current estimates [Coutalides 2000]. It is therefore especially important to use zinc in a pure, easily recyclable form.

Reinforcing steel

Reinforcing steel consists of 90% electric steel and 10% blown steel [Frischknecht 1996]. Electric steel is 100% scrap. Reinforcing steel is used either in form of ribbed construction steel bars or as construction steel mesh. Ribbed construction steel is produced via hot rolling and post rolling heat treatment. Steel lattice mesh are cold formed and point welded.

Floor spacers

Floor spacers are used for elevated flooring. The void created allows for the insertion of thermal insulation.

Floor spacers are made of galvanized steel (steel pitch) and an aluminum cone top. They are connected to the rubber sound absorbing element using a ball joint (30 or 50 mm diameter).

Adjustable strap hangers

Hot-dipped galvanized steel adjustable strap hangers are used to mount suspended ceilings. The dimensions of the strap hangers researched here are 60 x 27 mm with a sheet metal thickness of 0.6 mm.

Galvanized steel sheets

Used for façade cladding or for roofing as well as windowsills or roof flashings.

Steel sheets are produced through continuous hot rolling of soft, unalloyed steel. They are dipped in zinc baths after pre-treating the surface (grease removal, coating, flux agent bath, drying), or via continuous running through a zinc bath on a steel wide strip while hot. For façade facework or roofing tiles an additional organic protective coating is often added at the processing plant (modified alkyd resins, PVC foils, Acrylic resins, polyurethane or epoxy resins).

Linking via corrugation, riveting, screws, adhesives, soft soldering, hard soldering, welding. Welding causes local damage to the galvanic coating. The protective layer in these areas has to be refinished to ensure complete corrosion resistance. Galvanized hafts or screws ahould be used to avoid electrochemical corrosion. Forming that can lead to rusting should be

schicht wiederhergestellt werden. Befestigung mit verzinkten Stiften oder Schrauben zur Vermeidung elektrochemischer Korrosion. Formgebungen, welche die Rostbildung fördern, sollen vermieden werden. Schnelle Ableitung des Regenwassers sollte gewährleistet sein. Bei großer Hitzeeinwirkung z. B. bei starker Sonneneinstrahlung sind Verformungen möglich, die bei Planung und Ausführung berücksichtigt werden müssen.

Produkte aus Stahl hochlegiert, niedriglegiert und unlegiert

Unlegierter und niedriglegierter Stahl wird unter anderem für Schrauben, Dübel und Fensterbeschläge eingesetzt, hochlegierter Stahl kommt z. B. als Edelstahl im Kamin zum Einsatz.

Unlegierte Stähle bestehen aus Roheisen und enthalten höchstens 0,5 M% Legierungszusätze, niedriglegierte weniger als 5 M% und hochlegierte Stähle mehr als 5 M%. Als Legierungszusätze kommen z. B. Kupfer, Titan, Chrom, Nickel, Kobalt, Wolfram, Molybdän, Vanadium, Niob zum Einsatz. Die Legierungselemente werden dem flüssigen Stahl beim Ausgießen aus dem Ofen in die Pfanne beigegeben.

Baustoffe aus Zink (Titanzink)

Grundlagen

Zink

Unterschieden werden Hüttenzink (97,5–99,5 % Zinkgehalt) für die Verzinkung von Zinkblech, Feinzink (99,95–99,99 % Zinkgehalt) für Anoden, elektrolytische Überzüge und Legierungen wie Titanzink und Umschmelzzink (96 % Zinkgehalt) für die Verzinkung und für Zinkfarben.

Im Bauwesen wird Zink heute in Form von Titanzink verwendet.

Rohzink

Technisch genutzt wird vorwiegend Zinkblende (ZnS); geologisch wie geographisch weltweit verteilte Vorkommen: wichtigste Lagerstätten in Amerika, Australien, Russland und Polen. Abbau erfolgt heute meist unter Tage.

Zinkkonzentrate aus den sulfidischen Erzen werden durch Flotation zu Oxiden geröstet. Danach Laugung mit Schwefelsäure und anschließende Elektolyse (modernere Verfahren). Je nach Verwendung erfolgt danach eine Reinigung durch fraktionierte Destillation.

Titanzink

Titanzink ist eine Legierung von elektrolytisch gewonnenem Feinzink mit geringen, genau definierten Zusätzen von Titan und Kupfer (Reinheitsgrad von 99,995 % Zink). Die Titanbeigabe senkt die Sprödigkeit und Wärmedehnung des Zinks und hebt dadurch die Dauerstandfestigkeit. Titanzink wird z. B. für Bleche, Dachrinnen, Regenfallrohre und Klempnerprofile verwendet. Zinkblech wird heute im Bauwesen nur mehr in Form von Titanzinkblech angeboten.

Umwelt- und Gesundheitsaspekte
Herstellung

Bei gleichbleibendem Verbrauch wird die Rohstoffverfügbarkeit von Zinkerz auf 21 Jahre geschätzt [Coutalides 2000]. Hoher Materialbedarf: typische Zinkkonzentrationen in den heute abgebauten Minen zwischen 0,5 bis über 10 %. Großer Bedarf an Koks für Reduktion bzw. Schwefelsäure zum Laugen, hoher Energiebedarf für Elektrolyse und Destillation; hohe Abgabe von Schadstoffen: hauptsächlich Zinkoxid, Schwefeldioxid, Stickoxide, Schwefelsäure und Zinkverbindungen sowie Sulfat im Abwasser und Zinkstäube als feste Abfallstoffe (deutlich erhöhte Werte im Boden rund um Zinkindustrie-Standorte). MAK-Werte: 1 mg/m³ für Zinkoxidrauch [MAK 2003].

Verarbeitung

Mögliche Gesundheitsgefährdung durch Blei und Cadmium in Loten. Bereits übliche Löttemperaturen können auch zur teilweisen Zersetzung des Flussmittels führen, wobei Emissionen entstehen, z. B. → Aldehyde aus Kolophonium. Emissionen aus Zweikomponentenkleber. Gesundheitlich verträglicher: Nieten, Schrauben, Falzen, Stecken, Klemmen.

Nutzung

Zink ist gegen schwache Säuren und Basen unbeständig. Mangelnde Hinterlüftung oder Kondenswasserbildung führt daher zu Zinkabbau. Bewitterte Titanzinkbleche zeigen die höchsten mittleren Abschwemmraten aller Baumetalle. Zum Beispiel sind bei der Muldenversickerung von Zinkdach-Abflusswasser die Bodensanierungswerte in 10 Jahren erreicht. Laub in Dachrinnen fördert den Zinkabbau zusätzlich. In der Praxis ist vor allem in Zusammenhang mit Zink von Bauschäden an Metalldeckungen die Rede [Coutalides 2000].

avoided. Quick rain wash drainage should be ensured. Strong exposure to heat, e.g. strong sunshine can lead to deformation, which should be taken into consideration during planning.

High-alloy, low-alloy and non-alloyed steel products

Unalloyed and low alloy steel is used for screws, dowels and window fittings. High-alloy steel is used in chimneys, for example.

Unalloyed steels consist of raw iron and contain a maximum of 0.5 M% alloy additives, low-alloy steel contains less than 5 M% and high-alloyed steels contain over 5 M%. Alloys include copper, titanium, chrome, nickel, cobalt, tungsten, molybdenum, vanadium and niobium. The alloys are added to the steel as it is poured out of the oven and into the pan.

Zinc construction materials (zinc-copper-titanium alloy)

Fundamentals

Zinc

The different types of zinc are: primary zinc (97.5–99.5 % zinc content) for the galvanization of sheet zinc, fine zinc (99.95–99.99 % zinc content) for anodes, electrolytic coatings and titanium zinc as well as re-melted zinc (96 % zinc content) for galvanization and zinc color coatings.

Zinc is used as zinc-copper-titanium alloy in the construction industry today.

Raw zinc

Zinc sulfide (or Sphalerite, ZnS) is the form of zinc primarily used for technical purposes; widely distributed geologically and geographically: the most important deposits are in America, Australia, Russia and Poland. It is generally extracted in strip mines today.

Zinc sulfide ore concentrates are roasted into oxides though flotation. They are then treated with sulfuric acid and electrolyzed (more modern process). A cleaning process follows using fraction distillation, depending on the intended use.

Zinc-copper-titanium alloy

Zinc-copper-titanium alloy is an alloy produced from electrolyzed fine zinc in combination with small, precisely pre-defined amounts of titanium and copper additive amounts (99.995 % degree of zinc purity). The added titanium lowers zinc's brittleness and elongation under heat, thereby increasing long-term durability. Zinc-copper-titanium alloy is used for metal sheets, roof gutters, rain wash draining pipes and plumbing. Zinc-copper-titanium alloy is the only form of zinc offered in the construction industry today.

Environmental and health aspects
Production

Zinc ore raw material will be available for approximately 21 years [Coutalides 2000] at the current rate of consumption. High material requirements: the typical zinc concentration in the mines it is extracted from today lies between 0.5 to over 10 %. High coke requirements for reduction and of sulfuric acid for treatment, high energy requirements for electrolysis and distillation. High emission of hazardous substances: mainly zinc oxide, sulfur dioxide, nitrogen oxides, sulfuric acid and zinc compounds in drainage water and of zinc dust as solid waste (much higher values in the ground surrounding zinc industrial sites). MAK values: 1 mg/m³ for zinc oxide-smoke [MAK 2003].

Processing

Possible health hazards through lead and cadmium when soldered. Even common soldering temperatures can lead to the partial decomposition of the flux agent, which leads to emissions, e.g. colophon → aldehydes. Two-component adhesives also cause emissions. Healthier alternatives: rivets, screws, corrugation, inserted and clamp joints.

Uses

Zinc is not resistant to weak acids and bases. A lack of back ventilation or the development of condensation therefore leads to zinc deterioration. Weathered zinc-copper-titanium alloy sheets have the highest average elution rates. Infiltrating rainwater runoff from zinc roofing in shallow pits will result in zinc pollution that makes land reclamation necessary within 10 years. Leaves in roof gutters also accelerate deterioration. In practice, damage to metal roofing occurs most commonly with zinc [Coutalides 2000].

Entsorgung

Titanzinkbleche lassen sich sehr gut rezyklieren. Titanzink-Hersteller im Bereich Bedachungen und Fassaden nennen Recyclingquoten von über 90 %. Der Energieaufwand für das Recycling entspricht etwa 5 % des Primärenergieaufwandes für die Neuherstellung. Messingschrott ist eine der größten Recyclingmöglichkeiten für Zink.

Bei allen Metallen ist unbedingt ein Recycling anzustreben. Metalle sollten nach Möglichkeit nicht in die Müllverbrennungsanlage kommen oder spätestens vor der Verbrennung aussortiert werden. Deponiert dürfen Metalle nur als Verunreinigungen anderer Materialien werden. Nicht recyclierte Metallabfälle, die in Deponien gelagert werden, belasten die Sickerwässer.

Empfehlungen

Die Herstellung von Metallen ist umweltbelastend und energieintensiv. Aus diesem Grund sollten Metalle nur in geringen Mengen oder bei fehlenden Alternativen eingesetzt werden. Aus bewittertem Zinkblech werden hohe Mengen an Zink abgeschwemmt. Die großflächige Anwendung von Zinkblech im Außenbereich sollte daher vermieden werden. Falls dies nicht möglich erscheint, sollten Vorkehrungen getroffen werden, den Eintrag von Zink in Boden und Gewässer zu vermeiden.

Titanzinkblech

Titanzinkblech wird unter anderem als Dachdeckungsmaterial eingesetzt.

Blecherzeugung: Barren aus Titanzink werden in einem Walzwerk zu Blechen gewalzt und zugeschnitten. Die Oberflächenbehandlung erfolgt durch Chromatieren (verdünnte Chromsäure), Phosphatieren (Schwermetall-Phosphatlösungen), galvanische Überzüge aus verschiedenen Metallen, farblose Lackschichten oder pigmentierte Beschichtungen.

Herstellung von Verbindungen durch Weichlöten, Kleben, Falzen, Nieten, Schrauben. Befestigung mit feuerverzinkten Haftern oder Stiften; Zink wird als relativ unedles Metall durch elektrochemische Korrosion von anderen Metallen angegriffen und sollte von diesen getrennt verwendet werden.

Sauberhalten der Dachrinnen von Laub (fördert Zinkabbau). Reparaturen sind einfach, geringe Schadensanfälligkeit von Anschlüssen, Durchdringungen und Luftundichtigkeiten.

Disposal

Zinc-copper-titanium alloy sheets are easily recyclable. Zinc-copper-titanium alloy producers cite recycling rates in excess of 90 % for roofing and façades. Energy consumption for recycling is equal to around 5 % of primary consumption for the production of new zinc. Brass scrap is one of the most important uses for recycled zinc.

As with all metals, recycling is very desirable. Metals should not be sent to waste incineration plants if it can be avoided, or should at least separated before incineration. Metals can only be disposed of as the byproducts of other materials. Non-recycled metal waste that is stored at waste disposal sites are hazardous to the drainage water.

Recommendations

The production of metals is hazardous to the environment and energy-intensive. For this reason, metal should only be used in small amounts or where there are no alternatives. Large amounts of zinc from exposed surfaces are dissolved in rain wash. Hence the use of ecposed zinc sheets on large surfaces should be avoided. Precautions should be taken to avoid zinc penetration in the ground and water if it has to be used.

Titanium zinc sheets

Zinc-copper-titanium alloy sheets are used as roofing as roofing material, among other things.

Sheet production: Zinc-copper-titanium alloy bars are rolled into sheet form at rolling mills before being cut to shape. Surface treatments include alodination (thinned chromic acid), phosphating (heavy metal phosphate solutions), galvanic coatings made of different metals, colorless lacquer coatings or pigmented coatings.

It can be connected via soft soldering, bonding, corrugation, rivets and screws, and fastened with hot-galvanized hafts or pins. As a relatively base metal, zinc is susceptible to electrochemical corrosion from other metals and should be used separately.

Leaves (cause zinc dissolution) should be removed from roof gutters. Zinc is easily repairable. Low damage potential at connection points penetrations and air sealing leaks.

Glossar Glossary

Aldehyde

Aldehyde emittieren aus Bauprodukten auf Basis von Leinöl (Linoleum, Alkydharzlacke), Kolophonium, ev. Kork und aus Holzwerkstoffen. Viele Aldehyde haben einen sehr niedrigen Geruchsschwellenwert und sind äußerst geruchsintensiv. Der einfachste und bekannteste Aldehyd im Zusammenhang mit Innenraumluft ist → Formaldehyd.

Aluminiumsulfat

Aluminiumsulfat wird in Holzfaserplatten zur Aktivierung des holzeigenen Lignins und als Flammschutzmittel eingesetzt. Technische Gewinnung durch Umsetzung von Bauxit mit Schwefelsäure bei Hitze und hohem Druck. Verglichen mit der Aluminiumgewinnung geringer Energiebedarf; Wassergefährdungsklasse 1 „schwach wassergefährdend"; Lösungen wirken ätzend, sonst gesundheitlich unbedenklich (Aluminiumsulfat wird in der Lebensmittelindustrie, als Bestandteil in Düngemitteln und als Flockungsmittel in der Trinkwasseraufbereitung eingesetzt.

Ammoniumpolyphosphate

Brandschutzmittel für Flachs- und Hanfdämmstoffe. Ammoniumpolyphosphate werden in großtechnischen Verfahren aus Phosphaten in Ammoniak-Atmosphäre hergestellt. Ammoniumpolyphosphate gelten als vergleichsweise gesundheits- und umweltverträgliche Flammschutzmittel. Im Brandfall entstehen Ammoniak und Phosphoroxide.

atro

absolut trocken (0 % Wassergehalt)

Basalt

Rohstoff für Steinwolleproduktion. Das Haupteinsatzgebiet liegt im Tiefbau (Straßenbau, Gleisschotter, Wasserbau). Basalt ist ein natürlich vorkommendes Ergussgestein, das im Tagebau gewonnen wird. Es besteht hauptsächlich aus Feldspat und Augit und ist meist quarzarm. Basalt ist ausreichend vorhanden. Österreichische Vorkommen findet man beispielsweise in Klöch, Mühldorf, Weitendorf und Pauliberg [Fachverband Steine-Keramik]. → Mineralische Rohstoffe

Baustoffklassen (Brandverhalten, Deutschland)

Baustoffe werden hinsichtlich ihres Brandverhaltens gem. DIN 4102-1 wie folgt klassifiziert:
A: nichtbrennbar
A1: nichtbrennbar, ohne oder nur geringe organische (brennbare) Bestandteile; Bsp.: Sand, Mineralfaserplatten
A2: nichtbrennbar, mit organischen (brennbaren) Bestandteilen; Bsp.: Gipskartonplatten
B: brennbar
B1: brennbar, schwerentflammbar; Bsp.: Korkerzeugnisse
B2: brennbar, normalentflammbar; Bsp.: Holz mit mehr als 2 mm Dicke und einer Rohdichte von mehr als 400 kg/m³
B3: brennbar, leichtentflammbar; Bsp.: Holz mit weniger als 2 mm Dicke und einer Rohdichte von weniger als 400 kg/m³
Die Baustoffklassen wurden inzwischen durch das neue EU-Klassifizierungssystem in die Euroklassen A1, A2, B, C, D, E, F ersetzt. Der Kern des neuen Systems ist der SBI-Test („Single Burning Item" – einzelner brennender Gegenstand).

Benzol

Rohstoff für Polystyrol- und Syntheselatex-Produktion. Benzol ist der einfachste Vertreter der aromatischen Kohlenwasserstoffe. Die Gewinnung erfolgt aus dem Pyrolysegas des Crackprozesses und der Aromatenfraktion des Reformatprozesses. Benzol ist nachweislich erbgutschädigend und krebserzeugend (Kategorie 1 → Krebserzeugende Arbeitsstoffe). Die Lösungsmittelverordnung (BGBl 1995/872) verbietet daher das Inverkehrsetzen von Zubereitungen, die als Lösemittel Benzol enthalten. Benzol kommt in Lösemitteln nun nur noch als geringfügige Verunreinigung vor. Seit dem Benzolverbot sind die Hauptquellen für Benzol in der Innenraumluft die Außenluft und Tabakrauch.

Acidification potential (AP)

Acidification is mainly caused by the interaction of nitrogen oxide (NO_x) and sulfur oxide (SO_2) with air components. A series of reactions, such as the combination with hydroxylradical can convert these gases into nitric acid (HNO_3) and sulfuric acid (H_2SO_4). Both are substances that dissolve in water immediately. The acidified drops then fall as acid rain. Acidification is a regional phenomenon, not a global one as is the case with the greenhouse effect.
Sulfuric and nitric acid can also deposited in dry form, either as gases or as components of microscopic particles. More and more evidence indicates that these dry deposits cause as great environmental problems as wet ones.
The effects of acidification are still only partially known. Clear cases are the acidification of lakes and bodies of water, which has lead to the decimation of fish population and diversity of species. Acidification can lead to the mobilization of heavy metals, which become available to plants and animals. Acid deposits are also at least partly responsible for forest damage. The excessive acidification of the soil can affect solubility and in turn, availability of nutritive and trace elements for plants. The corrosion of buildings and works of art outdoors are also effects of acidification.
The measurement for the tendency of a component to contribute to acidification is the AP (Acidification Potential). It is measured relative to sulfur dioxide [g SO_x-equivalent] and an equivalent amount of sulfur dioxide in kilograms is calculated for every acid-effective substance.

Material	AP in kg SO_2-equivalents
Sulfur dioxide SO_2	1.00
Nitrate monoxide NO	1.07
Nitrate dioxide NO_2	0.70
Nitrate oxides NO_x	0.70
Ammonia NH_3	1.88
Hydrochloric oxide HCl	0.88
Hydrogen flouride HF	1.60

Acidification potentials of selected substances

Aldehydes

Linseed oil-based construction products (linoleum, alkyd resin lacquers) colophons, possibly cork and wood work materials emit aldehydes. Many aldehydes have a very low smell threshold and strong smells. The most basic and well-known aldehyde in indoor air is → formaldehyde.

Aluminum sulfate

Aluminum sulfate is used in wood hardboards to activate the wood's lignin. It is also used as a fire resistance agent. It is produced by processing bauxite with sulfuric acid under heat and high pressure. This process requires less energy compared to aluminum processing and is rated class 1 "minor water hazard". The solutions are corrosive, but are not health hazards (aluminum sulfate is used in the food industry, for fertilizers and as a flocculant in the production of potable water.

Ammonium polyphosphate

Fire protection agents for flax and hemp-based insulators, ammonium polyphosphates are produced in large-scale technical production processes using phosphates in an ammonium atmosphere. Ammonium polyphosphates are considered comparatively eco-friendly fire protection agents that release ammonia and phosphor oxides in the case of ignition.

atro

absolutely dry (0% water content)

Austrian disposal site regulation

Four types of disposal sites are defined in the Austrian disposal site regulation (BGBl. 164/1996, and amendment BGBl II, 49. VO, 23 01 2004): excavated soil, construction waste, residual material, and bulk waste dispos-

Betonzusatzmittel

Betonzusatzmittel sind Zusatzmittel zu Beton, deren Gesamtmenge 5 M.-% des Zementgehalts nicht überschreitet.

Die häufig eingesetzten Betonverflüssiger und Fließmittel wie Ligninsulfonat, Melaminsulfonat, Naphthalinsulfonat, Polycarboxylate (Dosierung 0,2–2 M.-%) sind toxikologisch unbedenklich.

Als Verzögerer finden Saccharose, Gluconate, Phosphate, Ligninsulfonate Einsatz (Dosierung 0,2–2 M.-%). Wegen der leichten Abbaubarkeit von Saccharose und Gluconate enthalten daraus hergestellte Verzögerer Konservierungsmittel. Phosphate fördern das Algenwachstum in Gewässern, der Haupteintrag stammt aus Düngemitteln, Wasch- und Reinigungsmitteln.

Silikate (Natrium/Kaliumwasserglas), Aluminate (Natrium-/Kalium-), Carbonate (Natrium-(Soda)/Kalium-(Pottasche)), Formiate, Amorphe Aluminiumhydroxide, Aluminiumsulfat, Nitrate, Rhodanide (Rhodanwasserstoffsäure) und Chloride werden als Beschleuniger eingesetzt. Nitrate, Rhodanide und Chloride sind in Deutschland nach DIN V 18998 wegen möglicher korrosionsfördernder Wirkung auf Stahl in bewehrten Beton nicht erlaubt [Deutsche Bauchemie 2005]. Silikate, Aluminate, Carbonate und Formiate sind in reizend bis ätzend eingestuft

Luftporen in definierter Menge, Größe und Verteilung verbessern den Frostwiderstand. Zur Anwendung als Luftporenmittel kommen Seifen aus natürlichen Harzen (verseifte Tall-, Balsam-, Wurzelharze) oder synthetische Tenside. Die natürlichen Harze sind als reizend eingestuft. Balsamharze (Kolophonium) sind als sensibilisierend eingestuft (Xi mit R-Satz 43). Von den synthetischen Tensiden werden Alkylpolyglykolether, Alkylsulfate und Alkylsulfonate eingesetzt (Dosierung 0,05 bis 1 M.-%), die ebenfalls als reizend eingestuft sind. Weiters können Alkylphenolethoxylate (APEO) zugegeben werden. Die Abbauprodukte der APEO, die Alkylphenole, sind sehr gewässertoxisch. Der wichtigste Vertreter, Nonylphenol, ist giftig, schwer abbaubar, kann das Immunsystem schädigen, Allergien auslösen, das Wachstum von Brustkrebszellen verstärken und das Sexualhormonsystem beeinträchtigen [Greenpeace 2003].

Dichtungsmittel zur Herstellung von wasserundurchlässigen Betonen ist z.B. das toxikologisch unbedenkliche Calciumstearat.

Durch entsprechende Technologie und hochwertige Zemente kann auf viele Zusatzmittel verzichtet werden (z.B. Frostschutzmittel).

Die meisten Betonzusatzstoffe sind entweder nicht abbaubar oder als (schwach) wassergefährdend eingestuft (Wassergefährdungsklasse 1 oder 2) und dürfen daher nicht direkt in Vorfluter, Gewässer oder Kanalisation eingeleitet werden [Deutsche Bauchemie 2005].

Bewertetes Schalldämmmaß R_w

Das bewertete Schalldämmmaß, Rw kennzeichnet die Luftschalldämmung eines Bauteils ohne flankierende Bauteile unter Berücksichtigung der Empfindlichkeit des menschlichen Ohrs. Zur Bestimmung der Luftschalldämmung eines Bauteils wird der frequenzabhängige Verlauf einer Schalldämmkurve R experimentell gemäß EN ISO 140-1 und EN 20140-3 bestimmt. Diese Kennwerte pro Frequenzband werden nach EN ISO 717-1 in das bewertete Schalldämmmaß R_w in Dezibel (dB) umgerechnet. Am Bau oder im Labor mit bauähnlichen Nebenwegen durch Messung gewonnene Werte werden mit $R`_w$ bezeichnet.

Bewerteter Standard-Trittschallpegel $L_{nT,w}$

Als Einzahlangabe zur Beurteilung des Trittschallschutzes von Decken dient der bewertete Standard-Trittschallpegel $L_{nT,w}$.

Die Trittschalldämmung entspricht dem Widerstand des Bauteils gegen den Durchgang von Schallwellen, die durch Körperschall ausgelöst werden. Zur Messung der Trittschalldurchlässigkeit einer Decke wird im Senderaum ein genormtes Hammerwerk angebracht. Der nach EN ISO 140-1 und EN ISO 140-6 gemessene Norm-Trittschallpegel L_n gibt den Trittschallpegel für bestimmte Frequenzbereiche an. Diese Kennwerte werden mithilfe einer Bezugskurve, die die Empfindlichkeit des menschlichen Ohrs berücksichtigt, nach EN ISO 717-2 in den bewerteten Standard-Trittschallpegel $L_{nT,w}$ umgerechnet.

Im Gegensatz zum bewerteten Schalldämmmaß beim Luftschallschutz ist die Trittschalldämmung umso besser, je kleiner der Wert $L_{n,w}$ ist.

Borsalze, Borate

In Holzschutzmittel-Salzen (z.B. CFB- oder CKB-Salze), gemeinsam mit → Borsäure als Brandschutzmittel in Dämmstoffen. Borax (Natriumborat), das bedeutendste Borat, wird aus Rohboraten, die durch Austrocknung von Salzseen ("Boraxseen") entstehen, gewonnen. Große Vorkommen befinden sich z.B. in Kalifornien. Zur

al sites (Status: Fall 2005). Whether these types remain in force or will be replaced with deposition classes of the → EU Concil Directive on the landfill of waste is subject to negotiations (Status June 2005).

Basalt

Raw material used for the production of rock wool. It is mainly used for civil engineering (road construction, railway track gravel, and waterworks engineering). Basalt is a natural igneous rock form that is mined in opencast mines. It is generally composed of feldspar and augite and contains little quartz. There is no shortage of basalt in Austrian deposits in areas such as Klöch, Mühldorf, Weitendorf and Pauliberg [Fachverband Steine-Keramik]. → Mineral raw materials

Benzene

Raw material for polystyrene and synthetic latex production. Benzene is the simplest of the aromatic hydrocarbons. It is produced from the pyrolysis gas emitted during the crack process and the aromatic fractions resulting from reformate extraction. Benzene has been proven to be damaging to genetic material and carcinogenic (category 1 → carcinogenic work substances). The Austrian "Lösungsmittelverordnung (BGBl 1995/872)" solvent regulations prohibit the putting in circulation of preparations that contain benzene solvents. Benzene is now only present in solvents as a minor impurity. The main sources of benzene in the air in interior spaces are now air from the outside and tobacco smoke.

Boric acid

Along with borax (→ boric salts), boric acid is used as a fire protection agent (fire retardant) in insulation materials. Natural boric acid (orthoboric acid, empirical formula: H_3BO_3) can be found in the water vapor springs of Tuscany. Technically, boric acid is produced from sodium borate (→ Boric salts) or calcium borates. Since boric acid is a weak acid, it can be removed from salts with strong mineral acids (e.g. concentrated sulfuric acid). This is followed by a purification step by recrystallization or fractionated crystallization, which leads to gypsum production as a byproduct. Boric acid crystals are produced during the slow cooling of the strong brine solutions. This composition is chosen to ensure brine clarity for the longest possible period before crystallization begins. Foreign salts such as sodium chloride or sodium sulfate have to be removed to avoid the development of unsightly crystals. Washing and drying are the last steps of the process. The substance has to be recystallized a number of times to produce chemically pure flakes [Gann 1992]. The worldwide yearly production of boric acid amounts to over 200.000 t.

Boric acid is rated a health hazard (Xn, R 21/22) and an "eye and skin irritant" (R 36/37/38). The results of experiments on animals proved that boric acid can be a cumulative poison, if it is applied to sore surfaces as a balm. This is particularly the case with mouthwashes that contain boric acid. Use in this form has been on the decline for years. The inhalation of boric acid dusts leads to short irritations, but does not lead to progressive illness. The draft of the 30th ATP (Anpassung an den technischen Fortschritt, adjustment to technical development) zur Stoffrichtlinie (substance regulation) RL 67/548/EWG rates boric acid as toxic with regard to reproduction (R2) [Zwiener/Mötzl 2006].

Boric salts, borates

Protective wood salts (e.g. CFB- or CKB salts), and → boric acids are used as fire protection agents in insulation materials. Borax (sodium borate), the most important borate, is extracted from raw borates obtained by drying saline lakes ("borax lakes"). There are large deposits in California, for example. The excellent water solubility of borates (55 g per 100 g water) serves to separate impurities in raw borates. The minerals are first run through a magnetic separator, then stirred into sludge and heated to near simmering temperature. Once the borax is dissolved, the sludge is rinsed and removed. The pure borax solution is then poured into a thickening system. Finally, the decahydrate (or pentahydrate) is crystalized in a vacuum crystalizer at a set temperature before drying the crystals [Gann 1992]. Extraction from industrial loam pits leads to local environmental strains (→ mineral raw materials). The cleansing of extracted boric minerals causes environmental hazards that result from sludge and byproducts (sodium,

Trennung von den Verunreinigungen in den Rohboraten bedient man sich hier der vorzüglichen Wasserlöslichkeit von Boraten (55 g pro 100 g Wasser). Zunächst werden die Minerale über einen Magnetschneider geführt, unter Rühren aufgeschlämmt und bis nahe zum Sieden erhitzt. Nachdem Borax in Lösung gegangen ist, wird der Schlamm ausgewaschen und entfernt, danach wird die reine Boraxlösung über ein Eindickersystem geführt. Zuletzt wird im Vakuumkristallisator unter Temperatur-einstellung das Dekahydrat (oder das Pentahydrat) kristallisiert und die Kristalle getrocknet [Gann 1992].

Der Abbau in industriellen Lehmgruben bedingt lokale Umweltbelastungen (➔ Mineralische Rohstoffe). Die Reinigung der abgebauten Borminerale verursacht je nach Ausgangsmaterial und erforderlichen Reinigungsstufen Umweltbelastungen durch die anfallenden Schlämme und Nebenprodukte (Natrium-, Calcium- und Magnesiumsalze), die in Deponien mit Sickerwasserkontrolle oder an trockenen Stellen (in ausgedienten Bergwerken) gelagert werden. Da Borverbindungen in Kläranlagen nicht zurückgehalten werden können und selbst Pflanzen diese Verbindungen nur im Spurenelementbereich benötigen, tritt das in Abwässern enthaltene Bor im wesentlichen unverändert in die Gewässer ein. Borate sind in normalen Konzentrationen (5–20 mg/kg Boden) für Pflanzen essentiell, in höheren Konzentrationen (über 20 mg/kg) toxisch. In Müllsickerwässern wurden Boratkonzentrationen von 2,0–8,5 mg/l gemessen.

Borax ist als gesundheitsschädlich eingestuft. Im Entwurf der 30. ATP (Anpassung an den technischen Fortschritt) zur Stoffrichtlinie RL 67/548/EWG ist Borsäure und Borate zur Einstufung als reproduktionstoxisch (R2) vorgesehen [Zwiener/Mötzl 2006].

Borsäure

Gemeinsam mit Borax (➔ Borsalze) als Flammschutzmittel (Antischwelmittel) in Dämmstoffen. Natürlich kommt Borsäure (Orthoborsäure, Summenformel: H_3BO_3) in Wasserdampfquellen in der Toskana vor. Technisch wird Borsäure aus Natriumborat (➔ Borsalze) oder Calciumboraten hergestellt. Da Borsäure eine schwache Säure ist, kann sie mit starken Mineralsäuren (z.B. konzentrierter Schwefelsäure) aus ihren Salzen verdrängt werden. Daran schließt eine Reinigung durch Umkristallisation oder fraktionierte Kristallisation an, wobei Gips als Nebenprodukt ausfällt. Borsäurekristalle entstehen beim langsamen Abkühlen von Starklaugen. Der Ansatz wird so gewählt, dass die Lauge möglichst lange klar bleibt, ehe die Kristallisation beginnt. Fremdsalz, wie Natriumchlorid oder Natriumsulfat muss entfernt werden, um die Bildung unansehnlicher Kristalle zu vermeiden. Zuletzt wird gewaschen und getrocknet. Zur Herstellung von chemisch reinen Schuppen muss mehrmals umkristallisiert werden [Gann 1992]. Die Weltjahresproduktion von Borsäure beträgt über 200.000 t.

Borsäure ist als gesundheitsschädlich (Xn, R 21/22) und in „Reizt die Augen und die Haut" (R 36/37/38) eingestuft. Aufgrund tierexperimenteller Befunde wurde festgestellt, dass Borsäure ein kumulatives Gift sein kann, wenn sie als Salbe auf Wundflächen aufgebracht wird. Das betrifft auch im besonderen Maße borsäurehaltige Mundspülungen. Diese Anwendungsbereiche befinden sich daher bereits seit Jahren auf dem Rückzug. Der Inhalation von Borsäurestäuben folgt kurze Irritation, jedoch keine progressive Erkrankung. Im Entwurf der 30. ATP (Anpassung an den technischen Fortschritt) zur Stoffrichtlinie RL 67/548/EWG ist B. zur Einstufung als reproduktionstoxisch (R2) vorgesehen [Zwiener/Mötzl 2006].

Brennbarkeitsklassen (Österreich)

Die Beurteilung des Brandverhaltens von Baustoffen wird in der ÖNORM B 3800 Teil 1 geregelt. Als maßgebliche Parameter für die brandschutztechnische Beurteilung von Baustoffen sind dort die Brennbarkeit, die Qualmbildung und die Tropfenbildung beim Abbrand definiert.

Brennbarkeitsklassen:
A   nicht brennbar
B   brennbar
B1   schwer brennbar
B2   normal brennbar
B3   leicht brennbar
Qualmbildungsklassen:
Q1   schwach qualmend
Q2   normal qualmend
Q3   stark qualmend
Tropfenbildungsklassen:
Tr1   nicht tropfend
Tr2   tropfend
Tr3   zündend-tropfend

calcium and magnesium salts) that are deposited at sites with seepage water monitoring or in dry places (abandoned mines), depending on the source material and the required cleansing process. Since boric compounds cannot be retained in clearing plants and even plants require only traces of these compounds, the boric compounds contained in sewage water enters bodies of water in an unaltered state. Borates are essential for plants in normal concentrations (5–20 mg/kg ground), and toxic in higher concentrations (over 20 mg/kg). Borate concentrations of 2,0–8,5 mg/l have been measured in waste seepage water.

Borax can cause inflammation after skin or eye contact or after inhaling the fine powder. Daily boron absorption amounts to ca. 3 mg. Amounts of several grams of borate and boric acid cause acute poisoning. The intake of 1 g of borate leads to vomiting and diarrhea, other symptoms include stomach aches and circulation problems, 15–20 g are considered a deadly dose. The poisonous amounts for common salt are comparable. Chronic borate poisoning symptoms are a propensity for bleeding, kidney irritations, skin rashes, torpidity, depressions and reduced nutrition absorption. Borax is rated a health hazard. The draft for 30th ATP (Anpassung an den technischen Fortschritt, adjustment to technical development) to the Stoffrichtlinie (Substance regulation) RL 67/548/EWG rates boric acid and borates as toxic with regard to reproduction (R2) [Zwiener/Mötzl 2006].

Carcinogenic work substances

In the MAK and BAT-rating list [MAK 2003] of the German Senatskommission zur Prüfung gesundheitsschädlicher Arbeitsstoffe (MAK-Commission) carcinogenic work substances are listed under category III of the MAK rating list and subdivided as follows:

Category 1: Substances that cause human cancer and for which it can be assumed that they make a relevant contribution to cancer risk. Epidemiological research has shown that there are enough indications for a connection between exposition and cancer development in humans. Otherwise epidemiological data can be supported with information on the effect mechanisms in humans.

Category 2: Substances that can be considered carcinogenic for humans because sufficient data from long-term experiments on animals or indications from animal experiments and epidemiological research has shown that they make a relevant contribution to cancer risk. Otherwise data from animal experiments can be supported with information on the effect mechanisms from in-vitro and short-term animal experiments.

Category 3: Substances that give reason for concern as proven or possible carcinogenics, but which cannot be definitely assessed due to insufficient data. The assessment is temporary.

Category 3A: Substances which meet the prerequisites for a category 4 or 5 assessment. But there is not sufficient information to derive a MAK or BAT value from

Category 3B: In-vitro or animal experiments serve as indicators for carcinogenic effects, but do no suffice for another categorization. Further research is necessary for a final decision. A MAK or BAT value can be defined as long as the substance and its metabolites do not show any genotoxic effects.

Category 4: Substances which have a carcinogenic effect in which genotoxic effects play no role or a subordinate role. No relevant contribution to human cancer risk is expected if they comply with the MAK and BAT values. The assessment is especially supported by effect mechanism findings which indicate that increases in cell proliferation or changes in differentiation take place. The characterization of a risk is based on the manifold mechanisms that contribute to cancerogenesis and characteristic dose-time effect relationships.

Category 5: Substances with a carcinogenic and genotoxic effect that is considered so minimal that they do not make a contribution to human cancer risk if they comply with MAK and BAT values. The assessment is supported by information on the effect mechanism, on dose dependence and toxic-kinetic data on species comparison.

In Austria, all substances are considered carcinogenic which are
• listed in Appendix III of the Grenzwerteverordnung (Limit Value Regulations, GKV) or
• rated as carcinogenics or which should be designated as such in the Chemikaliengesetz 1996 (Chemical Law, 1996) or
• rated as carcinogenics or which should be designated as such in the Pflanzenschutzmittelgesetz (Plant Protection Law).

Die Brennbarkeitsklassen wurden inzwischen durch das neue EU-Klassifizierungs-system in die Euroklassen A1, A2, B, C, D, E, F ersetzt. Der Kern des neuen Systems ist der SBI-Test ("Single Burning Item" – einzelner brennender Gegenstand).

Chromatarmer Zement

Der Chromat-Gehalt des nicht abgebundenen Zements kann berufsbedingt aller-gische Ekzeme auslösen (➔ Zementekzeme, Maurerkrätze). Gem. EU-Richtlinie 2003/53/EG dürfen daher Zement und zementhaltige Zubereitungen, nicht ver-wendet werden, wenn der Gehalt an löslichem Chrom VI (Chromat) mehr als 2 mg/kg (ppm) Trockenmasse des Zements beträgt (Ausnahme geschlossene, voll-automatische Prozesse). Diese chromatarmen Zemente können durch die Zugabe eines Reduktionsmittels (z.B. Eisensulfat) hergestellt werden. Da die Wirksamkeit des Reduktionsmittels mit der Zeit nachlässt, sind chromatarme Zemente mit ei-nem Verfallsdatum versehen.

Dampfdiffusionswiderstandszahl μ

Die Diffusionswiderstandszahl μ gibt an, wie viel Mal größer der Dampfdiffusions-widerstand eines Stoffes ist als der Dampfdiffusionswiderstand einer gleich dicken Luftschicht bei gleicher Temperatur.

Die diffusionsäquivalente Luftschichtdicke s_d ist die Dicke einer Luftschicht, die den gleichen Dampfdiffusionswiderstand wie die betrachtete Materialschicht mit der Dicke d aufweisen würde: $s_d = \mu \cdot d$

Diabas

Rohstoff für Steinwolleproduktion. Das Haupteinsatzgebiet liegt im Tiefbau (Straßenbau, Gleisschotter). Diabas ist ein körniger "alter" ➔ Basalt aus dem Paläozoikum. Diabas ist ausreichend vorhanden, Österreichische Vorkommen fin-det man beispielsweise in Ebriach (Ktn), Eisenkappel (Ktn), Kitzbühel (Tirol), Ober-haag, und Saalfelden (Sbg) [Fachverband Steine-Keramik]. Gewinnung im Tagbau (➔ Mineralische Rohstoffe).

Dicumylperoxid

Flammschutzmittel in EPS- und XPS-Platten, Vernetzungsmittel für Polyolefine und Elastomere, Härter von ungesättigten Polyesterharzen. Dicumylperoxid ist die Kurzbezeichnung für Bis(1-methyl-1-phenylethyl)peroxid ($C_{18}H_{22}O_2$). Es ist in R7 (kann Brand verursachen), R36/28 (reizt die Augen und die Haut) und in R51/53 (Giftig für Wasserorganismen, kann in Gewässern längerfristig schädliche Wirkun-gen haben) eingestuft.

Dolomit

Verwendung für Putze, Mörtel, Steinwolleproduktion. Dolomit ist ein natürliches Mineral, das häufig gemeinsam mit Kalkspat als dolomitischer Kalkstein vor-kommt. Dolomitsand wird ohne weitere Bearbeitung klassiert und in feiner Kör-nung Putzen beigegeben. Dolomitkalk ist gebrannter Dolomit (➔ Mineralische Rohstoffe).

Eisenoxid

Verwendung als Pigment. Eisenoxid kommt in der Natur als Roteisenstein vor. Da seine Gewinnung und Aufbereitung teuer ist, wird Eisenoxid für technische An-wendungen meist künstlich hergestellt. Moderne Verfahren gehen von Eisensulfat oder Eisenschrott aus und sind bereits umweltfreundlicher als die klassische Her-stellung aus Eisenhydroxid mit Hilfe von Chlorgas. Eisenoxid ist human- und öko-toxikologisch verträglich und z.B. als Lebensmittelzusatzstoff zugelassen (E172). Aufschlämmungen haben gegenüber Eisenoxid in Pulverform den ökologischen Nachteil, dass sie Netz- und Konservierungsmittel enthalten, jedoch wird das Stau-baufkommen in den verarbeitenden Industriebetrieben vermieden.

Erdöl

Rohstoff für Kunststoffe. Rohöl wird auf Land und See gefördert, in Tankern und Pipelines in Raffinerien transportiert und dort durch Destillation in unterschiedliche Rohölfraktionen geteilt.
Verfügbarkeit beschränkt; sehr hoher Aufwand an Energie, Chemikalien und In-frastruktur; bei der Erdölgewinnung werden alle Umweltkompartimente (Boden, Wasser, Luft) belastet. Gelangt Erdöl in Gewässer, werden sämtliche Lebensge-

The categories are divided as follows:
Category A: work substances that are clearly carcinogenic. Replacement of carcinogenic substances is mandatory, if an equivalent result can be achieved with non- or less hazardous substances.
Category A1: Substances which experience has shown to cause malign tu-mors in humans.
Category A2: Substances which have only proven to be carcinogenic in an-imal experiments and conditions that are comparable to human exposure under working conditions, or from which a comparison can be derived.
Category B: Substances for which there is a founded suspicion of a car-cinogenic effect. Replacement of suspected carcinogenic substances is mandatory in this sense if the work this involves is reasonable.
Category C: Carcinogenic substance groups and mixes.

Cement eczema

Eczema caused by work-related contact with cement containing chromate (➔ low-chromate cement). There are differences:
Toxic-irritant cement eczema: dose and time-dependent skin alteration due to the aggressiveness of cement. Alterations are visible even after a small dose in the case of sensitive or previously irritated skin. A chronic eczema can develop after repeated irritations.
Allergic cement eczema: allergic reaction to the ingredients in wet cement. This was the most common skin ailment for many years and one of the three most common work-related skin diseases over the last years. It sometimes takes years for allergic cement eczema to develop. The cause is water-soluble chrome (Cr VI, Chromate, rating 6). A chromate content of 2 mg/kg (= 2 ppm) seems enough to cause allergic reactions among sen-sitized persons. The reaction to cement increases over time and can spread to other parts of the body. The allergy cannot be treated with common medical measures. A number of patients affected by allergic cement eczema develop ailments that lead to disability.
Frequent skin contact with wet cement occurs mainly among bricklayers, construction handymen and panel setters. It is also common among work-ers at cement product manufacturers. In accordance with EU guideline 2003/53/EG, cement and mixes that contain cement cannot be used if the amount of soluble chrome (VI) is higher than 2 mg/kg (ppm) in dry mass in its finished state. Due to its alkalinity and the mechanical friction it is also necessary to wear protective equipment and take precautions (mois-ture-proof gloves, skin protection measures) when handling low-chromate cement. The leather gloves generally used in the construction industry are not adequate for work with wet cement. Cotton gloves with a synthetic coating (esp. Nitril) are more appropriate. Many different types are avail-able at specialized stores.
Set cement does not cause cement eczema.

Cinder sand

Cinder sand is a raw material used for cement production. Cinder sand is produced by grinding rapidly cooled blast furnace slag, a raw iron produc-tion byproduct. Cinder sand consists of 40–50 % CaO, 40 % SiO_2, and residual MgO, Al_2O_3, MnO. Since it is a waste product of the iron indus-try, the use of cinder sand lowers energy requirements and emissions when it is used to replace Portland clinker, because no separate burning process is necessary. Cinder sand is considered harmless in terms of elu-ent heavy metal substances [Umweltbundesamt 1998].

Clean layer

Foundation slabs made of reinforced concrete should not be produced di-rectly on the ground. Hence a clean layer made of lean concrete or a gravel layer is made that is at least 5 cm thick.

Concrete additives

Concrete additives are additives whose amount does not exceed 5 M% of the total amount of cement.
The concrete liquifiers and fluxing agents most commonly used such as lignin sulfonate, melamin sulfonate, naphthalene sulfonate, polycarboxy-lates (dosage 0.2–2 M%) are toxicologically harmless.
Saccharoses, gluconates, phosphates and lignin sulfonates (dosages 0.2–

meinschaften von Pflanzen, Tieren und Mikroorganismen (Biozönosen) geschädigt und möglicherweise auf längere Zeit völlig ausgerottet. In Raffinerien und Steamcrackern sind hohe prozessspezifische Kohlenwasserstoffemissionen in Wasser und Luft sowie Abfälle dominant. Es werden hochexplosive Stoffe in großen Mengen verarbeitet, d.h. die Umweltgefährdung bei Unfällen ist sehr groß. In modernen Industrieanlagen existiert ein hochkomplexes Sicherheitssystem, das Störfallrisiken minimiert, aber nicht ausschließen kann. Eine Vielzahl an Zwischenprodukten ist toxikologisch relevant (Bohrchemikalien, Rohöl, etc.).

EU-Deponie-Richtlinie

In der EU-Deponie-Richtlinie (Abl. L 11/27: Richtlinie 2003/33/EG des Rates vom 19. Dezember 2002 zur Festlegung von Kriterien und Verfahren für die Annahme von Abfällen auf Abfalldeponien gemäß Artikel 16 und Anhang II der Richtlinie 1999/31/EG) werden 3 Deponietypen festgelegt: Inertstoffdeponien, Deponien für gefährliche Abfälle und Deponien für nicht gefährliche Abfälle. Mit den nächsten Novellen sollen die nationalen Deponieverordnungen an die EU-Richtlinie angepasst werden. Die deutsche Deponieverordnung beschreibt derzeit 4 Deponieklassen. Die Grenzwerte für die zulässige Ablagerung von Inertabfällen auf der Deponieklasse 0 orientieren sich dabei bereits an den Stand der Verhandlungen zur → EU-Deponie-Richtlinie vom Frühjahr 2002. Die Grenzwerte sind bis auf wenige Ausnahmen ident mit jenen, die letztlich in der Ratsentscheidung festgelegt wurden (Stand Mai 2005).

Feuchteverhalten (dynamisch), Risiko für Schimmelpilzwachstum

Für die dynamische Simulation des thermisch-hygrischen Verhaltens von Baustoffen wird das am Fraunhofer Institut für Bauphysik in Holzkirchen entwickelte Programmpaket WUFI 2D-3.2 [Künzel 2006] verwendet. Dieses erlaubt die 2-dimensionale Simulation der wesentlichen Wärme- und Feuchtetransportprozesse (Wärmeleitung, Feuchtetransport durch Diffusion und Kapillarität) in Baustoffen sowie die detaillierte Berücksichtigung der Wärme- und Feuchtespeicherfähigkeit der Materialien. Es ergeben sich für jeden Zeitschritt die Zustandsgrößen Temperatur, Relative Feuchte bzw. Wassergehalt sowie Wärme- und Feuchteflüsse.
Die folgenden Randbedingungen liegen den Feuchtesimulationen zugrunde:
• Wetterdatensatz Holzkirchen
• Orientierung Außenwände Süd
• Baustoffkennwerte aus WUFI-Baustoff-Datenbank, Stand Dezember 2006
• Kennwerte Randbedingungen siehe Tabelle:

	Temperatur	Phase	Feuchte	Phase
Innenraum	22–26°C	Max 31.Juli	20–60%	Max 31.Juli
Keller	12–18°C	Max 31.Juli	60%	Max 31.Juli
Tiefgarage	0–20°C	Max 31.Juli	90–80%	Max 31.Juli
Erdreich	8–12°C	Max 31.Juli	100%	Max 31.Juli

Die Beurteilung erfolgt nach den folgenden Kriterien:
• Potential für Schimmelbildung: Für die Beurteilung von Schimmelpilzwachstum unter instationären hygrothermischen Randbedingungen wurde dazu am Fraunhofer Institut für Bauphysik ein neuartiges biohygrothermisches Verfahren entwickelt, das auf dem Vergleich der gemessenen oder berechneten instationären Randbedingungen mit den Wachstumsvoraussetzungen für baupraktische Schimmelpilze beruht [Sedlbauer 2001]. Das drin vorgeschlagene Isoplethenmodell wird auf kritische Punkte der Konstruktion zur Bewertung des Schimmelpilzrisikos herangezogen. Es wird in allen Fällen von einem biologisch verwertbaren Substrat ausgegangen (Substratgruppe I). Die Modellannahmen liegen dadurch „auf der sicheren Seite", so dass eher Schimmelpilzbildung vorhergesagt wird, als es in der Realität der Fall sein wird.
• Potential für Fäulnis: Holz- und Holzwerkstoffe sind Fäulnisprozessen unterworfen, wenn die absolute Feuchte (in Massenprozent) in einem längeren Zeitraum über 20 % liegt.
• Wärmeschutz bzw. Variabilität der Wärmeleitfähigkeit insbesondere von Dämmstoffen infolge schwankender Feuchtegehalte
• Verhalten der Baustoffe durch erhöhte Einbaufeuchte

Flüchtige organische Verbindungen

siehe VOC

2 M%) are used as retardants. Retarders made of saccharose and gluconates contain preservatives due to the easy degradability of these substances. Phosphates stimulate the growth of algae in water, the main discharges stem from fertilizers, laundry and cleaning detergents.
Silicates (sodium/potassium water glass), aluminates (sodium/potassium), carbonates (sodium (soda)/potassium (potash)), formiate, amorphous aluminum hydroxides, aluminum sulfate nitrates, rhodanides (thiocyanic acid) and chloride are used as accelerators. Nitrates, rhodanide and chloride are not permitted in Germany according to DIN V 18998 due to corrosion-causing effects on steel in reinforced concrete [Deutsche Bauchemie 2005]. Silicates, aluminates, carbonates and formiate are rated irritant and corrosive agents.
Air pores in a defined quantity, size and distribution pattern improve frost resistance. Natural resin soaps (tall oil, balsam and root resins) or synthetic tensides are used as porosity agents. The natural resins are rated irritants. Balsam resins (colophony) are rated sensitizing substances (Xi with R number 43). Alkylpolyglycolether, alkylsulfate and Alkylsulfonate are among the synthetic tensides used (dose: 0.05–1 M%), which are rated irritants as well. Alkylphenol ethoxylates (APE) can also be added. Decomposition products of APE the alkylphenols, are very water-toxic. The most important substance, nonylphenol, is poisonous, it is difficult to degrade, it can be harmful to the immune system and cause allergies, it also boosts the growth of breast cancer cells and affects the sexual hormone system [Greenpeace 2003].
Calcium stearate, which is considered toxicologically harmless, is used as a sealing agent in water resistant concrete types.
The use of relevant technologies and high quality cements makes it unnecessary to use a number of additives (e.g. frost protection agents).
Most concrete additives are rated either non-degradable or weak water hazards (water hazard level 1 or 2) and can therefore not be released directly in discharge systems, water or sewage systems [Deutsche Bauchemie 2005].

Condensation protection

Water vapor diffusion and condensation protection are assessed according to ÖNORM B 8110-2. The amount of water that condenses during the condensation period G'_K [kg/m^{2}a], and the amount of water vapor that diffuses during the drying period G'_A [kg/m^{2}a] are determined for an assessment. A value of 0.5 kg/m^2 should not be exceeded in the assessment. At the same time, the amount that dries has to be larger than the amount of condensation. High amounts that dry can offer additional safety for the repair of unforeseen water damages (e.g. burst water lines).

Construction material classes (fire protection, Germany)

The fire protection characteristics of the construction materials are classified in accordance with DIN 4102-1:
A: non-flammable
A1: non-flammable, does not contain, or only contains low amounts of organic (flammable) components, e.g. sand, mineral fiber boards
A2: non-flammable, with organic (flammable) components, e.g. gypsum plasterboards
B: flammable
B1: flammable, low flammability; e.g: cork products
B2: flammable, normal flammability; e.g.: wood thicker than 2 mm with a raw density of over 400 kg/m^3
B3: flammable, easily flammable; e.g. wood less than 2 mm thick with a raw density of less than 400 kg/m^3
Construction material classes have been replaced by the new EU classification system consisting of Euro classes A1, A2, B, C, D, E, F. The heart of the new system is the SBI Test ("Single Burning Item" Test).

Diabase

Diabase is used as a raw material for rock wool production. The main field of use is in civil engineering (road construction, track gravel). Diabase is a grainy, "old" → basalt from the paleozoic era. Diabase is available in vast amounts, Austrian deposits can be found in Ebriach (Carinthia), Eisenkappel (Carinthia), Kitzbühel (Tyrol), Oberhaag and Saalfelden (Salzburg) [Fachverband Steine-Keramik]. It is extracted via open mining (→ mineral raw materials).

Flugasche

Rohstoff für Zement oder Beton. Flugasche besteht aus staubfeinen Partikeln, die durch Elektrofilter aus dem Rauchgasstrom von mit Kohle betriebenen Großfeuerungsanlagen abgeschieden werden. Die wesentlichen Bestandteile Siliciumdioxid und Aluminiumoxid begründen die puzzolanischen Eigenschaften von Flugasche. Die Verwendung des Reststoffes im Bauwesen ist grundsätzlich sinnvoll. Durch geeignete Grenzwerte und Kontrollen muss sichergestellt sein, dass evtl. enthaltene Schadstoffe bei einer vorgesehenen Verwendung zu keinen Gesundheitsgefahren führen können.

Formaldehyd

Raumluftschadstoff, Bestandteil von Bindemitteln (→ Formaldehydhältige Harze) und Bestandteil von Konservierungsmittel in Anstrichsystemen. Formaldehyd ist ein farbloses, stechend riechendes Gas, giftig und steht im Verdacht krebserzeugend zu sein. Bereits in geringen Konzentrationen kann er zu Reizungen der Schleimhäute führen, bei höheren Konzentrationen sind Lungenschäden möglich. Bei Hautkontakt mit Formaldehydlösungen können Allergien ausgelöst werden. Laut einer Pressemitteilung der Weltgesundheitsorganisation (WHO) vom 15.6.2004 ist Formaldehyd nunmehr durch die IARC (Internationale Krebsforschungsbehörde) als nachweislich krebserzeugend beim Menschen eingestuft (Tumoren des Nasenrachenraums). Verdachtsmomente bezüglich der Auslösung von Leukämie durch Formaldehyd sollen weiter untersucht werden. Die Äußerung der IARC ist rechtlich nicht bindend, mit einer neuen Einstufungsdiskussion in der EU muss jedoch gerechnet werden. Derzeitige Einstufungen von Formaldehyd in Deutschland [MAK 2003]: Kategorie 4 (→ krebserzeugende Arbeitsstoffe), MAK: 0,37 mg/m³ bzw 0,3 ml/m³ (ppm); in Österreich: Nach Grenzwerteverordnung BGBL 184/2003: MAK: 0,6 mg/m³ bzw. 0,5 ml/m³, kanzerogen III B. Mit der Formaldehydverordnung (BGBl 194/1990) wurde das Inverkehrsetzen von Holzwerkstoffen, die eine Ausgleichskonzentration von > 0,1 ppm in einem Prüfraum verursachen, verboten.

Formaldehydhältige Harze

Bindemittel in Holzwerkstoffen und Mineralwolle. Formaldehydhältige Harze sind Harnstoff-Formaldehyd-Harze (UF), Phenol-Formaldehyd-Harze (PF) und Melamin-Formaldehyd-Harze (MF), sog. Aminoplaste. UF-Harze, die vor allem in Holzwerkstoffplatten für Möbel eingesetzt werden, können sich bei hohen Luftfeuchten zurückbilden und weisen daher unter ungünstigen Bedingungen besonders hohe Formaldehydemissionen auf.
Die bedeutendsten Quellen für Formaldehyd in Innenräumen sind Tabakrauch und Holzwerkstoffplatten. Bei der Formaldehydfreisetzung aus Holzwerkstoffen handelt es sich um einen Prozess, der während der gesamten Lebensdauer eines solchen Produkts zu beobachten ist. Die Anfangsemission nimmt zwar schnell ab, nähert sich dann aber einem – über einen langen Zeitraum – relativ konstanten Wert. Formaldehydhältige Anstriche verursachen dagegen nur eine vorübergehenden Belastung.
Für Holzwerkstoffe sind die Anforderungen hinsichtlich der Formaldehydabgabe in der Formaldehydverordnung (Österreich, BGBl 194/1990) bzw. in der Chemikalien-Verbotsverordnung (Deutschland) geregelt. Sie dürfen nur in Verkehr gebracht werden, wenn die durch sie verursachte Ausgleichskonzentration des Formaldehyds in der Luft eines Prüfraumes 0,1 ppm nicht überschreitet. In den Richtlinien der WHO wird eine strengere Anforderung von 0,05 ppm Ausgleichskonzentration gestellt.

FSC-zertifizierter Wald

Der FSC (Forest Stewardship Council) ist eine internationale gemeinnützige Organisation mit dem Ziel, Wälder zu erhalten. Strenge Kriterien, an denen die Bewirtschaftung der Wälder ausgerichtet werden soll, dienen dazu, unkontrollierte Abholzung, Verletzung der Menschenrechte und Belastung der Umwelt zu vermeiden. Holz aus FSC-zertifizierten Wäldern wird mit dem FSC-Siegel gekennzeichnet.

GISCODE

Der GISCODE ist ein Codierungssystem für das Gesundheitsgefährdungspotential von Bauprodukten und wesentlicher Bestandteil des GISBAU (Gefahrstoff-InformationsSystem der Berufsgenossenschaft der Bauwirtschaft). Die GISCODEs basieren auf dem Gedanken, Produkte mit vergleichbarer Gesundheitsgefährdung und demzufolge identischen Schutzmaßnahmen und Verhaltensregeln zu Gruppen zusammenzufassen. Dadurch wird die Vielzahl chemischer Produkte auf wenige Pro-

Dicumyl peroxide

Flame protection agent in EPS and XPS panels, cross-linking agent for polyolefines and elastomeres, hardening agent for unsaturated polyester resins. Dicumyl peroxide is the short designation for Bis(1-methyl-1-phenylethyl)peroxide ($C_{18}H_{22}O_2$). It has a R7 rating (can cause fires), a R36/28 (eye and skin irritant) and a R51/53 (poisonous for water organisms, can cause long terms hazards in bodies of water) rating.

Dolomite

Dolomite is used for plasters, mortar and rock wool production. Dolomite is a natural mineral that is often found together with lime spar in the form of dolomite limestone. Dolomite sand is screened without further processing and added to plaster as a fine-grain sand. Dolomitic lime is burned dolomite (→ mineral raw materials).

EU Council Directive on the landfill of waste

The EU Council Directive on the landfill of waste (2003/33/EC: Council Decision of 19 December 2002 establishing criteria and procedures for the acceptance of waste at landfills pursuant to Article 16 of and Annex II to Directive 1999/31/EC) defines three types of disposal sites: inert material disposal sites, disposal sites for hazardous waste and disposal sites for non-hazardous waste. The next amendments should adjust national disposal site regulations to comply with the EU guidelines. German disposal site guidelines describe four disposal site categories. The limit values for permissible inert waste storage in the waste disposal site 0 category are based on the status of the EU Disposal Site Guidelines negotiations in the spring of 2002. The limit values are identical to those established in the council decision (status May 2005).

Flammability classes (Austria)

The assessment of construction material flammability is regulated in the ÖNORM B 3800 Part 1 guidelines. The relevant parameters for construction material fire protection ratings are their flammability, fume development and drop formation during combustion.
Flammability classes:
A   non-flammable
B   flammable
B1   low flammability
B2   normal flammability
B3   High flammability
Fume development classes:
Q1   weak fume development
Q2   normal fume development
Q3   strong fume development
Drop formation classes:
Tr1   no dripping
Tr2   drop formation
Tr3   flammable drop formation
In the meantime, the flammability classes have been replaced by the new EU classification system by Euro classes, A1, A2, B, C, D, E, F. The core of the new system is the SBI Test ("Single Burning Item").

Flue ash

Flue ash is used as a raw material for cement or concrete. Flue ash consists of dust-fine particles that are precipitated from smoke gas currents through electric filters in coal-fired large combustion plants. The important components silicium dioxide and aluminum dioxide define the pozzolanic characteristics of flue ash. The use of the residual material is basically reasonable, although it should be guaranteed by appropriate maximum quantity limitations and controls that harmful substances that may be contained cannot lead to health hazards during use.

Formaldehyde

Formaldehyde is a room air pollutant but it is used as a bonding material component (→ resins containing formaldehyde) as well as a component in coating system preservatives. Formaldehyde is a colorless, pungent, poisonous gas that is suspected of being carcinogenic. Even low concentra-

duktgruppen reduziert. Der GISCODE wird auf den Herstellerinformationen (Sicherheitsdatenblätter, Technische Merkblätter) und auch auf den Gebindeetiketten aufgebracht. Weitere Informationen unter http:///www.gisbau.de

Harnstoff-Formaldehyd-Harz

Siehe formaldehyhältige Harze

Hexabromcyclododecan (HBCD)

Bromiertes Flammschutzmittel in EPS- und XPS-Platten, Textil- und Teppichrückenbeschichtungen. Ausgangsstoff ist Butadien (→ krebserregender Arbeitsstoff Kategorie 1 gem. [MAK 2003]). Unter Zuhilfenahme der Katalysatoren Titan, Chrom oder Nickel erfolgt die Cyclotrimerisation zu Cyclododecatrien (CDT). CDT wird zu HBCD bromiert. Brom wird aus Meerwasser gewonnen. Die genaue Zusammensetzung von HCBD variiert je nach Herstellungsverfahren. HBCD weist ein extrem hohes Bioakkumulationspotential auf und kommt bereits in allen Umweltkompartimenten (Luft, Wasser, Boden) vor. Es wurde bereits auch in Lebensmitteln (Fisch, Fleisch, Eier, Milch,) und in Hausstaubproben gefunden. Ebenfalls nachgewiesen werden konnte HBCD in der Muttermilch schwedischer Frauen. Die akute Toxizität ist gering. Die EU führt derzeit eine Risikobewertung von HBCD durch. Das britische Chemical Stakeholders Forum hat die Persistenz, Bioakkumulation und Toxizität von HBCD nachgewiesen. Bromierte Flammschutzmittel, darunter HBCD, stehen auf der OSPAR-Liste (Chemikalien mit größtem Handlungsbedarf) [WWF 2004].

HFCKW

Nach dem FCKW-Verbot wurden HFCKW (teilhalogenierte Fluorchlorkohlenwasserstoffe) als Ersatzstoffe u.a. in diversen Schaumstoffen wie XPS-Dämmplatten oder PU-Montageschäume eingesetzt. Wegen der ozonschicht- und klimaschädigenden Wirkung wurde die Verwendung von HFCKW in Österreich in Schaumstoffen mit 1.1.2000 bzw. für neue Kälteanlagen mit 1.1.2002 verboten (HFCKW-VO: BGBl. 750/1995).

HFKW

Treibmittel in Dämmschäumen. HFKW (teilhalogenierte Fluorkohlenwasserstoffe) sind die chlorfreie Alternative zu HFCKW. HFKW sind nicht ozonschichtschädigend wie FCKW und HFCKW, jedoch wie diese klimaschädlich. Für Dämmstoffe und Schäume gibt es eine Reihe von Anbietern für HFKW-freie Produkte. Die 2002 erlassene österreichische Verordnung (HFKW-FKW-SF$_6$-VO: BGBl. 447/2002) sieht ein Verbot für die mengenmäßig wichtigsten HFKW-Anwendungen vor. Ab den angegebenen Zeitpunkten müssen die angeführten Produkte und Anlagen HFKW-frei sein. Die in der Tabelle angegebenen baurelevanten Verbotstermine beziehen sich auf das In-Verkehr-Setzen von HFKW-haltigen Produkten, wobei nach den Terminen eine 6-monatige Frist gilt, in der vor dem Verbotstermin produzierte Produkte und Geräte noch abgegeben werden dürfen.

Anwendungsbereich	verboten ab
	Schäume
PU-Hartschaumplatten	01.01.2005
PU-Montageschäume	01.01.2006
XPS-Platten bis 8 cm	01.01.2005
XPS-Platten über 8 cm	01.01.2008*
Alle anderen Schäume	01.07.2003
	als Feuerlöschmittel
Handfeuerlöscher	01.07.2003
Feuerlöschsysteme	01.01.2003**
	als Kältemittel
Klima- und Kältetechnik	01.01.2008
Wärmepumpen	01.01.2008

HFKW: Gesetzliche Regelungen in Österreich
* Ausnahme: HFKW mit GWP < 300
** Ausnahme: HFKW mit GWP < 300 und keine Alternative vorhanden

Holzschutz

Holz unterliegt als natürliches Material vor allem bei Witterungseinfluss oder im direkten Erdkontakt mit andauernder Feuchteeinwirkung der Zerstörungsgefahr durch Pilze und Insekten. Holzschutz umfasst Maßnahmen, die eine Wertminde-

tions can lead to mucous membrane irritations, higher concentrations can lead to lung damage. Formaldehyde solutions can cause skin allergies after contact. According to a World Health Organization (WHO) press release dated 15.6.2004, formaldehyde has been proven to be a carcinogenic substance for humans (tumors in the nose, throat areas) by the IARC (International Agency For Research On Cancer). Research continues on formadehyde as a possible cause for leucemia. The IARC statement is not legally binding, but a new rating discussion within the EU can be expected. This is the current formaldehyde rating in Germany [MAK 2003]: category 4 (→ carcinogenic work substances), MAK: 0.37 mg/m³ or 0.3 ml/m³ (ppm); in Austria: according to Grenzwerteverordnung BGBL 184/2003: MAK: 0.6 mg/m³ or 0.5 ml/m³, carcinogenic III B. The Formaldehydverordnung (BGBl 194/1990) prohibits the use of derived timber products that contain a balanced concentration of > 0.1 ppm in a testing area.

FSC-certified forest

The FSC (Forest Stewardship Council) is an international non-profit organization whose goal is to preserve forests. Strict criteria that define the extent of cultivation serve to prevent uncontrolled deforestation, human right violations and unnecessary environmental hazards. Wood from FSC-certified forests bear an FSC seal.

GISCODE

GISCODE is a coding system for the health hazard potential of construction products. It is a major part of the GISBAU (Gefahrstoff-Informations-System der Berufsgenossenschaft der Bauwirtschaft). GISCODEs are based on the idea that products with comparable health hazard potential and identical protective measure and use requirements should be categorized in groups. This reduces the large number of chemical products to a limited number of product groups. The GISCODE can be found in the manufacturer information sheets (safety and technical data) and is also printed on the packaging labels. Further information is available at http:///www.gisbau.de

Greenhouse potential (GWP)

Greenhouse potential (Global Warming Potential GWP) is a measurement that establishes the relative climate effects of a gas. Carbon dioxide, the most important greenhouse gas , is used as a reference parameter with a set GWP value of 1. An equivalent amount of carbon dioxide in kilograms is calculated for every greenhouse-effective substance with this value depending on the gas heat absorption properties and the persistence of the gas in the atmosphere.

The greenhouse potential can be calculated for various time frames (20, 100 or 500 years). The shorter integration time frame of 20 years is decisive for predictions with regard to short-term changes due to the greenhouse effect, which can be expected for the mainland. The integration timeframe of 100 years was chosen for this project. It is appropriate to evaluate the long-term rise in ocean water levels.

Greenhouse potential (GWP, 100 years, 1994) in kg CO$_2$-equivalents	
Carbon dioxide	1
Methane	24.5
Dichloric methane	9
Trichloric methane	5
Tetrachloric methane	1400
HFC R134a	1300
HFC R152a	150
HCFC R141b	630
HCFC R142b	2000
Sulfur hexaflouride	24900
Laughing gas (N$_2$O)	320

Greenhouse potential of various greenhouse gases

rung oder Zerstörung von Holz oder Holzwerkstoffen verhindern bzw. verlangsamen. Zu unterscheiden sind vorbeugende und bekämpfende Maßnahmen. Die maßgebenden Vorschriften für den Holzschutz sind in Deutschland in der DIN 68800, in Österreich in den ÖNORMEN B 3801-3804 „Holzschutz im Hochbau" festgehalten. Maßnahmen des vorbeugenden Holzschutz sind:

- Konstruktiver (Baulicher) Holzschutz
- Oberflächenbehandlung (mit Mitteln ohne biozide Wirkstoffe)
- Chemischer Holzschutz
- Holzmodifikation

Die spezifischen Gefährdungen werden in Gefährdungsklassen nach DIN/ÖNORM EN 335-1 (Definition der Gefährdungsklassen), DIN/ÖNORM EN 335-2 (Anwendung bei Vollholz), DIN/ÖNORM EN 335-3 (Anwendung auf Holzwerkstoffe) oder der DIN 68 800 Teil 3 definiert. Im Rahmen der europäischen Normung DIN/ÖNORM EN 335-2 wird zukünftig der Begriff „Gefährdungsklasse" durch den Begriff „Gebrauchsklasse" ersetzt werden.
Vor dem Einsatz chemischer Holzschutzmittel sind alle Maßnahmen des konstruktiven Holzschutzes auszuschöpfen.

ÖNORM B 3801 Holzschutz im Hochbau – Grundlagen und Begriffsbestimmungen
ÖNORM B 3802-1 Holzschutz im Hochbau – Baulicher Schutz des Holzes
ÖNORM B 3802-2 Holzschutz im Hochbau – Chemischer Schutz des Holzes
ÖNORM B 3802-3 Holzschutz im Hochbau – Teil 3: Bekämpfungsmaßnahmen gegen Pilz- und Insektenbefall
ÖNORM B 3803 Holzschutz im Hochbau – Beschichtungen auf maßhaltigen Außenbauteilen aus Holz durch Holz verarbeitende Betriebe – Mindestanforderungen und Prüfungen
ÖNORM B 3804 Holzschutz im Hochbau – Gebäude, errichtet aus vorgefertigten Holzbauteilen – Vorraussetzungen für die Reduktion von chemischen Holzschutzmaßnahmen
ÖNORM EN 335-1 Dauerhaftigkeit von Holz und Holzprodukten – Definition der Gefährdungsklassen für einen biologischen Befall; Allgemeines
OENORM EN 335-2: Dauerhaftigkeit von Holz- und Holzprodukten – Definition der Gefährdungsklassen für einen biologischen Befall – Anwendung bei Vollholz
OENORM EN 335-3: Dauerhaftigkeit von Holz und Holzprodukten – Definition der Gefährdungsklassen für einen biologischen Befall – Teil 3: Anwendung bei Holzwerkstoffen
ÖNORM EN 350-1 Dauerhaftigkeit von Holz und Holzprodukten – Natürliche Dauerhaftigkeit von Vollholz – Teil 1: Grundsätze für die Prüfung und Klassifikation der natürlichen Dauerhaftigkeit von Holz
ÖNORM EN 350-2 Dauerhaftigkeit von Holz und Holzprodukten – Natürliche Dauerhaftigkeit von Vollholz – Teil 2: Leitfaden für die natürlichen Dauerhaftigkeit und Tränkbarkeit von ausgewählten Holzarten von besonderer Bedeutung in Europa

Holzschutzmittel

Holzschutzmittel, die auf Holzschädlinge tödlich wirken, sind auch für den Menschen starke Gifte und größtenteils ökologisch bedenklich. Vor der Verwendung von Holzschutzmittel und/oder dem Einsatz von chemisch geschütztem Holz sind alle Möglichkeiten des konstruktiven Holzschutzes auszuschöpfen. Wenn die Holzfeuchte auf Dauer 20 % nicht übersteigt, besteht keine Gefahr, dass holzzerstörende Pilze das Holz angreifen. Die meisten Insekten befallen das Holz nicht, wenn die Holzfeuchte dauerhaft unter 10 % liegt. Bleibt das Holz offen und so in Bezug auf Insektenbefall kontrollierbar, kann man auf chemischen Holzschutz verzichten. In bewohnten Innenräumen sollte auf eine Anwendung von Holzschutzmitteln grundsätzlich verzichtet werden.
Nach ihrer Konstitution werden Holzschutzmittel unterteilt in:

- Ölige Präparate
- Lösemittelhaltige Holzschutzmittel
- Wasserbasierte Holzschutzmittel und Holzschutzmittel mit wasseremulgierbaren Substanzen (Salze)

Es sollten nur im Holzschutzmittelverzeichnis aufgelistete Holzschutzmittel verwendet werden. Von der Verwendung von öligen Mitteln ist generell abzuraten. Bei Verwendung von fixierenden Holzschutzmitteln ist sicherzustellen, dass der Einbau der damit imprägnierten Hölzer erst nach Ablauf der Fixierungszeit erfolgt. Bei Verwendung nicht fixierender Holzschutzsalze sind ein niederschlagsgeschützter Transport und eine Lagerung und Verarbeitung unter Dach bis zum endgültigen Einbau sicherzustellen.

HCFC

After the prohibition of CFC, HCFCs (hydrochlorofluourocarbons) were used as a replacement in various foams types such as XPS insulation panels and PU assembly foams. Since HCFCs are damaging to the ozone layer and climate, they were banned for use in foam materials in Austria for use in refrigeration systems as of 1.1.2002 (HFCKW-VO: BGBl. 750/1995).

Heat conductivity

The heat conductivity of a material is expressed as λ in W/(mK). The value shows the amount of heat transferred through a homogeneous layer with a temperature difference of 1 Kelvin (K) (= 1 °C) per second in watts (W). The lower the heat conductivity, the better the heat insulation properties of a given construction material

Heat transfer coefficient (U value)

The heat transfer coefficient (U value, unit: W/m^{2}K) is the value that defines vertical heat transfer in watts (W) through 1 m^2 of a construction segment surface if the temperature difference of the bordering air layers is 1 Kelvin (K) (= 1 °C).
The heat transfer coefficient calculates heat transfer as an effect of the heat conduction of the various material layers as well as the heat passage from the bordering construction segments into air. The coefficient is calculated by adding the resistances to heat transfer of all construction layers with the heat transmission resistance and taking the reciprocal value of the sum. Meaning: the lower the heat transfer coefficient, the better the heat insulation of the construction component.

Hexabromocyclododecane (HBCD)

Brominated flame protection agent in EPS and XPS panels, textile and rug back coatings. The source material is butadiene (category 1 → carcinogenic work substance according to [MAK 2003]). The cyclotrimerization into cyclododecatriene (CDT) is possible with the help of the catalysts titanium, chrome or nickel. The CDT is then brominated into HBCD. Bromine is extracted from sea water. The exact composition of HCBD varies depending on the manufacturing process. HBCD has a very high bioaccumulation potential and is present in all parts of the environment (air, water, ground). It has also already been found in food products (fish, meat, eggs, milk) and in house dust samples. HBCD was also found in the breast milk of Swedish women. The toxicity is low. The EU is currently performing an HBCD risk assessment. The British Chemical Stakeholders Forum has already proven the persistence, bioaccumulation and toxicity of HBCD. Brominated flame protection agents, including HBCD are on the OSPAR list (chemicals calling for action) [WWF 2004].

HFC

Foaming agent in insulation foam. HFCs (hydrofluorocarbons) are the chlorine-free alternative to HCFCs. HFCs are not damaging to the ozone layer like CFC and HCFC, but are damaging to the climate. There are a number of HCFC-free product suppliers. The Austrian regulations issued in 2002 (HFKW-FKW-SF$_6$-VO: BGBl. 447/2002), include a ban on some of the most frequent HFC uses in the products and facilities listed below. These prod-

Area of use	Banned as off
	Foams
PU hard foam panels	01.01.2005
PU assembly foam	01.01.2006
XPS panels up to 8 cm	01.01.2005
XPS-Platten over 8 cm	01.01.2008*
All other foams	01.07.2003
	As fire extinguishers
Handheld fire extinguishers	01.07.2003
Fire extinguishing systems	01.01.2003**
	As refrigerants
Air conditioning and refrigeration technology	01.01.2008
Heat pumps	01.01.2008

HFC: Legal regulations in Austria
* Exception: HFKW with GWP < 300
** Exception: HFKW with GWP < 300 and no alternative available

Holzstaub

Hartholzstäube gelten als eindeutig krebserzeugend (Kategorie 1 in Deutschland, Kategorie C in Österreich, → krebserzeugende Arbeitsstoffe). Harthölzer sind insbesondere: Afrikanisches Mahagony (*Khaya*), Afrormosioa (*Pericopis elata*), Ahorn (*Acer*), Balsa (*Ochroma*), Birke (*Betula*), Brasilianisches Rosenholz (*Dalbergia nigra*), Buche (*Fagus*), Ebenholz (*Diospyros*), Eiche (*Quercus*), Erle (*Alnus*), Esche (*Fraxinus*), Hickory (*Carya*), Iroko (*Chlorophora excelsa*), Kastanie (*Castanea*), Kaurikiefer (*Agathis australis*), Kirsche (*Prunus*), Limba (*Terminalia superba*), Linde (*Tilia*), Mansonia (*Mansonia*), Meranti (*Shorea*), Nyaoth (*Palaquium hexandrum*), Obeche (*Triplochiton scleroxylon*), Palisander (*Dalbergia*), Pappel (*Populus*), Platane (*Platanus*), Rimu, Red Pine (*Dacrydium cupressinum*), Teak (*Tectona grandis*), Ulme (*Ulmus*), Walnuss (*Juglans*), Weide (*Salix*), Weißbuche (*Carpinus*) [GWV 2003]. Alle anderen Holzstäube gelten als Arbeitsstoffe mit begründetem Verdacht auf krebserzeugendes Potential. Für diese Holzstäube gelten in Deutschland die allgemeinen Staubgrenzwerte A (alveolengängige Fraktion) 1,5 mg/m^3 und E (Einatembare Fraktion) 4mg/m^3, in Österreich der → TRK-Tagesmittelwert 2 mg/m^3 lt. Anhang II der Grenzwerteverordnung (GKV) bzw. 5 mg/m^3 für Maschinen lt. Maschinenliste Anhang IV der GKV.

Hüttensand

Rohstoff für die Zementherstellung. Hüttensand wird durch sehr feines Mahlen schnell abgekühlter Hochofenschlacke, einem Nebenprodukt der Roheisenherstellung, gewonnen. Hüttensand besteht aus 40–50 % CaO, 40 % SiO$_2$, Rest MgO, Al$_2$O$_3$, MnO. Die Verwendung von H. als Abfallstoff der Eisenindustrie schont die Rohstoffe und senkt den Energiebedarf und die Emissionen, wenn er anstelle von Portlandklinker bei der Zementherstellung eingesetzt wird, da kein eigener Brennprozess notwendig ist. Hüttensand ist bezüglich Schwermetall-Eluaten als unbedenklich zu bezeichnen [Umweltbundesamt 1998].

KMF

siehe künstliche Mineralfasern

Kondensationsschutz

Wasserdampfdiffusion und Kondensationsschutz werden nach ÖNORM B 8110-2 bestimmt. Dabei werden die in der Kondensationsperiode kondensierende Wasserdampfmenge G'$_K$ [kg/m^{2}a], bzw. die in der Austrocknungsperiode ausdiffundierende Wasserdampfmenge G'$_A$ [kg/m^{2}a] bestimmt. Für die Beurteilung der Kondensationmenge gilt, dass ein Wert von 0,5 kg/m^2 nicht überschritten werden darf. Gleichzeitig muss die Austrocknungsmenge größer als die Kondensationsmenge sein. Hohe Austrocknungsmengen können zusätzliche Sicherheit für die Sanierung von außerplanmäßigem Wasseranfall (z.B. Wasserrohrbruch) bieten.

Krebserzeugende Arbeitsstoffe

In der MAK- und BAT-Werte-Liste [MAK 2003] der deutschen Senatskommission zur Prüfung gesundheitsschädlicher Arbeitsstoffe (MAK-Kommission) werden krebserzeugende Arbeitsstoffe in der Kategorie III der MAK-Werte-Liste angeführt und wie folgt unterteilt.

Kategorie 1: Stoffe, die beim Menschen Krebs erzeugen und bei denen davon auszugehen ist, dass sie einen nennenswerten Beitrag zum Krebsrisiko leisten. Epidemiologische Untersuchungen geben hinreichende Anhaltspunkte für einen Zusammenhang zwischen einer Exposition beim Menschen und dem Auftreten von Krebs. Andernfalls können epidemiologische Daten durch Informationen zum Wirkungsmechanismus beim Menschen gestützt werden.

Kategorie 2: Stoffe, die als krebserzeugend für den Menschen anzusehen sind, weil durch hinreichende Ergebnisse aus Langzeit-Tierversuchen oder Hinweise aus Tierversuchen und epidemiologischen Untersuchungen davon auszugehen ist, dass sie einen nennenswerten Beitrag zum Krebsrisiko leisten. Andernfalls können Daten aus Tierversuchen durch Informationen zum Wirkungsmechanismus und aus In-vitro- und Kurzzeit-Tierversuchen gestützt werden.

Kategorie 3: Stoffe, die wegen erwiesener oder möglicher krebserzeugender Wirkung Anlass zur Besorgnis geben, aber aufgrund unzureichender Informationen nicht endgültig beurteilt werden können. Die Einstufung ist vorläufig.

Kategorie 3A: Stoffe, bei denen die Voraussetzungen erfüllt wären, sie der Kategorie 4 oder 5 zuzuordnen. Für die Stoffe liegen jedoch keine hinreichenden Informationen vor, um einen MAK- oder BAT-Wert abzuleiten

Kategorie 3B: Aus In-Vitro- oder aus Tierversuchen liegen Anhaltspunkte für eine krebserzeugende Wirkung vor, die jedoch zur Einordnung in eine andere Katego-

ucts and facilities have to be HFC-free by the dates listed. The construction-relevant ban dates relate to the use of HFC-containing products. It should be noted that products and equipment can still be supplied for a six-month period after the given date.

Iron oxide

Iron oxide is used as a pigment. Iron oxide is found in nature as ferric oxide. Since extraction and processing is expensive, iron oxide is generally produced synthetically for technical applications. Modern processing methods begin with iron sulfate or scrap iron and are already eco-friendlier than the classic production method using iron hydroxide with the help of chloric gas. Iron oxide is eco-toxicologically compatible and not harmful to humans, it is also permitted as a food product additive (E172), for example. Slurries have the ecological disadvantage that they contain linking and preservatives agents, but compared to iron oxide in powder form, they prevent dust development at processing sites.

Linseed oil

Linseed oil is the raw material used for linoleum, paint and coatings such as alkyd resin finishes and adhesives. It is the prototype of dry oils that harden in the air and produce an even, solid film. Linseed oil is produced from linseed (flax plant) and pressed at 180–350 bar or extracted. The mucous substances in linseed oil are removed by heating it to 280 °C or by blank filtering with bleached earth. Linseed oil consists of glycerin esters from linolenic acid (40–60 %), Linolenic acid (10–25 %) and oleic acid (13–30 %). The linolenic acid it contains is mainly responsible for the drying effect. Linseed oil is less viscous than other oils and can be spread easily.
Flax is one of the oldest cultivated plants. It doesn't generally require fertilizers due to its low nitrite requirements. Linseed oil has a clearly discernible smell caused by the splitting of long aldehyde chains during the drying process.

Low-chromate cement

The chromate content of non-set cement can lead to allergic eczemas (→ cement eczema, scabs). According to EU guideline 2003/53/EG cement mixtures that contain more than 2 mg/kg (ppm) soluble chrome VI (chromate) in dry cement mass cannot be used (exception: closed, fully automatic processes). These low-chromate cements can be produced by adding a reduction agent (e.g. iron sulfate). Since the effectiveness of the reduction agent decreases with time, low-chromate cements have expiry dates.

Magnesite bonding agents

Adhesive bonding material in inorganically bound wood material panels (AHW). Burning magnesite (magnesium carbonate) or dolomite at 800–900 °C causes caustic magnesia (magnesium oxide), which harden into a marble-like, polishable mass when dibasic metallic salt solutions (magnesium sulfate in wood wool panels) are added. Needle-shaped crystals develop which have an effect on adhesive mortar firmness.

MAK value

The MAK value is the maximum allowable concentration of a substance which does not generally affect worker health. However, adverse effects cannot be completely discounted in individual cases (e.g. pregnant women, young people). No MAK values are assigned to proven carcinogenic or DNA-altering substances since no concentration threshold can be calculated for them as there is no minimum value under which such substances do not have a carcinogenic or DNA-altering effect [MAK 2003]. The MAK values valid in Austria are listed in Appendix I of the Austrian Grenzwerteverordnung (Limit Value Regulations, GKV).

MAK value for inert biological suspended solids

The "MAK value for inert biological suspended solids" designation replaces the "allgemeiner Staubgrenzwert" (general dust limit value) commonly used before in accordance with a directive of the Ministry for the Economy and Employment on limit values for work substances and car-

rie nicht ausreichen. Zur endgültigen Entscheidung sind weitere Untersuchungen erforderlich. Sofern der Stoff oder seine Metaboliten keine genotoxischen Wirkungen aufweisen, kann ein MAK- oder BAT-Wert festgelegt werden.

Kategorie 4: Stoffe mit krebserzeugender Wirkung, bei denen genotoxische Effekte keine oder nur eine untergeordnete Rolle spielen. Bei Einhaltung des MAK- und BAT-Wertes ist kein nennenswerter Beitrag zum Krebsrisiko für den Menschen zu erwarten. Die Einstufung wird insbesondere durch Befunde zum Wirkungsmechanismus gestützt, die darauf hinweisen, dass Steigerungen der Zellproliferation oder Änderungen der Differenzierung im Vordergrund stehen. Zur Charakterisierung eines Risikos werden die vielfältigen Mechanismen, die zur Kanzerogenese beitragen können, sowie ihre charakteristischen Dosis-Zeit-Wirkungsbeziehungen berücksichtigt.

Kategorie 5: Stoffe mit krebserzeugender und genotoxischer Wirkung, deren Wirkungsstärke jedoch als so gering erachtet wird, dass unter Einhaltung des MAK- und BAT-Wertes kein nennenswerter Beitrag zum Krebsrisiko für den Menschen zu erwarten ist. Die Einstufung wird gestützt durch Informationen zum Wirkungsmechanismus, zur Dosisabhängigkeit und durch toxikokinetische Daten zum Spezies-Vergleich.

In Österreich gelten alle Stoffe als krebserzeugend, die
- im Anhang III der Grenzwerteverordnung (GKV) aufgelistet sind oder
- nach dem Chemikaliengesetz 1996 oder
- nach dem Pflanzenschutzmittelgesetz als
krebserzeugend einzustufen oder zu kennzeichnen sind.

Die Einteilung erfolgt in:

Kategorie A: Eindeutig als krebserzeugend ausgewiesene Arbeitsstoffe. Für eindeutig krebserzeugende Stoffe besteht eine Ersatzpflicht, wenn ein gleichwertiges Arbeitsergebnis mit nicht oder weniger gefährlichen Arbeitsstoffen erzielt werden kann.

Kategorie A1: Stoffe, die beim Menschen erfahrungsgemäß bösartige Geschwülste zu verursachen vermögen:

Kategorie A2: Stoffe, die sich bislang nur im Tierversuch als krebserzeugend erwiesen haben, und zwar unter Bedingungen, die der möglichen Exponierung des Menschen am Arbeitsplatz vergleichbar sind bzw. aus denen Vergleichbarkeit abgeleitet werden kann:

Kategorie B: Stoffe mit begründetem Verdacht auf krebserzeugendes Potential. Für krebsverdächtige Stoffe besteht eine Ersatzpflicht im obigen Sinn dann, wenn der Aufwand vertretbar ist.

Kategorie C: Krebserzeugende Stoffgruppen und Stoffgemische

Kunstharzdispersion

Kunstharzdispersionen sind feinste Verteilungen eines Kunstharz-Bindemittels in Wasser. Bei den Kunstharzen handelt es sich um Polymere (auch Copolymere) auf der Basis von Acrylaten, Styrol, Ethylen, Vinylacetat oder Butadien. Lösemittelfreie Kunstharzdispersionen enthalten keine Lösemittel, können aber schwerflüchtige Substanzen, Glykol oder Glykolverbindungen enthalten. Als Topfkonservierungsmittel werden vorwiegend Formaldehydabspalter und Isothiazolone verwendet. Dispersionen können eine Vielzahl von Zusätzen wie Hilfslösemittel, Antischaummittel, Emulgatoren, Verlaufhilfsmittel, Weichmacher, Fungizide u.a. enthalten. Kunststoffdispersionen werden aus Erdöl in komplizierten Prozessketten hergestellt, wobei Kuppel- und Abfallprodukte anfallen. Die Anstriche können die Raumluft durch leicht- und schwerflüchtige organische Substanzen (als Filmbildner), durch Formaldehyd als Konservierungsmittel, sowiedurch fungizide Zusätze belasten.

Künstliche Mineralfaser (KMF)

Emission aus Mineralwolledämmstoffen. Künstliche Mineralfasern (KMF) können bei Tätigkeiten mit Mineralwolle-Produkten freigesetzt werden. KMF wurden von der International Agency for Research on Cancer (IARC) in Kategorie 2b eingestuft (Bei Exposition mit diesen Faserarten besteht möglicherweise Gefahr der Kanzerogenität). Nach der Richtlinie 97/69/EG der Kommission sind Mineralfasern in K3 (krebsverdächtig) und hautreizend eingestuft. Diese Richtlinie enthält allerdings in der Anmerkung Q Freizeichnungskriterien, nach denen KMF in keine krebserzeugende Kategorie eingestuft werden, wenn sie die geforderten Kriterien erfüllen. Jedenfalls sind die Erkenntnisse zur kanzerogenen Wirksamkeit von KMF bis heute lückenhaft. Einer Exposition mit Mineralfasern ist daher durch vorschriftsmäßigen Umgang und persönliche Schutzausrüstung vorzubeugen. Durch luftdichte Konstruktionen wird der Eintrag feiner Fasern in die Wohnräume vermieden. KMF verursachen außerdem mechanische Hautreizungen.

cinogenic work substances (Grenzwerteverordnung 2003 - GKV 2003).The MAK Value for biological suspended solids for breathable fractions:
- a daily average value of: 15 mg/m³
- a short-term value calculated over an assessment period of 1 hour: 30 mg/m³
- a short-term value calculated over an assessment period of 8 hours: a maximum of two times 30 mg/m³

for the alveoli-penetrating fraction:
- a daily average value of: 6 mg/m³
- a short-term value calculated over an assessment period of 1 hour: 12 mg/m³
- a short-term value calculated over an assessment period of 8 hours: a maximum of two times 12 mg/m³

Mineral raw materials

The direct effects on the environment of the extraction of mineral raw materials are generally limited to local problems: sound and dust emissions and the disturbance of residents caused by truck transports. The required amount of energy is low, the only higher energy requirements come from processing, e.g. grinding, burning, polishing or sanding. Hence the primary concerns in the assessment of raw materials are the issues of availability and environmental protection. The effects on the balance of nature should be reduced to a minimum. This means areas should be used sparingly and raw materials should be extracted as efficiently as possible, as long as public aspects such as water, land and forestry needs, or environmental protection as well as landscape preservation are not compromised. If possible, mineral raw materials should be extracted from mineral construction waste or REA gypsum. some of the effects of wet extraction are irreversible; therefore wet extraction should only be used as an exception. Re-naturalization should be a priority in terms of environmental protection. The re-utilization of re-cultivated land and forestry areas should be especially eco-friendly.

Moisture properties (dynamic), mold growth risk

The WUFI 2D-3.2 [Künzel 2006] program package developed by the Fraunhofer Institute for Building Physics in Holzkirchen (Germany) is used for the dynamic simulation of the thermal-hygric properties of construction materials. This program makes the 2-dimensional simulation of the major heat and moisture transport processes (heat conductivity, moisture transport through diffusion and capillary distribution) in construction materials and the detailed consideration of the heat and moisture storage capabilities of the materials. For every time step the condition values for temperature, relative moisture and water content are supplied, as well as heat and moisture flow values.

The moisture simulations are based on the following boundary conditions:
- Holzkirchen weather data
- Exterior walls facing south
- Specific construction material values from the WUFI construction material database, status: December 2006
- See table for specific boundary condition values:

	Temperature	Phase	Moisture	Phase
Interior space	22–26°C	Max 31 July	20–60%	Max 31 July
Basement	12–18°C	Max 31 July	60%	Max 31 July
Underground garage	0–20°C	Max 31 July	90–80%	Max 31 July
Subsoil	8–12°C	Max 31 July	100%	Max 31 July

The evaluation is based on the following criteria:
- Mold growth potential: An innovative biohygrothermal process was developed to evaluate mold growth under instationary hygrothermal boundary conditions at the Fraunhofer Institute for Building Physics that is based on the comparison of the measured or calculated instationary boundary growth conditions for mold growth in buildings [Sedlbauer 2001]. The isopleth model suggested is used for the critical points in a construction with regard to the mold growth risk. A biologically suitable substrate is assumed in all cases (Substrate Group I). The assumptions of the model therefore err 'on the safe side,' which means mold growth is predicted more often than is actually likely.

Kunststoff-Stützfasern

Stützfaser und Bindemittel in Dämmstoffen aus nachwachsenden Rohstoffen. Die Stützfasern bestehen aus einer Mantel-Kern-Kombination von Polyethen(PE)-Mantel und Polyethylenterephthalat(PET)-Kern. Diese Kombination ermöglicht der Faser bei Erwärmung in den Randbereichen zu schmelzen und damit eine Verbindung zu den Naturfasern des Dämmstoffes zu schaffen. Der innere Kern hat einen höheren Schmelzpunkt, schmilzt nicht und ist für die Festigkeit verantwortlich. Nach Abkühlung ist das gesamte Fasermaterial fix, jedoch elastisch verbunden.

Die Stützfasern bestehen zu 100 % aus fossilen Rohstoffen und werden in einem großtechnischen Prozess hergestellt. Sie sind in der Umwelt stabil und werden biologisch über sehr lange Zeiträume praktisch nicht abgebaut. Durch die Größe der Fasern und ihre schlagzähen Eigenschaften ist eine Inhalation praktisch nicht möglich.

Leinöl

Rohstoff für Linoleum, Anstrichstoffe wie Alkydharzlacke und Klebstoffe. Prototyp der trocknenden Öle, die an der Luft erhärten und einen gleichmäßigen, festen Film bilden. Leinöl wird aus dem Samen des Leins (Flachspflanze) bei 180–350 bar gepresst oder extrahiert. Die dem Leinöl anhaftenden Schleimstoffe werden durch Erhitzen auf 280 °C oder durch Blankfiltrieren mittels Bleicherden entfernt. Leinöl besteht aus den Glycerinestern von Linolensäure (40–60 %), Linolsäure (10–25 %) und Ölsäure (13–30 %), wobei der Anteil an Linolensäure für die trocknende Wirkung hauptverantwortlich ist. Leinöl ist weniger viskos als andere Öle und kann leicht verstrichen werden.

Flachs ist eine der ältesten Kulturpflanzen. Wegen ihres geringen Nitratbedarfs kann auf Dünger in der Regel verzichtet werden. Leinöl hat einen deutlichen Eigengeruch, für den die beim Trocknungsprozess abspaltenden langkettigen Aldehyde verantwortlich sind.

Lösemittel, organische

Einsatz in Farben, Lacken und Klebstoffen. Organische Lösemittel (auch: Lösemittel) wie Alkohole, Glykole, Ester, Ketone sind flüssige organische Stoffe und deren Mischungen, mit denen man andere Stoffe auf physikalischem Weg in Lösung bringt. Die Lösemittel gehören zur Gruppe der flüchtigen organischen Verbindungen (→ VOC). Sie entweichen während und nach der Verarbeitung in die Luft und werden überwiegend über die Atmung und die Haut aufgenommen. Viele organische Lösemittel sind feuergefährlich, brennbar und zum Teil auch mehr oder weniger stark giftig. Das Toxizitätsspektrum reicht von Kopfschmerzen, Übelkeit und Müdigkeit bis zu kanzerogenen, mutagenen und fruchtschädigenden Wirkungen. Lösemittel können das Zentralnervensystem, Leber und Nieren schädigen. Allgemein wirken Lösemittel narkotisch, berauschend.

Nach gesetzlicher Definition in Österreich und Deutschland haben organische Lösemittel einen Siedepunkt unter 200 °C. VOC mit einem Siedepunkt über 200 °C zählen danach nicht zu den Lösemitteln und müssen nicht als solche deklariert werden. „Lösemittelfreie" Produkte können daher VOC enthalten und in relevantem Ausmaß zur Raumluftbelastung beitragen.

Magnesitbinder

Bindemittel in anorganisch gebundenen Holzwerkstoffplatten (AHW). Durch Brennen von Magnesit (Magnesiumcarbonat) oder Dolomit bei 800–900 °C entsteht kaustische Magnesia (Magnesiumoxid), die durch Zugabe von Salzlösungen zweiwertiger Metalle (Magnesiumsulfatlösung bei Holzwolleplatten) zu einer marmorähnlichen, polierfähigen Masse härtet. Beim Erhärten bilden sich nadelförmige Kristalle, welche die Festigkeit des Klebemörtels bewirken.

MAK-Wert

Die Maximale Arbeitsplatzkonzentration (MAK) ist jene Konzentration eines Stoffes in der Luft am Arbeitsplatz, bei welcher die Gesundheit im Allgemeinen nicht beeinträchtigt wird. Im Einzelfall (z.B. Schwangere, Jugendliche) sind Gesundheitsschäden jedoch nicht auszuschließen. Für nachgewiesenermaßen krebserzeugende und erbgutverändernde Arbeitsstoffe werden keine MAK-Werte angegeben, da bei solchen Stoffen keine Konzentrationsschwelle ermittelt werden kann, unterhalb derer ein solcher Stoff nicht krebserzeugend bzw. erbgutverändernd wirkt [MAK 2003].

Die in Österreich geltenden MAK-Werte sind im Anhang I der Grenzwerteverordnung (GKV) aufgelistet.

- Rotting potential: all wood materials are subject to rotting processes if the absolute moisture level exceeds 20 % (in mass percent).
- Heat protection or variability of heat conduction, especially in insulation materials with varying moisture contents
- Construction material properties under increased installation moisture

Mold growth risk

See moisture properties (dynamic)

Paraffin

Hydrophobic agent. Paraffins contain water, saturated hydrocarbons and cationic emulsifiers. They are produced from petroleum in energy-intensive processes. Paraffins are very inert substances and therefore not poisonous.

Petroleum

Petroleum is the raw material used in synthetics. Petroleum is produced on land and sea and transported to refineries in tankers and pipelines. It is separated into various petroleum fractions via destillation.

The availability of petroleum is limited, it requires great amounts of energy, chemicals and infrastructure and extraction is a burden to all parts of the environment (land, water, air) . If petroleum enters bodies of water, it can destroy all plant, animal and microorganism communities completely for a longer period of time. High process-specific water emmissions, hydrocarbon emissions and waste emissions are dominant in refineries and steamcracker facilities. Highly explosive substances are processed in large amounts, which makes the potential for environmental damage very large. Highly complex safety systems that reduce the risks of accidents are in place at modern industrial plants, but cannot fully eliminate them. A number of semi-finished products are toxicologically relevant (drilling chemicals, crude oil, etc.).

Phenol-formaldehyde resin

See Resins containing formaldehyde

Plant substrate

The uppermost layer of green roof structures. Humous, well-ventilated materials with good water storage capabilities have proven to be ideal for these purposes. Other important characteristics: no herbicides residues, no phytopathogenic germs and no plant pests, as well as adequate stability, cutting resistance and appropriate weight (since substrate water saturation with increasing plant growth or snow layers during the winter causes a significant increase in the overall weight of the roof, while a layer that is too light can lead to wind damage and a lack of stability for plant growth).

Natural soils are generally inadequate since they are too heavy and they are prone to increased densification or mud development, which affects water availability. Humous soils or special roof garden substrates made of substances such as bark humus, turf, treated upper soils, compost, loam, pumice,lava, expanded clay, perlite, etc., are more appropriate.

Polyester

Polyester is made of 100 % fossil raw materials and is produced using a large-scale technical process. Polyester is stable in the environment and practically non-biodegradable over long periods of time. However, it is degradable via UV radiation which is only possible via direct exposure to the sun. No acute eco-toxical effects are known.

Polyurethane adhesives

Polyurethanes are the source materials for wood bonding adhesives, insulation materials, assembly foam, adhesives and paint. Polyurethanes are a group of polymers (synthetics), which can have a wide variety of properties. Polyurethane adhesives for insulation materials and derived timber products are made of PMDI and higher valent polyols.. PMDI is the abbreviation for polymer MDI (Diphenylmethane-4.4'-diisocyanate (4.4'-Meth-

MAK-Wert für biologisch inerte Schwebstoffe

Die Bezeichnung „MAK-Wert für biologisch inerte Schwebstoffe" ersetzt seit Verordnung des Bundesministers für Wirtschaft und Arbeit über Grenzwerte für Arbeitsstoffe und über krebserzeugende Arbeitsstoffe (Grenzwerteverordnung 2003 – GKV 2003) die bislang gebräuchliche Bezeichnung „allgemeiner Staubgrenzwert".

Der MAK-Wert für biologische Schwebstoffe beträgt für die einatembare Fraktion:
- als Tagesmittelwert: 15 mg/m³
- als Kurzzeitwert in einem Beurteilungszeitraum von 1 Stunde: 30 mg/m³
- als Kurzzeitwert in einem Beurteilungszeitraum von 8 Stunden: höchstens zwei Mal 30 mg/m³

für die alveolengängige Fraktion:
- als Tagesmittelwert: 6 mg/m³
- als Kurzzeitwert in einem Beurteilungszeitraum von 1 Stunde: 12 mg/m³
- als Kurzzeitwert in einem Beurteilungszeitraum von 8 Stunden: höchstens zwei Mal 12 mg/m³

Mineralische Rohstoffe

Die direkten Umweltwirkungen beim Abbau mineralischer Rohstoffe beschränken sich in der Regel auf lokale Beeinträchtigungen: Lärm- und Staubemissionen und Belastung der Anrainer durch LKW-Transporte. Der Energieeinsatz ist gering, energieaufwendiger sind allenfalls die Aufbereitungsschritte, wie z.B. Mahlen, Brennen, Polieren oder Schleifen. Im Vordergrund stehen bei der ökologischen Beurteilung von mineralischen Rohstoffen daher Fragen der Verfügbarkeit und des Naturschutzes. Der Eingriff in den Naturhaushalt soll so gering wie möglich gehalten werden. Dies bedeutet einen sparsamen Verbrauch von Flächen und eine möglichst vollständige Ausbeute der Rohstoffvorkommen, soweit nicht öffentliche Belange, wie jene der Wasserwirtschaft, der Land- und Forstwirtschaft oder des Naturschutzes und der Landschaftspflege dem entgegenstehen. Nach Möglichkeit sind mineralische Rohstoffe aus Abfällen wie mineralischer Bauschutt oder REA-Gips zu gewinnen. Beim Nassabbau können Eingriffe in manche Schutzgüter teilweise nicht wieder rückgängig gemacht werden, Nassabbau sollte daher grundsätzlich nur im Ausnahmefall erfolgen. Der Renaturierung ist aus Sicht des Naturschutzes Vorrang einzuräumen. Im Falle einer land- oder forstwirtschaftlichen Rekultivierung sind besonders naturverträgliche Folgenutzungen anzustreben.

Österreichische Deponieverordnung

In der österreichische Deponieverordnung (BGBl. 164/1996 und Novelle BGBl II, 49. VO vom 23.01.2004) werden 4 Deponietypen festgelegt (Stand Herbst 2005): Bodenaushubdeponien, Baurestmassendeponien, Reststoffdeponien und Massenabfalldeponien. Inwieweit diese Deponietypen bestehen bleiben oder in die Deponieklassen gem. → EU-Deponie-Richtlinie übergeführt werden, ist noch Gegenstand der Verhandlungen (Stand Juni 2005).

Paraffin

Hydrophobierungsmittel. Paraffine enthalten Wasser, gesättigte Kohlenwasserstoffe und kationische Emulgatoren. Sie werden aus Erdöl in energieaufwendigen Prozessen hergestellt. Paraffine sind sehr reaktionsträge und daher ungiftig.

Pflanzensubstrat

Oberste Schichte bei begrünten Dachaufbauten. Als optimal erweisen sich dabei humose, gut durchlüftete und wasserspeichernde Materialien, Fehlen von pflanzenschädlichen Komponenten wie Resten von Unkrautvernichtungsmitteln, phytopathogenen Keimen, Pflanzenschädlingen, aber auch ausreichende Stabilität, Scherfestigkeit sowie geeignetes Gewicht (da bei Wassersättigung des Substrates bei zunehmendem Pflanzenbewuchs oder bei Schneedecke im Winter das Gesamtgewicht der Decke ohnedies stark zunimmt und bei zu geringem Gewicht das Substrat verweht wird und die Pflanzen zu geringe Standfestigkeit haben). Natürliche Böden sind meist nicht geeignet, da ihre Eigenlast zu hoch ist und sie zu Verdichtung oder Verschlämmung neigen, was die Wasserverfügbarkeit verringert. Besser geeignet sind sandig humose Oberböden oder spezielle Dachgartensubstrate aus den Ausgangsmaterialien Rindenhumus, Torf, behandelter Oberboden, Kompost, Ton, Bims, Lava, Blähton, Perlite etc.

Phenol-Formaldehyd-Harz

Siehe Formaldehydhältige Harze

ylene diphenyl diisocyanate)) MDI is rated a cat. 3B (suspected of having a carcinogenic effect, → carcinogenic work substances). The multi-step production process involves a number of harmful intermediate and byproducts such as nitrobenzene, chloric gas, phosgene and formaldehyde. Despite the fact that amounts registered are clearly below the prescribed MAK values, sicknesses have been traced in workers exposed to isocyanate. This makes comprehensive protective measures necessary when working with 2K products (e.g. assembly foam). Polyurethane foams that have already hardened are unproblematic. A backward reaction analogous to the forward reaction occurs in materials containing polyurethane in the case of combustion during which isocyanates are released in large amounts [Zwiener/Mötzl 2006].

Primary energy content in non-renewable resources (non-renewable PEC)

The amount of energetic resources required to manufacture a product or perform a service is defined as the primary energy content. This value refers to all the performance and production processes involved in making a deliverable product. The gross calorific values of resources serve for classification. The "use of non-renewable energetic resources" is assessed considering non-renewable energy sources only.

PVAc

Raw material for adhesives (casein glue) , dispersion paints, lacquers and filler masses. Dispersions made of polyvinyl acetate (PVAc) are toxicologically harmless; the vinyl acetate monomer is rated potentially carcinogenic (MAK-List cat. 3A, → carcinogenic work substances).

Quartz sand

Quartz sand is the raw material for glass wool, porous concrete, mineral foam panels and is used as an additive in plaster. Quartz sand is extracted from sandpits, further steps are washing and in certain cases iron/feldspar flotation. It is classified (separated) into quartz sand of differing grain size.
Quartz sand is readily available and energy requirements for processing are low (the most important factor is the energy required for drying). Noise, dust emissions and truck transports have local effects, (→ mineral raw materials)
The alveoli-penetrating dust fraction of quartz has a category 1 rating → carcinogenic work substances [MAK 2003]. Hazards arise from the development of dust during extraction and processing. Lung alterations due to exposure to dust containing quartz are the primary concern. Silicosis and lung tumor development have been detected after long term exposure. Evidence also points to the development of tumors resulting from swallowing quartz particles [Zwiener/Mötzl 2006].

Rated sound insulation value (R_w)

The R_w sound insulation value rating defines the airborne sound insulation of a construction segment without flanking elements in relation to the sensitivity of the human ear. The frequency-dependent trajectory of an experimental R sound insulation curve is used to determine the airborne sound insulation rating of a construction segment according to EN ISO 140-1 and EN 20140-3. The values per frequency band are then converted into the R_w sound insulation rating value in decibels (db) according to EN ISO 717-1. Values calculated this way at the construction site or in labs able to simulate construction-like flanking bypasses are given $R`_w$ ratings.

Resins containing formaldehyde

Bonding agent found in wood materials and mineral wool. The resins that contain formaldehyde are urea-formaldehyde resins (UF), phenol-formaldehyde resins (PF) and melamin-formaldehyde resins (MF), known as aminoplasts. UF resins, which are mostly used in wood material panels for furniture, can degenerate under high air humidity and are prone to particularly high formaldehyde emissions under unfavorable conditions.
The major formaldehyde sources in interior spaces are tobacco smoke and wood material panels. The release of formaldehyde in derived timber

Plenterwald

Plenterwälder gehen auf alte bäuerliche Waldbewirtschaftungsformen zurück. Im Plenterwald finden sich alle Altersstufen, also sehr alte Bäume und der Jungwuchs auf kleinster Fläche dicht nebeneinander. Die Nutzung erfolgt nicht im Kahlschlagverfahren, sondern einzelstammweise. Wird der stärkste Stamm entnommen, ist in dieser Lücke wieder ausreichend Platz und Licht für die sich schon in Wartestellung befindlichen Jungbäume. Jeder forstliche Nutzungseingriff ist also Ernte, Pflege und Verjüngung zugleich. Die sehr struktur- und artenreichen Wälder sind wenig störanfällig. Sie haben ihr Vorbild im Urwald.

Polyester

Polyester besteht zu 100 % aus fossilen Rohstoffen und wird in einem großtechnischen Prozess hergestellt. Polyester ist in der Umwelt stabil und wird biologisch über sehr lange Zeiträume praktisch nicht abgebaut. Die einzige Abbaumöglichkeit ist der UV-Abbau, der jedoch nur bei direkter Sonneneinstrahlung gegeben ist. Akute ökotoxische Wirkungen sind nicht bekannt.

Polyurethan-Kleber

Ausgangsstoff für Klebstoffe bei Holzwerkstoffen, Dämmstoffe, Montageschäume, Kleber und Lacke. Polyurethane sind eine Gruppe von Polymeren (Kunststoffen), die unterschiedlichste Eigenschaften aufweisen können. Für Dämmstoffe und Holzwerkstoffe werden Polyurethan-Kleber aus PMDI und höherwertigen Alkoholen (Polyole) hergestellt. PMDI ist die Kurzbezeichnung für polymeres MDI (Diphenylmethan-4,4'-diisocyanat oder 4,4'-Methylendiphenyldiisocyanat) MDI ist in Kat. 3B (Verdacht auf krebserzeugende Wirkung, ➔ krebserzeugende Arbeitsstoffe) eingestuft. Der Herstellungsprozess verläuft mehrstufig über eine Reihe von gesundheitsgefährdenden Zwischen- und Nebenprodukten wie Nitrobenzol, Chlorgas, Phosgen und Formaldehyd. Trotz der üblicherweise deutlichen Unterschreitung der MAK-Werte in medizinischen Untersuchungen sind Erkrankungen bei isocyanatexponierten Arbeitnehmern feststellbar. Besonders bei der Verarbeitung von 2K-Produkten (z.B. Montageschäume) sind daher umfangreiche Arbeitsschutzmaßnahmen nötig. Bereits ausgehärtete Polyurethane sind dagegen unproblematisch. Im Brandfall erfolgt bei polyurethanhältigen Materialien eine der Bildungsreaktion analoge Rückreaktion und größere Mengen Isocyanate werden freigesetzt [Zwiener/Mötzl 2006].

Primärenergieinhalt (PEI)

Als Primärenergieinhalt (PEI) wird der zur Herstellung eines Produktes oder einer Dienstleistung erforderliche Verbrauch an energetischen Ressourcen bezeichnet, für die Bereitstellung von Energieträgern und Rohstoffen. Er bezieht sich auf alle Vor- und Herstellungsprozesse bis zum auslieferfertigen Produkt. Zur Klassifizierung wird der obere Heizwert der Ressourcen verwendet. Beim „Bedarf an nicht erneuerbaren energetischen Ressourcen" wird nur die Bereitstellung von nicht-erneuerbarer Energieträger als Beurteilungskriterium einbezogen. Anteile erneuerbarer Energieträger werden nicht berücksichtigt.

PVAc

Rohstoff für Klebstoffe (Weißleim), Dispersionsfarben, Lacke und Spachtelmassen. Dispersion von Polyvinylacetat (PVAc); PVAc ist toxikologisch unbedenklich, das Monomer Vinylacetat ist als krebsverdächtig (MAK-Liste Kat. 3A, ➔ krebserzeugende Arbeitsstoffe) eingestuft.

Quarzsand

Rohstoff für Glaswolle, Porenbeton, Mineralschaumplatte, Zuschlagstoff in Putzmörtel. Abbau von Quarzsand in Sandgruben, Waschen, ev. Eisen- und Feldspatflotation, und Klassierung (Trennung) zu Quarzsanden unterschiedlicher Korngröße.
Ausreichende Vorkommen; geringer Energiebedarf für die Quarzsandaufbereitung (bedeutendster Faktor ist der Energieaufwand für die Trocknung). Lokale Wirkungen durch Lärm- und Staubemissionen und LKW-Transporte (➔ Mineralische Rohstoffe).
Die alveolengängige Staubfraktion von Quarz ist in Kategorie 1 der ➔ krebserzeugenden Arbeitsstoffe [MAK 2003] eingestuft. Gefahrenquellen bestehen durch Staubentwicklung bei der Gewinnung, Be- oder Verarbeitung. Bei beruflicher Exposition gegenüber quarzhaltigen Stäuben stehen Lungenveränderungen an erster Stelle. Nach Langzeit-Exposition werden Silikose und das Auftreten von Lungentumoren festgestellt. Daneben gibt es Hinweise auf ein vermehrtes Auftreten von Tumoren, die auf das Abschlucken inhalierter Quarzpartikel zurückgeführt werden [Zwiener/Mötzl 2006].

products is a process that can be observed throughout the entire lifecycle of such a product. Although the initial emission decreases rapidly, it then reaches a relatively constant value over a long period of time. Coatings that contain formaldehyde only cause a temporary burden.
The requirements for wood work material formaldehyde emissions are established in the Formaldehydverordnung (Austria, BGBl 194/1990) and in der Chemikalien-Verbotsverordnung (Germany). They can only be used if the balanced formaldehyde concentration in the air of a testing space does not exceed 0.1 ppm. The WHO guidelines have a more stringent balanced concentration level of 0.05 ppm.

Silicones

Silicones are used as hydrophobic agents, as well as sealing and absorption materials. Silicones (also: polysiloxanes, polyorganosiloxanes or siloxanes) are thermally and chemically extraordinarily resistant compounds. They are different to other synthetics since the skeleton of the silicone molecule is a chain of silicium and oxygen atoms and not a chain of carbon atoms. Chloric methane and copper are used as catalysts to make dust-fine silicium react at 300 °C, causing the separation of the resulting methylchlorsilane. The hydrolysis of the methylchlorsilane leads to either the direct production or production via cyclosiloxane of silicones. Silicone oils (liquid), silicone resin (solid) or silicone rubber are produced depending on the choice of source material and intermediate products as well as the form of further processing.
Sillane chemistry is very susceptible to disruption. Chlorinated carbons are released during production. Silicone sealing materials emit substance such as acetic acid (acetate systems) or the carcinogenic and sensitizing 2-butanonoxim (oximsystems). Silicones themselves are rated toxicologically unproblematic substances. Silicone sealing masses generally contain softeners and fungicidal (fungus killing) substances (sanitary silicone) such as the highly toxic tributyl tin compounds or other tin-organic compounds.

Single-stem forestry

Plenterwald forestry is based on old forestry traditions. Very old trees can be found very close to young trees on a very small surface area. Use isn't based on large areas of lumber felling. Instead, the strongest individual trees are felled and the clearing, which offers enough space and light, is filled with a young tree waiting to be planted. Hence each use or change in the forest entails harvesting, care and rejuvenation at the same time. These thoroughly structured and bio-diverse forests are very resistant to damages. They follow the example of the jungle.

SMF

See Synthetic mineral fibers

Soda

Soda is raw material used for glass and glass wool production. Soda is defined by the chemical formula Na_2CO_3 (sodium carbonate). Enormous natural deposits can be found in North American lakes. Even more can be found in Lake Magadi (East Africa), which contains an estimated 200 million tons. Due the great distances to natural deposits, in Austria soda is derived from table salt and limestone via the Solvay process. Soda is one of the most important products of the chemical industry. The glass industry uses around 25 % of the soda produced worldwide, making it the largest soda consumer. The chemical industry, laundry detergent manufacturers and cellulose/paper producers follow.
There are sufficient reserves of both common salt and natural soda. The Solvay process is a very energy-intensive process. Large amounts of calcium chloride are a production byproduct (ratio 1:1). Soda can cause irritations and acid burns in sensitive areas (eyes, mucous membranes and lungs).

Solvents, organic

Solvents are used in paints, lacquers and adhesives. Organic solvents (also: solvents) such as alcohols, glycols, esters and ketones are liquid organic materials and mixes thereof with which other substances are physically

Sauberkeitsschicht

Fundamentplatten aus Stahlbeton sollen nicht unmittelbar auf dem Baugrund hergestellt werden. Es wird daher eine Sauberkeitsschicht hergestellt, die mindestens 5 cm dick ist und aus Magerbeton oder einer Kiesschicht besteht.

Schimmelpilzwachstum

siehe Feuchteverhalten, dynamisch

Silikone

Verwendung als Hydrophobierungsmittel, Dichtungs- und Dämpfungsmaterial. Silikone (auch: Polysiloxane, Polyorganosiloxane oder Siloxane) sind ther-misch und chemisch außerordentlich beständige synthetische Verbindungen. Sie unterscheiden sich von anderen Kunststoffen dadurch, dass das Skelett des Silikonmoleküls keine Kette von Kohlenstoffatomen, sondern eine Kette von Silicium- und Sauerstoffatomen darstellt. Zur Herstellung wird staubfeines Silicium mit Chlormethan und Kupfer als Katalysator bei 300 °C zur Reaktion gebracht und die so erhaltenen Methylchlorsilane getrennt. Die Hydrolyse der Methylchlorsilane liefert direkt oder über Cyclosiloxane die Silikone. Je nach Wahl der Ausgangsstoffe und Zwischenprodukte sowie nach der Art der Weiterverarbeitung entstehen Silikonöle (flüssig), Silikonharze (fest) oder Silikonkautschuk (elastisch).
Die Silanchemie ist sehr störanfällig. Im Verlauf der Produktion werden chlorierte Kohlenwasserstoffe freigesetzt. Beim Aushärten emittieren Silikondichtstoffe Substanzen wie Essigsäure (Acetatsysteme) oder das krebserzeugende und sensibilisierende 2-Butanonoxim (Oximsysteme). Silikone selbst sind als toxikologisch unproblematisch einzustufen. Silkon-Dichtungsmassen enthalten in der Regel aber Weichmacher, ggf. können fungizide Wirkstoffe enthalten sein (Sanitärsilikon) wie z.B. hoch toxisches Tributylzinn oder andere zinnorganische Verbindungen.

Soda

Rohstoff für die Glas- und Glaswolleerzeugung. Soda ist chemisch durch die Formel Na_2CO_3 (Natriumcarbonat) definiert. Gewaltige natürliche Vorkommen von Natriumcarbonat findet man vor allem in nordamerikanischen Seen. Noch bedeutender ist der Sodagehalt im Magadi-See (Ostafrika), der auf 200 Mio. Tonnen geschätzt wird. In Österreich wird aufgrund der weiten Entfernung zu den Naturvorkommen das gesamte Soda nach dem Solvay-Verfahren aus Kochsalz und Kalkstein gewonnen. Soda ist eines der wichtigsten Produkte der chemischen Großindustrie. Der größte Sodaverbraucher ist die Glasindustrie, die etwa 25 % der Weltproduktion aufnimmt; es folgen die chemische Industrie, die Waschmittelhersteller und die Zellstoff- und Papiererzeugung.
Ausreichende Reserven existieren sowohl für Kochsalz als auch für natürliches Soda. Das Solvay-Verfahren ist ein sehr energieintensiver Prozess. Es fallen große Mengen an Calciumchlorid als Nebenprodukt an (Verhältnis 1:1). Soda kann Reizungen und Verätzungen empfindlicher Stellen (Augen, Schleimhäute und Lunge) verursachen.

Spezifische Wärmekapazität

Die spezifische Wärmekapazität c ist jene Wärmemenge (Wärmeenergie), die einem Kilogramm eines Stoffes zugeführt werden muss, wenn seine Temperatur um 1 Kelvin (K) (1 °C) erhöht werden soll. Einheit kJ/(kgK). Je größer das Produkt aus spezifischer Wärmekapazität und Dichte ist, desto mehr Wärme kann der Baustoff speichern, d.h. desto besser kann er für gleichmäßige, wenig schwankende Raumtemperaturen sorgen.

Styrol

Rohstoff für Styrol-Butadien-Kautschuke, EPS- und XPS-Platten, Ethen und → Benzol werden in einer Friedl-Crafts-Alkylierungsreaktion zu Ethylbenzol umgesetzt und im darauffolgenden Herstellungsschritt unter Anwesenheit von Festbettreaktoren, in denen Eisenoxidkatalysatoren verschiedener Zusammensetzung zum Einsatz kommen, zu Styrol dehydriert. Die Herstellung erfordert einen hohen Aufwand an Energie, Chemikalien und Infrastruktur, insbesondere zur Herstellung des Ethylbenzols; prozessbedingt dominieren Emissionen von Kohlenwasserstoffen in die Luft. Styrol ist ein Nervengift und in Kategorie 5 (→ krebserzeugende Arbeitsstoffe) eingestuft [MAK 2003].

dissolved. Solvents belong to the group of volatile organic compounds (→ VOC). They escape into the air during and after use and are mostly absorbed via breathing and the skin. Many organic solvents are fire hazards and flammable and some are also poisonous to a greater or lesser extent. The toxicity spectrum ranges from headaches, nausea and fatigue to carcinogenic, mutagenic effects as well as damaging effects for the reproductive system. Solvents can damage the central nervous system, liver and kidneys. Solvents generally have a narcotic effect.
According to the legal definitions in Austria and Germany organic solvents have a boiling point under 200 °C. VOCs with a boiling point over 200 °C are not considered solvents and do not have to be declared as such under these laws. "Solvent-free" products can therefore contain VOCs and make a relevant contribution to room air contamination.

Specific heat capacity

The specific heat capacity c is the amount of heat (heat energy), that has to be used to increase the temperature of a material by 1 Kelvin (K) (1 °C). Unit kJ/(kgK)
The larger the product of specific heat capacity and density, the greater the amount of warmth the construction material can store. Therefore it can ensure consistent room temperatures with low fluctuations.

Standard impact sound insulation level rating ($L_{nT,w}$)

The $L_{nT,w}$ rating serves to assess ceiling impact sound insulation levels. The impact sound insulation rating reflects the resistance of the building segment to the travel of sound waves resulting from body impact. A standardized tapping machine is mounted in the specified space to measure the impact sound penetrability of the ceiling. The standardized L_n impact sound level measured according to EN ISO 140-1 und EN ISO 140-6 refers to specific frequencies. These variables are then converted into a $L_{nT,w}$ standard impact sound value according to EN ISO 717-2 using a reference curve that reflects the sensitivity of the human ear.
Contrary to the calculated sound insulation protection value, the lower the sound insulation level value, the better.

Styrene

Styrene is the raw material for styrene butadiene rubbers, EPS and XPS panels. Ethylene and benzene are converted into ethylbenzene via a Friedl-Crafts-alkylation reaction and dehydrated to produce styrene in the next step with fixed bed reactors using iron oxide catalysts of varying composition. Production requires a high amount of energy chemicals and infrastructure, especially for the production of ethylbenzene. Due to the nature of the process, emissions of hydrocarbons into the air are a dominant factor. Styrene is a nerve poison, it is rated a category 5 substance (carcinogenic work substances [MAK 2003].

SVOC

Semi-volatile compounds, see VOC

Synthetic mineral fibers (SMF)

Emissions from mineral wool insulation materials. SMF (synthetic mineral fibers) can be released during handling of mineral wool products. SMF were rated category 2b hazards by the International Agency for Research on Cancer (IARC, exposure to this type of fiber can be potentially carcinogenic). According to guideline 97/69/EG of the commission, mineral fibers are suspected carcinogenics (rating K3) and rated as skin irritants. However, this guideline contains waiver criteria under Note Q, which states that SMF are not rated carcinogenics if they fulfill the required criteria. The findings on the carcinogenic effect of SMFs are inconclusive in any case. Thus regulations should be heeded and the use of personal protective equipment is recommendable as preventive measures in the case of exposure to mineral fibers. Airtight constructions prevent the penetration of fine fibers in living spaces. SMFs also cause mechanical skin irritations.

SVOC

Schwerflüchtige organische Verbindungen, siehe VOC

Trass

Bestandteil von Trasszement und Trasskalk als Rohstoff für Mörtel. Trass ist gemahlenes vulkanisches Auswurfgestein, das reaktionsfähige Tonerde (Aluminiumoxid) und Kieselsäure (Siliciumdioxid) enthält. Er wird im Tagebau aus Tuffsteinen gewonnen. Je nach Herkunft ist eine erhöhte Radioaktivität möglich. Ausreichende Vorkommen. → Mineralische Rohstoffe

Treibhauspotential (GWP)

Das Treibhauspotential (Global Warming Potential, GWP) ist ein Maß für die relative Klimawirksamkeit eines Gases. Bezugsgröße ist das wichtigste Treibhausgas Kohlendioxid, dessen GWP-Wert mit 1 festgelegt ist. Für jede treibhauswirksame Substanz wird damit eine Äquivalenzmenge Kohlendioxid in Kilogramm errechnet, die von der Wärmeabsorptionseigenschaft der Gase und ihrer Verweildauer in der Atmosphäre abhängt.

Das Treibhauspotential kann für verschiedene Zeithorizonte (20, 100 oder 500 Jahre) bestimmt werden. Der kürzere Integrationszeitraum von 20 Jahren ist entscheidend für Voraussagen bezüglich kurzfristiger Veränderungen aufgrund des erhöhten Treibhauseffekts, wie sie für das Festland zu erwarten sind. In der vorliegenden Arbeit wird die Integrationszeit von 100 Jahren herangezogen. Sie ist angebracht für die Evaluation des langfristigen Anstiegs des Wasserspiegels der Weltmeere.

Treibhausgas	Treibhauspotential (GWP 100 Jahre, 1994) in kg CO_2-Äquivalenten
Kohlendioxid	1
Methan	24,5
Dichlormethan	9
Trichlormethan	5
Tetrachlormethan	1.400
HFKW R134a	1.300
HFKW R152a	150
HFCKW R141b	630
HFCKW R142b	2.000
Schwefelhexafluorid	24.900
Lachgas (N_2O)	320

Treibhauspotenzial verschiedener Treibhausgase

TRK-Wert

Die Technische Richtkonzentration (TRK) ist die niedrigste Konzentration eines Stoffes in der Luft am Arbeitsplatz, die nach dem Stand der Technik erreicht werden kann. Die Einhaltung des TRK-Wertes verringert das Risiko von Gesundheitsschäden, vermag es aber nicht völlig auszuschließen.

Die in Österreich geltenden TRK-Werte sind im Anhang II der Grenzwerteverordnung (GKV) aufgelistet.

U-Wert

Siehe Wärmedurchgangskoeffizient

Versäuerungspotential (AP)

Versäuerung wird hauptsächlich durch die Wechselwirkung von Stickoxiden (NO_x) und Schwefeldioxiden (SO_2) mit anderen Bestandteilen der Luft verursacht. Durch eine Reihe von Reaktionen, wie die Vereinigung mit dem Hydroxyl-Radikal, können sich diese Gase innerhalb weniger Tage in Salpetersäure (HNO_3) und Schwefelsäure (H_2SO_4) umwandeln – beides Stoffe, die sich sofort in Wasser lösen. Die angesäuerten Tropfen gehen dann als saurer Regen nieder. Die Versäuerung ist im Gegensatz zum Treibhauseffekt kein globales, sondern ein regionales Phänomen. Schwefel- und Salpetersäure können sich auch trocken ablagern, etwa als Gase selbst oder als Bestandteile mikroskopisch kleiner Partikel. Es gibt immer mehr Hinweise, dass die trockene Deposition gleiche Umweltprobleme verursacht wie die nasse.

Die Auswirkungen der Versäuerung sind noch immer nur bruchstückhaft bekannt. Zu den eindeutig zugeordneten Folgen zählt die Versäuerung von Seen und Gewässern, die zu einer Dezimierung der Fischbestände in Zahl und Artenvielfalt

Synthetic resin dispersion

Synthetic resin dispersions are the most finely distributed bonding agents in water. Synthetic resins are polymers (also copolymers) based on acrylates, styrene, ethylene, vinyl acetate or butadienes. Solvent-free synthetic resin dispersions do not contain any solvents, but they can contain semi-volatile compounds, glycol or glycol compounds. Formaldehyde separators and isothialones are the preservatives generally used. Dispersions can contain a number of additives such as supporting solvents, anti-foaming agents, emulsifiers, viscosity-reducing agents, softeners, fungicides and other substances.

Synthetic dispersions are produced from petroleum in complicated processing chains in which by- and waste products are generated. The paint coatings can be harmful to room air (due to semi-volatile solvents such as film formers, or formaldehyde as a preservative, monomers or fungicidal additives).

Synthetic supporting fibers

Synthetic supporting fibers and bonding agents made from renewable raw materials used in insulation materials. The supporting fibers consist of a shell/core combination of Polyethylene (PE) shell and polyethylene terephthalate (PET) core. This combination make is possible for the fiber to melt along the edges when heated, bonding it to the natural fibers of the insulation material. The inner core has a higher melting point, doesn't melt and is responsible for rigidity. After cooling the entire fiber material is fixed, but elastically linked.

The supporting fibers are made of 100 % fossil raw materials and are made in a large-scale technical process. They are stable in the environment and are practically non-biodegradable over a long period of time. Inhalation is practically impossible due to the size of the fibers and their impact resistance.

Trass

Trass is a component of trass cement and trass lime is used as a raw material for mortar. Trass is ground volcanic rock that contains reactive alumina (aluminum oxide) and silicic acid (silicium dioxide). It is extracted from tuff stone via open mining. Increased radioactivity is possible depending on its provenance. It is readily available. mineral raw materials

TRK value

The "Technische Richtkonzentration", guiding technical standard concentration, (TRK) is the lowest concentration of a substance in the air of a given workspace that can be achieved with state-of-the-art technology. Adherence to the TRK value lowers the risk of health damages, but doesn't fully eliminate it.

The TRK values valid in Austria are listed in Anhang II der Grenzwerteverordnung (Appendix II of the maximum value guidelines GKV).

U value

See Heat transfer coefficient

Urea-formaldehyde resin

See Resins that contain formaldehyde

Vapor diffusion resistance value μ

The μ vapor diffusion resistance value defines how many times more resistant to vapor diffusion a material is than an equally thick layer of air at the same temperature.

The s_d layer of air diffusion equivalent is the thickness of the layer of air that would have the same vapor diffusion resistance as the examined thickness d material layer: $s_d = \mu \cdot d$

VOC (volatile organic compounds)

The VOCs (Volatile Organic Compounds) comprise all organic compounds with a boiling point of up to 250 °C under normal pressure conditions

führt. Die Versäuerung kann in der Folge Schwermetalle mobilisieren, welche damit für Pflanzen und Tiere verfügbar werden. Darüber hinaus dürfte die saure Deposition an den beobachteten Waldschäden zumindest beteiligt sein. Durch die Übersäuerung des Bodens kann die Löslichkeit und somit die Pflanzenverfügbarkeit von Nähr- und Spurenelementen beeinflusst werden. Die Korrosion an Gebäuden und Kunstwerken im Freien zählt ebenfalls zu den Folgen der Versäuerung. Das Maß für die Tendenz einer Komponente, säurewirksam zu werden, ist das Säurebildungspotential AP (Acidification Potential). Es wird relativ zu Schwefeldioxid angegeben [g SO_2-Äquivalent] und für jede säurewirksame Substanz eine Äquivalenzmenge Schwefeldioxid in Kilogramm umgerechnet.

Stoff	AP in kg SO_2-Äquivalenten
Schwefeldioxid SO_2	1,00
Stickstoffmonoxid NO	1,07
Stickstoffdioxid NO_2	0,70
Stickoxide NO_x	0,70
Ammoniak NH_3	1,88
Salzsäure HCl	0,88
Fluorwasserstoff HF	1,60

Säurebildungspotenziale ausgewählter Stoffe

VOC (Volatile Organic Compounds)

Die VOC (Volatile Organic Compounds, flüchtige organische Verbindungen) umfassen alle organischen Verbindungen mit einem Siedepunkt von höchstens 250 °C (< n-C16) bei normalen Druckbedingungen (Standarddruck: 101,3 kPa). Wichtigste Gruppe von VOC im Baubereich sind die organischen Lösemittel. Organische Verbindungen (< n-C6) mit einem Siedepunkt von unter 50–100 °C werden gemäß WHO-Definition als VVOC (leichtflüchtige organische Verbindungen) bezeichnet (z.B. Formaldehyd). Organische Verbindungen mit einem Siedepunkt über 250 °C werden unter den Begriff SVOC (Schwerflüchtige organische Verbindungen) zusammengefasst (z.B. Weichmacher). VOC und SVOC gehören zu den nach Vorkommen und Wirkung bedeutungsvollsten Verunreinigungen der Innenraumluft [Zwiener/Mötzl 2006].

Wärmedurchgangskoeffizient (U-Wert)

Der Wärmedurchgangskoeffizient (U-Wert, Einheit: W/m²K) gibt an, welcher Wärmestrom in Watt (W) durch 1 m² eines Bauteils senkrecht zur Oberfläche fließt, wenn der Temperaturunterschied der angrenzenden Luftschichten 1 Kelvin (K) (= 1 °C) beträgt. Der Wärmedurchgangskoeffizient berücksichtigt den Wärmedurchgang infolge von Wärmeleitung durch die verschiedenen Materialschichten sowie den Wärmeübergang an den Grenzflächen Bauteiloberfläche/Luft. Er wird berechnet, indem die Wärmedurchlasswiderstände aller Bauteilschichten und die Wärmeübergangswiderstände addiert und von der Summe der reziproke Wert gebildet wird. Bedeutung: Je kleiner der Wärmedurchgangskoeffizient eines Bauteils ist, desto besser ist die Wärmedämmung des Bauteils.

Wärmeleitfähigkeit λ

Die Fähigkeit eines Stoffes, Wärme zu leiten, wird durch die Wärmeleitfähigkeit λ in W/(mK) ausgedrückt. Sie gibt an, welche Wärmemenge pro Sekunde in Watt (W) durch 1 m² einer 1 m dicken homogenen Schicht bei der Temperaturdifferenz von 1 Kelvin (K) (= 1 °C) fließt. Je kleiner die Wärmeleitfähigkeit, desto besser die Wärmedämmwirkung eines Baustoffes.

Wasserdampfdiffusion

siehe Kondensationsschutz

Wasserglas

Rohstoff für Silikatputze und -farben. Wasserglas ist im Grunde geschmolzener Quarzsand. Kaliwasserglas (kieselsaures Kalium) wird aus Quarzsand und Pottasche, Natronwasserglas (kieselsaures Natrium) aus Quarzsand und ➔ Soda hergestellt: Quarzsand und Pottasche bzw. Soda werden bei 1300–1500 °C geschmolzen, wobei CO_2 freigesetzt wird. Die kohlensäurefreie Schmelze erstarrt beim Abkühlen zu einer Art Glasblock, der später wieder zermahlen wird. Die anschließende Behandlung mit Wasserdampf führt unter großer Hitze und hohem Druck zu einer Verflüssigung. Dieses dickflüssige Wasserglas ist nun bestrebt, das verlorene

(standard pressure: 101.3 kPa). The most important VOC group in the construction sector is the organic solvents. Organic compounds (< n-C6) with a boiling point of under 50–100 °C are defined as VVOCs (very volatile organic compounds) such as formaldehyde, for example. Organic compounds with a boiling point over 250 °C are grouped as SVOCs (semi-volatile organic compounds) such as softeners, for example. VOCs and SVOCs are the most relevant contaminants in room air based on their occurrence and effect [Zwiener/Mötzl 2006].

Volatile organic compounds

See VOC

Water glass

Sodium water glass is the raw material used in silicate plaster and paints. Sodium water glass is basically melted quartz sand. Potassium water glass (silicic potassium) is produced from quartz sand and potassium carbonate, while sodium water glass (silicic sodium) is made of quartz sand and ➔ soda: quartz sand and potassium carbonate or soda are melted at 1300–1500 °C, during which CO_2 is released. The carbonic acid-free molten material then cools into block form and is ground later. The following water vapor treatment at high temperatures liquefies the material. This viscous soluble glass then has to recuperate the lost CO_2, which requires airtight storage. Soluble glass is highly alkaline (pH value 12) and therefore corrosive. Wear protective goggles and gloves and wash hands with water as quickly as possible after contact; glass (also optical glass), clinker, tiles and metal parts are susceptible to silicic acid.

Water vapor diffusion

see condensation protection

Wood dust

Hard wood dusts are rated clearly carcinogenic (category 1 in Germany, category C in Austria, ➔ carcinogenic work substances). Hardwoods are: African mahogany (*Khaya*), Afrormosioa (African teak, *Pericopis elata*), maple (*Acer*), balsa (*Ochroma*), birch (*Betula*), Brazilian mosewood (*Dalbergia nigra*), beech (*Fagus*), ebony (*Diospyros*), oak (*Quercus*), alder (*Alnus*), ash (*Fraxinus*), hickory (*Carya*), iroko (*Chlorophora excelsa*), chestnut (*Castanea*), kauri pine (*Agathis australis*), cherry (*Prunus*), limba (*Terminalia superba*), basswood (*Tilia*), mansonia (*Mansonia*), meranti (*Shorea*), nyaoth (*Palaquium hexandrum*), obeche (*Triplochiton scleroxylon*), rosewood-palisander (*Dalbergia*), poplar (*Populus*), plane or sycamore tree (*Platanus*), rimu, red pine (*Dacrydium cupressinum*), teak (*Tectona grandis*), elm (*Ulmus*), walnut (*Juglans*), willow (*Salix*), white beech (*Carpinus*) [GWV 2003]. All other wood dusts are considered work materials with proven carcinogenic potential. These wood dusts are rated general maximum dust level A materials in Germany (alveoli-penetrating fraction) 1.5 mg/m³ and E (breathable fraction) 4 mg/m³. In Austria the ➔ TRK (daily average value) 2 mg/m³ according to: Anhang II der Grenzwerteverordnung (Appendix II of the maximum value guidelines GKV) or 5 mg/m³ for machines according to Maschinenliste Anhang IV (machine list, appendix IV of the GKV).

Wood protection

Wood is subject to the danger of destruction through fungus and insects since it is a natural material. The effects of the weather, direct contact with the ground and moisture penetration are the causes for this susceptibility. Wood protection comprises measures that help prevent or retard deterioration or destruction of wood or derived timber products. There are two types of measures, preventive and combating measures. The relevant guidelines for wood protection in Germany are the DIN 68800 guidelines, in Austria, the guidelines are defined in ÖNORM B 3801–3804 "Holzschutz im Hochbau" (Wood protection in building construction). Preventive wood protection measures are:

- Construction (structural) wood protection
- Surface treatment (with substance that do not contain biocides)
- Chemical wood protection
- Wood modification

CO_2 wiederzugewinnen und muss daher unter Luftabschluss aufbewahrt werden. Wasserglas ist hochalkalisch (pH-Wert von 12) und daher ätzend. Schutzbrille und Handschuhe tragen, bei Hautkontakt baldmöglichst mit Wasser abwaschen; Glas (auch Brillenglas), Klinker, Fliesen und Metallteile werden von der Kieselsäure angegriffen.

Zementekzeme

Ekzem ausgelöst durch berufsmäßigen Kontakt mit chromathaltigem Zement (→ Chromatarmer Zement). Man unterscheidet:

Toxisch-irritatives Zementekzem: dosis- und zeitabhängige Hautveränderung aufgrund der Aggressivität von Zement. Bei empfindlicher oder vorgeschädigter Haut treten Veränderungen bei einer sehr geringen Dosis auf. Bei wiederholtem Auftreten der Hautschädigung kann auch ein chronisches Ekzem entstehen.

Allergisches Zementekzem: Allergisierung auf Inhaltsstoffe des nassen Zements; war über viele Jahre die häufigste berufliche Hautkrankheit, zählte auch in den letzten Jahren zu den drei häufigsten allergischen Berufskrankheiten der Haut; dauert oft viele Jahre bis ein allergisches Zementekzem auftritt; Auslöser ist wasserlösliches 6-wertiges Chrom (Cr VI , Chromat); Chromatgehalt ab 2 mg/kg (= 2 ppm) scheint bei Sensibilisierten auszureichen, um allergische Reaktion auszulösen. Reaktion auf Zement steigert sich mit der Zeit und kann auch weitere Körperstellen befallen. Die Allergie lässt sich mit üblichen medizinischen Maßnahmen nicht mehr beseitigen. Zahlreiche von einem allergischen Zementekzem betroffene Patienten entwickeln eine bis zur Berufsunfähigkeit verlaufende Krankheit.

Häufiger Hautkontakt mit nassem Zement besteht vor allem bei der Tätigkeit als Maurer, Bauhandlanger und Plattenleger sowie bei vorwiegend manueller Arbeit in der Zementwarenproduktion. Gem. EU-Richtlinie 2003/53/EG dürfen Zement und Zubereitungen, die Zement enthalten, nicht verwendet werden, wenn in der nach Wasserzugabe gebrauchsfertigen Form der Gehalt an löslichem Chrom(VI) mehr als 2 mg/kg (ppm) Trockenmasse des Zements beträgt. Auch beim Umgang mit chromatarmem Zementen müssen aber aufgrund der Alkalität und der mechanischen Reibwirkung Schutzmaßnahmen getroffen werden (feuchtigkeitsdichte Handschuhe, Hautschutzmaßnahmen). Die im Baugewerbe meist verwendeten Lederhandschuhe eignen sich nicht für den Umgang mit nassem Zement. Besser geeignet sind Baumwollhandschuhe mit einem Kunststoffüberzug (insbesondere Nitril), die im Fachhandel in vielen Varianten erhältlich sind.

Ausgehärteter Zement verursacht kein Zementekzem.

The specific risks are defined in the risk categories according to nach DIN/ÖNORM EN 335-1 (definition of the risk classes), DIN/ÖNORM EN 335-2 (applicable to solid wood), DIN/ÖNORM EN 335-3 (applicable to derived timber products) or DIN 68 800 part 3. In the future, the term "hazard class" will be replaced by the term "use class" within the framework of the DIN/ÖNORM EN 335-2 standard

All structural wood protection measures should be exhausted before using chemical wood protection substances.

ÖNORM B 3801 Wood protection in building and construction – Fundamentals and definitions

ÖNORM B 3802-1 Protection of timber used in buildings – Constructional protection of timber

ÖNORM B 3802-2 Protection of timber used in buildings – Chemical protection of timber

ÖNORM B 3802-3 Protection of timber used in buildings – Part 3: Control measures against fungal decay and insect attack

ÖNORM B Protection of timber used in buildings – Coatings of dimensionally stable wooden outdoor building components – Minimum requirements and testing

ÖNORM B 3804 Timber preservation in building construction – Buildings made of prefabricated timber components – Condition for the reduction of chemical measures for timber preservation

ÖNORM EN 335-1 Durability of wood and wood-based products – Definition of use classes – Part 1: General

OENORM EN 335-2 Durability of wood and wood-based products – Definition of use classes – Part 2: Application to solid wood

OENORM EN 335-3 Durability of wood and wood-based products – Definition of hazard classes of biological attack – Part 3: Application to wood-based panels

ÖNORM EN 350-1 Durability of Wood and Wood-Based Products – Part 1: Natural durability of solid wood – Part 1: Guide to the principles of testing and classification of the natural durability of wood

ÖNORM EN 350-2 Durability of wood and wood-based products – Natural durability of solid wood – Part 2: Guide to natural durability and treatability of selected wood species of importance in Europe

Wood protection agents

Wood protection agents that are deadly to wood pests contain strong poisons that are also very toxic to humans and are ecologically suspect. All the possibilites of structural wood protection should be explored before deciding to use chemical wood protection measures. If wood humidity does not exceed 20 % over a longer period of time, there is no risk of destructive wood fungus developing. Most insects do not attack wood if the humidity level lies below 10 %. Chemical wood protection isn't required if the wood remains open, or exposed, and it is possible to check for insect damage. As a rule, wood protection substances should not be used in residential interior spaces .

Wood protection substances are divided into the following types depending on their properties:

- Oily preparations
- Wood protection agents containing solvents
- Water-based wood protection agents and wood protection agents with water-emulsifiable substances (salts)

Only those wood protection agents listed in the wood protection agent index should be used. It is generally advisable to avoid the use of oily substances. When using fusing wood protection agents it should be insured that the treated wood is only mounted after the required fixing period. When using non-fixed wood protection salts it should be insured that the wood is protected against precipitation during transport, and is stored and processed under shelter before final assembly.

Anhang
Appendix

Baustoffkennwerte

Baustoffbezeichnung	Rohdichte ρ kg/m³	Wärmeleit-fähigkeit λ W/mK	Wasserdampf-diffussion µ -	Spez. Wärme-kapazität c kJ/kgK	GWP kg CO$_2$eq/kg	AP kg SO$_2$eq/kg	PEI nicht erneuerbar MJ/kg
Holz und Holzwerkstoffe							
Holz – Schnittholz Fichte rauh, lufttrocken	540	0,13	50	2	-1,409	0,00124	1,89
Holz – Schnittholz Fichte rauh, techn. getrocknet	500	0,13	50	2	-1,490	0,00161	2,72
Holz – Schnittholz Fichte gehobelt, techn. getrocknet	500	0,13	50	2	-1,436	0,00206	3,86
Holz – Schnittholz Lärche rauh, lufttrocken	685	0,15	50	2	-1,111	0,00098	1,49
Holz – Schnittholz Lärche rauh, techn. getrocknet	630	0,15	50	2	-1,183	0,00128	2,16
Holz – Schnittholz Lärche gehobelt, techn. getrocknet	630	0,15	50	2	-1,140	0,00163	3,06
Brettschichtholz Standard	455	0,11	50	2	-1,259	0,00341	8,04
Brettstapel, genagelt	505	0,15	2	2	-1,632	0,00183	3,22
Brettstapel, gedübelt	500	0,15	2	2	-1,656	0,00179	3,02
Holzfaserplatte, porös, 250 kg/m³	250	0,05	5	2	-0,183	0,00688	13,70
Holzfaserplatte, porös, 270 kg/m³	270	0,05	5	2	-0,183	0,00688	13,70
Holzfaserplatte, porös, naturharz imprägniert	270	0,05	5	2	-0,183	0,00688	13,70
Holzfaserplatte, porös, bituminiert	270	0,05	5	2	-0,059	0,00928	19,90
Holzwolleleichtbauplatte EPV, zementgebunden	500	0,1	5	1	-0,098	0,00110	4,24
Holzwolleleichtbauplatte, magnesitgebunden	400	0,1	5	1	-0,140	0,00102	4,40
MDF-Platte	780	0,08	11	2	-1,040	0,00413	11,90
OSB-Platte	660	0,13	240	2	-1,168	0,00603	9,32
Spanplatte V100 PF	690	0,13	100	2	-1,296	0,00225	13,35
Holzdielenboden	630	0,13	50	2	0,089	0,00618	13,82
Fertigparkett	740	0,17	50	2	0,282	0,00627	18,67
Kunststoffe							
Bitumen	1.050	0,23	-	-	0,398	0,00529	51,80
Bitumenanstrich	1.050	0,25	45.000	1,26	1,130	0,00692	66,40
Polymerbitumen-Dichtungsbahn 1-lagig	4,30[1	0,17	40.500	1,26	0,987	0,00770	50,00
Aluminium-Bitumendichtungsbahn	4,80[1	0,17	1.500[2	1,26	1,600	0,01050	56,20
Dampfdruck-Ausgleichsschicht	1,70[1				0,609	0,00558	37,20
PE-Folie	0,40[1	0,23	100.000	0,79	2,020	0,02100	77,00
PE-Folie, diffusionsoffen	0,08[1	0,2	100	1,4	2,020	0,02100	77,00
Dampfbremse PE (sd = 20)	0,20[1	0,2	20[2	0,9	2,550	0,02530	93,40
Dampfbremse PE (sd = 10)	0,20[1	0,2	10[2	1,4	2,550	0,02530	93,40
Vlies (PP)	0,14[1	0,5	1.000	1	2,820	0,02400	93,70
PE-Weichschaum	34	0,04	500	0,9	2,070	0,01470	79,90
Polystyrol, expandiert (EPS) Trittschalldämmung	11	0,044	20	1,5	3,350	0,02160	98,50
Polystyrol EPS 20	20	0,038	30	1,45	3,350	0,02160	98,50
Polystyrol EPS 25	25	0,037	30	1,45	3,350	0,02160	98,50
Polystyrol EPS 30	30	0,035	30	1,45	3,350	0,02160	98,50
Polystyrol EPS F (f. Fassaden)	18	0,04	1	1,45	3,350	0,02160	98,50
Polystyrol XPS, HFKW-geschäumt	45	0,032	70	1,45	81,300	0,02470	104,00
Polystyrol XPS, CO$_2$-geschäumt	38	0,04	70	1,45	3,440	0,02110	102,00
Drainageplatte (30 kg/m³)	30	0,035	30	1,45	2,710	0,01750	86,30
Gummi (EPDM)	1.200	0,25	31.000	1	3,320	0,01950	113,00
Gummigranulatmatte	640	0,25	1.000	0,9	1,160	0,00691	26,10
Polyamid	1.130	0,25			8,700	0,03710	123,00
Glasfaserarmierung	1.000	0,2			2,450	0,01640	44,80
Kleber, Kunstharzkleber	1.200	0,9			0,985	0,00539	29,2
EPS, zementgebunden (800 kg/m³)	125	0,06			0,580	0,00141	5,32
Mineralische Baustoffe							
Normalbeton[3	2.300	2,3	100	1,16	0,103	0,00024	0,69
Betondachstein	2.400	1,4		0,96	0,198	0,00047	1,79
Betonhohldiele 280 kg/m² (Decke)	1.400	1			0,103	0,00024	0,69
Betonhohldiele 360 kg/m² (Decke)	1.800	1,33			0,103	0,00024	0,69
Betonhohlstein aus Normalbeton	1.200	0,55					
Betonpflasterstein	2.000	1,4			0,103	0,00026	0,75
Magerbeton	2.000	1,2	100	1,12	0,060	0,00017	0,44
Estrichbeton	2.000	1,4	50	1,08	0,102	0,00027	0,88
Stahlbeton[4	2.400	2,3	100	1,12	0,121	0,00036	1,16
WU-Beton	2.335	2,3	100	1,13	0,128	0,00029	1,02
Faserzementplatte	2.000	0,58	50	1,05	0,940	0,00339	13,90
Gipsputz	1.300	0,6	10	0,8	0,128	0,00045	2,56
Spachtel – Gipsspachtel	1.600	1,4	30	1,12	0,147	0,00068	3,29
Gipskartonplatte (Flammschutz)	850	0,21	8	1,05	0,209	0,00070	4,44
Gipskartonplatte	850	0,21	8	1,05	0,203	0,00066	4,34
Gipsfaserplatte	1.180	0,36	10	1,05	-0,015	0,00078	4,95
Kalkgipsputz	1.300	0,7	10	0,96	0,172	0,00050	2,38
Kalkzementmörtel	1.800	0,8	15	1,12	0,168	0,00049	1,79
Kalkputz	1.400	0,7	10	0,92	0,205	0,00052	1,99
Kalk-Zementputz	1.800	0,8	15	1,1	0,153	0,00056	1,56
Lehm – Massivlehm 2000 kg/m³	2.000	1	6	1	0,017	0,00010	0,35
Lehmputz 1700 kg/m³	1.700	0,81	10	0,94	-0,045	0,00013	0,36

Baustoffbezeichnung	Rohdichte ρ kg/m³	Wärmeleit-fähigkeit λ W/mK	Wasserdampf-diffussion μ -	Spez. Wärme-kapazität c kJ/kgK	GWP kg CO₂eq/kg	AP kg SO₂eq/kg	PEI nicht erneuerbar MJ/kg
Mineralische Baustoffe							
Glaswolle MW-WF	25	0,036	1	1,03	2,260	0,01600	49,80
Glaswolle MW-W Dämmfilz	20	0,04	1	1,03	2,260	0,01600	49,80
Glaswolle TDPS 40–70 kg/m³	68	0,035	1	1,03	2,260	0,01600	49,80
Steinwolle Klemmfilz	33	0,04	1	1,03	1,640	0,01050	23,30
Steinwolle MW-PT	130	0,04	1	1,03	1,640	0,01050	23,30
Steinwolle, begehbar	104	0,039	1	1,03	1,640	0,01050	23,30
Mineralschaumplatte	115	0,045	5	1,03	0,474	0,00111	4,77
Perlite, expandiert	85	0,05	1	1	0,493	0,00165	9,35
Perlite, expandiert, hydrophobiert	145	0,053	1	1	0,493	0,00165	9,35
Kies	1.800	0,7	2	1	0,004	0,00005	0,08
Splitt	1.600	0,7	2	1	0,007	0,00012	0,11
Schaumglas 105 kg	105	0,045	1.000.000	1	0,943	0,00227	15,70
Schaumglasgranulat	210	0,1	5	1	0,348	0,00133	6,67
Silikatputz	1.800	0,8	35	1,12	0,485	0,00358	12,10
Dachziegel	1.800	0,7	10	0,9	0,200	0,00070	4,56
Ziegel – Hochlochziegel	800	0,27/0,39[5]	7	1	0,176	0,00055	2,49
Ziegel – Klinkerziegel	2.000	1	100	0,9	0,221	0,00043	4,16
Schallschutz-Füllziegel	630	0,39	5	1	0,176	0,00055	2,49
Ziegel, schwer	1105	0,33	7	1	0,176	0,00055	2,49
Schallschutzziegel	1524	0,55	7	1	0,176	0,00055	2,49
Keramische Beläge	2.000	1,3	150	0,84	0,717	0,00298	13,90
Vakuumdämmung	190	0,006	1.000.000	1	3,430	0,01	62,10
Baustoffe aus nachwachsenden Rohstoffen							
Baupapier	0,10[1]	0,17			-0,975	0,00653	15,10
Baupapier unter Estrich	0,44[1]	0,17			-0,975	0,00653	15,10
Betonunterlagspapier	0,15[1]	0,5	1000	2	-0,975	0,00653	15,10
Flachs mit Polyestergitter	30	0,04	1	1,55	0,364	0,00874	38,00
Flachs ohne Stützgitter	30	0,04	1	1,55	0,121	0,00772	34,00
Hanfdämmplatte m. Stützfasern	30	0,04	2	1,55	-0,133	0,00539	31,10
Korkdämmplatten	120	0,04	18	1,67	-1,230	0,00274	7,10
Schafwolle-Dämmfilz	30	0,04	2	1,5	0,045	0,00266	14,70
Schafwolle-Trittschalldämmung	90	0,04	2	1,5	0,155	0,00451	20,00
Zellulosefaserflocken	35	0,04	2	1,9	-0,907	0,00341	7,03
Zellulosefaserplatten	50	0,04	2	1,9	-0,346	0,00568	18,30
Metalle							
Aluminiumblech	2.800	200	1.500.000	0,9	8,830	0,04210	124,00
Aluminiumblech, eloxiert	2.800	200	1.500.000	0,9	8,910	0,04280	125,00
Aluminiumblech, pulverbeschichtet	2.800	200	1.500.000	0,9	8,920	0,04240	125,00
Aluminiumfolie	0,20[1]	200	1.500[2]	1,4	32,700	0,17200	621,00
Alu-Dampfsperre	0,20[1]	200	1.500[2]	1,4	32,700	0,17200	621,00
Stahlblech, verzinkt	7.800	48	1.500.000	0,15	1,630	0,01140	37,00
Stahl – Armierungsstahl	7.800	60		0,46	0,935	0,00567	22,70
Stahl – Armierungsstahl für Fundamentplatte (0,3 m) 16,7 kg/m² ≥ 0,71 % Stahlanteil	7.800	60		0,46	0,935	0,00567	22,70
Stahl – Armierungsstahl für WU-Wände (0,3m) 12,5 kg/m² ≥ 0,8 % Stahlanteil	7.800	60		0,46	0,935	0,00567	22,70
Stahl – Armierungsstahl für Elementdecke(0,2m) 14,00 kg/m² ≥ 0,9 % Stahlanteil	7.800	60		0,46	0,935	0,00567	22,70
Stahl, hochlegiert (Legierungsanteil > 5 %)	7.800	15	1.500.000	0,46	4,950	0,01990	82,10
Stahl, niedriglegiert (Legierungsanteil ≤ 5 % oder unlegiert und Mn > 1%)	7.800	48	1.500.000	0,46	1,240	0,00743	27,40
Stahl, unlegiert (Nur Kohlenstoff, Mn < 1%)	7.800	60	1.500.000	0,46			
Justierbare Schwingbügel	7.500		1.500.000		1,630	0,01140	37,00
Distanzbodenhalter (200 mm)					3,320	0,01870	59,80
Distanzbodenhalter (80 mm)					4,02	0,02170	68,90
Distanzbodenhalter (60 mm)					4,170	0,02240	71,20
Titanzinkblech	7.200	110	3.000.000	0,4	2,650	0,03880	42,50

1) Flächengewicht in kg/m²
2) Diffusions-äquivalente Luftschichtdicke sd = μd in m
3) Für Stahlbeton erhöht sich der Armierungsstahlanteil je nach Anwendung (siehe Armierungstahl)
4) Kennwerte für bauphysikalische Berechnung, Armierungsanteile für ökologische Berechnung differenziert nach Bauteilen siehe Baustoff-Armierungsstahl
5) Kennwert für Wärmebrückenberechnung, wenn auch Wärmestrom in vertikaler Richtung relevant ist

Literaturquellen der Ökobilanzen: [Frischknecht et. al. 2004], [CML 2001], [ECOBIS 2000], [EC 2004], [Nebel 2002a], [Potting/Blok 1993], [SIA 1995], [Büro für Umweltchemie 1999], [Windsperger et al. 2000], [IBO 2000-2005], [Kohler et al. 1995], [Idemat 2001], [Bruck 2004]

Characteristic values of building materials

Description	Raw density ρ kg/m³	Heat conductivity λ W/mK	Water vapor diffusion μ -	Spec. heat capacity c kJ/kgK	GWP kg CO$_2$eq/kg	AP kg SO$_2$eq/kg	PEI non renewable MJ/kg
Wood and derived timber products							
Timber – spruce rough-sawn, air-dried	540	0.13	50	2	-1.409	0.00124	1.89
Timber – spruce rough-sawn, technically dried	500	0.13	50	2	-1.490	0.00161	2.72
Timber – spruce planed, technically dried	500	0.13	50	2	-1.436	0.00206	3.86
Timber – larch rough-sawn., air-dried	685	0.13	50	2	-1.111	0.00098	1.49
Timber – larch rough-sawn, technically dried	630	0.13	50	2	-1.183	0.00128	2.16
Timber – larch planed, technically dried	630	0.13	50	2	-1.140	0.00163	3.06
Laminated wood, standard	455	0.11	50	2	-1.259	0.00341	8.04
Stacked board elements, nailed	505	0.15	2	2	-1.632	0.00183	3.22
Stacked board elements, doweled	500	0.15	2	2	-1.656	0.00179	3.02
Porous wood fiberboard 250 kg/m³	250	0.05	5	2	-0.183	0.00688	13.70
Porous wood fiberboard 270 kg/m³	270	0.05	5	2	-0.183	0.00688	13.70
Porous wood fiberboard, impregnated w. natural resins	270	0.05	5	2	-0.183	0.00688	13.70
Porous wood fiberboard, bitumenized	270	0.05	5	2	-0.059	0.00928	19.90
Wood wool lightweight panel EPV, cement-bound	500	0.1	5	1	-0.098	0.00110	4.24
Wood wool lightweight panel, magnesite-bound	400	0.1	5	1	-0.140	0.00102	4.40
MDF panel	780	0.08	11	2	-1.040	0.00413	11.90
OSB panel	660	0.13	240	2	-1.168	0.00603	9.32
Chipboard V100 PF	690	0.13	100	2	-1.296	0.00225	13.35
Boarded floors	630	0.13	50	2	0.089	0.00618	13.82
Ready-to-install parquet	740	0.17	50	2	0.282	0.00627	18.67
Synthetic materials							
Bitumen	1,050	0.23	-	-	0.398	0.00529	51.80
Bitumen coatings	1,050	0.25	45,000	1.26	1.130	0.00692	66.40
Polymer bitumen sealing sheet, 1-layer	4.30[1	0.17	40,500	1.26	0.987	0.00770	50.00
Bitumen aluminum layer	4.80[1	0.17	1,500[2	1.26	1.600	0.01050	56.20
Vapor pressure compensation layer	1.70[1				0.609	0.00558	37.20
PE foil	0.40[1	0.23	100,000	0.79	2.020	0.02100	77.00
Open-diffusion PE foil	0.08[1	0.2	100	1.4	2.020	0.02100	77.00
Vapor barrier PE (sd = 20)	0.20[1	0.2	20[2	0.9	2.550	0.02530	93.40
Vapor barrier PE (sd = 10)	0.20[1	0.2	10[2	1.4	2.550	0.02530	93.40
Fleece (PP)	0.14[1	0.5	1,000	1	2.820	0.02400	93.70
PE soft foam	34	0.04	500	0.9	2.070	0.01470	79.90
Expanded polystyrene (EPS) impact sound insulation	11	0.044	20	1.5	3.350	0.02160	98.50
Polystyrene EPS 20	20	0.038	30	1.45	3.350	0.02160	98.50
Polystyrene EPS 25	25	0.037	30	1.45	3.350	0.02160	98.50
Polystyrene EPS 30	30	0.035	30	1.45	3.350	0.02160	98.50
Polystyrene EPS F (for façades)	18	0.04	1	1.45	3.350	0.02160	98.50
Polystyrene XPS, HFC-foamed	45	0.032	70	1.45	81.300	0.02470	104.00
Polystyrene XPS, CO$_2$-foamed	38	0.04	70	1.45	3.440	0.02110	102.00
Drainage panel (30 kg/m³)	30	0.035	30	1.45	2.710	0.01750	86.30
Rubber (EPDM)	1,200	0.25	31,000	1	3.320	0.01950	113.00
Rubber granule mat	640	0.25	1,000	0.9	1.160	0.00691	26.10
Polyamid	1,130	0.25			8.700	0.03710	123.00
Glass fiber reinforcement	1,000	0.2			2.450	0.01640	44.80
Adhesive – synthetic resin-based	1,200	0.9			0.985	0.00539	29.2
EPS cement-bound (800 kg/m³)	125	0.06			0.580	0.00141	5.32
Mineral construction materials							
Normal concrete[3	2,300	2.3	100	1.16	0.103	0.00024	0.69
Concrete roofing panel	2,400	1.4		0.96	0.198	0.00047	1.79
Concrete hollow-core floor slab 280 kg/m²	1,400	1			0.103	0.00024	0.69
Concrete hollow-core floor slab 360 kg/m²	1,800	1.33			0.103	0.00024	0.69
Normal concrete hollow blocks	1,200	0.55					
Concreete paving blocks	2,000	1.4			0.103	0.00026	0.75
Lean concrete	2,000	1.2	100	1.12	0.060	0.00017	0.44
Screed concrete	2,000	1.4	50	1.08	0.102	0.00027	0.88
Steel concrete[4	2,400	2.3	100	1.12	0.121	0.00036	1.16
Water resistant concrete	2,335	2.3	100	1.13	0.128	0.00029	1.02
Fiber cement slabs	2,000	0.58	50	1.05	0.940	0.00339	13.90
Gypsum plaster	1,300	0.6	10	0.8	0.128	0.00045	2.56
Filler – gypsum filler	1,600	1.4	30	1.12	0.147	0.00068	3.29
Gypsum plasterboard (fire protection)	850	0.21	8	1.05	0.209	0.00070	4.44
Gypsum plasterboard	850	0.21	8	1.05	0.203	0.00066	4.34
Gypsum fiberboard	1,180	0.36	10	1.05	-0.015	0.00078	4.95
Gauged mortar plaster	1,300	0.7	10	0.96	0.172	0.00050	2.38
Lime cement mortar	1,800	0.8	15	1.12	0.168	0.00049	1.79
Lime plaster	1,400	0.7	10	0.92	0.205	0.00052	1.99
Lime cement plaster	1,800	0.8	15	1.1	0.153	0.00056	1.56
Loam – solid loam 2000 kg/m³	2,000	1	6	1	0.017	0.00010	0.35
Loam plaster 1700 kg/m³	1,700	0.81	10	0.94	-0.045	0.00013	0.34

Description	Raw density ρ kg/m³	Heat conductivity λ W/mK	Water vapor diffusion μ -	Spec. heat capacity c kJ/kgK	GWP kg CO₂eq/kg	AP kg SO₂eq/kg	PEI non renewable MJ/kg
Mineral construction materials							
Glass wool MW-WF	25	0.036	1	1.03	2.260	0.01600	49.80
Glass wool MW-W insulation felt	20	0.04	1	1.03	2.260	0.01600	49.80
Glass wool TDPS 40–70 kg/m³	68	0.035	1	1.03	2.260	0.01600	49.80
Rock wool clamping felt	33	0.04	1	1.03	1.640	0.01050	23.30
Rock wool MW-PT	130	0.04	1	1.03	1.640	0.01050	23.30
Rock wool, accessible	104	0.039	1	1.03	1.640	0.01050	23.30
Mineral foam panels	115	0.045	5	1.03	0.474	0.00111	4.77
Perlite, expanded	85	0.05	1	1	0.493	0.00165	9.35
Perlite, expanded, water repellent	145	0.053	1	1	0.493	0.00165	9.35
Gravel	1,800	0.7	2	1	0.004	0.00005	0.08
Stone chippings	1,600	0.7	2	1	0.007	0.00012	0.11
Foamed glass 105 kg	105	0.045	1,000,000	1	0.943	0.00227	15.70
Foamed glass chippings	210	0.1	5	1	0.348	0.00133	6.67
Silicate plaster	1,800	0.8	35	1.12	0.485	0.00358	12.10
Roof tiles	1,800	0.7	10	0.9	0.200	0.00070	4.56
Bricks – honeycomb bricks	800	0.27/0.39[5]	7	1	0.176	0.00055	2.49
Bricks – clinker	2,000	1	100	0.9	0.221	0.00043	4.16
Sound insulating block bricks	630	0.39	7	1	0.176	0.00055	2.49
Bricks, heavy	1105	0.35	7	1	0.176	0.00055	2.49
Sond insulating bricks	1524	0.55	7	1	0.176	0.00055	2.49
Ceramic floor tiles	2,000	1.3	150	0.84	0.717	0.00298	13.90
Vacuum insulation	190	0.006	1,000,000	1	3.430	0.01	62.1
Renewable primary product construction materials							
Building paper	0.10[1]	0.17			-0.975	0.00653	15.10
Building paper for use underneath screed	0.44[1]	0.17			-0.975	0.00653	15.10
Waterproof paper	0.15[1]	0.5	1,000	2	-0.975	0.00653	15.10
Flax with polyester supporting fibers	30	0.04	1	1.55	0.364	0.00874	38.00
Flax without supporting fibers	30	0.04	1	1.55	0.121	0.00772	34.00
Hemp insulaton panels with supporting fibers	30	0.04	2	1.55	-0.133	0.00539	31.10
Cork insulation panels	120	0.04	18	1.67	-1.230	0.00274	7.10
Lambswool thermal insulation felt	30	0.04	2	1.5	0.045	0.00266	14.70
Lambswool impact sound insulation	90	0.04	2	1.5	0.155	0.00451	20.00
Cellulose fiber insulation flakes	35	0.04	2	1.9	-0.907	0.00341	7.03
Cellulose fiberboards	50	0.04	2	1.9	-0.346	0.00568	18.30
Metals							
Sheet aluminum	2,800	200	1,500,000	0.9	8.830	0.04210	124.00
Sheet aluminum, anodized	2,800	200	1,500,000	0.9	8.910	0.04280	125.00
Sheet aluminum, powder coated	2,800	200	1,500,000	0.9	8.920	0.04240	125.00
Aluminum foil	0.20[1]	200	1,,500[2]	1.4	32.700	0.17200	621.00
Aluminum vapor barrier	0.20[1]	200	1,,500[2]	1.4	32.700	0.17200	621.00
Steel sheets, galvanized	7,800	48	1,500,000	0.15	1.630	0.01140	37.00
Steel – reinforcement steel	7,800	60		0.46	0.935	0.00567	22.70
Steel – reinforcement steel for foundation slabs (0.3 m) 16.7 kg/m² ≥ 0.71 % steel content	7,800	60		0.46	0.935	0.00567	22.70
Steel – reinforcement steel for water resist. walls (0.3 m) 12.5 kg/m² ≥ 0.8 % steel content	7,800	60		0.46	0.935	0.00567	22.70
Steel – reinforcement steel for prefabricated floor members (0.2 m) 14.00 kg/m² ≥ 0.9 % steel content	7,800	60		0.46	0.935	0.00567	22.70
High-alloy steel (alloy content > 5 %)	7,800	15	1,500,000		4.950	0.01990	82.10
Low-alloy steel (alloy content ≤ 5 % or non-alloyed and Mn > 1 %)	7,800	48	1,500,000	0.46	1.240	0.00743	27.40
Non-alloyed steel (only carbon. Mn < 1%)	7,800	60	1,500,000				
Adj. strap hangers	7,500		1,500,000		1.630	0.01140	37.00
Floor spacers (200 mm)					3.320	0.01870	59.80
Floor spacers (80 mm)					4.02	0.02170	68.90
Floor spacers (60 mm)					4.170	0.02240	71.20
Titanium zinc sheets	7,200	110	3,000,000	0.4	2.650	0.03880	42.50

1) Weight per unit area (kg/m²)
2) s_d layer of air diffusion equivalent sd = μd in m
3) Contents of reinforcing steel vary according to application (cf. reinforcing steel)
4) Figures for physical calculations. In the ecological calculations steel contents vary with the types of construction elements (cf. reinforcing steel)
5) Figures for thermal bridge calculations, if vertical heat currents are relevant

Literature sources for life cycle assessments: [Frischknecht et. al. 2004], [CML 2001], [ECOBIS 2000], [EC 2004], [Nebel 2002a], [Potting/Blok 1993], [SIA 1995], [Büro für Umweltchemie 1999], [Windsperger et al. 2000], [IBO 2000-2005], [Kohler et al. 1995], [Idemat 2001], [Bruck 2004]

Rechenwerte für die Lebenserwartung von Bauteilen und Bauteilschichten

Calculation assumptions for the service life of components and layers

Tragkonstruktion / Bearing structure

Bauteil und Bauteilschicht Components and layers	Rechenwerte für die Lebenserwartung [a] Calculation assumptions for the service life [a]
Fundament Beton • Concrete foundations	100
Außenwände und -stützen • Exterior walls and perimeter columns	
Ziegel, Klinker, bewittert • Brick, clinkers, aired	100
Beton, Betonstein, Ziegel, Kalksandstein, bekleidet • Concrete, concrete stone, brick, limestone with facing	100
Leichtbeton, bekleidet • Light concrete with facing	100
Innenwände, Innenstützen • Interior walls, internal supports	
Beton, Naturstein, Ziegel, Klinker, Kalksandstein • Concrete, natural stone, brick, clinker, sand-lime brick	100
Leichtbeton • Light concrete	100
Stahl • Steel	100
Weichholz • Softwood	75
Hartholz • Hardwood	100
Decken, Treppen, Balkone • Ceilings, stairs, balconies	
Beton, außen (bekleidet) oder innen • Concrete external (with facing) or internal	100
Stahl innen • Steel, interior use	100
Stahl außen • Steel, exterior use	50
Dächer, Dachstühle • Roofs, roof structures	
Beton • Concrete	100
Stahl • Steel	75
Holzdachstühle • Timber roof structures	75
Leimbinder • Glued truss	75

Nichttragende Konstruktion / Non-structural elements

Bauteil und Bauteilschicht Components and layers	Rechenwerte für die Lebenserwartung [a] Calculation assumptions for the service life [a]
Außenwände, Verblendung, Ausfachung • Exterior walls, facings, infill walling	
Beton, bekleidet • Concrete, dressed	100
Ziegel, Klinker, bekleidet • Brick, clinker, dressed	100
Leichtbeton, bekleidet • Light concrete, dressed	100
Weichholz, bewittert • Softwood, aired	40
Lärchenholz, bewittert • Hardwood, aired	50
Hartholz, bewittert • Hardwood, aired	75
Luftschichtanker, Abfangkonstruktion • Airspace anchors, supporting structures	
Stahl, verkleidet • Steel, covered	25
Edelstahl • Stainless steel	100
Abdichtung gegen nichtdrückendes Wasser • Watertight sealing against non-pressurized water	50
Außenputze • Exterior plaster	
Zementputz, Kalkzementputz • Cement plaster, lime cement plaster	50
Kunststoffputz • Plastic plaster	25
Wärmedämmverbundsystem (WDVS) • External thermal insulation composite system (ETICS)	40
Putz auf WDVS • Plaster on ETICS	25
Innenputze • Interior plasters	100
Bekleidungen auf Unterkonstruktion • Facing on substructure	
Faserzementplatten, Bleiblech • Fibre cement panels, lead sheeting	50
Alu • Aluminium	50
Unterkonstruktion Edelstahl • Stainless steel substructure	100
Unterkonstruktion Stahl • Steel substructure	50
Unterkonstruktion Holz • Wood substructure	50
Wärmedämmung • Heat insulation	
Wärmedämmung, unbelüftet • Heat insulation, non-ventilated	50
Trittschalldämmung • Impact sound insulation	50

Außentüren, Außenfenster / External doors and windows

Bauteil und Bauteilschicht Components and layers	Rechenwerte für die Lebenserwartung [a] Calculation assumptions for the service life [a]
Rahmen / Flügel • Frames / panels	
Hartholz, Aluminium • Hardwood, aluminium	50
Kunststoff • Plastic	50
Verglasung, Abdichtung • Glazing, insulation	
Mehrscheiben-Isolierglas • Laminated insulating glass	25
Glasabdichtung durch Dichtprofile • Glass sealed by sealing profile	25
Flügeldichtungsprofile • Panel sealing profile	25
Beschläge • Fittings	
Drehkipp-, Hebedrehkipp-, Schwingflügel-, Schiebebeschläge • Tilt and turn, lever tilt and turn, horizontally pivoted sash windows, sliding fittings	25

Nichttragende Konstruktion, innen / Non-structural interior elements

Bauteil und Bauteilschicht Components and layers	Rechenwerte für die Lebenserwartung [a] Calculation assumptions for the service life [a]
Trennwände • Partition walls	
Klinker, Ziegel, Kalksandstein, Leichtbeton, Porenbeton mit Putz • Clinkers, brick, sand-lime brick, light concrete, porous concrete with plaster	100
Gipskarton auf Unterkonstruktion: Leichtmetall, Holz • Gypsum plasterboard on substructures: light metal, wood	50
Bodenaufbauten • Floor structures	
Schwimmender Estrich • Floating screed	50
Bodenbeläge • Floor coverings	
Hartholz, Keramik • Hardwood, ceramic	50
Weichholz • Softwood	25
Fertigpakett • Ready-to-install parquet	25
Deckenbekleidungen, abgehängte Decken • Ceiling panelling, suspended ceilings	
Holz, Holzwerkstoff • Wood, wood material	50
Gipskarton, Mineralfaserplatten, Kunststoff, Aluminium, Stahl, Hartholz • Plasterboard, mineral fibre boards, plastic aluminum, steel, hardwood	50
Unter- und Abhängekonstruktion aus Metall und Holz • Substructures and suspended structures of Metal and Wood	50

Nichttragende Konstruktion, Dächer / Non-structural roof elements

Bauteil und Bauteilschicht Components and layers	Rechenwerte für die Lebenserwartung [a] Calculation assumptions for the service life [a]
Flachdachabdichtungen • Flat roof sealing	
ohne Schutzschichten • without protective coating	25
mit Schutzschichten (bekiest, begrünt) • with protective coating (gravel, greenery)	25

Literatur / Literature

[Abfall 2003] J. Fechner (17&4), H. Mötzl, U. Unzeitig (IBO): Abfallvermeidung im Bausektor. Stadt Wien (Auftraggeber), ausgewählt im Rahmen der INITIATIVE „Abfallvermeidung in Wien", unterstützt von der Wiener Umweltstadträtin. Dez. 2003

[AltholzV] BGBl I 2002, 3302 Altholzverordnung (Deutschland)

[AVV] BGBl II 389/2002 Abfallverbrennungsverordnung

[AWG] BGBl Nr. 325/1990 und Änderungen mit BGBl I Nr. 90/2000 und BGBl I Nr 102/2002 Abfallwirtschaftsgesetz

[Beckers 99] Beckers, Werner: Thermolytische Verarbeitung kommunalen Klärschlamms und anderer biogener Abfallstoffe; Dissertation im Fachbereich Chemie an der Carl-von-Ossietzky-Univ., Oldenburg 1999

[Bednar 2005] Bednar, Thomas: Hygrothermische Gebäudesimulation als Werkzeug zur Ermittlung des Einflusses von Baufeuchte auf das Oberflächenklima. Bauphysik 27 (2005) Heft 3 Aufsatz 533

[BimSchV] BGBl I S. 491 Erste Verordnung zur Durchführung des Bundes-Immissionsschutzgesetzes, Verordnung über kleine und mittlere Feuerungsanlagen, zuletzt geändert 2001, BGBl. I S 1950 (Deutschland)

[Bruck 2004] Kanzlei Dr. Bruck, Aktualisierung Ökobilanz Ziegel (Österreich), Auftraggeber Initiative Ziegel (IZ) im Fachverband der Stein- und keramischen Industrie, Wien, September 2004

[Büro für Umweltchemie 1999] Graue Energie von Baustoffen, Daten zu Baustoffen, Bauchemikalien, Verarbeitungs- und Transportprozessen mit Erläuterungen und Empfehlungen für die Baupraxis, Büro für Umweltchemie, 2. Auflage, Zürich, Mai 1999

[CML 2001] Centre of Environmental Science, Leiden University (Guinée, M.; Heijungs, R.; Huppes, G.; Kleijn, R.; de Koning, A.; van Oers, L.; Wegener Seeswijk, A.; Suh, S.; de Haes, U.); School of Systems Engineering, Policy Analysis and Management, Delft University of Technology (Bruijn, H.); Fuels and Raw Materials Bureau (von Duin, R.); Interfaculty Department of Environmental Science, University of Amsterdam (Huijbregts, M.): Life Cycle assessment: An operational guide to the ISO standards. Final Report, May 2001

[Coutalides 2000] Coutalides, R.; Fischer, K.; Ganz, R.: Produkt- und Öko-profil von Metalldächern. Kurzfassung. Bau- und Umweltchemie. Zürich, 6. Juni 2000

[DeponieV] BGBl Nr. 164/1996 Deponieverordnung

[Deutsche Bauchemie 2005] Deutsche Bauchemie: Betonzusatzmittel und Umwelt – Sachstandsbericht. 4. Ausgabe, Juni 2005

[DIN EN 13829] DIN EN 13829: Wärmetechnisches Verhalten von Gebäuden. Bestimmung der Luftdichtheit von Gebäuden. Differenzdruckverfahren (ISO 9972:1996, modifiziert), Deutsche Fassung EN 13829:2000., DIN Deutsches Inst. für Normung e.V., Berlin: Beuth Februar 2001

[DIN EN 832] Deutsches Inst. für Normung: DIN EN 832 Wärmetechnisches Verhalten von Gebäuden. Berlin: Beuth 1998

[Dunky 2002] Dunky, M.; Niemz, P.: Holzwerkstoffe und Leime. Berlin, Heidelberg: Springer 2002

[EC 2004] Final Report „Life Cycle Assessment of PVC and of principal competing materials" Commissioned by EC, July 2004

[ECOBIS 2000] Ökologisches Baustoffinformationssystem des Bundesministeriums für Verkehr Bau- und Wohnungswesen und der Bayerischen Architektenkammer mit Unterstützung des Bayerischen Staatsministeriums für Landesentwicklung und Umweltfragen, CD-ROM, Juni 2000

[Ecoinvent 2003] Frischknecht, R. et al: „Ecoinvent", Zürich 2003

[Ecosoft 08/2005] IBO: Programmpaket Ecosoft, Wien 2005

[Fachverband Steine-Keramik] Fachverband Steine-Keramik, WKO: Die Verwendung mineralischer Rohstoffe. http://www.baustoffindustrie.at/forum/verwendung.htm, Oktober 2005

[FAV] BGBl Nr. 331/1997 Feuerungsanlagenverordnung

[Feist 1995] Feist, Wolfgang: Die Luftdichtheit im Passivhaus. Passivhaus-Bericht Nr. 6, Inst. Wohnen und Umwelt, Darmstadt, 1995

[Feist 1997] Feist, Wolfgang: Das Niedrigenergiehaus, Neuer Standard für energiebewusstes Bauen, 4. Auflage. Heidelberg: C.F. Müller 1997

[Feist 1998] Feist, W.: Fenster: Schlüsselfunktion für das Passivhauskonzept. In: Feist W., Hg.: Passivhaus-Fenster, Protokollband Nr. 14. Darmstadt 1998

[Feist 2004] Feist, Wolfgang: Einführung – Lüftung bei Bestandssanierung unverzichtbar. In: Lüftung bei Bestandssanierung: Lösungsvarianten. Arbeitskreis kostengünstige Passivhäuser Phase III, Protokollband Nr. 30. Passivhaus-Inst., Darmstadt, Dezember 2004

[Feist 2005] Feist, Wolfgang (Hg.): Hochwärmegedämmte Dachkonstruktionen, Arbeitskreis kostengünstige Passivhäuser Phase III, Protokollband Nr. 29. Passivhaus-Inst., Darmstadt, Juni 2005

[Feist/Peper 2005] Feist, Wolfgang; Peper, Søren: 3-D-Luftdichtheitsanschlüsse. Passivhaus Inst., Darmstadt, 2005

[Frischknecht 1996] Frischknecht, R.; Bollens, U.; Bosshart, St.; Cior, M.; Ciseri, L.; Doka, G.; Hischier, R.; Martin, A.; Dones, R.; Gantner, U.: Ökoinventare von Energiesystemen. Grundlagen für den ökologischen Vergleich von Energiesystemen und den Einbezug von Energiesystemen in Ökobilanzen für die Schweiz. ETH Zürich Gruppe Energie – Stoffe – Umwelt (3. Aufl.) 1996

[Frischknecht et. al. 2004] Frischknecht, R., Niels Jungbluth, (Eds), ESU-services ; Uster; Hans-Jörg Althaus; Gabor Doka; Roberto Dones; Roland Hischier; Stefanie Hellweg; Sébastien Hunbert; Manuele Margni; Thomas Nemecek; Michael Spielmann.: Implementation of Life Cycle Impact Assessment Methods, Data v1.1, Dübendorf, May 2004

[Gann 1992] Gann, M.; Schwabl, H.; Figl, H.: Borverbindungen im bauökologischen Bereich. Wien: IBO 1992

[Gesprächskreis Bitumen 2001] Gesprächskreis Bitumen: Sachstandsbericht. März 2001

[GeWo1994] Gewerbeordnung

[GKV 2003] Verordnung des Bundesministeriums für Wirtschaft und Arbeit über Grenzwerte für Arbeitsstoffe und über krebserzeugende Arbeitsstoffe (Grenzwerteverordnung). Stammfassung: BGBl. II Nr. 253/2001, Änderungen: BGBl. II Nr. 184/2003

[Greenpeace 2003] Greenpeace: Nonylphenol – Hormongift in unseren Lebensmitteln Manfred Krautter (V.i.S.d.P) September 2003

[Hackl/Mauschitz 2003] A. Hackl, G. Mauschitz: Emissionen aus Anlagen der österreichischen Zementindustrie IV, Wien, Dezember 2003

[Hänger 1990] Hänger, R.; Streiff, H.R.: Untersuchungen zur Ökobilanz von Holz als Baustoff, Schlussbericht. Impulsprogramm Holz des BfK, Zürich, Mai 1990

[Härig 2003] Härig, S.; Klausen, D.; Hoscheid, R.: Technologie der Baustoffe, 14. Auflage. Heidelberg: C.F. Müller 2003

[Hoberg 1997] Hoberg, H.: Recycling von Aluminium. Vortrag im Rahmen der Veranstaltung „Aluminiumwirtschaft im Wandel – Ein moderner Werkstoff im Spannungsfeld zwischen Ökonomie und Ökologie" bei der KFA Jülich (Forschungszentrum Jülich) am 13. Juni 1997. http://www.iar.rwth-aachen.de/eng/publications/downloads/bis1999/V09_SFB525.pdf

[Hoffmann 1994] Hoffmann, H.D.: Luftqualität im Passivhaus Darmstadt. Bewertung von Styrolexpositionen. BASF Abteilung Toxikologie. Ludwigshafen: Oktober 1994

[Holzbauatlas 1996] Hg.: Arbeitsgemeinschaft Holz e.V., München und Inst. f. internationale Architektur-Dokumentation, München (Redaktion). Natterer, J.; Herzog, T.; Volz, M.: Holzbauatlas. 2. Aufl. Köln: R. Müller 1996

[IBO 2000–2005] IBO-Prüfberichte und Deklarationsblätter. Wien: Österreichisches Inst. für Baubiologie und -ökologie 2000–2005

[IBO 2000] Ökologie der Dämmstoffe. Grundlagen der Wärmedämmung –Lebenszyklusanalyse von Wärmedämmstoffen – Optimale Dämmstandards. Hg.: IBO - Österr. Inst. f. Baubiologie und -ökologie; Donau-Univ. Krems, Zentr. f. Bauen und Umwelt. Wien: Springer 2000

[Idemat 2001] Data collection from various sources supervised by Dr. Han Remmerswaal, Faculty of Industrial Design Engineering, Delft Technical University, The Netherlands

[ISO 9972] CEN Europäisches Komitee für Normung, ISO 9972: Wärmeschutz – Bestimmung der Luftdichtheit von Gebäuden – Differenzdruckverfahren. Berlin: Beuth 1996

[Kohler et al. 1995] Kohler, N.; Klingele M. (Hg.): Baustoffdaten – Ökoinventare. Inst. für Industrielle Bauproduktion der Univ. Karlsruhe (TU), Lehrstuhl Bauklimatik und Bauökologie (ifib) an der Hochschule für Architektur und Bauwesen (HAB) Weimar, Inst. für Energietechnik (ESU) an der Eidgenössischen Technischen Hochschule (ETH) Zürich, M. Holliger Energie Bern. Karlsruhe, Weimar, Zürich 1995

[Kunze 2006] Kunze, Christine; Seidl, Josef; Waltjen, Tobias (Endredaktion): LEHM.konkret. Ein protec-NET plus-Projekt des Ökobau-Cluster Niederösterreich. St. Pölten, Aug. 2006

[Künzel 2006] Künzel, Hartwig: „WUFI 2D-3.2 (Beta-Version vom 22. 12. 2006) – PC-Programm zur Berechnung des gekoppelten Wärme- und Feuchtetransports in Bauteilen". Fraunhofer Inst. für Bauphysik Holzkirchen, Holzkirchen 2006

[Leitfaden 2004] Leitfaden „Nachhaltiges Bauen", Bundesministerium für Verkehr, Bau- und Wohnungswesen Abteilung Bauwesen und Städtebau der Bundesrepublik Deutschland 2004

[MAK 2003] Deutsche Forschungsgemeinschaft: MAK- und BAT-Werte-Liste 2003, Weinheim: Wiley VCH 2003

[Miedler 1995] Miedler, K.: Betoninstandsetzung. In: Beton – Materialien für eine neue baubiologische und ökologische Position. Wien: IBO 1995

[Münzenberg 2003] Münzenberg, U.; Thumulla, J.: Raumluftqualität in Passivhäusern. In Feist, W.: Einfluss der Lüftungsstrategie auf die Schadstoffkonzentration und -ausbreitung im Raum. Darmstadt 2003

[Nebel 2002a] Ökobilanzierung von Holzfußböden nach den Normen ISO 14040-43, Dissertation zur Erlangung der Doktorwürde der Studienfalkultät Forstwirtschaft und Ressourcenmanagement der Technischen Univ. München, München, 6. Mai 2002

[Nebel 2002b] Nebel, Barbara: Ökobilanzierung von Holzfußböden. Eine repräsentative Studie nach ISO 14040-43 für die deutsche Holzfußbodenindustrie

[Neubauer 2005] Ch. Neubauer et al.: Vererdung von Abfällen: Vorarbeiten für eine rechtliche Regelung – Überprüfung von Abfällen für die Herstellung von Erden im Hinblick auf deren Schadstoffpotentiale. Umweltbundesamt (Hg.). Bundesministerium für Land- und Forstwirtschaft,Umwelt und Wasserwirtschaft (Auftraggeber). Wien, Sept. 2005

[Ökoinventare 2004] ecoinvent data v1.1. Final reports ecoinvent 2000 1-15. Swiss Centre for Life Cycle Inventories, CD-ROM. Dübendorf, 2004

[Österreichisches Normungsinst. 2001] Katalog für empfohlene wärmeschutztechnische Rechenwerte von Baustoffen und Bauteilen. Wien, Dezember 2001

[Peper 1999] Peper, Søren; Feist, Wolfgang; Sariri, Vahid: Luftdichte Projektierung von Passivhäusern, CEPHEUS-Projektinformation Nr. 7, Passivhaus-Inst., Darmstadt 1999

[Peper 2000] Peper, Søren: Luftdichtheit bei Passivhäusern – Erfahrungen aus über 200 realisierten Objekten; Tagungsband der 4. Passivhaus-Tagung, Passivhaus Dienstleistung GmbH, Kassel und Darmstadt 2000

[Peper 2005] Peper, Søren; Kah, Oliver; Feist, Wolfgang: Zur Dauerhaftigkeit von Luftdichtheitskonzepten bei Passivhäusern, Feldmessungen. Forschungsbericht im Rahmen vom IEA SHC TASK 28 / ECBCS ANNEX 38. Passivhaus-Inst., Darmstadt, Juni 2005

[PHI 2007] Anforderungen – Zertifizierung von Fensterrahmen. Erforderliche Daten für die Beurteilung der Eignung von Fensterrahmen als Passivhaus-geeignet. Website des Passivhaus-Institut Darmstadt: www.passiv.de

[PHPP 2007] Passivhaus-Projektierungspaket 2007. Anforderungen an qualitätsgeprüfte Passivhäuser. Passivhaus-Institut Dr. Wolfgang Feist. Fachinformation PHI-2007/1

[Potting/Blok 1993] Potting, J.; Blok, K.: De milieugerichte levenscyclusanalyse van vier typen vloerbedekking. Coördinatiepunt wetenschaapswinkels Utrecht, Vakgroep Natuurwetenschap en amenleving, Universiteit Utrecht. Utrecht, maart 1993

[Richter et al. 1996] Richter, K.; Künniger, T.; Brunner, K.: Ökologische Bewertung von Fensterkonstruktionen verschiedener Rahmenmaterialien (ohne Verglasung). EMPA-SZFF-Forschungsbericht, Schweizerische Zentralstelle für Fenster- und Fassadenbau (SZFF), Dietikon 1996

[Schnieders 1998] Schnieders, J.: Der Einfluß von Randverbund und Glaseinstand. In: Feist, W. (Hg.): Passivhaus-Fenster, Protokollband Nr. 14. Darmstadt 1998

[Schnieders 2004] Schnieders, Jürgen: Erdreichwärmeverluste im Passivhaus: Gültigkeit der verfügbaren Rechenverfahren; Behandlung von Wärmebrücken; Schürzenlösungen; Einfluss von Erdwärmeübertragern. In: Arbeitskreis kostengünstige Passivhäuser, Protokollband Nr. 27, Wärmeverluste durch das Erdreich, Darmstadt, Passivhaus Inst., 2004

[Schöberl et al.2004] Schöberl, H.; Hutter, S.; Bednar, T.; Jachan, C.; Deseye, C.; Steininger, C.; Sammer, G.; Kuzmich, F.; Münch, M.; Bauer, P.: Anwendung der Passivhaustechnologie im sozialen Wohnbau. Projektbericht im Rahmen der Programmlinie Haus der Zukunft, Wien, April 2004

[Schucht 1999] Schucht, S.: Ökologische Modernisierung und Strukturwandel in der deutschen Aluminiumindustrie. Forschungsstelle für Umweltpolitik (FFU), Freie Univ. Berlin, Fachbereich Politik- und Sozialwissenschaften, Otto-Suhr-Inst. für Politikwissenschaft. Fallstudie im Rahmen des DFG-Forschungsprojektes „Erfolgsbedingungen umweltentlastenden Strukturwandels: Internationale Fallstudien zu ausgewählten Grundstoffindustrien". FFU-Report 99-4

[Schwarz 1999] Schwarz, W.: Kathodischer Korrosionsschutz von Stahlbeton-Bauwerken mit elektrisch leitendem Verbundanstrich. In: Dreyer, J.: Nachhaltige Instandsetzung. Wien: Aedificatio 1999

[Schweinle 1996] Schweinle, J.: Analyse und Bewertung der forstlichen Produktion als Grundlage für weiterführende forst- und holzwirtschaftliche Produktlinien-Analysen. Inst. für Ökonomie der Bundesforschungsanstalt für Forst- und Holzwirtschaft. Hamburg 1996

[Sedlbauer 2001] K. Sedlbauer: Vorhersage von Schimmelpilzbildung auf und in Bauteilen. Dissertation Univ. Stuttgart 2001

[SIA 1995] Schweizerischer Ingenieur- und Architekten-Verein: Hochbaukonstruktionen nach ökologischen Gesichtspunkten, SIA-Dokumentation D0123, September 1995

[Umweltbundesamt 1998] Stefan Gara, Sabine Schrimpf: Behandlung von Reststoffen und Abfällen in der Eisen- und Stahlindustrie. Monographien Band 92. Umweltbundesamt. Wien 1998

[Windsperger et al. 2000] Windsperger, A.; Steinlechner, S.: Ökologische Betrachtung von PP-Fenstern, im Auftrag von FA. Internorm AG, St. Pölten, Dezember 2000

[WWF 2004] Faktenblätter zu nachgewiesenen Chemikalien in der WWF-Blutprobenuntersuchung von Europaparlamentariern. http://www.wwf.de/imperia/md/content/pdf/umweltgifte/Blutuntersuchung_Europaparlamentarier_-_Gifte.pdf

[Zeller et al. 1995] Zeller, J.; Dorschky, S.; Borsch-Laaks, R.; Feist, W.: Luftdichtigkeit von Gebäuden – Luftdichtigkeitsmessungen mit der Blower Door in Niedrigenergiehäusern und anderen Gebäuden, Inst. für Wohnen und Umwelt, Darmstadt 1995

[Zwiener/Mötzl 2006] Zwiener, G.; Mötzl, H.: Ökologisches Baustofflexikon. Heidelberg: C.F. Müller 2006

Index Baustoffe

Index of building materials

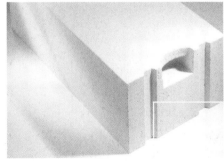

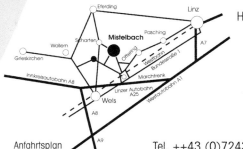

Liapor schafft in Österreich einen Spitzenwert:

Minus 90 % – ist die Reduktion an CO_2
aus primären, fossilen Energieträgern
bei der Produktion von Blähton.

Wir brauchen eine Flamme.
CO_2 ist das Thema der Stunde – vor allem in Europa. Der Produktionsprozess bei Liapor ist ähnlich wie bei anderen thermischen Prozessen (z.B. für Ziegel und Zement), die nichtmetallische Rohstoffe verarbeiten. Man wirft in eine geeignete Anlage (hier ein Drehrohrofen) ein geeignetes Rohmaterial (Ton) und lässt es langsam auf Höchsttemperatur bringen. Dabei verändert es seine physikalische und teilweise chemische Zusammensetzung, sodass am Ende eben das Gewünschte ausgeworfen wird. In diesem Fall kugelförmig gebrannter Ton – namens Liapor. Eines ist aber klar: OHNE FEUER geht´s derzeit nicht.

Durchs Feuer – feuerresistent.
Alle Produkte, die einen derartigen, thermischen Vorgang hinter sich gebracht haben, zeichnen sich durch eine herausragende Eigenschaft aus: Sie brennen nicht mehr – sie sind bereits sprichwörtlich für Sie durch´s Feuer gegangen. Ohne derartige Produkte hätten wir einige, für uns selbstverständliche Standards nicht. Es gäbe keine massiven Wände, keine Tunnel, keine Kläranlagen, keine witterungsbeständigen Bauten mit dem Standard wie wir ihn heute kennen und wenn, dann nur mit einem Vielfachen an Kosten. Selbst Produkte wie Fliesen, Fliesenkleber, Keramik, Dachsteine, Mauersteine, Kamine wären praktisch nicht vorhanden – schon gar nicht auf diesem ökologischen Niveau.

Alternative Brennstoffe ja, aber nicht auf Kosten der Qualität
Der Ausstoß von „schlechtem" CO_2 soll daher durch sogenannte alternative Brennstoffe (Ausstoß von gutem CO_2, weil aus nachwachsenden Rohstoffen) reduziert werden. Aber was gibt es denn da? Holz in jeder Form, Getreide, Textil- und Kunststoffreste, Bio- Öle, Bio- Reststoffe, die ja auch erst einmal in einem verbrennungsfähigen und verwertbaren Zustand gebracht werden müssen. Und da ist ja auch noch das Produkt, das auf keinen Fall in seinen Eigenschaften beeinträchtigt werden darf. Also Brennvorgang optimieren und bei der Qualität abwarten spielt´s nicht. Es muss alles zusammenpassen, denn der qualitätsentscheidende Brennvorgang spielt sich in einem Temperaturbereich von +/- 5 °C ab- und das bei 1180 °C

Ein Mann, ein Wort, eine Tat
Herr Prokurist Richard Posch, technischer Leiter des Werkes in Fehring, hat es geschafft diese Faktoren unter einen Hut zu bringen. In Zusammenarbeit mit der Uni in Leoben, Herrn Ao. Univ.-Prof. DI Dr. techn. Christian Weiß wurde ein ökologisch hochwertiges Konzept ausgearbeitet, das folgende Punkte beinhaltet, welche im Jahr 2007 realisiert wurden:

1. Reduktion der Abwassermenge aus der Rauchgaswaschanlage um 50%
2. Vermeidung bzw. Reduktion der Emissionen an flüchtigen organischen (geruchsbelästigenden) Stoffen am Abgaskamin, welche durch das CO_2-neutrale Kiefernölpech entsteht.

Die Zahlen sind beeindruckend und sprechen für sich:
Der CO_2 Ausstoß aus primären Energieträgern (Erdölprodukte) für die Feuerung und Blähmittel betrug vor einigen Jahren noch 13.944 t CO_2/Jahr und wurde im Jahr 2006 bereits auf 1.476 t CO_2/Jahr reduziert. Dies entspricht einem CO_2 Ausstoß von 11,11 kg je produziertem m³ Liapor. Diese Emissionen wurden von Ziviltechnikern überprüft und gemäß § 8 EZG dem Lebensministerium übermittelt. Damit wurde der fossile CO_2 Ausstoß um sagenhafte 89,4 % reduziert. Ein absoluter Spitzenwert in Europa.

Ihr Baustoff aus Ton. Natürlich.

Lias Österreich GesmbH
8350 Fehring, Fabrikstraße 11
T: 03155/2368
www.liapor.at

Cooperative Leichtbeton –
Werbegemeinschaft GmbH
1060 Wien, Gumpendorferstr. 19–21
www.leichtbeton.at

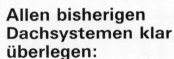

Ein Passivhaus heißt Passivhaus, weil es so gebaut ist, dass Sonnenenergie und innere Energie automatisch genutzt werden und keine konventionelle Heizung notwendig ist, um das Haus zu wärmen. Es kühlt und erwärmt sich eben rein passiv - egal ob es ein Einfamilienhaus oder eine mehrgeschoßige Wohnanlage ist. Wer sich für ein Passivhaus entscheidet, der entscheidet sich also zunächst einmal für den sensiblen Umgang mit Energie. Gleichzeitig können aber auch die Vorteile von minimalen Betriebskosten und die Unabhängigkeit von der Preisentwicklung des Rohstoffmarktes sowie ein unschlagbar gesundes Raumklima genutz werden.

Dank technischer Entwicklungen bietet das Passivhaus viel Raum für individuelle Gestaltungswünsche. Und durch die öffentlichen Förderungen haben sich die Mehrkosten für Passivhäuser meist schon ab dem ersten Tag amortisiert. So geht alles Hand in Hand: Design und Behaglichkleit, Wirtschaftlichkeit und Nachhaltigkeit.

Wer sich für ein Passivhaus entscheidet, hat verstanden, worum es geht. Und Passivhäuser sind - wer wollte das bestreiten? - die Häuser der Zukunft.

Die IG Passivhaus Österreich ist ein Zusammenschluss aller regionalen IG Passivhaus Organisationen Österreichs. Diese vereinigen zusammen mehr als 230 Unternehmen die an der Entwicklung des Passivhauses maßgeblich beteiligt waren und die nun an einer Verbreitung der Technologie arbeiten. Gleichzeitig garantieren die Mitgleider dem Kunden das strikte Einhalten der Richtlinien und beste Planungs- und Ausführungsqualität.

IG Passivhaus Österreich
Netzwerk für Information, Qualität und Weiterbildung

www.igpassivhaus.at
Netzwerk für Information, Qualität und Weiterbildung

1020 Wien   Hollandstrasse 10/46
Tel.: 0650/ 900 20 40   office@igpassivhaus.at

langlebig und wertbeständig!

gesunde Innenräume!

hohe Sicherheit bei Naturkatastrophen

natürlich nachhaltig!

im Sommer kühl, im Winter warm!

hohe Speichermasse!

hohe Brandsicherheit!

U-Wert ab 0,15 W/m²K monolithisch!

Arch. Thomas Abendroth
Photo Andreas Buchberger

Das Passivhaus aus Ziegel bietet mehr – es ist ökologisch, ökonomisch und sozial nachhaltig!

Initiative Ziegel im Fachverband der Stein- und keramischen Industrie

Info: (01) 587 33 46-0 oder (0732) 77 54 38,
verband@ziegel.at oder office@zieglerverband.at
Internet: www.ziegel.at oder www.zieglerverband.at

AK Naturbaustoffe – Mitglieder

Durisol Werke GmbH Nachf. KG
www.durisol.at

Isospan Baustoffwerke GmbH
www.isospan.at

VELOX Baustoffwerk
www.velox.at

Rieder Betonwerk GmbH
www.rieder.at

Harml Baustoffwerk – Sepp Harml GmbH
www.harml.com

**Thermo-span
Baustoffwerk Harml-Quehenberger GmbH**
www.thermo-span.at

SW-Umwelttechnik Österreich GmbH
www.sw-umwelttechnik.at

AnTherm (Wärmebrücken und Dampfdiffusion)
Analyse des Thermischen Verhaltens von Bauteilen mit Wärme- und Dampfdiffusionsbrücken

AnTherm® ist ein neuartiges, äußerst leistungsfähiges Programm zur "Analyse des Thermischen Verhaltens von Bauteilen mit Wärmebrücken". Die Software ist geeignet zur Berechnung von **Temperaturverteilungen** und **Wärmeströme** in Baukonstruktionen beliebiger Form und beliebiger Materialzusammensetzung. Zudem kann die Verteilung der **Grenzfeuchtigkeit** für alle Bauteiloberflächen berechnet und ausgewiesen werden.

Mit der **DAMPF-Erweiterungsoption** können die **Partialdruck-verhältnisse** zur Beurteilung des Kondensationsrisikos im Bauteilinneren herangezogen werden.

Das **Programmpaket** *AnTherm* genügt allen in der **EN ISO 10211-1:1996** aufgeführten Anforderungen an ein "genaues Verfahren" und ist daher als **"dreidimensionales, stationäres Präzisionsverfahren"** („Klasse A") einzustufen.

Von AnTherm generiertes Falschfarbenbild zur Visualisierung der Verteilung der Wärmestrom-dichte in einer Gebäudeecke bestehend aus Ziegelmauerwerk und einer Betondecke [Die beispielhaft gezeigten Falschfarbenbilder zeigen die Verteilung der Wärmestromdichte; die rot gekennzeichneten Bereiche signalisieren hohe Wärmeströme]

Besuchen Sie die AnTherm Web-Site
http://antherm.kornicki.com

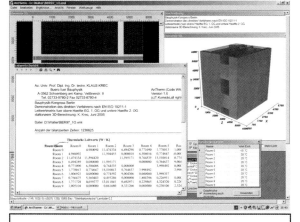

AnTherm-Bildschirm für einen 10-Raum Fall: Die Leitwert-Matrix wird bereits ausgewiesen, bevor die Randbedingungen (Lufttemperaturen) vom Benutzer festgelegt werden.

Neben der Forderung nach hoher Rechengenauigkeit, die durch **Validierung** nachzuweisen ist, kommt vor allem der Benutzerfreundlichkeit bei der Eingabe, aber auch der leichten Interpretierbarkeit der Berechnungsergebnisse durch entsprechende Auswertungsmöglichkeiten, hohe Bedeutung zu. Zudem muss ein „Wärmebrückenprogramm" **2- und 3-dimensionale Modellierung** zulassen, um heutigen Anforderungen genügen zu können.

Das **Wärmebrückenprogramm** *AnTherm* erfüllt die genannten Anforderungen in idealer Weise.

Von AnTherm generiertes Falschfarbenbild zur Visualisierung der Verteilung der Wärmestrom-dichte für einen von 8 Innenräumen umgebenen Raum in der Gebäudekante (10-Raum Fall) [Die beispielhaft gezeigten Falschfarbenbilder zeigen die Verteilung der Wärmestromdichte; die rot gekennzeichneten Bereiche signalisieren hohe Wärmeströme]

Die rechnerischen Möglichkeiten des Programms umfassen u.a.:

* Baukonstruktionen in zwei- und drei-dimensionaler Modellierung
* Stationäre Berechnung des Temperaturfelds, Wärmestromvektorfelds, und (optional) Dampfdiffusionsfelder
* Berechnung der Matrix der Thermischen Leitwerte L^{2D} bzw. L^{3D} und des Temperaturfaktors f^*_{Rsi} sowie der Temperaturgewichtungs-faktoren g_{ij} in den Punkten tiefster Oberflächentemperatur
* geeignet sowohl für sehr feine Modellierung (z.B. Fassadenkonstruktionen, Fensterrahmen, ...) als auch für sehr große Berechnungsfälle (z.B. bodenberührte Bauteile, ganze Räume, Raumgruppen, ...)
* Modernste dreidimensionale Visualisierungstechnologie zur Darstellung der Verteilung von Grenzfeuchtigkeit für alle Bauteiloberflächen, Temperaturfelder, Wärmeströme und (option) Dampfdiffusionsströme im Bauteilinneren.

❑ **Preis 2D ab Euro 560,-**
❑ **Preis 3D ab Euro 1.740,-**
(Einzelplatzlizenz zzgl. 20% MwSt.)

Besuchen Sie die AnTherm Web-Site
http://antherm.kornicki.com

SpringerArchitektur

Otto Kapfinger, Ulrich Wieler (Hrsg.)

Rieß Wood³

Modulare Holzbausysteme

Übersetzt von Pedro M. Lopez.
2007. 159 Seiten. 240 großt. farb. Abb.
Format: 21,9 x 29,2 cm. Text: deutsch/englisch
Gebunden **EUR 39,95,** sFr 61,50*
ISBN 978-3-211-32771-5

Im Werk des Grazer Architekten Hubert Rieß spielt das Holzmodul und seine optimierte Entwicklung eine zentrale Rolle. Die Arbeit im Team um Rieß widmet sich seit Jahrzehnten dem Bauen mit dem Werkstoff Holz. Das Prinzip des Moduls ist für Rieß ein strukturelles Leitmotiv, das er im Wohnungsbau, im Gewerbebau und weiteren Nutzungszusammenhängen variantenreich anwendet.
Das Buch ist ein Plädoyer für einen traditionellen Werkstoff und seine technische Evolution, die Serienreife mit einer selbstverständlichen Eleganz verbindet. Die Fallbeispiele dokumentieren jene räumlichen Gestaltungsmöglichkeiten, die Hubert Rieß, Architekt des ersten mehrgeschoßigen Wohnbaus in Holzbauweise in Österreich, in über 30 Jahren ausgeschöpft hat.

SpringerWienNewYork

P.O. Box 89, Sachsenplatz 4–6, 1201 Wien, Österreich, Fax +43.1.330 24 26, books@springer.at, **springer.at**
Haberstraße 7, 69126 Heidelberg, Germany, Fax +49.6221.345-4229, SDC-bookorder@springer.com, springer.com
P.O. Box 2485, Secaucus, NJ 07096-2485, USA, Fax +1.201.348-4505, service@springer-ny.com, springer.com
Preisänderungen und Irrtümer vorbehalten. *Unverbindliche Preisempfehlung.

SpringerArchitektur

Winfried Nerdinger (Hrsg.)

Baumschlager – Eberle 2002–2007

Architektur | Menschen und Ressourcen | Architecture | People and Resources

Mit Beiträgen von D. Steiner, G. Ullmann, K. Daniels, M. Corrodi, O. Herwig,
C. Fuchs, V. M. Lampugnani, A. Lepik, O. Schoch, A. Simon, G. Walden
Fotografien: E. Hueber. Übersetzung: J. Wolfframm
2008. 232 Seiten. Zahlreiche, großt. farb. Abb.
Format: 23 x 32 cm. Text: deutsch/englisch
Gebunden **EUR 49,95,** sFr 81,50*
ISBN 978-3-211-71468-3

Kern des Selbstverständnisses von Baumschlager-Eberle ist es, Architektur als eine ganzheitliche Aufgabe
zu betrachten, deren Komplexität erst dann erfüllt ist, wenn ein Gebäude allen Anforderungen, wie konstruktive Intelligenz, Ökologie, Wirtschaftlichkeit und gesellschaftliche Akzeptanz entspricht. Das Buch
trägt diesem Ansatz Rechnung und gliedert sich inhaltlich in drei Teile:
In „Architektur" werden 18 neue, realisierte Projekte des Büros vorgestellt, klassisch, anhand von Bildern,
Texten und Plänen. „Menschen" beleuchtet den Gebrauchsaspekt einiger ausgewählter Bauten und geht
der Frage nach deren gesellschaftlicher Akzeptanz nach. „Ressourcen" überprüft alle der in diesem Rahmen vorgestellten Objekte auf ihre Nachhaltigkeit.

Das Buch fügt sich in die Reihe der bisher bei Springer erschienenen Baumschlager-Eberle Monographien
ein und schließt direkt an die zuletzt erschienene Publikation an.

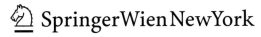

SpringerWienNewYork

P.O. Box 89, Sachsenplatz 4–6, 1201 Wien, Österreich, Fax +43.1.330 24 26, books@springer.at, **springer.at**
Haberstraße 7, 69126 Heidelberg, Germany, Fax +49.6221.345-4229, SDC-bookorder@springer.com, springer.com
P.O. Box 2485, Secaucus, NJ 07096-2485, USA, Fax +1.201.348-4505, service@springer-ny.com, springer.com
Preisänderungen und Irrtümer vorbehalten. *Unverbindliche Preisempfehlung.